作者簡介

陳品卿先生，安徽省宿縣濉溪鎮人。民國二十二年五月一日生。臺灣省立屏東師範學校畢業。國立臺灣師範大學國文系畢業、國文研究所博士班畢業，教育部授予國家文學博士學位。曾任小學教師三年，中學教師一年，大學講師、副教授、教授，凡二十五年。現任國立臺灣師範大學國文系教授。著有：尚書鄭氏學、鄭玄、鄭玄的學術思想、老子的形上學、老子的知識論、老子的人生觀、老子的政治觀、莊子逍遙遊思想之研究、莊子逍遙遊篇研究、莊學研究、莊子思想探源、莊子三十三篇眞僞考辨、莊子的形上學、莊子的知識論、莊子的人生觀、莊子的政治觀、莊子的倫理觀、孔子與莊子倫理思想之比較、莊學新探、道家、墨經與別墨、論別墨、墨經作者考、墨子導讀、易經與針灸、意境的鑑賞、修詞法舉例、範文教學文法剖析之探究、範文教學虛字使用之探究、中國文字介紹、作文命題之研究、作文指引、作文批改之研究、作文教學的理論與實際及學生作文的評量、中學作文教學指導、課外閱讀指導、演說的訓練、國文教材教法、國文教學問題與改進、如何編好教案、談國文科單元教學活動設計、國文教學設計、論說文教學設計、應用文教學設計、近體詩教學設計、古體詩教學設計、樂府詩教學設計、國文教學的任務、詩歌教學之一——詩、詩歌教學之二——詞、詩歌教學之三——曲，並主編國民中學「國文教科書」第一冊至第六冊及「國文教師手冊」第一冊至第六冊等書、文。自民國五十四年至五十七年亦曾參與編纂中文大辭典工作。

陳品卿 著

文史哲學集成

莊學新探

文史哲出版社 印行

國立中央圖書館出版品預行編目資料

莊學新探 / 陳品卿著. -- 增訂再版. -- 臺北市: 文史哲, 民73印刷
面； 公分. -- (文史哲學集成; 83)
參考書目: 面
ISBN 957-547-073-7 (平裝)

1. 莊子 - 批評, 解釋等

121.337 80003627

⑧③ 文史哲學集成

莊學新探

著者：陳品卿
出版者：文史哲出版社
登記證字號：行政院新聞局局版臺業字〇七五五號
發行所：文史哲出版社
臺北市羅斯福路一段七十二巷四號
郵政劃撥帳戶一六一八〇一七五號
電話：八八六－二－三五一一〇二八
印刷者：文史哲出版社

實價新台幣六八〇元

中華民國七十三年九月增訂再版
中華民國八十六年八月增訂再版三刷

ISBN 957-547-073-7

自序

陳品卿

莊子一書，漢書藝文志載有五十二篇，至晉始有注解，而唯郭象注本獨傳。此三十三篇，計內篇七、外篇十五、雜篇十一。古今學者多以內篇爲莊子所自著，其餘二十六篇，非一人一時之作。劉汝霖曰：「莊子一書，不止莊子一人之思想，包括自莊子以至淮南王時之道家思想。……研究莊子，應視作自莊子至淮南王道家思想之總集，非一人亦非一時之思想。」（見周秦諸子考）此見解精闢，識力卓越。至於莊子書之眞僞，由於書中多寓言，且其文字諔詭，頗難考定。顧頡剛曰：「莊子的眞僞要去明白它確是很難，因爲它的文字太『諔詭』了，不容易摸出一個頭緒來。」（見古史辨第一册第二八四頁）以余之見，內篇爲莊子自著，而其中亦有後人摻雜之文字，吾人應視之爲「莊子思想」。外篇雜篇，或爲莊子弟子所作；或爲後世學莊者推衍莊義；或爲後人所增補；或爲後人所誤竄。除其誤增誤竄者外，皆含有莊子思想，吾人應視之爲自莊子後，至淮南王時，道家學莊者之「莊學論文」總集，此卽本文探究莊學之態度也。

本書凡四章，首章爲「緒論」，計分七節。第一節爲「莊子傳略」，考證莊子姓名、籍貫、生卒年代及其思想淵源。第二節爲「莊書篇數與版本考述」，述說漢志五十二篇本演變爲今本三十三篇之經過及其版本。第三節爲「莊書各篇眞僞考辨」，對今本莊子三十三篇之眞僞，引證古今諸家之說，加按語表示己見。第四節爲「內篇思想概述」，說明內篇之要旨，與脈絡條貫，相因相承之關係。第五節爲「內外雜篇之關係」，說明內外雜篇之主從關係：內篇爲莊學之中心，而外雜篇於義皆各分屬內篇，寓言篇爲全書之序例；天下篇爲全書之後序。第六節爲「內外雜篇之價值」：無論內外雜篇之眞僞，其或爲莊子自著；或爲弟子所作；或爲後世學莊者所爲，然皆相互輝映，各俱佳趣，研究莊子書者，不可偏廢。第七節爲「結語」，述明本書以莊子內篇爲主，外雜篇爲輔，以探究莊學之精義。

次章爲「莊學之思想體系」，凡八節。將莊學之主要思想，由本體、宇宙、形上之論，以逮自然、知識、安命、人生、倫理之觀，終以政治思想，凡八節。綜其理要，以探究莊學之思想體系。

三章爲「逍遙遊與內外雜篇之關係」，凡四節。前三節以逍遙遊與內外雜篇關係之探究，發揮莊子思想大義在逍遙遊之論，第四節爲結語。本章列舉全書各篇與逍遙遊相關之文句，加按語申論而比較之，以探究逍遙遊之精義。蓋逍遙之義明，則莊子思想之大旨，當更易於通解矣。

第四章爲「莊學與老、孔、墨、孟、荀思想之異同」。韓非子顯學篇曰：「世之顯學儒墨也。」故此章取凡莊書語及之「德目」或「觀念」，其與老、孔、墨、孟、荀相同者，持與以上各家相較，以見其名同而實異；或名異而實同；或名實皆相同，並深究其所以然之理，以見莊學之眞正精神，是爲本章之所由作也。全文凡五節：首節爲「老莊異同之探究」，以老莊所言之「道」、「知」、「人生」、「政治」，比較其異同所在，深究其或同或異之理。次節爲「孔莊異同之探究」，以孔子所言之「仁」、「忠」、

「孝」，及「理想人格」，與莊子所言者比較之，以探究其所以異中有同之理。三節爲「墨莊異同之探究」，以墨莊所言「愛」、「利」、「天」、「命」、「知識論」、「名學」，比較其異同，探究其所以然之理。四節爲「孟莊異同之探究」，以孟莊所言「性」、「義」、「政」，比較而探究其所以相異之理。五節爲「莊荀異同之探究」，以莊荀所言之「禮」、「天」、「學」，比較而探究其異中有同；或同中有異之理。經此深究，當更能窺知莊學之精神所在矣。

附錄部分之「歷代莊學版本及其現藏」，係採自國內十六所圖書館之「現有藏書」，及嚴靈峯先生現有之「私人藏書」，故其性質乃是一種整理彙編之「收藏目錄」，而非兼容並收之「知見目錄」。爲便利讀者一覽而知其眉目，於每書之下，皆註明其現藏地點，以便利研治莊學者按圖索驥也。其中包括先秦至民國七十一年三月之目錄，分圖書版本與論文二類，計莊子專書八百九十六種，論文五百八十九篇，以出版時間先後爲序，可以略見歷代研究莊學之粗迹，聊供學者查考之便也。

莊子文章絕奇，而義旨玄眇。余雖寄望於發幽闡微，觀其會通。然臨文之際，深恐思慮不周，有失聖哲之本意。幸蒙諸師友之督敎，得以成篇。然疏誤之處，或有不能免者，方家先進，幸有以垂敎焉。

陳品卿 中華民國七十二年三月十六日序於國立台灣師範大學

莊學新探 目次

附錄　歷代莊學版本及其現藏……五〇五

第一章 緒論

第一節 莊子傳略

一、姓名考略

史記老莊申韓列傳曰：「莊子者，蒙人也，名周。」莊子姓莊，向無異義。所言子者，是有德之嘉號，古人稱師曰子，亦言子是書名（見成玄英莊子序）。通志氏族略曰：「莊氏、芈姓、楚莊王之後，以諡爲氏，楚有大儒莊周，六國時嘗爲蒙漆園吏，著書號莊子，齊有莊賈，周有莊辛。」資治通鑑卷三胡三省注曰：「莊姓有出於宋者，左傳所謂戴武莊之族是也；有出於楚者，楚莊王之後莊蹻是也。齊之莊暴，楚之莊辛，蒙之莊周，與此莊豹（周赧王元年秦所虜之趙將），其時適相先後，莫能審其所自出。」考左傳宋有戴、武、宣、穆、莊（莊十二年）襄（文七年）桓（文十八年）之族，即戴武諸公之子孫也。然諸公之後，皆不以諡爲氏，戴族有華氏樂氏老氏皇氏，桓族有魚氏向氏，莊族則爲仲氏，則莊氏似亦非出於宋莊，特以左傳宋有莊朝（襄十七年）莊堇（昭廿一年），故胡氏以爲出於莊族。由是觀之，莊氏不必出於楚莊宋莊，謂出於諡號可也。先秦多以莊爲諡，除天子諸侯外，士大夫多用之，若魏莊子、韓莊子、孟莊子是也。大抵莊氏在南方楚宋之域，莊周先世諒亦在此境內，則莊子思想之先天環境實受南方之影響（註一）。今觀史記莊子本傳所載，僅作名周，而唐陸德明經典釋文序錄注：「太史公云字子休」，成玄英莊子序亦作字子休，按先秦書未見莊子有字子休者，查史記亦無此語。若子休切爲周，卽莊子之名，此或可信。

蔡元培根據日本久保天隨之論，謂莊周卽楊朱，蓋莊楊同韻，而周朱音近，且二人思想相同。孟莊同時，且思想互異，以孟子之好辯，竟未及莊周，而僅及楊朱，故其推論莊周爲楊朱。蔡氏之言曰：「案莊子蓋稍先於孟子，故書中雖詆儒家而不及孟，而孟子之所謂楊朱，實卽莊周。古音『莊』與『楊』，『周』與『朱』俱相近，如荀卿之亦作孫卿也。孟子曰：『楊子爲我，拔一毛而利天下不爲也』，又曰：『楊朱墨翟之言盈天下，楊氏爲我，是無君也。』呂氏春秋曰：『楊子貴己。』淮南子氾論訓曰：『全性保眞，不以物累形，楊子之所立也；而孟子非之。』『貴己』，『保眞』，卽『爲我』之正旨，莊周書中，隨在可指。如許由曰：『予無所用天下爲。』連叔曰：『之人也，之德也，將磅礡萬物，以爲一世蘄乎亂，孰弊弊焉以天下爲事，是其塵垢粃糠，猶將陶鑄堯舜者也，孰肯以物爲事？』其他類是者，不可以更僕數，正孟子所謂『拔一毛而利天下不爲也。』子路之詆長沮桀溺也，曰：『廢君臣之義』，曰：『欲潔其身而亂大倫，』正與孟子所謂『楊氏無君』相同。至列子楊朱篇則因誤會孟子之言而附會之者；如其所言，則純然下等之自利主義，不特無以風動天下，而且與儒家言之道德，截然相反，孟子所以斥之者，豈僅曰：『無君』而已？」（見中國倫理學史）余考莊子書中，楊墨並稱者，如：應帝王篇言「楊子居蹴然曰」，駢拇篇言「楊墨是已」，胠篋篇言「鉗楊墨之口」，又言「曾、史、楊、墨」，天地篇言「楊墨乃始離跂，自以爲得」，徐無鬼篇言「儒、墨、楊、秉」，凡此諸詞，皆莊子責楊墨之言，若楊莊同爲一人，豈有自責之理？是則莊周非卽楊朱明甚。蔡氏所引許由與連叔之言，乃逍遙遊篇中申論「忘我」境界之寓言，而蔡氏引以證明莊子有「爲我」之思想，此誤解其義矣。莊楊思想如比較之，則楊子「爲我」，莊子「忘我」；楊子「無君」，莊子「存君」（見人間世篇）其見解各異，故蔡氏之論非是。

莊子姓名，考之其書，皆稱莊周。如齊物論曰「昔者莊周夢爲胡蝶，栩栩然胡蝶也，自喻適志與！不知周也。俄然覺，則蘧蘧然周也。不知周之夢爲胡蝶與，胡蝶之夢爲周與？周與胡蝶，則必有分矣，此之謂物化」。又如外物篇曰：「莊周家貧，故往貸粟於監河侯。」又如天下篇曰：「莊周聞其風而悅之。」其他除史記外，釋文序錄，漢志自注與呂氏春秋必己篇高誘注，皆謂莊子名周，則莊子姓莊名周，殆無疑矣。

二、籍貫考略

莊周之籍貫，異說紛紜。如：史記本傳曰：「莊子者，蒙人也。」司馬貞索隱引劉向別錄曰：「宋之蒙人也。」漢志自注亦曰：「名周，宋人。」呂氏春秋必己篇與淮南鴻烈解修務訓高誘注皆曰：「宋之蒙人也。」張衡髑髏賦曰：「吾宋人也，姓莊名周。」左傳莊公十二年曰：「宋萬弒閔公于蒙澤。」杜預注曰：「宋地也，梁國有蒙縣。」史記裴駰集解引地理志曰：「梁國蒙人。」釋文序錄曰：「梁國蒙縣人也」即本此。考呂氏春秋有始篇曰：「宋之孟諸」，高誘注曰：「孟諸在梁國睢陽之東南」。（按孟諸即蒙澤。）故馬敍倫莊子宋人考曰：「惟宋亡後，魏楚與齊爭宋地，或蒙入於楚，楚置爲蒙縣，漢則屬於梁國歟？莊子之卒，蓋在宋之將亡，則當爲宋人也。」綜觀以上所述，知蒙地本屬宋國，莊子卒於宋亡之前，則當爲宋人也。其地宋亡後而入於楚，後又歸於梁。後世稱莊子爲宋人、梁人、或楚人，皆因時代變遷，名稱更易之故也。

考讀史方輿紀要曰：「蒙城亦稱大蒙城，在河南歸德府東北四十里之地，左傳襄公二十七年宋公及諸侯之大夫盟於蒙門之外，即此地也。又有蒙澤，在府城東北三十五里。左傳莊公十二年，宋萬弒閔公於蒙澤，即此地也。」（卷五十引）此處未明言蒙城與莊子有關。今按水經汳水注曰：「汳水又東，逕蒙縣故城北，俗謂之小蒙城也。西征記：城在汳水南十五六里，即莊周之本邑也。爲蒙之漆園吏，郭景純所謂漆園有傲吏者也。悼惠施之後，杜門於此邑矣。」又讀史方輿紀要曹縣蒙澤城條下曰：「曹南山之陽，旁有蒙縣，又有漆園城。一統志：『在今縣西北五十里。』括地志：『漆園故城在冤句縣北十七里，莊周嘗爲漆園吏是也。』」（卷三十一引）史記正義亦曰：「括地志云：『漆園故城在曹州冤句縣北十七里』莊周爲漆園吏即此。按其城古屬蒙縣。」據此可知汳水南十五六里之小蒙城，與冤句縣北十七里之蒙澤，當同屬一地，此蓋莊周籍貫所在也。由於歷代地理區域變遷及後人所據資料不同，故記述互異。

三、年代考略

莊子之生卒年代，至今亦無定論。由於史記老莊申韓列傳僅謂莊子與梁惠王、齊宣王同時，故近人對莊子生卒年代之考證，意見紛紜。玆舉其要者，述之如下：

一、胡適曰：「大概他死時當在西曆紀元前二七五年左右。」（中國哲學史大綱）

二、黃方剛曰：「莊子秋水篇載公孫龍與魏牟談及莊子之學，魏牟極稱道莊子，夫以晚輩之公孫龍而得列名于莊子之書中，足知莊子之壽必甚長也。」（老子年代之考證，古史辨第四册）

三、馬敍倫曰：「周之生，在魏文侯武侯之世，最晚當在魏惠王初年……本書載宋王事，皆在其國强暴甚之際，亦適當趙文王時，意周不及見宋之亡者。」（莊子年表，莊子義證）

四、錢穆曰：「惠施卒在魏襄王九年前，若威王末年莊子年三十，則至是年四十九。若威王元年莊子年三十，則至是年六十。以此上推莊子生年當在周顯王元年至十年間，若以得壽八十計，則其卒在周赧王二十六至三十六年間也。」（先秦諸子繫年考辨八八）

五、胡哲敷曰：「吾以爲莊子之生，當在紀元前三八〇年左右，則梁惠王齊宣王之世，及楚使來聘之時，均爲莊子壯盛之年，於事或較近理，而終其宋亡之際（西元前二八六年）莊子爲九十歲左右的人，於理亦無不合。」（老莊哲學）

六、葉國慶曰：「他的朋友惠施做惠王相，他及看見……惠施何時做梁相呢？……必在中山君相後，張儀相前，紀元前三四三年至三二二年之二十年間……假定中間三三〇年莊子年三十，又假定他壽七十歲，則莊子約生于紀元前三六〇年左右，卒於二九〇年左右。」（莊子研究）

七、莊萬壽曰：「今先定楚聘之年，然後可推上下，楚威王在位十一年，其間任一年莊生皆應壯盛顯赫，且定威王元年莊子年三十；十一年王崩，年四十許，其生殆在魏惠王元年許（前三七〇年），馬氏年表亦起於此時。其卒，暫定於惠施卒後之十年間，卽前三一〇年至前三〇〇年間，享年六十餘。」（莊子學述）

以上胡適語焉不詳，缺乏論證。黃氏以公孫龍得列莊子書中推知莊子壽甚長，是誤秋水篇爲莊子自著也。馬氏考之最詳，而略有失誤，胡哲敷曰：「馬氏既認致楚聘必已三四十歲，而又把他生的時間性，放寬至五六十年（自文侯元年至惠王十年計六十四年），蓋彼以齊宣王元年，爲梁惠王九年（馬君所列年表不誤此處恐係大意）相差二十年，故計算上不免舛訛，然亦不應把生的時間性，放寬至五六十年。年表『莊子之卒，蓋在宋之將亡』，則莊子享年爲百二十歲，恐未必有如此高壽吧？」按馬氏以莊子諸篇之有關資料，多信以爲眞，故失之於博濫。錢氏之假設以楚威王元年或末（十一）年莊子年三十爲準，威王聘莊子不知何年，若末年莊子年三十，而在初年所聘，則莊子年僅二十許，年豈非太輕？胡氏雖修正馬氏之說，然仍泥於其莊子卒於宋之將亡之說，所謂「宋王皆在其國强暴甚之際」者，實乏確據。而年九十左右，亦失之於太長。葉氏說較合理，唯假定公元前三三〇年莊子年三十，則楚威王元年（前三三九年）莊子年始十九，十一年（前三二九年）年二十九，年亦太小（註二）。莊說雖亦合理，然其將莊子生年定爲魏惠王元年，尚須斟酌。

自來學者咸信史記所載莊子二事：㈠「與梁惠王、齊宣王同時」。㈡「楚威王、許以爲相」。前賢多以此爲推演莊子生卒之基本年代（楚聘之事，錢穆先生獨持「莊辛說」，然以孤證無力，莊萬壽先生指其證據脆弱。）史記所稱梁惠王卽魏惠王—魏罃，元年當爲周烈王六年（西元前三七〇年），馬夷初莊子年表據史記定惠王三十六年（西元前三三五年）卒，子襄王立。莊萬壽先生則據竹書紀年推算惠王在位五十二年，自周烈王六年至愼靚王二年（公元前三七〇年至三一九年）。雷學琪竹書紀年考證曰：「史記誤以魏襄王卒于此年（按卽愼靚王二年）。襄王之後，又誤增哀王一代，荀氏和氏（按卽荀勗與和嶠）據世本皆謂魏無哀王，蓋史遷誤以惠王之十六年爲襄王之世，以襄王二十三年爲哀王之世，因襄哀相似，故淆亂而增一代也。世本曰：『惠王生襄王嗣，襄王生昭王。』而趙世家謂哀王名嗣，可知史遷誤以襄名哀矣。」

按：依竹書紀年惠王在位五十二年，自周烈王六年至愼靚王二年（西元前三七〇年至三一九年）。齊宣王在位十九年，自周顯王二十七年至四十五年（西元前三四二年至三二四年）。楚威王在位十一年，自周顯王三〇年至四〇年（西元前三三九年至三二九年）。綜觀以上之年代，知此三王同時，其重疊部分爲十一年，卽楚威王在位之十一年，正値梁惠王、齊宣王在位期間，若以此作爲推算莊子之基本年代，甚爲合理。莊子之才學盛名，足爲楚聘，則其必爲盛壯之年，設若此時爲三四十歲，則以威王元年前推三十年（西元前三六九年）爲莊子生年。又設若莊子卒於七十餘歲，則以威王末年後推三十年（西元前二九九年）爲莊子卒年。如此則莊子約生於周烈王七年，西元前三六九年，約卒於周赧王十六年，西元前二九九年，享年七十一歲左右，亦甚爲近乎情理，雖不能確定楚威王聘莊子於何年，然則無關緊要也。

四、思想淵源考略

自古迄今，有關論及莊子思想淵源者，其重要之說有三：一曰宗老，二曰宗孔，三曰宗古。其他尚有主張源於諸子之學者，源於神仙家之學者，源於陰陽家之學者。然此等學說，非莊子精神所在，或於內篇中未嘗見，故略而不論。玆舉其要者，述之如下：

㈠宗老說

史記老莊申韓列傳論莊子思想淵源曰：「莊子者……其學無所不闚，然其要本歸於老子之言。……作漁父、盜跖、胠篋，以詆訾孔子之徒，以明老子之術。」歷來學者重視此說，多以爲莊子思想淵源於老子。自梁啟超、顧頡剛、馮友蘭、錢穆等諸位先生，就「思想系統」、「文字」、「術語」、「文體」等，證明老子一書乃戰國晚期作品，道德經不會出於戰國以前，老聃亦不與孔子同時，至是則莊子思想淵源於老子之說，轉而釀成至今未決之爭論。觀陸德明經典釋文序錄亦曰：「時人皆尚遊說，莊生獨高尚其事，優遊自得，依老氏之旨，著書十餘萬言，以逍遙自然無爲齊物而已。大抵皆寓言，歸之於理，不可案文責也。」蔡毅中之歸有光南華經評註序則曰：「莊子傳老氏之神」。又曰：「莊子者，老氏之忠臣。」唐玄宗尊老子爲玄元皇帝，更追尊莊書爲經，詔曰南華眞經，號其人爲南華眞人。凡此皆可見古人對莊子思想淵源之認識。再者如孔子問禮於老子，見於史記老莊申韓列傳，孔子世家及禮記曾子問，此史實班班可考，亦不能否認，是則莊子思想當淵源於老子矣。然而道德經出於莊書之後，或更後於呂氏春秋之說，亦是顛撲不破，故宗老之說所當討論者有三，玆分述如下：

一、老子之年代：葉國慶莊子研究曰：「我以爲秦以前的老子有兩人，而做道德經的是另外一人。禮記曾子問孔子問禮於老聃，這是一個老子。不二篇『老子貴柔』，天論篇『老子有見於詘，無見於信』，這又是一個老子。二人性格，完全不相同。到了史記，却把二個老子合成一個，史記記孔子向老子問禮，又記他訓孔子道『爲人臣者毋以有己』，又說他『無爲自化，淸靜自正。』不知他既倡言無爲，便不應言孔子向他問禮；既說孔子向他問禮，便不應說他無爲。史記算把這矛盾點揉合了，可是裏面還有二個老子。一個與孔子同時，一個與秦獻公同時。前一個老子，史記大概是根據禮記這一類的書寫下的，是個講究禮的人；後一個老子，卽是太史儋，這大概根據家譜寫下的，所以能把一代代的子孫名字都記下，這便是貴柔的老子。自從史記把二個人混爲一人，後代便分辨不淸，懷疑老子既是孔子的長輩，何以他的八代孫假得仕於漢孝文帝。我們若明白秦以前有二個老子，便無可懷疑了。」此說近是。關於老子之年代，林師景伊中國學術思想大綱曰：「莊子謂：以本爲精，以物爲粗，以有積爲不足，澹然獨與神明居，古之道術，有在於是者，關尹、老聃，聞其風而悅之。關尹之史實，雖不可詳考，老聃之世爲史官，蓋無可疑。或以老子爲關尹著書，考其年代，當在戰國之時，因謂道家之說爲後起。此蓋不明老子世爲史官，老耼、李耳、太史儋、老萊子，決非一人之故」是也。史記中所記之老子既非一人，則莊子內篇所見之老子先於莊子，戰國晚年之老子後於莊子。

二、道德經之著作時代：通常學者多以道德經之著作時代早於莊子書，然近世學者對此問題，意見紛紜。如錢穆先生謂道德經晚於莊子內篇，其論證之主要觀點有三：㈠孔墨言道，均淺近而質實，老氏所言獨玄妙。㈡孔墨言天乃是有人格者，而老氏所言者是自然之天。㈢孔氏言名乃是名分之稱，墨氏進而言名實，老氏則是以道言名。從思想系統之轉變而言，老子思想不應在孔墨之前。結論則是道德經晚於莊子內篇。（詳見其關於老子成書年代之一種考察。古史辨第四册。）又如顧頡剛先生發表「從呂氏春秋推測老子之成書年代」一文，謂道德經成書於戰國之末；或西漢之初。其言略謂：呂氏春秋作者引書，皆列舉其名。呂氏春秋著作時，老耼在學術界已有地位，作者亦知其人，然書中雖用老子之文，却始終不言取材于道德經。結論是：老子一書，非一人之言，亦非一時之作，而是由於若干時代積累而成。成書年代在戰國之末；或西漢之初。（見古史辨第四册）按錢顧二氏所論甚爲合理，道德經確非一人之言，亦非一時之作，其成書年代，當在戰國末期，晚於莊子內篇。

三、莊子與老子及道德經之關係：古今學者，多以莊子內七篇爲眞，而其中有所引老耼語，是則知莊子當受老耼思想之影響。例如：

㈠養生主篇曰：「老耼死，秦失弔之，三號而出。弟子曰：『非夫子之友邪？』曰：『然。』『然則弔者若此可乎？』曰：『然。始也吾以爲其人也，而今非也。向吾入而弔焉，有老者哭之，如哭其子；少者哭之，如哭其母。彼其所以會之，必有不蘄言而言，不蘄哭而哭者。是遯天倍情，忘其所受。古者謂之遁天之刑。』」

㈡德充符篇曰：「无趾語老聃曰：『孔丘之於至人其未邪？彼何賓賓以學子爲？彼且蘄以諔詭幻怪之名聞，不知至人之以是爲己桎梏邪？』老聃曰：『胡不直使彼以死生爲一條，以可不可爲一貫者，解其桎梏，其可乎。』」

㈢應帝王篇曰：「老聃曰：『明王之治，功蓋天下，而似不自己。化貸萬物，而民弗恃。有莫舉名，使物自喜。立乎不測，而遊於无有者也。』」

外篇中引用老子語者，亦所在多有。例如：

㈠天地篇曰：「夫子問於老聃曰：有人治道若相放，可不可，然不然。辯者有言曰：離堅白若縣寓。若是則可謂聖人乎？老聃曰：是胥易技係，勞形怵心者也。執留之狗成思，猿狙之便，自山林來。丘，予告若，而所不聞，與而所不能言。」

㈡天道篇曰：「孔子西藏書於周室，子路謀曰：由聞周之徵藏史有老聃者，免而歸居。夫子欲藏書，則試往因焉。孔子曰：善，往見老聃。而老聃不許。於是繙十二經以說。老聃中其說曰：大謾！願聞其要。孔子曰：要在仁義。老聃曰：請問仁義人之性耶？……噫！夫子亂人之性也。」

㈢天運篇曰：「孔子行年五十有一，而不聞道，乃南之沛見老聃。老聃曰：子來乎！吾聞子，北方之賢者也，子亦得道乎？孔子曰：未得也。」

(四)又：「孔子見老聃而語仁義。老聃曰：夫播糠眯目，則天地四方易位矣；蚊虻噆膚，則通昔不寐矣。夫仁義憯然，乃憤吾心，亂莫大焉。」

(五)又：「孔子見老聃歸，三日不談。弟子問曰：夫子見老聃，亦將何規哉？孔子曰：吾乃今於是乎見龍：龍，合而成體，散而成章，乘乎雲氣，而養乎陰陽。予口張而不能嗋。予又何規老聃哉？子貢……遂以孔子聲見老聃。……老聃曰：小子少進，余語汝三皇五帝之治天下。……是以天下大駭，儒墨皆起。」

(六)又：「孔子謂老聃曰：丘治詩書禮樂易春秋六經，……甚矣夫，人之難說也，道之難明邪！老子曰：幸矣子之不遇治世之君也。夫六經，先王之陳迹也，豈其所以迹哉？今子之所言，猶迹也。夫迹，履之所出，而迹豈履哉？」

(七)田子方篇曰：「孔子見老聃。老聃新沐。……孔子曰：夫子德配天地，猶假至言以修心。古之君子，孰能脫焉？老聃曰：不然。夫水之於汋也，无爲而才自然矣。至人之於德也，不修而物不能離焉。若天之自高，地之自厚，日月之自明，夫何修焉。孔子出，以告顏回曰：丘之於道也，其猶醯雞與？微夫子之發吾覆也，吾不知天地之大全。」

(八)知北遊篇曰：「孔子問於老聃曰：今日晏閒，敢問至道。老聃曰：汝齋戒，疏瀹而心，澡雪而精神，掊擊而知。夫道窅然難言哉！」

以上皆用寓言方式引用老聃語，外雜篇中，亦有引用道德經之文者。例如：

(一)胠篋篇曰：「故曰：魚不可脫於淵，國之利器，不可以示人。」——老子三十六章。

(二)又：「故曰：大巧若拙」——老子四十五章。

(三)又：「當是時也，民結繩而用之，甘其食，美其服，樂其俗，安其居，鄰國相望，雞狗之音相聞，民至老死而不相往來。」——老子八十章。

(四)在宥篇曰：「故貴以身於為天下，則可以託天下。愛以身於為天下，則可以寄天下。」——老子十三章。

(五)又：「故曰：絕聖棄知，而天下大治。」——老子十九章。

(六)天地篇曰：「且夫失性有五：一曰，五色亂目，使目不明；二曰，五聲亂耳，使耳不聰；三曰，五臭薰鼻，困惾中顙；四曰，五味濁口，使口厲爽；五曰，趣舍滑心，使性飛揚。」——老子十二章略同。

(七)達生篇曰：「是謂為而不恃，長而不宰。」——老子十章。

(八)知北遊篇曰：「夫知者不言，言者不知，故聖人行不言之教。」——老子二章，五十六章。

(九)又：「故曰：失道而後德，失德而後仁，失仁而後義，失義而後禮。」——老子三十八章。

(十)又：「故曰：為道者日損，損之又損之，以至於无為。无為，而无不為也。」——老子四十八章。

(十一)寓言篇曰：「老子曰，而睢睢盱盱，而誰與居？大白若辱，盛德若不足。」——老子四十一章。

(十一)天下篇曰：「老聃曰：知其雄，守其雌，爲天下谿；知其白，守其辱，爲天下谷。人皆取先，己獨取後。」——老子二十八章。

按：綜觀上文之舉例，可知莊子內篇所引老聃語，僅稱「老聃」之名，而未用道德經之文。如與今本道德經比較，其義同而文不同。不若外雜篇所引者，除寓言外，其文字多與今本道德經相同，足見內篇爲莊子所自著，時代較早。外雜篇爲其弟子，或後學者所作，時代較晚。

又按：老子世爲史官，其學術思想，固已流傳於道德經成書之前，亦流傳於莊子內篇之前，故老子道德經雖成書於莊子內篇之後，內篇仍可見其引用老聃語。莊子亦當受其內篇所見老聃思想之影響，而甚至可溯至孔子所見老子之影響矣。林師景伊曰：「老子爲周守藏史，殷柱下史，其世爲史官，已無可疑。以史官能參證歷史之故實，明乎治亂興衰之由，察乎成敗得失之故，故其立論，重於應世保身之道。世代相傳，而要旨相同。余嘗謂老子之稱，老蓋其姓，子乃尊稱，稱爲老子，亦猶今之稱人爲某先生也。老爲其姓，則其父可稱老子，其子及孫亦可稱老子，太史公所舉之老聃、李耳、太史儋、老萊子，皆老子也，然決非一人。蓋孔子問禮於老聃之老子，先於孔子；爲關尹著書之老子，則後於孔子。今道德經雖爲戰國時代之作，而其淵源，則由于周柱下史殷守藏史而來，不可因此遽謂道家爲後起也。」（見中國學術思想大綱）據此可知「孔子問禮於老聃之老子，先於孔子；爲關尹著書之老子，則後於孔子。今道德經雖爲戰國時代之作，而其淵源，則由周柱下史，殷守藏史而來。」老子之學，蓋亦如太史公之史學，爲家傳者。其學術思想，由先於孔子之老子，代代相傳，至戰國末期之老子，始著之成書，故莊子內篇未見其引用道德經之文，而外雜篇多引用之，由此可知莊子主要思想當淵源於其前之老子矣。

㈡宗孔說

自蘇軾以爲莊子尊孔，實陽擠而陰助之。後世學者多從其說，以致有謂莊子思想淵源於孔子者。

東坡之言曰：

「按史記：莊子著書……以詆訾孔子之徒，以明老子之術，此知莊子之粗者。余以爲莊子蓋助孔子者，要不可以爲法耳。楚公子微服出亡，而門者難之，其僕揉箠而罵曰，隸也不力，門者出之。事固有倒行而逆施者，以僕爲不愛公子，則不可，以爲事公子之法，亦不可。……故莊子之言，皆實予而文不予，陽擠而陰助之。其正言蓋無幾，至於詆訾孔子，未嘗不微見其意。其論天下道術，自墨翟、禽滑釐、彭蒙、愼到、田駢、關尹、老聃之徒，以至於其身，皆以爲一家，而孔子不與，其尊之也至矣。然予嘗疑盜跖、漁父，則若眞詆孔子者。至於讓王、說劍，皆淺陋不入於道。反復觀之，得其寓言之意，終曰：『陽子居西遊於秦，遇老子……其返也，舍者與之爭席矣。』去其讓王、說劍、漁父、盜跖四篇，以合於列禦寇之篇曰：『列禦寇之齊，中道而返曰：吾驚焉，吾食於十漿，而五漿先饋。』然後悟而笑曰，是固一章也。莊子之言未終，而昧者勦之以入其言。予不可以不辯。凡分章名篇，皆出於世俗，非莊子本意。」（見東坡全集莊子祠堂記）

按：蘇軾以爲天下篇乃莊子所自著，其論天下道術，「自墨翟、禽滑釐、彭蒙、愼到、田駢、關尹、老聃之徒，以至於其身，皆以爲一家，而孔子不與，其尊之也至矣。」故以爲莊子乃助孔子者，「莊子之言，皆實予而文不予，陽擠而陰助之。」據此說則莊子當宗孔而非宗老矣。其後古今學者，持此說者日多。如宋邵博於聞見後錄曰：

「楊氏爲我過於義，墨氏兼愛過於仁；仁義之過，孟子尚以夷狄遇之，誅之不少貸。同時有莊子者著書，自堯舜以下無一不毀，毀孔子尤甚，詩書禮樂刑名度數舉以爲可廢。其叛道害教，非楊墨二氏比也。莊子蒙人，孟子鄒人，其地又相屬，各如不聞，如無其人，何哉？唯善學者能辨之。若曰莊子眞詆孔子者，則非止不知莊子，亦不知孟子矣。」

按：此謂莊子雖然「自堯舜以下無一不毀，毀孔尤甚，詩書禮樂刑名度數舉以爲可廢。」然而非眞詆孔子者，實乃「陽擠而陰助之」，故孟莊不相非。此說似有可論者，如子張氏、子夏氏、子游氏，皆孔子門人之儒者，而荀子非之，不遺餘力。荀子非孟子，見於非十二子篇，其言曰：

「略法先王而不知其統，猶然而材劇志大，聞見雜博，案往舊造說，謂之五行。甚僻違而無類，幽隱而無說，閉約而無解，案飾其辭而祇敬之。曰：此眞先君子之言也。子思唱之，孟軻和之，世俗之溝猶瞀儒，嚾嚾然不知其所非也，遂受而傳之；以爲仲尼子游爲茲厚於後世，是則子思孟軻之罪也。」

按：觀此言可知荀子非孟子，在於二者學術思想互異之故。是以知不可能因莊子助孔，而孟子不非之。明王元貞莊子翼序曰：

「子輿之右漆園，猶大成之尊柱下，其不與吾道異也奚疑？」

陸樹芝莊子雪曰：

「南華者，以異說掃異說，而功在六經者也……因異說之至精者而更精之，由無爲而進於無知，無知而極於不自知其無知，使拘於墟者，更無可以炫其奇，而大觀於天下，則詹詹者皆廢矣。向使莊子而不爲放言高論，無以箝異說之口，而大饜好奇者之心，則以辨求勝者，方日出而日新，後世愛博之士，且將目不暇給，孰肯反而求之六經耶？此其所以自列於方術之內，似詆孔而宗老，實欲駕老以衞孔也。」

按：王氏之意，當謂莊子不與孔子之道異；陸氏謂莊子衞孔，「功在六經」，可知二氏皆謂莊子宗孔矣。考莊子刻意篇曰：

「夫六經，先王之陳迹也，豈其所以迹哉？今子之所言，猶迹也。夫迹，履之所出，而迹豈履哉？」

天道篇曰：

「桓公讀書於堂上，輪扁斲輪於堂下，釋椎鑿而上，問桓公曰：敢問，公之所讀者何言耶？公曰：聖人之言也。曰：聖人在乎？公曰：已死矣。曰：然則君之所讀者，古人之糟魄已夫！」

按：莊子以爲「世之所貴道者書也，書不過語，語有貴也。語之所貴者，意也。意有所隨，意之所隨者，不可以言傳也。而世因貴言傳書，世雖貴之哉，猶不足貴也。」（見莊子天道篇）故視六經皆糟粕，王氏謂莊子功在六經，非也。反對莊子宗孔之說者，亦有之，如晁子止曰：

「熙寧，元豐之後，學者用意過中，……以爲莊子陽訾孔子而陰尊焉，遂引而內之。殊不察其言之指歸：宗老耶？宗孔耶？既曰宗老矣，詎有陰助孔子之理也耶？……是何異開關揖盜？竊懼夫禍之過於西晉也。」（古史辨引）

兒島獻吉郎曰：

「蘇軾謂彼爲孔子系，曰陽擠而陰助，究爲文章家舞文之常習耳，無差別之莊周安有此苦心耶？」（莊子考）

按：此二氏皆以爲莊子當宗老而非宗孔矣。曰陽擠而陰助，究屬文章家舞文之常習，莊子豈有此苦心耶？又有南海康有爲作「孔子改制考」，謂莊生爲子夏再傳，其言曰：

「莊子學出田子方，田子方爲子夏弟子，故莊生爲子夏再傳，實爲孔子後學，其天下篇，徧論當時學術，自墨子、宋鈃、田駢、愼到、關尹、老聃、惠施，莊子亦自列一家；而皆以爲耳目鼻口，僅明一義，不該不徧，一曲之士，不見純體而裂道術。云鄒魯之士，縉紳先生能明之。縉紳是儒衣，鄒魯皆孔子後學，則古人非孔子而何？所以尊孔子者，云配神明，醇天地，育萬物，和天下，澤及百姓，明於本數，繫於末度，六通四闢，小大精粗，其運無乎不在。又開懷篇稱爲神明聖王，自古尊孔子，論孔子，未有若莊生者……。」（見吳康著莊子衍義引）

按：有關康氏之說，吳康曾論之曰：「康氏主孔子改制創教，爲制法之王，集大一統，非諸子如耳目鼻口僅明一義者所可及，故以莊子天下篇首古之人爲孔子，蓋以理想本型爲現實人格，非篤論也。」（吳康莊子衍義）又錢穆先生，謂莊生爲顏子之傳，其言曰：

「試就莊子書細加研尋，當知莊子思想實乃沿續孔門儒家。縱多改變，然有不掩其爲大體承續之痕跡者，故莊子內篇屢稱孔子，并甚推崇。」又曰：「……子游、子夏各有傳統，而莊子內篇，則時述顏淵，若謂莊子思想，誠有襲於孔門，則殆與顏氏一宗爲尤近。……今欲詳論顏氏思想，雖憾書缺有間，然謂莊周之學，乃頗有聞於孔門顏氏之風而起，則殊略可推信也。」

（見老莊的宇宙論）

按：有關錢穆之說，封思毅莊子詮言曾論之曰：「實則，莊子對於孔顏之道，涉歷則有之，承續恐未必盡然，試觀齊物論中，明言於儒墨之是非，兼所不取，可以爲證。且人間世篇卽有『孔子適楚，楚狂接輿遊其門，曰，鳳兮鳳兮，何如德之衰也……』之語，未並發揮道家『無用之用』之說。語近敎誨，亦失尊孔之意，非後學所當有（另，德充符篇中叔山無趾語亦然）。現在錢氏於該文之末，既持保留態度；暫視之爲一種新探討方向則可，未便持作定說。」

總之，莊子宗孔之說，實難令人信服，章炳麟於此評之曰：「以莊子爲子貢門人，蓋襲唐人率爾之辭，未嘗考實。以莊子稱田子方，遂謂子方是莊子師；斯則讓王亦舉曾原……將皆一一爲莊師矣。」（見章氏叢書、別錄二）按章氏此言，甚爲合理。

㈢宗古說

所謂宗古者，謂莊子承續自古代之思想也。此說起於莊子天下篇。其言曰：「芴漠無形，變化無常，死與生與，天地並與，神明往與！芒乎何之，忽乎何適，萬物畢羅，莫足以歸，古之道術有在於是者，莊周聞其風而悅之。」此「古之道術有在於是者」，語意籠統，不知所指何人。錢基博讀莊子天下篇疏記，以爲當歸本於老子之言。錢氏並以老莊之言，兩相比較，說明其間之關係，以見莊周「聞其風而悅之」者，卽老子之學。其言略謂：老子曰：「視之不見名曰夷。聽之不聞名曰希。搏之不得名曰微。此三者不可致詰，故混而爲一。其上不皦，其下不昧，繩繩不可名，復歸於無物；是謂無狀之狀，無物之象，是謂惚恍！迎之不見其首，隨之不見其後。」（老子第十四章）此「芴漠無形」之說也。老子曰：「孔德之容，惟道是從。道之爲物，惟恍惟惚。惚兮恍兮？其中有象。恍兮惚兮？其中有物。窈兮冥兮？其中有精。」（老子第二十一章）此「變化無常」之說也。老子所謂「孔德之容，惟道是從。」（老子第二十一章）所謂「道之尊，德之貴，夫莫之命而常自然。」（老子第五十一章）此「芒乎何之，忽乎何適」之說也。老子曰：「故曰大制不割。將欲取天下而爲之，吾見其不得已。天下神器不可爲也。爲者敗之！執者失之！故物或行或隨，或噓或吹，或强或羸，或挫或墮。」（老子第二十八章，第二十九章）又曰：「大道氾兮其可左右；萬物恃之生焉而不辭；功成不名有。衣養萬物而不爲主，常無欲可名於小；萬物歸焉而不爲主，可名爲大，以其不自爲大，故能成其大。」（老子第三十四章）此「萬物畢羅，莫足以歸」之說也。「古之道術有在於是者」，蓋莊周以自明其學之所宗也。

按：錢氏之說似有可論者，天下篇明言莊周不同於諸家之學，故將老莊道術，分別敘述，且無一言，論其一脈相承之關聯性。此「古之道術」，蓋謂自古相傳之道術，莊周之學雖歸本於老子，但此處未必如錢氏所言老莊盡同也。例如：吾人若視易經爲代表孔老以前討論宇宙人生之理者，則莊周之學，卽似有可能受其影響。

(四)結　語

史記老莊申韓列傳述莊子思想淵源曰：「其學無所不闚」，意謂莊子思想，淵源於百家之學。又曰：「其要本歸於老子之言」，意謂莊子之主要思想淵源於老子。今觀莊子內篇有所引老聃語，外雜篇多引道德經之文，知太史公之言是也。老莊之學，若比而觀之，實同中有異。所謂同者，乃指其形上學而言；所謂異者，老子爲帝王學，莊子爲心性修鍊之學也。孔莊之學實異中有同。所謂同者，乃指其方內之倫理觀；所謂異者，乃是孔子言人道，莊子言天道。例如人間世篇言及人倫者，謂以孝事親，以忠事君，此同於孔學之旨，然就莊子思想體系言之，如本體、宇宙、形上之論，順任自然，安於天命之人生觀，以及其方外之倫理觀，皆與孔學不同，故莊子思想淵源，實應歸本於老子之言。總之，一人思想之形成，有受前人及同時人之影響，且其人本身之天賦、性格、生活環境及時代背景等差異與焉，此乃屬必然者，固非步趨於一人一家之學，吾人之於莊子思想，亦當如是觀。

第二節　莊書篇數與版本考述

漢書藝文志諸子略曰：「莊子五十二篇。」陸德明經典釋文序錄曰：「漢書藝文志五十二篇，卽司馬彪、孟氏所注是也……司馬注二十一卷，五十二篇，內篇七、外篇二十八、雜篇十四、解說三。」此五十二篇與今本相較，內篇正如其數；外篇多出十三篇；雜篇多出三篇；解說三篇，爲今本所無，故漢志所記之莊子，較今本所存者，多出十九篇。至於校定莊子五十二篇，並區分爲內外雜者，蓋爲劉向父子。漢志曰：「書缺簡脫，禮壞樂崩，於是建藏書之策，置寫書之官，下及諸子傳說，皆充秘府。」日人武內義雄莊子考曰：「漢志所載莊子五十二篇……乃淮南王門下士所傳，後入於秘書，而被校讎。」班固漢書藝文志序曰：「成帝時，以書頗散亡，使謁者陳農求遺書於天下，詔光祿大夫劉向校經傳、諸子、詩賦……每一書已，向輒條其篇目，撮其旨意，錄而奏之。會向卒，哀帝復使向子侍中奉車都尉歆，卒父業。」是以知莊子蓋經劉向父子之所整理也。

據釋文序錄所載莊子注釋中，其版本可考者有五，除郭象注本外，其餘四種已佚，僅可識其大略而已（註三），玆述之如下：

一、崔譔注本

凡十卷二十七篇，計內篇七、外篇二十，而缺雜篇及解說。崔氏注本今亡。此本較漢志少二十五篇，較今本少六篇。隋志無之，又見於新、舊唐志，殆隋志失錄歟？抑佚於唐而又復出歟？唐志以後，不見於著錄。

二、向秀注本

凡二十卷二十六篇。（或作二十七篇、二十八篇）亦無雜篇及解說，有音三卷；今亡。向秀傳見晉書卷四十九。世說新語文學篇曰：「秀都無注述，唯好莊子，聊因崔譔所注，以備遺亡。」又曰：「向秀於舊注外，爲解義，妙析奇理，大暢玄風。惟秋水、至樂二篇未竟，而秀卒。」是向秀注本乃根據崔譔注本，於其所未明者，而加以發揮也。疑作二十八篇者是足本，作二十七篇者，或是除敍目一篇，作二十六篇者，或是除未竟之秋水、至樂兩篇也。崔本之亡，殆因向注行而崔注遂廢歟？（說見蔣伯潛諸子通考）

三、司馬彪注本

凡二十一卷、五十二篇，爲內篇七、外篇二十八、雜篇十四、解說三，又附音三卷。司馬彪傳，見晉書卷二十八。隋書謂十六篇，注云：「本二十一卷，今闕。」兩唐志又錄爲二十一卷。當是隋末時有闕失，後又得足本。日本「現在書目錄」記二十卷，其爲彪注二十一卷少一卷？或者兩唐志及釋文所錄，兼數卷目爲一卷歟？抑「現在書目錄」二十字之下，脫去「一」字歟？未能詳矣。釋文分計篇數，云解說三，蔣伯潛諸子通考以爲「似司馬彪注本別爲三卷；五十二篇中，莊子本文僅四十九篇而已。」張成秋莊子篇目考曰：「解說乃指淮南王莊子略要、莊子后解等論莊子之文，編入五十二篇莊子書中。」

四、郭象注本

凡三十三卷三十三篇，爲內篇七、外篇十五、雜篇十一、並附音一卷，今存，惟今本改作十卷。郭象傳見晉書卷四十九、世說新語文學篇。此本隋志作三十卷、目一卷，兩唐志作十卷。今本皆十卷三十三篇。日本「現在書目錄」仍作三十三卷。蔣伯潛諸子通考曰：「今存莊子卽此本。但檢其注，讓王篇、盜跖篇僅各三條，漁父篇僅一條，說劍篇完全無注。此七條之注，亦與他篇注例不同。豈此四篇之郭象原注已亡，此七條乃後人所補歟？」又曰：「司馬彪、崔譔、向秀、郭象確皆西晉人。孟氏列於四人之間，度亦晉人。」

五、孟氏注本

孟氏不詳何人，據梁志（隋志引）孟氏注十八卷，錄一卷，隋唐以後不錄，釋文亦絕不引之，則其佚已久，陸氏當不及見矣。但釋文序錄云：「漢書藝文志莊子五十二篇，卽司馬彪孟氏所注是也。」則其經本，當與司馬彪本同。呂氏春秋必己篇注云：「莊子名周，宋之蒙人，著書五十二篇，名之曰莊子。」自漢至晉之莊子，皆爲五十二篇本，似皆由內篇七、外篇二十八、雜篇十四、解說三所構成。（說見張成秋莊子篇目考）

按：莊子版本，由漢書藝文志諸子略所載五十二篇本，演變爲今本三十三篇，其間經過如何？武內義雄述其歷程，甚爲精要，其言略謂：㈠漢志所載莊子五十二篇，（由內七、外二十八、雜十四、解說三而成），乃淮南王門下士之所傳，後入於秘書，而被校讎。其內篇是輯其近於莊周之本眞者；其外篇是輯其後學之說，及與內篇重複，而異文字者；雜篇是雜載短章逸事；解說似是淮南王門下士之解釋莊子者，是爲司馬彪注及孟氏所據之舊本。㈡晉崔譔刪修五十二篇爲二十七篇，而爲之作注。此本內篇七，略襲司馬彪本之舊，間有移外雜篇之文於內篇中，又散入解說之辭於篇內，以便觀覽。其外篇二十，據援引於陸氏釋文中崔說之存否而推測之，則爲駢拇、馬蹄、胠篋、在宥、天運、繕性、秋水、至樂、達生、山木、知北遊、庚桑楚、徐无鬼、則陽、外物、寓言、盜跖、列禦寇、天下等二十篇是也。向秀所注，卽屬此本。㈢郭象所注三十三篇，主要是襲向秀本，間有從司馬彪本而補之。卽其內篇七篇，是全襲向秀本，故載其解說之語，及重複之文章，而不與司馬彪本同。其外篇十五及雜篇十一之中，爲崔向本所無者，有天道、刻意、田子方、讓王、說劍、漁父等篇。而在其本於崔向本諸篇中，亦有崔向二家所不取，而郭象附益以短章逸事者，此等部份，想是崔本所無，而從司馬彪本以補足之也（註四）。此說可從。（武內義雄之說詳見張心澂僞書通考七三〇頁所引。）

第三節　莊書各篇眞僞考辨

莊子一書，至晉始有注解，唯郭象注本獨傳。陸德明釋文序錄謂郭象之注，特會莊生之旨，其言曰：「莊生宏才命世，辭趣華深，正言若反，故莫能暢其弘致。後人增足，漸失其眞。故郭子玄云：『一曲之才，妄竄奇說。若閼弈意修之首，危言游鳧子胥之篇，凡諸巧雜，十分有三。』漢書藝文志莊子五十二篇，卽司馬彪、孟氏所注是也。言多詭誕，或似山海經，或類占夢書，故注者以意去取。其內篇衆家並同，自餘或有外而無雜。唯子玄所注，特會莊生之旨，故爲世所貴。」郭象所謂「一曲之才，妄竄奇說」者，旣已刪去，則今之所存，郭象皆視之爲眞。

蘇軾始疑莊書中有非莊子所作者，其後疑之者日多。如焦竑以內篇爲眞。其焦氏筆乘曰：「內篇斷非莊生不能作，外篇雜篇則後人竄入者多。」胡哲敷亦以內篇爲眞。其老莊哲學曰：「除內七篇確爲莊子手筆外，外篇雜篇就有很多是莊子弟子，或莊子學派的學者所爲。」羅勉道則以爲刻意、繕性兩篇膚淺非眞。其道藏本南華眞經逍遙遊篇注曰：「莊子五十二篇，郭象固已辨其巧雜，十分有三。今所存卅三篇，東坡蘇氏又黜讓王、盜跖、說劍、漁父，而以列禦寇接寓言之末，合爲一篇，其說精矣！然愚尚謂刻意、繕性，亦復膚淺非眞，宜定爲廿六篇。」鄭瑗則以爲莊子非一手所爲。其井觀瑣言曰：「竊意但其內七篇是莊氏本書，其外、雜篇等廿六篇，或是其徒所述，因以附之。大抵莊子非一手所爲也。」劉咸炘謂內篇似莊子自著，外雜篇則是師徒之說混焉。其言曰：「大抵內篇似所自著，外雜則師徒之說混焉，凡諸子之書皆然。莊徒編分內外，固已謹而可別矣。外雜之非自著，不特文勢異，義之過放，亦可徵。大抵有徒之說，有徒述其言，有莊子述古事，故純駁當別。凡外雜稱夫子曰，皆指莊子，昔人以爲老孔，非也。王夫之姚鼐皆疑外篇不出莊子，是不知諸子書不別師徒之說故也。凡其述老孔語，不盡寓言，必有所受；但著之竹帛，不無失眞，故文勢不似老子論語。莊徒述莊，更不待論。又或述昔說而後加說，後人誤以加說爲昔語，又兼有夸尊莊道者，亦其徒所記。」（見萬有文庫內陳柱著老子與莊子引）吳世尙謂外雜二篇，不純乎莊子之筆。其莊子解曰：「外雜二篇，不純乎莊子之筆，或門人附入，或後人僞托。」梁啟超則確認內篇是莊周所作，外篇乃後人注解莊周之書。其言曰：「莊子一書，內篇是莊周所作，外篇乃後人注解莊周之書。抄書的抄了內篇，又把注解一併抄下，統名之爲莊子。但是內篇外篇內容文體俱不相同，一見可以瞭然，絕不能認爲出自一人之手。如認內篇爲正文，則外篇雜篇必爲注解。如認外篇雜篇非注解，則外篇雜篇必爲後人所僞托。總之，不是莊周所作的東西。」（見古書眞僞及其年代）胡適則以爲內七篇大致皆可信，外雜篇不可信。其中國古代哲學史曰：「內七篇大致皆可信，但有後人加入。外篇雜篇便不可信。卽如胠篋篇言田成子十二世有齊國，自田成子至齊亡時，僅十二世，（此依竹書紀年若依史記則但有十世）可見此篇決非莊子自作。至於讓王、說劍、盜跖、漁父諸篇，文筆極劣，全屬假託。此二十六篇中，至少十之九皆僞。大抵秋水、庚桑楚、寓言三篇，最多可靠資料。天下篇乃絕妙的後序，卻決非莊子自作。餘篇殆皆由後人雜湊與僞造者。」

按：所謂「僞造」，應指其書已亡，後人僞作以代之。如其弟子所記；或其私淑者所爲，不違其旨，而附益者，蓋未可以「僞造」視之也。馬敍倫莊子義證序曰：「夫古人書，不必皆己作，其弟子所記，或其私淑者所爲，不違其旨，而附益者，苟在成帝求書前已然者，蓋未可以其書亡而後人僞作以代之，如鶡子、列子、鄧析、尹文者視之也。且莊書果孰出於莊子所親撰，無論也。遷稱其書十餘萬言，今三十三篇固不及此數，而前人乃謂駢拇、馬蹄、胠篋、繕性、刻意、盜跖、讓王、說劍、漁父，皆僞作，是將去其三之一也，摘其僞必有所論，苟無事據可依，而以意必之辭，未可信也。如說劍義既無取，辭又不倫，比駢拇、馬蹄、盜跖且不類，雖司馬本已有之，或非漢志之舊。自餘惟讓王有綴緝之迹，然其用字尚與全書相稱。今本既非漢志之舊，未易必其出於遷以後人所爲。」此說甚爲合理。

古今學者多以內篇爲莊子所自著，外雜篇爲後人所作，內篇爲眞，外篇爲僞，實則莊書非一人一時之作。劉汝霖曰：「莊子一書，不止莊子一人之思想，包括自莊子以至淮南王時之道家思想。……研究莊子，應視作自莊子至淮南王時道家思想之總集，非一人亦非一時之思想。」（見周秦諸子考）此見解精闢，識力卓越。至於莊子書之眞僞，由於書中多寓言，且其文字諔詭，頗難考定。顧頡剛曰：「莊子的眞僞要去明白它確是很難，因爲它的文字太『諔詭』了，不容易摸出一個頭緒來。」（見古史辨第一册第二八四頁）以余之見，內篇爲莊子自著，而其中亦有後人摻雜之文字，吾人應視之爲「莊子思想」。外篇雜篇，或爲莊子弟子所作；或爲後世學莊者推衍莊義；或爲後人所增補；或爲後人所誤竄。除其誤增誤竄者外，皆含有莊子思想，吾人應視之爲自莊子後，至淮南王時，道家學莊者之「莊學論文」總集。玆將今本莊書三十三篇之眞僞，分篇考證如下：

一、內　篇

逍遥遊第一

本篇是莊子之中心思想，甚爲可信，當爲莊子所自作。所謂逍遙遊者，有至人、神人、聖人之逍遙；有通人、常人之消遙；有萬物之逍遙。至於逍遙之極致，則以無待爲最上；其有不能達此，而各適其性者，亦得逍遙之一術，以遊乎世者也，特境界有所不同耳！故郭象注曰：「夫小大雖殊，而放於自得之場，則物任其性，事稱其能，各當其分，逍遙一也。」此篇雖爲莊子宗旨所寄，然猶有後人加入之語，或因後世傳抄之誤，而有錯簡現象。故葉國慶莊子研究曰：「逍遙遊言梁惠王貽惠施大瓠，文當作於惠施相梁之後。」又如「大鵬圖南」句，前後兩見，似爲章句之重複。「往見四子」句，陸德明音義引司馬氏曰：「王倪、齧缺、被衣、許由。」按本篇無齧缺、被衣、王倪事。三子事見于齊物論及應帝王。疑司馬彪本逍遙遊本有此三子，申論「至人無己、神人無功、聖人無名」之義。今本錯亂而誤入齊物論及應帝王兩篇，不然堯見四子於藐姑射之山，此四子則少其三人也。

齊物論第二

莊學之要旨，在通齊物而逍遙。莊書之義理，多由此二篇之推演，始能得其圓融。章太炎有齊物論釋，林公鐸有釋齊物論，古今賢哲探究齊物論者，多以此篇爲莊子所自著。

近人傅斯年以爲齊物論乃愼到所作，（見民國二十五年中央研究院史語所集刋第六本題爲「誰是齊物論的作者」）其理由如下：㈠齊物論在莊書中獨成一格，其文詞曲折幽眇，不似他篇之昭朗翺翔。㈡思想决然無主，不似他篇之睥睨衆家。㈢莊子天下篇舉愼到之學說「棄知去已」、「舍是與非」、「塊不失道」等義，與齊物論思想相合，而「齊萬物以爲首」一語，尤同於篇名。㈣莊書獨以此篇名「論」，在愼到、荀況、呂不韋之前，亦未聞以論名篇，而史記孟荀列傳曰：「愼到著十二論」，則齊物論乃愼到所著十二論之首也。其後吳康作「莊子齊物論作者辨」，反對傅氏之說，其理由爲：㈠莊周愼到同主自然之說，而內容趣致不同，莊子自然本相，休乎天鈞，是非兩行，萬物一體，此齊物論之中心思想。愼子則尙法重勢，以勢位推行法令，不賴賢智，使法勢成爲齊萬物之準。㈡愼子十二論已佚，篇名亦未著列，不可據「齊萬物以爲首」一語，斷其爲十二論之首篇。㈢莊書雖齊物外，無以「論」名篇，亦不能遽斷其非莊生作也。㈣齊物文詞內容，左右屈信，可隨人爲說，尤不易據是以辨齊物與他篇之異同也。（見錫園哲學文集）

按：今觀齊物論之要義，如：「吾喪我」、「物化」、「存其眞君」、「休乎天鈞」、「是非兩行」、「萬物與我爲一」、「止其所不知」、「遊乎四海之外」、「忘年忘義」等，皆合於莊子思想，當爲莊子所自著，其與愼子學說比較，實大相逕庭。人情萬變，而法不變，故愼子齊萬物者，齊之以法。物論無常，而道有常，故莊子齊萬物者，齊之以道。兩者異同所在，不可不察也。

又按：本篇第八段「道未始有封」下，釋文引崔云：「齊物七章，此連上章，而班固說在外篇。」故武內義雄曰：「今本雖與崔本同，然班固說在外篇，則漢時莊子經本，此條當在外篇矣。今檢陸氏音義，自『夫道未始有封』以下，至『故曰辯也者有不見也』一一五字，陸氏但引證於崔譔音及李音而已，絕不引司馬彪本，則司馬彪本亦與班固所見本同，此一一五字當在外篇。」（見莊子篇目及眞贋考）是以今本齊物論之篇次，或非漢代之舊也。

養生主第三

本篇主旨在言養生之道。首段謂順應自然法則，可以保身、全性、養親、盡年。次段以解牛比喻養生。三段以安於殘廢比喻養生。四段以澤雉不入樊籠比喻養生。五段以達觀死生爲養生之最高理解。末段以薪火相傳說明形體與精神之關係，吾人形體雖然有盡，而精神可永垂不朽。此與莊學要義相合，當爲莊子所自著。

人間世第四

本篇向來爲人視爲眞品，唯葉國慶莊子研究，以人間世篇爲僞作，其言略謂：㈠體裁不類：內篇諸篇中，皆有議論，有譬喻——亦可謂之故事，而人間世全篇只是七段故事之組合。㈡意義不連貫：第四第五第六章，皆喻不才之物得以自全，與上文之意不連串。第四第五章，一言社樹，一言大木，又是重複。末段楚狂譏孔子不知進退，又與上段意不合。蓋第一第二段仲尼爲一明道之人，在末段忽變爲一暗昧之人，前後自相矛盾。㈢思想不類：「古之至人……何暇至於暴人之所行」一段，與逍遙遊「至人無己，神人無功，聖人無名」云云不合。其句似脫自大學：「是故君子有諸己，而后求諸人，無諸己而后非諸人，所藏乎身不恕，而能喻諸人者，未之有也。」又：「仲尼曰：子之愛親命也……」一段，純爲儒家口吻，而全篇文筆，亦板而滯，不似逍遙遊齊物論。㈣抄襲：「孔子適楚……殆乎殆乎，畫地而趨」一段，乃衍論語微子篇而成者。莊子乃洸洋自恣之人，豈屑循人畦徑哉，可見此文非眞。

按：

㈠葉氏謂內篇諸篇中皆有議論，有譬喻——亦可謂之故事，而人間世則否。其實不然，細觀此篇第一段（葉氏稱章）是「顏回見仲尼請之衞事」，其義在以此故事，譬喻（隱喻）虛心以化物之意。第二段是「葉公子高使齊事」，其義在以此故事，譬喻虛心以順命之意。第三段是「顏闔問蘧伯玉事」，其義在以此故事，譬喻正身順物之意。第四段是「匠石見社樹事」，此故事中以匠石與弟子對話方式，表達議論，以見無用爲大用之意。第五段是「南伯子綦見大木事」，其義在舉例譬喻，以明不材爲大祥之意。第六段是「支離疏事」，其義在以此故事爲譬喻，說明支離其德，可逍遙人間之世。第七段是「孔子適楚事」，其義在以此故事，說明忘物以免害。第八段爲全篇之結論，歸結於無用以盡年。總上所論，知人間世篇中，有故事，有議論，有譬喩。其與他篇所異者，在表達議論之方式不同而已。

㈡第四第五第六段，此乃舉三例，譬喻不才之物得以自全，故第七段申論忘物以免害之意，第八段歸結於無用以盡年。意義無不連貫，此蓋卮言之例。第一第二段仲尼爲一明道之人，在末段忽變爲一暗昧之人，前後矛盾者，莊子書中或揚孔，或抑孔，隨文而發，絕無定規。此假借孔子之名以寄意，寓言之例也。

㈢葉氏謂「思想不類」，其理由不足。所謂「『古之至人，先存諸己，而後存諸人，所存于己者未定，何暇至於暴人之所行』，此意與逍遙遊『至人無己，神人無功，聖人無名』云云不合」者，此不知至人、神人、聖人，有「與天地精神往來」之一面，亦有「不譴是非，以與世俗處」之一面，故天下篇曰：「上與造物者遊，而下與外死生無終始者爲友。」本篇爲人間世，自當討論處世之道。所謂「『仲尼曰……子之愛親命也，不可解於心。臣之事君義也，無適而非君也，無所逃於天地之間，是之謂大戒。是以夫事其親者，不擇地而安之，孝之至也；夫事其君者，不擇事而安之，忠之盛也。』……純爲儒家口吻」者，此不知孝親與忠君二事，既無所逃於天地之間，自當虛心以順命。此莊子思想與儒家所同者。儒道兩家，皆淵源於中國傳統文化，其所異者，僅彼此取舍之立場不同而已。如論語，乃儒家之經典，然而其中有些言論，看來卻純爲道家口吻。玆舉例如下：

子曰：「無爲而治者，其舜也與！夫何爲哉？恭己正南面而已矣！」（衞靈公）

子曰：「君子矜而不爭，羣而不黨。」（衞靈公）

曾子曰：「以能問於不能，以多問於寡，有若無，實若虛，巍巍乎舜禹之有天下也，而不與焉！」（泰伯）

子曰：「君子不器。」（爲政）

子曰：「吾有知乎哉？無知也。有鄙夫問於我，空空如也，我叩其兩端而竭焉。」（子罕）

子絕四：「毋意，毋必，毋固，毋我。」（子罕）

子曰：「回也，其庶乎，屢空。」（顏淵）

子曰：「聽訟，吾猶人也，必也使無訟乎？」（顏淵）

季康子患盜，問於孔子，孔子對曰：「苟子之不欲，雖賞之不竊。」（顏淵）

子曰：「予欲無言。」子貢曰：「子如不言，則小子何述焉？」子曰：「天何言哉，四時行焉，百物生焉，天何言哉！」（陽貨）

觀以上諸例中，其「無爲」、「不爭」、「有若無」、「實若虛」、「不器」、「無知」、「毋我」、「屢空」、「無訟」、「不欲」、「無言」等，純爲道家口吻，吾人當不可謂論語此諸篇乃僞作。

(四)莊書如引用論語之言以寄意，此乃重言、寓言之例，不可謂之抄襲。

德充符第五

德充符是莊子道德論。天地篇曰：「通於天地者德也，行於萬物者道也。」是道德之義，在順應天理，率性而行。本篇主旨在說明：德充而物聚，忘形以安命，故曰：「德有所長，而形有所忘。」馬蹄篇曰：「道德不廢，安取仁義；性情不離，安用禮樂？」據此知莊子之所以排斥仁義禮樂，乃是因其宗道而貴德也。凡能游心於德之和者，卽是純眞至善，充實而有光輝。本篇可分爲六段。前五段爲分論，舉證忘形而全性者，以爲德充之驗。第六段爲結論，歸結於不以好惡內傷其身，常因自然而不益生。

唐蘭曰：「德充符魯有兀者叔山无趾一章，……兩『孔子曰』可疑，但或屬錯誤。」（老聃的姓名和時代考）李師勉曰：「末章不爲莊子手筆，疑爲續莊子者所爲，蓋莊子爲文，從不自稱莊子。」（莊子總論及分篇評注）

按：本篇第三段述叔山无趾與孔子對話，主旨在說明全德者不立異名。故譏孔子「以諔詭幻怪之名聞，不知至人之以是爲己桎梏邪」，又曰「胡不直使彼（孔子）以死生爲一條，以可不可爲一貫者，解其桎梏」，歸結於「天刑之，安可解？」此純屬莊子思想。本篇末段主旨，言人之不以「好惡內傷其身，常因自然而不益生」，此亦屬莊子思想，故德充符當爲莊子所自著。

又按：本篇第三段，兩稱「仲尼」，兩稱「孔子」，兩稱「夫子」，一稱「孔丘」，一稱「丘」，其稱謂不統一，疑爲傳抄者筆誤所致。李師勉以爲「末章不爲莊子手筆」是也。蓋莊子爲文不宜自稱莊子，此章疑爲其弟子所續，猶係莊子之思想也。

大宗師第六

釋德清曰：「道全德備，渾然大化，忘己、忘功、忘名，其所以稱至人、神人、聖人者，必若此乃可爲萬世之所宗而師之者，故稱之曰大宗師。」（見莊子內篇憨山註）內聖之學，至此爲極則，此篇當爲莊子所自作。本篇全文可分爲十段。前三段論「眞人」與「道」，可稱之爲總論。後七段爲例證，可稱之爲分論。總論中第一段論眞人之「眞知」及其「境界」。第二段論眞人與大化同流。第三段論道體及眞人得道後之永恆性及無限性。分論中，分別舉例爲證。第四段舉例說明學道之進程。第五段舉例體認死生存亡之一體。第六段舉例比較「方外」、「方內」之異，體悟明乎方外而共行於方內之道。第七段舉例說明如何順化以入道。第八段舉例說明如何遊心於道。第九段舉例說明如何離形去智，同於大通。第十段舉例說明何以安於自然之變化。

始疑本篇部分非莊子自作者爲唐蘭，民國十八年唐氏發表「老聃的姓名和時代考」一文，其言曰：「內篇人間世、德充符、大宗師，對孔子皆稱仲尼，獨大宗師子桑戶死一章稱孔子，可見此章乃另一人作。道家之莊子，似不應如儒家稱孔子爲孔子，稱仲尼者反近乎情，則子桑戶死一章，恐非莊子原文。但德充符叔山无趾章有兩『孔子曰』，同時亦稱仲尼，則似傳寫之誤。」聞一多以爲自「若然者，其心志，其容寂」至「而不自適其適者也」凡一百一字，乃莊子後學之言，錯入本篇。其言曰：「案自篇首至『天與人不相勝也，是之謂眞人』，中間凡四言『古之眞人』，兩言『是之謂眞人』，文意一貫，自爲片段。惟此一百一字與上下詞旨不類，疑係錯簡。且『聖人之用兵也，亡國而不失人心』，寧得爲莊子語？可疑者一也。務光事與許由同科，許由者逍遙遊篇既擬之於聖人，此於務光乃反譏之爲『役人之役，適人之適，而不自適其適者』，可疑者二也……『利澤施於萬世』又見天運，『適人之適，而不自適其適者也』又見駢拇，並在外篇中。以彼例此，則此一百一字，蓋亦莊子後學之言，退之外篇可耳。」（莊子內篇校釋）近人施天侔著莊子疑檢，則說『夫道有情有信』至『而比於列星』一節，爲神仙家言，非莊周之學。

按：子桑戶死一章，因稱仲尼爲孔子，而唐蘭以爲此章非莊子原文。又謂「德充符叔山无趾章有兩『孔子曰』，同時亦稱仲尼，則似傳寫之誤。」顯見無從自圓其說。聞一多所言者，理由亦不足。莊子言「聖人之用兵也，亡國而不失人心」，並無可疑之處。此乃述說聖人用兵之觀念，而非莊子主張用兵。齊物論曰：「昔者堯問於舜曰：我欲伐宗、膾、胥敖，南面而不釋然，其故何也？」舜曰：

「夫三子者猶存乎蓬艾之間，若不釋然何哉？昔者十日並出，萬物皆照，而況德之進乎日者乎！」此乃舜勸堯應寬大容物，普施其仁，不必伐此三國。人間世曰：「昔者堯攻叢枝、胥敖，禹攻有扈，國爲虛厲，身爲刑戮，其用兵不止，其求實无已。」此言叢枝、胥敖、有扈，因其用兵不止，求實无已，故國爲虛厲，身爲刑戮。由此可見，莊子未曾主張用兵。許由、務光事，乃寓言之例。莊子書中，託言許由、務光之名以寄意，故可將許由擬之於聖人，而譏務光爲「役人之役，適人之適，而不自適其適者」，並無可疑。外雜二篇，皆闡發內七篇之意，本有主從關係，故莊書中之文句，內外篇兩見者，亦無可疑。本篇自「夫道有情有信」至「而比於列星」一節，施天侔以爲神仙家言，非莊周之學，亦非篤論。此乃言大道之妙用，雖大道無形無象而爲萬物之根本，其立意來自老子。老子三十九章曰：「天得一以清；地得一以寧；神得一以靈；谷得一以盈；萬物得一以生；侯王得一以爲天下貞。」是以知此節非神仙家言，而爲莊子之學。

又按：自「泉涸」至「不如兩忘而化其道」六句，與上下文不甚相連貫，疑爲錯簡；自「夫大塊載我以形」至「乃所以善我死也」六句，又見後子祀章，蓋爲錯簡重出。

應帝王第七

應帝王者，乃莊子之政治論，當爲莊子所自作。莊子學說，爲內聖外王之道：內聖者體道修身也；外王者施德爲政也。莊子內七篇，前六篇言內聖之道，應帝王則爲外王之方。其理想政治，乃是無爲而治，能「無爲」，則無所不爲也。本篇可分爲七段，前五段分論帝王治術及帝王修養；第六段爲結

論，說明「體盡无窮，而遊无朕」之義。第七段爲申論，申說明王之治，不任智巧。（詳見拙著莊學研究）

二、外　篇

駢拇第八

前賢多以駢拇以下四篇釋老子義，或因陳義淺近，而疑其非莊子自著，如：吳澄曰：「莊生書瓌瑋參差，不以觭見之。唯駢拇、胠篋、馬蹄、繕性、刻意，五篇自爲一體，其果莊氏之書乎？抑周秦間文士之所爲乎？未可知也。」（莊子內篇訂正）蘇輿曰：「駢拇下四篇，多釋老子之義。周雖悅老風，自命固絕高，觀天下篇可見。四篇於申老外，別無精義，蓋學莊者緣老爲之，且文氣直衍，無所發明，亦不類內篇汪洋俶詭。」（莊子集解引）葉國慶曰：「此篇陳義淺近，末段『余愧乎道德，是以上不敢爲仁義之操，而下不敢爲淫僻之行也』云云，是莊子爲一拘謹守法之人矣，與內篇不類。」（莊子研究）觀本篇大義，言臧其德而任其性，保其眞而全其天，其旨合乎內篇養生主所論養生之道，故王夫之以爲與養生主篇「緣督以爲經」相近。其言曰：「駢拇乃『爲善無近名，爲惡無近刑』之旨，其言『至正』，言『常然』，亦與『緣督爲經』相近。而徒非斥仁義，究無獨見之精。」（莊子解）唯李衷一以爲莊子宗旨，全在此篇，其言曰：「駢拇篇，以道德爲正宗，而以仁義爲駢附，正好與老子失道而後德，失德而後仁，失仁而後義參看，莊子宗旨，全在此篇。」（南華眞經三註大全）

按：此篇雖不類內篇之洸洋諔詭，亦不違漆園之意，當爲莊子後學所作。

馬蹄第九

此篇所論者，乃無爲自化，清靜自正之理。其大義亦在全性保眞，因其固然，依乎天理，而不以人害天，故林希逸認此篇爲莊子自著。其言曰：「馬蹄篇便是箇長枝大葉處，故或者以爲非莊子所作，卻不然。」（莊子公義）林雲銘亦認此篇爲莊子所作，其言曰：「馬蹄篇自首至末只是一意，其大旨從上篇，『天下有常然』句生來，莊文之最易讀者。然其中體物類情，筆筆生動，或以爲意不多而詞費，疑爲擬莊者所作，恐他手未易到此也。」（莊子因）姚鼐卻以爲此篇非莊子之文，其言曰：「馬蹄、胠篋及在宥之首二章，皆申老子之說，然非莊子之文。」（莊子章義）

按：本篇大旨與內篇應帝王相應，當爲莊子後學所作。

胠篋第十

焦竑曰：「之噲讓國在孟子時，而莊文曰，昔者陳恒弑其君，孔子請討。莊子身當其時，而胠篋曰，陳成子弑其君，子孫享國十二世。卽此推之，則秦末漢初之言也。豈其年踰四百歲乎？曾史盜跖與孔子同時，楊墨在孔後孟前，莊子內篇三卷未嘗一及五人，則外篇雜篇多出後人可知。又封侯宰相等語，秦以前無之，且避漢文帝諱，改田恒爲田常，其爲假託尤明。」（焦氏筆乘）

按：

焦氏於此，共提出四個問題：一是陳成子十二世有齊國，二是曾史之年代，三是封侯宰相語，四是諡號。關於十二世之解釋，諸家之說，頗不一致。史記田敬仲世家索隱曰：「莊周及鬼谷子亦云：『田成子殺齊君，十二代而有齊國。』今據系本系家，自成子至王建之滅，抵十代，若如紀年，則悼子及侯剡卽有十二代，與莊子鬼谷說同。」此說近是，梁任公已證明史記誤作十代，遺卻悼子及田侯剡二代。（詳見其所著諸子考釋）釋文曰：「自敬仲至莊子，九世知齊政，自太公和至威王，三世爲齊侯，故云十二世也。」俞樾辯之曰：「釋文說非也。本文是說田成子，不當追從敬仲數起。疑莊子原文本作『世世有齊國』，言自田成子之後，世世有齊國也。古書遇重字，止於字下作二字以識之，應作『世二』有齊國，傳寫者誤倒之，則爲二世有齊國。於是其文不可通，而從田成子追數至敬仲，適得十二世，遂臆加十字於其上耳。」（古書疑義擧例）此說甚爲合理。嚴靈峯先生依列子力命篇（原作楊朱篇）「田恒專有齊國」一語，改「十二世」作「專」（莊子章句新編）亦自有獨見。要之，此篇既非西漢文筆，其爲先秦、戰國或竟周之弟子所作，仍可無疑也。

關於曾、史之年代問題，羅根澤曰：「曾子和史鰌並稱曾史，內篇沒有見過，外雜中其他各篇，也沒有過。惟天地篇有『跖與曾史』一句，是受了駢拇的影響。其餘先秦各書，惟韓非子每以二人並稱，正與（駢、馬、胠、在）四篇爲戰國末年作相應。」（諸子考索）然亦不違戰國末年之時代也。

關於封侯宰相問題，莊萬壽莊子學述以爲先秦有之。其言曰：「『封侯』『宰相』先秦有之。壽考封侯乃西周之古制，封建卽是封諸侯之土也。說文曰：『封，爵諸侯之土，從寸，寸守其制度也。公侯百里，伯七十里，子男五十里。』許愼雖爲漢人，然封字之始造，必古。而所言制度亦本諸孟子萬章篇。穀梁傳曰：『古者天子封諸侯，其地足以容其民，其民足以滿城以自守也。』（襄二十九年）則有封侯之詞矣。宰相見於韓非子顯學篇曰：『故明主之吏，宰相必起於州郡。』又呂氏春秋制樂篇曰：『宋景公之時……公曰：宰相所與治國家也，而移死焉不詳。』」則焦氏說未審矣。關於謚號問題，焦氏避諱之說不確，王念孫讀書雜志曰：「田常本作陳成常，成其謚也，恆其名也。淮南子人間篇正作陳成常。呂氏春秋愼勢篇同，……又說山篇陳成子恆之刦子淵也，子字亦後人所加」。故羅根澤曰：「未必不是原作田恆，至漢改作田常。」（諸子考索）則名恆字常，亦不必避諱矣（註五）。

觀以上所述，知胠篋篇非如焦竑所謂「假託」也。本篇與應帝王之旨相爲發明，當爲莊子後學所作。

在宥第十一

本篇與前三篇立論近似，學者多共論之，故亦非莊子所作。王夫之曰：「在宥言有條理，意亦與內篇相近；而間推老子之說，滯而不圓，猶未得象外之旨，亦非莊書。」（莊子解）胡文英曰：「在宥篇末，『賤而不可任者物也』一段，無甚精義微言，與天地篇首節俱有訓詁氣，想爲贋手所竄。」（莊子獨見）宣穎亦曰：「在宥篇末『賤而不可任者物也』一段，意膚文雜，與本篇義不類，不似莊子之筆，或係後人續貂。」（南華經解）

按：本篇大義，言放任無爲，可使百姓自在寬宥，天下清平；若立教以統治之，則物失其性，天下大亂。王氏認爲此篇雖間推老說，然其大意與內篇相近。胡文英與宣穎二氏，以其末段頗有訓詁氣，疑爲贋手所竄，或係後人所續。今觀其無爲而治之思想，與內篇應帝王相應，疑其爲莊子後學所作。

天地第十二

此篇大義，言王者無欲而天下足，無爲而萬物化，淵靜而百姓定。其所論聖道聖治，以無爲自然爲宗。而學者多以其有訓詁氣；或咀嚼無味，疑非莊叟眞筆。如嚴靈峯先生曰：「係莊周後學『解莊』者所作，文中輒稱『故曰』，疑其下多引莊子之言，今佚之耳。」（莊子新編）胡文英曰：「天地篇首節，具有訓詁氣，想爲贋手所竄。」林雲銘曰：「華封人、伯成子高、漢陰丈人數段，結構雖工，咀嚼無復餘味，疑爲好事者竄入。華封人一段義無著落，其詞頗近時趨，疑非莊叟眞筆。莊子之所以稱者，以其奇宕之氣，雋永之理，千古常新，愈熟愈妙也。伯成子高一段，如此淺率直遂，其何以爲莊子？噫！好事者爲之也。漢陰丈人一段，大類漁父篇意，其文絕無停蓄蘊藉，中間又有紕繆之語，爲後人竄入無疑。」（莊子因）

按：本篇輒稱「故曰」，疑係莊周後學「解莊」者所作，嚴靈峯先生之言是也。

天道第十三

王夫之曰：「天道有與莊子之旨迥不相侔者，特因老子守靜之言而演之，亦未盡合于老子。蓋秦漢間學黃老之術，以干人主者之所作也。莊子之說，合上下隱顯貴賤小大而通於一。此篇以無爲爲君道，有爲爲臣道，則剖道爲二，而不休乎天鈞。且既以有爲爲臣道矣，又曰，『以此北面』，則自相刺謬。」（莊子解）

按：王氏之說非也。所謂「莊子之說，合上下隱顯貴賤小大而通於一」者，此乃「萬物一齊」之境界。言及個人「心性修養」，方能「休乎天鈞」；若論人際關係，自當有本末之分，上下之別，君臣之義。所謂「此篇以無爲爲君道，有爲爲臣道，則剖道爲二。」此「二」乃指君臣之義而言，中論君臣之道，已涉及人倫關係，故不能「休乎天鈞」。林希逸謂：「此篇言帝王之道，以天地爲宗，以道德爲主，以自然爲用，以虛靜恬澹寂寞無爲爲道之本。本在於上，末在於下，要在於君，詳在於臣，皆極醇無疵之語」是也。（南華眞經三註大全）此篇內容，因其「歸本於無爲」；或因其無「離奇夭嬌之句」；或因其謂「勿語仁義之語」，而前賢多疑其非南華之筆。如林雲銘曰：「天道篇以天地作線，而歸本於無爲。言及本末要詳上下君臣，理極醇正，而且近情。但細玩其文，別有一種蒼秀繚繞之致，行雲流水之機，切近時趨，全無奇氣，恐亦叔敖衣冠也。然有此自成一家，可不必深辯矣。」（莊子因）胡文英曰：「天道篇首段亦有議論精鑿處，而太覺平妥，絕無騰挪撇脫之勢，又無離奇夭嬌之句，贋作也。」（莊子獨見）顧頡剛曰：「又如天道、天運均有老子告孔子勿語仁義之語，意同而文異，可見此二篇非一人作。此二篇作者，各本所聞，憑己意發揮，故有此似異而實同之語，有類於墨子之尚賢以下三篇。」（古史辨第一册）

按：此篇暢言：天道清靜無爲，君道亦必清靜無爲，有與內篇應帝王相發明者，當爲莊子後學所作。

天運第十四

此篇作者，前賢多有疑之者，或據「思想」；或依「用詞」；或以「稱謂」，議論甚多。如：姚鼐曰：「天運篇，孔子見老聃語仁義一段，所記淺於史記老子列傳語，豈莊子之文哉？孔子謂老聃治六經一段，非莊子不能爲矣。」（莊子章義）林雲銘曰：「天運在外篇爲有數之文，但其中孔子見老聃而語仁義一段，竟爲贗手參入。此段細閱，無甚意味，且旨多背馳，詞多膚淺。中間將三皇五帝一併貶斥，試問三皇以上尚有何代聖君可以錄取者？此等大言，徒來有識者東里子伯之譏也。魚目混珠，何待指摘而後見邪？贗筆竄入，蓋乘前後皆有老聃對孔子語，下面又有風化等說。」（莊子因）黃震曰：「六經之名，始於漢，莊子書稱六經，未盡出莊子也。」（日鈔）唐蘭作「老聃的姓名和時代考」，以：「『孔子行年五十有一』、『孔子見老聃而語仁義』、『孔子見老聃歸』、『孔子謂老子曰』四條，同在天運篇，亦似一人筆墨，但極可疑。因除第三條外，聃皆稱孔子爲『子』，第三條又稱子貢爲『子』，與論語時代稱『女』不合，且其『儒墨皆起』、『尸居而龍見，雷聲而淵默』，乃襲在宥。第四條孔子自稱治六經，皆假之證。」

按：本篇大義以自然爲宗，不違漆園之旨，故王夫之曰：「此篇以自然爲宗，天地之化，無非自然。勉而役者，勞己以勞天下。老子所欲絕聖棄智者，此也。」（莊子解）然六經之名，始於漢，莊子書中稱六經，故此篇未盡出於莊子，或有後人竄入之語。

刻意第十五

刻意篇主旨，在說明聖人之德，能養神守神，虛無恬淡，即是養神之要道。王夫之曰：「刻意篇之指歸，則嗇養精神爲干越之劍。蓋亦養生家之所謂煉己鑄劍，龍呑虎吸，鄙吝之教，魏伯陽、張平叔、葛長庚之流，以之亂生死之常，彼家之妖妄，固莊子所深鄙而不屑爲者也。」（莊子解）王氏之言，似謂此篇作於魏晉以後，其說與莊子成書年代不合。故羅根澤曰：「依我看，我們若不證明不是漢書藝文志之舊，則不能說它在劉向、班固以後。而且神仙家之在秦漢間，確很發達，則與其說是出於魏晉，不如說是出於秦漢爲比較妥當。」（諸子考索）又吳汝綸曰：「某按『吹呴呼吸』三語，剿取淮南子精神篇文。」（點勘莊子讀本）羅根澤辯之曰：「與其說是刻意剿取精神訓，不如說是精神訓剿取刻意。」羅氏以爲：「就文字與思想兩方面觀之，似出於秦漢間的神仙家，神仙家本來半出於道家，半出於陰陽家，以故，也有與道家不甚違背的。」（諸子考索）此說可從。

按：本篇闡發養神之道，不違內篇養生主之旨，西漢以前之文也。蓋爲莊子後學所作。

繕性第十六

本篇大義，謂善養其性也。王夫之曰：「繕性與刻意之旨略同。其言恬知交養，爲有合乎莊生之旨，而語多雜亂，前後不相侔……蓋不得志於時者之所假托也。」（莊子解）林雲銘以爲文中有訓詁氣，斷其非南華之筆。其言曰：「繕性以恬與知二字作骨，數段遞遞說下，立論甚醇，華實並茂，且別有一種秀色，令人賞心不置。然細加尋繹，覺未免有訓詁氣，殊非南華筆也。」（莊子因）

按：本篇雖非南華之筆，而內容合乎養生之旨。蓋莊子後學爲申論內篇養生之義而作。

秋水第十七

本篇大義，近乎齊物論之旨，甚爲可信，故王叔岷曰：「如荀子正論篇云：『語曰，坎井之鼃，不可與語東海之樂』，此卽引莊子外篇秋水之文也。荀子去莊未遠，則秋水雖在今本外篇，而爲莊子所作，自可無疑。」（莊子校釋序）然前賢多以秋水篇爲莊子後學推衍內篇之義而作，如：王夫之曰：「此篇因逍遙遊、齊物論而衍之。」（莊子解）林雲銘曰：「是篇大意，自內篇齊物論脫化出來。」（莊子因）其「孔子遊於匡」、「公孫龍問於魏牟」、「惠子相梁」諸段，前人多以爲非莊子自著。如：姚鼐所云：「秋水篇公孫龍與莊子時不相及，此其弟子所記耳。腐鼠一段，記此語者，莊生弟子之徒之陋也。」林雲銘亦云：「孔子遊匡、公孫龍問魏牟二段，意頗膚淺，疑爲贋作。遊匡一段，『諱窮求通』等語，以擬聖人之言，恐覺不似；且筆頗平庸，非莊所作。公孫龍一段無甚深旨，莊叟亦無貶人自譽至此，恐後人贋筆。」（莊子因）胡文英亦曰：「秋水篇遊匡一段，筆力柔弱，似家語孔叢光景。魏牟一段，亦因河伯問答之意而類記之。公子牟口中寫照，純是札實本領，著實境界，局外人那得窺其閫奧。惠子相梁一段，莊子於惠子最厚，既不宜有此種相疑情事，而腐鼠之喻，亦大覺刻薄露相，疑爲贋手所竄。」（莊子獨見）

按：除以上所引諸段疑非莊子自著外，其「莊子釣於濮水」、「莊子與惠子遊於濠梁之上」二段，亦疑其非爲莊子自著。此二段皆稱「莊子曰」，蓋爲莊子弟子所作。

至樂第十八

前賢多以此篇筆意平庸，而斷其爲贋作。如：胡文英曰：「至樂篇顏淵東之齊一段，筆意平庸，贋作也。」（莊子獨見）羅根澤以爲「無爲」及「無爲而無不爲」爲老子之重要主張，莊子內篇鮮言之，至樂篇則暢論之，是知爲老子派而非莊子派所作。（諸子考索）王夫之曰：「至樂之旨，以死爲大樂，蓋異端偏劣之教，莊子不屑此。莊子曰：『奚暇悅生而惡死』，言無暇也，非以生爲不可悅，死爲不可惡，尤非以悅生惡死爲宗，哀樂不入其中，彼固有所存在也。此篇以死爲大樂，蓋學老莊掠其膚說生狂燥之心者，所假托也，文亦庸沓無生氣。」（莊子解）

按：本篇筆意平庸，誠如胡氏所言。羅氏謂此篇是「老子派所作」，非也。觀史記論莊子之學「無所不闚，然其要本歸於老子之言，」是則莊子當有無爲之思想。此其與老子觀念所同者，故本篇不必爲老子派所作。王氏確認此篇爲假托亦非篤論。以余之見，本篇乃是利用寓言，以寄死生齊一之義，蓋爲莊子後學推演其意而作。

達生第十九

此篇大義，謂達生之情者，能形全精復，與天爲一。王夫之曰：「達生於諸外篇尤爲深至，于養生主，大宗師之說，獨得其要歸，文詞深邃，足達微玄。雖或不出莊子之手，要得莊子之眞者所述也。」（莊子解）嚴靈峯先生疑此篇乃是列子之文而誤入莊子書者，其言曰：「達生全篇，除首段文字純爲說理外，自『子列子問關尹』章以下皆故事、寓言，且見列子書。考列子目錄，楊朱第七注：『一曰「達生」。』疑編莊子者誤將列子『達生』一篇混入莊子書也。」（莊子章句新編）姚際恆曰：「實列子用莊子也。莊子之書，洸洋自恣，獨有千古，豈蹈襲人作者？其文舒徐曼衍中仍寓拗折奇變，不可方物，列子則明媚近人，氣脈降矣。」（古今僞書考）

按：本篇言養生之道，中論養生主、大宗師之旨，王氏之說是也。雖非出於南華之筆，但卻能得其眞意，蓋爲莊子弟子所作。

山木第二十

山木篇大義，敎人處世避禍之方，前賢多以爲非莊周自著。如：林雲銘曰：「山木篇精義奧旨，可當涉世韋弦。惟莊子過魏王一段，則淺夫效顰，動襲紕繆，極易指摘。此段襲原憲貧憊之論，已屬套談；且昏上亂相等語，殊非對君口氣。比干剖心，與貧憊何涉？贋筆無疑。」（莊子因）羅根澤曰：「莊子之處世，雖主虛已順人，而究竟是唯我中心論者，此種意思，深蘊在內篇，尤其人間世。今山木篇更鮮明的說，應當『浮游乎萬物之祖，物物而不物於物』，處處都是推衍莊生之意，而較莊子益周密詳明，所以不是莊子所作，也不是莊子無關者所作，而是莊子弟子或其後所作。」（諸子考索）

按：此篇言全身之道，可與內篇人間世相參看。文中稱「莊子曰」，是以知其非出於南華之筆，當爲莊子弟子或其後學所作。

田子方第二十一

本篇中論莊子思想，非莊子自著。文句多與齊物論、養生主、德充符等篇雷同，故王夫之曰：「此篇以忘言爲宗，其要則齊物論照之以天者是也。」（莊子解）林雲銘曰：「田子方魯哀公、宋元君、臧丈人三段，語氣不屬，立義亦淺，非南華手筆無疑。」（莊子因）除此三段外，唐蘭曰：「田子方孔子見老聃一章，孔子稱老聃爲先生，亦可疑。」（老聃的姓名和時代考）羅根澤所謂：「在齊物論裏說的話很含混，同時也很概括；此篇的作者，恐人對這種含混而概括的說話，不易得到具體的概念……又加分析。」（諸子考索）由含混至具體，此爲後人詮釋前言之法則。

按：本篇闡發莊子之言，當爲莊子後學所作。許地山曰：「田子方有論儒服事，儒服問題起於戰國末及漢初。」（中國道教史）然則此篇蓋成於晚周秦漢之間也。

知北遊第二十二

此篇說明至道玄絕，顯晦無常之義，成玄英莊子疏所謂「假立姓名，寓言明理」是也。王夫之曰：「此篇衍自然之旨。……其說亦自大宗師來，與內篇相爲發明。」（莊子解）姚鼐曰：「與大宗師同旨。」（莊子章義）唐蘭以爲，本篇孔子問於老聃曰，雖無假之確證，但天道、天運、田子方、及本篇，共有七條，對孔子皆不稱仲尼而稱孔子，可見皆相差無幾之時代之作品。（見老聃的姓名及時代考）羅根澤以本篇與庚桑楚篇皆老子派所作；其所舉之理由，略謂：㈠老子書後人名之曰「道德經」，道德二字，頗能符合老子之名，而二篇亦皆言道德二字。㈡莊子內篇無賢字，對「知」亦不甚反對，此二篇與老子皆反對賢知。㈢「故曰」多引老子書。㈣先秦只有老子以嬰兒爲理想人物，庚桑楚亦引之。㈤先秦各家鮮論「有」「無」，獨老子爲多，此二篇亦然。㈥庚桑楚篇首，庚桑楚偏得老聃之道，是此篇爲老子一派後學所作。㈦二篇有莊子派思想，乃是老子一派後學吸收莊子之說。㈧二篇聖人觀與老子同。㈨已受莊子影響，故爲戰國末期作品。（諸子考索）

按：此篇與大宗師同旨，王姚二氏之言是也。如：大宗師曰：「夫道，有情有信，无爲无形，可傳而不可受，可得而不可見。」本篇亦曰：「道不可聞，聞而非也；道不可見，見而非也；道不可言，言而非也。知形形之不形乎，道不當名。」大宗師曰：「自本自根，未有天地，自古以固存……」又曰：「无古今，而後能入於不死不生。殺生者不死，生生者不生，其爲物，無不將也，無不迎也……」本篇亦曰：「不以生生死，不以死死生。死生有待邪？皆有所一體。有先天地生者物邪？」知本篇確與大宗師相發明，自東郭子以下亦多闡莊子之言，唯其上皆爲解老之文字。是以知本篇作者，非如羅氏所謂係老子派學者所作。老莊思想雖有其異，然就「道」、「知」、「嬰兒」、「有無」等觀念比較之，皆其所同。且莊子思想歸本於老子，故此篇不必爲老子派所作，當是莊子後學所爲。

三、雜　篇

庚桑楚第二十三

此篇後人有疑其非莊叟之言者，如：唐蘭曰：「庚桑楚老子之役有庚桑楚者一章亦僞，因老子不應稱南楚趎爲子。老子之語，有『規規然若喪父母揭竿而求諸海』，與天運、天道語略同。『衞生之經能抱一乎』全襲道德經，而稍變其詞。」（老聃的姓名和時代考）莊萬壽曰：「疑此章（一至六段）於秦漢之際，爲老子派學者所作。（如羅根澤言）」（莊子學述）前賢亦有確認此篇係莊子所作者，如：林雲銘曰：「庚桑楚篇意實貫珠，又頗艱澀破碎，卒然讀之，蒙然而已。其中精粹之語，殊不可及。後人疑其非莊叟之言，恐亦非定論也。」（莊子因）王叔岷曰：「又如韓非子難三篇云：『故宋人語曰，一雀過羿，羿必得之，則羿誣矣，以天下爲之羅，則雀不失矣』，此卽引莊子雜篇庚桑楚之

文也。（莊子卽宋人）韓非子去莊子亦未遠，則庚桑楚雖在今本雜篇，而爲莊子所作，亦無可疑。」（莊子校釋序）

按：本篇用詞，多與內篇逍遙遊、齊物論、大宗師等篇相同，如：逍遙遊曰：「瞽者無以與乎文章之觀，聾者無以與乎鐘鼓之聲。」本篇則曰：「盲者不能自見……聾者不能自聞。」逍遙遊曰：「蜩與學鳩笑之曰」，本篇則曰：「蜩與學鳩同於同也。」齊物論曰：「形固可使如槁木，而心固可如死灰乎？」本篇則曰：「身若槁木之枝而心若死灰。」齊物論曰：「故知止其所不知，至矣。」本篇則曰：「知止乎其所不能知，至矣。」齊物論曰：「古之人其知有所至矣！惡乎至？有以爲未始有物者，至矣，盡矣，不可以加矣。」本篇亦曰：「古之人，其知有所至矣！惡乎至？有以爲未始有物者，至矣，盡矣，弗可以加矣。」大宗師曰：「孰能以无爲首，以生爲脊，以死爲尻；孰知生死存亡之一體者，吾與之友矣。」本篇則曰：「以無有爲首，以生爲體，以死爲尻；孰知有無死生之一守者，吾與之爲友。」大宗師曰：「翛然而往，翛然而來而已矣。」本篇則曰：「翛然而往，翛然而來，是謂衞生之經已。」觀以上所述，知此篇蓋莊子後學爲闡發內篇之義而作。

徐无鬼第二十四

此篇大義，言絕聖棄智，無爲而無不爲之理。林雲銘曰：「此篇前半詮理精密，練詞古雅，後半變幻斷續，不可捉摸，文境之奇盡於此矣。」（莊子因）羅根澤曰：「徐无鬼與列禦寇兩篇文字，反復循讀，找不出它的中心思想，好像是滙合道家言與道家故事而成。」（諸子考索）

按：本篇謂「莊子送葬，過惠子之墓。」既稱「莊子」，當非莊子自作。「南伯子綦隱几而坐，仰天而噓。顏成子入見曰：『夫子，物之尤也，形固可使若槁骸，心固可使若死灰乎？』」與「言休乎知之所不知，至矣。」等句，皆見於內篇齊物論。此篇蓋爲莊子弟子或後學所爲。

則陽第二十五

此篇與齊物論所謂「止其所不知」之旨相應，故陸樹芝曰：「此篇明大道不可名言，人當止其所不知，不可求之迹象，不可求之事物，必言默兩忘，乃有當於大道。」（莊子雪）則陽列於雜篇，王夫之釋其義曰：「則陽、外物、列禦寇三篇，皆雜引博喻，理則可通，而文義不相屬，故謂之雜。」（莊子解）羅根澤以爲此篇較有系統，乃老莊混合派所作。理由如下：同於老子者：㈠採老聃之言以立論，如「榮辱立然後覩所病，貨財聚然後覩所爭……古之君人者，以得爲在民，以失爲在己……」㈡篇中有「無爲」、「無爲而無不爲」、「有名」、「無名」之語，皆本諸老子。同於莊子者：㈠「冉相氏得其環中以隨成」一段，乃莊子主張。㈡「人皆尊其知之所知，而莫知恃其知所不知而後知，可不謂大惑乎！」乃由大宗師之「知人之所爲者，以其知之所知，養其知之所不知，終其天年，而不中道夭者，是知之盛也。」推闡而來。（諸子考索）

按：莊子思想淵源歸本於老子，前文已詳言之，故不必爲混合派所作。本文有申老者，亦有申莊者，當爲莊子後學所作也。

外物第二十六

本篇大義，言外物不可恃，吾人當心神虛靜，怡養天機。前賢多以此篇非漆園手筆，如：林雲銘曰：「外物篇指出修眞實際，開後世坎離鉛汞之說，精鑿奇創，讀之惟恐其盡。但貸粟、釣魚、發冢三段，文詞既淺，意義亦乖，疑爲擬莊子攙掇其內。」（莊子因）胡文英曰：「外物篇貸粟一段，意味平淺，非漆園手筆。釣魚一段，用筆略有起色，然亦淺薄。」（莊子獨見）朱得之曰：「外物貸粟一段，乃後世傳聞其事而擬爲之者。發冢一段，亦非莊子時事。」（莊子通義）任公子一章，有「飾小說以干縣令」一語，羅根澤曰：「小說之名，不見先秦載籍，縣令是秦官，漢代承用之，秦國尊重法術，所以是西漢作品。」儒以詩禮發冢一章，羅氏復曰：「似是漢武帝尊重儒術，推崇五經以後的事情。」（均見諸子考索）

按：此篇申論內篇之言，故文句多與逍遙遊、齊物論、大宗師雷同。如：逍遙遊曰：「……今子之言，大而無用，衆所同去也。莊子曰：……無所可用，安所困苦哉？」本篇則曰：「惠子謂莊子曰：子言無用。莊子曰：知無用而始可與言用矣。」逍遙遊曰：「堯讓天下於許由……許由曰……予無所用天下爲，庖人雖不治庖，尸祝不越樽俎而代之矣。」本篇則曰：「堯與許由天下，許由逃之。」齊物論曰：「大道不稱，大辯不言。」又曰：「孰知不言之辯，不道之道？若有能知，此之謂天府。」又曰：「齧缺問乎王倪曰：子知物之所同是乎？曰：吾惡乎知之！子知子之所不知邪？曰：吾惡乎知之！然則物無知邪？曰：吾惡乎知之！」又曰：「無謂有謂，有謂無謂，而遊乎塵垢之外。」以上皆謂「忘言」之妙，而本篇則曰：「言者所以在意，得意而忘言。吾安得夫忘言之人而與之言哉！」大宗師曰：「利害不通，非君子也。行名失己，非士也。亡身不眞，非役人也。……務光、紀他、申徒狄，是役人之役，適人之適，而不自適其適者也。」本篇則曰：「湯與務光，務光怒之，紀他聞之，帥弟子而踆於窾水，諸侯弔之，三年，申徒狄因以踣河。」又「莊周貸粟」與「惠子謂莊子曰」二段，輒稱「莊子曰」，當非莊子自作，此篇蓋莊子後學爲申論內篇之義而作也。

寓言第二十七

此篇推論著書之本意，前賢多以爲是莊書之序例。如王夫之曰：「此篇與天下篇乃全書之序例；古人文字，序例卽列篇中，漢人猶然……列禦寇夾於二篇之中，亦古人錯綜。」（莊子解）林雲銘曰：「此篇是全書收束，推著書之本意，與列禦寇總爲一篇，後人因攙入讓王等四篇於中，故分爲兩耳。」（莊子因）王叔岷引列子黃帝篇，證明「寓言篇末」與「列禦寇篇首」相連，其言曰：「蘇軾莊子祠堂記，謂寓言篇末，當連列禦寇篇首，今審寓言篇末『陽子居南之沛』章及列禦寇篇首『列禦寇之齊』章，其旨意實相含接，（道藏羅勉道南華眞經循本從蘇說，以二章相連，是也）僞列子黃帝篇襲用莊子文，正以二章相連，尙存莊書之舊，今本蓋郭氏分之也。」（莊子校釋）

按：此篇第一段說明著書旨趣，文句多與齊物論相同。如：齊物論曰：「和之以天倪，因之以曼衍，所以窮年也。何謂和之以天倪？曰：是不是，然不然；是果是也，則是之異乎不是也，亦無辯；然若果然也，則然之異乎不然也，亦無辯。忘年忘義，振於無竟，故寓諸無竟。」本篇則曰：「卮言日出，和以天倪，因以曼衍，所以窮年。不言則齊，齊與言不齊，言與齊不齊也，故曰無言。言無言，終身言，未嘗言；終身不言，未嘗不言。有自也而可，有自也而不可；有自也而然，有自也而不然。惡乎然？然於然。惡乎不然？不然於不然。惡乎可？可於可。惡乎不可？不可於不可。物固有所然，物固有所可，無物不然，無物不可。非卮言日出，和以天倪，孰得其久！」又「衆罔兩問於景曰」一段，亦據齊物論發揮。又本篇輒稱「莊子曰」，是以此篇非南華之筆，當爲其弟子，或後學所作。

讓王第二十八

讓王、盜跖、說劍、漁父四篇，自蘇子瞻以下，學者多斥之爲僞作。蘇氏曰：「余嘗疑盜跖、漁父，則若眞詆孔子者，至於讓王、說劍，皆淺陋不入於道。」（莊子祠堂記）此後學者多從其說。如：王夫之曰：「讓王稱卞隨、務光惡湯而自殺，徇名輕生，乃莊子之所大哀者。蓋於陵仲子之流，忿戾之鄙夫所作，後人因莊子有却聘之事，而附入之。」（莊子解）林雲銘曰：「自北人無擇至伯夷叔齊四段，文言辭讓而至死，是以殉名慕高爲尚矣。考寓言篇言申徒狄因以踣河，蓋病其枯槁赴淵之行也。駢拇篇言伯夷死名，殘生傷性，與東陵無異，則漆園之意可知矣。今忽舉投淵餓死之輩，列於重生得道之後，不但非全書之旨，竟與本篇自相牴牾。一曲之士，妄竄奇說，焉有不爲識者所破！」（莊子因）馬敍倫曰：「讓王有綴緝之迹，然其用字尚與全書相稱。」（莊子義證序）王叔岷曰：「但審今本讓王篇，文多雜湊。孔子窮於陳蔡，及孔子謂顏回二章，實不合於讓王之旨，（魯君……子列子……楚昭王……原憲……曾子……五章亦然）則不當在讓王篇，俗本在田子方篇，或存古本之舊，亦未可知，古本卽不在田子方篇，亦不當在讓王篇。蓋今本讓王篇之文雜湊，必非古本之舊，識者自能辨之

也。」（莊子校釋序）

按：讓王者，辭讓帝王之名位也。此雖全篇中述安貧樂道之理，然殉名輕生，則不合漆園之旨。此或因莊子有却聘事，而爲莊學之徒所附益。

盜跖第二十九

世俗因追逐富貴，貪圖名利，以致言行虛僞，傷生失性，此篇借盜跖之口諷刺之，前賢多確認非莊周自著。馬其昶以爲今本盜跖篇非太史公所見之舊，其言曰：「太史公稱其作漁父、盜跖、胠篋，以詆訾孔子之徒，以明老子之術。今盜跖篇未覩老子之術，非史公所見之舊。」（莊子故）按此說未諦，詆孔明老，蓋泛論而已，未必各篇皆詆孔而明老也。鄭瑗以爲盜跖篇不類先秦、西漢人之文字，其言曰：「如盜跖之文，非惟不類先秦文，亦不類西漢人文字，然自太史公以前卽有之，則有不可曉者。」（井觀瑣言莊子說）林希逸謂戰國末未有稱宰相者，其言曰：「讓王篇中猶有一二段，漁父篇亦有好處。盜跖篇比之說劍，又疏直矣。據盜跖篇，『今謂宰相曰。』戰國之時未有稱宰相者，此爲後人私撰明甚。」（莊子公義）林雲銘以其不合「人道」，而疑此篇之贋，其言曰：「寓言篇謂人而無人道，是謂之陳人。盜跖可謂有人道乎？假盜賊之口，歷詆古今聖人，是欲率天下而爲盜賊也。子張、滿苟得，雖重名利，久持其說，惟無約數語，頗類駢拇、秋水二篇語意，其不至背道而馳者，賴有此耳。知和闢無足之非，微爲近理，然重義輕利之旨，常人皆能道之，漆園重道而輕仁義，斷不取。」（莊子因）陸西星以爲此篇「譏侮列聖，戲劇夫子」，確認非莊周所作。其言曰：「盜跖篇譏侮列聖，戲劇夫子，蓋效顰莊老而失之者。莊老推原道德，絕去聖智仁義，而一繩以大道之自然，的有至理。古德喝佛罵祖爲報深恩，丹霞燒木佛以求舍利，小兒不知，强作解事，亦復效之，豈不爲天下萬世之大僇乎？予故表而出之，使魚目眞珠，不得相混。」（南華眞經三註大全）王夫之以「史實不合」而疑其非眞，其言曰：「盜跖篇謂孔子遇柳下惠，託辭不經，相去百年之外，謬爲牽合。」（莊子通）

按：本篇非莊周自著，蓋爲莊學之徒所附益。讀者勿以寓言爲實可也。

說劍第三十

本篇以劍術諷諫趙王，當以天下國家爲意，不可以小道亡國。前賢多以爲非莊子本書。如：韓愈曰：「此篇類戰國策士之雄譚，意趣薄而理道疎，識者謂非莊生所作。」（十子全書本引）馬驌曰：「語近國策，非莊生本書。」（莊子之學）林希逸曰：「說劍篇類戰國策士之雄談，意趣薄而道理疎，識者謂非莊叟所作，誠然誠然。」（南華眞經三註大全）馬敍倫以爲此篇或非漢志之舊，其言曰：「如說劍義既無取，辭又不倫，比駢拇、馬蹄、盜跖且不類，雖司馬本已有之，或非漢志之舊。」（莊子義證序）唯譚元春以爲此篇非贋，其言曰：「獨說劍眞無義類，無精魄，祇似戰國陳軫犀首輩之言，枚馬子雲輩之賦體，而掠取其粗者，吾平心察之，眞不似蒙公筆也。然則此篇贋乎？曰，何贋也，古文人奇怪不可測，正在此。吾輩著書，正如求名利人，繚意絕體而爭，安肯放些空閒地，置此嚼蠟之篇耶？」（莊子南華眞經）

按：此篇至爲不類莊子之說，似爲戰國時，縱橫家說客策士之言。

漁父第三十一

此篇大旨言法天貴眞，不拘於俗。林希逸以爲雖言論諄正，但筆力差弱於莊子。其言曰：「漁父篇論亦諄正，但筆力差弱於莊子，然非讀莊子熟者，亦不能辨。」（南華眞經三註大全）朱熹以爲此篇非莊子書。其言曰：「蘇子由古史中論此數篇決非莊子書，乃後人截斷本文攙入，此考據甚精密。」（朱子全集）林雲銘以爲此篇筆力庸弱。其言曰：「筆法庸弱，與上三篇如出一手，然非深於莊子者，亦不能辨，惜哉太史公亦爲所欺也。」（莊子因）羅根澤以爲此篇表現隱逸思想。其言曰：「漁父篇與讓王篇同在表現着隱逸味道，疑其時代略相等。而且漁父的故事，大都產生於秦末漢初……這雖不能算一個證據，但也可算是一個暗示了。」（諸子考索）

按：本篇論理較說劍爲勝，頗能表現隱者意境，蓋爲莊學之徒所附益。

列禦寇第三十二

此篇大旨言虛而遨遊，不累於物。林雲銘以之爲莊子之絕筆。其言曰：「篇末載莊子將死一段，以明漆園之絕筆於此，猶春秋之獲麟，此外不容添設一字。」（莊子因）前賢多以此篇爲眞，如：林希逸曰：「此篇的爲莊子著述將畢之語，觀末段自見。」（南華眞經三註大全）楊愼曰：「吾讀莊子列禦寇，至巧者勞而知者憂數語，韻調絕倫，實諸子所不及者，誰謂外篇之非眞邪？」（升庵全集讀莊子）顧頡剛以莊子之眞僞難於明瞭，因其文字太詼詭也。但有可指者，例如列禦寇有莊子將死之語。（古史辨第一册）

按：本篇有莊子將死之語，當爲莊子弟子所作。

天下第三十三

天下篇是中國最早之學術評論，其地位較諸司馬談論六家要旨尤爲重要。梁任公曾評論此篇之價値與地位，其言曰：「批評先秦諸家學派之書，以此篇爲最古……尤有兩特色。一曰保存佚說最多，如宋鈃、愼到、惠施、公孫龍等，或著作已佚，或所傳者非眞書，皆藉此篇以得窺其學說之梗概。二曰批評最精到且最公平。對各家皆能擷其要點，而於其長短不相掩處，論斷俱極平允。」（莊子天下篇釋義）自魏晉以來，學者或認此篇爲莊子之後序；或認其爲莊書之凡例。逮宋之朱子，始立異說，其言曰：「天下篇雖取篇首二字爲名，實則該括萬物之義。余直以南華經之後序，出於學莊之學者，非莊子作也。」（朱子全集）於是此後衆說紛紜，莫衷一是，至今未有定論，玆擧其要者，述之如下：

一、以爲莊周自著者，如：

林希逸曰：「天下篇，莊子後序也。歷敍古今道術淵源所自，而以自己承之，卽孟子終篇之意。末擧惠施强辯之語，而斷之以存雄而無術，闢邪崇正之意見矣。」（南華眞經三註大全）

陸西星曰：「上言關、老，此下遂以自己承之。」又：「莊叟自敍道術，乃在著書上見得，句句是實，却非他人過於夸誕者。」（南華眞經副墨）

馬驌曰：「此自序也，諸篇多寓言，而此獨爲莊語。」（莊子之學）

王夫之曰：「與孟子篇末擧狂狷鄉愿之異，歷述先聖以來至己淵源，及史遷序列九家之說略同。

古人撰述之體然也。……或疑此篇非莊子之自作，然其浩博貫綜，而微言深至，固非莊子莫能爲也。」（莊子解）

陸樹芝曰：「天下篇，莊子自序南華所由作也。或以爲訂莊者之所爲，然非莊子不能道也。」（莊子雪）

胡文英曰：「天下篇筆力雄奮奇幻，環曲萬端，有外雜篇之所不能及者，莊叟而外，安得復有此驚天破石之才？」（莊子獨見）

梁啟超曰：「古人著書，敍錄皆在全書之末，如淮南子要略、太史公自序、漢書敍傳，其顯例也，天下篇卽莊子全書之自序。……此篇文體極樸茂，與外篇中淺薄圓滑之各篇不同，故應認爲莊子書中最可信之篇。」（莊子天下篇釋義）

羅根澤曰：「㈠先秦各家只有莊子注意哲學產生的原因，天下篇論各家道術的產生都是說：『古之道術有在於是者，某某聞其風而悅之』，然後如何如何以造成其一家之學，正同於齊物論所謂『道隱於小成，言隱於榮華。』㈡莊子哲學歸結於『一』，天下篇也說『皆原於一』，『道德不一』，正是莊子的根本意思。㈢批評某一種學說，是要客位的人才說得公允，介紹某一種學說，是要主位的人才說的眞切。荀子司馬遷之論述莊子，都不很深刻，惟有天下篇之論述莊子，却獨得要領。㈣假使是戰國末年人造出來的，對孟子、荀子不應該不論述，而陰陽家的鄒衍之屬，法家的商、韓之屬，也不應當一字不提，所以它的年代不應很晚，而恰當莊子的時代。㈤懷疑此篇不是莊子作者，不外兩種理由：一謂惠施、公孫龍不能相及，梁任公加以考辯，據說是可以相及，實篇中並沒有說惠、龍互辯，所以莊子只要見到公孫龍，便可以說這段話，和公孫龍不能見到惠施沒有關係。二因篇中論及莊子，由是疑心是莊子之後人所作，自己論自己，也是常有的事，如淮南子的要略。」（諸子考索）

二、以爲非莊周自作者，如：

林雲銘曰：「天下篇爲莊子全書後序，明當日著書之意，一片呵成文字。雖以關尹、老莊概頂一曲之來，語意却有軒輊。其敘莊周一段，不與關老同一道術，則莊子另是一種學問可知。段中備極贊揚，眞所謂上無古人，下無來者，莊叟斷無毀人自譽至此，是訂莊者所作無疑。」又曰：「列禦寇篇末載莊子將死一段，以明漆園之絕筆於此，猶春秋之獲麟，此外不容添設一字。則天下一篇不辯而知爲訂莊者之所作矣。」（均見莊子因）

陳壽昌曰：「此爲南華全部後敘，上下古今，光芒萬丈，以文妙論，自是得漆園之火傳者。」（南華眞經正義）

胡適曰：「天下篇乃絕妙的後序，却決非莊子自作。」（中國哲學史大綱）

嚴靈峯先生曰：「㈠全篇內容與外篇、天道篇的筆調相近，與內篇思想不能盡合，斷定非莊周自作。㈡既評論莊周，則是其後之作品無疑。批評各家學說觀點內容，與荀子相近，辭語亦相彷彿，可能是荀卿晚年的作品。㈢倘非荀卿自作，必係門人或後學者得自荀卿的傳授而寫作的。」

（老莊研究）

葉國慶提出四點理由，證明此篇非莊子所作：一、莊子齊大小，一是非，必無聖人君子等等分別之語。二、「其在於詩書禮樂者」云云，明言儒家于道所得獨厚，「其散於天下」云云，明言諸家只得道之一端，此是儒者的口氣。三、「不侈於後世」以上，爲一篇總綱，以下分敍百家，莊子爲百家之一而已，作者悲「百家往而不反」，故此篇必非莊子所作。四、莊子內篇多寓言重言，此篇全是莊語。（莊子研究）

蔣復璁曰：「此篇本是他人綜論百家流別之文，初與是書無與，不過於諸家道術之中，最尊莊子，世遂取入莊子書中，以爲徵驗，又以其是總論道術，而諸篇是言行雜事，無可附麗，故舉而編之篇末，如是而已。」（莊子考辨）

按：

一、以上主張天下篇爲莊子所自著者，如林希逸、陸西星、馬驌、王夫之、陸樹芝、胡文英、梁啟超等，皆以天下篇爲莊子自序。並謂此篇歷敍古今道術淵源，句句是實。其文體樸茂，筆力雄奇，浩博貫綜，微言深至，固非莊子莫能爲也。羅根澤提出五點理由，證明天下篇爲莊周所作，皆能言之成理。

二、主張天下篇非莊子自著者，如林雲銘所謂「莊子斷無毀人自譽之理」與「列禦寇篇已載莊子將死之語」，故天下篇非莊子自著，其理皆不能成立。理由如下：㈠天下篇所言，句句是實，未見其毀人自譽。㈡天下篇不必作於列禦寇之後。胡適以爲此篇非莊子所作，亦有理由，其言曰：

「呂氏春秋言公孫龍勸燕昭王偃兵，又與趙惠王論偃兵。說燕昭王在破齊之前，燕昭王破齊在西曆紀元前二八四至二七九年。戰國策又言信陵君破秦救趙時，龍尚在，曾勸平原君勿受封。龍在平原君門下，乃諸書所共紀，萬無可疑者，故戰國策所云似可信。據此則龍大約生於西曆前三二五年與三一五年之間，時惠施已老。龍死時，當在前二五〇年左右，此說與古來說龍年歲不大相同，龍決不能與惠施辯論，又不與莊子同時。莊子書中所記龍之語皆後人所造。莊子天下篇定係戰國末年人作。」（中國哲學史大綱）

梁啟超辯之曰：

「懷疑論之最大理由，因篇中有『桓團、公孫龍，辯者之徒』一語，謂莊周與公孫龍年代不應相及。欲解決此問題，當先研究惠施、公孫龍之年代，以定莊周之年代。莊周與惠施爲友，屢見本書，可認爲確定之事實。惠施相梁惠王，惠王死時，參與喪禮，事見戰國策，實西紀前三一九年也，其後尚生存若干年，無可考；而莊周之卒又在施後，本書徐無鬼篇有『莊子送喪過惠子之墓』語可證。公孫龍爲平原君客，見戰國策呂氏春秋及史記。平原君相趙惠文王及孝成王見史紀本傳。趙惠文王以周赧王十七年卽位，卽以弟勝爲相，封平原君，見六國表，實西紀前二九八年，上距魏惠王之死二十一年耳。公孫龍當信陵君救趙破齊時，前二五七年尚生存，見戰國策，假令龍其年八十歲，則當梁惠王死時，龍年已三十，況施之死在惠王後，而莊周之

死又在施後耶？然則莊周上與惠施爲友，而下及見公孫龍之辯，更何足怪？」（莊子天下篇釋義）

王叔岷則認爲本篇惠施多方以下，別屬一篇，其言曰：「北齊書杜弼傳稱弼注莊子惠施篇，今考天下篇『惠施多方』以下一章，專論惠子之學，與上文不必相連，舊必另爲一篇，杜弼所注惠施篇，疑卽指此，或存莊書之舊，今本蓋郭氏合之也。」（莊子校釋）此說甚爲合理。

嚴靈峯先生提出四點理由，除以爲天下篇非莊子自著外，並認爲可能是荀派學者所作。然莊荀學說，兩不相容，如其確爲荀卿學派所作，何以特別推崇莊子，此爲吾人所不能理解者。葉國慶所提四點理由，皆不能成立。理由如下：㈠莊子「齊大小，一是非」者，此言個人心性修養之絕對境界，若論及人事，此屬相對關係，必有是非之別，大小之異。㈡詩書禮樂，莊子觀之，乃道之一端。本篇前此所列天人、至人、神人，方是莊子所謂得道之全者。㈢「百家往而不反」者，乃莊子感嘆百家之學，各走極端，不能得大道之全也。㈣此篇是序例，自當全是莊語。至於蔣復璁所言者，出於想像，未能提出證據。唯陳壽昌以爲天下篇文章高妙，自是得漆園之薪傳者，其說近是。

綜觀以上所述，可知天下篇應爲莊子所自著。如非莊子自作，必係得其眞傳之弟子所爲。

第四節　內篇思想概述

天下篇述莊子之道行曰：「獨與天地精神往來，而不敖倪於萬物，不譴是非，以與世俗處。」

故其能「上與造物者遊，而下與外死生無終始者為友。」憨山大師曰：「莊子著書，自謂言有宗，事有君，蓋言有所主，非漫談也。……以其所學，乃內聖外王之道，謂得此大道於心，則內為聖人，迫不得已而應世，則外為帝為王。乃有體有用之學，非空言也。」（註六）莊子一書，非一人一時之作，亦非一人一時之思想。今本凡三十三篇，唯內七篇學者多確信為莊子所作，外雜篇蓋為莊子弟子，或莊子學派之學者所為。黃庭堅亦以內七篇，法度最為謹嚴，其餘二十六篇，皆細解此七篇者。（註七）可知內七篇乃莊學之綱領，故欲探其思想體系，當先究其內篇義旨。茲分別說明如下：

一、內七篇之要旨

逍遙遊者，謂超脫物外，適性而遊也。王先謙曰：「言逍遙乎物外，任天而遊無窮也。」（註八）陸德明曰：「逍遙遊者……義取閒放不拘，怡適自得。」（註九）精神能逍遙自在，任自然而行，以遊大道，此乃莊子至高之人生理想境界，故此篇為一書之宗本也。

齊物論者，謂齊一「物」與「論」也。王先謙曰：「天下之物之言，皆可齊一視之，不必致辯，守道而已。」（註一〇）蘇輿曰：「天下之至紛，莫如物論，是非太明，足以累心。故視天下之言，如天籟之旋怒旋已，如鷇音之自然，而一無與於我。然後忘彼是，渾成毀，平尊隸，均物我，外形骸，遺生死，求其真宰，照以本明，游心於無窮，皆莊生最微之思理。」（註一一）逍遙齊物，乃莊學之環樞，故其能外生，朝徹，見獨，無古今，而入於不死不生之境，與造化同功，與天地合德。莊子之全部思想，皆以此爲經緯，而滙其衆流矣。

養生主者，示人養性全生之道也。王先謙曰：「順事而不滯於物，冥情而不攖其天，此莊子養生之宗主也。」（註一二）吾人能順自然之理，不違天命，又不因外物名利而殘生損性，如此，依乎天理，因其固然，則可全生盡年矣。故憨山大師曰：「此篇教人養性全生，以性乃生之主也。意謂世人爲一身口體之謀，逐逐於功名利祿，以爲養生之策，殘生傷性，終身役役而不知止。卽所謂迷失眞宰，與物相刃相靡，其形盡如馳而不知歸者，可不謂之大哀耶！故教人安時處順，不必貪求以養形，但以清淨離欲以養性，此示入道之功夫也。」（註一三）

人間世者，謂吾人處此人間之世，當虛心以待物，忘物以免害也。王先謙曰：「人間世，謂當世也。事暴君，處汙世，出與人接，無爭其名，而晦其德，此善全之道。」（註一四）郭象注曰：「與人羣者，不得離人。然人間之變故，世世宜異，唯無心而不自用者，爲能隨變所適而不荷其累也。」（註一五）故吾人雖處人世，若能虛心化物，正身順命，忘物以免害，知無用爲大用，不材爲大祥之意，則可逍遙人間矣。

德充符者，謂全德充足於內者，必能符驗於外也。至人遊於形骸之外，不索人於形骸之內，德充而物聚，此卽符驗之證也。王先謙曰：「德充於內，自有形外之符驗也。」（註一六）本篇主旨，欲人破除外形殘全之觀念，而重內在之德性。故文中假藉許多殘畸之人，其德充實之例爲驗證。憨山大師亦曰：「此篇立意，謂德充實於內者，必能遊於形骸之外，而不寢處軀殼之間。蓋以知身爲大患之本，故不事於物欲，而心與天遊。故見之者自能神符心會，忘形釋智，而不知其所以然也。故學道者，唯務實德充乎內，不必計其虛名見乎外，雖不求知於世，而世未有不知者也。故引數子以發之，蓋釋老子處衆人之所惡，故幾於道之意也。」（註一七）

大宗師者，謂大道當爲吾人所宗主所師法也。王先謙曰：「本篇云，人猶效之，效之言師也。又云，吾師乎，吾師乎，以道爲師也。宗者，主也。」（註一八）郭象注曰：「雖天地之大，萬物之富，其所宗而師者，無心也。」（註一九）萬物得道以生，眞人能體道之妙而見天人合一之境界，故能與大化同流，以死生爲一化，順化以入道，離形去智，同於大通，安於自然之變化，而游心於大道，此乃「大宗師」之要意矣。

應帝王者，謂虛己應物，乃帝王之道也。郭象注曰：「無心而任乎自化者，應爲帝王也。」（註二〇）本篇主旨，在明爲政之道當無爲，勿庸干涉，以順人性之自然矣。憨山大師曰：「道之眞以治身；其緒餘土苴，以爲天下國家。所謂治天下者，聖人之餘事也，以前六篇，發揮大道之妙，而大宗師，乃得道之人，是聖人之全體已得乎己也。有體必有用，故此應帝王，以顯大道之用，若聖人時運將出，迫不得已而應命，則爲聖帝明王，推其緒餘，則無爲而化，絕無有意而作爲也。此顯無爲之大用，故以名篇。」（註二一）可知爲帝王者，當虛己應物，無心以任化，順物而治，不任智巧，則能體盡無窮，而遊無朕矣。

由上可知，內篇之思想精微，系統條貫，故郎擎霄曰：

「七篇之文，分之則篇明一義，合之則首尾相承：前建逍遙，神遊方外，若全書之總綱；次申齊物，理絕名言，爲立論之前驅。或明養生之道，或論涉世之方，或著至德之符。其體維何，以大道爲宗師；其用維何，以帝王爲格至。自餘諸篇，反覆以明，校其細鉅，咸有可述，執此數者，以摧玄言，名理湛深，繁衍奧博，可驗之几案之下矣。」（註二二）

清周金然曰：

「內七篇由曠觀而後忘賓，忘賓而後得主，得主而後冥世，冥世而後形眞，形眞而後見宗，見宗而後化成。節合珠聯，七篇猶是一篇。」（註二三）

由此內七篇之要旨，可知其義之精且廣矣。若就其思想觀之，顧頡剛曰：

「莊子之學，就內篇觀察，是統大小，忘生死，齊是非，不別物我，不知得失，隨變任化，而無所容心者。故在人間世託顏淵之言曰：『內直者與天爲徒，外曲者與人爲徒，成而上比者與古爲徒』，下卽借仲尼之言破之曰：『雖固亦無罪，夫胡可以及化，猶師心者也。』可見其主張一切無所用心。」（註二四）

觀以上所述，可知內篇爲莊學綱維所寄，故欲探究莊學之思想體系，可由內篇見其梗概矣。

二、內七篇之關係

莊子內七篇，以逍遙遊爲中心，可觀其體系：蓋能泯除物論，視萬物齊一，而懷道抱德者，自能適性而逍遙矣。修養生主，達觀死生，而得其縣解者，則可盡年而逍遙矣。雖處人世，然心通至道，而虛靜應物者，故能逍遙於人間矣。德充乎內而符驗於外，此乃至德內充，冥合眞宰，以達逍遙者也。師法天道，外乎死生，順天任化，此乃眞人之逍遙也。帝王爲政，應乎無爲，任之自然，此乃上下之逍遙也。可知逍遙遊道，乃莊子之終極目的矣。

此內七篇之關係，乃脈絡條貫，相因相承也。故能遊道而逍遙者，自能齊一物論；物論既齊，則生主得養；生主全養，則可虛靜以處人世；應世無爲，其德內充，自能符驗於外；德充外符，則能冥同眞宰，以道爲宗；冥合大道，任性自然，則上下逍遙矣。可知其意皆連屬，前後一貫，言雖蔓衍，而意有所宗。憨山大師以莊子內七篇爲內聖外王之道，故於大宗師篇，述此七篇之關係曰：「內七篇，乃相因之次第。其逍遙遊，乃明全體之聖人。所謂大而化之之謂聖，乃一書之宗本，立言之主意也。次齊物論，蓋言舉世古今之人，未明大道之原，各以己見爲是，故互相是非。首以儒墨相排，皆未悟大道。特以所師一偏之曲學以爲必是，固執而不化，皆迷其眞宰，而妄執我見爲是，故古今舉世未有大覺之人，卒莫能正之，此悲世之迷而不解，皆執我見之過也。次養生主，謂世人迷卻眞宰，妄執血肉之軀爲我，人人只知爲一己之謀。所求功名利祿以養其形，戕賊其眞宰而不悟。此舉世古今之迷，皆不知所養耳。若能養其生之主，則超然脫其物欲之害，乃可不虛生矣。果能知養生之主，則天眞可復，道體可全，此得聖人之體也。次人間世，乃涉世之學問，謂世事不可以有心要爲，不是輕易可涉。若有心要名干譽，恃才妄作，未有不傷生戕性者。若顏子葉公，皆不安命，不自知而強行者也。必若聖人忘己虛心以遊世，迫不得已而應，乃免患耳。其涉世之難，委曲畢見，能涉世無患，乃聖人之大用也。次德充符，以明聖人忘形釋智，體用兩全，無心於世而與道遊，乃德充之符也。其大宗師，總上六義，道全德備。渾然大化，忘己忘功忘名。其所以稱至人神人聖人者，必若此乃可爲萬世之所宗而師之者，故稱之曰大宗師。是爲全體之大聖，意謂內聖之學，必至此爲極則，所謂得其體也。若不得已而應世，則爲聖帝明王矣，故次以應帝王，以終內篇之意。」（註二五）由此亦可見其內七篇關係之一端。清林雲銘亦曰：「人心惟大，故能虛，惟虛，故能順。入世而後出世，內聖而後外王，此又內七篇相因之理也。」（註二六）可知內七篇之關係，皆一氣相成，其道架理構，綱維分明，且又以逍遙遊爲其中心矣。

第五節　內外雜篇之關係

內篇之要旨，以逍遙遊爲中心，而外雜二篇，又以闡揚內七篇之意爲主，茲引各家之說，以明內外雜篇之主從關係如下：

林雲銘以爲：

「外篇雜篇，於義皆各分屬內篇，而理亦互寄，彼以駢拇、馬蹄、胠篋、在宥、天地、天道、皆因應帝王而及之。天運則因德充符而及之。秋水則因齊物論而及之。至樂、田子方、知北遊則因大宗師而及之。惟逍遙遊之旨，則散見於諸篇之中，外篇之義如此。庚桑楚則德充符之旨，而大宗師、應帝王之理寄焉。則陽則亦德充符之旨，而齊物論、大宗師之理寄焉。寓言、列禦寇總屬一篇，爲全篇收束，而內七篇之理均寄焉，雜篇之義如此。」（註二七）

清周金然曰：

「諦閱南華，則自經自傳，不自秘也，而千載無人覷破。蓋其意盡於內七篇，至外篇雜篇，無非引申內七篇，惟末篇自序耳。……因內篇爲經，餘篇析爲：

逍遙遊第一　秋水、馬蹄、山木。

齊物論第二　徐无鬼、則陽、外物。

養生主第三　刻意、繕性、至樂、達生、讓王。

人間世第四　庚桑楚、漁父。

德充符第五　駢拇、列禦寇。

大宗師第六　田子方、盜跖、天道、天運、知北遊。

應帝王第七　胠篋、說劍、在宥、天地。」（註二八）

清王夫之曰：

「山木引人間世之旨，而雜引以明之。秋水申逍遙遊齊物論之意，天地與應帝王相應。」（註二九）

胡遠濬曰：

「今細玩外雜諸篇，固皆多發明內篇旨趣。」而析內外雜篇之關係爲：

逍遙遊　庚桑楚。

齊物論　秋水、則陽、天運、知北遊、徐无鬼。

養生主　　達生、列禦寇。
人間世　　山木、外物。
德充符　　田子方、刻意、繕性、駢拇、馬蹄、胠篋。
大宗師　　至樂。
應帝王　　在宥、天地、天道。」（註三〇）

錢基博以爲：

「莊書以逍遙遊齊物論二篇爲綱領，養生主、人間世、德充符、駢拇、馬蹄、胠篋、在宥、天運、刻意、繕性、至樂、達生、山木、田子方、外物、讓王、盜跖、漁父、列禦寇等十九篇，言逍遙遊也。大宗師、應帝王、天地、天道、秋水、知北遊、庚桑楚、徐无鬼、則陽、寓言、說劍等十一篇，言齊物論也。二組共三十二篇，天下爲敍錄不計。」（註三一）

由上之言，可知內外雜篇互證之關係。唯內篇之義，雖各有其旨要，然彼此之間，亦相因相成，關係甚密。而外雜篇，則多爲內篇之衍義，然其一篇之中，往往蘊含多義，若必以其爲某一內篇之闡述，恐有失其精義，故張成秋莊子篇目考主張以外篇雜篇之某段某章，予以內篇配之，此或能去其粗劣不周之處矣。

第六節　內外雜篇之價值

莊書之眞僞，前文已詳述之。就其內外雜篇之價值而言，學者多以內篇爲眞，外雜篇出於僞作。內篇文旨華妙，極爲精深，最具價值；外篇便遠不及；雜篇則陳義淺薄。然王夫之謂外雜篇能發內篇所未發，取其精蘊，誠爲內篇之歸趨也。錢玄同謂外雜篇究屬先秦文字，就史料言，當有可信者。故內外雜篇，相互輝映，各具佳趣，研究莊子書者，當不可偏廢，茲舉諸家之說爲證。

林師景伊曰：

「內篇者，莊子學說之綱領，外篇充其不足之意，雜篇其雜記也。」（註三二）

胡適曰：

「內篇七篇，大致都可信，但也有後人加入的話，外篇和雜篇便更靠不住了。……此二十六篇中，至少十之九皆僞。大抵秋水、庚桑楚、寓言三篇，最多可靠資料。」（註三三）

黃庭堅曰：

「內書七篇，法度甚嚴；二十六篇，解剖斯文耳。」（註三四）

鄭瑗曰：

「竊意但其內七篇，是莊氏本書，其外雜等二十六篇，或是其徒所述，因以附之。然無可質據，未敢以爲然也。大抵莊列書非一手所爲，而列子尤雜。」（註三五）

郎擎霄曰：

「莊子內篇文旨華妙，精微奧衍，當是莊子原作，間或有後人羼入之語，然大致可信矣。外雜

篇，自昔賢已疑其多爲後人所僞託，卽不然，亦爲弟子所紀錄，故不可靠。」（註三六）

兒島獻吉郎曰：

「予獨信內篇，而斷言外篇及雜篇，出於西漢以後之假託。」（註三七）

另有學者以今本莊子內外雜篇之分，乃後人所定（定自郭象），故不可一意而姑論其價値矣。唐蘭曰：

「所謂內篇七篇爲眞者，不過承向之意見而已。其實並無內篇爲眞，外雜篇爲僞之證據。」（註三八）

王叔岷曰：

「至於外雜篇，昔賢多疑爲僞作，然今本內外雜篇之名，實定於郭氏，則內篇未必盡可信，外雜篇未必盡可疑。」（註三九）

無論內外雜篇之眞僞，其或爲莊子所作，或爲後學述其言而發其旨者。蓋此三篇，皆相互輝映，各具佳趣，研讀莊子者，豈可偏廢哉，故錢玄同曰：

「莊子之所以有僞，因莊子以後，其門徒或私淑者作此類文章，傳誦既多，誤入莊子內；或本不在莊子內，而秦漢人因文體相類而採入。故此類文字，雖在莊子書爲僞，而作者卻非存心作僞。且究屬先秦文字，就史料論，當有可信者。」（註四〇）

陸樹芝曰：

「南華大旨內七篇已舉，而外雜篇亦正不可少。蓋內篇未竟之意，不盡之妙，俱於外雜篇發，

則內篇之精義益出，微旨益暢，妙處更覺不盡。」（註四一）

顧頡剛曰：

「周秦間游學論道之風盛，道家雜文輯而附於莊子之後，爲外篇雜篇。謂之不僞，則非莊子之書，謂之爲僞，則正古人言公之旨焉。」（註四二）

若以外雜篇之價值相較，則雜篇猶有勝焉者，王夫之曰：

「雜篇多微至之語，學者取其精蘊，誠內篇之歸趨也。」

又曰：

「外篇學莊者所引申，大抵雜輯以成書；雜篇則度詞博喻，中含精蘊，乃莊子所從入。雖非出於解悟之餘，而語較微至，能發內篇所未發。」（註四三）

錢玄同曰：

「或謂『莊子內篇最精深，外篇便遠不及，雜篇則尤爲淺薄』，亦不盡然。如雜篇中之天下，乃極精博之『晚周思想總論』，但不見其爲莊子之手筆。」（註四四）

張默生於其莊子新釋中，將莊子分類爲四等，而打破內外雜篇之分，此雖不無可議之處，然亦爲一嶄新之分類矣，茲引其意如下：

第一等作品：

在形式上，約可包括甲乙兩類。甲類爲先總論，次分論，無結論者；乙類則先分論，次結論，無總論。如逍遙遊、齊物論、養生主、人間世、德充符、大宗師、應帝王、秋水、至樂、達生等篇是。大部係莊周自作。

第二等作品：

只有分論，沒有總論和結論，在每篇中各自成篇，意義不甚相連屬，絕似雜記體裁。外雜篇之文，多屬此類。如在宥、天地、天道、天運、山木、田子方、知北遊、庚桑楚、徐无鬼、則陽、外物、列禦寇等篇是。大部係莊周後學所作，爲時較古。

第三等作品：

沒有總論和分論，全篇一氣呵成，有近於後世之文體，如駢拇、胠篋、馬蹄、刻意、繕性等篇是。大部係莊周別派所作，爲時較後。

第四等作品：

是摹仿前三類之作品，如讓王、盜跖、說劍、漁父等篇，文理頗膚淺，亦莊周別派所作，爲時更後，甚至魏晉人之作亦未可知。

綜觀上文之言，可知南華大旨，內七篇已舉，而外雜篇亦正不可少。外雜篇解剖內篇之文，能闡發其義蘊，補充其不足之意，雖非莊子所作，而語較微至，故就其價值而論，實與內篇相互輝映。

第七節　結語

據前文所述，可知莊子之書，逮乎西漢初年，始由淮南王及其門客加以編排，並加入其對莊學之意見，如後序、解說之類。其後劉氏父子，校書秘閣，乃有內外雜篇之區分。班固漢書藝文志，本之劉氏七略，則其所見，當爲劉氏之本，此本今已亡佚。惟陸氏釋文，稱晉代所傳司馬彪與孟氏之本，同乎班志所載之莊子，則劉氏之整編本，尚略可考見，蓋卽內篇七，外篇二十八，雜篇十四，解說三，凡二十一卷五十二篇之本是也。司馬本之後，有崔譔與向秀注本。此兩種注本，篇目大致相同，皆爲二十七篇，包括內篇七，外篇二十，無雜篇，此乃據司馬本所刪節者也。今所傳之莊子，乃郭象所定，多襲向秀本，間有從司馬彪本補充者。其內篇全襲向秀，其外篇十五及雜篇十一之中，爲崔、向所無者，乃天道、刻意、田子方、讓王、說劍、漁父等六篇。崔、向本有外無雜，故在崔、向本爲外篇，郭氏或入雜篇。亦有崔、向二家所不取，而象附益以短章逸事者，此殆從司馬彪本所補足之也。

陸德明以爲莊書在整編過程中，注者多以意去取，其釋文序錄曰：「漢書藝文志『莊子五十二篇』，卽司馬彪、孟氏所注是也。言多詭誕，或似山海經，或類占夢書，故注者以意去取。其內篇衆家並同，自餘或有外而無雜。」注者既以意去取，則其中或有眞莊生之書，而爲注者所刪去之者。故姚鼐曰：「夫莊子五十二篇，固有後人雜入之語。今本經象所刪，猶有雜入，其辭義可決其必非莊生所爲者。然則其十九篇，恐亦有眞莊生之書，而爲象去之矣。」（莊子章義）

漢志莊子五十二篇，今本莊子三十三篇，二者相較，尚缺十九篇。此十九篇之篇名於今可考者，十篇而已，玆述之如下：釋文敍錄引郭子玄曰：「若閼弈意脩之首，危言游鳧子胥之篇」，此閼弈，意脩，危言，游鳧，子胥，皆篇名也。史記老莊申韓列傳曰：「畏累虛亢桑子之屬，皆空語無事實。」索隱稱畏累虛乃篇名。至亢桑子，卽是庚桑楚，今本莊子有庚桑楚篇。北齊書杜弼傳曰：「弼曾注莊子惠施篇。」蔣伯潛諸子通考以爲天下篇「惠施多方」以下，「蓋本別爲一篇，注者以爲與天下篇同屬評述當時學者之文，而合併之也。」據此知惠施蓋逸篇也。南史文學傳何思澄傳曰：「何子朗……嘗爲敗冢賦擬莊周馬捶。」清孫志祖讀書脞錄續編曰：「蓋馬捶亦逸篇也。」文選江文通雜體詩注，謝靈運入華子岡詩注，陶淵明歸去來辭注，任彥昇齊竟陵王文宣王行狀注並引莊子略要。清俞正燮癸巳存稿以其下並引司馬彪注，當是莊子逸篇之文，此佚篇爲司馬彪注本中尚有之者。蔣伯潛諸子通考以爲如俞氏所說，則略要亦爲莊子篇名。文選張景陽七命注引莊子后解。王叔岷先生疑略要、后解兩篇，乃淮南子外書之逸篇。（見莊子校釋）但據陸德明釋文敍錄所云，莊子五十二篇本尚有「解說」三篇，且李善先引莊子而後出后解，故張成秋莊子佚篇考，認爲后解非淮南子佚篇，似屬司馬彪本莊子末尾解說三篇之一。從而可知，略要亦係「解說」之文也。

太史公稱莊子著書十餘萬言；今觀內外雜篇總計不過六萬四千六百餘字而已（語本張成秋莊子篇目考）。故就字數而論，今本莊子所亡失者，當在三萬至五萬之間，是以古今學者，輯佚鈎沉，以圖復其舊觀者，所在多有。初爲莊子佚文考者，爲宋之王應麟。其困學記聞，依據太平御覽、藝文類聚、文選注、後漢書注、世說新語注等，搜羅莊子佚文凡三十九條。至閻若璩引漢嚴遵老子指歸，補充八條，文與義去莊子遠甚，全祖望、張南漪已言其非。其後孫志祖輯得一十三條，然考之未精，其文句有與王書稍異者，亦有今本文句而視作佚文者。至於黃奭逸莊子一卷（見漢學堂叢書黃氏逸書考）王仁俊莊子逸文一卷（見經籍佚文）及孫馮翼、茆泮林之所纂，則係輯司馬彪注本所得之逸文。因亦得若干事，出諸家所錄之外。民國十二年九月，馬敍倫著莊子義證，並附莊子佚文一卷於後（該書民國十九年出版）。其所搜集，範圍甚廣，包括李汸太平御覽、桓譚新論、韓嬰韓詩外傳、張華博物志、張湛列子注、歐陽詢藝文類聚、劉孝標世說新語注、徐堅初學記、白居易六帖、虞世南北堂書鈔、釋慧寶北山錄注、陳文耀天中記、仲長統昌言、謝靈運山居賦自注、顧野王玉篇、梁元帝金樓子、釋僧順三破論、杜臺卿玉燭寶典、陸法言切韻、成玄英老子義疏、李賢後漢書注、司馬貞史記索隱、李善文選注、慧琳一切經音義、湛然輔行記、楊倞荀子注，以及淮南子、山海經等書，共得一百二十八條，成就頗爲可觀。民國三十三年，王叔岷先生承馬氏之作，復增二十餘事，得一四九條，附於莊子校釋之後，此爲佚文中之最完備者。民國六十年，張成秋作莊子佚文考，依據諸家之資料，重爲整理，校去其重複，釐正其文句，並爲之重新歸類，附以己意，頗有參考價值。

學術研究，當以資料爲本，今本莊子，已非漢代之舊。吾人探究莊學，雖然莊書之佚篇佚文，皆可資參考，然其最可靠之資料，唯有郭象注本三十三篇而已。如本章第四、五、六節所言莊子內篇之要旨，以及其與外雜篇之關係與價值，可知莊學維綱所寄，在以內篇爲要道，衆滙外雜篇之流，而統其旨歸矣。綜論其義，在求精神之逍遙；達萬物齊一之境界；而使其生主得全；並以無心應物，虛靜處世；使道德充內，應乎物外；其爲得道之眞人，則與造物者遊，而外乎死生；其爲帝王，則能順乎自然，任乎無爲，使上下全性，各得其逍遙矣。故本文依據郭象注本，以內篇爲主，外雜篇爲輔，參考歷代學者之注解，以探究莊學之精義。

【附註】

註一 參閱莊萬壽莊子學述。
註二 仝註一。
註三 參閱張成秋莊子篇目考。
註四 參閱日人武內義雄莊子考。
註五 仝註一。
註六 見莊子內篇憨山註。
註七 見胡遠濬莊子詮詁引。
註八 見王先謙莊子集解。
註九 見陸德明莊子音義。
註一〇 見王先謙莊子集解。
註一一 見王先謙莊子集解引。
註一二 見王先謙莊子集解。

註一三　見莊子內篇憨山註。
註一四　見王先謙莊子集解。
註一五　見莊子人間世篇郭象注。
註一六　見王先謙莊子集解。
註一七　見莊子內篇憨山註。
註一八　見王先謙莊子集解。
註一九　見莊子大宗師篇郭象注。
註二〇　見莊子應帝王篇郭象注。
註二一　見莊子內篇憨山註。
註二二　見郎擎霄莊子學案。
註二三　見周金然南華經傳釋。
註二四　見古史辨第一冊。
註二五　見莊子內篇憨山註。
註二六　見林雲銘莊子因。
註二七　仝右
註二八　見周金然南華經傳釋
註二九　見王夫之莊子通。
註三〇　見胡遠濬莊子詮詁。
註三一　見錢基博中國語文學研究。

註三二　見林師景伊中國學術思想大綱。
註三三　見胡適中國古代哲學史。
註三四　見胡遠濬莊子詮詁引。
註三五　見鄭瑗井觀瑣言。
註三六　見郎擎霄莊子學案。
註三七　見兒島獻吉郎莊子考。
註三八　見唐蘭老聃的姓名及時代考。
註三九　見王叔岷莊子校釋序。
註四〇　見文學周刊第十三至十五期。
註四一　見陸樹芝讀莊雜說。
註四二　見顧頡剛莊子外篇雜篇著錄考。
註四三　見王夫之莊子解。
註四四　見古史辨第一冊。

第二章 莊學之思想體系

夫莊子之書，可謂至矣。莊子之學，可謂博矣。察道術之全，析萬物之理。芴漠無形，變化無常。寄玄旨於寓言，明道德之廣崇。然究其要旨，則爲養生主以全天，通齊物而逍遙。蓋得此眞義者，斯能與化爲體，流萬代以冥物。人我雙遣，齊小大於無形。上可以與造物者同遊，下可以處人世而逍遙，故郭子玄序之曰：「觀其書，超然自以爲已當，經崑崙，涉太虛，而遊惚怳之庭矣。雖復貪婪之人，進躁之士，暫而攬其餘芳，味其溢流，彷彿其音影，猶足曠然有忘形自得之懷，況探其遠情而玩永年者乎！」斯眞知言者也，是所以古今賢哲於莊子之學，闡述探究者而不遺餘力焉。南華玄妙之旨，宏綽之言，秦漢以後影響於魏晉玄學，唐宋禪學，宋明理學，詩詞戲曲小說隨筆，甚至及於其他文物造作，民情風俗。其地位與價值，可謂高且大矣。故今以內篇爲主，外雜篇爲輔，將莊學之主要思想，由本體宇宙形上之論，以逮知識人生之觀，終其政治思想凡八節，綜厥理要，以探究莊學之思想體系矣。

第一節 本體論

一、本體之意義

老子曰：「有物混成，先天地生。……可以爲天下母，吾不知其名，字之曰道；强爲之名曰大。」（註 一） 此言「道」是萬物化生之母。莊子本體論之定義，與老子相同，皆以道爲宇宙萬有之本體，故宇宙萬物無不爲道所包含。道爲萬物化生之母，故道是萬物之最初根源。其言曰：

「夫道有情有信，无爲无形，可傳而不可受，可得而不可見。自本自根，未有天地，自古以固存；神鬼神帝，生天生地。在太極之先而不爲高，在六極之下而不爲深，先天地生而不爲久，長於上古而不爲老。」（註 二）

郭象注曰：

「有無情之情，故無爲也。有無常之信，故無形也……言道之無所不在也，故在高爲無高，在深爲無深，在久爲無久，在老爲無老，無所不在，而所在皆無也。且上下無不格者，不得以高卑稱也；內外無不至者，不得以表裏名也；與化俱移者，不得言久也；終始常無者，不可謂老。」（註 三）

憨山大師註曰：

「有情謂雖虛而有實體，不失其用曰信。湛然常寂故無爲，超乎名相故無形。以心印心，故可傳可受，妙契忘言，故無受無得。本自天然，原非假借。天地以之建立，故先有固存。變化不測，爲天地萬物之主，伏羲畫卦始于太極，推之向上，更有事在，故不以爲高；包天地、容六合，故不爲深；以固存，故不爲久；萬化密移，而此道湛然，故不老。」（註四）

林雲銘曰：

「道本在未始有物之先，而能包羅天地萬象也。」（註五）

宣穎曰：

「道爲事物根本，更無有爲道之根本者，自本自根耳，未有天地先有道，所以自本自根。」（註六）

按：綜觀以上諸家釋義，知「道」是實質存在，亦有「徵驗」可尋。「無爲」言其恬然寂寞。「無形」言其視之而不見。「可傳而不可受」，謂雖可傳之與人，人莫能受而有之。「可得而不可見」，謂雖可心中領悟，然而無形迹可見。「自本」言「道」是萬物之本。「自根」言「道」是萬物之根。「未有天地，自古以固存……先天地生，而不爲久，長於上古，而不爲老。」此就時間而言，「道」比天地先生，而不爲長久，意謂「道」無始無終。「在太極之先而不爲高，在六極之下而不爲深」，此就空間而言，「道」在無窮高處而不爲高，在無窮深處而不爲深，意謂「道」無所不在。「神鬼神帝」，言大道化生萬物之功，可使鬼有神，可使帝有神，即下文「豨韋氏得之，以挈天地；伏羲氏得之，以襲氣母；維斗得之，終古不忒；日月得之，終古不息；堪坏得之，以襲崑崙；馮夷得之，以游大川；肩吾得之，以處大山；黃帝得之，以登雲天；顓頊得之，以處玄宮；禺强得之，立乎北極；西王母得之，坐乎少廣，莫知其始，莫知其終；彭祖得之，上及有虞，下及五伯；傅說得之，以相武丁，奄有天下，乘東維，騎箕尾，而比於列星」之義。「生天生地」，言天地萬物，皆由道而生，即老子所謂「天得一以清；地得一以寧；神得一以靈；谷得一以生；侯王得一以爲天下貞」之義。據此知莊子以「道」爲宇宙萬物之本體。此「道」乃自因而生，並有超越時間、空間之永恒性與無限性矣。

二、本體之眞象

(一)道無所不在

莊子在知北遊篇內與東郭子之對答，即顯明指出本體之眞象，其言曰：

「東郭子問於莊子曰：『所謂道，惡乎在？』莊子曰：『无所不在。』東郭子曰：『期而後可』，莊子曰：『在螻蟻。』曰：『何其下邪？』曰：『在稊稗。』曰：『何其愈下邪？』曰：『在瓦甓。』曰：『何其愈甚邪？』曰：『在屎溺。』東郭子不應。莊子曰：『夫子之問也，固不及質，正獲之問於監市履狶也，每下愈況。汝唯莫必，无所逃物；至道若是，大言亦然。周、偏、咸、三者，異名同實，其指一也。』」

按：至道周偏萬物，而無高下貴賤之分，故莊子舉螻蟻，稊稗，瓦甓，屎溺，說明道無所不在，以明本體之眞象。由此可知道之周偏性矣。此與佛學之「佛性周偏」，耶教之「上帝與我們同在」，意味相似。因道周偏而無私，故其不可稱說，有言必有私有偏，偏而不全，豈萬物之本體哉？故曰：「大道不稱。」（註七）此卽佛經所謂「玄旨妙諦，不落言詮，一落言詮，便已失眞」之義。由此可知道無所不在之眞象矣。

㈡道與物無際

莊子曰：

「物物者與物無際，而物有際者，所謂物際者也；不際之際，際之不際者也。」（註八）

「以道觀之，物无貴賤；以物觀之，自貴而相賤。」（註九）

王先謙注曰：

「物物者，道也。物在卽道在，故與物無涯際。……道本不際，而見於物際。見於物際，而仍是不際也。」

按：由上文可知「物物者」，謂主宰萬物者，此卽指「道」而言。際，邊際，界限之意。莊子之意，物之所在，卽是道之所在，「道」與「物」之間無界限，故曰：「物物者與物無際。」物與物有界限，此所謂物之界限，烏可言道哉？故曰：「物有際者，所謂物際者也。」從「物際」立場觀之，確是「有左有右，有倫有義，有分有辨，有競有爭。」（註一〇）從「大道」觀之，道本無際。然道不離物，而見於物際，故曰：「不際之際」。道雖見於物際，然道之本身，畢竟無際，故曰「際之不際者也。」秋水篇曰：「以道觀之，物无貴賤；以物觀之，自貴而相賤。」物之所以有高下貴賤之分，皆因萬物自生妄心，自貴而相賤，而非本體所有，自非本體之眞象。蓋因物物者無際，故「以道觀之，物无貴賤」也。

㈢道不得謂物

莊子知北遊篇曰：

「有先天地生者物邪？物物者非物。物出不得先物也，猶其有物也；猶其有物也，無已。」

王先謙注曰：

「物物者道也，不得謂之物。萬物並出，物不得先物，猶然萬物皆有也，猶然萬物皆有，而且至於無已，以有物物者在也。」

按：此謂萬物皆有也，而產生「萬有」之本體，乃一「非物」。若此本體爲一「物」，則此「物」之先，尚必有一「物」，以此推論，則永無止已。故知「道」之眞象，乃一「非物」，亦卽齊物論所言「未始有物」之境界，故其能產生萬物，以致無已。可知「物物者非物」也。

三、結　語

宇宙之本體爲「道」，「道」是萬物化生之母，故無所不在。又其爲萬物所依據之共同終極原理，故存於天地萬物未有之先。物之所在，卽是道之所在，故道與物無界限。莊子能了悟大道超越時空之永恒性、周徧性及無限性，又知物則「一受其成形，不亡以待盡」（註一一）故能冥同萬境，與道爲一，「知天之所爲，知人之所爲」（註一二），形上形下，打成一片，所以能曠然無累而遊於逍遙之境也。

第二節　宇宙論

一、宇宙之定義

何謂宇宙？淮南子齊俗篇曰：「往古來今謂之宙，上下四方謂之宇。」墨經上曰：「久，彌異時也。宇，彌異所也。」經說曰：「久，古今旦莫。宇，家東西南北。」吳康曰：「久，宙也，徧不同之時間爲久宙，徧不同之空間爲宇，則宇無窮，久亦無窮也。」（註一三）可知宇指空間，宙指時間之義，而宇宙乃是時空無窮也。莊子對宇宙之定義如何？其言曰：

「出无本，入无竅，有實而无乎處，有長而无乎本剽。有所出而无竅者有實，有實而无乎處者，宇也。有長而无本剽者，宙也。」（註一四）

茲引各家之注，以觀其義：

郭象注曰：

「焱然自生非有本。焱然自死非有根。言出者自有實耳，其所出無根竅以出之。宇者，有四方上下未有窮處。宙者，有古今之長，而古今之長無極。」（註一五）

陸德明音義曰：

「有實而無乎處者，宇也。三蒼云：四方上下爲宇，宇雖有實，而無定處可求也。有長而无本剽者，宙也。三蒼云：往古來今曰宙。」

王先謙莊子集解曰：

「（出无本）道之流行無本根。（入无竅）道之歛藏無竅隙。（有實而无乎處）道有實在而不見其處所。（有長而无乎本剽）釋文，剽，本亦作摽。崔云，末也。案：木枝之遠揚者謂之標，故以訓末。言道之源流甚長，而不見其本末。（有所出而无竅者有實，有實而无乎處者宇也）有所出而無竅隙者，自非無實，雖有實，而終無處所者，處乎四方上下之宇也。（有長而无本剽者宙也）雖有長而不見本末者，以古往今來之宙爲之本末也。」

吳康康德哲學簡篇曰：

「有實而無乎處，處所也，卽個別之空間。有空間，有實也。無窮之空間，不可分割，而指爲某個別也，故無處；無本剽，無始終也，則其長爲無窮也。旣曰無窮，故出無本而入無竅，卽宇宙無終之義。」

按：由以上諸家之解義觀之，可知莊子對宇宙所下之定義，亦指空間時間而言，且莊子又以爲宇宙在空間上與時間上，皆是無窮無盡。「有實而無乎處」，言道有實在而不見其處所，意謂「道」就空間而言是無窮無盡。「有長而無乎本剽」，言道有長久而不見其本末，意謂「道」就時間而言是無窮無盡。「出無本」而「入無竅」，即指宇宙無始無終矣。

二、宇宙之來源

莊子對宇宙來源之見解，是以「無」爲宇宙萬有之根源。其言曰：

「有乎生，有乎死，有乎出，有乎入，入出而無見其形，是謂天門。萬物出乎无有，有不能以有爲有，必出乎无有，而无有一无有，聖人藏乎是。」（註一六）

按：朱得之曰：「生死出入自有矣，而無形可見，是謂天門，惟一無而已。萬有本於此，不直曰無，而必曰無有者，萬象皆有也，本於無，蓋曰無其有也，雖曰無，而亦無所謂無者，此千古聖人安身立命之所，繼天立極者在是。」（註一七）因宇宙本源於「無」，故「無」能生「有」，而生萬物！此乃「無」之大用也。老子所謂：「三十輻共一轂，當其無，有車之用……故有之以爲利，無之以爲用。」（註一八）此「無」乃是就現象界「無」之作用而言，與莊子所言宇宙本源之「無」不同。莊子又曰：

「有始也者，有未始有始也者，有未始有夫未始有始也者。有有也者，有无也者，有未始有无也者，有未始有夫未始有无也者，俄而有无矣，而未知有无之果孰有孰无也。」（註一九）

郭象注曰：

「（有始）有始則有終。（未始有始）謂無終始而一死生。（未始有夫未始有始）夫一之者，未若不一而自齊，斯又忘其一也。（有有）有有則美惡是非具也。（有无）有無而未知無無也，則是非好惡猶未離懷。（未始有无）知無無矣，而猶未能無知。（未始有夫未始有无，俄而有无，而未知有无之果孰有孰无）此都忘其知也，爾乃俄然始了無耳。了無，則天地萬物，彼我是非，豁然確斯也。」（註 二〇）

憨山大師曰：

「（有始也者）卽老子無名天地之始。（有未始有始也者）此言有始亦無，謂無始也，卽老子云：同謂之玄。（有未始有夫未始有始也者）此本始有亦無，卽老子云：玄之又玄，衆妙之門；此乃單言無形大道之原也。（有有也者）有卽天地人物，老子：有名萬物之母也。（有無也者）因天地之有，乃推無名天地之始，此蓋就有形以推道本無形也。（有未始有無也者）此言天地萬物，有形出於無形，而大道體中，有無不立，故云未始有。（有未始有夫未始有無也者）上言有無俱無，此言俱無亦無，迥絕稱謂，方是大道之玄同之域，故以此稱爲虛無妙道。（俄而有無矣）言大道體中，了無名相，一法不立，故强稱虛無大道，忽然生起有無，而不知誰使之也。……（而未知有無之果孰有孰無也）言大道體中，有無不立，卽今之有無，誰使之爲有無耶？所謂若有眞宰，而求不得其眹，今果返觀至此，有無尚無，安有是非之辯哉？」（註 二一）

按：由以上諸家之解義，茲列表如下，以示莊子宇宙來源之說：

未始有夫｝未始｝→無→有
未始有無｝有無｝
無無無——→無無——→無——→有

莊子對宇宙來源之見解，是以「無」爲萬有之根源。至於「無」，由「未始有無」而來，「未始有無」，由「未始有夫未始有無」而來。以此推論，可至無窮。深究莊子之意，此乃說明宇宙萬物由「無」而「有」之活動過程而已。此「無」顯然非絕對有無之無，而是指一種實體。雖爲吾人感覺所不能及者，而不是「非存在」。因其無形無象，故爲超越經驗界以上之存在。

三、宇宙之變易

道是宇宙萬物之根源，宇宙森羅萬象於變化無常之中，宇宙之變易，卽是道之變易。道如何產生宇宙萬物？道之變易過程又如何？萬物紛然雜陳，在此紛然之中是否有一共同變易之理？莊子對此問題與老子、列子等皆有相類似之看法，雖然各人之說法不同，但三者所言道之創生過程卻是相合。

老子以宇宙之根源，乃一不可名狀之理，名之曰「道」，此道之本體，難以言喻，勉强名之曰：「玄之又玄，衆妙之門」，此乃萬物之根源，其性質爲無無，爲自然。「道」是絕對、超時空、無差別相者，其言化生萬物之過程曰：「道生一，一生二，二生三，三生萬物。」（註二二）萬物生成毀滅，循環不已，宇宙亦變化不已。萬物皆出於道，又反於道矣。此乃老子言宇宙變易之過程觀也。

列子雖是僞書，然其中大部分資料，則出自戰國以前，故亦可與莊學比而觀之。列子之宇宙變易說，在天瑞篇內，可見其大略。文中「太易者，未見氣也」，卽言萬物之本源，乃無形無象也。「太初者，氣之始也」，卽老子言「道生一，一生二」之「一」。「太初」，列子以爲是「氣之始」，此氣混沌未分，故稱之爲渾淪之氣。又列子所謂「太始」、「太素」，卽老子之「道生一，一生二」之「二」，意卽陰與陽也。此時之「太始」、「太素」，已具形質，氣形質相配，卽生萬物，故曰渾淪。由上文觀之，列子宇宙變易之過程可列表如下：

太易─→太初─→太始─→太素─→渾淪

「太初」、「太始」、「太素」三者相配合，卽生宇宙萬物。此乃列子言宇宙變易之過程觀也。

莊子以「無」爲宇宙萬有之根源，此「無」乃無形無象之義，而非空無之無。此「無」與「道」乃是同實而異名。其在宇宙論中稱之曰「無」，在本體論中則稱之曰「道」。而此「無」生成萬物之變易過程，莊子曰：

「泰初有無無，有無名，一之所起，有一而未形，物得以生，謂之德；未形者有分，且然無間謂之命，留動而生物，物成生理謂之形，形體保神，各有儀則謂之性。」（註二三）

「雜乎芒芴之間，變而有氣，氣變而有形，形變而有生，今又變而之死，是相與爲春秋冬夏四時行也。」（註二四）

按：莊子所謂「泰初有無無」，第一個無字是有絕對至上之意義。第二個無卽是道，是最高之原理，萬物最後之根源，與老子之道相同。一切「有」皆由「道」創生，此處之「有」是指一之所起，有一而未分之「一」，即老子道生一之「一」，亦卽列子之太初。成玄英疏曰：「大道在恍惚之內，造化芒昧之中，和雜清濁，變成陰陽二氣；二氣凝結，變而有形，形旣成就，變而生育，且從無出有，變而爲生，自有還無，變而爲死。而生來死往，變化循環，亦猶春秋冬夏，四時代序。」（註二五）可知未有萬物之前，先有道（無），爲萬物之本始，道是恍惚窈冥，化而有氣，氣是有形，由氣再化而生陰陽，化生萬物。宇宙之變易，由道主宰之，一切由道而來，又回歸於道矣。此乃莊子所言宇宙變易之過程觀也。

四、結　語

莊子以宇宙無始無終，而其根源爲「無」，「無」乃萬有之本，宇宙萬物皆由「無」而「有」，其活動過程，生生不息，周行不殆，故曰：「物之生也，若驟若馳，無動而不變，無時而不移。」（註二六）可知宇宙生成萬物，其時不止，其廣無極。故萬有之消息盈虛，亦終始相環，其由「無」而來，亦回歸於「無」矣。吾人若能悟此變易之理，而虛靜保神，以處人世，則上足以與造物者遊，下足以與外死生、無終始者友，以遊乎無窮之域，廣莫之野，而達逍遙之極境矣。

第三節　自然論

老莊爲道家之宗，其思想哲理，可歸極於自然主義。吳康先生曰：「中國故籍所論，關於天之觀念有二種：一曰人格化之天，即詩書中所稱引之天或上帝是也；二曰自然界之天，如老子或莊子書等所言之天是也。前者爲『宗教的』，後者爲『哲學的』。」（註二七）此言宗教之天，與墨子言「天」之義略同，因其有意志，故能降福禍與人；然莊子所言之「天」，爲一自然之天，無意志之天，故「陰陽四時運行，各得其序，惛然若亡而存，油然不形而神，萬物畜而不知，此之謂本根，可以觀於天矣。」（註二八）大道冥然若亡，无爲爲之，故萬物自化而不知，此乃莊子所言自然之「天」矣，可知「天」即自然之義。

莊子之學，在順乎自然，應乎無爲，故其有「天地」、「天道」、「天運」之作。天地篇，言道本於自然，順治而修德，方是至治。天道篇，以闡述自然之義爲主，「天道」者，即自然之規律也。天運篇，王夫之曰：「本篇之主旨，以自然爲宗，天地之化，無非自然。」（註二九）可知莊子以自然爲宗之意也。茲就莊子一書中，有關「自然」之天，分述如下：

一、天　鈞

莊子曰：

「是以聖人和之以是非，而休乎天鈞。」（註三〇）

按：唐陸德明曰：「鈞，本又作均。」（註三一）成玄英疏曰：「均，自然均平之理。」（註三二）可知「天鈞」卽自然均平之理。是以聖人能是非兩行，而止於自然均平之境，使物我各得其所，並行不礙矣。

二、天倪

莊子曰：

「和之以天倪，因之以曼衍，所以窮年也。」（註三三）

「卮言日出，和以天倪，因以曼衍，所以窮年，……萬物皆種也，以不同形相禪，始卒若環，莫得其倫，是謂天均。天均者，天倪也。」（註三四）

按：成玄英疏曰：「天，自然也，倪，分也。」（註三五）可知「天倪」乃自然之分也，卽自然之均衡也。能安守自然之分際，順其變化推衍，方能享盡天賦之年。寓言篇曰：「天均者，天倪也。」成玄英疏曰：「均，齊也，是謂天然齊等之道，卽以齊均之道，亦名自然之分也。」（註三六）天然均齊，則自有其分際矣。故天均亦天倪之意也。

三、天　鬻

莊子曰：

「聖人不謀，惡用知？不斲，惡用膠？無喪，惡用德？不貨，惡用商？四者天鬻也，天鬻者，天食也。」（註三七）

按：天鬻者，郭象注曰：「言自然而稟之。」（註三八）成玄英疏曰：「鬻，食也。食，稟也。天，自然也。以前四事，蒼生有之，稟自天然，各率其性，聖人順之，故無所用己也。」（註三九）聖人能稟受自然之理，絕念世情，故能得其天養。是以莊子曰：「天鬻者，天食也。」

四、天　行

莊子曰：

「知天樂者，其生也天行，其死也物化。」（註四〇）

「聖人之生也天行，其死也物化。」（註四一）

按：天行者，郭象注曰：「任自然而運動。」（註四二）能體天樂之人（即聖人也），故其生能順自然而行，其死能應自然而化，並與萬物同流也。可知能順「天行」，任自然而動者，必能得其天樂矣。

五、天倫

莊子曰：

「純素之道，惟神是守，守而勿失，與神爲一，一之精通，合於天倫。」（註四三）

按：天倫者，王先謙注曰：「合於自然之理。」（註四四）能體悟純素之道，守而勿失，而形神合一者，自能通於大道，而合於自然之理也。

六、天機

莊子曰：

「今予動吾天機，而不知其所以然。」（註四五）

「萬物皆出於機，皆入於機。」（註四六）

按：天機者，文選陸士衡文賦注引司馬曰：「天機，自然也。」蚿噴其唾液，大如珠，小如霧，此皆出於自然，故其雖順自然而動，亦不知其所以然。可知萬物皆有其自然之性，其出於天機（自然），亦入於天機，蓋萬物之化，唯一自然而已矣。

七、天極

莊子曰：

「若枉若直，相而天極，面觀四方，與時消息。」（註四七）

按：王先謙注曰：「無問枉直，視汝自然以為極。」（註四八）成玄英疏曰：「無問枉直，順自然之道，觀照四方，隨四時而消息。」（註四九）天卽自然，以自然為極，謂之天極。凡事無論是曲是直，皆聽任自然，順其自然之本性，卽可與道共遊矣。

八、結　語

由上文可知，莊子之思想，在放任自然，游於自然矣。故曰：「宇泰定者，發乎天光。發乎天光者，人見其人。人有修者，乃今有恒；有恒者，人舍之，天助之。人之所舍，謂之天民；天之所助，謂之天子。」（註五〇）此言「天光」卽自然之光也。林雲銘曰：「宇，心宇也。心宇泰然而定，則定而生慧，可以迴光自然。」（註五一）此謂心境安泰之人，其心光明，故能獨具天光。吾人能順「自然」修為，培養常德，則人能歸之，天亦佑之，此之謂「天民」、「天子」也。故莊子之自然論，在放任無為，而不以人助天，順自然而行，因物自然，不設不施，則「天道運而無所積，故萬物成。」（註五二）能悟自然之妙者，則可游乎萬物之終始，任本性之自化，循道而趨，以達天人合一之極歸矣。

第四節 知識論

一、知識之本質

我國先哲，除墨子之墨經外，對知識問題，鮮有專門之探討與研究者，故對知識之範圍、標準、及價值，亦少有系統詳備之論述。唯於其論著中，偶一提及。綜觀諸子所言之「知識」，約可粗分爲外在知識與內在知識兩類。前者卽對外在之萬事萬物，憑其感官接觸，或依據邏輯推理而得之知識。後者卽由體驗或反觀內心，以認識宇宙本體及吾心本性之知識。莊子之於知識，就本質言之，其所欲探求者，在於內在知識，故主張摒棄外在感覺之知，以達認識本性之知，本體之知，進而以求其眞知。茲就其義分述如下：

㈠認識本性之知

莊子曰：

「吾所謂聰者，非謂其聞彼也，自聞而已矣；吾所謂明者，非謂其見彼也，自見而已矣。」（註五三）

按：此所謂「自聞」、「自見」者，卽在求內心明澈之知，而非「聞彼」、「見彼」之外在感覺之知。此種認識本性之知，與老子所謂「不自見故明」（註五四）之義相同，皆在求內觀本性之知也。

㈡認識本體之知

莊子曰：

「欲是其所非，而非其所是，則莫若以明……是以聖人不由，而照之於天，亦因是也。」（註五五）

按：王先謙曰：「莫若以明者，言莫若卽以本然之明照之。」（註五六）因事物彼此相對，故是非之爭，永無止時。唯有以本然之道明之，方能超越是非之論以外，而「照之於天」。王先謙曰：「照，明也，但明之自然之天，無所用其是非。」（註五七）此「明」，卽是認識本體自然之天也。亦卽莊子所欲認識之「本體之知」也。

㈢求真知

莊子曰：

「有眞人而後有眞知。」（註五八）

按：郭象注曰：「有眞人，而後天之知皆得其眞而不可亂也。」（註五九）世人常强不知以爲知，以知炫人，殊不知此非眞知也。唯眞人能明於大道，知「不知」之「知」，故曰有眞人而後有眞知，此「眞知」亦莊子所欲求得之知識也。

以上所述，乃莊子知識論之本質也。

二、知識論之分類

莊子生於戰國，是時社會淆亂，生民塗炭，學者紛紛立說救世，因此辯術大行，各是其所是，非其所非。而莊子之學，在求眞知，以返回自然，歸於大道，故其齊物論中即主張不辯，以破是非之執，「兩行」以安其分，「去智」以安群異。其對知識之看法，秋水篇曰：

「計人之所知，不若其所不知，其生之時，不若未生之時，以其至小，求窮其至大之域，是故迷亂而不能自得也。」

按：王先謙注曰：「知者有窮，而不知者何限。生有盡，而天地無窮。」（註六〇）人之生與天地相較，實似毫末之在馬體也。欲以此至小，求窮其至大之知識，必會迷惑昏亂，所得有限。故成玄英疏曰：「至小，智也；至大，境也。夫以有限之小智，求無窮之大境，而無窮之境未周，有限之智已喪；是故終身迷亂，返本無由，喪己企物而不自得也。」（註六一）由於「無窮之境未周，而有限之智己喪」，吾人所能知者，極其有限，常知於此，而蔽於彼，故莊子主張人事無定論，而有「懷疑論」之觀念。既然人事無定，自當摒棄世俗之知，以求認識本體之知，然而道之「本體」不可知，故唯有破除現象界之「相對觀念」，以求精神與道冥合之境界。據此以觀，莊子之知識論，約可分類為三：一曰懷疑論，二曰不可知論，三曰相對論，茲就其義，分述如下：

㈠懷疑論

西洋懷疑論者，在否認絕對知識之可能性，謂有限之物不能知萬有之內在精神。而莊子之懷疑論，則是謂其以為人事無定論，而對於人事之知，存一置疑或否定之看法。莊子生於戰國之末，此時百家爭辯而無定論，故孟子曰：「聖王不作，諸侯放恣，處士橫議。」莊子天下篇曰：「天下大亂，聖賢不明，道德不一，天下多得一察焉以自好。」由於天下大亂，故戰國時代之思想家，為救時代之弊，紛紛倡立其學，發表意見。莊子處於此論說紛紜之時代，心中不免生疑，進而思考，眞理何在？經由辯論，是否能獲得眞知？百家爭辯，孰是孰非？莊子懷疑其間是否有眞理存在？故曰：

「道惡乎隱而有眞偽？言惡乎隱而有是非？道惡乎往而不存？言惡乎存而不可？道隱於小成，言隱於榮華。故有儒墨之是非，以是其所非，而非其所是。」（註六二）

郭象注其義曰：「夫道焉不在，言何隱蔽，而有眞偽是非之名，紛然而起？夫小成榮華，自隱於道，而道不可隱，則眞偽是非者，行於榮華，而止於實當；見於小成，而滅於大全也。」（註六三）

成玄英疏曰：「天下莫不自以為是，以彼為非，彼亦以汝為非，自以為是。故各用己是是彼非，各用己非非彼是。」（註六四）

按：此言因各人主觀之執着，故皆以己之是非，論人之是非，於是有儒墨之是非，「是其所非，而非其所是」，則是非必無定論。故莊子懷疑世人之辯，能否得其眞知，其言又曰：

「可乎可。不可乎不可。道行之而成，物謂之而然。惡乎然？然於然。惡乎不然？不然於不然。」

（註六五）

郭象曰：「可於己者，卽謂之可。不可於己者，卽謂之不可。無不成也，無不然也。」（註六六）

筆乘曰：「然聖人無是非，而亦未嘗廢是非，所謂因也。人所可，因而可之；人所不可，因而不可之。道可行，因而成之；物有謂，因而然之。是我無然，然於物之所然耳。我無不然，不然於物之所不然耳。若此者，以物自有所然，自有所可，蓋無物不如此者，又何必加是非於其間哉？」（註六七）

按：郭象以世俗之觀念注之；筆乘以聖人之觀念解之，故兩者有所不同也。莊子之意，當是破除世俗之觀念，以入聖人之境界也。世俗物情皆執滯於己之主觀，各然其所然，可其所可。然而天地間之事物，皆由天道運行而成，是非善惡，根本無標準可言。各家所見，皆非宇宙之全，亦非萬物之眞，唯主觀乎外界之偏見而已。莊子探本自然，故懷疑世人憑主觀之辯，能否定其是非，得其眞知？故有懷疑論之觀念也。由此可見莊子否定世俗知識之價値，而追求與道冥合之「眞知」，故齊物論曰：「天地與我並生，而萬物與我爲一。」此「與我爲一」之「知」，唯眞人能之，故曰：「有眞人而後有眞知。」

(二)不可知論

莊子有懷疑論之思想，循此懷疑論思想而來者，有其不可知論思想產生。所謂不可知論，乃以感官所接觸者，爲外物之現象，而非其本體。至於本體是否如此，則不可知矣。知北遊篇曰：

「泰清問乎无窮曰：『子知道乎？』无窮曰：『吾不知。』又問乎无爲，无爲曰：『吾知道。』曰：『子之知道，亦有數乎？』曰：『有。』曰：『其數若何？』无爲曰：『吾知道之可以貴，可以賤，可以約，可以散，此吾所以知道之數也。』泰清以之言也問乎无始曰：『若是，則无窮之弗知與无爲之知，孰是而孰非乎？』无始曰：『不知深矣，知之淺矣；弗知內矣，知之外矣。』於是泰清中而歎曰：『弗知乃知乎！知乃不知乎！孰知不知之知？』」（註六八）

按：此謂不知卽是眞知，以明本體不可知之義。成玄英疏曰：「不知合理，故深玄而處內；知之乖道，故粗淺而疏外。泰清得中道而嗟嘆，悟不知乃眞知。誰知不知之知，明眞知之至希也。」（註六九）大宗師曰：「有眞人而後有眞知」，此「眞知」卽是不知之知。齊物論曰：

「大道不稱，大辯不言，大仁不仁，大廉不嗛，大勇不忮；道昭而不道，言辯而不及，仁常而不成，廉清而不信，勇忮而不成；五者圓而幾向方矣。故知止其所不知，至矣。」

「齧缺問乎王倪曰：『子知物之所同是乎？』曰：『吾惡乎知之！』『子知子之所不知耶？』曰：『吾惡乎知之！』『然則物無知耶？』曰：『吾惡乎知之！』」

按：道隱於小成，則道昭而不道，言隱於榮華，則言辯而不及。成玄英疏曰：「大道虛廓，妙絕形名，既非色聲，故不可稱。」（註七〇）因「大道不稱」，故吾人當「知止其所不知」。成玄英疏曰：

「智不逮者，不須强知，故知止其分，學之造極也。」（註七一）所以齊物論中假託齧缺問王倪，三問三不知，以明吾人由感官所認識外物之知，乃是外觀現象，皆非眞知也。不知之知，方是眞知。故曰：

「庸詎知吾所謂知之非不知邪？庸詎知吾所謂不知之非知邪？且吾嘗試問乎女：民溼寢則腰疾偏死，鰌然乎哉？木處則惴慄恂懼，猨猴然乎哉？三者孰知正處？民食芻豢，麋鹿食薦，蝍且甘帶，鴟鴉耆鼠，四者孰知正味？猨猵狙以爲雌，麋與鹿交，鰌與魚游。毛嬙麗姬，人之所美也；魚見之深入，鳥見之高飛，麋鹿見之決驟，四者孰知天下之正色哉？自我觀之，仁義之端，是非之塗，樊然殽亂，吾惡乎知其辯？」（註七二）

王先謙曰：「小知仍未爲知，則不知未必非。」（註七三）

郭象注曰：「魚游於水，水物所同，咸謂之知。然自鳥觀之，則向所謂知者，復爲不知矣。……所謂不知者，直是不同耳，亦自一家之知。……（三者孰知正處）此略擧三者，以明萬物之異便。（四者孰知正味）此略擧四者，以明美惡之無主。（四者孰知天下之正色哉）此略擧四者，以明天下所好之不同也。不同者而非之，則無以知所同之必是。」（註七四）

呂吉甫注曰：「道不可知，知之所以不知，不知所以知之，則道之爲體可見矣。……是各以其知爲知之正，則民與萬物之所知，豈有正處正味正色哉？誠不得正處正味正色而知之，則其所知者非正可知矣，故自我觀之，仁義是非，樊然殽亂，吾安能知其辯？所以四問而四不知也。」（註七五）

按：知識皆本於主觀，萬物之間，無同一之「是非」，人事亦無絕對之可否。正處、正味、正色，皆不可知，可明萬物之知，亦無絕對可言。美醜、善惡、利害，既各有不同，則儒家仁義之端，墨家是非之塗，豈不樊然殽亂邪？由此可知，莊子所重視者，在於反觀內心之「知」，而擯棄外求之「知」，憨山大師曰：「言我之不知不是世人之知邪。謂聖凡之知，本來無二，但世人習於妄知，故以偏執爲是，總非眞知耳。……安居食色，皆世人之所知也，人則以爲必是，而不可易者，然彼諸物各又不然，是則誰爲正知哉？若執各人之知爲然，而彼又有不然者，斯則世人之小知小見，豈可執爲眞是耶？」（註七六）世俗外求之知，皆非眞知，故曰不知，能達不知之極者，即可超脫是非之外，故下文曰：

「齧缺曰：『子不知利害，則至人固不知利害乎？』王倪曰：『至人神矣，大澤焚而不能熱，河漢沍而不能寒，疾雷破山，風振海，而不能驚。若然者，乘雲氣，騎日月，而遊乎四海之外，死生無變於己，而況利害之端乎？』」

按：不知生死，不知利害，則能「乘雲氣，騎日月，而遊乎四海之外」，可知莊子之「不知」，非同於草木之無知。其積極意義在使精神逍遙自適；消極意義在使心情凝靜而不亂。萬物之本體既不可知，吾人惟有順應其不可知之變化，以天地爲大鑪，以造化爲大冶，無往而不因，無因而不可矣。此乃莊子之「不可知論」也。

㈢相對論

相對論者，謂莊子觀察現象界萬事萬物，皆有其相對性。由於世人執着其主觀，自是而相非，以致「與物相刃相靡，其形盡如馳而莫之能止……終身役役而不見其成功，苶然疲役而不知其所歸。」（註七七）因而主張破除相對觀念，棄物論，求眞知。故齊物論首段，即以萬竅怒號比喩辯者之心竅萬有不同，皆各執着主觀發表意見，以致彼此相對，此正如衆竅之萬有不同也。其言曰：

「大塊噫氣，其名爲風。是唯無作，作則萬竅怒呺。而獨不聞之翏翏乎？山林之畏佳，大木百圍之竅穴，似鼻，似口，似耳，似枅，似圈，似臼，似洼者，似汚者；激者，謞者，叱者，吸者，叫者，譹者，宎者，咬者，前者唱于，而隨者唱喁。泠風則小和，飄風則大和，厲風濟則衆竅爲虛。而獨不見之調調，之刁刁乎？」（註七八）

按：憨山大師曰：「從大道順造物而散於衆人，如長風之鼓萬竅，人各禀形器之不同，故知見之不一，而各發論之不齊。如衆竅受風之大小淺深。故聲有高低、大小、長短之不一，此衆論之所一定之不齊也。故古之人唱於前者小，而和於後者必盛大，各隨所唱而和之，猶人各禀師承之不一也。」（註七九）可知萬物之是非、大小、長短，其所以產生，在人人各執己見，以致萬物不齊，相對而生。齊物論曾剖析世人相對之觀念，舉辯者之異爲例，約可分爲八類，茲條列如下：

1. 智慧之異：大知閑閑；小知閒閒。
2. 言語之異：大言炎炎；小言詹詹。
3. 寤寐之異：其寐也魂交，其覺也形開。

4. 構思之異：縵者，窖者，密者。
5. 恐懼之異：小恐惴惴；大恐縵縵。
6. 攻守之異：其發若機栝……其留如詛盟。
7. 心境之異：喜怒哀樂，慮歎變慹，姚佚啟態。
8. 事變之異：樂出虛；蒸成菌。

若對同一對象，從同一觀點判斷，是非二概念極端相反；莊子卻以爲是非之概念，乃相因而生，是立則非成，非立則是成。易言之，無是則無非，無非則無是。故曰：

「物無非彼，物無非是。自彼則不見，自知則知之。故曰：彼出於是，是亦因彼。彼是方生之說也，雖然，方生方死，方死方生；方可方不可，方不可方可；因是因非，因非因是。是以聖人不由，而照之於天，亦因是也。是亦彼也，彼亦是也。彼亦一是非，此亦一是非。果且有彼是乎哉？果且無彼是乎哉？彼是莫得其偶，謂之道樞。樞始得其環中，以應無窮。是亦一無窮，非亦一無窮。故曰：莫若以明。」（註八〇）

按：莊子以爲是非無窮，莫若明道。王先謙注曰：「惟本明之照，可以應無窮，此言有彼此而是非生，非以明不能見道。」（註八一）能得道樞者，則可應无窮矣。郭嵩燾注曰：「是非兩化，而道存焉，故曰道樞，握道之樞，以游乎環中，中，空也。是非反復，相尋無窮，若循環然；游乎空中，不爲是非所役，而後可以應無窮。」（註八二）能悟「彼此」乃相對而生，皆屬虛幻，猶如環中，空無一物，一「是」一「非」，循環相生，以至無窮，故欲破此相對之爭，則「莫若以明」。其言曰：

「其分也成也，其成也毀也；凡物無成與毀，復通爲一。唯達者知通爲一，爲是不用而寓諸庸。」（註八三）

「分也者，有不分也；辯也者，有不辯也。」（註八四）

按：王先謙注曰：「唯達道者，能一視之。爲是不用己見，而寓諸尋常之理。」（註八五）可知達道者，則能去彼此相對之觀念，通而爲一。故分猶不分；辯猶不辯，此言以道眼觀之，現象界之相對，了無區別，是以聖人和之以是非，而休乎天鈞。休乎天鈞，即謂是非兩行，各安其分，而超脫於形骸之外，逍遙乎無爲之業。可知莊子之相對論，在察知現象界大小、長短、是非、反正、壽夭、善惡……之相對後，而主張破除相對之觀念，以達萬物一齊之境界矣。

三、結　語

莊子之知識論，主要觀念在棄物論以求眞知，故能通齊物而逍遙。吳康曰：「天地萬物，任其本然，不加人爲之改創。故同一事也，自我觀之爲是者，自彼觀之可以爲非，是非無極限也；同一物也，吾以爲可者而取之，若以爲否者而舍之，取舍非一劑也；……故莊子之學，不以別黑白而尊，不以立系統而大，以其相對及懷疑之論，建立其放任主義之自然哲學，一切任其自然，故無是非之辯，而入於不可知之境。」（註八六）故其「知識論」有懷疑論，不可知論、相對論之義。莊子嘗言曰：

「知天之所爲，知人之所爲者，至矣。知天之所爲者，天而生也。知人之所爲者，以其知之所知，養其知之所不知。終其天年而不中道夭者，是知之盛也。」（註八七）

按：憨山大師曰：「知天知人之知，乃指眞知，謂妙悟也。……所知者，在人日用見聞覺知之知也。所不知，謂妙悟本有。……人苟能於日用之間，去貪離欲，卽境明心，迴光返照，以復其性，是以其知之所知，養其知之所不知，如此妙悟，乃知之盛也。」（註八八）郭象注曰：「身之所有者，知或不知也；理之所存者，爲或不爲也。故知之所知者寡，而身之所有者衆；爲之所爲者少，而理之所存者博。在上者莫能器之而求其備焉。……若夫知之盛也，知人之所爲者有分，故任而不彊也。知人之所知者有極，故用而不蕩也。故所知不以無涯自困，則一體之中，知與不知，闇相與會而俱全矣，斯以其所知養所不知者也。」（註八九）萬物之本體雖不可知，然可以吾人所知者，推養其所不知者，並能順應此「不可知」之變化，以明其心，而復其性，能悟此理者，乃知之盛也。

第五節　安　命　論

一、安命之意義

所謂安命者，乃是安於天命也。莊子以爲天地萬物，皆由道而生，道是宇宙萬物生成之總原理。

道之運動，產生萬物。其生循環不息，其力不可抗拒，故唯有順應大道之自然變化者，方能盡其天年，逍遙人世。吾人之「形」與「命」，皆天所賦予，非人爲所能變易者，故曰：「命有所成，而形有所適也，夫不可損益。」（註九〇）人既稟受於天命，而形有所適，皆不可損益，則當任而安之。此乃安命之義也。

二、莊子之安命思想

莊子主張「安命」之論，其所言有關「安命」之思想，茲說明如下。莊子曰：

「死生存亡，窮達貧富，賢與不肖，毀譽飢渴寒暑，是事之變，命之行也。日夜相待乎前，而知不能規乎其始者也，故不足以滑和，不可入於靈府。」（註九一）

按：人之死生存亡，以至飢渴寒暑，皆是事之變，命之行也。成玄英疏曰：「並是事物之變，天命之流行，而留之不停，推之不去，安排任化。」（註九二）命既推之不去，故唯有順其變化，而安之若命，方能任物逍遙矣。郭象注曰：「苟知性命之固當，則雖死生窮達，千變萬化，淡然自若而和理在身矣。」（註九三）吾人能隨形任化，安命之固當，而泰然自若，憂患自不能入於靈府矣。莊子又曰：

「申徒嘉曰：『自狀其過，以不當亡者衆，不狀其過，以不當存者寡。知不可奈何，而安之若命，唯有德者能之。遊於羿之彀中，中央者中地也；然而不中者命也。』」（註九四）

按：此言「安之若命」者，成玄英疏曰：「若，順也。夫素質形殘，稟之天命，雖有知計，無如之何，唯當安而順之，則所造皆適。」其足雖不全，然能以此爲自然之命，而不介意，猶如立於羿之彀中，鮮不中的，然而不中者，乃命也。吾人能將挫逆，視之自然，而安之若命，自無怨天尤人之嘆，以至終日鬱鬱寡歡矣。故人間世篇曰：「知其不可奈何而安之若命，德之至也。」可知能虛心以順命者，乃至德之人也。其言又曰：

「我諱窮久矣，而不免，命也……知窮之有命……吾命有所制矣。」（註九五）

「天無私覆，地無私載，天地豈私貧我哉？求其爲之者而不得也，然而至此極者，命也夫？」（註九六）

按：此謂貧富窮達有其定則，故言「知窮之有命」，「吾命有所制矣。」成玄英疏曰：「夫時命者，其來不可拒，其去不可留，故安而任之，無往不適也。」（註九七）夫子能明斯理，其雖窮，且能安之若命，雖窮而不濫，故能自適其樂矣。可知「安於命者，無往而非逍遙矣，故雖匡陳羑里，無異於紫極閒堂也。」（註九八）蓋天覆地載，皆無所私，故天地豈獨私我，而令之貧困者哉？由此推知，我之貧困，皆自然之由，命中所定也。既由於命，故不因富達而喜，亦不因窮困而憂，而能安命樂天，故能安時而處順，哀樂不入於心矣。

由上文可知，莊子以爲人之生死，窮達、貧富，其一切變化，皆由於自然之天命，而非人爲也。故養生主篇，言右師之介其足，莊子以爲「天也，非人也，天之生是使獨也，人之貌有與也，以是知其天也，非人也。」成玄英疏曰：「凡人之貌，皆有兩足共行，稟之造物，故知我之一脚，遭此形殘，亦無非命也。」（註九九）人之形體，乃稟賦自然之「命」，人事亦無非天命，故知右師介其足，亦是由於「命」，唯能安之若命，順其自然之變化者，其心方能窮達兩忘，無往而不適，而各任其逍遙矣。人生之際遇，既非人所能左右，吾人若執囿於人世之變，其心自不得逍遙，故唯有安之若命，方能得其解脫矣。

三、結　語

莊子安命之意，並非以一切既有天之安排，吾人卽可不從其所事。其意實與孟子「正命」之旨相似。孟子曰：「是故知命者，不立乎巖牆之下，盡其道而死者，正命也。桎梏死者，非正命也。」吾人順化而爲，安命而行，雖不違性命之理，然亦不能自立於危牆之下，而殘損其身，可知兩者之理亦同矣。

莊子「安命」之思想，後世學者，多歸之爲「宿命」論。然兩者之義，果爲同乎？所謂「宿命論」者，乃以萬物於冥冥之中，早有安排，非人力所能改變者。所謂「安命論」者，謂安於自然之變化，如生老病死，皆爲人力所不能變易者也。前者謂「冥冥之中皆有安排」，後者謂「宇宙人生之變化，非有安排，而是出之於自然」，所謂「自然」，意謂時間與空間之自然配合，而產生萬事萬物之自然變化也。一者屬於消極之任命，一者屬於順自然之變化，以求其心靈之逍遙，此兩者有所不同矣。莊子之思想，雖在求遊於方外之世，實亦爲積極之心性修養之道，故其「安命論」應不同於後人所謂之「宿命論」矣。莊子達生篇曰：

「不知吾所以然而然，命也。」

郭象注曰：「言人有偏能，得其所能而任之，則天下無難矣。用夫無難，以涉乎生生之道，何往而不通也。」此謂能順天安命適性者，則天無難矣，故推究莊子之意，在能順其自然，任其所能，安之若命，以適其性。此與冥於安排，消極任命之「宿命」思想，實有所異矣。

第六節　人生觀

一、超脫名利

世人常因愛慕名利之心，而碌碌一生。疲心勞力，唯在求一虛名，得一身外之利而已。故莊子曰：「小人殉財，君子殉名。」（註一〇〇）爲名爲利，皆有所殉。且名利之心，猶如無底之淵，豈有所止哉？人之一生，若營於名利之追求，其精神必不得快樂，莊子察此名利之害，故其能超脫名利，以求逍遙，今觀莊子所載之言，可知也。其言曰：

「觀之名則不見，求之利則不得，繚意絕體而爭此，不亦惑乎？」（註一〇一）

「螳螂執翳而搏之，見得而忘其形，異鵲從而利之，見利而忘其眞。莊周怵然曰：『噫！物固相累，二類相召也。』」（註一〇二）

「孰能去功與名，而還與衆人，道流而不明居，得行而不名處，純純常常，乃比於狂，削迹捐勢，不爲功名。是故無責於人，人亦無責焉。至人不聞，子何喜哉？」（註一〇三）

按：成玄英疏曰：「流俗之夫，倒置之甚，情纏繞於名利，心決絕於爭求，以此而言，豈非大惑之甚也。」（註一〇四）吾人若能超脫名利，其心自能知足而常樂矣，故競逐名利者，必會徇利而忘身，爭名而損性，必有累憂，不亦惑乎？故莊子要怵然而嘆曰：「相爲利者，恒相爲累」矣（註一〇五）此乃莊子所以主張超脫名利，不爲功名之理也。郭象注曰：「功自彼成，故勢不在我，而名迹皆去。」（註一〇六）能捐棄名利者，人自無責焉。故至德之人，能超脫名利之累矣。莊子曰：

「莊子釣於濮水，楚王使大夫二人往先焉，曰：『願以境內累矣。』莊子持竿不顧曰：『吾聞楚有神龜，死已三千歲矣，王巾笥而藏之廟堂之上，此龜者寧其死爲留骨而貴乎？寧其生而曳尾於塗中乎？』二大夫曰：『寧生而曳尾塗中』，莊子曰：『往矣，吾將曳尾於塗中。』」（註一〇七）

「惠子相梁，莊子往見之，或謂惠子曰：『莊子來，欲代子相。』於是惠子恐，搜於國中三日三夜。莊子往見之，曰：『南方有鳥，其名爲鵷鶵，子知之乎？夫鵷鶵發於南海，而飛於北海，非梧桐不止，非練實不食，非醴泉不飲。於是鴟得腐鼠，鵷鶵過之，仰而視之，曰：『嚇！』

今子欲以子之梁國而嚇我邪？」（註一〇八）

「或聘於莊子。莊子應其使曰：『子見夫犧牛乎？衣以文繡，食以芻叔，及其牽而入於太廟，雖欲為孤犢，其可得乎？』」（註一〇九）

按：以上數則，皆是莊子不慕功名，超脫名利之言。成玄英疏曰：「莊子保高尚之遐志，貴山海之逸心。類澤雉之養性，同泥龜之曳尾。是以令使命之速往，庶全我之無為也。」（註一一〇）故聘仕於莊子，莊子則視之如腐鼠。蓋圖於名利者，其心必有所爭，有所爭則不得逍遙自適，此與莊子之人生思想，自相背而馳矣。「況祿食之人，例多夭折。嘉遁之士，方足全生。莊子清高，笑彼名利。」（註一一一）故其能超脫名利，而自得逍遙之樂矣。

二、達觀死生

莊子人生觀之一，是以達觀死生為養生之最高理解。能知「生寄死歸」之理，則一切痛苦，皆可解脫。故莊子曰：

「適來，夫子時也；適去，夫子順也。安時而處順，哀樂不能入也。」（註一一二）

按：郭象注曰：「夫哀樂生於得失者也。今玄通合變之士，無時而不安，無順而不處，冥然與造化為一，則無往而非矣，將何得何適，孰死孰生哉！故任其所受，而哀樂無所錯其間矣。」成玄英疏曰：「安於生時，則不厭其生；處於死順，則不惡其死。千變萬化，未始非吾，所適斯適，故憂樂無錯其懷矣。」憨山大師注曰：「言生則安其時，死則順其化，又何死有哀，而生可樂耶？」莊子視死生爲自然之變化，故能與造化爲一。不厭其生，不惡其死。生是順自然之理而生，死是順自然之理而死。如此達觀，則哀樂不攖其心矣。眞人遊世，能忘死生，雖身寄人間，而心超物外。故莊子又曰：

「古之眞人不知悅生，不知惡死。」（註一一三）

按：憨山大師注曰：「此言眞人不但忘利害而且超死生，以與大道冥一。悟其生本不生，故生而不悅；悟其死本不死，故不惡其死。」（註一一四）有如此妙悟，故能以死生爲一化。莊子曰：

「且夫得者時也，失其順也，安時而處順，哀樂不能入也。此古之所謂縣解也。」（註一一五）

按：成玄英疏曰：「得者，生也，失者，死也。夫忽然而得，時應生也；倏然而失，順理死也。是安於時則不欣於生，處於順則不惡於死。旣其無欣無惡，何憂樂之入乎？」（註一一六）憨山大師曰：「言眞人忘形適眞。形神俱妙，不以得失干心。安時處順，無往而不自得，故哀樂不能入。如是，是古之所謂懸解者也。言生累如倒懸，超乎死生，則倒懸解矣，故云懸解。」（註一一七）莊子能遊於死生之變化，故其妻死時，能箕踞鼓盆而歌。至樂篇曰：

「莊子妻死，惠子弔之，莊子則方箕踞而歌。惠子曰：『與人居，長子老身，死不哭亦足矣，又鼓盆而歌，不亦甚乎？』莊子曰：『不然，是其始死也，我獨何能無概然！察其始而本無生，非徒無生也而本無形，非徒無形也而本無氣。雜乎芒芴之間，變而有氣，氣變而有形，形變而有生，今又變而之死，是相與爲春夏秋冬四時行也。人且偃然寢於巨室，而我噭噭然隨而哭之，自以爲不通乎命，故止也。」

按：成玄英疏曰：「從無出有，變而爲生，自有還無，變而爲死，而生來死往，變化循環，亦猶春秋冬夏，四時代序，是以達人觀察，何哀樂之有哉？」世人常情多悅生而惡死，故莊子初聞其妻之噩耗，亦難免有慨然之驚嘆也。然因其能體悟大道，察知自然之理而視死生爲一化，故能哀樂不入，非但不哭，且能鼓盆而歌，此乃達觀死生之故也。既能達觀，則能視死生爲「物化」。故莊子曰：

「生也死之徒，死也生之始，孰知其紀。人之生，氣之聚也；聚則爲生，散則爲死。若死生爲徒，吾又何患？故萬物一也。是則所美者爲神奇，其所患者爲臭腐。臭腐復化爲神奇，神奇復化爲臭腐。故曰：通天下一氣耳！聖人故貴一。」（註一一八）

按：成玄英疏曰：「氣聚而生，猶是死之徒類；氣散而死，猶是生之本始。生死終始，誰知紀綱乎！聚散往來，變化無定。」（註一一九）王先謙注曰：「死生循環無窮。」又曰：「萬物之生死，總一氣也。」（註一二〇）此言人是由氣之相聚而生，生命之消失則是由氣散所致。聚散雖異，爲氣則同，可知萬物之生死，皆一氣之變化也。故臭腐能化爲神奇，神奇復化爲臭腐矣。莊子以爲生死爲循環之變化，生爲一形式；死亦爲一形式。由生至死，乃是從此一形式變爲另一種形式而已。然皆通一氣耳，故聖人貴此眞一，而冥同萬化，齊一死生。其言又曰：

「予惡乎知說生之非惑邪！予惡乎知惡死之非弱喪而不知歸者邪！麗之姬，艾封人之子也。晉國之始得之也，涕泣沾襟；及其至於王所，與王同筐牀，食芻豢，而後悔其泣也。予惡乎知夫死者不悔其始之蘄生乎！夢飲酒者，旦而哭泣；夢哭泣者，旦而田獵。方其夢也，不知其夢也。夢之中又占其夢焉，覺而後知其夢也。且有大覺而後知此其大夢也，而愚者自以爲覺，竊竊然知之。君乎，牧乎，固哉！」（註一二一）

「昔者莊周夢爲胡蝶，栩栩然胡蝶也，自喻適志與！不知周也。俄然覺，則蘧蘧然周也。不知周之夢爲胡蝶與？蝴蝶之夢爲周與？周與胡蝶，則必有分矣，此之謂物化。」（註一二二）

按：此謂人生如夢，方其夢也，不知其夢也，必待死後始知此人生爲大夢也。成玄英疏曰：「夫死生之變，猶覺夢之異耳。夫覺夢之事既殊，故死生之情亦別，而世有覺凶而夢吉，亦何妨死樂而生憂邪，是故寤寐之間，未足可係也。」又曰：「方將爲夢之時，不知夢之是夢，亦猶方將處死之日，不知死之爲死。各適其志，何所戀哉？」（註一二三）故能達觀死生者，自能生時樂生，死時樂死，何爲當生而憂死邪。莊周夢爲蝴蝶時，則栩栩然蝴蝶也；覺而爲莊周，則蘧蘧然爲莊周。化爲何物則安於何物，對自然之變化，任其變化；對本身之變化，順其變化，故其精神能遨遊於變化。此言莊子思想超越時空，不待大覺，卽知人生爲大夢，故能通齊物而逍遙。齊物論莊周夢爲蝴蝶之境界，可藉指月錄所載青原惟信禪師之言，說明其層次。其言曰：

「老僧三十年前未參禪時，見山是山，見水是水。及至後來親見知識，有個入處，見山不是山，見水不是水，而今得個休歇處，依前見山祇是山，見水祇是水。」

按：所謂「見山是山，見水是水」，卽世俗觀念之「胡蝶是胡蝶，莊周是莊周」，蝶周分明，此爲「

「有我」之境界。所謂「見山不是山，見水不是水」，即「不知周之夢爲胡蝶與？胡蝶之夢爲周與？」之蝶周不分，此爲「忘我」之境界。所謂「見山祇是山，見水祇是水」，即「周與胡蝶，則必有分矣」之體悟，此爲「眞我」之境界。能「忘我」，則「眞我」自現，此爲莊子之人生境界。

體現「眞我」，必須破除死生相對之觀念，視吾人之「生」與「死」爲「物化」，如春夏秋冬四時之自然運行，循環不息，故莊子又曰：

「髑髏曰：『死无君於上，无君於下，亦无四時之事，從然以天地爲春秋，雖南面王樂，不能過也。』莊子不信，曰：『吾使司命復生子形，爲子骨肉肌膚，反子父母妻子閭里知識，子欲之乎？』髑髏深矉蹙頞曰：『吾安能棄南面王樂而復爲人間之勞乎？』」（註一二四）

按：此言人生變化無常，且化與不化，不能由人左右，一切聽命於自然，故大宗師曰：「且方將化，惡知不化哉；方將不化，惡知已化哉！」若能視死生爲一化，則哀樂不入矣，故此以「死」之樂比於南面王，其意乃是不知悅生，不知惡死，「忘其肝膽，遺其耳目，反覆終始，不知端倪」（註一二五）之意。莊子因能達觀生死之情，故其生時安生，死時安死，列禦寇篇曰：

「莊子將死，弟子欲厚葬之。莊子曰：『吾以天地爲棺槨，以日月爲連璧，星辰爲珠璣，萬物爲齎送。吾葬具豈不備邪？何以加此！』弟子曰：『吾恐烏鳶之食夫子也。』莊子曰：『在上爲烏鳶食，在下爲螻蟻食，奪彼與此，何其偏也！』」

按：成玄英疏曰：「莊子妙達玄道，逆旋形骸，鑪治兩儀，珠璣星辰，變化三景，資送備矣。門人厚葬，深乖造物也。」（註一二六）由此可知，莊子因能達觀死生，故可遊於自然變化之境界也。

三、心齋坐忘

莊子之人生觀，在存其眞我，不爲形役，何謂眞我？能逍遙者是眞我。莊子以爲通齊物而逍遙，須經由修鍊而成。修鍊工夫有二：一曰心齋，一曰坐忘。茲分述如下：

㈠心　齋

莊子曰：

「顏回曰：『回之家貧，唯不飲酒，不茹葷者，數月矣，若此，則可以爲齋乎？』曰：『是祭祀之齋，非心齋也。』回曰：『敢問心齋？』仲尼曰：『一若志，無聽之以耳，而聽之以心；無聽之以心，而聽之以氣。聽止於耳，心止於符。氣也者，虛而待物者也，唯道集虛，虛者，心齋也。』」（註一二七）

按：郭象注曰：「虛其心則至道集於懷也。」（註一二八）成玄英疏曰：「唯此眞道，集在虛心。故如虛心者，心齋妙道也。」（註一二九）所謂齋者，成玄英疏曰：「齋，齊也，謂心跡俱不染塵境也。」（註一三〇）可知此謂「虛者，心齋也」，意謂心境空虛，不滯情於物，則我心自然清明，故莊子以「心齋」爲其人生修養之方法矣。

(二)坐　忘

莊子曰：

「顏回曰：『回益矣。』仲尼曰：『何謂也，』曰：『回忘仁義矣！』曰：『可矣，猶未也。』他日，復見，曰：『回益矣，』曰：『何謂也？』曰：『回忘禮樂矣。』曰：『可矣，猶未也，』他日，復見，曰：『回益矣！』曰：『何謂也，』曰：『回坐忘矣！』仲尼蹴然曰：『何謂坐忘？』顏回曰：『墮肢體，黜聰明，離形去知，同於大通，此謂坐忘。』仲尼曰：『同則无好也，化則无常也，而果其賢乎，丘也，請從而後也。』」（註一三一）

按：所謂「坐忘」，王先謙注曰：「坐而自忘其身。」（註一三二）郭象注曰：「夫坐忘者，奚所不忘哉！既忘其迹，又忘其所以迹者，內不覺其一身，外不識有天地，然後曠然與變化爲體而無不通也。」（註一三三）可知此所謂「墮肢體」即意謂「忘我」，「黜聰明」意謂「棄智以止妄知」，「離形去知」是總合上二句「忘我」與「棄智」而言，「同於大通」意謂「冥同大道」，能冥同大道者，可稱之爲「坐忘」矣。成玄英疏曰：「大通，猶大道也。道能通生萬物，故謂道爲大通也。外則離析於形體，一一虛假，此解墮肢體也。內則除去心識，悗然無知，此解黜聰明也。既而枯木死灰。冥同大道，如此之益，謂之坐忘也。」（註一三四）由上文之言，可知「坐忘」之義矣。而吾人欲達坐忘境界之修鍊歷程則在：先忘仁義，再忘禮樂，最後坐忘。莊子人生修鍊之工夫，即在「忘我執」矣。

四、全形養神

莊子人生之目的，在求精神之逍遙，欲得精神之逍遙，自不可輕言喪生，故主張「全形養神」，其對「形」與「神」之觀念如何，茲說明如下：

莊子曰：

「形固可使如槁木，而心固可如死灰乎？」（註一三五）

「形若槁木，心若死灰。」（註一三六）

「形固可使若槁骸，心固可使若死灰乎？」（註一三七）

按：以上數則，所言之「形」，即指外在之形骸，其「心」，即意謂內在之精神。文子道原篇引老子曰：「形若槁木，心若死灰。」，亦與莊子所言之意同矣。形骸與精神，孰輕孰重？觀莊子之意，實含有二層次，其一是兩者並重；其二是兩者比較之下，精神重於形體。茲舉例說明如下：

㈠形神並重之例

莊子曰：

「人謂之不死，奚益？其形化，其心與之然，可不謂大哀乎？」（註一三八）

按：王先謙注曰：「縱生何用，及形化而心亦與之化，靈氣蕩然矣。」（註一三九）郭象注曰：「其心形並馳，困而不反，比於凡人所哀，則此眞哀之大也。」（註一四〇）「其形化」，謂形體死亡，「其心與之然」，謂精神毀滅。形亡則神亦與之滅，此精神與形體並重者也，故曰可不謂大哀乎？

㈡神重於形之例

莊子曰：

「丘也嘗使於楚矣，適見㹠子食於其死母者，少焉眴若，皆棄之而走。不見已焉爾！不得類焉爾。所愛其母者，非愛其形也，愛使其形者也。」（註一四一）

按：成玄英疏曰：「使其形者，精神也。」（註一四二）㹠子愛其母，非愛其形體，乃愛其精神也。意謂精神重於形體。莊子德充符假借許多形體殘缺之人，說明精神重於形體。如兀者王駘、中徒嘉、叔山无趾、惡人哀駘它、闉跂支離无脤、甕㼜大癭等人，雖形體殘缺，然皆爲全德之人，故曰「德有所長而形有所忘」矣。

然無論形體與精神輕重爲何，在莊子之觀念中則教人「全形養神」，其言曰：

「執道者德全，德全者形全、形全者神全、神全者聖人之道也。」（註一四三）

「養形必先之以物，物有餘而形不養者有之矣。有生必先無離形，形不離而生亡者有之矣。」（註一四四）

按：由上之言，推究其意，知聖人之道，當是「形」與「神」並全，德全者形不虧，形全者則精神專一。故「物有餘而形不養者」，意謂喪己於物；「形不離而生亡者」，意謂失性於俗，兩者皆非全形養神之道。所以莊子在養生主篇對「保身」「全生」之道，言之頗詳。首段言「緣督以爲經，可以保身，可以全生，可以養親，可以盡年。」二段以宰牛比喻養生，說明依乎天理，因其固然之理。三段以安於殘廢比喻養生，說明人應樂天安命之理。四段以澤雉不入樊籠比喻養生，說明自適本性之理。五段以達觀死生，說明養生之道。末段以薪火相傳說明形骸與精神之關係，全其神者，則薪盡火傳，雖死不亡矣。可知莊子養生之道，在「全形養神」矣，故達生篇曰：

「夫形全精復，與天爲一。……形精不虧，是謂能移，精而又精，反以相天。」

按：成玄英疏曰：「夫形全不擾，故能保完天命，精固不虧，所以復本還原；形神全固，故與玄天之德爲一。」又曰：「夫不勞於形，不虧其精者，故能隨變任化而與物俱遷也。」（註一四五）唯能「全形養神」者，方能任物隨化，自得其逍遙，此亦莊子人生思想之一觀矣。

五、結　語

莊子人生觀，在達人生逍遙自適之境界，故教人「超脫名利」、「達觀死生」、「心齋坐忘」、「全形養神」。而其人生之至高境界，唯在與「道」爲一而已，故其人生理想，亦在求得此「道」，悟道以逍遙。故主張「求道悟眞」，而關於此求道修鍊之歷程，莊子曾假南伯子葵與女偊談話，詳加說明，其言曰：

「南伯子葵，問乎女偊曰：『子之年長矣，而色若孺子，何也？』曰：『吾聞道矣。』南伯子葵曰：『道可得學邪？』曰：『惡，惡可，子非其人也。夫卜梁倚有聖人之才，而无聖人之道，我有聖人之道，而无聖人之才，吾欲以教之，庶幾其果爲聖人乎。不然，以聖人之道，告聖人之才，亦易矣，吾猶守而告之，參日而後能外天下；已外天下矣，吾又守之，七日而後能外物；已外物矣，吾又守之，九日而後能外生；已外生矣，而後能朝徹，朝徹而後能見獨，見獨而後无古今，无古今而後入於不死不生。殺生者不死，生生者不生，其爲物，无不將也，无不迎也，无不毀也，无不成也。其名爲攖寧，攖寧也者，攖而後成者也。』」（註一四六）

按：此謂女偊，因其聞道，故能色若孺子。蓋聞道者，因能任其自生，心神內靜，故氣色外彰，而反老還童，色如稚子。而其修鍊之歷程則在外天下、外物、外生、朝徹、見獨、無古今，不死不生矣。能如此，則能「迎無窮之生，送無量之死」（註一四七）與物冥化，動而常寂，雖攖而寧，然通過此歷程之途徑如何？莊子曰：

「南伯子葵曰：『子獨惡乎聞之！』曰：『聞諸副墨之子，副墨之子聞諸洛誦之孫，洛誦之孫聞之瞻明，瞻明聞之聶許，聶許聞之需役，需役聞之於謳，於謳聞之玄冥，玄冥聞之參寥，參寥聞之疑始。』」（註一四八）

按：此謂求道之途徑，由外而內，自顯而幽，經幽入冥，參冥悟始。至此乃可視死生存亡爲一體，以无爲首，以生爲脊，以死爲尻，達眞人之境界矣。故莊子曰：

「古之眞人，不知說生，不知惡死；其出不訢，其入不距；翛然而往，翛然而來而已矣。不忘其所始，不求其所終；受而喜之，忘而復之，是之謂不以心捐道，不以人助天，是之謂眞人。」（註一四九）

按：成玄英疏曰：「捐，棄也。言上來智惠忘生，可謂不用取捨之心，捐棄虛通之道；亦不用人情分別，添助自然之分。能如是者，名曰眞人也。」（註一五〇）眞人能知天之所爲，知人之所爲。其天機深；耆欲淺，故其寢不夢，其覺無憂，其食不甘，其息深深。乘道德而浮遊，物物而不物於物，至此境界，則眞我自現。故能「獨與天地精神往來，而不敖倪於萬物，不譴是非，以與世俗處……上與造物者遊，而下與外死生，無終始者友。」（註一五一）可知莊子之人生觀，至終之目標在能「求道悟眞」以逍遙矣。

第七節　倫理觀

莊子全書所言之倫理觀念，可歸納爲二類：一曰方外之倫理觀；二曰方內之倫理觀。所謂方外之倫理觀者，乃是以「天道」觀「人理」，故云「攘棄仁義」、「殫殘禮法」。（註一五二）可知其人，不行世俗之禮，不拘倫常之道。其所求者，在通齊物而逍遙，以達與「至道」冥合之境界，而成爲至人、神人、眞人矣。至此修養境界者，則「大澤焚而不能熱，河漢沍而不能寒，疾雷破山，風振海，而不能驚。」故能「乘雲氣，騎日月，而遊乎四海之外」（註一五三）此方外之人也。

所謂方內之倫理觀者，乃是以「人道」觀「人理」，故云：「事親則慈孝」、「事君則忠貞」（註一五四）。世人精神縱能游於方外，然其形體則處於人世之中，且人之社會，乃一群居之團體，既爲群居，自離不開人與人之關係，而莊子所處之世亦然，故其所重，雖在個人心性之修養，以行方外之道，然其亦不離與人之接觸，故有「人間世」之作。王先謙曰：「人間世，謂當世也。事暴君，處汙世，出與人接，無爭其名，而晦其德，此善全之道。」處當世，自當知處世之道，故方內之倫理觀，自與方外之倫理觀，有所不同矣。茲就莊學倫理觀之眞義，分別說明如下：

一、方外之倫理觀

就天道而言，莊子之倫理觀，則與儒家重視倫常觀念，而提倡五倫之義，相背而馳。莊子認爲「聖」、「勇」、「義」、「智」、「仁」等德目，善人得之，以行其善；惡人得之，以行其惡。大盜亦可假借仁義之名，以行其竊盜之實。故胠篋篇載有「盜亦有道」之理。由是觀之，以致「天下之善人少而不善人多，則聖人之利天下也少，而害天下也多。」（註一五五）而此等德目爲聖人所立，故曰：「聖人不死，大盜不止」，意謂惟有攘棄仁義，民德方可復其眞樸。故莊子主張：「攘棄仁義」、「殫殘禮法」，其言曰：

「道德不廢，安取仁義！性情不離，安用禮樂！」（註一五六）

「夫德，和也；道，理也。德無不容，仁也；道無不理，義也；義明而物親，忠也；中純實而反乎情，樂也；言行容體而順乎文，禮也。禮樂偏行，則天下亂矣。彼正而蒙己德，德則不冒，冒則物必失其性也。」（註一五七）

按：若道德不廢，人之性情不離，則安用仁義禮樂邪？可知仁義禮樂，乃離性背道之行，故莊子主張廢之。且「仁」、「義」、「忠」、「樂」、「禮」等德目之涵義，爲人本性所備有，皆含容於道德之內。如能遊心於大道；順應於德化，以智慧與恬靜交相培養，則本性自然流露。若以一人所作之禮樂，强普天下偏行，則天下大亂，民失其本性矣。故成玄英疏曰：「夫不能虛心以應物而執迹以馭世者，則必滯於華藻之禮！而溺於荒淫之樂也，是以芻狗再陳而天下亂矣。」（註一五八）故當聽物之自然，而不可以德强行天下，如此人必冒亂，而物我失其本性矣。可知莊子就天道立場，言方外之倫理觀，以爲聖人所立倫常之德目，「忠」、「孝」、「仁」、「義」、「禮」、「樂」等，皆是殘生損性之爲，故主張盡去之。

二、方內之倫理觀

莊子至高之理想，在游乎方外，以歸逍遙之大道。然而欲達至道之境界，需以「聖人之道，告聖人之才，」（註一五九）始能有所成。「至道」非人人可得，故莊子就人道之立場，言人倫關係，則爲方內之倫理觀。世人身居人群之中，其與人接觸，自必產生人際關係，欲善處此關係，則需有其世俗倫理，故莊子曰：

「其用於人理也，事親則慈孝，事君則忠貞，飲酒則歡樂，處喪則悲哀，忠貞以功爲主，飲酒以樂爲主，處喪以哀爲主，事親以適爲主。功成之美，無一其迹矣。事親以適，不論所以矣。飲酒以樂，不選其具矣。處喪以哀，無問其禮矣。」（註一六〇）

按：此謂「功成之美，无一其迹」，王先謙注曰：「成功可見者甚多，故不一其事迹」（註一六一）。可知德性功績之完美，並非要拘於一定之途徑。成玄英謂「道無不在，所在皆通，故施於人倫，有此四事。」（註一六二）此四事，卽事親以「孝」，事君以「忠」，飲酒以「樂」，處喪以「哀」。故莊子雖崇尙自然，貴道守眞，其用於人理，亦言世俗倫常矣。其言曰：

「夫遇長不敬，失禮也，見賢不尊，不仁也，彼非至人，不能下人，下人不精，不得其眞，故長傷身。惜哉！不仁之於人也，禍莫大焉。」（註一六三）

按：此言唯有至人，因其能造於玄極，游於大道，故孔子敬之以禮，尊之以仁。可知人與人相處，須言「仁」、「義」、「禮」、「忠」、「孝」，故曰：「不仁不愛，乃禍敗之基。」（註一六四）人間世篇亦曰：

「天下有大戒二：其一命也，其一義也。子之愛親，命也，不可解於心，臣之事君，義也，無適而非君也，無所逃於天地之間，是之謂大戒。」

按：成玄英疏曰：「夫孝子事親，盡於愛敬，此之性命，出自天然，中心率由，故不可解。」（註一六五）郭象注亦曰：「千人聚，不以一人爲主，不亂則散。故多賢不可以多君，無賢不可以無君，此天人之道，必至之宜。」（註一六六）可知莊子以人事觀人倫之分，亦主張事君以義以忠，事親以孝以慈，此乃莊子方內之倫理觀矣。

三、結語

由以上所述，可知莊子倫理觀之眞義矣。憨山大師曰：「莊子全書，皆以忠孝爲要名譽，喪失天眞之不可尙者。獨人間世一篇，則極盡其忠孝之實，一字不可易者。誰言其人不達世故，而恣肆其志耶。且借重孔子之言者，曷嘗侮聖人哉。蓋學有方內方外之分。在方外，必以放曠爲高，特要歸大道也。若方內，則於君臣父子之分，一毫不敢假借者，以世之大經大法不可犯也。此所謂世出世間之道，無不包羅，無不盡理，豈可以一槩目之哉？」（一六七）觀上文之言，則莊子倫理觀之意可知矣。用於天道，游於方外，以順物之性，故主「攘棄仁義」、「殫殘禮法」、「去其忠孝」。用於人倫，處於方內以應世俗，故有「仁」、「義」、「忠」、「孝」、「禮」、「樂」之分。夫方內方外自有其別，兩者豈有悖哉？

第八節　政治觀

一、無爲而治

莊子思想雖然重在個人之心性修養，但人不能離群而獨居，故處於人世之中，爲維持群衆之生存，政治乃不可免者。政治思想能影響政治制度，時代與環境亦能影響政治思想。莊子生於亂世，對當時「有爲」之政治，持反對態度。爲求解脫社會政治之桎梏，而主張無爲政治。老子曰：「我『無爲』，而民自化。」我無爲，是君上之逍遙；民自化，是下民之逍遙。上下皆逍遙，乃莊子之政治思想。春秋戰國時代，儒家之德化，法家之法治，皆是「有爲」之政，而不足以治天下。戰國末年，社會混亂，人欲橫流，此即「有爲」政治之失敗，故莊子主張爲政之道，首在「無爲」。所謂「無爲」，即是行所無事。孟子曰：「禹之治水也，行其所無事也。」禹治水是順水之自然性以導之入海，爲政者亦應順民之性以導之於無治之境。據此以觀，其政治之目的，即在協助百姓達成其人生之目的—逍遙自適。

莊子曰：

「君子不得已而臨莅天下，莫若無爲。無爲也而後安其性命之情。故貴以身於爲天下，則可以託天下；愛以身於爲天下，則可以寄天下。故君子苟能無解其五藏，無擢其聰明；尸居而龍見，淵默而雷聲，神動而天隨，從容無爲而萬物炊累焉。吾又何暇治天下哉。」（註一六八）

按：郭象注曰：「無爲者，非拱默之謂也，直各任其自爲，則性命安矣。」成玄英疏曰：「君子，聖人也。不得已臨莅天下，恒自無爲。雖復無爲，非關拱默，動寂無心，而性命之情未始不安也。」又曰：「從容自在，無爲虛淡，若風動細塵，類空中浮物，陽氣飄颻，任運去留而已。」聖人爲政，唯有放任無爲，方能使民安其性命之情。聖人無獨佔天下之心，故能自在逍遙，無爲而治，此乃可以託天下者也。故君子不得已出而執政，在行「無爲」之政，而非以「有爲」治理天下也。莊子又曰：

「古之畜天下者，无欲而天下足，无爲而萬物化，淵靜而百姓定。」（註一六九）

「老聃曰：『明王之治：功蓋天下，而似不自己，化貸萬物而民弗恃；有莫舉名，使物自喜；立乎不測，而遊於無有者也。』」（註一七〇）

按：以上言「無爲而治」之用。故古之帝王，畜養黔黎，能無欲則天下自足，放任無爲則萬物自化，垂拱而玄默，則百姓自定，此乃能順天地自然無爲而行事者。成玄英疏曰：「夫聖人爲政，功侔造化，覆等玄天，載周厚地，而功成不處，故非己爲之也。」因其無爲，故功蓋天下，亦不自以爲喜，化貸萬物，而民亦莫知其所恃，此皆無爲而治之功也。故明王之治，化貸萬物，在其立於不可測之地位，而行其所無事。故莊子政治之主張，在行「無爲」，唯有「無爲而治」，方能使百姓自得其所，萬物各得其育矣。

聖帝明王無心而任化，故逍遙遊曰：「之人也，之德也，將磅礴萬物以爲一世蘄乎亂，孰弊弊焉以天下爲事！之人也，物莫之傷，大浸稽天而不溺，大旱金石流土山焦而不熱。是其塵垢粃糠，將猶陶鑄堯舜者也，孰肯以物爲事！」此言神人粗淺之德行，猶能陶鑄如堯舜之功業，孰肯勞苦於天下俗事。天地篇曰：「黃帝遊乎赤水之北，登乎崑崙之丘而南望，還歸，遺其玄珠。使知索之而不得，使離朱索之而不得，使喫詬索之而不得也。乃使象罔，象罔得之。黃帝曰：『異哉！象罔乃可以得之乎？』」玄珠比喻大道，象罔言無心之意。此謂大道惟無心者始可得之。故莊子政治之目的，在行「無爲之治」，而欲達此目的之方法則曰：君靜臣動，任物自化，不尚賢智，玆分述如下：

二、君靜臣動

在莊子理想社會中，仍有父子之親，君臣之義，故人間世篇曰：「子之愛親命也……臣之事君義也，……孝之至也……忠之盛也。」天地篇述君臣之義曰：

「天地雖大，其化均也；萬物雖多，其治一也；人卒雖衆，其主君也。君原於德而成於天，故曰：玄古之君天下，无爲也，天德而已矣。以道觀言而天下之君正，以道觀分而君臣之義明，以道觀能而天下之官治，以道汎觀而萬物之應備。故通於天地者，德也；行於萬物者，道也；上治人者，事也；能有所藝者，技也。技兼於事，事兼於義，義兼於德，德兼於道，道兼於天。」

按：郭象注曰：「各當其分，則無爲位上，有爲位下也。」成玄英疏曰：「夫君道無爲，而臣道有事，尊卑勞逸，理固不同。譬如首自居上，足自居下，用道觀察，分義分明。」此言帝王通於「無爲自化」之道，知「常」守「靜」，則萬事畢矣。其「以道觀分而君臣之義明」，意謂從大道觀察上下之分際，而君臣高卑之位，則顯而易見。胡哲敷老莊哲學曰：「老子書中，關於君臣分際，言之頗少，僅曰『國家昏亂有忠臣』，其他則多言王侯，少言臣子，以君臣對舉者，竟未曾見。惟莊子書中，則頗斤斤於君臣之分。以莊子之個性與其品格，我們總要覺得他是方外之人，他是不弊弊焉以天下爲事者，孰知他於君臣之分，倒看得很鄭重呢？」又曰：「這種言論，與方內之言，完全無異，他主張君臣之間，以義相合，臣子不諂其君，君須合於天德，在這種分際之中，則爲人臣者應忘其身以事君，且謂無所逃於天地之間，從此可知莊子對世事並未遺棄。彼且更主張君臣職守，應各有其分，政治的設施，才有效力。」君臣職守，見於天道篇，其言曰：

「夫帝王之德，以天地爲宗，以道德爲主，以无爲爲常。无爲也，則用天下而有餘；有爲也，則爲天下用而不足。故古之人貴夫无爲也。上无爲也，下亦无爲也，是下與上同德，下與上同德則不臣；下有爲也，上亦有爲也，是上與下同道，上與下同道則不主。上必无爲而用天下，下必有爲爲天下用，此不易之道也。」

按：此言上下無爲，則臣僭君德，若上下有爲，則君濫臣道。蓋無爲，乃君之德也，有爲，乃臣之道也，故需各有其分，而不可淆亂矣。郭象注曰：「無爲之言，不可不察也。夫用天下者，亦有用之爲耳。然自得此爲，率性而動，故謂之無爲也。今之爲天下用者，亦自得耳。但居下者親事，故雖舜禹爲臣，猶稱有爲。故對上下，則君靜而臣動；比古今，則堯舜無爲而湯武有事。」故無爲政治，乃是君無爲而臣有爲，君靜臣動。無爲以用天下，而有爲爲天下所用。爲政者應知物各有其用，人各有其才。如能任其才，安其性，各級官吏，分層負責，則百官各盡其能，萬物各適其用，如此斯能上下逍遙，而締成外王之極功。帝王虛靜，則臣盡其職，亦見於天道篇，其言曰：

「聖人之靜也，非曰靜也善，故靜也；萬物无足以鐃心者，故靜也。水靜則明燭鬚眉，平中準，大匠取法焉。水靜猶明，而況精神！聖人之心，靜乎天地之鑒也，萬物之鏡也。夫虛靜恬淡寂漠无爲者，天地平而道德之至，故帝王聖人休焉。休則虛，虛則實，實則倫矣。虛則靜，靜則動，動則得矣。靜則无爲，无爲也則任事者責矣。」

按：此謂「帝王聖人休焉」，言君上休止於虛靜無爲之境界。「任事者責矣」，言臣下任事者則各盡其責。成玄英疏曰：「任事，臣也。言臣下各有任職之事也。夫帝王任智，安靜無爲，則臣下職任，各司憂責。斯則主上無爲而臣下有事，故冕旒垂目而不與焉。」此種方法，可稱之爲君靜而臣動也。君靜而無爲，群臣必各司其職，勤於公務，此上下和諧，政務必可修明矣。

三、任物自化

無爲之政，亦主張「不失其性命之情」，順任萬物本性之自然，故莊子言「任物自化」，其言曰：「彼正正者，不失其性命之情。故合者不爲駢，而枝者不爲跂；長者不爲有餘，短者不爲不足。是故鳧脛雖短，續之則憂；鶴脛雖長，斷之則悲。故性長非所斷，性短非所續，无所去憂也。意仁義其非人情乎！彼仁人何其多憂也？且夫駢於拇者，決之則泣；枝於手者，齕之則啼。二者，或有餘於數，或不足於數，其於憂一也。今世之仁人，蒿目而憂世之患；不仁之人，決性命之情而饕富貴。故意仁義其非人情乎！自三代以下者，天下何其囂囂也？且夫待鉤繩規矩而

正者，是削其性也；待繩約膠漆而固者，是侵其德也；屈折禮樂，呴俞仁義，以慰天下之心者，此失其常然也。」（註一七一）

按：此謂各任萬物之性，乃正正也。故爲政者能任物自化，自不失人民性命之情也。雖群品萬殊，唯任物之性，方能化貸萬物。故凡對天然有所增減造作，無論其善惡，皆是「削其性」、「侵其德」、「失其常」。此乃莊子所以主張「任物自化」之理也。其又曾以治馬比喻治人曰：

「馬，蹄可以踐霜雪，毛可以禦風寒，齕草飲水，翹足而陸，此馬之眞性也。雖有義臺路寢，無所用之。及至伯樂，曰：『我善治馬。』燒之，剔之，刻之，雒之，連之以羈馽，編之以皁棧，馬之死者十二三矣；饑之，渴之，馳之，驟之，整之，齊之，前有橛飾之患，而後有鞭筴之威，而馬之死者已過半矣……此亦治天下者之過也。」（註一七二）

按：成玄英疏曰：「萬物參差，咸資素分，安排任性，各得逍遙，不矜不企，即生涯可保。」伯樂雖善治馬，然其有意治之，反不治矣。因其治而使馬失其眞性，故死之過半。「有爲」之政何異乎伯樂之治馬邪？然世情多惑，皆以治爲善，以不治爲僞，治則矯拂其性，矯性豈能得其逍遙自適乎？故莊子主張要適物之性，順民之情，無爲而任化，則萬物各自逍遙，而天下自治矣。故應帝王曰：「順物自然，而無容私焉，而天下治矣。」能任自然之本性，放而任之，則物我自得矣。故馬蹄篇曰：

「吾意善治天下者則不然。彼民有常性，織而衣，耕而食，是謂同德。一而不黨，命曰天放。」

按：所謂「同德」，成玄英疏曰：「德者，得也。率其眞常之性，物各自足，故同德。」（註一七三）

所謂「天放」，其言又曰：「若有心治物，則乖彼天然，直置放任，則物皆自足，故名曰天放也。」（註一七四）由上文可知，善治天下者，在無爲而任物自化，渾一而不偏，方能使萬物各足其性，任天自在矣。

四、不尚賢智

儒墨兩家皆主張尙賢，以爲尊賢使能，可使民富國强；莊子之政治見解則不同，其言曰：

「今遂至使民延頸舉踵曰：『某所有賢者』，贏糧而趣之，則內棄其親，而外去其主之事，足跡接乎諸侯之境，車軌結乎千里之外。則是上好知之過也。上誠好知而无道，則天下大亂矣。」（註一七五）

「舉賢則民相軋，任知則民相盜，之數物者，不足以厚民。」（註一七六）

按：成玄英疏曰：「在上君王不能無爲恬淡，淸虛合道，而以知能治物，物必弊之，故大亂也。」（註一七七）可知，爲君者若好用其知，而尙賢舉能，民必引頸舉足，爭相依就，而使其棄親去主，故曰：「舉賢則民相軋，任知則民相盜也。」成玄英疏曰：「夫舉賢授能，任知先善，則爭爲欺侮，盜詐百端，趨競路開，故更相害也。」可知好賢好智而無道，則天下必大亂矣。下文言其理由曰：

「何以知其然邪？夫弓弩畢弋機變之知多，則鳥亂於上矣；鉤餌罔罟罾笱之知多，則魚亂於水矣；削格羅落罝罘之知多，則獸亂於澤矣；知詐漸毒頡滑堅白解垢同異之變多，則俗惑於辯矣。

故天下每每大亂，罪在於好知。故天下皆知求其所不知，而莫知求其所已知者，皆知非其所不善，而莫知非其所已善者，是以大亂。故上悖日月之明，下爍山川之精，中墮四時之施；惴耎之蟲，肖翹之物，莫不失其性。」（註一七八）

按：此言好智好賢之害，在使萬物失其本性矣。故成玄英曰：「夫忘懷任物，則宇內清夷，執迹用智，則天下大亂。故知上下昏昏，由乎好智。」夫用智好賢者，爲害必甚，故能使日月悖其明，山川爍其精，四時墮其施，萬物皆失其本性矣。故莊子主張「不尚賢智」，其言又曰：

「夫堯知賢人之利天下也，而不知其賊天下也，夫唯外乎賢者知之矣。」（註一七九）

「至治之世，不尚賢，不使能；上如標枝，民如野鹿；端正而不知以爲義，相愛而不知以爲仁，實而不知以爲忠，當而不知以爲信，蠢動而相使，不以爲賜。是故行而无迹，事而无傳。」（註一八〇）

按：郭象注曰：「外賢則賢不僞。」（註一八一）成玄英疏曰：「夫賢聖之迹，爲利一時，萬代之後，必生賊害，唯能忘外賢聖者知之也。」（註一八二）外賢者，能知尚賢之害，故其治世，「不尚賢，不使能」。「不尚賢」，「不使能」之原因：在「至治之世」則君上如「標枝」之逍遙；下民如「野鹿」之自得。雖「不知以爲義」，而行爲端正。雖「不知以爲仁」，而人人相愛。雖「不知以爲忠」，而待人誠實。雖「不知以爲信」，而言行合宜。雖「不以爲賜」，而百姓相友助。行之無跡，事之無傳而已。由此觀之，莊子不尚賢智之目的，在於返樸而歸常。

五、理想社會

莊子因厭棄戰國時代之社會，兵荒馬亂，生靈塗炭，故其政治觀，主行「無爲而治」。唯無爲，方能任物自化，使百姓各適其所適，以恢復古代淳樸之世風。可知莊子心中，亦存有其一理想之社會。觀莊子之言，知其理想社會，類似陶淵明之桃花源，老子之小國寡民。馬蹄篇曾以馬作爲比喻，申述其無爲自化之理想社會。在此社會中，百姓能得其「眞性」，逍遙自適。其言曰：

「至德之世，其行塡塡，其視顚顚。當是時也，山无蹊隧，澤无舟梁；萬物羣生，連屬其鄉；禽獸成羣，草木遂長。是故禽獸可係羈而遊，鳥鵲之巢可攀援而闚。夫至德之世，同與禽獸居，族與萬物竝，惡乎知君子小人哉！同乎无知，其德不離；同乎无欲，是謂素樸；素樸而民性得矣。」

按：此言任天而遊之境界如此。在此理想社會中，民有常性。就物質文明而言，莊子無意返回太古時代，故曰：「織而衣，耕而食。」就諧和狀態而言，國與國之間，不伐不奪，不往不來，故曰：「山無蹊隧，澤無舟梁。」萬物之間，渾然一體，各得其樂，故曰：「萬物群生，連屬其鄉，禽獸成群，草木遂長。是故禽獸可係羈而遊，鳥鵲之巢可攀援而闚，夫至德之世，同與禽獸居，族與萬物並。」人與人之間，順應自然而生，無智巧機詐之行，故曰：「惡知君子小人哉！同乎無知，其德不離，同乎無欲，是謂素樸。」人皆無欲，則眞性不喪，故可謂素樸矣。人之精神境界，能游心於淡泊，不失其眞性，則能自足於內，無所求矣。故曰：「至德之世，其行塡塡，其視顚顚。」成玄英疏曰：「夫太上淳和之世，遂初至德之時，心旣遣於是非，行亦忘乎物我。所以守眞內足，塡塡而處無爲；自不外求，顚顚而游於虛淡。」（註一八三）此皆就「心境」而言，非謂生於今而可返於古也。莊子又曰：「子獨不知至德之世乎？昔者容成氏、大庭氏、伯皇氏、中央氏、栗陸氏、驪畜氏、軒轅氏、赫胥氏、尊盧氏、祝融氏、伏戲氏、神農氏、當是時也，民結繩而用之，甘其食，美其服，樂其俗，安其居。鄰國相望，雞狗之音相聞，民至老死而不相往來。若此之時，則至治已。」（註一八四）

按：由上可知莊子理想社會之情狀，「民結繩而用之，甘其食，美其服，樂其俗，安其居，雞狗之音相聞，而民至老死不相往來也。」此乃因民性自足，無欲無求，各安其分，懷道抱德，老弱孤寡，皆有以養，猶如天地之始，萬物渾沌而生也。此謂「民結繩而用之」，乃言其世風純樸，不用智巧。「甘其食，美其服」，言其物質文明。「樂其俗，安其居」，言其精神境界。「鄰國相望，雞狗之音相聞，民至老死而不相往來」，言其無爲而自化。如此美滿之社會，可謂眞正太平之世也。故「民居不知所爲，行不知所之，含哺而熙，鼓腹而遊，民能以此矣。」（註一八五）成玄英疏曰：「夫行道之時，無爲之世，心絕緣慮，安居而無所爲；率性而動，遊行而無所往。旣而含哺而熙戲，與嬰兒而不殊；鼓腹而遨遊，將童子而無別。此至淳之世，民能如此也。」（註一八六）可知此反樸歸眞之境界，乃莊子心目中之理想社會矣。

六、結　語

綜觀以上所述，知莊子之政治觀念，認為帝王「率志」而行，則萬民失其本「性」；好賢好智，則天下大亂也。聖人不得已而臨蒞天下，當行無為之政。帝王無知無欲，「率性」而行，則萬民不失其性命之情，而上下逍遙。各級官吏所盡之職，其最高依據，為「人性」之所須，而非帝王之私「志」，故萬物能各足其性矣。

【附　註】

註　一　見老子第二十五章。
註　二　見莊子大宗師篇。
註　三　見莊子大宗師篇郭象注。
註　四　見莊子內篇憨山註。
註　五　見林雲銘莊子因。
註　六　見宣穎南華眞經解。
註　七　見莊子齊物論。
註　八　見莊子知北遊。

註 九 見莊子秋水篇。
註一〇 見莊子齊物論。
註一一 仝右。
註一二 見莊子大宗師篇。
註一三 見吳康康德哲學簡編第二章。
註一四 見莊子庚桑楚篇。
註一五 見莊子庚桑楚篇郭象注。
註一六 見莊子庚桑楚篇。
註一七 見朱得之莊子通義。
註一八 見老子第十一章。
註一九 見莊子齊物論。
註二〇 見莊子齊物論篇郭象注。
註二一 見莊子內篇憨山註。
註二二 見老子第四十二章。
註二三 見莊子天地篇。
註二四 見莊子至樂篇。
註二五 見莊子至樂篇成玄英疏。
註二六 見莊子秋水篇。
註二七 見吳康老莊哲學。

註二八　見莊子知北遊。
註二九　見王夫之莊子解。
註三〇　見莊子齊物論篇。
註三一　見陸德明莊子音義。
註三二　見莊子齊物論篇成玄英疏。
註三三　見莊子齊物論。
註三四　見莊子寓言篇。
註三五　見莊子寓言篇成玄英疏。
註三六　仝右
註三七　見莊子德充符篇。
註三八　見莊子德充符篇郭象注。
註三九　見莊子德充符篇成玄英疏。
註四〇　見莊子天道篇。
註四一　見莊子刻意篇。
註四二　見莊子刻意篇郭象注。
註四三　見莊子刻意篇。
註四四　見王先謙莊子集解。
註四五　見莊子秋水篇。
註四六　見莊子至樂篇。

註四七　見莊子盜跖篇。
註四八　見王先謙莊子集解。
註四九　見莊子盜跖篇成玄英疏。
註五〇　見莊子庚桑楚篇。
註五一　見林雲銘莊子因。
註五二　見莊子天運篇。
註五三　見莊子駢拇篇。
註五四　見老子第二十二章。
註五五　見莊子齊物論。
註五六　見王先謙莊子集解。
註五七　仝右
註五八　見莊子大宗師篇。
註五九　見莊子大宗師篇郭象注。
註六〇　見王先謙莊子集解。
註六一　見莊子秋水篇成玄英疏。
註六二　見莊子齊物論。
註六三　見莊子齊物論篇郭象注。
註六四　見莊子齊物論篇成玄英疏。
註六五　見莊子齊物論。

註六六　見莊子齊物論篇郭象注。
註六七　見焦竑莊子翼。
註六八　見莊子知北遊篇。
註六九　見莊子知北遊篇成玄英疏。
註七〇　見莊子齊物論篇成玄英疏。
註七一　仝右。
註七二　見莊子齊物論篇。
註七三　見王先謙莊子集解。
註七四　見莊子齊物論篇郭象注。
註七五　見焦竑莊子翼引。
註七六　見莊子內篇憨山註。
註七七　見莊子齊物論。
註七八　仝右。
註七九　見莊子內篇憨山註。
註八〇　見莊子齊物論。
註八一　見王先謙莊子集解。
註八二　見王先謙莊子集解引。
註八三　見莊子齊物論。
註八四　仝右。

註八五　見王先謙莊子集解。
註八六　見吳康老莊哲學第二章。
註八七　見莊子大宗師篇。
註八八　見莊子內篇憨山註。
註八九　見莊子大宗師篇郭象注。
註九〇　見莊子至樂篇。
註九一　見莊子德充符篇。
註九二　見莊子德充符篇成玄英疏。
註九三　見莊子德充符篇郭象注。
註九四　見莊子德充符篇。
註九五　見莊子秋水篇。
註九六　見莊子大宗師篇。
註九七　見莊子秋水篇成玄英疏。
註九八　見莊子秋水篇郭象注。
註九九　見莊子養生主篇成玄英疏。
註一〇〇　見莊子盜跖篇。
註一〇一　仝右。
註一〇二　見莊子山木篇。
註一〇三　仝右。

註一〇四　見莊子山木篇成玄英疏。
註一〇五　見莊子山木篇郭象注。
註一〇六　仝右
註一〇七　見莊子秋水篇。
註一〇八　仝右
註一〇九　見莊子列禦寇篇。
註一一〇　見莊子秋水篇成玄英疏。
註一一一　見莊子列禦寇篇郭象注。
註一一二　見莊子養生主篇。
註一一三　見莊子大宗師篇。
註一一四　見莊子內篇憨山註。
註一一五　見莊子大宗師篇。
註一一六　見莊子大宗師篇成玄英疏。
註一一七　見莊子內篇憨山註。
註一一八　見莊子知北遊篇。
註一一九　見莊子知北遊篇成玄英疏。
註一二〇　見王先謙莊子集解。
註一二一　見莊子齊物論。
註一二二　仝右

註一二三　見莊子齊物論篇成玄英疏。
註一二四　見莊子至樂篇。
註一二五　見莊子大宗師篇。
註一二六　見莊子列禦寇篇成玄英疏。
註一二七　見莊子人間世篇。
註一二八　見莊子人間世篇郭象注。
註一二九　見莊子人間世篇成玄英疏。
註一三〇　仝右。
註一三一　見莊子大宗師篇。
註一三二　見王先謙莊子集解。
註一三三　見莊子大宗師篇郭象注。
註一三四　見莊子大宗師篇成玄英疏。
註一三五　見莊子齊物論。
註一三六　見莊子知北遊。
註一三七　見莊子徐无鬼。
註一三八　見莊子齊物論。
註一三九　見王先謙莊子集解。
註一四〇　見莊子齊物論篇郭象注。
註一四一　見莊子德充符篇。

註一四二　見莊子德充符篇成玄英疏。
註一四三　見莊子天地篇。
註一四四　見莊子達生篇。
註一四五　見莊子達生篇成玄英疏。
註一四六　見莊子大宗師篇。
註一四七　見莊子大宗師篇成玄英疏。
註一四八　見莊子大宗師篇。
註一四九　仝右。
註一五〇　見莊子大宗師篇成玄英疏。
註一五一　見莊子天下篇。
註一五二　見莊子胠篋篇。
註一五三　見莊子齊物論篇。
註一五四　見莊子漁父篇。
註一五五　見莊子胠篋篇。
註一五六　見莊子馬蹄篇。
註一五七　見莊子繕性篇。
註一五八　見莊子繕性篇成玄英疏。
註一五九　見莊子大宗師篇。
註一六〇　見莊子漁父篇。

註一六一　見王先謙莊子集解。
註一六二　見莊子漁父篇成玄英疏。
註一六三　見莊子漁父篇。
註一六四　見莊子漁父篇成玄英疏。
註一六五　見莊子人間世篇成玄英疏。
註一六六　見莊子人間世篇郭象注。
註一六七　見莊子內篇憨山註。
註一六八　見莊子在宥篇。
註一六九　見莊子天地篇。
註一七〇　見莊子應帝王篇。
註一七一　見莊子騈拇篇。
註一七二　見莊子馬蹄篇。
註一七三　見莊子馬蹄篇成玄英疏。
註一七四　仝右。
註一七五　見莊子胠篋篇。
註一七六　見莊子庚桑楚篇。
註一七七　見莊子胠篋篇成玄英疏。
註一七八　見莊子胠篋篇。
註一七九　見莊子徐无鬼篇。

註一八〇　見莊子天地篇。
註一八一　見莊子徐无鬼篇郭象注。
註一八二　見莊子徐无鬼篇成玄英疏。
註一八三　見莊子馬蹄篇成玄英疏。
註一八四　見莊子胠篋篇。
註一八五　見莊子馬蹄篇。
註一八六　見莊子馬蹄篇成玄英疏。

第三章　逍遙遊與內外雜篇之關係

夫逍遙遊者，內篇之冠冕，而莊學之綱領也。明至道之要，序萬物之性，通天地之統，而達死生之變。通其道者，上則足以與造物者遊，而並天地精神以相往來於寂虛之域。下則足以與外死生，無終始者友，而齊大化流形以俱神靈于超冥之鄉。棲遑大千，則不撓無爲之寂。焚燎堅林，則無歇不盡之靈。恍兮惚兮。皦兮浩兮。其理不竭，其來不蛟。芒乎昧乎。幽乎寂乎。其道宏偉，其行超邁。語其極也，則乘天地之正，御六氣之辯。流萬代而冥物，遺泰然以自放。合其德于天地，順其化于自然。玄關幽捷，感而遂通。遙源濬波，酌而不盡。名言不得其性相，隨迎不見其終始。可以乘雲氣，可以御飛龍，而遊乎四海之外，蹈乎無何之鄉。挹朝霞之清芬，蘊丹臒之葆光。侶風泉於九天，餐青精於雲漢。其神凝兮，萬物各得其所。其德化兮，群品各遂其欲。言其要也，則順應物情，體神居靈。標眞人以爲宗，率至道而立教。泯行迹于物化，不敖倪于萬物。蟬蛻囂埃之中，自致寰區之外。逍遙乎廣漠之野，彷徨乎無爲之側。以其含容大用，故無所困苦。以其源流大方，故物無害者。至若：導无機之權，則功足以濟乎塵劫；渲勿照之明，則用足以鑒窮沙界。而神器獨化乎玄冥之境，超然獨涉于太虛之阿。暢乎物宜，適乎天性，以遊于恍惚之庭，以至乎澹泊之處。熙乎緝乎，其獨化乎。倪乎眞乎，其獨至乎。此眞逍遙之極至，而莊學之大觀也。

夫以逍遙之德，遺放之性，有如是之器，含如此之用，故其施乎外物，則齊短長以共融；其用於養生，則等造化以俱永；其用乎人間，則無爭之大德，足以比美于天地；其用之以修德，則內德之貞芳，足以絜矩乎寰宇；其泯迹于天人，則乃八荒之大宗師也；其施化乎當世，則乃四海之好帝王也；其施于一切，皆足爲羣品之範疇，是故郭子玄曰：「莊子之大意，在乎逍遙遊。」（註一）而羣賢皆視莊子爲達觀之學。夫謂之大意者，則逍遙遊，乃莊子之重心可知也。謂之達觀之學者，則乃逍遙所寄託之故也。爰本此意，發揮「莊子中心思想在逍遙遊」之論，依莊子全書，而將各篇之大義，融貫于逍遙遊之中。並述明其關係，比較其意旨。

第一節　逍遙遊與內篇之關係

一、逍遙遊與齊物論之關係

夫言乎天道，則名相泯絕，本體絕對。涉乎物論，則萬有不齊，小大殊方。至人所以能逍遙於得失之外，齊同萬品之域，人我雙遣，物我一如者，以其能究乎天道，曠觀萬物，齊均物論，而逍遙也。是故所以能齊物者，在乎有逍遙遊之境界也。有逍遙遊之境界，斯能齊萬殊之異，等羣品之雜，而與天地精神相往來，以究乎天人之際矣。是故知乎「天地與我並生，而萬物與我爲一」之意，則識乎「天下莫大於秋毫之末，而太山爲小；莫壽於殤子，而彭祖爲夭」之精意矣。此皆以逍遙而通齊物也。玆詳述於下。

言乎人籟之不同，則宮商異律，簫管殊科。言乎吹萬之不同，則萬竅參差，唱和異響。言乎知慧之不同，則大知閑閑，小知閒閒。言乎言語之不同，則大言炎炎，小言詹詹。探乎寤寐之異，則其寐也魂交；其覺也形開。究乎交接之異，則與接爲構，日以心鬬，縵者窖者密者。究乎恐悸之異，則小恐惴惴，大恐縵縵。究乎動止之異，則發若機栝，留如詛盟。殺如秋冬，厭之如緘。究乎性情之異，則喜怒哀樂，慮嘆變慹，姚佚啟態，各皆殊勢。究乎事變之異，則日夜相代，樂出虛，而蒸成菌。……是萬有至不同者也。吾人生乎此世，如無逍遙以齊物之精神，則必「一受其成形，不亡以待盡。與物相刃相靡，其行盡如馳，而莫之能止。」因而「終身役役，而不見其成功。」因而「苶然疲役，而不知其所歸。」因而可悲可哀矣。因而陷是非成毀之際，而莫能自拔矣。

惟至人能任自然之化，棄是非之域，獨任天眞，超物外，玄同彼我，齊均天人，而逍遙自得之域。知萬化之足以以心制也，故不「隨其成心而師之」，使物物皆付之自當。知物境之不齊也，而照之以天道。故曰：「是以聖人不由，而照之于天，亦因是也。是亦彼也，彼亦是也。……彼是莫得其偶，謂之道樞。樞始得其環中，以應无窮。」知品類之殊科也，而兩順之以明。「其分也，成也；其成也，毁也。凡物無成與毁，復通爲一。唯達者知通爲一，爲是不用而寓諸庸。庸也者，用也；用也者，通也；通也者，得也；適得而幾矣。」因此「聖人和之以是非，而休乎天鈞。」由是「滑疑之耀，聖人之所圖也。爲是不用而寓諸庸，此之謂以明。」知論議之殊識，而玄同之。故「六合之外、聖人存而不論。」故「知止其所不知，至矣。孰知不言之辯，不道之道，若有能知，此之謂天府。注焉而不滿，酌焉而不竭，而不知其所由來，此之謂葆光。」此至人之逍遙也。唯其逍遙，故能齊物。

由是知齊物論與逍遙遊，有密切之關係。唯逍遙，故能齊物。唯齊物，故共外物，齊彼我，同天地以逍遙。茲將齊物論中與逍遙遊意同者類列於此，而比較之。

「齧缺曰：『子不知利害，則至人固不知利害乎？』王倪曰：『至人神矣！大澤焚而不能熱，河漢沍而不能寒，疾雷破山，風振海，而不能驚。若然者，乘雲氣，騎日月，而遊乎四海之外。死生无變於己，而況利害之端乎！』」

按：聖人無心應物，虛己處順，故其能乘遊於四海之外，成玄英疏曰：「動寂相即，冥應一時，端坐寰宇之中，而心遊四海之外矣。」此與逍遙遊「肩吾問於連叔曰：吾聞言於接輿……藐姑射之山，有神人居焉；肌膚若冰雪，淖約若處子；不食五穀，吸風飲露，乘雲氣，御飛龍，而遊乎四海之外；其神凝，使物不疵癘而年穀熟。……之人也，之德也，將磅礴萬物……之人也，物莫之傷，大浸稽天而不溺，大旱金石流土山焦而不熱」一段，其意完全相同，所表現神人、至人之境界亦同。

「瞿鵲子問於長梧子曰：『吾聞諸夫子，聖人不從事於務，不就利，不違害，不喜求，不緣道；无謂有謂，有謂无謂，而遊乎塵垢之外。夫子以爲孟浪之言，而我以爲妙道之行也。吾子以爲奚若。』長梧子曰：『是黃帝之所聽熒也，而丘也何足以知之！且汝亦大早計，見卵而求時夜，見彈而求鴞炙，予嘗爲女妄言之，女以妄聽之，奚如？旁日月，挾宇宙，爲其脗合，置其滑涽，以隸相尊。衆人役役，聖人愚芚，參萬歲而一成純。萬物盡然，而以是相蘊。予惡乎知說生之非惑邪！予惡乎知惡死之非弱喪而不知歸者邪！』」

按：此所謂「遊乎塵垢之外」，成玄英疏曰：「和光同塵，處染不染，故雖在囂俗之中，而心自遊於塵垢之外者矣。」又「參萬歲而一成純」，郭象注曰：「唯大聖無執，故芚然直往而與變化爲一，一變化而常遊於獨者也。」兩者之境界，卽逍遙遊：「遊乎四海之外」「浮乎江湖」「樹之於無何有之鄉，廣莫之野，彷徨乎無爲其側，逍遙乎寢臥其下」，與夫「磅礴萬物」「乘雲氣」「御飛龍」「乘天地之正，而御六氣之辯，以遊無窮者」之發揮也。

「和之以天倪，因之以曼衍，所以窮年也。何謂和之以天倪？曰：是不是，然不然。是若果是也，則是之異乎不是也，亦无辯；然若果然也，則然之異乎不然也，亦无辯。忘年忘義，振於无竟，故寓諸无竟。」

按：成玄英疏曰：「和以自然之分，所以無是無非；任其無極之化，故能不滯不著。既而處順安時，盡天年之性命也。」此卽逍遙遊之無待、無己、無功、無名，與遊無窮等思想之發揮也。故能「忘年忘義，振於无竟」矣。

二、逍遙遊與養生主之關係

夫養生之常經，盡年之妙道，在依乎天理，安乎自然，隨處逍遙，自得其性矣。若必以有涯之生，逐無涯之知，而期不可得之域，則失逍遙之道，背天理之則。而自遇困苦矣。故養生之要，乃在明逍遙之精義，順自然之常規也。是故庖丁之解牛，至乎官止神遇。右師之偏刖，歸之天然之介。澤雉之啄飲，順乎常性之所安。老聃之縣解，在乎天運之自然。蓋理有至分，物有定極，各足稱事，各安其性，皆足以與乎逍遙之域，安乎自得之鄉矣。故鯤鵬翺翔于天地，斥鴳畢志於楡枋。朝菌不知晦朔，惠蛄不知春秋。冥靈大椿，各運天地之極。彭祖衆人，各順本性之宜，皆自得於己者也。至於無待於外，乘天地之正，御六氣之辯，遊無窮之年。足以磅礴萬物，乘雲氣，御飛龍，遊乎四海之外。其神凝，使物不疵癘而年穀熟，焦旱大浸皆不能害，而其形全者，此乃逍遙之極至，而養生之至神者也。至於常人，「緣督以爲經」，隨在而逍遙，「安時而處順」，則「可以保身，可以全生，可以養親，可以盡年」矣。此亦可以語於養生之至，而達逍遙之鄉矣。是故逍遙者，所以養生者也。養生者，所以安乎自然，依乎天理，而逍遙乎性命之所當者也。

三、逍遙遊與人間世之關係

夫與人羣者，不得離人羣而索居，然人間之變，千態萬化；人心之險，危於山川；世俗之害，所在多有。唯無心而不自用，方能逍遙人間之世。心與天遊，超然物外，隨變所適，而不荷其累，此身雖在人世，而不爲世網所拘，能彷徨於自得之域，不敖倪於萬物，斯逍遙之大義，而處人世之極則也。故有逍遙之境界者，乃能處人間之世，而不失其眞，適利害之端，而不危其身。故未得逍遙之道，則存於己者未定，不能應化人世而功澤生民矣。故顏淵欲用衞，思致君以澤民，孔子則告之以未能存己，斯取禍之端也。未能逍遙，雖端虛勉一，內直外曲，猶是師心自用，而未能免於人世之禍也。必也心止於符，唯道集虛，無感而化，達於心齋，逍遙無何之鄉，寢側兩忘之境，斯能以無知而知，使萬物自化。此眞逍遙以處人世者也。故葉公子高使齊，懼有陰陽之患，畏遭人道之禍，孔子則告之以乘物游心，致命行義，以逍遙得失之外。顏闔問衞太子之方，蘧伯玉則告以正己順情，毋攖其怒，以逆其志，亦安於自然，以無心應之，而自得逍遙以免於其患也。是故櫟社之樹，商丘之木，皆以無何可用，而得逍遙無何之鄉，不遭困折之患，斯眞逍遙以自處者也。爲人亦然，私智自用，而昧逍遙之義，則猶山木之自寇，膏火之自焚，非惟有人道之患，亦有陰陽之害也。是故逍遙者，乃處世之極則也。不能逍遙而處世，則危乎殆矣。茲將人間世之文，錄數段，以明逍遙處世之意。

「瞻彼闋者，虛室生白，吉祥止止。夫且不止，是之謂坐馳。夫徇耳目內通而外於心知，鬼神將來舍，而況人乎！是萬物之化也，禹舜之所紐也，伏羲几蘧之所行終，而況散焉者乎！」

按：成玄英疏曰：「夫能令根竅內通，不緣於物境，精神安靜，忘外於心知者，斯則外遺於形，內忘於智，則隳體黜聰，虛懷任物，鬼神冥附而舍止，不亦當乎。」此眞逍遙之極致，遊恍惚之庭，而獨化於玄冥之境者也。

「且夫乘物以遊心，託不得已以養中，至矣。」

按：乘物以遊心者，成玄英疏曰：「夫獨化之士，混跡人間，乘有物以遨遊，運虛心以順世，則何殆之有哉。」此眞逍遙之術也。

「南伯子綦遊乎商之丘，見大木焉有異，結駟千乘，隱將芘其所藾。子綦曰：『此何木也哉？此必有異材夫！』仰而視其細枝，則拳曲而不可以爲棟梁，俯而見其大根，則軸解而不可以爲棺槨；咶其葉，則口爛而爲傷，嗅之，則使人狂酲，三日而不已。子綦曰：『此果不材之木也，以至於此其大也。嗟夫！神人，以此不材！』宋有荆氏者，宜楸柏桑。其拱把而上者，求狙猴之杙者斬之；三圍四圍，求高名之麗者斬之；七圍八圍，貴人富商之家求樿傍者斬之。故未終其天年，而中道已夭於斧斤，此材之患也。故解之以牛之白顙者，與豚之亢鼻者，與人有痔病者，不可以適河。此皆巫祝以知之矣，所以爲不祥也。此乃神人之所以爲大祥也。」

按：郭象注曰：「神人者，無心而順物者也。」故其能知不材無用，而得其全生。此亦逍遙「無所可用，安所困苦哉！」之明證。可與逍遙遊惠子二段共讀矣。

「山木自寇也，膏火自煎也。桂可食，故伐之；漆可用，故割之；人皆知有用之用，而莫知无用之用也。」

按：成玄英疏曰：「世人皆炫己才能爲有用之用，而不知支離其德爲無用之用也。」可知無用之用，斯眞人之所以逍遙，而處乎人世者也。

四、逍遙遊與德充符之關係

夫德充於內者，方能逍遙於外。有逍遙之境界者，自然德充於內。外內玄合，信若符命，故能放心於天地之間，蕩然而無不當，逍遙於大通之域，曠然而無不適，故德充者逍遙之端也，逍遙者德充之符也。郭子玄謂：「體夫極數之妙心，故能無物而不同，無物而不同，則死生變化，無往而非我矣。故生爲我時，死爲我順；時爲我聚，順爲我散。聚散雖異，而我皆我之，則生故我耳，未始有得，死亦我也，未始有喪。夫死生之變，猶以爲一，既覩其一，則蛻然無係，玄同彼我，以死生爲寤寐，以形骸爲逆旅，去生如脫屣，斷足如遺土，吾未見足以纓茀其心也。」（註二）斯眞德充之兆，而逍遙之主也。由是，任於自然，不以形累。美醜善惡，不復有形迹涇渭之分。德有所長，而形有所忘。故死生存亡，窮達貧富，賢與不肖，毀譽飢渴，寒暑炎涼，不存乎靈府，而與之滑和。逍遙天人之際，冥然德寓於中，則我德之充，而與時逍遙矣。是知德充符與逍遙遊，有至密切之關係也。爰錄數段於此，以示其關係。

「仲尼曰：『死生亦大矣，而不得與之變，雖天地覆墜，亦將不與之遺。審乎无假，而不與物遷，命物之化，而守其宗也。』」

按：成玄英疏曰：「達於分命，冥於外物，唯命唯物，與化俱行，動不乖寂，故恒住其宗本者也。」

死生雖大，而不與之變。天地覆墜，而不與之遺。不與物遷，命物之化，而守其宗，此非德充而逍遙者不能爲也。

「仲尼曰：『人莫鑑於流水，而鑑於止水，唯止能止衆止。受命於地，唯松柏獨也在，冬夏青青，受命於天，唯舜獨也正，幸能正生，以正衆生。夫保使之徵，不懼之實。勇士一人，雄入於九軍。將求名而能自要者，而猶若此，而況官天地，府萬物，直寓六骸，象耳目，一知之所知，而心未嘗死者乎！彼且擇日而登假，人則從是也。彼且何肯以物爲事乎！』」

按：郭象注曰：「知與變化俱，則無往而不冥，此知之一者也；心與死生順，則無時而非生，此心之未嘗死也。」此境界之高，正德充於內，而逍遙於外者也。

「哀公曰：『何謂才全？』仲尼曰：『死生存亡，窮達貧富，賢與不肖，毀譽饑渴寒暑，是事之變，命之行也；日夜相代乎前，而知不能規乎其始者也。故不足以滑和，不可入於靈府。使之和豫通，而不失於兌；使日夜无郤而與物爲春，是接而生時於心者也。是之謂才全。』『何謂德不形？』曰：『平者，水停之盛也。其可以爲法也，內保之而外不蕩也。德者，成和之修也。德不形者，物不能離也。』」

按：成玄英疏曰：「唯當隨便任化，則無往而不逍遙也。」可知才全而德不形者，正所以逍遙乎無何有之鄉而御六氣之辯者也。

「故德有所長，而形有所忘，人不忘其所忘，而忘其所不忘，此謂誠忘。故聖人有所游，而知爲孽，約爲膠，德爲接，工爲商。聖人不謀，惡用知？不斲，惡用膠？无喪，惡用德？不貨，惡用商？四者，天鬻也。天鬻者，天食也。既受食於天，又惡用人！有人之形，无人之情。有人之形，故羣於人，无人之情，故是非不得於身。眇乎小哉，所以屬於人也！謷乎大哉，獨成其天！」

按：聖人能「誠忘」，故有所遊矣。成玄英疏曰：「物我雙遣，形德兩忘，故放任乎變化之場，遨遊於至虛之域也。」此卽獨遊於天道之自然，而行「至人無己，神人無功，聖人無名」之教者也。

「惠子謂莊子曰：『人故无情乎？』莊子曰：『然。』惠子曰：『人而无情，何以謂之人？』莊子曰：『道與之貌，天與之形，惡得不謂之人？』惠子曰：『既謂之人，惡得无情？』莊子曰：『是非吾所謂情也。吾所謂无情者，言人之不以好惡內傷其身，常因自然而不益生也。』惠子曰：『不益生，何以有其身？』莊子曰：『道與之貌，天與之形，无以好惡內傷其身。今子外乎子之神，勞乎子之精，倚樹而吟，據槁梧而瞑。天選子之形，子以堅白鳴！』」

按：莊子乃一遊心於方外之人，故能常因自然而不益生。成玄英疏曰：「因任自然之理，以此爲常；止於所稟之涯，不知生分。」此不以好惡傷身，正逍遙人世，頤養形神之妙法也。

五、逍遙遊與大宗師之關係

夫天地之大，萬物之富，其所宗而師者道也。道者天人之極致，而逍遙之大端也。故能逍遙者，斯能爲天人之所師，而爲萬物之所歸也。眞人能涵養性眞，冥合大化，放恍乎大化之塗，而逍遙乎無端之紀。內放其身，外冥於物。與衆玄同，任物之至，故至德通乎神明，利澤施於萬世。以其明道，故立於天地上古之先。以其見獨，故入於不死不生之境。玄冥而無形，參寥以廣遠。死生存亡，無變乎外。安排而去化，乃入於寥天。與造物者爲人，而遊乎天地之一氣。芒然彷徨乎塵垢之外，逍遙乎無爲之業，斯乃眞人之至德，而逍遙之極至也。故唯有大宗師（眞人）之境界。斯能逍遙，唯有逍遙之精神，斯能爲大宗之師。茲錄大宗師之文，以闡逍遙之精義。

「且有眞人而後有眞知。何謂眞人？古之眞人，不逆寡，不雄成，不謨士。若然者，過而弗悔，當而不自得也。若然者，登高不慄，入水不濡，入火不熱。是知之能登假於道也若此。古之眞人，其寢不夢，其覺無憂，其食不甘，其息深深。眞人之息以踵。」

按：成玄英疏曰：「眞人達生死之不二，體安危之爲一，故能入水入火，曾不介懷，登高履危，豈復驚懼。」此卽逍遙遊藐姑射山之神人「大浸稽天而不溺，大旱金石流土山焦而不熱」之境界也。

「古之眞人，不知說生，不知惡死；其出不訢，其入不距；翛然而往，翛然而來而已矣。不忘其所始，不求其所終；受而喜之，忘而復之，是之謂不以心捐道，不以人助天，是之謂眞人。若然者，其心志，其容寂，其顙頯；淒然似秋，煖然似春，喜怒通四時，與物有宜，而莫知其極。」

按：眞人能齊一死生，故出入無不自得，成玄英疏曰：「翛然獨化，任理遨遊，雖復死往生來，曾無意戀之者也。」此亦藐姑射山之神人「其神凝」「乘雲氣」與至人無待之境界也。

「古之眞人，其狀義而不朋，若不足而不承，與乎其觚而不堅也；張乎其虛而不華也；邴邴乎其似喜乎？崔乎其不得已乎？滀乎進我色也；與乎止我德也；厲乎其似世乎；謷乎其未可制也；連乎其似好閉也；悗乎忘其言也。」

按：眞人「彷徨放任，容與自得，遨遊獨化之場而不固執之。」（註三）此眞人之逍遙也。

「死生，命也，其有夜旦之常，天也。人之有所不得與，皆物之情也。」

按：成玄英疏曰：「天不能無晝夜，人焉能無死生，故任變隨流，我將於何係哉。」能順天道之自然，應物之情，所以蘊於逍遙之境者也。

「故聖人將游於物之所不得遯而皆存。善妖，善老，善始，善終，人猶效之；又況萬物之所係，而一化之所待乎？夫道，有情有信，无爲无形，可傳而不可受，可得而不可見；自本自根，未有天地，自古以固存；神鬼神帝，生天生地，在太極之先而不爲高，在六極之下而不爲深，先天地生而不爲久，長於上古而不爲老。狶韋氏得之，以挈天地；伏戲氏得之，以襲氣母；維斗得之，終古不忒，日月得之，終古不息；堪坏得之，以襲崑崙；馮夷得之，以游大川；肩吾得之，以處大山；黃帝得之，以登雲天；顓頊得之，以處玄宮；禺强得之，立乎北極；西王母得之，坐乎少廣，莫知其始，莫知其終；彭祖得之，上及有虞，下及五伯；傅說得之，以相武丁，奄有天下，乘東維，騎箕尾，而比於列星。」

按：郭象注曰：「夫聖人遊於變化之塗，放於日新之流，萬物萬化，亦與之萬化；化者無極，亦與之無極，誰得遯之哉！」由此可見，聖人遊道之逍遙也，亦可見聖人所以爲天人師之故。

「南伯子葵問乎女偊曰：『子之年長矣，而色若孺子，何也？』曰：『吾聞道矣。』南伯子葵曰：『道可得學邪？』曰：『惡！惡可？子非其人也！夫卜梁倚有聖人之才，而无聖人之道；我有聖人之道，而无聖人之才，吾欲以教之，庶幾其果爲聖人乎？不然，以聖人之道，告聖人之才，亦易矣。吾猶守而告之，參日而後能外天下；已外天下矣，吾又守之，七日而後能外物；已外物矣，吾又守之，九日而後能外生；已外生矣，而後能朝徹，朝徹而後能見獨；見獨而後能无古今，无古今而後能入於不死不生。殺生者不死，生生者不生。其爲物，无不將也，无不迎也；无不毁也，无不成也。其名爲攖寧。攖寧也者，攖而後成者也。』」

按：能外天下，外物，外生，朝徹，見獨，无古今，不死不生者，即能逍遙乎天地之大順，而成聖人者也。

「子祀、子輿、子犁、子來，四人相與語曰：『孰能以无爲首，以生爲脊，以死爲尻，孰知生死存亡之一體者，吾與之友矣。』四人相視而笑，莫逆於心，遂相與爲友。俄而子輿有病，子祀往問之，曰：『偉哉！夫造物者，將以予爲此拘拘也！曲僂發背，上有五管，頤隱於齊，肩高於頂，句贅指天。』陰陽之氣有沴，其心閒而无事，跰𨇤而鑑於井，曰：『嗟乎！夫造物者，又將以予爲此拘拘也！』子祀曰：『汝惡之乎？』曰：『亡，予何惡！浸假而化予之左臂以爲雞，予因以求時夜；浸假而化予之右臂以爲彈，予因以求鴞炙；浸假而化予之尻以爲輪，以神爲馬，予因以乘之，豈更駕哉！且夫得者，時也；失者，順也；安時而處順，哀樂不能入也。此古之所謂縣解也，而不能自解者，物有結之。且夫物不勝天久矣。吾又何惡焉！』」

按：成玄英疏曰：「是以安於時，則不欣於生，處於順則不惡死。既其無欣無惡，何憂樂之入乎！」唯順乎天，知死生存亡爲一體者，方能安時而處順，存於世以逍遙，而哀樂不入也。

「俄而子來有病，喘喘然將死，其妻子環而泣之。子犂往問之，曰：『叱！避！无怛化！』倚其戶與之語曰：『偉哉，造物！又將奚以汝爲？將奚以汝適？以汝爲鼠肝乎？以汝爲蟲臂乎？』子來曰：『父母於子，東西南北，唯命之從。陰陽於人，不翅於父母；彼近吾死而我不聽，我則悍矣，彼何罪焉！夫大塊載我以形，勞我以生，佚我以老，息我以死。故善吾生者，乃所以善吾死也。今之大冶鑄金，金踊躍曰：我必且爲鏌鋣。大冶必以爲不祥之金。今一犯人之形，而曰：人耳人耳！夫造化者必以爲不祥之人。今一以天地爲大鑪，以造化爲大冶，惡乎往而不可哉！』成然寐，蘧然覺。」

按：「以天地爲鑪，造化爲冶，」成玄英疏曰：「所遇斯適，何惡何欣！安排變化，無往不可也。」此眞「至人」之逍遙也。

「子桑戶、孟子反、子琴張，三人相與友，曰：『孰能相與於无相與，相爲於无相爲？孰能登天游霧，撓挑无極，相忘以生，無所終窮？』」

按：此謂「登天游霧，撓挑无極，相忘以生，無所終窮」之境界。郭象注曰：「無所不任。忘其生，則無不忘矣，故能隨變任化，俱無所窮竟。」此乃「至人」之所以逍遙者也。

「子貢反，以告孔子曰：『彼何人者邪？修行无有，而外其形骸，臨尸而歌，顏色不變，无以命之。彼何人者邪？』孔子曰：『彼，游方之外者也；而丘，游方之內者也。……彼方且與造物者爲人，而遊乎天地之一氣。彼以生爲附贅縣疣，以死爲決𤴯潰癰，……芒然彷徨乎塵垢之外，逍遙乎无爲之業。彼又惡能憒憒然爲世俗之禮，以觀衆人之耳目哉！』」

按：郭象注曰：「聖人常遊外以冥內，無心以順有，故雖終日見形而神氣無變，俯仰萬機而淡然自若。」可知遊乎方外之人，正所以逍遙乎天地之元，彷徨乎無何有之鄉者也。

「且汝夢爲鳥而厲乎天，夢爲魚而沒於淵。不識今之言者，其覺者乎？夢者乎？造適不及笑，獻笑不及排，安排而去化，乃入於寥天一。」

按：化而入乎寥天一，則「所在皆適，故安任推移，未始非吾，而與化俱去。如此之人，乃能入於寥廓之妙門，自然之一道也。」（註四）此眞「逍遙」之義諦也。

「吾師乎！吾師乎！䪠萬物而不爲義；澤及萬世而不爲仁；長於上古而不爲老；覆載天地，刻彫衆形而不爲巧，此所遊已。』」

按：吾師而遊心者，在「游於不爲而師於無師也。」（註五）此亦逍遙遊「至人無己，神人無功，聖人無名」；「其神凝，使物不疵癘而年穀熟」者也。

「顏回曰：『回益矣！』仲尼曰：『何謂也？』曰：『回忘仁義矣。』曰：『可矣！猶未也。』他日，復見，曰：『回益矣。』曰：『何謂也？』曰：『回忘禮樂矣。』曰：『可矣！猶未也。』他日，復見，曰：『回益矣。』曰：『何謂也。』曰：『回坐忘矣。』仲尼蹵然曰：『何謂坐忘？』顏回曰：『墮肢體，黜聰明，離形去知，同於大通，此謂坐忘。』仲尼曰：『同則无好也，化則无常也。而果其賢乎！丘也請從而後也。』」

按：冥同大道，至於坐忘。郭象曰：「夫坐忘者，奚所不忘哉！既忘其迹，又忘其所以迹者，內不覺其一身，外不識有天地，然後曠然與變化爲體而無不通也。」（註六）如此則神凝氣定，足以出入人世。爲大宗之師，可以養生，盡彭祖之年，可以入道，遊無何之鄉矣。

六、逍遙遊與應帝王之關係

應帝王闡外王之治功。逍遙遊述至人之極則。夫惟有至人之極則者，乃能成外王之治功。至人和光同塵，隨處逍遙，而遊心於道，合氣於漠，使萬物各得其所。帝王之治，順物自然，返其本始，守其性眞，而逍遙於道，故功蓋天下，而似不自己；化貸萬物，而民弗恃；立乎莫測，而物自安。而怡養眞性，以合於天。泯絕物我，以遊惚恍之庭。如壺子示鄭巫以心境也，由極靜止之杜德機，而入發生功能之善者機，而直入動靜不二之衡氣機，而進爲變化無窮，與物委蛇之未始出吾宗。此眞「神人」寂虛之境，「眞人」冥達之鄉，如此斯能逍遙人間之世，而締成外王之極功。玆錄應帝王數段，以究逍遙之深意。

「天根遊於殷陽，至蓼水之上，適遭无名人而問焉，曰：『請問爲天下。』无名人曰：『去！汝鄙人也，何問之不豫也！予方將與造物者爲人，厭，則又乘夫莽眇之鳥，以出六極之外，而遊无何有之鄉，以處壙埌之野。汝又何帛以治天下感予之心爲？』又復問。无名人曰：『汝遊心於淡，合氣於漠，順物自然而无容私焉，而天下治矣。』」

按：成玄英疏曰：「夫聖人馭世，恬淡無爲，大順物情，有同造化。若其息用歸本，厭離世間，則乘深遠之大道，凌虛空而滅迹，超六合以放任，遊無有以逍遙。」此乃帝王能冥合於眞，逍遙於寂，而遊於無何有之鄉，寂虛壙埌之野，故其能爲應化之帝王，得逍遙之眞至也。

「陽子居蹵然曰：『敢問明王之治。』老聃曰：『明王之治，功蓋天下，而似不自己，化貸萬物而民弗恃；有莫舉名，使物自喜，立乎不測，而遊於无有者也。』」

按：明王之治，遊於無有。郭象注曰：「與萬物爲體，則所遊者虛也。」此正逍遙之極至也。

「无爲名尸，无爲謀府；无爲事任，无爲知主。體盡无窮，而遊无朕；盡其所受於天，而无見得，亦虛而已。至人之用心若鏡，不將不迎，應而不藏，故能勝物而不傷。」

按：遊於无朕，无得而虛，勝物而不傷，正所以逍遙之方，應乎人世者也。

第二節　逍遙遊與外篇之關係

一、逍遙遊與駢拇篇之關係

駢拇以下四篇，王夫之、姚姬傳皆以爲非莊子自著，乃莊學之徒，附之，以寄老莊之意者也。故其文未有內篇之精純，然亦有可觀者焉。爰爲之論列。

夫依乎天理，不爲物累，順其固然，冥合眞性，此逍遙之大義也。故遠及於天然；邇及於人事，皆隨處逍遙，不以人害天；不以妄失眞，此眞能彷徨乎無何有之鄉，而敖倪乎寂虛之域者也。如違乎此，則迷其眞，殘其生，而傷其性矣。駢拇篇所述者，在乎不迷其眞，不殘其生，不傷其性，而全其天，而與道翺翔，因境逍遙耳。亦逍遙遊之別解也。其大旨皆在此，故駢於拇者，決之則泣；枝於手者，齕之則啼。何者？失其性，而以人害天也。故殘生傷性，奔命於仁義，迷本逐妄，亡身於貨利，皆失其性分之固然，而失逍遙之大義者也。故智者務體逍遙之精義。全生性之自然，臧其德而任其性。保其眞而全其天。此駢拇篇之大義，而凡人步逍遙之塗也，故其言曰：

「彼正正者，不失其性命之情。故合者不爲駢，而枝者不爲跂；長者不爲有餘，短者不爲不足。」

按：成玄英疏曰：「以自然之正理，正蒼生之性命，故言正也。」此所以保其眞而全其天，因其固然以逍遙，而不爲物累也。

「吾所謂臧者，非仁義之謂也，臧於其德而已矣；吾所謂臧者，非所謂仁義之謂也，任其性命之情而已矣；吾所謂聰者，非謂其聞彼也，自聞而已矣；吾所謂明者，非謂其見彼也，自見而已矣。」

按：郭象注曰：「任其性命，乃能及人，及人而不累於己，彼我同於自得，斯可謂善矣。」此亦因其固然，任乎本性，隨處以逍遙也。

二、逍遙遊與馬蹄篇之關係

夫馬蹄篇所述者，亦全性保眞，因其固然，依乎天理，而不以人害天。順其本有，而不以物傷生之事也。夫惟守此宏旨，依此至理，方能逍遙於人間之世，頤養其天年。彷徨乎大化之間，不失其眞性。應化乎帝王之道，不失其自然。恍惚乎至德之境，不失其眞。是故馬蹄篇之精義，亦未嘗失乎逍遙遊之意趣也。故馬之眞性，在守其自然，加以銜勒，則災其本性，而失逍遙之道。埴之本分，在藏乎大塊；木之本然，在安乎自然。陶之成器，治之成材，則傷其本眞，而失其性矣。夫人之害天者亦然。害其天然，則不得逍遙矣。是知馬蹄篇，與逍遙遊關係至切也。今引其數段，以論述其意。

「吾意善治天下者不然。彼民有常性，織而衣，耕而食，是謂同德；一而不黨，命曰天放。」

按：惟眞逍遙者，斯能同德。成玄英疏曰：「率其眞常之性，物各自足，故同德。」惟眞逍遙者，斯能達天放之境。成玄英疏曰：「若有心治物，則乖彼天然，直置放任，則物皆自足，故名曰天放也。」

「同乎无知，其德不離；同乎无欲，是謂素樸；素樸而民性得矣。」

按：成玄英疏曰：「既而無欲素樸，眞性不喪，故稱得也。」此不失其眞，帝王治天下之逍遙也。

「夫赫胥氏之時，居民不知所爲，行不知所之，含哺而熙，鼓腹而遊，民能以此矣。」

按：成玄英疏曰：「夫行道之時，無爲之世，心絕緣慮，安居而無所爲，率性而動，遊行而無所往。」此太古素樸時，民人之逍遙也。

三、逍遙遊與胠篋篇之關係

胠篋篇所述者，亦守眞存性之意，能守眞存性，無失其本，則外患不至，而足以逍遙乎至德之世，彷徨乎各得其安矣。故胠篋篇所述之深趣，乃在於任性返眞以逍遙也。其有背乎此原則，加以人爲之因素，而失其天然之規則者，則爲愈勞，而失愈多矣。故將爲胠篋探囊發匱之盜，而爲守備，因而攝緘縢，固扃鐍，此適啟巨盜之來。有國者立宗廟社稷，營邑屋州閭，竊國者幷其國而盜之，故所謂至知者，乃爲大盜積者也。世俗之以人害天者，多此類也。是故「上悖日月之明，下爍山川之精，中墮四時之施；惴耎之蟲，肖翹之物，莫不失其性。」是以擧天下之人，皆不得逍遙，而返眞歸性也。返眞歸性，惟古人能之。胠篋篇曰：

「子獨不知至德之世乎？昔者容成氏、大庭氏、伯皇氏、中央氏、栗陸氏、驪畜氏、軒轅氏、赫胥氏、尊盧氏、祝融氏、伏羲氏、神農氏，當是時也，民結繩而用之，甘其食，美其服，樂其俗，安其居，鄰國相望，雞狗之音相聞，民至老死而不相往來。若此之時，則至治已。」

按：成玄英疏曰：「無欲無求，懷道抱德，如此時也，豈非至哉。」是則返眞歸性，乃能自得其樂，而各樂其所，如此，則舉天下之人皆逍遙也。

四、逍遙遊與在宥篇之關係

郭子玄曰：「宥使自在則治，治之則亂也。人之生也直，莫之蕩，則性命不過，欲惡不爽。在上者不能無爲，上之所爲，而民皆赴之，故有誘慕好欲而民性淫矣。故所貴聖王者，非貴其能治也，貴其無爲而任物之自爲也。」（註七）夫貴其無爲而任物之自爲，在宥篇之大義也。故帝王以之治天下，則逍遙無爲而民自化，眞人以之養神，則任物保眞，而逍遙寂虛之鄉。蓋天賦自然，各有定分，率性所安，循其葆光，無失其本眞，則以之治天下，以之養身，以之修道，皆各得逍遙之義諦，而皆治矣。故曰：

「君子苟能无解其五藏，……神動而天隨，從容无爲而萬物炊累焉。」

按：郭象注曰：「神順物而動，天隨理而行。」聖人能自在無爲，從容虛淡，此返眞之本要，逍遙之大義也。

「至道之精，窈窈冥冥；至道之極，昏昏默默。无視无聽，抱神以靜，形將自正。必靜必清，……形乃長生。……爲女入於窈冥之門矣，至彼至陰之原也。天地有官，陰陽有藏，愼守女身，物將自壯。我守其一，以處其和，故我修身千二百歲矣，吾形未常衰。」

按：成玄英疏曰：「保恬淡一心，處中和妙道，攝衞修身，雖有壽考之年，終無衰老之日。」此修道之要，逍遙之術也。與逍遙遊篇論「神人」之同意矣。

「廣成子曰：『來！余語女。彼其物无窮，而人皆以爲終；彼其物无測，而人皆以爲極。得吾道者，上爲皇而下爲王；……入无窮之門，以遊无極之野。吾與日月參光，吾與天地爲常。……人其盡死，而我獨存乎！』」

按：成玄英疏曰：「反歸冥寂之本，入無窮之門；應變天地之間，遊無極之野。」得道者，能入門遊野，與日月參光，與天地爲常，此乃神人之逍遙也。

「鴻蒙曰：『汝徒處無爲，而物自化。墮爾形體，吐爾聰明，倫與物忘；大同乎涬溟，解心釋神，莫然无魂。』」

按：坐忘任獨，「處心無爲而物自化」（註八）此正「至人」逍遙之道也。

「出入六合。遊乎九州，獨往獨來，是謂獨有。」

按：郭象注曰：「用天下之自爲，故馳萬物而不窮。」此卽逍遙遊，遊乎四海之外之境界也。

「大人之教，若形之於影，……以遊无端；出入无旁，與日无始；頌論形軀，合乎大同，大同而无己。」

按：成玄英疏曰：「心與自然俱遊，故無朕迹之端崖。」此亦逍遙遊之至人、眞人、神人之境界也。

「聖人觀於天而不助，成於德而不累，出於道而不謀，會於仁而不恃，薄於義而不積，……因於物而不去。」

按：成玄英疏曰：「聖人觀自然妙理，大順群物而不助其性分。」此卽聖人放任無爲之逍遙也。

五、逍遙遊與天地篇之關係

夫天地之化，歸於無爲，而品物遂之以逍遙。萬物之治，趣於自得，而各適其性以逍遙，故知自然之大道，爲一切之總會，乃逍遙之義諦也。是故吾人之修身治國，頤性保眞，務擬天地以爲準，任自然之化育，行無爲之妙諦，則得逍遙之大用矣。是故以之修身，則足以頤性而養身。貨財不能動；富貴不能近；窮通壽夭不能變，而曠萬物爲一體，齊死生爲同狀，而隨處逍遙矣。以之治國，則不害其天，足以保眞，以無欲而天下自足，因無爲而萬物自化，由淵靜而百姓自定，此聖王之逍遙也。故此自然無爲之道，乃逍遙所託根，爲天地之正道也。由是知天地篇宗自然無爲之道，亦逍遙之一端也。爰將天地篇與逍遙遊大義融通者，錄數則于後。

「上神乘光，與形滅亡，此謂照曠。致命盡情，天地樂而萬事銷亡，萬物復情，此之謂混冥。」

按：成玄英疏曰：「窮性命之致，盡生化之情，故寄天地之間而未嘗不逍遙快樂。」故所謂上神乘光，所謂照曠，所謂致命盡情，所謂天地樂，萬物復情，皆隨在而任逍遙之義也。

「故通於天地者，德也；行於萬物者，道也；……故曰，古之畜天下者，无欲而天下足，无爲而萬物化，淵靜而百姓定。記曰：通於一而萬事畢。无心得而鬼神服。」

按：成玄英疏曰：「無欲而蒼生各足，無爲而萬物自化也。」正惟無欲、無爲、無心，所以事治性存，而逍遙也。

「无爲爲之之謂天，无爲言之之謂德，愛人利物之謂仁，不同同之之謂大，行不崖異之謂寬，有萬不同之謂富。故執德之謂紀，德成之謂立，循於道之謂備，不以物挫志之謂完。君子明於此十者，則韜乎其事心之大也，沛乎其爲萬物逝也。若然者，藏金於山，藏珠於淵，不利貨財，不近貴富；不樂壽，不哀夭；不榮通，不醜窮；不拘一世之利以爲己私分，不以王天下爲己處顯。顯則明，萬物一府，死生同狀。」

按：成玄英疏曰：「忘於物我，故萬物可以爲一府；冥於變化，故死生同其形狀。死生無變於己，況窮通夭壽之間乎。」萬物一府，死生同狀，不爲一切所撓，則眞逍遙者也。

「夫王德之人，素逝而恥通於事，立之本原而知通於神，故其德廣，其心之出，有物採之，故形非道不生，生非德不明，存形窮生，立德明道，非王德者邪！蕩蕩乎！忽然出，勃然動，而萬物從之乎！此謂王德之人。視乎冥冥，聽乎无聲。冥冥之中，獨見曉焉；无聲之中，獨聞和焉。故深之又深而能物焉，神之又神而能精焉；故其與萬物接也，至无而供其求，時騁而要其宿，大小，長短，脩遠。」

按：郭象注曰：「動出無心，故萬物從之，斯蕩蕩矣。故能存形窮生，立德明道而成王德也。」此王德之人之至分，亦逍遙之大端也。

「夫聖人，鶉居而鷇食，鳥行而无彰，天下有道，則與物皆昌，天下无道，則脩德就閒；千歲厭世，去而上僊；乘彼白雲，至於帝鄉；三患莫至，身常无殃；則何辱之有。」

按：成玄英疏曰：「夫駕造物而來往，乘變化而遨遊，三患本自虛無，七尺來從非有，殃辱之事，曾何足云。」此謂聖人雖有患，然身常无殃，故能乘白雲，遊帝鄉，此乃逍遙遊篇神人、至人之逍遙也。

「形體保神，各有儀則，謂之性。性脩反德，德至同於初。同乃虛，虛乃大。合喙鳴；喙鳴合；與天地爲合。其合緡緡，若愚若昏，是謂玄德，同乎大順。」

按：成玄英疏曰：「如是之人，可謂深玄之德，故同乎太初，大順天下也。」此謂與天地合，玄德同乎大順，正逍遙遊之無待者也。

「其動，止也；其死，生也；其廢，起也，此又非其所以也。有治在人，忘乎物，忘乎天，其名爲忘己。忘己之人，是之謂入於天。」

按：郭象注曰：「人之所不能忘者，己也。己猶忘之，又奚識哉！斯乃不識不知而冥於自然。」此不以人害天，而忘己入天，正所以能逍遙之故也。

「執道者德全，德全者形全，形全者神全。神全者，聖人之道也。」

「夫明白入素，無爲復朴，體性抱神，以遊世俗之閒者，汝將固驚邪？」

按：郭象注曰：「此眞渾沌也，故與世同波而不自失，則雖遊於世俗而泯然無迹，豈必使汝驚哉。」故德形神全，復朴體性，皆逍遙之所至也。

六、逍遙遊與天道篇之關係

欲知天道篇與逍遙遊之關係，且先研究天道篇之文。茲錄數段，以發其意。

「天道運而无所積，故萬物成；帝道運而无所積，故天下歸；聖道運而无所積，故海內服。明於天，通於聖，六通四辟於帝王之德者，其自爲也，昧然無不靜者矣。聖人之靜也，非曰靜也善，故靜也；萬物无足以鐃心者，故靜也。」

按：成玄英疏曰：「夫唯照天道之無爲，洞聖情之絕慮，通六合以生化，順四序以施爲，以此而總萬乘，可謂帝王之德也。」可知天道、帝道、聖道，皆自運而渺其行迹。故帝王昧然無不靜，萬物不足以鐃心，六通四辟，而逍遙乎至眞之域，彷徨乎至道之間。

「夫虛靜恬淡寂寞无爲者，天地之平，而道德之至，故帝王聖人休焉，休則虛，虛則實，實者倫矣。虛則靜，靜則動，動則得矣。靜則无爲，无爲也則任事者責矣。無爲則俞俞，俞俞者憂患不能處，年壽長矣。夫虛靜恬淡，寂寞无爲者，萬物之本也。」

按：成玄英疏曰：「理虛靜寂，寂而能動，斯得之矣。」故能虛靜恬淡，寂寞無爲，斯能遊乎無何有之鄉，而達眞人逍遙之域。

「莊子曰：吾師乎！吾師乎！整萬物而不爲戾，澤及萬世而不爲仁，長於上古而不爲壽，覆載天地刻雕衆形而不爲朽，此之謂天樂。故曰：知天樂者，其生也天行，其死也物化。靜而與陰同德，動而與陽同波，故知天樂者，无天怨，无人非，无物累，无鬼責，故曰：其動也天，其靜也地，一心定而王天下；其鬼不祟，其魂不疲，一心定而萬物服。言以虛靜推於天地，通於萬物，此之謂天樂。」

按：成玄英疏曰：「所在任適，結成天樂。」莊子所言，推於天地，通於萬物，以達天樂之境界者，皆逍遙遊篇精義之發揮也。

「天地固有常矣，日月固有明矣，星辰固有列矣，禽獸固有羣矣，樹木固有立矣。夫子亦放德而行，循道而趨，已至矣。」

按：成玄英疏曰：「放任己德而逍遙行世，順於天道而趨步人間，人間至極妙行，莫過於此也。」夫能放德而行，循道而趨，則足以乘天地之正，御六氣之辯，而遊逍遙之鄉矣。

「士成綺明日復見，曰：『昔者吾有刺於子，今吾心正卻矣，何故也？』老子曰：『夫巧知神聖之人，吾自以爲脫焉。昔者子呼我牛也而謂之牛，呼我馬也而謂之馬。苟有其實，人與之名而弗受，再受其殃。吾服也恒服，吾非以服有服。』」

按：成玄英疏曰：「言我率性任眞，自然容受，非關有心用意，方得而然。」故能冥迹於名相之外，自不受物累，而所在皆逍遙矣。

「夫至人有世，不亦大乎！而不足以爲之累。天下奮棅而不與之偕，審乎無假而不與利遷，極物之眞，能守其本，故外天地，遺萬物，而神未嘗有所困也。通乎道，合於德，退仁義，賓禮樂，至人之心有所定矣。」

按：成玄英疏曰：「淡泊之心，通乎至道，虛忘之智，合乎上德，斯乃境智相會，能所冥符也。」故有世而不累，不與害偕，不與利遷，能守其本，而外天地，遺萬物，而神不困。其心定，其神凝，此至人之所以能逍遙於人世，而爲天人之師者也。

由上述可知天地篇之微言大義，亦循乎逍遙之極則也。

七、逍遙遊與天運篇之關係

天運篇所述者，亦與以上諸篇大義冥合。夫天運者，自然而自行者也；地處自然而自動者也。日夜相代乎前，亦自運而自然者也，故聖人體自然之大道，悟逍遙之大義，而舉止合宜，遊乎無爲之鄉，動於彷徨之域，歷四海之外，乘六氣之正，而隨乎窈冥。齊一變化，隨感而應，不爲形役，涉采眞之遊，以葆其眞，而合其光。遊逍遙之虛，以存其性而全其天，是以放風而動，總德而立，而歸之廣莫自然之境，返於淸虛逍遙之鄉，此至人、眞人與神人之所以德全，而能逍遙於世者也。由是知天運篇之大義，固不違於逍遙遊之旨趣也。玆錄數段於此，以見其所以逍遙之故焉。

「古之至人假道於仁，託宿於義，以遊逍遙之虛，食於苟簡之田，立於不貸之圃，逍遙，无爲也；苟簡，易養也；不貸，无出也。古者謂是采眞之遊。」

按：成玄英疏曰：「動不傷寂，應不離眞，故恒逍遙乎自得之場，彷徨乎無爲之境。」此謂逍遙無爲，采眞之遊，皆逍遙於道，而假道於世者之所行也。

「孔子見老聃歸，三日不談。弟子問曰：『夫子見老聃，亦將何歸哉。』孔子曰：『吾乃今於是乎見龍！龍，合而成體，散而成章，乘乎雲氣，而養乎陰陽，予口張而不能嗋，予又何規老聃哉！』」

「性不可易，命不可變，時不可止，道不可壅。苟得於道，无自而不可，失焉者，無自而可。」

按：郭象注曰：「其因御無方，自然已足。」此謂老聃體道，同龍德以逍遙。所以致此者，蓋順自然之大化，乘天地之六氣，而頤養其眞，以應天者也。夫物化無窮，皆本之自然，性不可易，命不可變，皆所以處常而保眞者也，時不可止，道不可壅，則所以履變而逍遙者也。

八、逍遙遊與刻意篇之關係

刻意篇所述者，有六類之人。一爲憤世疾俗之士。二爲遊學敎化之士。三爲功名政術之士。四爲江海避世之士。五爲導引養生之士。六爲虛靜無爲之士。前五者皆有待於外者也。唯虛靜無爲之士，眞得天地之大順，眞能遊無何之鄕，而隨處逍遙焉。故爲此篇之重點。蓋莊子之學在乎逍遙也，故主虛靜無爲。蓋惟虛靜無爲，方眞能逍遙，眞能達乎眞人之境也。故其言曰：

「若夫不刻意而高，无仁義而修，无功名而治，无江海而閒，不道引而壽，无不忘也，无不有也，澹然无極，而衆美從之。此天地之道，聖人之德也。故曰：『夫恬惔寂寞，虛无无爲，此天地之平，而道德之質也。』故曰：『聖人休休焉，則平易矣，平易則恬惔矣。平易恬惔，則憂患不能入，邪氣不能襲，故其德全而神不虧。』故曰：『聖人之生也天行，其死也物化，靜而與陰同德，動而與陽同波；不爲福先，不爲禍始；感而後應，迫而後動，不得已而後起，去知與故，循天之理。故无天災，无物累，无人非，无鬼責。其生若浮，其死若休。不思慮，不豫謀。光矣而不耀，信矣而不期。其寢不夢，其覺无憂，其神純粹，其魂不罷。虛无恬惔，乃合天德。』」

按：聖人「休心於恬惔之鄉，息智於虛無之境，則履艱難而簡易，涉危險而平夷也。」（註九）此眞能德全而形不虧，神凝而魂定，已至乎逍遙遊篇至人眞人之境界矣。又曰：

「悲樂者，德之邪；喜怒者，道之過；好惡者，德之失。故心不憂樂，德之至也；一而不變，靜之至也；无所於忤，虛之至也；不與物交，惔之至也；无所於逆，粹之至也。」

按：成玄英疏曰：「智照精明，至純無雜，故能混同萬物，大順蒼生。」且德、靜、虛、粹，皆養生之大要，而逍遙之大端也。又曰：

「形勞而不休則弊，精用而不已則勞，勞則竭。水之性，不雜則淸，莫動則平；鬱閉而不流，亦不能淸；天德之象也。」

按：成玄英疏曰：「聖人心靈皎絜，鑑照無私，法象自然，與玄天合德。」故能如天德，斯能免於人患而能逍遙矣。故曰：

「純粹而不雜，靜一而不變，惔而无爲，動而以天行，此養神之道也。」

按：此言治身之術，養神之道也。故能養神，斯能至於神凝氣定之域，神凝氣定，則隨感而應，可與於逍遙之鄉矣。

「夫有干越之劍者，柙而藏之，不敢用也，寶之至也。精神四達並流，无所不極，上際於天，下蟠於地，化育萬物，不可爲象，其名爲同帝。純素之道，惟神是守，守而勿失，與神爲一，一之精通，合於天倫。野語有之曰：『衆人重利，廉士重名，賢人尚志，聖明貴精。』故素也者，謂其无所與雜也；純也者，謂其不虧其神也。能體純素，謂之眞人。」

按：此謂「唯體道聖人，無所偏滯，故能寶貴精神，不蕩於物，雖復應變隨時，而不喪其純素也。」（註一〇）故眞人能守神以體純素，而合於天倫，此其所以能逍遙者也。

九、逍遙遊與繕性篇之關係

此篇之意，在標眞人、至人，逍遙之意。其大義固不違於逍遙遊也。蓋至人以恬養知，守其恬惔寂寞，以養其本然之性。不以外物之知，害其天然之朴，則知與恬交相養，而和理出其性。足以窺大道之旨要，而逍遙天地之際矣。若夫世道交喪，時命乖謬，深根寧極，守道待時，不爲物累，而無所困苦，亦逍遙之眞諦也。且不爲軒冕肆志，不爲窮約趨俗，不喪己於物，不失性於俗，遯世无悶，以遊太和，雖曳尾塗中，不屈梁國之富而獨與天地精神往來，不敖倪於萬物，斯眞逍遙之極歸也。故繕性篇所述者至純，爰舉數段以證。

「古之人在混芒之中，與一世而得澹漠焉。當是時也，陰陽和靜，鬼神不擾，四時得節，萬物不傷，羣生不夭，人雖有知，无所用之，此之謂至一。當是時也，莫之爲而常自然。」

按：物不失其性，至一而常自然，「故當是時也，人懷無爲之德，物含自然之道焉。」（註一一）此乃萬物自得其逍遙之道也。

「古之所謂隱士者，非伏其身而弗見也，非閉其言而不出也，非藏其知而不發也，時命大謬也。當時命而大行乎天下，則反一无迹；不當時命而大窮乎天下，則深根寧極而待；此存身之道也。」

按：成玄英疏曰：「在窮塞而常樂，處危險而安寧，任時世之行藏，可謂存身之道也。」故能反一無迹，深固其自然之本性，安排而任化，自能得其寧樂以逍遙也。

「古之行身者，不以辯飾知，不以知窮天下，不以知窮德，危然處其所而反其性，己又何爲哉！道固不小行，德固不小識。小識傷德，小行傷道。故曰：『正己而已矣。』」

按：成玄英疏曰：「處危而所在安樂，動不傷寂，恒反自然之性，率性而動。」若不行小識小德，唯正己而已，此其所以能遊於大道，安樂而逍遙也。

「樂全之謂得志，古之所謂得志者，非軒冕之謂也，謂其无以益其樂而已矣。今之所謂得志者，軒冕之謂也。軒冕在身，非性命也，物之儻來，寄者也。寄之，其來不可圉，其去不可止。故不爲軒冕肆志，不爲窮約趨俗，其樂彼與此同，故无憂而已矣。」

按：成玄英疏曰：「古人淳樸，體道無爲，得志在乎恬夷，取樂非關軒冕。」此其所以能樂全得志，而不肆志趨俗，故能安化無憂，以游於逍遙無憂之境者也。

十、逍遙遊與秋水篇之關係

秋水篇所陳述者，亦在隨處自得，依境而樂；因事適情，物來順應；而冥合至道，放乎自然，逍遙自足，無以人滅天；而全性保眞，以與道冥合；而無待於外，以逍遙乎人世而已。是故北海若之所陳；河伯之所嘆；四海之於天地；中國之於海內；皆有窮者也。惟各率其本，振於無竟，至於無窮，則毫末不足以定至細之倪；天地不足以窮至大之域，而各因物以逍遙，斯全眞葆光之要也。故郭子玄曰：「夫世之所患者，不夷也，……是以上下夸跂，俯仰自失，此乃生民之所惑也。……所謂大者至足也，故秋毫無以累乎天地矣；所謂小者無餘也，故天地無以過乎秋毫矣；然後惑者有由而反，各知其極，物安其分，逍遙者用其本步，而遊乎自得之場矣。」（註一二）知乎此，則與世逍遙，而皭然無累矣。是故曳尾於塗中，猶辭楚相之祿；鵷鶵於海上，亦笑鴟鳥之嚇，而遊乎濠梁，知儵魚從容之樂。蓋能玄同彼我，通乎物性，則萬物一體。步無窮之極境，入至道之周行，而遊無何之鄉，不敖倪于萬物，眞莊子之逍遙也。故知秋水篇所述者，多有逍遙之意焉。爰錄數段以爲證。

「河伯曰：『然則吾大天地而小毫末可乎？』北海若曰：『否。夫物，量无窮，時无止，分无常，終始无故。是故大知觀於遠近，故小而不寡，大而不多，知量无窮；證曏今故，故遙而不悶，掇而不跂，知時无止；察乎盈虛，故得而不喜，失而不憂，知分之无常也；明乎坦塗，故生而不說，死而不禍，知終始之不可故也。計人之所知，不若其所不知；其生之時，不若未生之時；以其至小，求窮其至大之域，是故迷亂而不能自得也。由此觀之，又何以知毫末之足以定至細之倪，又何以知天地之足以窮至大之域！』」

按：成玄英疏曰：「夫天道既有盈虛，人事寧無得喪，是以覩乎盈虛之變，達乎得喪之理，故儻然而得，時也，不足爲欣；偶爾而失，命也，不足爲戚也。」故能知時分之無常，終始無故，故不因死生而憂喜無常，此其能逍遙於世者也。

「是故大人之行，不出乎害人，不多仁恩；動不爲利，不賤門隸；貨財弗爭，不多辭讓；事焉不借人，不多食乎力，不賤貪汚；行殊乎俗，不多辟異；爲在從衆，不賤佞諂；世之爵祿不足以爲勸，戮恥不足以爲辱；知是非之不可爲分，細大之不可爲倪。聞曰：『道人不聞，至德不得，大人无己。』約分之至也。」

按：此謂不聞、不得、无己者，其能殊乎俗，而行色自若，不多辟異，逍遙以自得也。

「北海若曰：『以道觀之：何貴何賤，是謂反衍；无拘而志，與道大蹇，何少何多，是謂謝施；无一而行，與道參差。嚴乎若國之有君，其无私德；繇繇乎若祭之有社，其无私福；泛泛乎若四方之无窮，其无所畛域；兼懷萬物，其孰承翼？是謂无方。萬物一齊，孰短孰長？道无終始，物有死生，不恃其成；一虛一滿，不位乎其形。年不可舉，時不可止；消息盈虛，終則有始。

是所以語大義之方，論萬物之理也。物之生也，若驟若馳，无動而不變，无時而不移。何爲乎？何不爲乎？夫固將自化。』」

按：成玄英疏曰：「萬物紛亂，同稟天然，安而任之，必自變化，何勞措意爲與不爲。」此謂道無終始，故以道觀物，物無貴賤，若稟自然，則萬物一齊，所以與之語大義之方，則物將自化，而各得其逍遙矣。

「北海若曰：『知道者必達於理，達於理者，必明於權，明於權者，不以物害己。至德者火弗能熱，水弗能溺，寒暑弗能害，禽獸弗能賊。非謂其薄之也，言察乎安危，寧於禍福，謹於去就，莫之能害也。故曰：天在內，人在外，德在乎天。知天人之行，本乎天，位乎德，蹢躅而屈伸，反要而語極。』」

按：成玄英疏曰：「運眞知而行於世，雖涉於物千變萬化，而恒以自然爲本，居於虛極而不喪其性，動而寂者也。」故知天人之行者，自能察其安危，寧其禍福，去就之間，皆得其逍遙矣。

『何謂天？何謂人？』北海若曰：『牛馬四足是謂天，落馬首，穿牛鼻，是謂人。故曰：无以人滅天，无以故滅命。无以得殉名。謹守而勿失，是謂反其眞。』」

「且彼方跐黃泉而登大皇，无南无北，奭然四解，淪於不測；无東无西，始於玄冥，反於大通。」

按：成玄英疏曰：「唯當謹固守持，不逐於物，得於分內而不喪於道者，謂反本還源，復於眞性者也。」故能知道之至大至精，而不限其形迹、大小、貴賤、是非之分，唯順自然之變化，回復天眞之本性，始於玄冥，反於大通，方能遊於逍遙之鄉矣。

「莊子與惠子遊於濠梁之上，莊子曰：儵魚出遊從容，是魚之樂也。」

按：成玄英疏曰：「夫魚遊於水，鳥棲於陸，各率其性，物皆逍遙。而莊子善達物情所以，故知魚樂也。」凡能順其本性，因其自然，則無物不得其逍遙矣，此莊子所以知魚之樂也。

十一、逍遙遊與至樂篇之關係

至樂篇闡述無爲之至樂，述明死生之變，論述名實之大分，皆爲存性得眞，不失其本，而隨處皆可逍遙也。明乎至樂無樂；至譽無譽，惟無爲之樂，方爲大樂，則知世俗之富貴善壽，貧賤夭惡，皆暫聚之化，空幻之源，非實有者也。故隨所遇，而逍遙乎人間之世，其所識者本也。知乎無爲之樂，乃天下之至樂，則隨在以逍遙，隨處以修道，卒至天人眞人之至分，則乃道術之樂也。夫死生之運，同乎春夏秋冬之行，隨大化以共盡，泯苦樂於人世。故隨生死而逍遙，忘情知命，憂患得失不能攖其懷，故逍遙乎大化之中，觀天地猶如一瞬，睹萬物爲一體，順大化之運，而隨在皆吾之逍遙也。名實性分，皆各適其遇，而不以人害天，則各適其本以逍遙矣。背此，則魯侯之觴海鳥而鳥亡。咸韶之張洞庭而獸奔。皆失其眞，而害其性也，故不得而逍遙。智者識至樂之意，則逍遙之道審矣。爰舉數段以相證驗。

「察其始而本无生；非徒无生也而本无形，非徒无形也而本无氣。雜乎芒芴之間，變而有氣；

氣變而有形，形變而有生；今又變而之死，是相與爲春秋冬夏四時行也。」

按：成玄英疏曰：「生來死往，變化循環，亦猶春秋冬夏，四時代序，是以達人觀察，何哀樂之有哉。」生死不入，則外物不能役其心，自能得其逍遙矣。

「生者，假借也；假之而生；生者塵垢也，死生爲晝夜。且吾與子觀化而化及我，我又何惡焉？」

「髑髏曰：死，无君於上，无臣於下；亦无四時之事，從然以天地爲春秋；雖南面王樂，不能過也。」

按：成玄英疏曰：「我與子同遊，觀於變化，化而及我，斯乃理當待終，有何嫌照？既冥死生之變，故合至樂也。」能知萬物變化之理，通大道齊一之源，順乎無爲，齊一死生，則能至樂而逍遙也。

十三、逍遙遊與達生篇之關係

達生篇所述者，在求形全精復，與天爲一。守其本精，無虧其神；守其純氣，洞澈物際；隨順物化，返于大通，以逍遙于眞人之境，彷徨乎塵俗之外，而遊乎萬物之所終始，因而達生命之情，順大化之運，以遺乎人之患，而返乎大通之域，則與天爲一，可以逍遙，可以入道，可以全生矣。夫痀僂者之承蜩若掇；津人之操舟如神；許由之却堯之禪；莊子之曳尾塗中；工倕之蓋矩，或以神志之凝，以逍遙乎所爲之業；或以達生之情；而逍遙乎無爲之業，其以逍遙一也。爰擧數段，以相證驗。

「夫欲免爲形者，莫如棄世。棄世則无累，无累則正平。正平則與彼更生，更生則幾矣。事奚足棄，而生奚足遺？棄事則形不勞，遺生則精不虧。夫形全精復，與天爲一。天地者，萬物之父母也，合則成體，散則成始。形精不虧，是謂能移；精而又精，反以相天。」

按：成玄英疏曰：「夫不勞於形，不虧其精者，故能隨變任化而與物俱遷也。」能棄世事，以知萬物化生之母，而形全精復，與天爲一，斯能入逍遙之境，爲眞人之師矣。

「子列子問關尹曰：『至人潛行不窒，蹈火不熱，行乎萬物之上而不慄。請問何以至於此？』關尹曰：『是純氣之守也，非知巧果敢之列。居，予語女！凡有貌象聲色者，皆物也。物與物何以相遠？夫奚足以至乎先，是色而已。則物之造乎不形而止乎無所化，夫得是而窮之者，物焉得而止焉！彼將處乎不淫之度，而藏乎无端之紀，游乎萬物之所終始，壹其性，養其氣，合其德，以通乎物之所造。夫若是者，其天守全，其神无郤，物奚自入焉！夫醉者之墜車，雖疾不死。骨節與人同而犯害與人異，其神全也。乘亦不知也，墜亦不知也，死生驚懼不入乎其胸中，是故遻物而不慴。彼得全於酒而猶若是，而況得全於天乎？聖人藏於天，故莫之能傷也。』」

按：至人之潛行不窒，蹈火不熱，處乎不淫之度，藏乎無端之紀，遊乎萬物之所終始，故成玄英疏曰：「聖人放任乎自然之境，遨遊乎造化之場。」此正逍遙遊神人之境界矣。

「知忘是非，心之適也；不內變，不外從，事會之適也。始乎適而未嘗不適者，忘適之適也。」

按：是非雙遣，內外兩遺，正所以逍遙乎無端之紀也。故郭象注曰：「所遇而安，故無所變從也。」

「扁子曰：『子獨不聞夫至人之自行邪？忘其肝胆，遺其耳目，芒然彷徨乎塵垢之外，逍遙乎無事之業，是謂爲而不恃，長而不宰。今汝飾知以驚愚，修身以明汙，昭昭乎若揭日月而行也。汝得全而形軀，具而九竅，无中道夭於聾盲跛蹇，而比於人數，亦幸矣，又何暇乎天之怨哉！』」

按：至人之行，虛遠淸高，率性自爲，故能忘其形軀，縱放任適其精神以得逍遙，此眞逍遙遊之詮解也。

十三、逍遙遊與山木篇之關係

山木篇之要義，在超越人世之外，不爲利害所動，泯彼是非，浮遊物外，守其純素之本。虛己以任物，無所執係，而隨順自然之域。率情存眞，無受天之損易，無受人之益難，而獨守本眞，以乘道德而浮遊。順大化以無累，翛然於塵壒之外，翺翔於無爲之業，如此則隨在而逍遙矣。是山木篇之要義，亦不違於逍遙也。夫人世之患，材與不材，皆不能免患，故莊子不欲處之，而願乘道德以浮遊塵埃之外。一龍一蛇以俱化於無何之鄉，一上一下以翺翔乎萬物之祖，物物而不物於物，存眞而不累於外；此眞逍遙之大業，而無爲之盛事也。是故山木篇之精義，在乎逍遙於天人之際也。至於市南之告魯君，大舜之戒夏禹，孔子之任素存眞，北宮之虛己設鐘，皆欲存乎道，捐乎俗，曠然無累於塵勞之中，肆然悠遊於虛寂之域者也。此亦至人逍遙之故也。爰錄山木篇數段，以證驗逍遙之境地。

「仲尼曰：『化其萬物而不知其禪之者，焉知其所終？焉知其所始？正而待之而已耳。』『何謂人與天一邪？』仲尼曰：『有人，天也；有天，亦天也。人之不能有天，性也。聖人晏然體逝而終矣。』」

按：成玄英疏曰：「夫聖人通始終之不二，達死生之爲一，故能安然解體，隨化而往，汎乎無始，任變而終。」天與人一，卽眞能逍遙乎天人之際矣，故聖人能晏然體逝而終也。

「莊子笑曰：『周將處乎材與不材之間。材與不材之間，似之而非也，故未免乎累。若夫乘道德而浮游則不然。无譽无訾，一龍一蛇，與時俱化，而无肎專爲，一上一下，以和爲量，浮游乎萬物之祖；物物而不物於物，則胡可得而累邪！』」

按：乘道德而浮游，與時俱化，此「至人能隨時上下，以和同爲度量」（註一三），眞逍遙之精義也。

「吾願去君之累，除君之憂，而獨與道遊於大莫之國。方舟而濟於河，有虛船來觸舟，雖有惼心之人不怒；有一人在其上，則呼張歙之；一呼而不聞，再呼而不聞，於是三呼邪，則必以惡聲隨之。向也不怒而今也怒，向也虛而今也實。人能虛己以遊世，其孰能害之！」

按：郭象注曰：「世雖變，其於虛己以免害，一也。」故人能虛己遊世，而遊於大莫之國，皆所以逍遙之由也。

「奢聞之：『既彫既琢，復歸於朴。』侗乎其无識，儻乎其怠疑；萃乎芒乎，其送往而迎來；來者勿禁，往者勿止；從其彊梁，隨其曲傅，因其自窮，故朝夕賦斂而毫毛不挫，而況有大塗者乎！」

按：歸朴無識，還其本性，此上古之逍遙也。

「子其意者飾知以驚愚，修身以明汙，昭昭乎若揭日月而行，故不免也。昔吾聞之大成之人曰：『自伐者無功，功成者墮，名成者虧。』孰能去功與名而還與衆人！道流而不明居，得行而不名處，純純常常，乃比於狂；削迹捐勢，不爲功名，是故无責於人，人亦無責焉。至人不聞，子何喜哉？」

「孔子曰：『善哉！辭其交游，去其弟子，逃於大澤；衣裘褐，食杼栗，入獸不亂羣，入鳥不亂行。鳥獸不惡，而況人乎！』」

按：郭象注曰：「寂泊無懷，乃至人也。」故修身以明汙，揭日月以行，道流德行，純純常常，無往而不自得，此亦逍遙之道也。

「異日，桑雽又曰：『舜之將死，眞泠禹曰：汝戒之哉！形莫若緣，情莫若率。緣則不離，率則不勞；不離不勞，則不求文以待形；不求文以待形，固不待物。』」

按：郭象注曰：「形不假，故常全；情不矯，故常逸。」緣形率情，不離、不勞、不待，所以逍遙人世之道也。

「孔子窮於陳蔡之間，七日不火食，左據槁木，右擊槁枝，而歌猋氏之風。有其具而无其數，有其聲而无宮角，木聲與人聲，犂然有當於人之心。顏回端拱還目而窺之。仲尼恐其廣己而造大也，愛己而造哀也，曰：『回！无受天損易，無受人益難。无始而非卒也，人與天一也。夫今之歌者其誰乎？』」

按：成玄英疏曰：「夫大聖虛忘，物我兼喪。」故能隨任自然，人與天一，不損其天，安於所遇，此孔子之所以逍遙也。

七四、逍遙遊與田子方之關係

田子方篇之旨趣，亦在述眞人之德，敍至人之業，並敍明其所以逍遙之術，故其大義，亦與逍遙遊相通而不謬，同爲至人逍遙之道。其大旨略謂，吾人處乎世間，須以「貌爲人而神合於天」之精神，虛緣而葆眞，清寧而容物，守本性於不失，涵萬物而不外，以天人合一爲處人間世之極則。順自然之勢，成無爲之化，使神與天合，旁人不能擾其耳目，外物不能侵其精神，雖大行而不加，處窮居以不損，在在處處，守此眞性，自能成眞人之功，演化無窮，而逍遙乎人間之世矣。

且大化流行，天運不息，消息盈虛，晦明變化，昨以爲是者，今或將成非，方以爲有者，後或幻爲無，故外物外境皆虛幻不實也。唯求內心本體之眞，本自然之運，遊心於道之場，逍遙於物之初，悟宇宙萬有之本相，識葆眞性命之要，則無爲之德，眞人之品，充滿天地，演化無窮，可以養松喬之壽，可以盡眞人之行，而逍遙乎人間之世矣。是田子方篇所闡述者，亦不離逍遙之義也。爰擧數例以證。

「子方曰：『其爲人也眞，人貌而天虛。緣而葆眞，清而容物。物无道，正容以悟之，使人之意也消。无擇何足以稱之！』」

按：成玄英疏曰：「虛心順物，而恒守眞宗。」故能守其眞宰，虛而任物，此眞人處世，用以逍遙之術也。

「日出東方而入於西極，萬物莫不比方，有目有趾者，待是而後成功，是出則存，是入則亡。萬物亦然，有待也而死，有待也而生，吾一受其成形，而不化以待盡，效物而動，日夜无隙，而不知其所終，薰然其成形，知命不能規乎其前，丘以是日徂。吾終身與汝交一臂而失之，可不哀與！」

按：郭象注曰：「夫有不得變而爲無，故一受成形，則化盡無期也。」人世之境如此，故求眞以逍遙之義益切矣。

「喜怒哀樂不入於胸次。夫天下也者，萬物之所一也。得其所一而同焉，則四肢百體將爲塵垢，而死生終始將爲晝夜，而莫之能滑，而況得喪禍福之所介乎！棄隸者若棄泥塗，知身貴於隸也，貴在於我而不失於變。且萬化而未始有極也，夫孰足以患心，已爲道者解乎此。」

按：成玄英疏曰：「死生不能滑亂，而況得喪禍福生崖之事乎，愈不足以介懷也。」故能貴我，而不因外物所變，則喜怒哀樂不入於胸次，不失變於萬化之中，此所以逍遙之本也。

「老聃曰：『……至人之於德也，不修而物不能離焉，若天之自高，地之自厚，日月之自明，夫何修焉！』孔子出，以告顏回曰：『丘之於道也，其猶醯雞與！微夫子之發吾覆也，吾不知天地之大全也。』」

按：郭象注曰：「不脩不爲而自得也。」順性之自然，日行而不知，此不修之修，斯爲眞修，如此斯能逍遙也。

「夫至人者，上闚青天，下潛黃泉，揮斥八極，神氣不變。今女怵然有恂目之志，爾於中也殆矣夫。」

按：郭象注曰：「夫德充於內，則神滿於外，無遠近幽深，所在皆明，故審安危之機而泊然自得也。」此乃至人所以能上下自如，遊其逍遙之境也，故與逍遙遊篇之神人相類似。

「肩吾問孫叔敖曰：『子三爲令尹而不榮華，三去之而無憂色。吾始也疑子，今視子之鼻閒栩栩然，子之用心獨奈何？』孫叔敖曰：『吾何以過人哉！吾以其來不可卻也，其去不可止也，吾以爲得失之非我也，而無憂色而已矣。我何以過人哉！且不知其在彼乎？其在我乎？其在彼邪？亡乎我；在我邪？亡乎彼。方將躊躇，方將四顧，何暇至乎人貴人賤哉！』仲尼聞之曰：『古之眞人，知者不得說，美人不得濫，盜人不得劫，伏戲黃帝不得友。死生亦大矣，而无變乎己，況爵祿乎！若然者，其神經乎大山而无介，入乎淵泉而不濡，處卑細而不憊，充滿天地，既以與人，己愈有。』」

按：眞人雖死生，亦无變於己，出入无介，不濡、不憊，「其神明充滿天地，故所在皆可，所在皆可，故不損己爲物而放於自得之地也。」（註一四）此眞人之所以得其逍遙也。

十五、逍遙遊與知北遊之關係

知北遊篇所論者多「至道」之事，而逍遙遊之最終旨要，則在得道以逍遙也，故二篇比較而研究之。愈比較而愈有妙悟，愈比較，而愈知其關係之密切，蓋逍遙遊者，莊子全書之大意，亦莊子一生所體驗之精華也。故莊子每篇所述者多與逍遙遊有關，此篇何能外哉？

夫道者天地之眞理，自然之妙術，大化之流行也。非人爲之造作，故保其眞，存其天者始知道。由是吾等知此篇所以言「無思無慮始知道，無處無服始安道，無從無道始得道」之意矣。故上焉者與道俱化，渺無言說，而逍遙。次焉者知道忘言以逍遙，次焉者知道言道以逍遙，蓋唯存其天，而無人之作爲，斯能執璇璣以運大象，得環中而應無窮，隨萬類之運轉，季候之變化而俱化，故無所處而不逍遙也。且人生之壽夭，須臾間耳，遭之不違，過之不守，循乎天理，處乎人世，所以逍遙也。故體道之全者，造達於冥冥，窅然空然，應物無沮，守道不回，與物偕化，其來無迹，其往無崖，無門無房，遊乎無何有之宮，澹兮靜兮，彷徨乎馮閎虛廓之域。漠乎淸乎，益之而不加益，損之而不加損，淵淵乎若海之汪洋，魏魏乎量萬物而不匱。萬物皆往資焉。若此眞體道之極，而逍遙之極至者也。蓋道無乎不在，乃天地萬物之主也，所以物物者也。至人體之，以存其眞，保其天，亦物物而不物於物，是則逍遙之極至者也。故知北遊篇所述者，多與逍遙有關，爰擧數例以證之。

「人之生，氣之聚也；聚則爲生，散則爲死。若死生爲徒，吾又何患！故萬物一也，是其所美者爲神奇，其所惡者爲臭腐；臭腐復化爲神奇，神奇復化爲臭腐，故曰：『通天下一氣耳！』聖人故貴一。」

按：成玄英疏曰：「夫體道聖人，智周萬化，故貴此眞一，而冥同萬境。」能體大道之自然，而貴一以尊道，此修道所以逍遙也。

「聖人者，原天地之美，而達萬物之理；是故至人無爲，大聖不作，觀於天地之謂也。今彼神明至精，與彼百化，物已死生方圓，莫知其根也，扁然而萬物自古以固存。六合爲巨，未離其內；秋豪爲小，待之成體。天下莫不沈浮，終身不故；陰陽四時運行，各得其序。惛然若亡而存，油然不形而神，萬物畜而不知。此之謂本根，可以觀於天矣。」

按：成玄英疏曰：「夫能達理通玄，識根知本者，可謂觀自然之至道也。」故能得其本根，以觀於天，則無往而不逍遙矣。

「齧缺問道乎被衣，被衣曰：『若正汝形，一汝視，天和將至；攝汝知，一汝度，神將來舍。德將爲汝美，道將爲汝居，汝瞳焉如新出之犢而無求其故！』言未卒，齧缺睡寐。被衣大說，行歌而去之曰：『形若槁骸，心若死灰，眞其實知，不以故自持；媒媒晦晦，无心而不可與謀。彼何人哉！』」

按：成玄英疏曰：「形同槁木之骸，心類死灰之土，無情直任純實之眞知，不自矜持於事故也。」故天和至，神來舍，道來居，而無無以應之，無無以行之，此逍遙之極境也。

「孔子問於老聃曰：『今日晏閒，敢問至道。』老聃曰：『汝齋戒，疏瀹而心，澡雪而精神，掊擊而知，夫道，窅然難言哉！將爲汝言其崖略。夫昭昭生於冥冥，有倫生於无形，精神生於道，形本生於精，而萬物以形相生，故九竅者胎生，八竅者卵生。其來无迹，其往无崖，无門无房，四達之皇皇也。邀於此者，四肢彊，思慮恂達，耳目聰明，其用心不勞，其應物无方。天不得不高，地不得不廣，日月不得不行，萬物不得不昌，此其道與！且夫博之不必知，辯之不必慧，聖人以斷之矣。若夫益之而不加益，損之而不加損者，聖人之所保也。淵淵乎其若海，魏魏乎其終則復始也，運量萬物而不匱。則君子之道，彼其外與！萬物皆往資焉而不匱，此其道與！』」

按：郭象注曰：「夫率自然之性，遊無迹之塗者，放形骸於天地之間，寄精神於八方之表，是以無門無房，四達皇皇，逍遙六合，與化偕行也。」斯眞逍遙之極，而大道之要也。故萬物皆往資焉而不匱矣。

「嘗相與游乎无何有之宮，同合而論，无所終窮乎！嘗相與无爲乎！澹而靜乎！漠而淸乎！調而閒乎！寥已吾志！無往焉而不知其所至！去而來而不知其所止，吾已往來焉，而不知其所終；彷徨乎馮閎，大知入焉而不知其所窮，物物者與物无際，而物有際者，所謂物際者也；不際之際，際之不際者也。」

按：郭象注曰：「知道之無不在，然後能曠然無懷而遊彼無窮也。」此體道之言，知道如斯，即能隨境逍遙以遊至道之鄉、處無爲之域也。

第三節　逍遙遊與雜篇之關係

一、逍遙遊與庚桑楚之關係

庚桑楚篇亦言至道之要，能秉乎至道，即能逍遙矣。此篇首言庚桑楚居畏壘之山，三年而民大富且壤，咸欲俎豆以祀之，而庚桑楚不可，蓋以無爲而化，不欲賢知自見，以違逍遙之道也。此庚桑楚之逍遙也。抱一無失，翛然侗然，與物委蛇而同其波，此衞生者之逍遙也。反其情性，與道大適，相與交食乎地，而交樂乎天，人物利害不相攖，道合自然，身若槁木，心如死灰，禍福不至，此至人之逍遙也。渾穆自然，一秉造化，工乎天而俍乎人，正靜明虛，庸而有光，四六之害，不入于心，敬之不喜，侮之不怒，達於天和，氣平心神，此所以修道之方，而逍遙之法也。然則此篇與逍遙遊，固關係密切者也。如：

「老子曰：『衞生之經，能抱一乎？能勿失乎？能无卜筮而知吉凶乎？能止乎？能已乎？能舍諸人而求諸己乎？能翛然乎？能侗然乎？能兒子乎？兒子終日嘷而嗌不嗄，和之至也；終日握而手不掜，共其德也；終日視而目不瞚，偏不在外也。行不知所之，居不知所爲，與物委蛇，而同其波。是衞生之經已。』」

「夫至人者，相與交食乎地而交樂乎天，不以人物利害相攖，不相與爲怪，不相與爲謀，不相與爲事，翛然而往，侗然而來。是謂衞生之經已。」

按：成玄英疏曰：「夫至人無情，隨物興感，故能同蒼生之食地，共群品而樂天。」至人能無心隨順，恬淡接物，守眞不二，知此衞生之經者，自能翛然而得其逍遙也。

「吾固告汝曰：『能兒子乎？兒子動不知所爲，行不知所之，身若槁木之枝而心若死灰。若是者，禍亦不至，福亦不來。禍福无有，惡有人災也！』宇泰定者，發乎天光。發乎天光者，人見其人，人有脩者，乃今有恒；有恒者，人舍之，天助之。人之所舍，謂之天民；天之所助，謂之天子。」

按：郭象注曰：「人而脩人，則自得矣，所以常泰。」宇泰定者，則愛惡失得不入其胸次，故有眞脩之人，自能合於常道，逍遙自適矣。

「至禮有不人，至義不物，至知不謀，至仁無親，至信辟金。徹志之勃，解心之繆，去德之累，達道之塞，貴富顯嚴名利六者，勃志也。容動色理氣意六者，繆心也。惡欲喜怒哀樂六者，累德也。去就取與知能六者，塞道也。此四六者不盪胸中則正，正則靜，靜則明，明則虛，虛則无爲而无不爲也。」

按：成玄英疏曰：「四六之病，不動盪於胸中，則心神平正，正則安靜，靜則照明，明則虛通，虛則恬淡無爲，應物而無窮也。」能去此四六之病，其心自能虛靜，無爲而逍遙也。

「胥靡登高而不懼，遺死生也。夫復謵不餽而忘人，忘人，因以爲天人矣。故敬之而不喜，侮之而不怒者，唯同乎天和者爲然。出怒不怒，則怒出於不怒矣；出爲无爲，則爲出於无爲矣。欲靜則平氣，欲神則順心，有爲也。欲當則緣於不得已，不得已之類，聖人之道。」

按：成玄英疏曰：「率其天道之性，忘於人道之情，因合於自然之理也。」此聖人之所以能靜氣順性，而致逍遙之由也。

二、逍遙遊與徐无鬼之關係

此篇所述之理頗多，謹取其數段與逍遙遊有關者論之，以印證其義：

徐無鬼對魏武侯之言，亦在因其固然，不事刻削，不爲表襮，物我相忘，直探眞源，此隱合至人之逍遙也。故武侯大悅。

爲天下在相忘於無事，去害而存眞，則上下逍遙而天下治矣。黃帝將見大隗於具茨之山，遇小童所告以治天下者卽此也。其文曰：

「曰：『若知具茨之山乎？』曰：『然。』『若知大隗之所存乎？』曰：『然。』黃帝曰：『異哉小童！非徒知具茨之山，又知大隗之所存。請問爲天下。』小童曰：『夫爲天下者，亦若此而已矣，又奚事焉！予少而自遊於六合之內，予適有瞀病，有長者教予曰：「若乘日之車，而遊於襄城之野。」今予病少痊，予又且復遊於六合之外。夫爲天下，亦若此而已！予又奚事焉！』」

按：成玄英疏曰：「聖人敎我脩道，晝作夜息，乘日遨遊，以此安居而逍遙處世。」此言人事萬端，應世則知慮營營，千變萬化，蹈隙逐影而未有已時，故凡人不能逍遙者此也。若夫至人乘天地之誠，不攖于外物，沖漠太和，以適至道，相忘乎世，沖融涵濡於大道之徼，遊乎大道之塗，放乎無窮之域，不拘於一隅，而務存其天，而保其眞，順應自然之道而無失，歷盡古今之變而不虧，則乃逍遙之極事，而至人之盛業也。

「招世之士興朝，中民之士榮官，筋力之士矜難，勇敢之士奮患，兵革之士樂戰，枯槁之士宿名，法律之士廣治，禮樂之士敬容，仁義之士貴際。農夫无草萊之事則不比。商賈无市井之事則不比。庶人有旦暮之業則勸，百工有器械之巧則壯。錢財不積則貪者憂，權勢不尤則夸者悲。勢物之徒樂變，遭時有所用，不能无爲也。此皆順比於歲，不物於易者也。馳其形性，潛之萬物，終身不反，悲夫！」

按：此謂俗人勞心損性，以要時利，所以悲矣。故成玄英疏曰：「馳騖身心，潛伏前境，至乎沒命，不知反歸，頑愚若此，深可悲歎也已矣。」此俗人所以不能逍遙之故也。

「故德總乎道之所一，而言休乎知之所不知，至矣。道之所一者，德不能同也；知之所不能知者，辯不能舉也；名若儒墨而凶矣。故海不辭東流，大之至也。」

按：德總乎道之所一，言休乎知之所不知。聖人而如此，其德足以含容古今，包括天地，而不自以爲德，此其所以能逍遙也。

「吾所與吾子遊者，遊於天地。吾與之邀樂於天，吾與之邀食於地；吾不與之爲事，不與之爲謀，不與之爲怪；吾與之乘天地之誠，而不以物與之相攖。吾與之一委蛇而不與之爲事所宜。今也然，有世俗之償焉！凡有怪徵者，必有怪行，殆乎，非我與吾子之罪，幾天與之也！吾是以泣也！」

按：成玄英疏曰：「乘二儀之實道，順萬物以逍遙，故不與物更相攖擾。」此遊於天地，乘天地之誠，與物委蛇，乃至人之逍遙也。

「是以神人惡衆至，衆至則不比，不比則不利也。故无所甚親，无所甚疎，抱德煬和以順天下，此謂眞人。於蟻棄知，於魚得計，於羊棄意。以目視目，以耳聽耳，以心復心。若然者，其平也繩！其變也循。古之眞人，以天待之，不以人入天。古之眞人，得之也生，失之也死；得之也死，失之也生。」

按：成玄英疏曰：「玄古眞人，用自然之道，虛其心以待物。」此眞人神人之逍遙也。

三、逍遙遊與則陽篇之關係

夫逍遙之境地，自然之本性，無爲之至德，不特用之以修己養身，亦所以化人成聖也。此公閱休之逍遙也。若則陽求人附物，直佞人耳。惟聖人綢繆周盡。與物俱冥，篤存本眞，不離本性，人與天遣，時與事俱化，此冉相氏之無終無始，無幾無時之逍遙也。至於市南宜僚，埋民藏畔，銷聲匿跡，以陸沈之節，高志無窮，不爲世塵所動，不爲物欲所牽，此陸沈之逍遙也。芸芸衆生，爲欲惡之引，拔擢其性，鹵莽滅裂，故不能逍遙自在也。

原夫至道乃無窮之境，至人不求知其所不知，而篤守其眞知，精至於無倫，大至於不可及，言意之不可及，死生之不可睹，無窮無止，無有無無，非言非默，使萬物生而莫見其根，出而莫見其門，而獨與道俱，此至人之逍遙也。爰錄二段以證之。

「故聖人，其窮也使家人忘其貧，其達也使王公忘爵祿而化卑。其於物也，與之爲娛矣；其於人也，樂物之通而保己焉；故或不言而飮人以和，與人並立而使人化。父子之宜，彼其乎歸居，而一閒其所施。其於人心者若是其遠也。」

按：成玄英疏曰：「同塵涉事，與物無私，所造皆適，故未嘗不樂也。」其無私自適，聖人之逍遙也。

「夫聖人未始有天，未始有人，未始有始，未始有物，與世偕行而不替，所行之備而不洫，其合之也若之何？」

按：成玄英疏曰：「夫得中聖人，達於至理，故能人天雙遣，物我兩忘。」此聖人逍遙之由也。

四、逍遙遊與外物篇之關係

夫外物不可必，善惡無定則，唯阿去無何，故達人順物情以兩順，泯是非以存眞，絕人我而存性，順自然以應化，故能隨在逍遙，恍惚乎人間之世，彷徨乎至德之鄉。其所本者逍遙之道也。衆人則不然，利害錯迕，焚和螴蜳，甚憂兩陷，僨然而喪，遂失無爲之眞諦，而背逍遙之極則。其所失者道也。

至人之遊世，無心而應物，無爲以自化，清靜而自正，故無尊古卑今之憂，無流遁決絕之患。順人而不失己，自然而無爲，潤身以澤物，故隨處而逍遙焉。

吾人之知有所不周，故能有所不足恃。神有所不及，故用有所窮。必去人知而大知始明，去小善而大善始著，如此始能合乎逍遙之境。玆引外物篇數則以見義。

「惠子謂莊子曰：『子言无用。』莊子曰：『知无用而始可與言用矣。天地非不廣且大也，人之所用容足耳。然則廁足而墊之致黃泉，人尚有用乎？』」

「莊子曰：『人有能遊，且得不遊乎？人而不能遊，且得遊乎？夫流遁之志，決絕之行，噫，其非至知厚德之任與！覆墜而不反，火馳而不顧，雖相與爲君臣，時也，易世而无以相賤。故曰：「至人不留行焉。』」

按：能知無用之用，而各任其性，各守其分，此其所以能逍遙也。成玄英疏曰：「夫世有興廢，隨而行之，是故達人曾無留滯。」

「唯至人乃能遊於世而不僻，順人而不失己。」

按：至人遊世而不失於己，並知無用之用，此皆可資於逍遙者也，可與逍遙遊篇惠子兩段比而觀之，其義一也。

五、逍遙遊與寓言篇之關係

寓言篇，或述莊子窮年之妙；或述子游成道之功；或暗示大道之要。其大義，皆與逍遙遊相通。「寓言十九，重言十七，卮言日出，和以天倪」「和以天倪，因以曼衍，所以窮年。」夫物情不齊，隨變所適，所以窮年，所以逍遙。辯智述情，狀物寫意，以卮言出之，所以曼衍，所以彷徨乎忘言之鄉，此莊子之逍遙也。曾子事親，再仕而化，祿少及親而樂，祿多不及而悲。此時猶有懸也。必至視三釜三千鍾，若觀雀蚊虻之過乎前，忘懷一切，毫無所係，始能遊心于漠，與道大適，而足以與於逍遙之塗矣。顏成子游從東郭子綦學道：一年而野，至外物欲之境。二年而從，至能順教之域。三年而通，至人我相與，情無所阻之境，而因物以逍遙。四年而物，至物境相泯之境，逍遙有境之域。五年深造自得，得逍遙自得之場。六年而鬼入，外形骸，而通鬼神之理，入忘我之逍遙。七年而天成，入天之逍遙。八年而大成，得天人合一之逍遙矣。九年而大妙，變化無方，陰陽不測，入神人之逍遙。是此篇所述者，亦隱合逍遙之大義，爰舉數例以證：

「卮言日出，和以天倪，因以曼衍，所以窮年。不言則齊，齊與言不齊，言與齊不齊也，故曰：无言。言无言，終身言，未嘗言；終身不言，未嘗不言。有自也而可，有自也而不可；有自也而然，有自也而不然。惡乎然？然於然，惡乎不然？不然於不然；惡乎可？可於可，惡乎不可？

不可於不可。物固有所然，物固有所可，无物不然，无物不可，非卮言日出，和以天倪，孰得其久？萬物皆種也，以不同形相禪，始卒若環，莫得其倫，是謂天均。天均者，天倪也。」

按：郭象注曰：「曠然無懷，因而任之，所以各終其天年。」能和以自然之分，而無心接物，知此均齊之理，斯乃遊逍遙之道也。

「衆罔兩問於景曰：『若向也俯而今也仰，向也括而今也被髮，向也坐而今也起，向也行而今也止，何也？』景曰：『搜搜也，奚稍問也！予有而不知其所以。予蜩甲也，蛇蛻也，似之而非也。火與日，吾屯也；陰與夜，吾代也。彼吾所以有待邪？而況乎以无（依闕誤補）有待者乎！彼來則我與之來，彼往則我與之往，彼强陽則我與之强陽。强陽者又何以有問乎！』」

按：成玄英疏曰：「我運動無心，蕭條自得，無所可待，獨化而生。」其能獨化往來，知一切萬有，乃無相因待，咸屬自然，知此之理，則能順化以逍遙矣。

六、逍遙遊與讓王篇之關係

蘇東坡以爲讓王以下四篇，皆淺陋不入道，故宜去之。（註一五）然既在全書之中，意者爲莊學之徒所附益。遂存而並論之。

讓王篇之大旨，在敍述讓天下讓國之高行。夫能讓人以天下或諸侯之國者，其行已甚賢矣；然避而不受者，其潔身行己，不願以天下國家束其生，以妨其逍遙之道，貴己以全生，不逐利以殉物，不趣欲而亡身，抱樸寡欲，清靜無爲，以逍遙乎塵埃之外，彷徨於自得之域，其行廉，其志潔，更足稱述焉。堯讓天下於許由，已俱逍遙遊篇矣，而此篇又述之，故知此篇乃發逍遙遊篇堯讓天下一節不足之意也，然則兩者之關係可知矣。

堯讓天下於許由與子州支父。舜讓天下於子州支伯、善卷、石戶之農、與北人無擇。卞隨務光之辭湯之讓，伯夷叔齊之恥武王之干澤。顏闔之避魯君之聘。越王子搜之辭爲君而逃丹穴，皆貴己保眞者也。或逍遙於自得之域；或飛遯於塵埃之外；或捨命於不潔之後；或全生於彷徨之際，其於自得一也。皆逍遙於己行，而不受物累者也。至如大王之避狄而國於岐山，列子之辭子陽遺粟，孔子之弦歌鼓琴，原憲之隱居蓬戶，曾子之養志忘形，顏回之家貧居卑，屠羊之知足辭賞，皆逍遙於自得之鄉，彷徨乎人間之世，不以物累形，不以害災生者也。其於逍遙一也。是則此篇亦逍遙遊之緒餘也。爰錄數例，以相證驗。

「舜以天下讓善卷，善卷曰：『余立於宇宙之中，冬日衣皮毛，夏日衣葛絺；春耕種，形足以勞動；秋收斂，身足以休息；日出而作，日入而息，逍遙於天地之間而心意自得。吾何以天下爲哉！悲夫，子之不知余也！』遂不受。於是去而入深山，莫知其處。」

按：成玄英疏曰：「處於六合，順於四時，自得天地之間，逍遙塵垢之外，道在其中，故不用天下。」此正彷徨於無何有之鄉，逍遙乎自得之域者也。

「魯君之使者至，顏闔自對之。使者曰：『此顏闔之家與？』顏闔對曰：『此闔之家也。』使者致幣，顏闔曰：『恐聽者謬而遺使者罪，不若審之，』使者還，反審之，復來求之，則不得已。故若顏闔者，眞惡富貴也。故曰：道之眞以治身，其緒餘以爲國家，其土苴以治天下。由此觀之，帝王之功，聖人之餘事也，非所以完身養生也。今世俗之君子，多危身棄生以殉物，豈不悲哉！」

按：成玄英疏曰：「夫用眞道以持身者，必以國家爲殘餘之事，將天下同於草土者也。」世俗之君子，不能完身養生，多殉物損性，此其不能至逍遙之境者也。

「王謂司馬子綦曰：『屠羊說居處卑賤而陳義甚高，子綦爲我延之以三旌之位。』屠羊說曰：『夫三旌之位，吾知其貴於屠羊之肆也；萬鍾之祿，吾知其富於屠羊之利也；然豈可以食爵祿而使吾君有妄施之名乎？說不敢當，願復反吾屠羊之肆。』遂不受也。」

按：此謂全眞保生以逍遙塵埃之外者也。

「子貢乘大馬，中紺而表素，軒車不容巷，往見原憲。原憲華冠縰履，杖藜而應門。子貢曰：『嘻！先生何病？』原憲應之曰：『憲聞之，无財謂之貧，學而不能行謂之病。今憲，貧也，非病也。』子貢逡巡而有愧色。原憲笑曰：『夫希世而行，比周而友，學以爲人，教以爲己，仁義之慝，輿馬之飾，憲不忍爲也。』」

「曾子居衞，縕袍无表，顏色腫噲，手足胼胝，三日不舉火，十年不製衣，正冠而纓絕，捉衿而肘見，納履而踵決，曳縰而歌商頌，聲滿天地，若出金石。天子不得臣，諸侯不得友。故養志者忘形，養形者忘利，致道者忘心矣。」

「孔子謂顏回曰：『回，來！家貧居卑，胡不仕乎？』顏回對曰：『不願仕。回有郭外之田五十畝，足以給飦粥；郭內之田十畝，足以爲絲麻；鼓琴足以自娛，所學夫子之道者足以自樂也。回不願仕。』孔子愀然變容曰：『善哉！回之意。丘聞之，知足者不以利自累也，審自得者失之而不懼，行脩於內者无位而不怍。丘誦之久矣，今於回而後見之，是丘之得也。』」

按：以上三則，乃原憲、曾子、顏回之逍遙也。

「孔子窮於陳蔡之間，七日不火食，藜羹不糝，顏色甚憊，而弦歌於室。顏回擇菜。子路子貢相與言曰：『夫子再逐於魯，削迹於衞，伐樹於宋，窮於商周，圍於陳蔡，殺夫子者无罪，藉夫子者无禁。弦歌鼓琴，未嘗絕音，君子之无恥也，若此乎？』顏回无以應，入告孔子。孔子推琴喟然而歎曰：『由與賜，細人也。召而來，吾語之。』子路子貢入。子路曰：『如此者可謂窮矣！』孔子曰：『是何言也！君子通於道之謂通，窮於道之謂窮。今丘抱仁義之道，以遭亂世之患，其何窮之爲！故內省而不窮於道，臨難而不失其德，天寒既至，霜雪既降，吾是以知松柏之茂也。陳蔡之隘，於丘其幸乎？』孔子削然反琴而弦歌，子路扢然執干而舞。子貢曰：『吾不知天之高也，地之下也，』古之得道者，窮亦樂，通亦樂，所樂非窮通也。道德於此，則窮通爲寒暑風雨之序矣！故許由娛於潁陽而共伯得乎共首。」

按：此孔子之逍遙也，故其能不窮於道，不失其德。夫「得道之人，處窮通而常樂，譬之風雨，何足

介懷乎。」（註一六）

七、逍遙遊與盜跖篇之關係

盜跖篇非莊子自著，故雜而不純，乃莊學之徒所附益者也，東坡之言是也。此篇借盜跖之口，以反對世俗之仁義賢聖，而託言「從心而動，不違自然，且趣當生，奚遑死後」之旨。描述「天與地無窮，人死者有時，操有時之具，而託於無窮之間，忽然無異騏驥之馳過隙也。不能悅其志意，養其壽命，皆不得與於通道之流。」因而縱情任意於盜之道，而自以爲逍遙自得者也。至於其論有巢知生，至德之隆，此則上古之逍遙也。至若知和之論長生安體樂意之道，自足而不爭，無爲故不求，不以美害生，不以事害己，去亂、苦、疾、辱、憂、畏之大害，則是見素抱樸，去欲存眞者之逍遙也。爰舉數例以證：

「天與地无窮，人死者有時，操有時之具，而託於无窮之間，忽然无異騏驥之馳過隙也。不能說其志意，養其壽命者，皆非通道者也。」

按：成玄英疏曰：「以有限之身，寄無窮之境，何異乎騏驥馳走過隙穴也。」此欲悅志養壽以通道，而逍遙於縱情任意之徒也。

「若枉若直，相而天極；面觀四方，與時消息。若是若非，執而圓機，獨成而意，與道徘徊。」

按：成玄英疏曰：「無問枉直，順自然之道，觀照四方，隨四時而消息。」此圓機獨成，與道徘徊，亦逍遙之一塗也。

「知和曰：『平爲福，有餘爲害者，物莫不然，而財其甚者也。今富人，耳營鐘鼓筦籥之聲，口嗛於芻豢醪醴之味以感其意，遺忘其業，可謂亂矣；侅溺於馮氣，若負重行而上也，可謂苦矣。貪財而取慰，貪權而取竭，靜居則溺，體澤則馮，可謂疾矣。爲欲富就利，故滿若堵耳而不知避，且馮而不舍，可謂辱矣。財積而无用，服膺而不舍，滿心戚醮，求益而不止，可謂憂矣。內則疑刦請之賊，外則畏寇盜之害，內周樓疏，外不敢獨行，可謂畏矣。此六者，天下之至害也，皆遺忘而不知察，及其患至，求盡性竭財，單以反一日之无故而不可得也。故觀之名則不見，求之利則不得，繚意體而爭此，不亦惑乎。』」

按：成玄英疏曰：「夫欲富就利，情同壑壁，譬彼堵牆，版築滿盈，心中憒懣，貪婪不舍，不知避害，豈非恥辱乎。」故唯遺大害，方可逍遙於自得之鄉矣。

八、逍遙遊與說劍篇之關係

東坡疑莊子讓王以下四篇，以爲非眞。今觀此四篇之文。唯說劍篇至爲不類道家之說。似爲戰國之時，縱橫家說客策士之言。與莊子之參差諔詭，瓌瑋閎肆者，相去遠矣。此非至人眞人神人所以逍遙之道也。唯能氣蓋趙王盛氣之威，血氣之勇，此其自養亦必有道者與！此其或得逍遙之一術，以遊於世者也，未足厚非也。且夫去人主以庶人之劍，殘鬥生民，不以國爲事之惡習，而易之以治國濟民之方，免國於患，使其國共安於當時之境，則以有爲而使全國之人蒙其福者也。此使衆人得安其業，得逍遙於自得之場，亦道家撥亂反正之術也。

九、逍遙遊與漁父篇之關係

漁父篇敍述漁父教孔子去八疵，拋四患，謹修其身，愼守其眞，以物與人，無爲物累，而逍遙乎至眞之場。謂眞者精誠之所至，眞在內，則神動於外，眞者所以受於天，順自然之道，而不可易者。故聖人法天貴眞，不拘於俗，此所論者皆全身保眞之術，貴道自得之言。夫能全身保眞，則能逍遙乎無何之鄉，彷徨乎寂虛之域矣。能貴道自得，則能徜徉乎大道之際，翺翔於自得之場，不爲物累，足之於己，無待於外，則乃逍遙之大者也。故此篇亦與逍遙遊有關，乃逍遙遊之緒餘也。漁父其隱者中之自得以逍遙者與？何聞道之若此其切也，爰舉數例以證：

「苦心勞形以危其眞，嗚乎，遠哉！其分於道也。」

按：成玄英疏曰：「夫勞苦心形，危忘眞性，偏行仁愛者，去本迢遰而分離於玄道也。」故苦心勞形而危眞，則離於道而不能逍遙矣。

「謹脩而身，愼守其眞，還以物與人，則无所累矣。今不脩之身而求之人，不亦外乎！」

按：成玄英疏曰：「謹愼形體，修守眞性，所有功名，還歸人物，則物我俱全，故無患累也。」能守眞修身，不爲物累，此所以逍遙也。

「聖人法天貴眞，不拘於俗，愚者反此，不能法天而恤於人，不知貴眞，祿祿而受變於俗，故不足。』」

按：成玄英疏曰：「愚迷之人，反於聖行，不能法自然而造適，貴道德而逍遙，翻復溺人事而憂慮。」夫能貴眞而不離道，則足以逍遙。愚者拘於俗，故不足以逍遙矣。

「且道者，萬物之所由也，庶物失之者死，得之者生，爲事逆之則敗，順之則成。故道之所在，聖人尊之。今漁父之道，可謂有矣，吾敢不敬乎！」

按：成玄英疏曰：「夫道生萬物，則謂之道，故知衆庶從道而生。是以順而得者則生而成，逆而失者則死而敗，物無貴賤，道在則尊。」故能順道之所在，則能盡其所懷，窮性致命，此逍遙之術得矣。

十、逍遙遊與列禦寇之關係

列禦寇篇，亦有得於逍遙遊之意。其大旨欲人虛而遨遊，不累於物，述「至人」歸精神乎無始，而甘冥乎無何有之鄉，水流乎無形，發泄乎太清。夫惟如此，始能免乎外內之刑。而達生之情，以遨遊乎無所不可之處。是其大義，與逍遙遊相通也。篇中述列子受五饗之饋而驚，何者？感通于人，加益於人，將不得逍遙故驚也。莊子將死，而將以天地爲棺槨，以日月爲連璧，星辰爲珠璣，萬物爲齎送，以達於生死之情，而逍遙乎死生之域，由是可見。茲引數例以證此篇與逍遙遊之關係：

「巧者勞而知者憂，无能者无所求，飽食而遨遊，汎若不繫之舟，虛而遨遊者也。」

按：成玄英疏曰：「唯聖人汎然無係，泊爾忘心，譬彼虛舟，任運逍遙。」故能去其知巧，無爲而自然，飽食以遨遊，此能任物逍遙者也。

「夫造物者之報人也，不報其人而報其人之天。彼故使彼。夫人以己爲有，以異於人，以賤其親，齊人之井飲者相捽也。故曰：今之世皆緩也。自是，有德者以不知也，而況有道者乎！古者謂之遁天之刑。」

按：成玄英疏曰：「既乖造化，故刑戮及之。」此不能體道自然，知忘任物，故不能逍遙，以致刑戮及之也。

「聖人安其所安；不安其所不安，衆人安其所不安，不安其所安。」

按：聖人安其天命之自然，不役於人事，故能隨適而安，任其逍遙也。

「彼至人者，歸精神乎无始，而甘冥乎无何有之鄉。水流乎无形，發泄乎太清。悲哉乎！汝爲知在毫毛，而不知大寧。」

按：至人歸精神於无始，而冥於无何有之鄉，「泊然無爲而任其天行」（註一七）此至人逍遙之由也。其理論與逍遙遊篇相似。

「莊子將死，弟子欲厚葬之，莊子曰：『吾以天地爲棺槨，以日月爲連璧，星辰爲珠璣，萬物爲齎送，吾葬具豈不備邪，何以加此。』弟子曰：『吾恐烏鳶之食夫子也。』莊子曰：『在上爲烏鳶食，在下爲螻蟻食，奪彼與此，何其偏也！』以不平平，其平也不平；以不徵徵，其徵也不徵，明者唯爲之使，神者徵之。夫明之不勝神也久矣，而愚者恃其所見入於人，其功外也，不亦悲乎！」

按：莊子能齊一死生，不以厚葬爲貴，「唯任神然後能至順，故無往不應也。」（註一八）此其能逍遙乎天地之間也。

十一、逍遙遊與天下篇之關係

逍遙遊者莊子全書之始。敍述莊生學說之大義者也。天下篇者莊子全書之終，泛論諸家之學，而承以莊學，並論古之道術。前人多以爲此篇乃莊子之後序。（註一九）然則此二篇之關係，固甚密切也。以其多敍莊子思想之重心。爰將二者類似之處，闡述於下：

天下篇首述古之所謂道術，而泛論天人、神人、至人、聖人。其言曰：

「聖有所生，王有所成，皆原於一。不離於宗，謂之天人。不離於精，謂之神人。不離於眞，謂之至人。以天爲宗，以德爲本，以道爲門，兆於變化，謂之聖人。」

按：此謂神人、至人、聖人皆能得其逍遙者，此亦逍遙遊篇所標示之神人、至人、聖人也。

「古之人其備乎！配神明，醇天地，育萬物，和天下，澤及百姓，明於本數，係於末度，六通四辟，大小精粗，其運無乎不在。」

按：成玄英疏曰：「通六合以遨遊，法四時而變化，隨機運動，無所不在也。」此卽逍遙遊篇藐姑射山之神人所具備之德性也。所謂「乘雲氣，御飛龍，而遊乎四海之外。其神凝，使物不疵癘而年穀熟。

（即配神明，醇天地，育萬物，和天下，澤及百姓……六通四辟也。）之人也，之德也，將磅礴萬物以爲一世蘄乎亂……之人也，物莫之傷，大浸稽天而不溺，大旱金石流土山焦而不熱」者也。此其於逍遙一也。

「以本爲精，以物爲粗，以有積爲不足，澹然獨與神明居，古之道術有在於是者，關尹老聃聞其風而悅之。建之以常無有，主之以太一，以濡弱謙下爲表，以空虛不毀萬物爲實。……關尹老聃乎！古之博大眞人哉！」

按：成玄英疏曰：「關尹老子，古之大道，窮微極妙，冥眞合道。」此關尹老聃，眞人之所以逍遙者也。

「芴漠无形，變化无常，死與生與？天地並與？神明往與？芒乎何之？忽乎何適？萬物畢羅，莫足以歸，古之道術有在於是者，莊周聞其風而悅之。以謬悠之說，荒唐之言，无端崖之辭，時恣縱而不儻，不以觭見之也。以天下爲沈濁，不可與莊語，以卮言爲曼衍，以重言爲眞，以寓言爲廣。獨與天地精神往來，而不敖倪於萬物，不譴是非，以與世俗處。其書雖瓌瑋，而連犿無傷也。其辭雖參差而諔詭可觀。彼其充實不可以已，上與造物者遊，而下與外死生无終始者爲友。其於本也，宏大而辟，深宏而肆。其於宗也，可謂稠適而上遂矣。雖然，其應於化而解於物也，其理不竭，其來不蛻，芒乎昧乎，未之盡者。」

按：成玄英疏曰：「委自然而變化，隨芒忽而遨遊，既無情於去取，亦任命而之適。」此段可視作逍逍遙遊之補充，亦可視作莊子之大義要旨，描述莊子之思想學術，與其逍遙之道術。

第四節　結　語

由上文所述，可知逍遙遊者，乃莊學之礎石，而莊子之大義也。故憨山大師曰：「一部全書三十三篇，只內七篇已盡其意。其外篇皆蔓衍之說耳。學者但精透內篇，得無窮快活，便非世上俗人矣。」（註二〇）又曰：「此（逍遙遊）爲書之首篇，莊子自云：『言有宗，事有君』，即此便是立言之宗本也。逍遙者，廣大自在之意，卽如佛經無礙解脫。佛以斷盡煩惱爲解脫；莊子以超脫形骸，泯絕知巧，不以生人一身功名爲累爲解脫。蓋指虛無自然爲大道之鄉，爲逍遙之境。……學者若識得立言本意，則一書之旨了然矣。」可知莊子整個思想之重心，皆以「逍遙」爲極歸。能逍遙者，自能任其性，遊其道，處天地以自得，御風雲而徜徉。故逍遙遊爲莊學之綱領，萬物之依歸矣。

【附　註】

註　一　見莊子逍遙遊篇郭象注。

註　二　見莊子德充符篇郭象注。

註　三　見莊子大宗師篇成玄英疏。

註　四　仝右。

註　五　見莊子大宗師篇郭象注。
註　六　仝右。
註　七　見莊子在宥篇郭象注。
註　八　見莊子在宥篇成玄英疏。
註　九　見莊子刻意篇成玄英疏。
註一〇　仝右。
註一一　見莊子繕性篇成玄英疏。
註一二　見莊子秋水篇郭象注。
註一三　見莊子山木篇成玄英疏。
註一四　見莊子田子方篇郭象注。
註一五　見東坡全集莊子祠堂記。
註一六　見莊子讓王篇成玄英疏。
註一七　見莊子列禦寇篇郭象注。
註一八　仝右。
註一九　見明陸西星南華眞經副墨。
註二〇　見莊子內篇憨山註。

第四章　莊學與老、孔、墨、孟、荀思想之異同

韓非子顯學篇曰：「世之顯學儒墨也。」故本章取凡莊書語及之「德目」或「觀念」，其與老、孔、墨、孟、荀相同者，持與以上各家相較，以見其名同而實異；或名異而實同；或名實皆同者，並深究其所以然之理，以見莊學之眞正精神。茲述其要如后：

其一：道家以老莊爲代表，然二者卻同中有異。例如：老莊言「道」，大體相似。老莊言「知」，皆主「棄智」、「尚明」，此爲兩者之所同也。老子重「應變」，偏於哲理之超脫；莊子重「順變」，偏於無爲而任化，此兩者人生觀之所異也。老子言「用兵」；莊子言「去兵」，此二者言「政」之異也。其同而異之理何在？此爲吾人所當深究也。

其二：孔子爲儒家之宗師，其所言之「仁」、「忠」、「孝」，及其「理想人格」，與莊子所言者比較之，可見其異中有同，其所以然之「理」何在？此爲吾人所不可忽視也。

其三：墨子謂天下之亂，起於「不相愛」，故提倡兼愛以止亂；莊子則謂「愛民爲害民之始」。墨子言兼愛之用，在於「交相利」；莊子則謂「利澤施於萬物，不爲愛人。」就「愛」觀之，此爲兩者觀念之異也。今觀尚賢、尚同、兼愛、非攻、節用、節葬、天志、明鬼、非樂、非命十篇，可知墨子思想，在求「興天下之利，除天下之害」；而莊子則謂「不就利，不違害」。就「利」觀之，此爲

兩者之所不同也。墨子謂順天之意則得賞得利，反天之意則得罰得害，故教人「法天」、「順天」，始能得其「天德」，與天下之利，去其「天賊」，除天下之害；莊子則謂順天之「自然」，法天之「無爲」，始能得其「天樂」，遊於大道，如此，則萬民自化，天下自治。就「天」觀之，此兩者之所異也。墨子言「非命」；莊子言「安命」，就「命」觀之，此爲兩者之所不同也。墨子言「知」，向外探求，重在知物；莊子言「知」，反照內心，重在知人。故莊子之知識論，大體言之，屬於哲學知識，此類知識與墨經所言者不同，然而因其所涉範圍較廣，亦間有論及向外探求之科學知識者，此類知識，則與墨經所言者相同，此爲莊墨「知識論」異同之所在也。就論辯觀念言之，莊子主張「辯無勝」；墨經主張「當者勝」。就辯學之「功用」言之，莊子主張「辯無用」；墨辯主張「辯有用」，此莊墨「名學」之異也。以上所述，爲莊墨異同之所在，探求其所以然之「理」，此爲吾人所不可忽視也。

其四：孟子繼孔子之學，言仁義，倡王道，距楊朱，而闢墨翟。其所言之「性」、「義」、「政」，與莊子所言者，皆有不同，其所以不同之「理」何在？此爲吾人所當深究也。

其五：荀子言「制禮止亂」；莊子謂「制禮起亂」。荀子言「隆禮貴治」；莊子謂「擯禮貴眞」。荀子謂五經皆道術，勉人學聖人之言；莊子謂五經皆糟粕，勉人學聖人之道。此爲兩者之所不同也，其所以不同之「理」何在？此亦爲吾人所當深究也。荀子爲儒家，而其所言自然之「天」，卻與莊子所言者義同，然荀子謂「天無意志」，故不能主宰人之治亂禍福，而教人明「天人之分」，敬「人治」，「制天用天」，「征服天行」以爲人用。莊子則謂天爲自然，故教人「順乎自然」，不「以人助天」，若能順天應天，崇尚自然，萬物自能各得其時，各得其序。兩者何以同中又有異？其同中有異之「理」何在？此爲吾人所不可忽視也。

本章凡五節，卽循上述之綱領，依次鋪陳而探究之。

第一節　老莊異同之探究

史記老莊申韓列傳曰：「莊子者，蒙人也，名周。……其學無所不闚，然其要本歸於老子之言。……以詆訿孔子之徒，以明老子之術。」據此可知莊子思想乃闡明老子之術者也。老子之道德經與莊子之南華經，如道家思想中之日月，相互輝映，照耀中國思想界兩千餘年。然以「老子」與「莊子」二書相比照，則可見兩書形式體裁上顯明之差異。牟宗三先生就兩者風貌之不同，分三端而言曰：「一、義理繫屬於人而言之，則兩者之風格有異：老子比較沈潛而堅實，莊子則比較顯豁而透脫。二、表達之方法有異：老子採取分解的講法，莊子採取描述的講法。三、義理之形態（不是內容）有異：老子之道有客觀性、實體性、及實現性，至少亦有此姿態，而莊子則對此三性一起消化而泯之，純成爲主觀之境界。」（註一）

老子一書簡明扼要，文辭鍊達，近乎語錄，皆分條述之，系統井然，綱目並舉。其所談之問題，雖屬原則性，然種種義理概念，卻是相貫而生，彰顯無遺。故王弼曰：「老子之書，其幾乎可一言而蔽之，噫！崇本息末而已。」（註二）但莊子一書卻不然，其信筆寫來，洋洋灑灑，皆是長篇大觀，文中有諧趣之故事，有尖銳之譏諷，有修鍊之方，有神仙之道，並喜用寓言表達其思想，內容非常豐富，複雜，而且具體。文辭運用靈活而優美，顯然已將老子所談之許多原理原則，活用於人生，故章太炎曰：「讀過莊子，聰明一半，能深明道境，照澈眞原，故此書不能不讀。」（註三）今世哲學及史學名家錢穆亦曰：「莊子是曠代哲人，也是絕世大文豪，他的思想和文章自成一家，值得我們注意，是我們知識階級人人所必讀。」（註四）

老子之學，莊子天下篇稱述之，韓非子「解」之「喻」之，戰國策齊策中，遊說之士亦曾引用之。老學與莊學在後世雖同列爲道家，但在莊子天下篇中，則將老聃，莊周明列爲二，可知其思想上自有其差異。戰國以後，老學盛行於漢初，莊學盛行於漢末。陳澧云：「自漢興，黃老之學盛行，文景因之以致治，至漢末，祖尚玄虛，於是始變黃老而稱老莊。陳壽魏志王粲傳末言，嵇康好言老莊，老莊並稱，實始於此。」（註五）馮友蘭曰：「老學述應世之方，莊學則超人事而上之。『漢興，黃老之學盛行』，主以清靜無爲爲治，此老學也。『至漢末，祖尚玄虛』，始將老子莊學化而並稱老莊焉。實則老自老，莊自莊也。」（註六）可知老莊雖同屬道家，然兩者思想亦有所不同，其異同如何？爰比較而說明之：

壹　形上學之比較

老莊所言形而上之「道」，大體相似，皆是超現象、超時空、超認知者，玆就兩者所言本體論與宇宙論之異同及其體悟，比較如下：

一、本體論之比較

㈠名稱之比較

本體論乃是探討宇宙之本源者。老子認爲宇宙萬物，必有其生成之本源。此本源之名稱爲何？不可得而知，其言曰：

「有物混成，先天地生，寂兮寥兮，獨立不改，周行而不殆，可以爲天下母，吾不知其名，字之曰道，強爲之名曰大。」（註七）

按：王弼注曰：「夫名以定形，字以稱可，言道取於無物而不由也，是混成之中，可言之稱最大也。吾所以字之曰道者，取其可言之稱最大也。責其字，定之所由，則繫於大，大有繫，則必有分，有分則失其極矣。故曰強爲之名曰大。」（註八）老子以爲在天地萬物形成之前，卽有一物存在，此物混然而成，靜而無聲；動而無形，獨立長存，永恆不變；循環運行，生生不息。此物卽天地萬物之本源也。老子不知其名，勉強稱之爲道，姑且名之曰大。

莊子曰：

「未有天地，自古以固存。神鬼神帝，生天生地。在太極之先而不爲高，在六極之下而不爲深。先天地生而不爲久，長於上古而不爲老。」（註九）

「道之爲名，所假而行。」（註一〇）

按：成玄英疏曰：「虛通至道，無始無終。從古以來，未有天地，五氣未兆，大道存焉。故老經云有物混成，先天地生；又云迎之不見其首，隨之不見其後者也。」（註一一）可知莊子所云萬物本源之意義與老子同矣。故曰：「道之爲名，所假而行。」郭象注曰：「物所由而行，故假名之曰道。」（註一二）成玄英疏曰：「道大無名，強名曰道，假此名教，勸而行之也。」（註一三）莊子亦將萬物之本源，名之曰道，此與老子所言「字之曰道」之意同矣。可知老莊皆以宇宙之本源名之曰「道」，此兩者之所同也。

㈡道體特質之比較

老莊皆以宇宙萬物生成之本源，名之曰「道」，而此「道」之特質爲何？茲分述如下：

老子曰：

「道可道，非常道。」（註一四）

莊子曰：

「道昭而不道。」（註一五）

按：老子所言之「道」，是宇宙本體之常道。此常道，不可以言詮，可言詮者，則非常道也。蓋因道大無不包，細無不入，乃經常不變者也。若口能言，則有所形容、有所變換，既有變換，豈得其常乎？

故可道之道非常道也。此與莊子所言「道昭而不道」之義同矣。王先謙注曰：「以道炫物，必非眞道。」（註一六）可知老莊皆以「道」不可道也。又老子曰：

「道之爲物，惟恍惟惚。惚兮恍兮，其中有象，恍兮惚兮，其中有物。窈兮冥兮，其中有精；其精甚眞，其中有信。」（註一七）

莊子曰：

「芒乎芴乎，而無從出乎；芴乎芒乎，而無從象乎。」（註一八）

「視乎冥冥，聽乎無聲，冥冥之中，獨見曉焉；無聲之中，獨聞和焉。」（註一九）

「至道之精，窈窈冥冥，至道之極，昏昏默默。」（註二〇）

「可行已信，而不見其形。」（註二一）

「夫道，有情有信，無爲無形。」（註二二）

「以本爲精。」（註二三）

按：由上列所言，可將道之特質，約分爲四端說明如下：

1. 道惟恍惟惚

老子所謂「道之爲物，惟恍惟惚」，即莊子至樂篇「芒乎芴乎」等句之義。憨山大師曰：「恍惚，謂似有若無，不可指之意。」（註二四）可知道之爲物，似有非有，似無非無，恍惚之妙，隱顯於有無之中，可謂無定體、無方所矣。故莊子曰「至道」乃「芒乎芴乎」，「芴乎芒乎」矣。

2. 道中有象、有物

老子所言「惚兮恍兮，其中有象；恍兮惚兮，其中有物」卽莊子天地篇「視乎冥冥」等句之義。王弼注曰：「以無形始物，不繫成物，萬物以始以成，而不知其所以然，故曰恍兮惚兮，惚兮恍兮，其中有象也。」（註二五）吳澄亦曰：「形之可見者，成物；氣之可見者，成象。」（註二六）道於恍惚之中，乃是個「無象之象」，「無物之物」，意卽無象而自然有象，無物而自然有物，其虛靈之妙，能物天下一切之物矣。雖「視乎冥冥，聽乎無聲」，而「冥冥之中，獨見曉焉；無聲之中，獨聞和焉。」可知老莊皆以道之恍惚芒昧，參差難測矣。

3. 道中有精

老子之言「道之爲物……其中有精」，與莊子在宥篇「至道之精，窈窈冥冥；至道之極，昏昏默默」之義同矣。郭象注曰：「窈冥昏默，皆了無也。夫老莊之所以屢稱無者，何哉？明生物者無物而物自生耳。自生耳，非爲生也，又何有爲於已生乎！」成玄英疏曰：「至道精微，心靈不測，故寄窈冥深遠，昏默玄絕。」可知此「精」乃天地本根，天地無此精，卽不能悠久；萬物無此精，則不能生成，故曰「其精甚眞」，此與莊子「至道之精」之義同矣。莊子天下篇謂老子「以本爲精」，成玄英疏曰：「本，無也。」此以「無」爲「精」，可知道中有精矣。

4. 道中有信

老子所言「道之爲物……其精甚眞，其中有信。」卽莊子齊物論「可行已信，而不見其形」，大宗師篇「夫道，有情有信，無爲無形」之義也。王弼注曰：「信，信驗也。物反窈冥，則眞精之極得，萬物之性定，故曰其精甚眞，其中有信也。」（註二七）道乃一極精微者，更是化生萬物之總原理；而此原理，非但眞確且信實。其無毀無滅，不違其時，不失其序，如四時之運行，周而不易，百物生焉，復而不見其化，可知其中有信矣。此與莊子所言「可行己信，而不見其形」，「有情有信，無爲無形」之義同矣。成玄英疏曰：「信己而用，可意而行，天機自張，率性而動，自濟自足，豈假物哉。」（註二八）自然之道運行，似有其主宰，然卻無形迹可求。成玄英疏曰：「明鑒洞察，有情也。趣機若響，有信也。恬淡寂寞，無爲也。視之不見，無形也。」（註二九）道雖不見其形，然萬物四時之化，皆有其常，是乃其中有信之故也。可知老莊皆主道雖無爲無形，然其中自有其信矣。

綜上所述，可知老莊所言道體之特質，兩者觀念皆同矣。

㈢結　語

由上文可知，道是恍恍惚惚，窈窈冥冥，「無狀之狀，無物之象」，何謂恍惚，老子曰：「視之不見名曰夷；聽之不聞名曰希；搏之不得名曰微；此三者不可致詰，故混而爲一。其上不皦，其下不昧，繩繩不可名，復歸於無物。是謂無狀之狀，無物之象。是謂恍惚。」（註三〇）此卽莊子大宗師篇「夫道……可傳而不可受，可得而不可見」，知北遊「終日視之而不見，聽之而不聞，搏之而不得」之義也。然其中有「物」、「象」、「精」、「信」，是以吾人知老子之道，雖是恍惚窈冥之物，而非等於零，非空無所有，乃是無「物象」之意。道與萬物兩者之關係：道是萬物之抽象原理；萬物是道之具體顯現。此原理是永恆不滅之實體，亦卽齊物論「非彼無我，非我無所取，是亦近矣，而不知其所爲使。若有眞宰，而特不得其眹。可行已信，而不見其形，有情而無形」之義也。

道既是實體，何以又是「無狀之狀，無物之象」？韓非子解老篇曰：「道者，萬物之所然也，萬理之所稽也。理者，成物之文也；道者，萬物之所成也。……萬物各有理，而道盡稽萬物之理，故不得不化；不得不化，故無常操。」又曰：「凡物之有形者易裁也，易割也。何以論之？有形則有短長，有短長則有小大，有小大則有方圓，有方圓則有堅脆，有堅脆則有輕重，有輕重則有白黑。短長、小大、方圓、堅脆、輕重、白黑之謂理。理定而物易割也。」因道無常操，故能爲萬物之本源也。

由上文觀之，莊子之道與老子之道最相類似。老子之道，不可言說，故曰「道可道，非常道」，道是先天地生之原理，永恆不變，萬物由此而生，故爲天下之母。道是先萬物存在，超越時空者，故曰「先天地生」。此先天地生之物，乃無聲無臭、無形無象，獨立而不改，周行而不殆者，故道乃宇宙萬物之本源。而莊子所言之道，與老子所言者並無差別，亦爲宇宙萬物之總根源，自本自根，先天地而生，無始無終，永恆不滅，無所不在。莊子漁父篇曰「道者，萬物之所由也，天地行于萬物者道也。」此與老子言「萬物之母」，同指宇宙萬物之根源在「道」。可知老莊在本體論中，所言之「道」，兩者之意相同矣。

二、宇宙論之比較

㈠宇宙生成觀念之比較

宇宙論乃是推原宇宙生成之過程者，道生萬物之過程如何？老子曰：

「道生一，一生二，二生三，三生萬物。」（註三一）

「天下萬物生於有，有生於無。」（註三二）

莊子曰：

「萬物職職，皆從無爲殖。」（註三三）

「有有也者，有無也者，有未始有無也者，有未始有夫未始有無也者。」（註三四）

按：此言宇宙萬物生成之秩序。首先由「道」生「一」，呂吉甫曰：「道之在天下，莫與之偶者，莫與之偶，則一而已矣，故曰：『道生一』」（註三五）意卽由「無」生「有」，自「無極」而生「太極」也。一生二是由太極生陰陽，陰陽者，氣之動靜也。氣之動而爲陽，氣之靜而爲陰，動靜二端，乃萬物之始終，人能悟其妙，則可見天地之心，大道之本矣。二生三是由陰陽二氣相交而產生第三者。陰陽二氣相交既可生第三者，則所有陰陽二性相交，皆能生第三者，以此類推，則陰陽物類生生不息，卽有萬物，故曰「三生萬物」。王弼注曰：「萬物萬形其歸一也，何由致一？由於無也。由無乃一，一可謂無。已謂之一，豈得無言乎？有言有一，非二如何。有一有二，遂生乎三。從無之有，數盡乎斯。過此以往，非道之流。」（註三六）此道生萬物之過程，與莊子之意同矣。莊子謂萬物之繁多，皆從「無」而生，宇宙有「有」，有「無」，然萬象森羅，悉皆虛幻。蓋從「無」而生，即由「無」而「有」，終亦回歸於「無」也。此老莊之義同矣。由此可知老子乃是一元論之宇宙觀，從「一」產生「多」，「道」產生「萬物」，將一切個體之差別，各種實體性質之差別，歸於一無限之實體(道)。老子言「道生一」，此「一」皆不離陰陽與萬物，萬物必得其「一」以生，故老子曰：

「昔之得『一』者—天得『一』以清；地得『一』以寧；神得『一』以靈；谷得『一』以盈；萬物得『一』以生；侯王得『一』以爲天下貞。」（註三七）

莊子亦曰：

「夫道……豨韋氏得之以挈天地；伏羲氏得之以襲氣母；維斗氏得之終古不忒；日月得之終古不息；堪坏得之以襲崑崙；馮夷得之以游大川；肩吾得之以處大山；黃帝得之以登雲山；顓頊得之以處玄宮；禺強得之立乎北極；西王母得之坐乎少廣；莫知其始，莫知其終；彭祖得之，上及有虞，下及五伯；傅說得之以相武丁，奄有天下，乘東維，騎箕尾，而比於列星。」（註三八）

按：由上文可知，老莊皆以萬物由「道」而生，亦得「一」以生也，可知道生萬物，其功至大矣。韓非曰：「道者……天得之以高；地得之以藏；維斗得之以成威；日月得之以恆其光；五常得之以常其位；列星得之以端其行；四時得之以御其變氣；軒轅得之以擅四方；赤松得之與天地統；聖人得之以成文章。」（註三九）又道生萬物之過程，老子分作兩個階段，在恍惚混沌，變而未變之際，稱之爲「無」，已變而尚未成具體事物之際，稱之爲「有」，老子曰：

「無，名天地之始；有，名萬物之母。」

莊子曰：

「泰初有无无，有无名，一之所起，有一而未形。」（註四〇）

按：王弼注曰：「凡有，皆始於無，故未形無名之時，則爲萬物之始，及其有形有名之時，則長之、育之、亭之、毒之，爲其母也。言道以無形無名，始成萬物，以始以成，而不知其所以元之又元也。」（註四一）可知「無」乃天地之根源，而「有」乃萬物之母也。天地本無名，因形象而有名，天地尚在道之後，故「無，名天地之始」，以無而生有，以一而化萬，故天地由道而生，萬物自道而成，故道爲天地萬物之母也。此與莊子天地篇所言之義相同矣。成玄英疏曰：「一者道也，有一之名而無萬物之狀。」（註四二）可知「無」乃天地萬物之始也。由上文可知，老莊言萬物皆由道而生之觀念同矣。

(二)宇宙變易觀念之比較

宇宙變易，即是道之作用。老子言道無所不包，莊子言道無所不在，茲分別比較說明如下：

1. 老子言道「無所不包」

宇宙萬有爲道所生，而且尚須受道之法則所支配。故老子曰：

「大道氾兮，其可左右。萬物恃之以生而不辭，功成而不有，衣養萬物而不爲主。」(註四三)

「道生之，德畜之，物形之，勢成之。是以萬物莫不尊道而貴德，道之尊，德之貴，夫莫之命而常自然。故道生之，德畜之；長之育之，亭之毒之；養之覆之。生而不有，爲而不恃，長而不宰，是謂玄德。」(註四四)

按：王弼注曰：「言道氾濫，無所不適，可左右上下周旋，而用則無所不至也。」又曰：「萬物皆由道而生，既生而不知其所由，故天下常無欲之時，萬物各得其所。」(註四五)大道猶如水之氾濫，無所不至，一任萬物之取用，故萬物皆恃之以生，且萬物依然受其長、養、覆、育，由此可知老子主張道「無所不包」說。

2.莊子言道「無所不在」

莊子曰：

「東郭子問於莊子曰：『所謂道，惡乎在？』莊子曰：『無所不在。』東郭子曰：『期而後可。』莊子曰：『在螻蟻。』曰：『何其下邪？』曰：『在稊稗。』曰：『何在愈下邪？』曰：『在瓦甓。』曰：『何其愈甚邪？』曰：『在屎溺。』東郭子不應。莊子曰：『夫子之問也，固不及質。正獲之問於監市履狶也，每下愈況。汝唯莫必，無乎逃物。至道若是，大言亦然。周徧咸三者，異名同實，其指一也。』」(註四六)

按：莊子言道「無所不在」，因道無偏私，故宇宙萬物皆是道之所在。成玄英疏曰：「大道無不在，而所在皆無，故處處有之，不簡穢賤。」(註四七)可知道不逃物，無論物之貴賤皆然；若其逃物，則不得其周徧矣。道之不周，則不足以爲道也，故莊子言道「無所不在」。此與老子言道「無所不包」，兩者觀念有所不同矣。

(三)結　語

1.老莊對「道」之觀念，在本體論中相同，然而在宇宙論中，卻頗有不同。老子稍偏於道無所不包說，言道乃形而上，而物則爲形而下，物雖非道，然物之作用卻越不出道之範圍；所以道中有物，道生萬物。而莊子卻強調道無所不在，把形上形下打成一片，把道和物融成一體，認爲道非高不可攀，凡有物之地，即道之所在。可知老子以爲道高高在上，其於人生之作用，乃是許多理則，這些理則是變道。吾人必須把握變道，方能回返常道。而莊子言道與物同在，且活現於人生，因此不必著意去應變，只要即物便可入道。由此可知，兩者之區別在：老子是「道」與「萬物」之間有「變道」，故老子思想重應變。莊子是「道」與「萬物」融成一體，故莊子思想重齊物。（註四八）此兩者之所以不同矣。

2.老子以前之天道觀念，認爲萬物皆由神（天）所創造。天有意志，且有無限權威，能賞善罰惡，主宰宇宙。老子破除宇宙爲神造之說，而建立其自然之宇宙觀。莊子蓋本老子之意，主張宇宙乃自然生成，非由天（神鬼）所創造。此爲老莊宇宙論之最大貢獻。茲引數則前賢之見爲證：

梁啓超曰：

「他（老子）說的『先天地生』，說的『是謂天地根』，說的『象帝之先』，這分明說『道』

的本體，是要超出『天』的觀念來求他；把古代的『神造說』極力破除。後來子思說：『天命之謂性，率性之謂道。』董仲舒說：『道之大原出於天。』這都是說顚倒了。老子說的是『天法道』，不說『道法天』，是他見解最高處。」（註四九）

章太炎曰：

「老子並不相信天帝鬼神，和占驗的話。孔子也受了老子的學說，所以不相信鬼神，只不敢打掃乾淨；老子就打掃乾淨。」（註五〇）

夏曾佑曰：

「老子之書，於今具在；討其義蘊，大約以反復申明鬼、神、術數之誤爲宗旨。『萬物芸芸，各歸其根，歸根曰靜，是謂復命』。是知鬼、神之情狀不可以人理推，而一切禱祀之說破矣。『有物混成，先天地生』，則知天地、山川、五行、百物之非原質，不足以明天人之故，而占驗之說廢矣。『禍兮福所倚，福兮禍所伏』，則知禍福純乎人事，非能前定之者，而天命之說破矣。」（註五一）

胡適曰：

「老子哲學的根本觀念是他的天道觀念。老子以前的天道觀念，都把天看作一個有意志、有知識、能喜、能怒、能作威福的主宰。……老子生在那種紛爭大亂的時代，眼見殺人、破家、滅國等等慘禍，以爲若有一個有意志知覺的天帝，決不致有這種慘禍。」（註五二）

徐復觀曰：

「由宗教的墜落，而使天成爲一自然的存在，這與人智覺醒後的一般常識相符。在詩經、春秋時代中，已露出了自然之天的端倪。老子思想最大貢獻之一，在於對自然性的天的生成、創造、提供了新的、有系統的解釋。在這一解釋之下，才把古代原始宗教的殘渣，滌蕩得一乾二淨，中國才出現了由合理思維所構成的形上學的宇宙論。」（註五三）

按：古人認爲萬物皆有神，日、月、山、川，無不有其神，並以天爲一主宰之天，孔子因之，墨子倡之，可知古人皆以天爲一至高無上之「神」，並以萬物皆由「神」所主宰所創設也。老子則破除此神造之說，而謂「天地不仁」，以爲天地萬物之生，必有其所以生之總原理，並稱此總原理爲「道」，萬物皆由道而生，且道之作用，並非有意志者，乃是自然如此，故曰「人法地，地法天，天法道，道法自然。」（註五四）可知神並非至高無上之創造者。莊子所言之宇宙論，雖與老子稍有差異，然亦承其思想，言道乃是宇宙萬物之所以產生之總原理，其破除古人神造宇宙之說，則與老子相同也。

貳　知識論之比較

老子曰：

「知人者智，自知者明。」（註五五）

按：此言經由觀察認識外物者謂之智；經由內省之功，知道自己天賦之本眞者謂之明。王弼注曰：「知人者智而已矣，未若自知者超人之上。」此「明」與「智」兩者之區別。老子所言知識之觀念，就本質言之，在尙「明」以求「眞知」；棄「智」以止「妄知」；知「不知」以守「常道」；學「不學」以去「俗知」，茲就其與莊子之異同，分別比較如下：

一、尙「明」觀念之比較

老子曰：

「復命曰常，知常曰明。」（註五六）

「知和曰常，知常曰明。」（註五七）

按：王弼注曰：「常之爲物，不偏不彰，無皦昧之狀，溫涼之象，故曰知常曰明也。唯此復乃能包通萬物，無所不容。」又曰：「不皦不昧，不溫不涼，此常也。無形不可得而見曰明也。」（註五八）可知此所謂「知常曰明」，意指知萬物變化之常道者謂之明。老子又曰：

「聖人常善救人，故無棄人；常善救物，故無棄物。是謂襲明。」（註五九）

「用其光，復歸其明。」

按：憨山大師曰：「承其本明，因之以通其蔽，故曰襲明。『襲』，承也，猶因也。」（註六一）奚侗曰：「『襲』，因也，『明』卽十六章及五十五章『知常曰明』之『明』，『襲明』謂因順常道也。」

（註六二）聖人能悟「襲明」之妙義，故能救人救物。「用其光，復歸其明」。吳澄曰：「水鏡能照物謂之『光』，光之體謂『明』，用其照外之光，回光照內，復返而歸藏於其內體之明也。」（註六三）可知「復歸其明」者，乃言照外之光，返照內心之本明也。據以上所言，知老子所謂「明」者，乃是內明於心，見人之性；明萬物之本體，明萬物之變化也。故尚「明」者，則能得其「眞知」矣。

莊子曰：

「欲是其所非，而非其所是，則莫若以明。」（註六四）

「是亦一無窮，非亦一無窮，故曰：莫若以明。」（註六五）

「是謂滑疑之耀，聖人之所圖也。爲是不用，而寓諸庸，此之謂以明。」（註六六）

「彼人含其明，則天下不鑠也。」（註六七）

按：王先謙注曰：「莫若以明者，言莫若卽以本然之明照之。」又曰：「惟本明之照，可以應無窮，此言有彼此而是非生，非以明不能見道。」（註六八）成玄英疏曰：「夫聖人者，與天地合其德，與日月齊其明，故能晦迹同凡，韜光接物，終不眩耀群品，亂惑蒼生，亦不矜己以率人，而各域限於分內，忘懷大順於萬物，爲是寄（用）於群才，而此運心，斯可謂聖明眞知也。」（註六九）觀莊子所言之「明」，乃是「明道」者也，故曰：「彼人含其明，則天下不鑠也。」惟能以本「明」之照者，方能見道，而得其聖明眞知，此與老子尚「明」之意同。莊子又曰：

「彼是（此）莫得其偶，謂之道樞。樞始得其環中，以應無窮。」（註七〇）

「有眞人而後有眞知。」（註七一）

按：人間是非無窮，使其莫得對偶，卽無是無非之意，此乃眞人之境界。郭象注曰：「有眞人，而後天下之知皆得其眞而不可亂也。」（註七二）成玄英疏曰：「夫聖人者，誠能冥眞合道，忘我遺物。懷茲聖德，然後有此眞知，是以混一眞人而無患累。」（註七三）是以知老莊皆注重睿智之知、內求之知，吾人欲求此眞「知」，惟有尙「明」而已，故老莊皆主尙「明」以求眞知矣。

二、棄「智」觀念之比較

老子教人棄「智」，此「智」乃屬權謀智巧，外在之知，而非內在之知，非本然之知也。其言曰：

「使夫智者不敢爲也。」（註七四）

「智慧出有大僞。」（註七五）

「人多伎巧，奇物滋起。」（註七六）

按：王弼注曰：「智者謂知爲也。」（註七七）范應元曰：「智巧之人，不敢妄爲也。」（註七八）其所謂「智」，卽指權謀巧詐，故「智慧出有大僞」。王純甫曰：「巧，巧詐，非止藝也。」（註七九）嚴靈峯先生曰：「人有伎巧，則多機心，僞詐百出。」（註八〇）因智慧旣出，天下之民，必徇於智慧，而離淳喪樸，就僞失眞，奇智之人必多行詭詐之謀，尙利尙名，此皆智慧所出之害也。故老子主張去此外在之智，其言曰：

「絕聖棄智，民利百倍。」（註八一）

「古之善爲道者，非以明民，將以愚之。民之難治，以其智多。以智治國，國之賊，不以智治國，國之福。」（註八二）

按：王弼注曰：「多智巧詐，故難治也。智猶治也，以智而治國，所以謂之賊者，故謂之智也，民之難治，以其多智也。當務塞兌閉門，令無知無欲，而以智術動民邪！心既動，復以巧術，防民之僞，民知其術，防隨而避之，思惟密巧，奸僞益滋，故曰以智治國，國之賊也。」（註八三）范應元曰：「不循自然，而以私意穿鑿爲明者，此世俗之所謂智也。」（註八四）徐復觀曰：「智多，即多欲；多欲則爭奪起而互相陷於危險。」（註八五）因智皆穿鑿私意，而非自然之爲，故以智治國者，因智巧日彰，則民心日詐，風俗日薄，以其智多，故民難治，此乃國之賊也。能不以智治國，而無爲無事者，方是國之福。故老子主張棄「智」以止妄知矣。

莊子曰：

「舉賢則民相軋，任智則民相盜。」（註八六）

「將爲胠篋探囊發匱之盜而爲守備，則必攝緘縢，固扃鐍，此世俗之所謂知也。然而巨盜至，則負匱揭篋擔囊而趨，唯恐緘縢扃鐍之不固也。」（註八七）

按：郭象注曰：「眞不足而以知繼之，則僞矣，僞以求生，非盜如何？」（註八八）成玄英疏曰：「夫舉賢授能，任知先善，則爭爲欺侮，盜詐百端，趨競路開，故更相害也。」又曰：「夫攝緘縢，固扃鐍者，以備小賊，然大盜既至，負揭而趨，更恐繩約關鈕之不牢，向之守備，翻爲盜資，是故俗知不足可恃。」（註八九）是以知老莊所謂「智」，皆爲權謀機詐，而非人類固有之聰明智慧。所謂「愚」，乃是教人去其權謀智巧，身不妄爲，意不妄動，而非所謂「愚笨」之「愚」。心存本眞之淸明，棄智以止妄知，此老莊之所同也。故其知識之本質，應是不知之知。

三、知「不知」觀念之比較

老子曰：

「是以聖人處無爲之事，行不言之教。」（註九〇）

「知者不言，言者不知。」（註九一）

莊子曰：

「知者不言，言者不知。」（註九二）

「知者不言，言者不知，故聖人行不言之教。」（註九三）

按：老莊皆言「知者不言，言者不知。」意謂「知天道者不言，言者不知天道。」聖人知天道有常，守其常，故不言；世人所知者，乃逐物所得，雖多言，而不合天道。是以聖人行不言之教，以輔萬物之自然。

老子曰：

「知不知上，不知知病。」

莊子曰：

「知，止其所不知，至矣。」

按：憨山大師曰：「世人之知，乃敵物分別之知，有所知也。聖人之知，乃離物絕待、照體獨立之知，無所知也。故聖人之無知，非斷滅無知，乃無世人之所知耳。無所知，乃世人所不知也。世人所不知，乃聖人之獨知。人能知其所不知之地，則爲上矣。故曰知不知上。若夫臆度妄見，本所不知，而強自以爲知，或錯認無知爲斷滅，同於木石之無知。此二者皆非眞知，適足爲知之病耳，故曰不知知病。」（註九四）是以聖人不事機智，知蘊于內而不炫於外，無一不知，卻如無知，此眞爲上知也。因其能知止其所不知，故曰：「知不知，上。」而世人則強不知以爲知，以高明自許，以爲己無所不知，此乃實不知者也，故曰：「不知知，病。」此與莊子所言「知，止其所不知」之意同矣。郭象注曰：「所不知者，皆性分之外也，故止於所知之內而至也。」（註九五）成玄英疏曰：「夫境有大小，智有明闇，智不逮者，不須強知，故知止其分，學之造極也。」（註九六）可知老莊言知「不知」之意同矣。又莊子曰：

「齧缺問乎王倪曰：子知物之所同是乎？曰：吾惡乎知之？子知子之所不知耶？曰：吾惡乎知之？然則物无知耶？曰：吾惡乎知之？雖然，嘗試言之，庸詎知吾所謂知之非不知耶？庸詎知吾所謂不知之非知耶？」（註九七）

「齧缺問於王倪。四問而四不知。」（註九八）

「泰清問乎無窮曰：子知道乎？無窮曰：吾不知。又問乎無爲，無爲曰：吾知道。曰：子之知道亦有數乎？曰：有。曰：其數若何？無爲曰：吾知道之可以貴，可以賤，可以約，可以散，此吾所以知道之數也。泰清以之言也，問乎無始，曰：若是則無窮之弗知，與無爲之知，孰是而孰非乎？無始曰：不知深矣，知之淺矣；弗知內也，知之外也。於是泰清中而歎曰：弗知乃知乎！知乃不知乎！孰知不知之知？」（註九九）

按：以上數段皆言知「不知」以守常道之意。郭象注曰：「若自知其所不知，卽爲有知，有知則不能任群才之自當。」（註一〇〇）成玄英疏曰：「泰清得中道而嗟嘆，悟不知乃眞知，誰知不知之知，明眞知之至希也。」（註一〇一）由上文可知，老莊所求者，在知「不知」之知，故兩者皆主張知「不知」以守常道也。

四、學「不學」觀念之比較

老子曰：

「學不學，復衆人之所過。」（註一〇二）

莊子曰：

「學者學其所不能學也。」（註一〇三）

按：王弼注曰：「不學而能者，自然也。喻於不學者過也。故學不學，以復衆人之過。」（註一〇四）憨山大師曰：「衆人之所欲者，功名利祿、玉帛珍奇，所學者，權謀智巧。火馳於此，往而不返，皆其過也。至於道德無爲，皆以爲賤而所不欲，以爲無用而不學。故恃智好爲，以傷自然之樸。聖人離欲釋智，以復衆人之過耳。」（註一〇五）可知老莊所學者是體悟大道；所不學者是世俗之學。體悟大道，可以挽救離道失眞之過，不學世俗之學，可以使知識不亂。故老子曰：

「絕學無憂。」（註一〇六）

按：河上公注曰：「學謂政教禮俗之學。」又曰：「除浮華則無憂患也。」（註一〇七）除去「唯」、「阿」、「善」、「惡」等世俗價値判斷之學，則無所憂慮，故曰：

「爲學日益，爲道日損。」（註一〇八）

河上公曰：「學謂政教禮俗之學也；日益者，情欲文飾，日以益多。道謂自然之道也；日損者，情欲文飾，日益消損。」（註一〇九）蔣錫昌曰：「爲學者日益，言俗主爲有爲之學者，以情欲日益爲目的；情欲日益，天下所以生事多擾也。爲道者日損，言聖人爲無爲之道者，以情欲日損爲目的。」（註一一〇）故「爲學」則情欲日增，崇尙智巧，以至於妄爲；「爲道」則情欲日損，若愚若拙，以至於無爲。「爲道」而「日損」之法，在「學不學」，故老子曰：

「不出戶，知天下；不闚牖，見天道。其出彌遠，其知彌少。是以聖人不行而知，不見而明，不爲而成。」（註一一二）

按：王弼注曰：「事有宗而物有主，途雖殊而同歸也，慮雖百而其致一也。道有大常，理有大致，執古之道，可以御今，雖處於今，可以知古始，故不出戶闚牖而可知也。」又曰：「得物之致，故雖不行而慮可知也。識物之宗，故雖不見而是非之理可得而名也。明物之性，因之而已，故雖不爲而使之成矣。」（註一一二）故世人如能除情欲、順天理，則萬物之理，皆存之於心，故不出戶可知天下之事；不闚牖可見天道之常。心智外求，便失去內省之功，精神散亂，故其出彌遠，其知彌少。聖人應天理，順自然，故不行而知，不見而明，不爲而成。此老子反變歸常，與大道相通之方法也。

莊子曰：

「桓公讀書於堂上。……古之人與其不可傳也死矣，然則君之所讀者，古人之糟魄已夫！」（註一一三）

「孔子謂老聃曰：『丘治詩書禮樂易春秋六經……論先王之道，而明周召之迹……』老子曰：『……夫六經，先王之陳迹也，豈其所以迹哉！今子所言，猶迹也。夫迹，履之所出，而迹豈履哉！』」（註一一四）

按：郭象注曰：「當古之事，已滅於古矣，雖或傳之，豈能使古在今哉！古不在今，今事已變，故絕學任性，與時變化而後至焉。」（註一一五）成玄英疏曰：「夫聖人制法，利物隨時，時既不停，法亦隨變。是以古人古法淪殘於前，今法今人自興於後，無容執古聖迹行乎今世。故知所讀之書，定是糟粕也。」（註一一六）可知世俗之學讀六經，莊子以爲皆在求古人之糟粕而已，是乃先王陳腐之遺迹，而非眞迹也。故莊子所要學者，在學聖人之道，在明先王之道，而非世俗之知也。其言又曰：

「所謂暖姝者，學一先生之言，則暖暖姝姝而私自說也，自以爲足矣，而未知未始有物也。」（註二一七）

「吾生也有涯，而知也無涯。以有涯隨無涯，殆已！已而爲知者，殆而已矣！」（註二一八）

按：此謂世俗之學，在學一先生之言，則自以爲足矣，殊不知世俗之知識無涯，世人若以有限之生命，追求無涯之情欲，雖力竭精疲，終無追及之日，故莊子不學世俗之知，其所學者，在明宇宙萬物所以然之理，即所謂「眞知」也，故曰：「有眞人而後有眞知。」（註二一九）可知此眞知，即莊子所謂「學者學其所不能學也」。由此可知，學不學，悟大道；棄糟粕，求眞知，皆老莊之所同也。

五、結　語

由上文所述，可知老莊所言之知識論，其所欲求之「知」，就其本質言之，乃指形而上之「眞知」，而非世俗之知。蓋因眞知存於絕對之本體，而不在相對之現象界。未始有物之先，萬物混然一體，本無美醜、善惡、唯阿、有無、難易、前後之區別。及人類皆知美之爲美，便執着於美；皆知善之爲善，便執着於善。使美與惡、善與不善，形成相對之觀念，以致引起紛爭。老子見此紛爭之局面，故主張「尚明」、「棄智」，唯能「明」者，方能認識本性，棄去權謀巧詐之智，而得其眞知，以免知識混亂矣。故要「知不知」、「學不學」。莊子則以爲現象界之一切「稱謂」、「概念」、以及「價值判斷」，皆在相對之關係中產生，而此相對之關係，經常隨時間與空間之變動而改變。或今日以爲美，他日以爲醜；或此處以爲善，彼處以爲不善。因此世俗之一切「稱謂」、「概念」，以及「價值判斷」，隨時隨地皆在變動之中，無理則可守，故唯有破除主觀之執着，方能呈現本心之清明，以求得眞知。其言曰：

「莊子謂惠子曰：孔子行年六十而六十化，始時所是，卒而非之，未知今之所謂是之非五十九年非也。惠子曰：孔子勤志服知也。莊子曰：孔子謝之矣，而其未之嘗言。孔子云：夫受才乎大本，復靈以生，鳴而當律，言而當法，利義陳乎前，而好惡是非直服人之口而已矣。使人乃以心服，而不敢蘁立，定天下之定。已乎已乎！吾且不得及彼乎！」（註一一〇）

「民濕寢則腰疾偏死，鰌然乎哉？木處則惴慄恂懼，猨猴然乎哉？三者孰知正處？民食芻豢，麋鹿食薦，蝍且甘帶，鴟鴉耆鼠；四者孰知正味？猨、猵狚以爲雌；麋與鹿交；鰌與魚游；毛嬙、麗姬，人之所美也，魚見之深入，鳥見之高飛，麋鹿見之決驟；四者孰知天下之正色哉」？（註一一一）

「是以聖人和之以是非，而休乎天鈞。」（註一一二）

按：此謂「始時所是，卒而非之。」正乃說明世人無眞知。世俗之主觀，隨時間之變易而變易。現象界之知識，何者爲是？何者爲非？無共同絕對之標準。若各執己見以爲是，必會「樊然淆亂」，故以「正處」、「正味」、「正色」爲例，說明「處」、「味」、「色」，萬物之間無絕對標準。是以聖人能「和之以是非」，即能破除由「智」而來之主觀執着，而能「知不知」、「學不學」以求其眞知，可知老莊知識論之觀念皆同矣。

叁　人生哲學之比較

一、時間觀念之比較

就「時」而言，老子教人「把握機先」，莊子則「與時俱化」。故老子思想重「應變」，偏於哲理之超脫，莊子思想重「順變」，偏於無爲而任化。玆就兩者之異同比較如下：

㈠老子言「把握機先」

老子曰：

「其安易持，其未兆易謀，其脆易泮，其微易散。爲之於未有，治之於未亂。合抱之木，生於毫末；九層之臺，起於累土；千里之行，始於足下。……聖人無爲故無敗，無執故無失，民之從事，常於幾成而敗之。愼終如始，則無敗事。」（註一二三）

「圖難於其易，爲大於其細，天下難事，必作於易，天下大事，必作於細。是以聖人終不爲大，

故能成其大。」（註一一四）

按：以上乃言處事治世之方法與態度。憨山大師曰：「安與未兆，蓋一念不生，喜怒未形，寂然不動之時，吉凶未見之地，乃禍福之先，所謂幾先也。……聖人尋常心心念念，朗然照於一念未生之前，持之不失。此中但有一念動作，當下就見就知。是善則容，是惡則止，所謂早復。孔子所謂知幾其神乎。……合抱之木以下，三句皆譬喻。毫末，喻最初一念，累土足下，喻最初一步工夫也。……聖人見在幾先，安然於無事之時，故無所爲，亦無所敗。虛心鑒照，故無所執，而亦無所失。以其聖人因理以達事耳，常民不知在心上做，却從事上做，費盡許多力氣，且每至於幾成而敗之。此特機巧智謀，有心做來，不但不成，縱成亦不能久，以不知聽其自然耳。」（註一一五）由上所述，可知老子教人掌握機先之理也。所謂「爲之於未有，治之於未亂」，皆就時間而言，以掌握「機先」也，能見此「機先」，則能安然於無事，無所爲而無所敗矣！故「於其易」、「於其細」、「作於易」、「作於細」，皆謂處事治世之原則，應把握有利之「時機」也。聖人能「先機而後事」，以謙自守，以虛自爲，把握有利之時機，不作爲難之事，「不爲其大」而「能成其大」，故老子教人要「把握機先」也。

㈡莊子言「與時俱化」

莊子曰：

「始卒若環，莫得其倫。」（註一一六）

按：郭象注曰：「於今爲始者，於昨已復爲卒也。理自爾，故莫得。」（註一二七）成玄英疏曰：「物之循環，譬彼循環，死去生來，終而復始。」又曰：「倫，理也。尋索變化之道，竟無理之可致也。」（註一二八）時間始卒若環，無終無始，無理可致，又安能把握「機先」乎？故莊子主張「與時俱化」。其言又曰：

「因之以曼衍，所以窮年也。」（註一二九）

「忘年忘義，振於无竟。」（註一三〇）

「適來，夫子時也；適去，夫子順也。安時而處順，哀樂不能入也。」（註一三一）

「得者，時也；失者，順也。安時而處順，哀樂不能入也。」（註一三二）

「夫物，量无窮，時无止，分无常，終始无故。……證曏今故，故遙而不悶，掇而不跂，知時无止。」（註一三三）

按：成玄英疏曰：「曼衍，猶變化也。因，任也。窮，盡也。和以自然之分，所以無是無非，任其無極之化，故能不滯不著。既而處順安時，盡天年之性命也。」（註一三四）故能順任自然（時間）之變化，不滯情於物，便能安時而處順，無憂無慮，享盡天賦之壽命也。能「與時俱化」，忘去時間之長短者，則能忘去死生之年，而安於時機，順應自然之變矣。此蓋「時无止，分无常」，時光之流逝，既永無休止，吾人何須執於時分邪？能知時無止，則能「遙而不悶，掇而不跂」矣。又曰：

「莊子行於山中，見大木，枝葉盛茂，伐木者止其旁而不取也。問其故，曰：『无所可用。』

莊子曰：『此木以不材，得終其天年。』夫子出於山，舍於故人之家。故人喜，命豎子殺雁而烹之。豎子請曰：『其一能鳴，其一不能鳴，請奚殺？』主人曰：『殺不能鳴者。』明日，弟子問於莊子曰：『昨日山中之木，以不材得終其天年，今主人之雁，以不材死，先生將何處？』莊子笑曰：『周將處夫材與不材之間。材與不材之間，似之而非也，故未免乎累。若夫乘道德而浮遊則不然。无譽无訾，一龍一蛇，與時俱化，而無肎專爲；一上一下，以和爲量，浮遊乎萬物之祖；物物而不物於物，則胡可得而累耶！』」（註一三五）

按：此言莊子不執於「時」，故能「與時俱化」，不偏滯而專爲一物，故能隨時上下，「游乎萬物之祖，物物而不物於物」，而自得其逍遙。故莊子教人要「與時俱化」矣。

㈢結　語

由上所述，可知老莊於時間之觀念，實有其差異。一重「應變」，一重「順變」，老子教人事不妄爲，機不妄動，而要把握「機先」。於事未萌之先，即能握其機妙。如此，其事自能成矣，此乃偏於哲理之超脫也。莊子以爲時間既無終無始，無理可致，吾人若執著於時，不能安時處順，其哀樂必入於心，不能得其逍遙之樂矣。故莊子教人「與時俱化」，此乃偏於無爲而任化也。由此可知老莊觀念之異矣。

二、空間觀念之比較

㈠老子執着於「位」

就「位」而言，老子教人處「下」，守「後」，其言曰：

「聖人後其身而身先，外其身而身存，非以其無私耶？故能成其私。」（註一三六）

「江海能爲百谷王者，以其善下之，故能爲百谷王。是以聖人欲上民，必以言下之；欲先民，必以身後之。是以聖人處上而民不重，處前而民不害。」（註一三七）

「貴以賤爲本，高以下爲基。」（註一三八）

「大國以下小國則取小國，小國以下大國則取大國，故或下以取，或下而取。大國不過欲兼畜人，小國不過欲入事人。夫兩者各得所欲，大國宜爲下。」（註一三九）

按：所謂「後其身而身先」者，河上公曰：「先人而後己者也，天下敬之先以爲長。」（註一四〇）憨山大師曰：「聖人體天道之德，不私其身以先入，故人樂推而不厭。」（註一四一）所謂「後」者，意謂謙讓虛己，聖人能明白守「後」之理，而效法天地之德，故能「後其身」、「外其身」。其能無私、忘己，故「能成其私」矣。聖人之「後身」、「外身」，就如江海之處「下位」，始能爲百川所會往。故聖人（帝王）欲受萬民之擁戴，爲天下人心之所歸往，必以言「下」之。「下」者，謙下之義也。憨山大師曰：「此教君天下者，以無我之德，故天下歸之如水之就下也。百川之水，不拘淨穢，總歸於江海。江海而能容納之，以其善下也。此喻聖人在上，天下歸之，以其無我也。欲上民，必以言下者，……聖人虛心應物，而不見其尊，故凡出言必謙下。如曰孤寡不穀，不以尊陵天下也。」（註一四二）故先人者，乃因其能體悟「貴以賤爲本，高以下爲基」之理，而「居賤」，「處下」，猶如江海之處「下位」，故其雖爲大國，而能對小國謙下，如此便可取得小國之入事，爲天下人之所歸往也。吾人能法天地自然之理，而卑下自處。以靜爲下之德，則能無往而不應之矣。可知老子之空間觀念，在執於「位」，講利用，故對先後、內外、上下、貴賤、高低之相對關係，皆提出可守之理則矣。

㈡莊子不執於「位」

莊子曰：

「恢恑憰怪，道通爲一。」（註一四三）

「天下莫大於秋毫之末，而大山爲小；莫壽乎殤子，而彭祖爲夭。天地與我並生，而萬物與我爲一。」（註一四四）

「以道觀之，何貴何賤，是謂反衍；无拘而志，與道大蹇。何少何多，是謂謝施；无一而行，與道參差。嚴乎若國之有君，其无私德，繇繇乎若祭之有社，其无私福；泛泛乎其若四方之无窮，其无所畛域。兼懷萬物，其孰承翼？是謂无方。萬物一齊，孰短孰長？道无終始，物有死生，不恃其功；一虛一滿，不位乎其形。年不可舉，時不可止；消息盈虛，終則有始。是所以

語大義之方，論萬物之理。物之生也，若驟若馳，无動而不變，无時而不移。何為乎？何不為乎？夫固將自化。」（註一四五）

按：莊子齊物論言「道通為一」，郭象注曰：「所謂齊者，豈必齊形狀，同規矩哉？故舉縱橫好醜，恢恑憰怪，各然其所然，各可其所可，則理雖萬殊而性同得，故曰道通為一也。」（註一四六）成玄英疏曰：「夫縱橫美惡，物見所以萬殊，恢憰奇異，世情用（之）為顛倒。故有是非可不可，迷執其分。今以玄道觀之，本來無二，是以妍醜之狀萬殊，自得之情惟一，故曰道通為一也。」（註一四七）憨山大師亦曰：「恢恑憰怪之變狀，以人情視之，其實不得其一樣，難其無是非。若以道眼觀之，則了無長短美惡之相，一際平等，此言非悟大道者，決不能齊天下之物論也。」（註一四八）由上文可知，莊子言齊物，故以道觀之，自無大小、貴賤、高低之區別，「天地與我並生，而萬物與我為一」矣。且萬物「固將自化」，無理則可循，故不執著於「位」。其曰：「一虛一滿，不位乎其形。」郭象注曰：「不以形為位，而守之不變。」且物之生也，「无動而不變，无時而不移」，故吾人不可執其「位」而守之也。其言又曰：

「至人神矣，大澤焚而不能熱，河漢沍而不能寒，疾雷破山，風振海，而不能驚。若然者，乘雲氣，騎日月，而遊乎四海之外，死生無變於己，而況利害之端乎？」（註一四九）

「旁日月，挾宇宙，為其脗合，置其滑涽，以隸相尊。衆人役役，聖人愚芚，參萬歲而一成純，萬物盡然，而以是相蘊。」（註一五〇）

「昔者莊周夢爲胡蝶，栩栩然胡蝶也。自喩適志與！不知周也。俄然覺，則蘧蘧然周也。不知周之夢爲胡蝶與？胡蝶之夢爲周與？周與胡蝶，則必有分也；（夢則不知分也。）此謂之物化。」（註一五一）

按：此謂至人虛己，無心應物，齊「死生」，一「利害」，故能「死生無變於己，而況利害之端乎？」可知至人不講利用，不執於「位」，唯順應自然而已矣。故能量同宇宙，兼容並包，任萬物混同，不以己尊而物賤也。莊子言「齊物」，故道通爲一，唯化所適，不執著自我。自不必執於「位」，以趨利避害。馬其昶曰：「至人深達造化之源，絕無我相，故一切是非利害，貴賤死生，不入胸次，忘年忘義，浩然與天地精神往來」是也。（註一五二）故莊子能破夢覺之知，以明「物化」，成玄英疏曰：「夫新新變化，物物遷流，譬彼窮指，方茲交臂。是以周蝶覺夢，俄頃之間，後不知前，此不知彼。而何爲當生慮死，妄起憂悲！故知生死往來，物理之變化也。」既言物化，自無先後，彼此之別，可知莊子於空間之觀念，主張不執於「位」矣。

㈢結　語

上下四方曰「宇」，古往今來曰「宙」。可知「宇宙」，即含有無限大空間及無限長時間之意。吾人處於時空相對之宇宙中，故於應世之人生哲學，自須有所體悟。老莊之時間觀念，前文已詳。其於空間之觀念，老子執於「位」，講利用，並教人守「後」，處「下」，如此，方能如江海爲百川所會往。聖人能處「下」，謙虛自守，自能爲天下人之所歸往。可知老子於空間之觀念，提出可守之理則矣。然莊子於空間之觀念，因其能齊一萬物，視萬物與我爲一，且其「固將自化」，自無理則可守，故不執於「位」。不執於「位」，則無先後、貴賤、高下之別，此其與老子之觀念，實相異矣。由上可知，老莊於時空之觀念，皆各有其主張，而互異其趣矣。

三、修己方法之比較

㈠全生保真觀念之比較

「全生」者，謂保全天性；「保眞」者，謂保全天眞。茲就老莊「全生保眞」觀念之異同，比較如下：

老子以「樸」與「嬰兒」二詞，比喻天性之全與天眞之德。就物而言，樸是無狀之狀、無物之象，故老子以「樸」比喻欲念未起時天賦之本眞，其言曰：

「敦兮其若樸。」（註一五三）

「『道』常無名樸。雖小，天下莫能臣。侯王若能守之，萬物將自化。」（註一五四）

「化而欲作，吾將鎭之以無名之樸。」（註一五五）

「我無欲而民自樸。」（註一五六）

按：憨山大師注曰：「敦，敦厚，樸，無文飾也。」（註一五七）體道之士，能持己之眞性，未敢銷亡，事事從天理處之，其敦厚之德，如木之未散，樸然而有渾全之體，猶如未經雕琢之素材也。」又曰：「樸，乃無名之譬，木之未制成器者，謂之樸。」又曰：「當其欲作，是在人君善救其弊者，必將鎭之以無名之樸，而後物欲之源可塞也。」（註一五八）此言萬物自化，而欲萌作時，我將以眞樸之理，使之鎭靜，故曰：「我無欲而民自樸」，帝王無貪欲之心，人民自然樸實。樸者，其心自渾厚，萬物將自化，此乃老子教人返「樸」之理也。

就人而言，嬰兒無後天之虛僞、變詐、權謀、機心，故老子以嬰兒比喻天眞之德。其言曰：

「載營魄抱一，能無離乎？專氣致柔，能如嬰兒乎？」（註一五九）

「衆人熙熙，如享太牢，如春登台，我獨泊兮其未兆，如嬰兒之未孩。」（註一六〇）

「知其雄，守其雌，爲天下谿。爲天下谿，常德不離，復歸於嬰兒。」（註一六一）

「聖人在天下，歙歙焉，爲天下渾其心，百姓皆注其耳目，聖人皆孩之。」（註一六二）

「含德之厚，比於赤子。毒蟲不螫，猛獸不據，攫鳥不搏。骨弱筋柔而握固。未知牝牡之合而全作，精之至也。終日號而不嗄，和之至也。」（註一六三）

按：王弼注曰：「言任自然之氣，致至柔之和，能若嬰兒之無所欲乎，則物全而性得矣。」（註一六四）憨山大師曰：「學道工夫，先制其氣不使妄動以薰心，制其心不使妄動以鼓氣，心靜而氣自柔。工夫到此，則怒出於不怒矣。如嬰兒號而不嗄也，故老子審問其人之工夫能如此乎？」（註一六五）此言體道之士，其修養境界，能與天爲一，淡泊恬靜，致至柔之境，如嬰兒之無欲，未孩。知其雄，守其雌，不離常德，復歸於嬰兒，如嬰兒之純眞自然。並收斂己欲，使人心歸於渾厚眞樸。故體道之士，能有此深厚修養，自能如赤子之純眞至柔矣。老子引赤子爲喩，正教人了悟含德之妙，故人心不可不安閑，性不可不寂靜，氣不可不冲和，神不可不泰定，隨物順理，因事制宜，其含德之妙，可同天地，可比赤子矣。由此可知，老子以「樸」與「嬰兒」二詞爲譬，教人「全生保眞」之理也。

莊子曰：

「棄事則形不勞，遺生則精不虧。夫形全精復，與天爲一。」（註一六六）

「氣也者，虛而待物者也；唯道集虛，虛者心齋也。」（註一六七）

「夫醉者之墜車也，雖疾不死。骨節與人同而犯害與人異，其神全也。」（註一六八）

按：此言「精」、「氣」、「神」三者，爲性命之根本。成玄英疏曰：「夫形全不擾，故能保全天命；精固不虧，所以復本還原；形神全固，故與玄天之德爲一。」又曰：「如氣柔弱虛空，其心寂泊忘懷，方能應物。」（註一六九）可知「精」「氣」「神」三者，爲全生保眞之要道矣。又莊子養生主篇論養生之道曰：

「緣督以爲經，可以保身，可以全生，可以養親，可以盡年。」

按：王夫之曰：「身後之中脈曰督。緣督者，以清微纖妙之氣，循虛而行，止於所不可行，而行自順，以適得其中。」（註一七〇）成玄英疏曰：「夫善惡兩忘，刑名雙遣，故能順一中之道，處眞常之德，虛夷任物，與世推遷。養生之妙，在乎茲矣。」（註一七一）故能順中以爲常，則能保身全生矣。又在宥篇對全生保眞之道，大加闡揚。其引廣成子告黃帝養生之道曰：

「至道之精，窈窈冥冥；至道之極，昏昏默默。無視無聽，抱神以靜，形將自正。必靜必清，無勞女形，無搖女精，乃可以長生。目無所見，耳無所聞，心無所知，女神將守形，形乃長生。愼女內，閉女外，多知爲敗。我爲女遂於大明之上矣，至彼至陽之原也；爲女入於窈冥之門矣，至彼至陰之原也。天地有官，陰陽有藏，愼守女身，物將自壯。我守其一，以處其和，故我修身千二百歲矣。吾形未嘗衰。」

按：成玄英疏曰：「至道精微，心靈不測，故寄窈冥深遠，昏默玄絕。耳目無外視聽，抱守精神，境不能亂，心與形合，自冥正道。清神靜慮，體無所勞，不緣外境，精神常寂，心閒形逸，長生久視。」(註一七二)可知，能全其眞，守其分者，自能心存恬淡，處中和之妙道，以此修身，雖有壽考之年，終無衰老之日矣。莊子又曰：

「全汝形，抱汝生，勿使汝思慮營營，……衞生之經，能抱一乎？……能兒子乎？」(註一七三)

按：精神與形體能合一，集氣至最柔和之心境，自能如嬰兒之無欲，而合於至道矣！故能抱一而守眞不二，不離其性，可同於赤子也。可知老莊皆主吾人應全生保眞，如嬰兒之無欲，以此爲衞生之常經也。

(二)少私寡欲觀念之比較

老子主張少私寡欲，乃是因其目睹人欲橫流，而提出之治方。少私者謂減少私心，寡欲者謂降低欲望。其言曰：

「五色令人目盲，五音令人耳聾，五味令人口爽，馳騁畋獵，令人心發狂，難得之貨，令人行妨。是以聖人爲腹不爲目，故去彼取此。」（註一七四）

「衆人皆有餘，而我獨若遺。我愚人之心也哉！沌沌兮。俗人昭昭，我獨昏昏。俗人察察，我獨悶悶。……衆人皆有以，而我獨頑且鄙。我獨異於人，而貴食母。」（註一七五）

按：此言五色、五音、五味，馳騁畋獵，能令人心發狂，能令人行妨，可知縱情於物欲之害，故老子教人寡欲。而「貴食母」，王弼註曰：「生之本也。」道爲萬物化生之本，老子以守「道」爲貴，故「獨若遺」，「沌沌兮」，「獨昏昏」，「獨悶悶」，「獨頑且鄙」。衆人失其本眞，故「有餘」、「昭昭」、「察察」、「有以」。老子之所以教人少私寡欲者，卽在返樸而歸眞也。其言又曰：

「名與身孰親？身與貨孰多？得與亡孰病？是故甚愛必大費；多藏必厚亡。知足不辱，知止不殆，可以長久。」（註一七六）

「禍莫大於不知足；咎莫大於欲得。故知足之足，常足矣。」（註一七七）

按：憨山大師曰：「此言名利損生，誡人當知止足也。」（註一七八）吾人能知足，見幾而作，方可不受大辱，故能知止者，才可不遭危殆。宋常星曰：「是言身外之物，皆非長久可恃者，人切不可殉物以害眞，終日自取辱殆耳。」（註一七九）可知長久之道，在知足知止，少私寡欲矣。憨山大師又曰：

「天下罪之大者，莫大於可欲。以其戕生傷性，敗亂彝倫，以至君臣父子，皆失其分者，皆見可欲之罪也。以致敗國亡家，覆宗滅族之禍者，皆不知止足所致也。由不知足，故凡見他人之所有，而必欲得之。然欲得之心，爲衆罪大禍之本。故咎之大者，莫大於欲得。欲得者，心不足也。古人云：若厭於心，何日而足，心貪得不止，終無足時。惟知足之足，無不足矣，故常足。」（註一八〇）由上可知，不知足之害，多欲之罪，故老子敎人少私寡欲，以得知足之樂矣。

莊子曰：

「喪己於物，失性於俗者，謂之倒置之民。」（註一八一）

「失性有五：一曰五色亂目，使目不明，二曰五聲亂耳，使耳不聰；三曰五臭薰鼻，困惾中顙；四曰五味濁口，使口厲爽；五曰趣舍滑心，使性飛揚，此五者皆生之害也。」（註一八二）

按：所謂倒置之民，崔注曰：「逆其性命而不順也。」（註一八三）向秀注曰：「以外易內，可謂倒置。」（註一八四）成玄英疏曰：「夫寄去寄來，且憂且喜，以己殉物，非喪如何？軒冕窮約，事歸塵俗，若習俗之常，失於本性，違眞背道，實此之由，其所安置，足爲顚倒也。」（註一八五）故莊子以五色、五聲、五臭、五味、趣舍，皆生之害，使人失性者也，知此物欲之害性，爲人當能知足寡欲，以全其性，可知莊子亦主張少私寡欲矣。

觀以上之言，知少私寡欲之觀念爲老莊之所同也。茲再引其原文「字同」者，以見兩者觀念之相同處。

老子曰：

「見素抱樸，少私寡欲。」（註一八六）

莊子曰：

「其民愚而朴，少思而寡欲。」（註一八七）

可知兩者同主「少私寡欲」矣。宋常星注曰：「少私寡欲者，如內而身心，外而事物，隨緣循理，歸於性命，克去己私，不生自有自利之意，遇境忘境不著戀慕沉溺之情，斂華就實之意，全在于此。以此修之於身，身無不修，齊之於家，家無不齊，治之於國，國無不治。平之於天下，天下無不平。修道者，果能領會，卽當少私而絕其巧，寡欲而棄其利，自然棄盜賊之為，行孝慈之實，仁義可以內含，聖智可以不顯也。清靜貞一，無欲無為，又何性命之不可全，道德之不可致乎。」（註一八八）故老莊教人修己，同主「少私寡欲」矣。

(三)知常守靜觀念之比較

老子曰：

「不欲以靜，天下將自定。」（註一八九）

莊子曰：

「南郭子綦隱几而坐，仰天而噓，嗒焉似喪其耦，顏成子游立侍乎前，曰：何居乎？形固可使

如槁木，而心固可使如死灰乎？……子綦曰：今者吾喪我。」（註一九〇）

按：憨山大師曰：「此亦不欲，則可專以靜而制群動，無敢作者，故云天下將自正。」（註一九一）能以靜制動，以質止文，以淳化巧，使其欲心將作而不得，自然反於無欲，無欲則靜，天下將自歸於平定。宋常星注曰：「靜者無欲也，人能無欲，其性自靜，人能性靜，其性自正，性正則無所不正矣。」（註一九二）故侯王若能不起貪欲之念，而清靜自正，則天下自然安定矣。故老子教人「守靜」，其「不欲以靜」實與莊子所言「喪我」之境界義通矣。郭象注曰：「吾喪我，我自忘矣；我自忘矣，天下有何物足識哉！故都忘外內，然後超然俱得。」（註一九三）因其能自忘，故其心自靜，而形如槁木，心若死灰。郭象注曰：「夫任自然而忘是非者，其體中獨任天眞而已，又何所有哉！故止若立枯木，動若運槁枝，坐若死灰，行若遊塵，動止之容，吾所不能一也；其於無心而自得，吾所不能二也。」（註一九四）由此可知，侯王「守靜」，天下將自正。衆人「守靜」，則其性自正。老子之「不欲以靜」，與莊子之「獨任天眞」，物我兩忘，其義相通也。

老子曰：

「孰能濁以靜之徐清，孰能安以動之徐生。保此道者，不欲盈。夫唯不盈，故能蔽而新成。」（註一九五）

莊子曰：

「回曰：敢問心齋？仲尼曰：一若志，無聽之以耳，而聽之以心，無聽之以心，而聽之以氣。

聽止於耳，心止於符，氣也者，虛而待物者也，唯道集虛，虛者心齋也。」（註一九六）

按：莊子言「心齋」之修養，與老子「不欲盈」義通。吳澄曰：「『濁』者動之時也，動繼以靜，則徐徐而清矣。『安』者靜之時也，靜繼以動，則徐徐而生矣。『安』謂定靜，『生』謂活動，蓋惟濁故清，惟靜故動。」（註一九七）憨山大師曰：「盈，滿也。欲盈，乃貪得無厭，不知止足之意，謂世人但知汩汩於嗜欲，貪得不足，殊不知天道忌盈，滿則溢矣。所謂持而盈之，不如其已，故此教之以不欲盈也。後乃結示知足常足之意。」（註一九八）吾人能靜之久，其濁自清，凡事靜以待之，自能徐而生清，此乃虛心達用之義也。可知老子「不欲盈」，守靜之道，與莊子「心齋」之境界同矣。「虛者，心齋也。」郭象注曰：「虛其心則至道集於懷也。」（註一九九）可知「不欲盈」者即能虛者也，此亦「心齋」之義也。功名利祿交錯於前而心亂謂之濁，以恬淡養心謂之靜，以靜治濁謂之清。其「孰能濁之徐清」者，言悟道之士，守靜而心定也。可知兩義相同矣。

老子曰：

「致虛極，守靜篤。萬物並作，吾以觀復。夫物芸芸，各復歸其根。歸根曰靜，是謂復命。復命曰常，知常曰明。不知常，妄作凶。知常容，容乃公，公乃全，全乃天，天乃道，道乃久，沒身不殆。」（註二〇〇）

莊子曰：

「方舟而濟於河，有虛船來觸舟，雖有惼心之人不怒。有一人在其上，則呼張歙之，一呼而不聞，再呼而不聞，於是三呼邪，則必以惡聲隨之。向也不怒而今也怒，向也虛而今也實。人能虛己以遊世，其孰能害之？」（註二〇一）

按：老子修己之境界，在能「致虛」「守靜」「知常」，便可終身不殆，范應元曰：「致虛、守靜、非謂絕物離人也，萬物無足以撓吾本心者，此眞所謂虛極、靜篤也。」（註二〇二）陳鼓應曰：「虛，喻心靈空明的境況，不帶一絲成見（有成見就實而不虛）。」（註二〇三）此與莊子山木篇所言「虛己」之義同矣。成玄英疏曰：「虛己，無心也。」（註二〇四）郭象注曰：「世雖變，其於虛己以免害，一也。」（註二〇五）可知老莊二義相同也。宋常星曰：「虛者乃造物之樞紐，靜者乃品彙之根柢也。天地有此虛靜，故日月星辰，成象于天，水火土石，成體於地，象動於上，體交於下，故萬物生焉，萬物成焉。所以虛靜之妙，無物不稟，無物不受，出入陰陽，昇降造化，與萬物並作者，皆是此虛靜之妙。」（註二〇六）由上文可知，老莊皆欲人「守靜」、「致虛」之理也。

老子曰：

「我好靜而民自正。」（註二〇七）

莊子曰：

「古之畜天下者，無欲而天下足，無爲而萬物化，淵靜而百姓定。」（註二〇八）

按：宋常星注曰：「好之以靜，則靜中之理定矣。靜中之理既定，則天下之理亦定矣，天下之理既定，天下之民，未有不正者也。故曰我好靜而民自正。」故古之聖人，虛心恬淡，篤守無爲，好靜而使民自正矣。此與莊子所言「淵靜而百姓定」之義同矣。成玄英疏曰：「一人垂拱而玄默，百姓則比屋而可封。故老經云我好靜而民自正。」（註二〇九）故帝王應清靜無爲，治理天下。帝王清靜，人民自然步上正軌，此老莊所言同矣。

老子又曰：

「重爲輕根，靜爲躁君。……輕則失根，躁則失君。」（註二一〇）

「靜勝躁，寒勝熱。清靜爲天下正。」（註二一一）

「大國者下流，天下之交。天下之牝，牝常以靜勝牡，以靜爲下。」（註二一二）

按：此言修己應求穩重、淸靜，勿輕勿躁。縱欲輕身，則失治身之根；急躁好功，則失養神之本矣。故王弼注曰：「躁則多害，靜則全眞。」故淸靜能使天下人步入正途。此乃牝之所以能勝牡之理也。故能「知常」「守靜」，而態度處下者，自能使天下自正矣。此乃老莊同主修己在「知常守靜」之道矣。

㈣結　語

綜觀前述，知老莊「修己」，皆主「全生保眞」，「少思寡欲」，「知常守靜」。推其原因，蓋帝王以此修己，則可以齊家，可以治國，可以平天下，故老子曰：「侯王若能守之，萬物將自化。」而衆人以此修己，則可以保身，可以全生，可以養親，可以盡年，故莊子曰：「我守其一，以處其和，故我修身千二百歲矣，吾形未嘗衰。」可知老莊思想，雖有其相異處，然就其「修己」而言，則兩者觀念，卻極其相近矣。

四、處世態度之比較

㈠處弱貴柔觀念之比較

老子之道，有常有變。常道是天理；變道是人事。天理絕對，人事常變。人間任何事物皆有其相對性。例如：強與弱，柔與剛，兩者相對。此兩者演變之跡是：堅木易折，柔條難斷。以此推論人事，則弱能勝強，柔能克剛。故老子之處世態度，在處弱貴柔。其言曰：

「弱者道之用。」（註二一三）

「天下之至柔，馳騁天下之至堅。」（註二一四）

「人之生也柔弱，其死也堅強，萬物草木之生也柔脆，其死也枯槁。故堅強者死之徒，柔弱者生之徒。是以兵強則不勝，木強則兵，強大處下，柔弱處上。」（註二一五）

按：憨山大師曰：「道體至虛，柔弱無用，而爲天下有用之本。世人祇知有用之用，不知無用之用爲大用也。故云弱者道之用也。」（註二一六）宋常星注曰：「此句正明示大道妙動之義。道機之動。不違於時，不失於氣，不擇物而施，能順萬物之情，不逆物而用，能從萬物之性，委曲週遍，可謂弱矣。然其用則入水火而無間，透金石而無痕，體萬物而不遺，體萬物而不匱，不以剛爲用，而以柔爲用，卽易曰：「『見群龍無首吉』，故曰弱者道之用。」（註二一七）因其能處弱，故無物不相宜，無時不處順，道之運用在弱，故至柔者能駕御至堅者，可知柔弱之作用矣。老子觀察宇宙萬有，雖其形質不同，然非柔脆者不生。就人而言，柔弱者生，堅强者死。就草木而言，柔脆者生，枯槁者死。就兵而言，哀兵必勝，驕兵必敗。故推論曰：

「强粱者不得其死。」（註二一八）

「守柔曰强。」（註二一九）

宋常星注曰：「後世之人，不知柔和之道，是生之道，或倚恃聲勢，或橫行暴惡，而爲强粱也，强粱是死之道也。故曰：强粱者，不得其死。」（註二二〇）吾人能察其柔弱之用，雖不顯於有爲，然其爲也必大，故曰守柔曰强。猶如，漢高祖與項羽之戰，高祖鬥智不鬥力，此卽採取「用弱貴柔」之政策矣。老子又曰：

「天下莫柔弱於水，而攻堅强者莫之能勝……弱之勝强，柔之勝剛，天下莫不知，莫能行。」（註二二一）

按：此以水爲例，說明柔能克剛之理，憨山大師曰：「此結通篇柔弱之意，欲人知而能行也。」（註二二二）故老子教人處世，當「處弱貴柔」矣。又老子曰：

「柔弱勝剛强。」（註二二三）

莊子曰：

「氣也者，虛而待物者也。」（註二二四）

按：宋常星注曰：「世道之常理，柔者本不能勝剛，弱者本不能勝强，今太上言柔之勝剛，弱之勝强，其微明之理，正在於此也。任剛者，久必敗，任强者，久必敗。以柔化之，剛者漸化于柔，以弱格之，强者漸格于弱矣，故曰柔弱勝剛强。」（註二二五）老子「守柔」觀念，與莊子所言「虛而待物」之義通矣。成玄英疏曰：「如氣柔弱虛空，其心寂泊忘懷，方能應物。」（註二二六）莊子又曰：

「顏闔將傅衞靈公太子，而問於蘧伯玉曰：有人於此，其德天殺，與之爲无方，則危吾國；與之爲有方，則危吾身，其知適足以知人之過，而不知其所以過。若然者，吾奈之何？蘧伯玉曰：善哉問乎？戒之愼之！正汝身哉！形莫若就，心莫若和。雖然，之二者有患。就不欲入，和不欲出。形就而入，且爲顚，爲滅、爲崩、爲蹶，心和而出，且爲聲、爲名、爲妖、爲孽。彼且爲嬰兒，亦與之爲嬰兒；彼且爲无町畦，亦與之爲无町畦；彼且爲无崖，亦與之爲无崖；達之入於无疵。」（註二二七）

按：形就而不入，心和而不出，此同於老子貴柔之觀念。「彼且爲嬰兒，亦與之爲嬰兒；彼且爲无町畦，亦與之爲无町畦；彼且爲无崖，亦與之爲无崖。」此同於老子用弱之觀念。

㈡謙下不爭觀念之比較

老子明哲保身之方法，即是謙下不爭。其言曰：

「上善若水，水善利萬物而不爭，處衆人之所惡，故幾於道。居善地，心善淵，與善仁，言善信，正善治，事善能，動善時，夫唯不爭，故無尤。」（註二二八）

「善用人者，爲之下，是謂不爭之德。」（註二二九）

「天之道，不爭而善勝。」（註二三〇）

按：老子以水性善利萬物而不爭，比喻上德者之境界。故善用人者，必對人謙下，是乃不爭之德也。憨山大師曰：「古之善用人者，必爲之下，卽此是謂不爭之德也。若以力驅人，能驅幾何？若以下驅人，則天下歸之。是以下用人，最有力也，所謂上善若水，水善利萬物而不爭，以其有力也。」（註二三一）可知天之道，雖不爭強，卻善於取勝，故人類行爲，應取法於天道，謙下不爭，方能得其勝矣。

老子曰：

「持而盈之，不如其已；揣而銳之，不可長保；金玉滿堂，莫之能守；富貴而驕，自遺其咎。功遂身退，天之道。」（註二三二）

「聖人抱一爲天下式。不自見，故明；不自是，故彰；不自伐，故有功；不自矜，故長。夫唯不爭，故天下莫能與之爭。」（註二三三）

莊子曰：

「昔吾聞之大成之人曰：『自伐者无功，功成者墮，名成者虧』，孰能去功與名而還與衆人。」（註二三四）

按：此言持而盈之，揣而銳之，金玉滿堂，富貴而驕，皆不免於傾覆之患，如功業有成，而不自以為有；含藏收斂，謙下虛己，此乃長保之道。故曰：「功遂身退，天之道。」憨山大師曰：「人殊不知天道惡盈而好謙，獨不見四時乎，成功者退，人若功成名遂而身退，此乃得天之道也。」（註二三五）可知處世之道，在不與人相爭。不爭之道，在於「不自見」、「不自是」、「不自伐」、「不自矜」，此即長久求全之道。此與莊子所言「自伐者无功，功成者墮，名成者虧」之義同矣。郭象注曰：「恃功名以為己成者，未之嘗全。」（註二三六）成玄英疏曰：「伐，取也，墮，敗也，夫自取其能者無功績，而功成不退者必墮敗，名聲彰顯者不韜光必毀辱。」（註二三七）可知老莊言「不自伐」之義同矣。

老子曰：

「聖人不積，既以為人己愈有，既以與人己愈多。」（註二三八）

莊子曰：

「既以與人，己愈有。」（註二三九）

按：宋常星注曰：「己與人無須分別，聖人知其然，所以不積者，不欲己立，而人不立也。不欲己達，而人不達也。以己之所有，以為人，人得我之有，而人亦進於有，有與有相證，則有與有必相長。人之有得於我，我之有愈進，故曰既以為人，己愈有。以己之多，以與人，人得我之多，而人亦進於多，多與多相勉，則多與多必愈進，人之多取於我，我之多，因人之多而愈多，故曰：『既以與人，己愈多。』」（註二四〇）此與莊子所言「既以與人，己愈有」之義同矣。王先謙注曰：「神明充滿天地，盡以濟人，而已愈有也。」（註二四一）可知老莊所言之義通矣。

(三)處世理則觀念之比較

老子曰：

「塞其兌，閉其門，挫其銳，解其紛，和其光，同其塵。」（註二四二）

按：此言老子之處世原則。憨山大師註曰：「兌爲口，爲說，謂聖人緘默自守，不事口舌，故曰塞其兌。不事耳目之玩，故曰閉其門。遇物渾圓，不露鋒芒，故曰挫其銳。心體湛寂，釋然無慮，故曰解其紛。紛謂紛紜雜想也。含光歛耀，順物忘懷，故曰和其光，同其塵。此非妙契玄微者不能也。」又曰：

「將欲歙之，必固張之；將欲弱之，必固强之；將欲廢之，必固興之；將欲取之，必固與之。」（註二四三）

「勇於敢則殺，勇於不敢則活。」（註二四四）

按：憨山大師註曰：「此言物勢之自然，而人不能察，教人當以柔弱自處也。天下之物，勢極則反。譬夫日之將昃，必盛赫。月之將缺，必極盛。燈之將滅，必熾明。斯皆物勢之自然也。故固張者，翕之象也。固强者，弱之萌也。固興者，廢之機也。固與者，奪之兆也。天時人事，物理自然。第人所遇而不測識，故曰微明。」此言機先之徵兆如此，處世原則當把握機先。故勇於堅强者，不得其死，勇於柔弱者，可保其身。可知處世理則，當以柔弱爲尚。

莊子曰：

「一若志，无聽之以耳，而聽之以心，无聽之以心，而聽之以氣。聽止於耳，心止於符。氣也者，虛而待物也。」（註二四五）

「乘物以遊心，託不得已以養中，至也。」（註二四六）

按：此言處人間之世，應虛心以化物，虛心以順命。成玄英疏曰：「志一汝心，無復異端，凝寂虛忘，冥符獨化。」又曰：「夫獨化之士，混跡人間，乘有物以遨遊，運虛心以順世，則何殆之有哉？」（註二四七）可知莊子所謂「虛心以待物」，「乘物以遊心」，皆謂其處世之道，存之於「心」，不像老子之有理則可循，此二者之異也。

㈣結　語

綜觀以上所述，就老莊處世之觀念言之，兩者皆主「處弱貴柔」，「謙下不爭」，此其所同也。然老子處世，把握機先，有理則可守。班固謂其「歷記成敗、存亡、禍福、古今之道。然後知秉要執本，清虛以自守，卑弱以自持」（註二四八）是也。如「塞其兌，閉其門，挫其銳，解其紛，和其光，同其塵。」即爲其所歸納之處世理則。莊子處世，無理則可守。其處世之道，乃是「與時俱化，無肎專爲」（註二四九）。虛心以應物，忘物以免害，故就其「處世理則」言之，兩者實有所不同也。

肆　政治哲學之比較

一、政治論之比較

老子之政治哲學，乃是由其宇宙觀演繹而來。老子曰：「人法地，地法天，天法道，道法自然。」（註二五〇）「道法自然」者，謂道生萬物，純任其自己如此。又曰：「道常無爲而無不爲。」（註二五一）故崇尚自然，主張無爲。可知無爲而治，乃是其政治思想之中心也。茲就其與莊子政治主張之異同，比較如下：

㈠「有為」觀念之比較

老子曰：

「將欲取天下而爲之，吾見其不得已。天下神器，不可爲也，不可執也。爲者敗之，執者失之。」（註二五二）

「民之饑，以其上食稅之多，是以饑；民之難治，以其上之有爲，是以難治；民之輕死，以其求生之厚，是以輕死。」（註二五三）

按：此謂老子察知「有爲」之害，故主張施行「無爲」之政。行「有爲政治」者，「爲者敗之」，「執者失之」，故民以饑而難治，求厚生而輕死，民不能治，豈能治天下哉？故聖人法天道之「無爲」，無所偏愛，任由萬物自然生長，則百姓自能任其所適，各得其樂，此乃老子主張「無爲」之理也。

莊子曰：

「南海之帝爲儵，北海之帝爲忽，中央之帝爲渾沌。儵與忽時相遇於渾沌之地，渾沌待之甚善。儵與忽謀報渾沌之德曰：『人皆有七竅以視聽食息，此獨無有，嘗試鑿之。』日鑿一竅，七日而渾沌死。」（註二五四）

「聖人之知也，治外乎？正而後行，確乎能其事者而已矣。且鳥高飛，以避矰弋之害，鼷鼠深穴乎神丘之下，以避薰鑿之患，而曾二蟲之無知。」（註二五五）

按：此謂明王之治，不任智巧。在儵忽以爲報德之舉，而在渾沌則爲破壞其眞樸也。由此可見「有爲」之害。莊子察知「有爲」之害，故言聖人治天下，亦當摒棄一切法度，行無爲之政，方能使天下太平。且鳥猶知高飛以避矰弋之害，鼷鼠尚知深穴以避薰鑿之患，王何以不知「有爲」之害，而行「無爲」之政邪？可知老莊二人，皆知「有爲」之害，主「無爲」之政，由此亦可知其主張「無爲」之理相同矣。

(二)「無為」觀念之比較

老子以「有爲」爲害，故其政治主張，在行「無爲」。「無爲」者，方是治天下之要道，其言曰：

「聖人之治，虛其心，實其腹，弱其志，強其骨，常使民無知無欲。使夫智者不敢爲也，爲無爲則無不治。」（註二五六）

「聖人無常心，以百姓心爲心。善者吾善之，不善者吾亦善之，德善矣。信者吾信之，不信者吾亦信之，德信矣。」（註二五七）

「聖人無爲，故無敗；無執，故無失。」（註二五八）

按：以上皆言聖人能以無爲之態度，處理世事，故可使人民心思清靜，安飽滿足，心無巧詐，體魄增強，純眞樸質。故帝王治理天下，應以民心爲心，渾厚眞樸，無爲而治。無爲，則無所敗；無執，則無所失。此乃聖王之所以主行「無爲」也。其言又曰：

「侯王若能守之，萬物將自賓。」（註二五九）

「道常無爲而無不爲，侯王若能守之，萬物將自化。」（註二六〇）

「侯王得一以爲天下貞。」（註二六一）

「上德無爲而無以爲。」（註二六二）

「取天下常以無事，及其有事，不足以取天下。」（註二六三）

「其政悶悶，其民淳淳；其政察察，其民缺缺。」（註二六四）

按：此謂侯王若能守道，行「無爲」之政，則萬物賓服，四海歸心，自然化育而不知也。故侯王得道，行無爲之政，自可使天下安定也。上德者，能順任自然，無心作爲，其治天下，亦應乎「無爲」，自能「無不爲」也。「其政悶悶」，以行「無爲」之政者，則其民「淳淳」；「其政察察」，以行「有爲」之政者，則其民「缺缺」。是以老子主張「爲無爲」（註二六五），可知聖人治天下，以行「無爲」之政爲本矣。

老子以行「無爲」之政爲本，莊子亦主張順任自然，無爲而治，其言曰：

「聖人者，原天地之美而達萬物之理，是故至人無爲，大聖不作，觀於天地之謂也。……惛然若亡而存，油然不形而神，萬物畜而不知，此之謂本根。」（註二六六）

「靜則無爲，無爲也則任事者責矣。無爲則俞俞，俞俞者憂患不能處，年壽長矣，夫虛靜恬淡寂寞無爲者，萬物之本也。……無爲也而尊。」（註二六七）

「天無爲以之淸，地無爲以之寧，故兩無爲相合，萬物皆化，……萬物職職，皆從無爲殖，故曰：天地無爲也，而無不爲也，人也孰能得無爲哉！」（註二六八）

「齧缺問於王倪，四問而四不知，齧缺因躍而大喜，行以告蒲衣子，蒲衣子曰：『而乃今知之乎？有虞氏不及泰氏，有虞氏其猶藏仁以要人，亦得人矣。而未始出於非人，泰氏其臥徐徐，其覺于于，一以己爲馬，一以己爲牛，其知情信，其德甚眞，而未始入於非人。」（註二六九）

按：此謂聖人能推原天地萬物，化成生滅之理，故其能法天地之無爲，而順任自然，「若亡而存」，「不形而神」，故「萬物畜而不知」。此乃能悟天地「無爲」之本根，而於治天下，亦以行「無爲」之政爲本矣。在上者清靜無爲，而臣下任事，自能各得其所，故「無爲」則心氣舒和而無憂慮，其年壽自能長矣。可知無爲乃「萬物之本」，行政能以此爲本，自能受萬物之尊崇，故曰：「無爲也而尊」，「無爲而無不爲也」。聖王之治天下，能法天之自然無爲，「其知情信，其德甚眞」，自能使萬物自化，天下自治矣。由此可知，老莊同主以行「無爲」之政爲本矣。

由以上所述，可知老莊於政治之主張，皆言「無爲」，茲就其原文「字同」或「義同」者，排比如下，以見兩者之關係。

老子曰：

「天地不仁，以萬物爲芻狗。」（註二七〇）

莊子曰：

「大仁不仁。」（註二七一）

「韲萬物而不爲義，澤及萬世而不爲仁。」（註二七二）

「至仁無親。」（註二七三）

按：老子曰：「天地不仁。」王弼注曰：「天地任自然，無爲無造，萬物自相治理，故不仁也。仁者，必造立施化，有恩有爲。」（註二七四）故「天施地化，不以仁恩，任自然也。」（註二七五）是以「天地不仁」，能「以萬物爲芻狗」也。憨山大師曰：「天地之道，以無心而成物。……仁，好生愛物之心。芻狗，乃縛芻爲狗，以用祭祀者。且天地聖人，皆有好生愛物之仁，而今言不仁者，謂天地雖是生育萬物，不是有心要生。蓋由一氣當生，不得不生。故雖生而不有，譬如芻狗，本無用之物，而祭者當用，不得不用，雖用而本非有也。故曰：天地不仁，以萬物爲芻狗。」（註二七六）天地以無心爲心，故不自有其仁，此乃仁之至也，故莊子曰：「大仁不仁。」大仁者，不自視其仁，「澤及萬世而不爲仁。」其生育萬物，非因情愛而爲仁，故「至仁無親」。郭象注曰：「辟之五藏，未曾相親，而仁已至也。」可知莊子言「大仁不仁」，與老子「天地不仁」之義相同矣。其義皆以天地無心愛物，而任由萬物自生自長，雖視之若「不仁」，然實乃「至仁」之表現也。吾人若能悟此不仁之仁，體天地之無爲，而用之於治國、修身，亦能澤及萬物，化育天地矣。老莊因能知此不仁之仁，故於政治之主張，亦主君王能知「不仁之仁」，而行「無爲」之政矣。

老子曰：

「我無爲而民自化，我好靜而民自正，我無事而民自富，我無欲而民自樸。」（註二七七）

莊子曰：

「古之畜天下者，无欲而天下足，无爲而萬物化，淵靜而百姓定。」（註二七八）

按：老子言治天下國家者，當以清靜無欲爲正，而不可用奇巧以誘民也。（註二七九）其有爲妄動，有事有欲者，方始天下擾擾不安也。聖人之「無爲」，順乎天而應乎人，不施異政，以眩天下之民；「虛靜」恬淡，篤守無爲；「不擾農事」於百姓，而以「無欲」修之於己，故民能「自化」、「自正」、「自富」、「自樸」矣。此與莊子言畜天下者，當「无欲」、「无爲」、「淵靜」之義相同矣。

老子曰：

「是以聖人處無爲之事，行不言之教。」（註二八〇）

莊子曰：

「夫知者不言，言者不知，故聖人行不言之教。」（註二八一）

按：福永光思曰：「老子的無爲，乃是不恣意行事，不孜孜營私，以捨棄一己的一切心思計慮，一依天地自然的理法而行的意思。」（註二八二）憨山大師曰：「聖人知虛名之不足高，故處無爲之道以應事，知多言之不可用，故行不言之教以化民，如天地以無心而生物。」（註二八三）宋常星亦曰：「無爲者，自然之大道，本無所爲，故以無爲言之。不言者，因自然之大道，本無所爲，又且無所言也，故以不言明之。」又曰：「所以處無爲者，蓋因不待爲而事始成。行不言者，亦因不須言而教始明。感而遂通，過而卽化，過而卽化，卽是無爲而爲；感而遂通，卽是不言而言也。」（註二八四）故老子言「聖人處無爲之事，行不言之教」，「知者不言，言者不知」，此與莊子言「夫知者不言，言者不知，故聖人行不言之教」，其義相同。蓋因「至言去言，至爲去爲」（註二八五）成玄英疏曰：「至理之言，無言可言，至理之爲，無爲可爲。」故聖人處無爲之事，行不言之教矣。

老子曰：

「爲道日損，損之又損，以至於無爲，無爲而無不爲。」（註二八六）

莊子曰：

「爲道者日損，損之又損，以至於無爲，無爲而無不爲。」（註二八七）

按：蔣錫昌曰：「『爲道者日損』，言聖人爲『無爲』之道者，以情欲日損爲目的。」又曰：「上行無爲，則民亦自正，而各安其業，故無不爲也。『無爲』者，言其因；『無不爲』者，言其果。」（註二八八）憨山大師亦曰：「爲道者，克去情欲，隳形泯智，故曰損。初以智去情，可謂損矣。情忘則智亦泯，故又損。如此則心境兩忘，私欲淨盡，可至於無爲，所謂我無爲而民自化，民果化，則無不可爲之事矣。此由無爲而後可以大有爲，故無不爲。」（註二八九）此與莊子知北遊「爲道日損」之言，非但字同義亦同矣。兩者皆以爲道者，需體天地無爲之理，養之於心，以損爲益，以道爲學。損之一分，即是爲之一分，如此，損之又損，以至無可損之境界，始得清靜之妙，入於自然無爲之道也。人能得此無爲無不爲之理，則猶如天不覆而四時行，地不載而萬物生，天地無爲而無不爲也。郭象注曰：「華去而朴全，則雖爲而非爲也。」（註二九〇）故無爲則能無不爲也。老莊同言「爲道日損」、「以至無爲」之理，可知兩者思想觀念相同之處矣。

㈢結　語

由上文之比較觀之，老莊皆言有爲之害與無爲之益。無爲者，自然之大道也。自然之大道，本無所爲，故以無爲言之。聖人以自然爲法，效天道之無爲，故主張爲政之道，在無爲而治。天地生成萬物，雖千變萬化，而當作則作；聖人教化萬民，雖亦千變萬化，而當行則行，即此聖人法天道之無爲者也。宋常星曰：「天地司其覆載；聖人司其教化，聖人之德，便是天地之元氣。天地以無心而運化；聖人以無爲而教民。天地以不言而善應；聖人以寂靜而感通。所以處無爲者，蓋因不待爲而事始成。」（註二九二）是以老莊之政治論，皆主無爲也。

二、軍事論之比較

㈠老子言「用兵」之道

江瑔讀子卮言曰：「道家沈機觀變，最精於謀，若施之於戰陣之間，天下遂莫與敵。如太公之言曰：『鷙鳥將擊，其勢必伏，至人將動，必有愚色。』此卽兵家示敵以弱之術也。老子之言曰：『將欲翕之，必固張之；將欲奪之，必固與之』，此卽兵家餌敵之策也。又曰：『知其雄，守其雌』，此卽兵家知己知彼，百戰百勝之道也。……大抵道家之術最堅忍而陰鷙，兵家卽師其術以用兵。」胡哲敷老莊哲學曰：「道家以慈爲主，並不如此陰鷙，惟太公確爲陰鷙有謀的兵家，然已不是純正的道家了。」實則老子反對戰爭，但對保國衞民之戰，却言之甚精，玆就其用兵之動機，用兵之原因，用兵之目的，用兵之原則，用兵之方略，說明如下：

1.用兵之動機

老子曰：

「夫慈以戰則勝，以守則固。天將救之，以慈衞之。」（註二九二）

按：宋常星曰：「戰者，聖人不得已而應之也。聖人本不以戰勝爲心也。人之戰者，戰之以兵。守者，守之以兵。惟聖人之戰，戰之以慈。聖人之守，守之以慈。不求勝而自勝，人之兵終不能勝之矣。終不能勝者，因慈勇之兵，能以德勝人，不以兵勝人故也。文中言，夫慈以戰則勝，以守則固，蓋是此義。」（註二九三）用兵之動機在「慈」，故以「慈」而戰則勝，以「慈」而守則固。天將救民，聖人以「慈」衞民，聖人之心與天爲一，實不得已而用兵，故「仁慈」者無敵矣。

2.用兵之原因

老子曰：

「夫佳兵者，不祥之器，物或惡之，故有道者不處。君子居則貴左，用兵則貴右。兵者不祥之器，非君子之器，不得已而用之，恬淡爲上。勝而不美，而美之者，是樂殺人。夫樂殺人者，則不可得志於天下矣。吉事尙左，凶事尙右，偏將軍居左，上將軍居右，言以喪禮處之。殺人之衆，以悲哀泣之，戰勝以喪禮處之。」（註二九四）

按：本章說明戰爭之禍害，然不得已而用兵，應以恬淡爲上，「恬淡者，言其心和平，不以功利爲美，而厭飽之意，既無貪功欲利之心，則雖勝而不以爲美。」（註二九五）故妄作於己，取勝於人，而不知兵者，乃爭之端也。故善於用兵者，不用名利之兵，惟以恬淡爲上。可知君子之用兵雖貴右，然實非其所樂用也。蓋兵者，乃不祥之器，故不以用兵爲心，可知老子言用兵之原因，在「不得已」。用兵之態度，則在以「恬淡爲上」。雖勝而不以爲美，美之者則是樂殺人，樂殺人者，則不可得志於天下矣。

3.用兵之目的

老子曰：

「以道佐人主者，不以兵强天下，其事好還，師之所處，荆棘生焉。大軍之後，必有凶年。善有果而已，不敢以取强。果而勿矜，果而勿伐，果而勿驕，果而不得已，果而勿强。物壯則老，是謂不道，不道早已。」（註二九六）

按：本章說明佐人主者，「不以兵强天下」，以其武力横行者，終將自食其果。然若有亂臣賊子，殘民害國，或遇敵國，侵略土地，不得已而須用兵者，唯「果而已。」果者，即不敢取强，以達其目的效果之謂也。可知「果而勿矜」者，乃謙卑用兵，而不驕矜之義。「果而勿伐」，乃遜讓用兵，而不自稱其功之義。「果而勿驕」，乃順天用兵，而不驕詐之義。「果而不得已」，言用兵無好勝之心，亦不敢取强，必不得已而後用之。以上四者，皆不敢取强之道也。憨山大師曰：「取强者，速敗之道。且物壯甚則易老，況兵强乎？……兵强亦然，故曰是謂不道，不道早已。已者，絕也。又已者，止也。言既知其爲不道，則當速止而不可再爲也。」（註二九七）可知用兵之目的，在「果」而已。有道者不得已而用兵，惟在善用。善用兵者「果而已」，意謂收到保國衞民之效果而休止，而不敢取强也。故戒之曰：「勿矜」、「勿伐」、「勿驕」、「勿强」。以「道」輔助人君者，不以兵逞强於天下，如以武力横行，終將自食其惡果矣。

4. 用兵之原則

老子曰：

「用兵有言：『吾不敢爲主，而爲客；不敢進寸，而退尺。』是謂行無行；攘無臂；扔無敵；執無兵。禍莫大於輕敵，輕敵幾喪吾寶。故抗兵相加，哀者勝矣。」（註二九八）

按：本章說明用兵之道，宜後宜退，能以不輕敵取勝。故言「吾不敢爲主，而爲客，不敢進寸，而退尺。」憨山大師曰：「不敢爲主者，言其本無好殺之心，今雖迫不得已而應之，然亦聽之待之，若可已則已。以無心於功利，故絕無爭心，所以進之難而退之易，故曰不敢進寸而退尺。言身進而心不進，是以退心進也。」（註二九九）夫兵乃不祥之器，故用兵之道，宜後而不爭先，宜退而不爭進，其無輕敵之意，且無好殺之心，乃可以致勝也。故「抗兵相加，哀者勝矣。」王弼注曰：「『抗』，舉也。『加』，當也。」（註三〇〇）林希逸曰：「哀者戚然不以用兵爲善，擊攻其鏜，踴躍用兵，則非哀者矣。」（註三〇一）故憨山大師曰：「抗兵，乃兩敵相當，不相上下，難於決勝。但有慈心哀之者，則自勝矣。何則，以天道好生，助勝於慈者也。」（註三〇二）可知用兵之原則在「不敢爲主而爲客，不敢進寸而退尺」，聖人用兵，必懷戒懼之心，不敢輕敵，以保全民命。不敢多殺，多殺則傷慈。故兩軍相當，以慈衞民者則勝矣。

5. 用兵之方略

老子曰：

「善爲士者不武，善戰者不怒，善勝敵者不與。」（註三〇三）

按：此言用兵之方略，在不爭而勝。憨山大師曰：「善於爲士者不用武，善於戰者不在怒，善於勝敵者不必爭，卽前所云以慈用兵也。意謂武怒爭三者，獨兵事所必用，若用之而必死，故善者皆不用。」（註三〇四）夫天道不爭，而萬物自化，聖人不爭，而萬民自順，故能不爭者，乃所以成其強，用兵不爭，則敵無不克矣。故曰：善爲將帥者，不逞武勇；善於作戰者，以靜應戰而不怒；善勝敵者，不與之爭鬥。此如兵家所謂「攻心爲上，攻城爲下也」。（註三〇五）

由上所述，可知老子雖言「用兵」之道，然其實則反對戰爭，唯在保國衞民，不得已之情況下，方主「用兵」矣。且其用兵，在以「慈」爲心，以恬淡爲上，而不以兵強天下，以兵強取者，則必敗矣。故其用兵宜後宜退，而不輕敵，自能不爭而勝矣。

(二)莊子言「去兵」之理

莊子曰：

「聖人以必不必，故无兵，衆人以不必必之，故多兵。順於兵，故行有求，兵恃之則亡。」（註三〇六）

「三軍五兵之運，德之末也。」（註三〇七）

「昔堯攻叢枝胥敖，禹攻有扈，國爲虛厲，身爲刑戮，其用兵不止，其求實無已，是皆求名實

者也。」(註三〇八)

按：郭象注曰：「理雖必然，猶不必之，斯至順矣。兵其安有。」故聖人「无兵」，雖有兵，亦不可恃，「兵恃之則亡」，且三軍五兵，乃德之末也，有德之君，自不應興軍强兵。故堯禹之用兵，憨山大師曰：「二聖自以爲仁，將除暴救民，是皆求爲仁之實無已，故用兵不止，以此好名，以滋殺戮。求仁之名，而行殺伐，名成而實喪矣。」(註三〇九)故好起兵戈，征伐他國者，終必使其人民絕滅，身遭刑戮，故莊子主張「去兵」。

㈢結　語

老子思想是帝王學，故言用兵之道，莊子思想是心性修鍊之學，故不言用兵，此兩者所異也。大宗師篇曰：

「聖人之用兵也，亡國而不失人心，利澤施乎萬世，不爲愛人。」

按：憨山大師曰：「言聖人無心御世，與天地合德，假而用兵，卽亡人之國而不失人心。本無殺伐之心也，縱恩施萬世，原非有意愛人也，所謂天生天殺之意也。」(註三一〇)此乃莊子述說聖人用兵之觀念，其本無殺伐之心，然若假而用兵，亦能與天地合德，無爲御世，故其德能施萬物而不失人心，並非莊子主張「用兵」也。夫用兵不止，求實无已者，其國必爲虛厲，其身必遭殺戮，此乃莊子言「去兵」之理也。其與老子言「用兵」之道，兩者觀念實有所不同矣。

三、禮法論之比較

道家主清靜無爲，以「無爲」治天下，而其於「禮法」之觀念又如何？茲就老莊所言者，比較如下：

㈠禮法起源說之比較

老子曰：

「失道而後德，失德而後仁，失仁而後義，失義而後禮。夫禮者忠信之薄而亂之首。前識者道之華，而愚之始。」（註三一一）

莊子曰：

「失道而後德，失德而後仁，失仁而後義，失義而後禮。禮者道之華，而亂之首。」（註三一二）

按：憨山大師曰：「此言世降道衰，失眞愈遠，教人當返其本也。所言道，乃萬物之本。德乃成物之功。……道無眞僞，而德則有眞有僞矣，此世數淳薄之辨也。德又下衰，……於是始有仁義之名，……此又下衰，仁義之下，則禮爲上矣。禮則但以虛名爲尚，不復知有仁義，……此所以爲忠信之薄，而亂之首也。故其德下衰，至此已極，聖人亦無可爲天下之具矣。故失道而後德，失德而後仁。失仁而後義。失義而後禮。故禮乃忠信之薄，爲亂之首也。所以愈流愈下者，乃用智之過也。」（註三一三）

由此可知，「禮」乃道德失後，於仁義之下，而後有之者也。故禮是忠信之不足，而爲禍亂之開端，是皆起於失道愈遠所致。而其愈流愈下者，乃用智之過也。老莊皆以「道」爲宇宙萬物之本源，而「禮」之起源，又爲失道愈遠所致，故「禮」爲「道之華」，「亂之首」。「禮」既爲亂之首，又豈能以「禮」治天下者哉？故老莊皆主張去「禮法」，此兩者之所同也。

㈡去禮法觀念之比較

老莊皆以「禮」之起源，在於大道之廢，故世道人心，漸失其眞，失眞愈遠，衰敗愈甚。太古以道德爲尊，仁義次之，愈流愈下，禮乃忠信之薄，而爲禍亂之開端。故老莊皆主張去「禮法」，唯有去「禮法」，方能去亂之源，憨山大師曰：「所以愈流愈下者，乃用智之過也。」可知仁義禮法之形成，皆因失道後，用智之過，故欲去此仁義禮法，首須「絕聖棄智」，唯有如此，方能使人返樸歸眞。茲將老莊去禮法之主張，分述如下：

老子觀念以爲帝王應淸靜無爲治理天下，故主張棄去仁義禮法，返其本眞。而仁義禮法之產生，在於「聖」人用「智」之過，故老子又主張「絕聖棄智」，其言曰：

「絕聖棄智，民利百倍；絕仁棄義，民復孝慈；絕巧棄利，盜賊無有。」（註三一四）

「以正治國，以奇用兵，以無事取天下。吾何以知其然哉？以此：天下多忌諱，而民彌貧，朝多利器，國家滋昏；人多技巧，奇物滋起；法令滋彰，盜賊多有。故聖人云：我無爲而民自化；

我好靜而民自正；我無事而民自富；我無欲而民自樸。」（註三一五）

按：蔣錫昌曰：「聖者創制立法，智者舞巧弄詐。」（註三一六）憨山大師曰：「中古聖人，將謂百姓不利，乃爲斗斛權衡符璽仁義之事，將利於民，此所謂聖人之智巧矣。殊不知民情日鑿，因法作奸，就以斗斛權衡符璽仁義之事，竊以爲亂。方今若求復古之治，須是一切盡去，端拱無爲，而天下自治矣。且聖智本欲利民，今既竊以爲亂，反爲民害，棄而不用，使民各安其居，樂其業，則享百倍之利矣。且仁義本爲不孝不慈者勸，今既竊之以爲亂，苟若棄之，則民有天性自然之孝慈可復矣。」（註三一七）故老子主張「絕聖棄智」、「絕仁棄義」。聖與智，雖是用以治世者，但以聖智治國，卽是「有爲而治」，有爲而治則不免擾民，故聖王治民，能無爲而化，絕棄「聖智」，「仁義」、「巧利」，人民便可恢復天性，返其眞樸，故曰：「民利百倍」，「民復孝慈」，「盜賊無有」。可知聖人應以無事治理天下。其所言之「忌諱」，「利器」，「技巧」，「法令」，皆爲有事，以其有事，故「民彌貧」，「國家滋昏」，「奇物滋起」，「盜賊多有」。聖人「無爲」、「好靜」、「無事」、「無欲」，故能「民自化」，「民自正」，「民自富」，「民自樸」。由老子「絕聖棄智」、「絕仁棄義」之言，可推知其於「禮法」，亦主去之，蓋因「禮」於仁義之下流，且又爲亂之首，由此可知老子主張去「禮法」矣。

莊子曰：

「說仁邪？是亂於德也？說義邪？是悖於理也？說禮邪？是相於技也？說樂邪？是相於淫也？

……豈直過也？而去之邪？」（註三一八）

「禮義法度，應時而變者也。今取猨狙而衣以周公之服，彼必齕齧挽裂，盡去而後慊。」（註三一九）

「君人者，以己出經式義度……是欺德也。」（註三二〇）

「通乎道，合乎德，退仁義，賓禮樂，至人之心有所定矣。」（註三二一）

「禮者世俗之所爲也，眞者所以受於天也，自然不可易也。」（註三二二）

「殫殘天下之聖法，而民始可與論議。……法之所無用也。」（註三二三）

按：成玄英疏曰：「德無憎愛，偏愛故亂德；理無是非，裁非故逆理。禮者，鶩跽曲拳，節文隆殺。……說禮乃助浮華技能，愛樂更助宮商淫聲。」（註三二四）故仁義禮樂，自當盡去。蓋其皆應時而變者也。郭象注曰：「彼以爲美而此或以爲惡，故當應時而變，然後皆適也。」成玄英疏曰：「帝王之迹，蓋無常準，應時而變，不可執留，豈得膠柱刻船，居今行古也……是以禮服雖華，猨狙不以爲美；聖迹乃貴，末代不以爲尊，故毀禮服，猨狙始慊其心，棄聖迹，蒼生方適其性。」（註三二五）故君人者，所出之禮義法度，皆不足以爲常，且亦爲欺德之行也。故吾人若爲仁義禮法所黜，自不能遊於逍遙自得之途也。所以莊子亦主張「退仁義」，「擯禮樂」，攘棄仁義禮法，「天下之德始玄同矣。」郭象注曰：「去其亂群之率，則天下各復其所而同於玄德也。」（註三二六）莊子曰：「法之無所用」，成玄英疏曰：「夫率性而動，動必由性，此法之妙也。而曾史之徒，以己引物，既無益於當世，翻有損於將來，雖設此法，終無所用也。」法既無用，故莊子主張殫殘天下之聖法。吾人不喪其眞，而率性全理，自能與道混同也。由此可知，莊子主張棄去仁義禮法，以合於道德之境，此與老子主張「絕聖去智」以去禮法之觀念相同矣。

(三)結　語

由以上所述可知，老莊政治思想皆主「無爲」，故於禮法之觀念，皆以其爲道之華，亂之首，主張盡去之，以使人返其眞樸，遊於大道。又禮法之行，乃聖人毀道德之過也，故老莊皆有「絕聖棄智」之言。聖人之心，常處虛靜，不自知其聖，聖之名故久；不自知其智，智之用故大。其心意中之聖智巧利能去，自不以禮樂治國，而能使「民利百倍」，「盜賊無有」，「天下大治」，故知老莊「絕聖棄智」，「殫棄禮法」，以達「無爲而治」之觀念，兩者相同矣。

四、理想社會之比較

人皆有「止於至善」之理想，故無論世界文明如何進步，總無法慊人之欲。古往今來，無數思想家、政治家，皆希望有一理想國家，能滿人之欲，足人之求，人人各得其樂。如陶淵明之桃花源，柏拉圖之烏托邦，以至老子之小國寡民，及莊子之至德之世，皆是其心中之理想社會，茲就老莊之理想社會，比較異同如下：

㈠物質文明之比較

老子之理想國家是小國寡民，其言曰：

「小國寡民，使民有什伯之器而不用，……雖有舟輿，無所乘之；雖有甲兵，無所陳之。」（註三二七）

按：俞樾曰：「『什伯之器』乃兵器也。」（註三二八）憨山大師曰：「舟輿，水陸之具，不遠徙，故雖有舟車無所用。不尙爭，故雖有甲兵無所陳。」（註三二九）國小民寡，縱有兵器亦不用，因與鄰國能共處於淸靜，各安於儉樸。雖有舟輿，以便水陸之行，然其心淸靜無爲，不假於外物，不爲物所役，亦因其不遠徙，而無須乘之。又國小民寡者，人人自安其居，故雖有甲兵，自無須甲護，以襲人之國。老子設此一理想社會，人人各安於自然，各享其無事，故雖有物質之設，亦不有心用之，而能任其不用，自得其樂矣。

莊子曰：

「彼民有常性，織而衣，耕而食，是謂同德，一而不黨，命曰天放，故至德之世，其行塡塡，其視顚顚。當是時也，山無蹊隧，澤無舟梁，萬物群生，連屬其鄉，禽獸成群，草木遂長，故其禽獸可係羈而遊，鳥雀之巢，可攀援而闚。夫至德之世，國與禽獸居，族與萬物並，惡乎知君子小人哉？」（註三三〇）

按：郭象注曰：「夫民之德，小異而大同，故性之不可去者，衣食也。事之不可廢者，耕織也。此天下之所同而爲本者也，守斯道者，無爲之至也。」（註三三一）成玄英疏曰：「夫太上淳和之世，遂初至德之時，心旣遺於是非，行亦忘乎物我。所以守眞內足，塡塡而處無爲；自不外求，顚顚而游於虛淡。」（註三三二）故至德之世，「人知守分，物皆淳樸，不伐不奪，徑道所以可遺，莫往莫來，船橋於是乎廢。」（註三三三）故曰：「山无蹊隧，澤无舟梁」。此與老子所言「有什伯之器而不用，雖有舟輿，無所乘之，雖有甲兵，無所陳之」，兩者所言物質文明有所不同矣。

㈡精神境界之比較

老子曰：

「小國寡民，……使民重死而不遠徙。……使民復結繩而用之。甘其食，美其服，安其居，樂其俗，鄰國相望，雞犬之聲相聞，民至老死，不相往來。」（註三三四）

按：憨山大師曰：「不用智，故可使結繩而用之如太古矣。民各自足其足，絕無外慕之心，不事口體，故以尋常衣食爲甘美，以平居里俗爲安樂，日與鄰國雞狗相聞，至近之地，民至老死而不相往來。如此，則淳樸之至，乃太古之化也。」（註三三五）可知老子所言小國寡民之社會，民心純樸無爲，故能結繩爲用，而民自化。安於自然，不求異物之味，華靡之飾，故能「甘其食，美其服」。無求宮室之美，趨附世俗之好，故能「安其居，樂其俗」。鄰國相近，雞犬相聞，然民重死，而不遠徙，故至老死，亦不相往來，而能各安於無爲，共處於清靜矣。憨山大師曰：「老子所言，疾當時之弊，皆有爲用智剛強，好爭尙利，自私奉己，而不恤於民。故國亂民貧，而愈難治。所以治推上古，道合無爲，全篇所論，不出于此，蓋立言之旨也。」（註三三六）由此可知老子所言理想之精神境界矣。所謂「有什伯之器而不用」者，言其無爲而治也。「民重死而不遠徙」者，言安其居，樂其俗也。「雖有甲兵無所陳之」者，言謙下不爭，以慈爲本也。「使民結繩而用之」者，言棄智返樸也。「甘其食美其服」者，言生活富裕也。「安其居，樂其俗，鄰國相望，雞犬之聲相聞，民至老死不相往來」者，言理想生活之精神境界也。

莊子曰：

「子獨不知至德之世乎？昔者容成氏、大庭氏、伯皇氏、中央氏、栗陸氏、驪畜氏、軒轅氏、赫胥氏、尊盧氏、祝融氏、伏戲氏、神農氏，當是時也，民結繩而用之，甘其食，美其服，樂其俗，安其居。鄰國相望，雞狗之音相聞，民至老死而不相往來，若此之時，則至治已。」（註三三七）

按：郭象注曰：「適故常甘，當故常美。若思侈麗，則無時慊矣。」（註三三八）成玄英疏曰：「止分，故甘；去華，故美；混同，故樂；恬淡，故安居也，境邑相比，相去不遠，雞犬吠聲，相聞相接，而性各自足，無求於世，卒於天命，不相往來，無爲之至。」（註三三九）可知莊子所言太古社會之氣象，就民德而言，亦敦厚淳樸，而能各得其清靜，各處於無爲，此種精神境界，乃同於老子之理想也。

㈢結　語

禮記禮運大同篇曰：

「昔者仲尼……喟然而歎……大道之行也，與三代之英，丘未之逮也，而有志焉。」

按：老莊傷今思古之情，與孔子同。然就人性而言，欲人由一高度文明之今日社會，回返至太古之簡陋社會，此為不可能。凡人皆有生存之欲望，為其生存，必擇其所居以安生。人性既同，故其擇地亦類同。由此可見，人自始卽有群居之習慣，既群居，則必有往來，此乃為其覓食與自衞也。故老莊欲人老死不相往來，此確為一理想而已，果能至此乎？所謂「一日之所需，百工斯為備」，吾人常於無形中，受他人之益，而不自知。故老莊理想國之生活方式，實不適於今日之社會。而今人在「思想」中，「心境」中，所要返者：就本體而言，當返歸常道，就知識而言，在使名相泯絕；就人生而言，當返歸太古時代民心之淳樸；就政治而言，則需返歸太古時代之清靜無為。蓋太古民情之純樸，實為今日之榜樣也。故老莊所言太古之生活方式，雖不適於返回今日，然太古民心之眞樸，實為今人道德修養與精神境界之所當倣效也。

【附　註】

註一　見牟宗三先生才性與玄理第六章。
註二　見嚴靈峯先生老子微旨例略。
註三　見李師勉莊子總論及分篇評注引。
註四　見古今文選第二百八十期。
註五　見陳澧東塾讀書記卷十二。
註六　見馮友蘭中國哲學史。
註七　見老子第二十五章。
註八　見老子道德經王弼注。
註九　見莊子大宗師篇。
註一〇　見莊子則陽篇。
註一一　見莊子大宗師篇成玄英疏。
註一二　見莊子則陽篇郭象注。
註一三　見莊子大宗師篇成玄英疏。
註一四　見老子第一章。
註一五　見莊子齊物論。
註一六　見王先謙莊子集解。
註一七　見老子第二十一章。
註一八　見莊子至樂篇。
註一九　見莊子天地篇。

註二〇　見莊子在宥篇。
註二一　見莊子齊物論。
註二二　見莊子大宗師。
註二三　見莊子天下篇。
註二四　見莊子內篇憨山註。
註二五　見老子道德經王弼注。
註二六　見吳澄道德眞經注。
註二七　見老子道德經王弼注。
註二八　見莊子齊物論篇成玄英疏。
註二九　見莊子大宗師篇成玄英疏。
註三〇　見老子第十四章。
註三一　見老子第四十二章。
註三二　見老子第四十章。
註三三　見莊子至樂篇。
註三四　見莊子齊物論。
註三五　見焦竑老子翼引。
註三六　見老子道德經王弼注。
註三七　見老子第三十九章。
註三八　見莊子大宗師篇。

註三九　見韓非子解老篇。
註四〇　見老子第一章與莊子天地篇。
註四一　見老子道德經王弼注。
註四二　見莊子天地篇成玄英疏。
註四三　見老子第三十四章。
註四四　見老子第五十一章。
註四五　見老子道德經王弼注。
註四六　見莊子知北遊篇。
註四七　見莊子知北遊篇成玄英疏。
註四八　參閱吳怡道家思想的精神及其流變。
註四九　見梁啓超老子哲學。
註五〇　見章太炎演講錄。
註五一　見王協老子研究引。
註五二　見胡適中國古代哲學史。
註五三　見徐復觀中國人性論史。
註五四　見老子第二十五章。
註五五　見老子第三十三章。
註五六　見老子第十六章。
註五七　見老子第五十五章。

註五八　見老子道德經王弼注。
註五九　見老子第二十七章。
註六〇　見老子第五十二章。
註六一　見老子道德經憨山解。
註六二　見奚侗老子集解。
註六三　見吳澄道德眞經注。
註六四　見莊子齊物論。
註六五　仝右。
註六六　仝右。
註六七　見莊子胠篋篇。
註六八　見王先謙莊子集解。
註六九　見莊子胠篋篇成玄英疏。
註七〇　見莊子齊物論。
註七一　見莊子大宗師。
註七二　見莊子齊物論篇郭象注。
註七三　見莊子大宗師篇成玄英疏。
註七四　見老子第三章。
註七五　見老子第十八章。
註七六　見老子第七十五章。

註七七　見老子道德經王弼注。
註七八　見范應元老子道德古本集註。
註七九　見王純甫老子億。
註八〇　見嚴靈峯老子章句新編。
註八一　見老子第十九章。
註八二　見老子第六十五章。
註八三　見老子道德經王弼注。
註八四　見范應元老子道德古本集註。
註八五　見徐復觀中國人性論史。
註八六　見莊子庚桑楚篇。
註八七　見莊子胠篋篇。
註八八　見莊子庚桑楚篇郭象注。
註八九　見莊子庚桑楚篇與胠篋篇成玄英疏。
註九〇　見老子第二章。
註九一　見老子第五十六章。
註九二　見莊子天道篇。
註九三　見莊子知北遊篇。
註九四　見老子道德經憨山解。
註九五　見莊子齊物論篇郭象注。

註九六　見莊子齊物論篇成玄英疏。
註九七　見莊子齊物論篇。
註九八　見莊子應帝王篇。
註九九　見莊子知北遊篇。
註一〇〇　見莊子齊物論篇郭象注。
註一〇一　見莊子知北遊篇成玄英疏。
註一〇二　見老子第六十四章。
註一〇三　見莊子庚桑楚篇。
註一〇四　見老子道德經王弼注。
註一〇五　見老子道德經憨山解。
註一〇六　見老子第二十章。
註一〇七　見老子道德經河上公注。
註一〇八　見老子第四十八章。
註一〇九　見老子道德經河上公注。
註一一〇　見蔣錫昌老子校詁。
註一一一　見老子第四十七章。
註一一二　見老子道德經王弼注。
註一一三　見莊子天道篇。
註一一四　見莊子天運篇。

註一一五　見莊子天道篇郭象注。
註一一六　見莊子天道篇成玄英疏。
註一一七　見莊子徐无鬼篇。
註一一八　見莊子養生主篇。
註一一九　見莊子大宗師篇。
註一二〇　見莊子寓言篇。
註一二一　見莊子齊物論。
註一二二　仝右。
註一二三　見老子第六十四章。
註一二四　見老子第六十三章。
註一二五　見老子道德經憨山解。
註一二六　見莊子寓言篇。
註一二七　見莊子寓言篇郭象注。
註一二八　見莊子寓言篇成玄英疏。
註一二九　見莊子齊物論篇。
註一三〇　仝右。
註一三一　見莊子養生主篇。
註一三二　見莊子大宗師篇。
註一三三　見莊子秋水篇。

註一三四　見莊子齊物論篇成玄英疏。
註一三五　見莊子山木篇。
註一三六　見老子第七章。
註一三七　見老子第六十六章。
註一三八　見老子第三十九章。
註一三九　見老子第六十一章。
註一四〇　見老子道德經河上公注。
註一四一　見老子道德經憨山解。
註一四二　仝右。
註一四三　見莊子齊物論篇。
註一四四　仝右。
註一四五　見莊子秋水篇。
註一四六　見莊子齊物論篇郭象注。
註一四七　見莊子齊物論篇成玄英疏。
註一四八　見莊子內篇憨山註。
註一四九　見莊子齊物論篇。
註一五〇　仝右。
註一五一　仝右。
註一五二　見馬其昶莊子故。

註一五三　見老子第十五章。
註一五四　見老子第三十三章。
註一五五　見老子第三十七章。
註一五六　見老子第五十七章。
註一五七　見老子道德經憨山解。
註一五八　仝右。
註一五九　見老子第十章。
註一六〇　見老子第二十章。
註一六一　見老子第二十八章。
註一六二　見老子第四十九章。
註一六三　見老子第五十五章。
註一六四　見老子道德經王弼注。
註一六五　見老子道德經憨山解。
註一六六　見莊子達生篇。
註一六七　見莊子人間世篇。
註一六八　見莊子達生篇。
註一六九　見莊子達生篇與人間世篇成玄英疏。
註一七〇　見王夫之莊子解。
註一七一　見莊子養生主篇成玄英疏。

註一七二　見莊子在宥篇成玄英疏。
註一七三　見莊子庚桑楚篇。
註一七四　見老子第十二章。
註一七五　見老子第二十章。
註一七六　見老子第四十四章。
註一七七　見老子第四十六章。
註一七八　見老子道德經憨山解。
註一七九　見宋常星道德經講義。
註一八〇　見老子道德經憨山解。
註一八一　見莊子繕性篇。
註一八二　見莊子天地篇。
註一八三　見王先謙莊子集解引。
註一八四　仝右。
註一八五　見莊子繕性篇成玄英疏。
註一八六　見老子第十九章。
註一八七　見莊子山木篇。
註一八八　見宋常星道德經講義。
註一八九　見老子第三十七章。
註一九〇　見莊子齊物論篇。

註一九一　見老子道德經憨山解。
註一九二　見宋常星道德經講義。
註一九三　見莊子齊物論篇郭象注。
註一九四　仝右。
註一九五　見老子第十五章。
註一九六　見莊子人間世篇。
註一九七　見吳澄道德眞經注。
註一九八　見老子道德經憨山解。
註一九九　見莊子人間世篇郭象注。
註二〇〇　見老子第十六章。
註二〇一　見莊子山木篇。
註二〇二　見范應元老子道德古本集註。
註二〇三　見陳鼓應老子今註今譯。
註二〇四　見莊子山木篇成玄英疏。
註二〇五　見莊子山木篇郭象注。
註二〇六　見宋常星道德經講義。
註二〇七　見老子第五十七章。
註二〇八　見莊子天地篇。
註二〇九　見宋常星道德經講義與莊子天地篇成玄英疏。

註二一〇　見老子第二十六章。

註二一一　見老子第四十五章。

註二一二　見老子第六十一章。

註二一三　見老子第四十章。

註二一四　見老子第四十三章。

註二一五　見老子第七十六章。

註二一六　見老子道德經憨山解。

註二一七　見宋常星道德經講義。

註二一八　見老子第四十二章。

註二一九　見老子第五十二章。

註二二〇　見宋常星道德經講義。

註二二一　見老子第七十八章。

註二二二　見老子道德經憨山解。

註二二三　見老子第三十六章。

註二二四　見莊子人間世篇。

註二二五　見宋常星道德經講義。

註二二六　見莊子人間世篇成玄英疏。

註二二七　見莊子人間世篇。

註二二八　見老子第八章。

註二二九　見老子第六十八章。
註二三〇　見老子第七十三章。
註二三一　見老子道德經憨山解。
註二三二　見老子第九章。
註二三三　見老子第二十二章。
註二三四　見莊子山木篇。
註二三五　見老子道德經憨山解。
註二三六　見莊子山木篇郭象注。
註二三七　見莊子山木篇成玄英疏。
註二三八　見老子第八十一章。
註二三九　見莊子田子方篇。
註二四〇　見宋常星道德經講義。
註二四一　見王先謙莊子集解。
註二四二　見老子第五十六章。
註二四三　見老子第三十六章。
註二四四　見老子第七十三章。
註二四五　見莊子人間世篇。
註二四六　仝右。
註二四七　見莊子人間世篇成玄英疏。

註二四八　見漢書藝文志諸子略。
註二四九　見莊子山木篇。
註二五〇　見老子第二十五章。
註二五一　見老子第三十七章。
註二五二　見老子第二十九章。
註二五三　見老子第七十五章。
註二五四　見莊子應帝王篇。
註二五五　仝右。
註二五六　見老子第三章。
註二五七　見老子第四十九章。
註二五八　見老子第六十四章。
註二五九　見老子第三十二章。
註二六〇　見老子第三十七章。
註二六一　見老子第三十九章。
註二六二　見老子第三十八章。
註二六三　見老子第四十八章。
註二六四　見老子第五十八章。
註二六五　見老子第六十三章。
註二六六　見莊子知北遊篇。

註二六七　見莊子天道篇。

註二六八　見莊子至樂篇。

註二六九　見莊子應帝王篇。

註二七〇　見老子第五章。

註二七一　見莊子齊物論篇。

註二七二　見莊子大宗師篇。

註二七三　見莊子庚桑楚篇。

註二七四　見老子道德經王弼注。

註二七五　見老子道德經河上公注。

註二七六　見老子道德經憨山解。

註二七七　見老子第五十七章。

註二七八　見莊子天地篇。

註二七九　見老子道德經憨山解。

註二八〇　見老子第二章。

註二八一　見莊子知北遊篇。

註二八二　見陳鼓應老子今註今譯引。

註二八三　見老子道德經憨山解。

註二八四　見宋常星道德經講義。

註二八五　見莊子知北遊篇。

註二八六　見老子第四十八章。
註二八七　見莊子知北遊篇。
註二八八　見蔣錫昌老子校詁。
註二八九　見老子道德經憨山解。
註二九〇　見莊子知北遊篇郭象注。
註二九一　見宋常星道德經講義。
註二九二　見老子第六十七章。
註二九三　見宋常星道德經講義。
註二九四　見老子第三十一章。
註二九五　見老子道德經憨山解。
註二九六　見老子第三十章。
註二九七　見老子道德經憨山解。
註二九八　見老子第六十九章。
註二九九　見老子道德經憨山解。
註三〇〇　見老子道德經王弼注。
註三〇一　見林希逸老子口義。
註三〇二　見老子道德經憨山解。
註三〇三　見老子第六十八章。
註三〇四　見老子道德經憨山解。

註三〇五　見徐文助孫子研究。
註三〇六　見莊子列禦寇篇。
註三〇七　見莊子天道篇。
註三〇八　見莊子人間世篇。
註三〇九　見莊子內篇憨山註。
註三一〇　仝右。
註三一一　見老子第三十八章。
註三一二　見莊子知北遊篇。
註三一三　見老子道德經憨山解。
註三一四　見老子第十九章。
註三一五　見老子第五十七章。
註三一六　見蔣錫昌老子校詁。
註三一七　見老子道德經憨山解。
註三一八　見莊子在宥篇。
註三一九　見莊子天運篇。
註三二〇　見莊子應帝王篇。
註三二一　見莊子天道篇。
註三二二　見莊子漁父篇。
註三二三　見莊子胠篋篇。

註三二四　見莊子在宥篇郭象注。
註三二五　見莊子天運篇郭象注與成玄英疏。
註三二六　見莊子胠篋篇郭象注。
註三二七　見老子第八十章。
註三二八　見俞樾老子平議。
註三二九　見老子道德經憨山解。
註三三〇　見莊子馬蹄篇。
註三三一　見莊子馬蹄篇郭象注。
註三三二　見莊子馬蹄篇成玄英疏。
註三三三　仝右。
註三三四　見老子第八十章。
註三三五　見老子道德經憨山解。
註三三六　仝右。
註三三七　見莊子胠篋篇。
註三三八　見莊子胠篋篇郭象注。
註三三九　見莊子胠篋篇成玄英疏。

第二節　孔莊異同之探究

儒家之人生哲學，特重「倫理」表現，此卽人與人相互關係之行爲表現。中庸曰：「天下之達道五：君臣也、父子也、夫婦也、昆弟也、朋友之交也，五者，天下之達道也。」禮記禮運篇曰：「父慈、子孝、兄良、弟悌、夫義、婦聽、長惠、幼順、君仁、臣忠。」孟子滕文公上曰：「父子有親、君臣有義、夫婦有別、長幼有序、朋友有信。」由以上中庸之「五道」、禮運之「十義」、孟子之「五倫」，可知儒家之人生哲學，乃一「倫理」之人生哲學。孔子亦曰：「君君臣臣，父父子子。」（註一）此乃孔子正名之觀念。由此推知，人須盡人道，故父盡父道，子盡子道，君盡君道，臣盡臣道，可知孔子對於倫常觀念之重視。玆就論語中，「仁忠孝」等德目之義與莊學觀念之異同，比較如下：

壹　孔莊言「仁」之比較

孔子爲儒家之宗師。其中心思想在「仁」。仁者人也，所以爲人之道也。玆就其所論之「仁」與莊學之異同，比較如下：

一、「仁」字意義之比較

何謂「仁」？「仁」之意義爲何？許愼說文曰：「仁，親也，从人二。」段注曰：「人耦，猶言爾我親密之詞。獨則無耦，耦則相親，故其字从人二。」又禮記中庸「哀公問政」章曰：「仁者人也。」由此可知，唯人有「仁」，然一人不得謂之「仁」，人與人之關係產生，彼此相親相敬，關係美滿，始可謂之「仁」。孔子對「仁」之解釋，見於論語，其言曰：

「樊遲問仁。子曰：『愛人。』」（註二）

「子貢曰：『如有博施於民，而能濟衆，何如？可謂仁乎？』子曰：『何事於仁？必也聖乎！堯、舜其猶病諸！夫仁者，己欲立而立人，己欲達而達人，能近取譬，可謂仁之方也已。』」（註三）

按：孔子以「愛人」釋「仁」，「愛人」之「人」，應指己身以外之「人」。己與人則爲二人，故有人與人之關係。人人能彼此相「愛」，關係自然美滿。許愼言「親也，从人二」，即有「愛」意。可知孔子以「愛人」釋「仁」，言簡而意賅。孔子言「愛人」之理，在己立立人，己達達人。以愛己之心推及於人，則人己之關係必然美滿和諧，斯可謂之「仁」矣。由此愛人之心，推而廣之，由「家」而「國」，由「國」而推及「天下」，斯乃「博施於民，而能濟衆」也。亦「仁者」「愛人」之極致表現矣。

莊子曰：

「商太宰蕩問仁於莊子。莊子曰：『虎狼，仁也。』曰：『何謂也？』莊子曰：『父子相親，何爲不仁？』曰：『請問至仁』莊子曰：『至仁無親。……夫道遺堯舜而不爲也，利澤施於萬世，天下莫知也，豈直太息而言仁孝乎哉！』」（註四）

按：「虎狼，仁也。」意謂如父子相親爲「仁」，則虎狼父子相親，亦可謂之「仁」矣。依此推論萬物能相親者，皆可謂之仁。此與儒家所言「仁者人也」，人耦相親之意異也。「至仁無親」，此乃莊子言「仁」之至境，即其所謂「道遺堯舜而不爲，利澤施於萬世，而天下莫知」者也。又按：齊物論曰：「大仁不仁」，「仁常而不成」。郭象注曰：「物無常愛，常愛則不周。」此謂「仁」若守滯一處，便不能周全，故曰：「大仁不仁」。「大仁」者之愛，在順其自然之性無心而爲之，故其愛自能周而不偏。此與孔子言「仁」者在「博施於民，而能濟衆」，欲將愛推及天下，使愛周遍之義略同也。莊子言「至仁」在順自然以全其周遍性，孔子言「仁」則重在人爲之立人達人，此其所以不同也。

二、「爲仁」觀念之比較

㈠孔子言「爲仁之用」

「仁」，乃孔子倫理學說之基本精神。論語中，論「仁」者，凡五十八章，「仁」字出現凡一百零五次，可知孔子論「仁」之詳切，亦可知其對「仁」之重視矣。（註五）故孔子教人要「志於仁」，其言曰：「苟志於仁，無惡矣。」吾人除心志於「仁」外，亦當愼擇其所處，期在潛移默化中，亦成爲「仁者」。其言又曰：「里仁爲美，擇不處仁，焉得知。」（註六）能與「仁者」共處，自當與之相親仁，相交友，是乃「汎愛衆而親仁」（註七），「友其士之仁者」（註八）。吾人能心「志於仁」，而「處仁」、「親仁」，以此「好仁」之心而「行仁」，則其所思、所言、所行，自能合於「仁」矣。

故孔子勉人「爲仁」，其言曰：

「若聖與仁，則吾豈敢，抑爲之不厭，誨人不倦，則可謂云爾已矣。」（註九）

按：此謂孔子「爲聖」、「爲仁」之志，永不懈怠，並以此誨人。又言：「有能一日用其力於仁矣乎？我未見力不足者。」（註一〇）可知「爲仁」不難，唯在「爲」與「不爲」而已。故「爲仁」則能「成仁」，所以人人當「爲仁」矣。而「爲仁」之用若何？玆歸納論語之言，述之如下：

1.表現於言色者

「司馬牛問仁。子曰：『仁者，其言也訒。』曰：『其言也訒，斯謂之仁已乎？』子曰：『爲之難，言之得無訒乎？』」（註一一）

「子曰：『剛毅木訥，近仁。』」（註一二）

「子曰：『巧言令色，鮮矣仁。』」（註一三）

按：行仁之事，貴在「爲」而不在「言」，故仁者之言，多爲「木訥」，其態度多爲「剛毅」，孔子云：「仁而不佞……，焉用佞。」（註一四）而巧言令色之徒，雖能博人歡心，然因其欲取悅於人，必多用巧心，故其內心涵養與行爲表現，自少有「愛人」之意，故曰：「巧言令色，鮮矣仁。」然爲仁者，其行事不以「巧言令色」取悅於人，必先「行」而後「言」，故其貌雖「剛毅木訥」，亦不害其「爲仁」，反有助其「仁」之表現。故曰：「剛毅木訥，近仁。」蓋因其能默默「爲仁」，故能「近仁」矣。

2.表現於行爲者

「『克伐怨欲不行焉，可以爲仁矣。』子曰：『可以爲難矣，仁則吾不知也。』」（註一五）

「樊遲問仁。子曰：『居處恭，執事敬，與人忠。雖之夷狄，不可棄也。』」（註一六）

「仲弓問仁。子曰：『出門如見大賓，使民如承大祭；己所不欲，勿施於人；在邦無怨，在家無怨。』仲弓曰：『雍雖不敏，請事斯語矣。』」（註一七）

「子張問仁於孔子。孔子曰：『能行五者於天下，爲仁矣。』請問之。曰：『恭、寬、信、敏、惠。恭則不侮，寬則得衆，信則人任焉，敏則有功，惠則足以使人。』」（註一八）

按：此謂「出門如見大賓，使民如承大祭」，卽言「恭」、「敬」二字。「己所不欲，勿施於人」，卽是「恕」字。「在邦無怨，在家無怨」，卽是「和」字。行爲表現，能「恭」、「敬」、「恕」、「和」，則人與人之關係，必然美滿。且孔子於「恭」外，又提出「寬」、「信」、「敏」、「惠」四者，此皆「爲仁」者之表現。至於表現於行爲者，尚有待於禮樂。孔子曰：

「子曰：『人而不仁，如禮何！人而不仁，如樂何！』」（註一九）

「顏淵問仁。子曰：『克己復禮爲仁。一日克己復禮，天下歸仁焉。爲仁由己，而由人乎哉？』顏淵曰：『請問其目。』子曰：『非禮勿視，非禮勿聽，非禮勿言，非禮勿動。』顏淵曰：『回雖不敏，請事斯語矣。』」（註二〇）

按：視、聽、言、動，皆合於禮，自能將「恭」、「敬」、「忠」、「恕」、「和」、「寬」、「信」、「敏」、「惠」等美德顯現於外，故爲仁者，自能行此美德，而使人群關係美滿矣。

3.表現於事業者

「子張問於孔子曰：『何如斯可以從政矣？』子曰：『尊五美，屏四惡，斯可以從政矣。』子張曰：『何謂五美？』子曰：『君子惠而不費，勞而不怨，欲而不貪，泰而不驕，威而不猛。』子張曰：『何謂惠而不費？』子曰：『因民之所利而利之，斯不亦惠而不費乎？擇可勞而勞之，又誰怨？欲仁而得仁，又焉貪？君子無衆寡，無小大，無敢慢，斯不亦泰而不驕乎？君子正其衣冠，尊其瞻視，儼然人望而畏之，斯不亦威而不猛乎？』……」（註二一）

「子曰：『……君子篤於親，則民興於仁；故舊不遺，則民不偷。』」（註二二）

「子曰：『知及之，仁不能守之，雖得之，必失之。知及之，仁能守之，不莊以涖之，則民不敬。知及之，仁能守之，莊以涖之，動之不以禮，未善也。』」（註二三）

「士不可以不弘毅，任重而道遠。仁以爲己任，不亦重乎？死而後已，不亦遠乎？」（註二四）

按：孔子言欲而不貪，斯可以從政，所謂「欲」，即是「欲仁」，爲仁者，於事業之表現首在「欲仁」，故能「惠而不費」、「勞而不怨」、「欲而不貪」、「泰而不驕」、「威而不猛」。「欲仁」者，自能「興於仁」，政治領袖能「篤於親」，而民「興於仁」，自能維繫人心，使其行爲表現無不善矣。以上所言，皆「爲仁之用」。能察其用，必可知「仁」之重要，亦可探求孔子倡「仁」之用意所在也。

㈡莊子言「去仁遊道」

莊子所重者，在順乎自然，蓋不以「仁」之名，約束人之行爲，故言「爲仁之蔽」，而教人攘棄仁義，遊乎大道。茲說明如下：

1.爲仁之蔽

莊子曰：

「枝於仁者，擢德塞性，以收名聲，使天下簧鼓，以奉不及之法，非乎？而曾史是已。」（註二五）

「始吾以聖知之言，仁義之行，爲至矣，吾聞子方之師，吾形解而不欲動，口鉗而不欲言，吾所學者，直土梗耳。」（註二六）

「屈折禮樂，呴俞仁義，以慰天下之心者，此失其常然也。」（註二七）

「仁義憯然乃憤吾心，亂莫大焉。吾子使天下無失其朴，吾子亦放風而動，總德而立矣，又奚傑然若負建鼓而求亡子者邪？」（註二八）

「堯既已黥汝以仁義，……汝將何以遊夫遙蕩恣睢轉徙之塗乎？」（註二九）

按：此謂標舉「仁」者，祇顧顯其德以收羅名譽，然卻因此蔽塞人之本性，使天下人如簧鼓般喧嘩以奉「仁」，然其所學之「仁」，直如土梗般粗賤而已，非眞道也。故矯舉「仁義」以慰天下之人心者，此乃使人失其本然之性也。且以「仁」損害本性，迷惑心智者，乃亂之大矣。若揭舉仁義，必使天下人喪失眞樸，蓋因仁義之教化，在毀人之本性，如同刑罰損人之形體；則吾人將何以遊於逍遙自在之境邪？此乃「爲仁」於人心之影響也。又莊子曰：

「自虞氏招仁義以撓天下也，天下莫不奔命於仁義，是非以仁義易其性與？」（註三〇）

「昔者黃帝始以仁義攖人之心，堯舜於是乎股無胈，脛無毛，以養天下之形，愁其五藏以爲仁義，矜其血氣以規法度，然猶有不勝也。堯於是放讙兜於崇山，投三苗於三峗，流共工於幽都，此不勝天下也；夫施及三王而天下大駭矣。」（註三一）

「仁義，先王之蘧廬也，止可以一宿而不可久處，覯而多責。」（註三二）

按：此謂在上者爲仁之蔽。故爲政者若揭舉仁義，勞心「爲仁」，雖欲求天下人形體之安適，然「猶有不勝也」，故至三王，天下仍紛擾不安，可知「爲仁」不能得其治，反益其亂矣，故曰仁義「止可一宿而不可久處」，覯槃仁義，則反招罪責矣，此與孔子言「爲仁之用」異矣。

2 去仁遊道

莊子察知「爲仁之蔽」，故教人攘仁去義。其言曰：

「故天下誘然皆生，而不知其所以生，同焉皆得，而不知其所以得，故古今不二，不可虧也，則仁義又奚連連如膠漆纆索，而遊乎道德之間爲哉，使天下惑也。」（註三三）

「及至聖人，蹩躠爲仁，踶跂爲義，而天下始疑矣，……道德不廢，安取仁義，……毀道德以爲仁義，聖人之過也。」（註三四）

「說仁邪，是亂於德也。」（註三五）

「夫孝悌仁義，忠信貞廉，此皆自勉以役其德者也，不足多也。」（註三六）

「夫仁義之行，唯且無誠，且假夫禽貪者器。」（註三七）

「失道而後德，失德而後仁，失仁而後義，失義而後禮。禮者道之華而亂之首也。」（註三八）

按：此謂不可以人爲之「仁」，損人之本性。今揭舉仁義，在「使天下惑」也，若因聖人爲仁，而使天下惑亂，使人因悅仁義而毀道德，此乃聖人之過也。故莊子要「尊道德而斥仁義」，悅仁者，乃亂德之始也，非但是虛僞之行，亦成貪求者之工具。故知「孝悌仁義、忠信貞廉」等德目，乃是勞役人性，毀其道德者，皆不足貴也。若道德不廢，安用仁義哉？故曰：「失道而後德，失德而後仁，失仁而後義，失義而後禮。」由以上所述，可知莊子主張「去仁」之理也，而莊子教人「去仁」，其目的在使人遊於道德之境，其言曰：

「攘棄仁義，而天下之德始玄同矣。」（註三九）

「屬其性乎仁義者，雖通如曾史，非吾所謂臧也。……吾所謂臧者，非仁義之謂也，臧於其德

而已矣，吾所謂臧者，非所謂仁義之謂也，任其性命之情而已矣。」（註四〇）

按：成玄英疏曰：「物不喪眞，人皆自得，率性全理，故與玄道混同。」擴棄仁義，在使人保其眞性，而自得其樂，與道混同矣。故莊子以爲「仁義」非善也，其善者在能自得而任從性命之眞情，以達於道德之域者。故主張「去仁遊道」，此與孔子倡「爲仁之用」，實相背而馳也。

貳　孔莊言「忠」之比較

一、孔子言「忠」之義

論語言忠，其義有三：一曰修己，二曰待人，三曰事君，玆分別述之：

(一)忠以修己

論語曰：

「子曰：『參乎！吾道一以貫之。』曾子曰：『唯。』子出，門人問曰：『何謂也？』曾子曰：『夫子之道，忠恕而已矣。』」（註四一）

「吾日三省吾身，爲人謀而不忠乎？與朋友交而不信乎？傳不習乎？」（註四二）

「子曰：君子不重則不威，學則不固，主忠信，無友不如己者，過，則勿憚改。」（註四三）

按：朱熹注曰：「盡己之謂忠，推己及人之謂恕。」劉寶楠論語正義曰：「己立己達，忠也，立人達人，恕也，二者相因，無偏用之勢。」由朱熹與劉寶楠二人釋「忠」之義，可知所謂「盡己」、「己立己達」，皆屬於個人內心之涵養，此乃「修己」之道，由己而推之於人，其理無不貫矣。蓋孔子之道，雖千端萬緒，然就其一貫而言之，唯「忠恕」二義而已矣。據此可知，「忠」乃屬一內心之涵養，故曾子在論修身之道時，卽以日常三事反省其身，有則改之，無則嘉勉，而於此三者又以「忠」爲首，曾子以「忠」自省，可知「忠」於人內心之修養，豈可輕忽哉？故孔子言君子自修之道，曰：「主忠信」，朱熹集注曰：「人不忠信，則是皆無實，爲惡則易，爲善則難，故學者必以是爲主焉。」言爲人修身之道，當以忠信爲主，故曾子要以「忠信」反省其身也。

㈡忠以待人

由「忠」之內心涵養，再推及於「待人」之道，亦當以忠，子路篇樊遲問仁，子曰：

「居處恭，執事敬，與人忠，雖之夷狄，不可棄也。」

按：此乃孔子敎樊遲求仁之道，在「居處恭，執事敬，與人忠」，於此三者，無論在何地，皆須守而勿失，此乃「仁」之基本要件也。「仁」字从人二，故有人與人之關係，而所言「與人忠」者，卽「以忠心待人」之義。以忠心待「人」，則人際關係自然產生，故此爲「仁」之基本條件。據此可證，孔子一貫之道，唯在「忠恕」之義也。

㈢忠以事君

由「忠」之內心涵養，用之於「待人」之道，推而廣之於事君之上，亦當以「忠」爲主。論語八佾篇孔子答魯定公問曰：

「臣事君以忠。」

又公冶長篇子張問曰：

「『令尹子文三仕爲令尹，無喜色，三已之，無慍色，舊令尹之政，必以告新令尹，何如？』

子曰：『忠矣。』」

按：孔子以「忠」許之於令尹子文，乃因其能「致其身」而「敬其事」，三仕三已而無慍色，仍能「盡己」之所知，以告新令尹，故許之以「忠」。朱熹集注曰：「其爲人也，喜怒不形，物我無間，知有其國而不知有其身，其忠盛矣。」能盡己以事君，以忠心待君則可謂之「忠」矣。故孔子曰：「臣事君以忠。」總觀上文，孔子所言之忠，其義有三：以「忠」修己、以「忠」待人、以「忠」事君，可知其所言之「忠」，涵義深廣，亦可知孔子倡「忠」之理也。

二、莊子言「忠」之義

莊子言「忠」，其義有二：以人理觀之，事君當「忠」貞，故主忠君。以天道觀之，「忠」實不足貴，故主去忠，茲分別說明如下：

㈠「人理」貴忠

莊子曰：

「眞在內者，神動於外，是所以貴眞也。其用於人理也，事親則慈孝；事君則忠貞；飲酒則歡樂；處喪則悲哀。忠貞以功爲主。」（註四四）

「廷無忠臣，國家昏亂，工技不巧，貢職不美，春秋後倫，不順天子，諸侯之憂也。」（註四五）

「夫事其君者，不擇事而安之，忠之盛也……爲人臣子者，固有所不得已，行事之情，而忘其身，何暇至於悅生而惡死？」（註四六）

按：莊子以人理言忠，因人處在人世之中，自離不開「人事」，故言君臣關係時，臣之事君，亦當以「忠」爲主，成玄英疏曰：「事無夷險，安之若命。」事君能盡心而爲，無論事體之危夷，皆能安之若命，可謂「忠之盛矣」。故事君當忠貞，事君不忠，則「廷無忠臣」，廷無忠臣，國家豈有不昏亂者哉？故「事君則忠貞」也。據此可知，莊子就人理雖言「忠」，然祇就「事君」而言，似無「修己」、「待人」之義，其範圍則較孔子言「忠」之義爲小，故莊子就人事言「忠」，其義祇與孔子「事君以忠」一層之義相合矣。

㈡「天理」去忠

莊子曰：

「語仁義忠信，恭儉推讓，爲修而已矣。此平世之士，教誨之人，遊居學者之所好也。」（註四七）

「夫孝悌仁義，忠信貞廉，此皆自勉以役其德者也，不足多也。」（註四八）

按：莊子以爲「忠信」等德目，皆平時治世之士，遊學者之好，立以教誨人也，然此皆役人情性，非順性之爲，故不足貴也。吾人若爲徒求「忠」名，反易使己身遭禍，而損其眞性也。莊子曰：

「介之推至忠也，自割其股以食文公，文公後背之，子推怒而去，抱木而燔死。……無異於磔犬流豕操瓢而乞者，皆離名輕死，不念本養壽命者也。世之所謂忠臣者，莫若王子比干、伍子胥。子胥沈江，比干剖心，此二子者，世謂忠臣也，然卒爲天下笑。自上觀之，至於子胥比干，皆不足貴也。」（註四九）

又曰：

「比干剖心，子胥抉眼，忠之禍也。」（註五〇）

「外物不可必，故龍逢誅，比干戮，箕子狂，惡來死，桀紂亡，人主莫不欲其臣之忠，而忠未必信，故伍員流於江，萇弘死於蜀。」（註五一）

按：「之推、子胥、比干」等人之死，其理由雖然各有不同，然其死，皆因「忠」名而殉身，因其「忠」未必能得人君所信，故「伍胥流於江，萇弘死於蜀」，若重此忠名而輕生，不念本根以怡養天年，可謂忠之禍也。就天道而言，外物變化不定，若依順外物，爲物所役，則必損身傷性，況處於無道君主之下，爲臣者，若徒爲「忠」名而喪生，於國事仍無補益，故爲達道者所嗤，因在至德之世，人民相愛於自然，故「實而不知以爲忠」（註五二）自不必求忠之名，以取禍矣，故莊子主張，就天道觀之，則主「去忠」之名，唯去忠始能不爲「忠名」所役，而順其自然之性，以養其天年，此其所以與孔子言「忠」之義不同矣。

叁　孔莊言「孝」之比較

一、孔子言「孝」之義

論語中，孔子與弟子言「孝」之處甚多，其義有三：一曰愛親，二曰敬親，三曰體親，茲分述如下：

㈠愛　親

孝經曰：「愛親者，不敢惡於人」，能愛親之人，必爲孝悌之人；孝悌者，人之性也，由此「愛親」之心，推之於人，故不敢惡慢於人，而能愛人之親，此乃「仁」之表現也，故知孝弟乃「仁」之本。論語學而篇有子曰：

「其爲人也孝弟，而好犯上者鮮矣。不好犯上，而好作亂者，未之有也。君子務本，本立而道生。孝弟也者，其爲仁之本歟。」

按：此言孝弟乃一切善行之本根，亦爲「仁」之濫觴，故凡君子當專力於根本，根本既立，則其道自生；然「仁」者，愛人也，愛莫大於愛親，故曰「孝弟也者，其爲仁之本歟。」吾人務此，則仁道自生矣。孔子之中心思想在「仁」，而「仁」之本又在「孝」，所謂孝者，子愛其親也。

(二)敬親

子能愛其親，表之於外，自當有「敬親」之行爲，其言曰：

「子游問孝，子曰：『今之孝子，是謂能養，至於犬馬皆能有養，不敬，何以別乎？』」（註五三）

「子夏問孝，子曰：『色難，有事弟子服其勞，有酒食，先生饌，曾是以爲孝乎？』」（註五四）

「孟懿子問孝，子曰：『無違。』樊遲御，子告之曰：『孟孫問孝於我，我對曰「無違」。』樊遲曰：『何謂也。』子曰：『生、事之以禮；死，葬之以禮，祭之以禮。』」（註五五）

按：爲孝莫大於尊親，其次不辱，其下能養，故事親祇服勞奉養，而不加恭「敬」，則與犬馬之養何異邪？故未足爲孝也。事父母能「敬」，發之於顏「色」，能和顏悅色，並仰承父母之色，使其內心歡愉，則可謂之「孝」矣。事親能「敬」，而毋違於「禮」，於生於死，皆能以禮事之。故人子孝親，不僅能養，尤重在「敬」也。

三體親

所謂「體親」者，即「體察親心」之義也，子除「敬親」之外，當進一層體察父母之心，順其心志而行，論語曰：

「孟武伯問孝，子曰：『父母唯其疾之憂。』」（註五六）

「父母在，不遠遊，遊必有方。」（註五七）

「父在觀其志，父沒觀其行，三年無改於父之道，可謂孝矣。」（註五八）

按：朱熹注曰：「言父母愛子之心，無所不至，唯恐其有疾病，常以爲憂也，人子體此，而以父母之心爲心，則凡所以守其身者，不容不謹矣。」故人子應體貼父母之心，愛護己身，不使父母憂己也，且不可行險妄動；「父母在，不遠遊。」朱熹注曰：「去親遠而爲日久，定省曠而音問疏，不惟己之思親不置，亦恐親之念我不忘也。」能體察親心，使父母知己之所在而無憂，此能以「父母之心爲心」也。人子能體察親心，自能隨順其心志而行，故「父在」，子不得自專，唯觀其「父志」；「父沒」，其行猶能無改於父之道，此能察父母之心，而行其志也，斯可謂孝矣。

孔子因重視「孝」，故主張「三年之喪」。論語陽貨篇宰我以爲「三年之喪，期已久矣」，孔子則斥之爲「不仁」，並曰：「夫三年之喪，天下之通喪也，予也有三年之愛於其父母乎？」可知子女之盡孝，對於父母之「愛」，皆出於內心之摯愛，故當「愼終」矣。子夏曰：「事父母能竭其力。」（註五九）亦言子女當盡力孝親也。由上可知，「孝」乃「仁」之本，亦可知孔子之重「孝」也。

二、莊子言「孝」之義

莊子言「孝」之義有二，就人事觀之，人處人世，故當言「孝」，並主事親以適爲主。就天道觀之，則言「至仁無親」，莊子雖言父子相親，但不主倡「孝」之名。因「至仁」之境界已超越儒家所言之「孝」義。「至仁」之人，能遊於天道，順性而爲，所以雖無「孝」之名，然卻有「孝」之實，故莊子主張「無親」，唯去「孝」之名，方不使其役人之性也。故莊子曰：「知而不言，所以之天也，知而言之，所以之人也。古之人，天而不人。」（註六〇）知「孝」之實，而不言「孝」之名，此所以合天也，知而又倡「孝」，此所以合人也，然「至人」在順天而不應人事，故曰：「天而不人」，茲就其「事親」、「無親」二義分述如下：

㈠以孝事親

以人理觀之，事親則慈「孝」，其言曰：

「子之愛親，命也，不可解於心，……是以夫事其親者，不擇地而安之，孝之至也。夫事其君者，不擇事而安之，忠之盛也。自事其心者，哀樂不易施乎前，知其不可奈何而安之若命，德之至也。」（註六一）

「其用於人理也，事親則慈孝，……事親以適為主，功成之美，無一其迹矣。事親以適，不論所以矣。」（註六二）

「父母於子（按：當作子於父母），東西南北，唯命之從。」（註六三）

按：莊子以為子之愛親，乃屬於天命，自然之理當如此，非人所能解除者，然處於天地之間，「事親」則無所逃避，故子之事親，不論境地為何，皆順命為之，惟求父母之安適，無論富貴貧賤，皆應安其心以事親，此可謂之盡孝矣。侍奉雙親，卽當行孝，且不論所以，皆應順適其心。故子之於父母，無論父母命之於東西南北，為子者皆當唯命是從。莊子就人事言「孝」，故養生主篇曰：「緣督以為經……可以養親。」「孝」者在「不擇地而安之」，唯父母之命是從，其與孔子言「孝」之義，或有出入，然兩者皆主「事親當孝」矣。

㈡至仁無親

以天道觀之，至仁無親，其言曰：

「莊子曰：『至仁無親』。大宰曰：『蕩聞之，無親則不愛，不愛則不孝，謂至仁不孝，可乎？』

莊子曰：『不然。夫至仁尚矣，孝固不足以言之。此非過孝之言也，不及孝之言也。夫南行者至於郢，北面而不見冥山，是何也？則去之遠也。故曰：以敬孝易，以愛孝難；以愛孝易，而忘親難；忘親易，使親忘我難；使親忘我易，兼忘天下難；兼忘天下易，使天下兼忘我難。夫德遺堯舜而不為也，利澤施於萬世，天下莫知也，豈直太息而言仁孝乎哉？』」（註六四）

按：此謂「至仁無親」，言至仁之人，能任其自然，順應本性而為，唯其不為「孝名」所役，故雖無孝親之名，然卻有孝親之實，其愛，能周全而不偏，其德，「遺堯舜而不為」，故能「利澤施於萬世」，而「天下莫知也」。猶似「無親」者也，此乃「至仁」之表現，其曰：「有親，非仁也。」（註六五）王先謙注曰：「至仁則無私親。」故世人所謂「敬親」、「愛親」之孝，皆不足自誇，「豈直太息而言仁孝乎哉？」「孝」不過是「至仁」之一端，「仁孝」皆不足取也，故「至仁」之人，能摒棄「仁孝」之名，與天地合其德，而不役於人事者也。莊子就天道觀之，則言「至仁無親」，去「孝」之名，此與孔子言「孝」之義不同也。

肆　孔莊理想人格之比較

一、孔子言「人道之君子」

論語子張篇曰：

「子游曰：『子夏之門人小子，當灑掃、應對、進退，則可矣。抑末也；本之則無，如之何？』子夏聞之曰：『噫！言游過矣！君子之道，孰先傳焉？孰後倦焉？譬如草木，區以別矣。君子之道，焉可誣也？有始有卒者，其惟聖人乎！』」

按：由此可知，孔子言修德之至高境界為「聖人」。聖人所行，雖然亦是「君子之道」，唯其能「有始有卒」，故能高於一般之「君子」。「聖人」之修德，始自灑掃應對進退，終至窮理盡性知命，皆有先有後，且能有始有終，一以貫之，故能德全體備。此乃一般君子所未能及之者，是以知聖人之境界，並非人人所能至者也。即孔子，亦自謙不敢當「聖人」，其言曰：「若聖與仁，則吾豈敢。」（註六六）可見「聖人」境界之高，非常人所能及。故孔子退而以「君子」作為吾人道德修養之目標，其曰：「聖人吾不得見之矣，得見君子者斯可矣。」（註六七）吾人若能致力於修德，必能成為「君子」。且觀論語中，言「聖人」者凡五條，然言及「君子」者，凡八十四條之多，足見孔子以「君子」之修養，為其理想之「人格」表現矣。

觀論語中，孔子所言之「君子」，實為一「仁人」矣。其言曰：

「子曰：『富與貴，是人之所欲也；不以其道，得之不處也。貧與賤，是人之所惡也；不以其道，得之不去也。君子去仁，惡乎成名？君子無終食之間違仁，造次必於是，顛沛必於是。』」（註六八）

「子曰：『君子義以為質，禮以行之，孫以出之，信以成之；君子哉！』」（註六九）

按：朱熹注曰：「言君子所以爲君子，以其仁也。若貪富貴而厭貧賤，則是自離其仁，而無君子之實矣。何所成其名乎？」君子之所以爲君子，以其仁也，若去仁，則何以爲君子哉？君子雖在一飯之頃，急遽之間，或傾覆流離之際，亦不違仁。據此可知，孔子所言之「君子」，即「仁人」之義。故能以義爲質，行之以禮，出之以遜，成之以信。可知孔子以「君子」爲常人修德之理想人格，自然具有「仁者」之行也。

孔子言君子之道，據論語所載，其義如下：

「子曰：『君子食無求飽，居無求安，敏於事而愼於言，就有道而正焉，可謂好學也已。』」（註七〇）

「子曰：『君子博學於文，約之以禮，亦可以弗叛矣夫。』」（註七一）

「子曰：『君子謀道不謀食；耕也，餒在其中矣；學也，祿在其中矣。君子憂道不憂貧。』」（註七二）

「子夏曰：『百工居肆以成其事，君子學以致其道。』」（註七三）

「子曰：『君子道者三，我無能焉：仁者不憂，知者不惑，勇者不懼。』子貢曰：『夫子自道也！』」（註七四）

按：以上言君子之道，在能「就有道而正焉」，「博學以文，約之以禮」，「謀道不謀食」，「憂道不憂貧」，故能「學以致其道」矣。然其所學之「道」爲何？孔子言君子道者三曰：「仁者不憂，知者不惑，勇者不懼」，可知「知、仁、勇」三德，乃是其所謂之「道」，此卽所以爲人之道也。禮記中庸曰：「知、仁、勇三者，天下之達德也。」又曰：「好學近乎知，力行近乎仁，知恥近乎勇，知斯三者，則知所以修身。」可知「知、仁、勇」三德，乃是君子修身之道也。故爲君子者，當能以此人道，作爲其修養之目標，君子能致其道，自能顯現其「知、仁、勇、忠、孝、信、恭、敬、義、禮」諸懿行於天下矣。

孔子所言之「君子」，乃指行「人道」之君子，亦卽莊子所謂「人之君子」也。其修德境界爲何？茲引論語數則以說明之：

「子曰：『君子上達。』」（註七五）

「子曰：『君子求諸己。』」（註七六）

「子曰：『君子不可小知，而可大受也。』」（註七七）

「子曰：『君子周而不比。』」（註七八）

「子曰：『君子成人之美，不成人之惡。』」（註七九）

「子曰：『君子和而不同。』」（註八〇）

「子曰：『君子易事而難說也：說之不以道，不說也；及其使人也，器之。』」（註八一）

「子曰：『君子懷德，……君子懷刑。』」（註八二）

「子曰：『君子喻於義。』」（註八三）

「子曰：『君子坦蕩蕩。』」（註八四）

「子曰：『君子泰而不驕。』」（註八五）

「子曰：『君子矜而不爭，群而不黨。』」（註八六）

「子曰：『君子貞而不諒。』」（註八七）

「子曰：『君子之於天下也，無適也，無莫也，義之與比。』」（註八八）

「子曰：『君子無所爭，必也射乎？揖讓而升，下而飲，其爭也君子。』」（註八九）

「子曰：『君子不器。』」（註九〇）

按：以上所引，乃孔子就人道言君子之境界，可知君子無論在個人修爲上之「所思」、「所言」、「所行」，氣度、志趣上，皆能「坦蕩」、「舒泰」、「尙義」、「上達」、「行仁」，故可以大受也。其待人亦能「公而無私」、「中正平和」、「取人以道」、「待人以和」、「器而使之」、「樂於成人之美」，故其能「矜而不爭，群而不黨」；其於天下，則能「無適無莫」，唯義之所從。可知君子乃一全德之人，故能「不器」也。朱熹注曰：「器者，各適其用，而不能相通；成德之士，體無不具，故用無不周，非特爲一材一藝而已。」因君子乃一成德之士，由其德行之修養，而行之於外，自能「用無不周」矣。故可知所謂君子者，乃德行之完備者也。此乃孔子教人修德以爲「君子」之理也。

二、莊子言「天道之君子」

孔子就人道言君子；莊子就天道言君子，此兩者之所不同也。莊子之理想人格，見於天地篇，其言曰：

「夫道，覆載萬物者也，洋洋乎大哉！君子不可以不刳心焉。无爲爲之之謂天，无爲言之之謂德，愛人利物之謂仁，不同同之之謂大，行不崖異之謂寬，有萬不同之謂富。故執德之謂紀，德成之謂立，循於道之謂備，不以物挫志之謂完。君子明於此十者，則韜乎其事心之大也，沛乎其爲萬物逝也。若然者，藏金於山，藏珠於淵，不利貨物，不近貴富，不樂壽，不哀夭，不榮通，不醜窮；不拘一世之利以爲己私分，不以王天下爲己處顯，顯則明，萬物一府，死生同狀。」

按：此謂道之浩瀚，能覆載萬物，故爲「君子」者，欲學此道，不可以不「刳心」，即摒棄其知覺之心，法道之無爲也。並能明「天、德、仁、大、寬、富、紀、立、備、完」十者，自能如道之包容萬物，養心地之寬大，滂沛乎爲萬物所歸往也！不因物累身，而忘其生死壽夭，齊一物我，冥於變化。故曰：「形非道不生，生非德不明。」（註九一）君子能體悟天道之無爲而學之，自能游於大道矣。孔莊雖然皆主君子學道，但一者在學「人道」，使其德能行之於人，用之於世；一者在學「天道」，以游於大道，得其逍遙之樂，此兩者觀念與境界有所不同矣。

莊子言「天道」，不役於人事，故能據於德而游於道，此即莊子所謂「天之君子」。莊子就「天道」所言之「君子」，實有異於孔子所言「人之君子」也。其言曰：

「去汝躬矜，與汝容知，斯爲君子矣。」（註九二）

「利害不通，非君子也。」（註九三）

「觀有者，昔之君子；覩无者，天地之友。」（註九四）

按：此謂「天之君子」，乃能去其「躬矜」與「容知」，並能通達利害，齊一萬物，使心無所趨避，而游於「大道」者。吾人若執着於世俗觀念，利害不通，而役於美名，是乃「行仁布義」之「人之君子」。唯能體悟大道者，方是「天地之友」，天之君子也。

三、孔莊理想人格之比較

儒家以爲吾人言行思想所當遵循之理法爲「人道」；道家則言宇宙之本體及其變易爲「天道」。孔子之學依人道；莊子之學順天道。可知孔莊之理想人格境界有所不同矣。孔莊言君子，自亦循其天人觀念而論之，故兩者所言之意義與境界，自當有其差異，然則其別安在哉？莊子大宗師篇曰：

「天之君子，人之小人；人之君子，天之小人也。」（按：此據王先謙莊子集解）

按：此所謂「天之君子」，乃不拘於世俗「仁義禮法」之修爲，而能順其本性，應乎自然，以求其心性之逍遙，而遊於大道者。然而就「人道」標準觀之，因其不「依仁行義」，不「遵循禮法」，可謂一無德行修養者，故就人道而言，稱之曰「人之小人」。所謂「人之君子」，則爲求其世俗德行之完美，拘拘於禮法，人稱之爲有禮者，然而由於汲汲追逐仁義禮法，以致因「仁義禮法」之名，而反殉其身，此就天道觀之，皆殘生損性者，故就天道而言，稱之曰「天之小人」也。玆就莊子之意，列舉原文數則以明之，其言曰：

「今世俗之君子，多危身棄生以殉物，豈不悲哉！」（註九五）

「伯夷死『名』於首陽之下，盜跖死『利』於東陵之上，二人者，所死不同，其於殘生損性均也，奚必伯夷之是，而盜跖之非乎！天下盡殉也。彼其所殉『仁義』也，則俗謂之『君子』，其所殉『貨財』也，則俗謂之『小人』。其殉一也，則有君子焉，有小人焉；若其殘生損性，則盜跖亦伯夷也。又惡取『君子小人』於其間哉？」（註九六）

「小人殉『財』，君子殉『名』。其所以變其情，易其性，則異矣。乃至於棄其所爲而殉其所不爲，則一也。故曰：無爲『小人』，反殉於天，無爲『君子』，從天之理。」（註九七）

按：以上乃言，世俗雖有「君子」、「小人」之別，然就天道而言之，皆「天之小人」也。因世俗之「君子」，多危身棄生，以求德行之完備，反因仁義之名而殉身；而世俗之「小人」，則多爲財利而殉身。莊子以爲世俗「君子」之求「名」，「小人」之求「利」，雖然其所追逐之事物與性情，就本質言之，各有不同，但「名利」二者，皆是不順於理，不明於道，徒使人殘生損性者也。故莊子教人「無爲小人」、「無爲君子」，而當反順其性，從天之理。可知世俗「君子」之求「名」，莊子名之爲「天之小人」；而世俗「小人」之求「利」，自然亦爲「天之小人」也。由此可知，莊子所言「天之君子」，實乃超越世俗「人格」，而達「眞人」、「至人」之境界矣。非孔子所言世俗「君子」之義。故莊子教人無爲「俗之君子」，亦無爲「俗之小人」，而當爲「天之君子」也。

總之，能順其本性，依乎自然之「天之君子」，就人道觀之，卽「人之小人」也；而「依仁行義」、「遵循禮法」之「人之君子」，或「追求利祿」之「世俗小人」，就天道觀之，皆爲「天之小人」也。可知孔莊所言「君子」、「小人」之意義與境界，實有天地之別矣。錢基博讀莊子天下篇疏記曰：「自莊生觀之……道者爲上；儒者次之……道者『以天爲宗』，『以德爲本』，『以道爲門』，『不離於精』，『不離於眞』，而『兆於變化』；所謂『配神明，醇天地』者也；故翹然首舉爲『天人』，爲『神人』，爲『至人』，爲『聖人』。而儒者『以仁爲恩』，『以義爲理』，『以禮爲行』，『以樂爲和』，『薰然慈仁』，則爲『君子』。君子者，儒家者言以示人範者也，故以廁於『天人』、『神人』、『至人』、『聖人』之次；雖不如道者『配神明，醇天地』之於道最爲高，而『順陰陽』『明教化』以助人君者也」。於此可見孔莊所言之人生理想人格不同。孔子之理想人格乃「人之君子」，莊子則以之爲道之餘緒，其修德養性之理想境界爲「天人」、「神人」、「至人」、「聖人」等「天之君子」。此孔莊學說之異也。

伍　結　語

孔子刪詩書，訂禮樂，贊周易，修春秋，立哲學，文學、史學、政治學之準的，爲我中華民族之萬世師表，故其思想，在中國悠久之歷史中，實有其不朽之地位。如其所言之「仁」、「忠」、「孝」

等德目，皆爲後世行爲之典範與依歸。唯能循此仁義禮法而行者，方能臻於「君子」之境界，完成理想之人格。孔子不僅就人道之立場，教人注重其個人之修德，亦教人建立其倫理觀念，期使人與人之間，能和諧圓滿，以達世界大同之理想，此卽大學所謂「格物、致知、正心、修身、齊家、治國、平天下」是也。

莊子爲道家重要代表人物之一，亦爲一自然主義者。其人生理想，在任天而遊，通齊物而逍遙，故其不願受世俗仁義禮法之囿限，並以儒者之「仁」、「義」、「忠」、「孝」等德目，是逆人之性，攖人之心者，非出於自然之爲，故視之如糟粕，而主張盡去之。

由此可知，孔子爲遊乎方內之人，故主張人治之教化；而莊子爲遊乎方外之人，故主張放任無爲。孔子之理想人格爲「人之君子」，故提出許多修身德目，作爲常人之行爲典範；而莊子之理想人格爲「天之君子」，故重在順乎自然，任性而爲。孔子之處世態度，在求人際關係之美滿和諧；而莊子之處世態度，在求個人心性之逍遙自適。兩者之思想與主張，實不可同日而語矣。

【附　註】

註　一　見論語顏淵篇。

註　二　仝右。

註　三　見論語雍也篇。

註　四　見莊子天運篇。

註　五　見高師仲華孔學管規。

註　六　見論語里仁篇。
註　七　見論語學而篇。
註　八　見論語衛靈公篇。
註　九　見論語述而篇。
註一〇　仝右。
註一一　見論語顏淵篇。
註一二　見論語子路篇。
註一三　見論語學而篇與陽貨篇。
註一四　見論語公冶長篇。
註一五　見論語憲問篇。
註一六　見論語子路篇。
註一七　見論語顏淵篇。
註一八　見論語陽貨篇。
註一九　見論語八佾篇。
註二〇　見論語顏淵篇。
註二一　見論語堯曰篇。
註二二　見論語泰伯篇。
註二三　見論語衛靈公篇。
註二四　見論語泰伯篇。

註二五　見莊子駢拇篇。
註二六　見莊子田子方篇。
註二七　見莊子駢拇篇。
註二八　見莊子天運篇。
註二九　見莊子大宗師篇。
註三〇　見莊子駢拇篇。
註三一　見莊子在宥篇。
註三二　見莊子天運篇。
註三三　見莊子駢拇篇。
註三四　見莊子馬蹄篇。
註三五　見莊子在宥篇。
註三六　見莊子天運篇。
註三七　見莊子徐无鬼篇。
註三八　見莊子知北遊篇。
註三九　見莊子胠篋篇。
註四〇　見莊子駢拇篇。
註四一　見論語里仁篇。
註四二　見論語學而篇。
註四三　仝右。

註四四　見莊子漁父篇。
註四五　仝右。
註四六　見莊子人間世篇。
註四七　見莊子刻意篇。
註四八　見莊子天運篇。
註四九　見莊子盜跖篇。
註五〇　仝右。
註五一　見莊子外物篇。
註五二　見莊子天地篇。
註五三　見論語為政篇。
註五四　仝右。
註五五　仝右。
註五六　仝右。
註五七　見論語里仁篇。
註五八　見論語學而篇。
註五九　仝右。
註六〇　見莊子列禦寇篇。
註六一　見莊子人間世篇。
註六二　見莊子漁父篇。

註六三　見莊子大宗師篇。
註六四　見莊子天運篇。
註六五　見莊子大宗師篇。
註六六　見論語述而篇。
註六七　仝右。
註六八　見論語里仁篇。
註六九　見論語衛靈公篇。
註七〇　見論語學而篇。
註七一　見論語雍也篇。
註七二　見論語衛靈公篇。
註七三　見論語子張篇。
註七四　見論語憲問篇。
註七五　仝右。
註七六　見論語衛靈公篇。
註七七　仝右。
註七八　見論語爲政篇。
註七九　見論語顏淵篇。
註八〇　見論語子路篇。
註八一　仝右。

註八二　見論語里仁篇。
註八三　仝右。
註八四　見論語述而篇。
註八五　見論語子路篇。
註八六　見論語衛靈公篇。
註八七　仝右。
註八八　見論語里仁篇。
註八九　見論語八佾篇。
註九〇　見論語爲政篇。
註九一　見莊子天地篇。
註九二　見莊子外物篇。
註九三　見莊子大宗師篇。
註九四　見莊子在宥篇。
註九五　見莊子讓王篇。
註九六　見莊子駢拇篇。
註九七　見莊子盜跖篇。

第三節　墨莊異同之探究

墨子之所以教者，曰「愛」與「智」。今觀尚賢、尚同、兼愛、非攻、節用、節葬、天志、明鬼、非樂、非命諸篇，乃墨子言之而弟子述之者，故篇各有三，文字雖小異，而大體則同。一人所著，決不至如此重沓，此乃墨離爲三之證。三家所傳不同，而集錄者兼采之耳。此乃墨學之「論」，篇中多教「愛」之言也。經與說四篇，爲墨學之「經」。此經初本當是墨翟自著。（註一）其在墨學中之地位，乃是墨家道之所在，故稱曰經。墨經者，乃所以爲墨學下定義，爲墨學立根據，故爲墨徒所必誦之經典，篇中多教「智」之言也。三墨並宗者，此經而已矣。茲以墨論及墨經，分別與莊學比較之，以探究兩家學說之異同。（註二）本章一節至四節，分別就「愛」、「利」、「天」、「命」四義比較之，以探討莊學與墨學之異同；五、六兩節分別就「知識論」、「名學」比較之，以探討莊學與墨經之異同。

壹　墨莊言「愛」之比較

墨子曰：「天必欲人之相愛相利，而不欲人之相惡相賊也。」（註三）墨子既以「天」爲天下之最高法儀，而天又欲人相愛相利，則人自當以此爲行爲之最高法則，故「兼相愛」、「交相利」乃成爲墨子思想之中心，其言曰：「今天下之君子，忠實欲天下之富，而惡其貧，欲天下之治，而惡其亂，當兼相愛，交相利，此聖王之法，天下之治道也，不可不務爲也。」（註四）又曰：「今若夫兼相愛，交相利，此其有利，且易爲也。」（註五）可知「愛」、「利」二字，乃天下富利之治道，聖王之法也。「兼愛」之目的在使天下萬民得「利」，故欲使萬民得「利」，必行「兼愛」，兩者可謂相輔而行，故墨子常以「兼相愛」、「交相利」，並論言之。以下玆就此二端，比較其與莊學之異同，以見墨莊所言「愛」、「利」觀念之分際。

一、「兼愛」意義之比較

㈠墨子言「兼愛無偏私」

墨子言「兼愛」之義甚詳，玆述之如下：

天志篇云：

「順天之意者，兼相愛。」

兼相愛之兼，其義為何？經上云：「體，分於兼也。」經說云：「體，若二之一，尺之端也。」按：凡墨經所謂：「尺」皆當幾何學之「線」。「端」皆當幾何學之「點」。「兼」指總體。「體」指部分。物之總體，墨經謂之兼。物之部分，墨經謂之體。部分由總體分出，故曰：「體，分於兼也。」經說舉例以釋經也。其設譬有二：㈠若二之一。㈡若尺之端。若二之一者，二為一之兼，一為二之體，集一而成二，故二為兼；而一為體也。若尺之端者，猶若線之點也。尺為端之兼，端為尺之體；故曰：「體，若尺之端也。」據此知「兼愛」即全體之愛，無差別之愛，亦即周徧無厚薄之愛也。（註六）

墨子曰：

「視人之室，若其室，……視人之身，若其身，……視人之家，若其家……視人之國，若其國。」（註七）

「愛人之親，若愛其親。」（註八）

按：「愛」無親疏貴賤遠近之別，愛無等差。愛人身若愛己身。故無偏私之愛，斯可謂之「兼愛」也。

㈡莊子言「兼愛為迂私」

莊子天道篇曰：

「孔子曰：『中心物愷，兼愛無私，此仁義之情也。』老聃曰：『意，幾乎後言，夫兼愛，不亦迂乎？無私焉，乃私也。』……夫子亦放德而行，循道而趨，已至矣。」

按：莊子以爲兼愛乃後世俘僞之言，言其無私，是乃私也。蘇輿注曰：「未忘无私之成心，是亦私也。」（註九）故言「夫兼愛，不亦迂乎」，因天地本有其常道，唯依德而行，循道而爲，方爲至善，故以兼愛爲「迂」爲「私」，此與墨子言「兼愛」無私，而大倡「兼愛」之言，實相背矣。

二、「兼愛」觀念之比較

㈠「利民」與「害民」

墨子以爲天下之亂，在起於不相愛，故勸人兼相愛，以止亂也，兼愛上篇曰：

「聖人以治天下爲事者也，不可不察亂之所自起，當（讀爲嘗）察亂何自起？起不相愛。臣子之不孝君父，所謂亂也。子自愛，不愛父，故虧父而自利；弟自愛，不愛兄，故虧兄而自利；臣自愛，不愛君，故虧君而自利；此所謂亂也。……是何也？皆起不相愛。……雖至大夫之相亂家，諸侯之相攻國者亦然。大夫各愛其家，不愛異家，故亂異家以利其家。諸侯各愛其國，不愛異國，故攻異國以利其國。天下之亂物，具此而已矣。察此何自起？皆起於不相愛。……故聖人以治天下爲事者，惡得不禁惡而勸愛？故天下兼相愛則治，交相惡則亂。故子墨子曰：不可以不勸愛人者此也。」

按：此謂天下之亂，皆起於不相愛，不相愛則虧父、虧兄、虧君以自利，以至大夫諸侯之相亂家國，使天下不得其治，人民不得其利，故墨子大力提倡「兼愛」。因兼相愛則治，交相惡則亂，可知「愛」乃止亂之本，故墨子倡「兼愛」之說以止亂也。

莊子徐无鬼篇曰：

「武侯曰：『……吾欲愛民而爲義偃兵，其可乎？』徐无鬼曰：『不可，愛民，害民之始也；爲義偃兵，造兵之本也。』」

按：王先謙注曰：「名爲愛民，而實役之，是愛卽害之始也。」又曰：「號稱偃兵，敵國潛伺，是偃卽造之本也。」莊子以爲「愛民」，乃害民之始也。爲義止兵，實造兵之始也。由此推知，若以「愛」止亂，實亂之始也。墨子言「愛」乃止亂之本。兩相比較，一者言「愛」爲亂之起，此則愛民爲害民也；一者言愛爲亂之終，此則愛民爲利民也。此其所以不同也。

(二)「人爲之利」與「自然之道」

不兼愛乃天下相惡之本，而天下最大之惡，莫如「攻人之國」，故墨子又提倡「非攻」，唯有「非攻」，方能使天下「兼愛」也。其言曰：

「今有一人，入人園圃，竊其桃李，衆聞則非之，上爲政者得則罰之，此何也？以虧人自利也。……至殺不辜人也，拖其衣裘，取戈劍者，其不義，又甚入人欄廐，取人馬牛，此何故也？以其虧人愈多，苟虧人愈多，其不仁茲甚，罪益厚。當此天下之君子，皆知而非之，謂之不義，今至大爲攻國，則弗知非，從而譽之，謂之義，此可謂知義與不義之別乎？殺一人，謂之不義，必有一死罪矣。若以此說，……，殺百人，百重不義，必有百死罪矣。當此天下之君子，皆知而非之，謂之不義，今至大爲不義，攻國則弗知非，從而譽之，謂之義，情不知其不義也。」（註一〇）

按：此言當辯義與不義，並舉不義之事，莫如虧人以自利，虧人愈多，不義愈甚，故攻人之國，殺其不辜者，乃天下大不義也。天下之君子，當辯其「攻國」之不義，知其非而止之矣。墨子倡「非攻」，以「利」爲本，以勸人勿攻伐異國，「攻伐」之害如何？墨子曰：

「國家發政，奪民之用，廢民之利，若此甚衆。然而何爲爲之？曰：我貪伐勝之名，及得之利，故爲之。子墨子曰：計其所自勝，無所可用也。計其所得，反不如所喪者之多。今攻三里之城，七里之郭，攻此不用銳，且無殺而徒得，此然也。殺人多必數於萬，寡必數於千，然後三里之城，七里之郭，且可得也。……今盡士民之死，嚴上下之患，以爭虛城，則是棄所不足，而重所有餘也。爲政若此，非國之務者也。」（註一一）

「今師徒唯毋興起，冬行恐寒；夏行恐暑，此不可以冬夏爲者也。春則廢民耕稼、樹藝；秋則廢民穫斂，此不可以春秋爲者也。今唯毋廢一時，則百姓飢寒凍餒而死者，不可勝數。」（註一二）

按：以上均言攻伐之害。圖攻伐之名者，唯使生靈塗炭。墨子察其害，故主「非攻」。唯有非攻，方能使農民各得其時，百姓各得其利。故兼愛者，自不以己之國，攻人之國也。

莊子曰：

「昔者堯問於舜曰：『我欲伐宗膾胥敖，南面而不釋然，其故何也？』舜曰：『夫三子者，猶存乎蓬艾之間，若不釋然何哉？昔者十日並出，萬物皆照，而況德之進乎日者乎？』」（註一三）

「昔者堯攻叢枝、胥敖，禹攻有扈，國爲虛厲，身爲刑戮，其用兵不止，其求實無已，是皆求名實者也。」（註一四）

「犀首公孫衍聞而恥之曰：『君爲萬乘之君也，而以匹夫從讎！衍請受甲二十萬，爲君攻之，虜其人民，係其牛馬，使其君內熱發於背，然後拔其國。忌也出走，然後抶其背，折其脊。』季子聞而恥之曰：『築十仞之城，城者既十仞矣，則又壞之，此胥靡之所苦也。今兵不起七年矣，此王之基也，衍亂人；不可聽也。』華子聞而醜之曰：『善言伐齊者，亂人也；善言勿伐者，亦亂人也；謂伐之與不伐亂人也者，又亂人也。』君曰：『然則若何？』曰：君求其道而已矣！』」（註一五）

按：齊物論言堯欲伐宗、膾、胥敖三國，舜勸其寬大容物，且以十日並出，萬物皆照，比喻有德之人，恩澤普及世人，豈有反不能容此三國者乎？若欲以己國攻人之國，用兵不止者，其身終必遭刑戮，其國終必成虛厲，是皆求好勝之名者也。故則陽篇華子曰：「伐之與不伐亂人也者，又亂人也。」因言伐與不伐者，已存「伐」名之成心，故曰亂人也，唯有心存虛靜，忘其「攻伐」之名，順自然之道而爲者，自不有「伐」與「不伐」之成心，其國方能得其治矣。故莊子主張不用伐與不伐之「名」以亂人心。唯順其自然之「道」而已矣。此與墨子用「非攻」之名，勸人止戰，兩相比較，雖皆反對「攻伐」，然一重自然之道，一重人爲之利，此兩者之所以不同也。

㈢「有心愛人」與「無心愛人」

兼愛實爲含利之愛，因己愛人，人方愛己，若人人相愛，方能相互得利。故墨子欲達「利」之目的，提出「兼愛」，而勉人「相愛」，以得其「相利」。墨子曰：

「愛人者，人亦從而愛之，利人者，人亦從而利之。」（註一六）

「衆利之所自生，胡自生？此自愛人利人生。」（註一七）

「愛人利人者，天必福之。」（註一八）

「即必吾先從事乎愛利人之親，然後人報我以愛利吾親也。」（註一九）

按：墨子言「兼相愛，交相利。」故愛人者，人亦從而愛之，人愛於己，自無害己之心，亦無不利於己之行也，此非己之「利」邪？人無害人之心，其行爲自得其正，豈非「人」之利邪？蓋因「相愛」則「相利」也。故曰：衆利之所自生，自愛人利人生也。由此推之於其親、其家、其國，則天下萬民無不得其利矣。故墨子提倡「兼愛」，其用在相利矣。

莊子曰：

「聖人之愛人也，人與之名，不告則不知其愛人也。若知之，若不知之，若聞之，若不聞之，其愛人也終無已，人之安之亦無已，性也。」（註二〇）

「是非之彰也，道之所以虧也，道之所以虧，愛之所以成。」（註二一）

「利澤施於萬物，不爲愛人。」（註二二）

按：王先謙注曰：「循性而行，貴在無己。」聖人順性而行，雖其無心愛人，而自有愛人之表現，實無須再矯以「愛人」之名，力倡「愛人」之義，故聖人「利澤施於萬物，不爲愛人。」可知聖人之「愛人」，並非因「愛人」之名而「愛人」，乃順性而爲之，故能利澤施於萬世也。墨子以「愛人」爲是，以「不愛」爲非，而勸人「相愛」，以得其「相利」，莊子則以爲，因有此「是非」之別，反使「私愛」得以成，私愛成則道所以虧也。故莊子主張不以「愛」爲是，反因「愛」而道虧，唯順性而爲者，方是眞「愛」也，此與墨子倡「愛」之意，兩相比較，莊子「無心」而愛人；墨子「有心」而愛人，此兩者之異也。

三、結　語

墨子以爲天下之亂，起於不相愛，故提倡兼愛以止亂；莊子則以爲愛民爲害民之始。墨子察攻伐之害，主張非攻，以達兼愛之目的；莊子則主張不用非攻之名，以免亂人之心，謂心存虛靜，順自然之道而已矣。墨子言兼愛之用，在於相利；莊子則謂：利澤施於萬物，不爲愛人。故就「愛」觀之，可見兩者觀念之所不同也。推其原因，墨子思想，根源於「天志」；莊子思想，崇尚於「自然」。以天意爲意，故「率志」而行，此爲有心愛人而愛人也；崇尚自然，故順「性」而爲，此爲無心愛人而愛人也。

貳　墨莊言「利」之比較

一、墨子言「交相利」

墨子曰：「凡入國，必擇務而從事焉。國家昏亂，則語之尙賢尙同。國家貧，則語之節用節葬。國家憙音湛湎，則語之非樂非命。國家淫僻無禮，則語之尊天事鬼。國家務奪侵凌，則語之兼愛非攻。故曰：擇務而從事焉。」（註二三）可知此十論，皆各有其用，於政治則言「尙賢尙同」；於經濟則言「節用節葬非樂」；於軍事、外交則言「兼愛非攻」；於人生，則言「尊天事鬼非命」，凡此諸端，用之於國或人生行爲者，無非在使國家得治，萬民得「利」，故綜觀此十論，皆以「利」爲始，以「利」爲終，凡有利者皆爲善，無利者皆爲惡，故爲善則得「利」，爲惡則無「利」矣。此或爲後人言墨子乃一「功利主義」者之緣由也。玆就其十論之提出，皆欲使天下萬民「交相利」之意，列舉引證如下，由此亦可推墨子「重利」之思想也。

㈠尙　賢

「故古者聖王，唯能審以尚賢使能爲政，無異物雜焉，天下皆得其『利』。」（註二四）

「惟法其言，用其謀，行其道，上可而（猶以）『利』天，中可而（以）『利』鬼，下可而（以）『利』人，是故推而上之，古者聖王，既審尚賢，欲以爲政。」（註二五）

按：此謂舉賢爲政，則上可利天，中可利鬼，下可利人，故勸聖王需審「尚賢」以爲政，可知「尚賢」能使天下得其「利」矣。

(二) 尚　同

「古者聖王，唯而審以尚同，……上有隱事遺利，下得而利之，下有蓄怨積害，上得而除之。」（註二六）

「今天下王公大人士君子，……下欲中國家百姓之利，故當尚同之說，而不可不察，尚同爲政之本而治要也。」（註二七）

按：此謂「尚同」乃爲政之本而治之要，唯「尚同」，方能中國家百姓之「利」也。

(三) 兼　愛

「故兼者聖王之道也，王公大人之所以安也，萬民衣食之所以足也，……當若兼之不可不行也，此聖王之道，而萬民之大利也。」（註二八）

按：所謂「兼」者，即「兼愛」之意。此有異於「別愛」也。此言「兼愛」之不可不行，因其爲「聖王之道，萬民之『利』」也。

㈣非　攻

「今且天下之王公大人士君子，中情將欲求興天下之利，除天下之害，當若繁爲攻伐，此實天下之巨害也；今欲爲仁義，求爲上士，尚欲中聖王之道，下欲中國家百姓之利，故當若非攻之爲說，而將不可不察者此也。」（註二九）

按：此亦言其「非攻」之主張，在求興天下之「利」，除天下之「害」也。

㈤節　用

「子墨子曰：去無用之費，聖王之道，天下之大利也。……古者明王聖人，所以王天下，正諸侯者，彼其愛民謹忠，利民謹厚，忠信相連，又示之以利，是以終身不饜，沒世而不卷。……是故古者聖王，制爲節用之法。」（註三〇）

㈥節　葬

「然則葬埋之有節矣，故衣食者，人之生利也，然且猶尚有節，葬埋者，人之死利也。夫何獨

無節於此乎？……今天下之士君子……上欲中聖王之道，下欲中國家百姓之利，故當若節喪之爲政，而不可不察此者也。」（註三一）

按：以上「節用」、「節葬」之主張，亦是在求國家百姓之「利」也。

(七)天　志

「順天意者，義政也……此必上利於天，中利於鬼，下利於人，三利無所不利，故舉天下美名加之，謂之聖王。」（註三二）

「今天下之王公大人士君子，中實將欲遵道利民，本察仁義之本，天之意，不可不愼也。不可不順也。順天之意者，義之法也。」（註三三）

按：此謂吾人當以「天志爲志」，順天之意，則得賞得利，反天之意，則相惡相賊，必得其罰，故能事上尊天，法天之意者，必能上「利」天，中「利」鬼，下「利」人也。

(八)明　鬼

「今天下之王公大人士君子，中實將欲求興天下之利，除天下之害，當若鬼神之有也，將不可不尊明也，聖王之道也。」（註三四）

按：此謂明鬼之目的，亦在「求興天下之利，除天下之害」也。

(九)非　樂

「湛濁于酒，渝食於野，萬舞翼翼，章聞于大，天用弗式，故上者天鬼弗戒，下者萬民弗利，是故子墨子曰：今天下士君子請將欲求興天下之利，除天下之害，當在樂之爲物，將不可不禁而止也。」（註三五）

按：此言非樂之目的，亦在求「興天下之利，除天下之害」也。

(十)非　命

「命上不利于天，中不利於鬼，下不利于人，而强執此者，此特凶言之所自生，而暴人之道也，是故子墨子言曰：今天下之士君子，忠實欲天下之富而惡其貧，欲天下之治而惡其亂，執有命者之言，不可不非，此天下之大害也。」（註三六）

按：此謂執有命者，乃天下之大害，故墨子主「非命」，以除「天下之大害」，而求興天下之「大利」也。

以上由「尚賢」至「非命」十論中，可知墨子各個主張之提出，無論其理由爲何，其最終之目的皆是在求興天下之「利」，除天下之「害」，可知「交相利」乃墨子一生汲汲追求之理想，亦可知其「重利」之思想也。

二、莊子言「不就利」

莊子人生之理想境界，在求心性之虛靜逍遙，自不以外在之「名利」，攖人之心，吾人若刻意於名利之追求，自必爲外物所役，而終日競逐不已，以爲唯有「利」，方能使人生活得到幸福，殊不知，其一生反因「利」而受累，不得其逍遙自在也。故莊子曰：

「利害不通，非君子也。」（註三七）

「齧缺曰：『子不知利害，則至人固不知利害乎？』王倪曰：『至人神矣，大澤焚而不能熱，河漢沍而不能寒，疾雷破山，風振海而不能驚。若然者，乘雲氣，騎日月，而遊乎四海之外，死生無變於己，而況利害之端乎？』」（註三八）

按：王先謙注曰：「利害不觀其通，故有趨避。」此言不能將利害看作齊一，就不是君子。意謂：君子無「利害」之分，小人則見利而趨之，見害而避之。「至人」之境界，不知「利害」，不變「死生」，精神與天地同流，凝定而不變，故能超脫物累，齊一「利害」。莊子又曰：

「聖人不從事於務，不就利，不違害，不喜求，不緣道，無謂有謂，有謂無謂，而遊乎塵垢之外。」（註三九）

「衆人重利，廉士重名，賢人尚志，聖人貴精。」（註四〇）

「夫以利相合者，迫窮禍患相棄也；以天屬者，迫窮禍患相收也。」（註四一）

「養志者忘形，養形者忘利，致道者忘心矣。……知足者不以利自累也。」（註四二）

「貴富顯嚴名利六者，勃志也。」（註四三）

「名利之實，不順於理，不監於道。」（註四四）

「無恥者富，多信者顯，夫名利之大者，幾在無恥而信，……若棄名利，則夫士之爲行，抱其天乎。」（註四五）

按：以上言聖人能淸虛自守，故「不就利」、「不緣道」，而遊於塵垢之外。莊學貴在「全生」，故不以「利」害生，而墨學則以「功利」爲貴。成玄英疏曰：「攝衞之士，不以利傷生。」且「以利合者，迫窮禍患必相棄也。」故「養形者忘利」，「知足者不以利自累。」唯忘其利祿，無心於得失，方能遊乎大道矣。「名利」者，亂人之性也，皆不順於理，不明於道，故莊子勉人棄「名利」，以復其性。此與墨子以「利」爲根本思想，以達「交相利」之目的者，相去遠矣。

三、結　語

墨子思想，在求「興天下之利」，「除天下之害」，莊子則「不就利」，「不違害」，故就「利」觀之，此爲兩者觀念之所不同也。推其原因，墨子精神遊乎人世之內，故其所言尙賢、尙同、兼愛、非攻、節用、節葬、天志、明鬼、非樂、非命諸篇，皆以「利」爲始，以「利」爲終。莊子思想，乃是：順眞常之性，虛心以處世。渾然大化，「忘己」、「忘功」、「忘名」。逍遙於萬物之上，超脫於死生之途，故其精神，能遊乎人世之外，而不言「利害」也。

叁　墨莊言「天」之比較

梁啟超曰：「不知天，無以學墨子。」（註四六）且觀墨子「兼愛」之主張，即假「天志」而出。可知「天」乃墨子學說之最高法儀也。墨子言「天志」，其義為何？玉篇云：「志，意也。」又論語為政篇曰：「而志於學。」朱熹注曰：「心之所之謂志。」可知墨子所謂「天志」，即「天之意志」，亦「有意志之天」也，其與莊子所言之天，異同如何？茲比較如下：

一、「天」義之比較

墨子曰：

「天之愛民之厚者有矣。曰：以磨（王念孫云磨當為磿）為日月星辰，以昭道之，制為四時春秋冬夏，以紀綱之；雷（王念孫云：賈字之誤，賈與隕同）降雪霜雨露，以長遂五穀麻絲，使民得而財利之；列為山川溪谷，播賦百事，以臨司民之善否；為王公侯伯，使之賞賢而罰暴；賊（賊當為賦，形誤）金木鳥獸，從事乎五穀麻絲，以為民衣食之財，自古及今，未嘗不有此也。」（註四七）

按：墨子言天有意志，故能創設萬物，以爲民用。天之厚愛萬民，無微不至。有日月星辰之照，四時之序，霜雪雨露之厚，以長五穀麻絲。又有山川溪谷之列，以播賦百事，於萬物之創造與運行，自古及今，未嘗不有。故知「天」誠爲萬物之創造者。

莊子曰：

「天其運乎？地其處乎？日月其爭於所乎？孰主張是？孰維綱是？孰居无事推而行是？意者其有機緘而不得已邪？意者其運轉而不能自止邪？雲者爲雨乎？雨者爲雲乎？孰隆施是？孰居无是淫樂而勸是？風起北方，一西一東，有上彷徨，孰噓吸是？孰居无事而披拂是？敢問何故？」巫咸祒曰：「來！吾語女。天有五常，帝王順之則治，逆之則凶。治成德備，監照下土，天下載之，此謂上皇。」（註四八）

郭象注其義曰：

「不運而自行也。不處而自止也。不爭所而自代謝也。皆自爾。無則無所能推，有則各自有事。然則無事而推行是者誰乎哉？各自行耳。自爾，故不可知也。二者俱不能相爲，各自爾也。設問所以自爾之故。夫物事之近，或知其故，然尋其原以至乎極，則無故而自爾也。自爾則無所稍問其故也，但當順之。夫假學可變，而天性不可逆也。順其自爾故也。」

按：莊子謂天之運行，以自然爲宗，日月照而四時行，雲行而雨施，萬物得以生焉，此即所謂不爲而自然也。墨子所言之天，能創設萬物，有兼愛之心，且與人能互相感應，以賞善罰惡。可見莊子所言為自然之天，墨子所言為意志之天，此兩者之所不同也。

二、法天觀念之比較

子墨子曰：「天下從事者，不可以無法儀，無法儀，而其事能成者無有。」（註四九）說文曰：「儀，度也。」管子形勢解篇云：「法度者，萬民之儀表也。」可知「法儀」即法度、原則之意也。墨子欲人從事，均須有一足以為法之標準，否則其事則不成矣。然則以何者為法？今觀其言曰：

「今大者治天下，其次治大國。而無法所度，此不若百工之辯也。然則奚以為治法而可，當皆法其父母奚若？天下為父母者衆，而仁者寡。若皆法其父母，此法不仁也。法不仁，不可以為法。當皆法其學奚若？天下之為學者衆，而仁者寡。若皆法其學，此法不仁也。法不仁，不可以為法。當皆法其君奚若？天下之為君者衆，而仁者寡。若皆法其君，此法不仁也。法不仁，不可以為法。故父母、學、君三者，莫可以為治法。然則奚以為治法而可？故曰：莫若法天。」（註五〇）

「天之行廣而無私，其施厚而不德，其明久而不衰，故聖王法之。」（註五一）

「既以天為法，動作有為，必度於天，天之所欲則為之，天所不欲則止。」（註五二）

觀以上所引墨子原文，得知墨子「法天」之主張。蓋父母、學、君，因其仁者寡，若法之，乃法不仁也，故不以此三者為法。而天之行廣而無私，其施厚而不德，其明久而不衰，故聖王法之。既以天為法，凡天之所欲則爲之，天之不欲則止之，自能得其利矣。

莊子曰：

「以天爲宗，以德爲本，以道爲門，兆於變化，謂之聖人。」（註五三）

「聖人達綢繆周盡一體矣。……復命搖作而以天爲師，人則從而命之也，……夫師天而不得師天，與物皆殉，其以爲事也若之何？夫聖人未始有天，未始有人，未始有始，未始有物，與世偕行而不替，所行之備而不洫，其合之也若之何？……之名嬴法，得其兩見。」（註五四）

「聖人法天貴眞，不拘於俗。愚者反此，不能法天而恤於人，不知貴眞，祿祿而受變於俗，故不足。」（註五五）

按：大宗師篇名下王先謙注曰：「本篇云：人猶效之，效之言師也，又云：吾師乎！吾師乎！以道爲師也，宗者主也。」陸樹芝曰：「大宗師卽大道法。」可知「師」與「宗」皆有效「法」、祖「法」之意。故聖人「以天爲宗」，「以天爲師」，卽以自然爲法之意也。唯聖人雖「以天爲師」，然其下文又曰：「師天而不得師天。」意謂有心效法自然，便易與外物相競逐，而不得「自然」也。故「師天」，當順乎天命，無心爲之。「之名嬴法，得其兩見。」呂惠卿曰：「其精爲道，其嬴爲法，見其名之所由生，則知法之所由成，是爲兩見。」（註五六）成玄英疏曰：「嬴然，無心也。」聖人能以無心爲法，自能合於天道也。故曰：「聖人法天貴眞，不拘於俗。」（註五七）莊子雖言「師天」，然須無心爲之，始能合於自然，得其本眞。此與墨子雖同有「法天」之主張，然墨子所法之「天」，爲有意志之天，並欲人凡事皆以「天爲法」，以「天志爲志。」此乃有意法天，且其欲人「法天」之目的，在使天下萬民得「利」。此與莊子以自然爲天，無心法天而使人遊心於「道」之意不同矣。

三、順天觀念之比較

墨子主張以「天」爲法，又言「天之所欲則爲之，天所不欲則止」；既知天之所欲所不欲，則當以天之所欲而爲之，天所不欲而不爲，此卽所謂「順天」之意也。其言曰：

「觀其行，順天之意謂之善意行，反天之意謂之不善意行；觀其言談，順天之意謂之善言談，反天之意謂之不善言談；觀其刑政，順天之意謂之善刑政，反天之意謂之不善刑政。……天之意不可不順也，順天之意者，義之法也。」（註五八）

「順天意者，兼相愛、交相利，必得賞；反天意者，別相惡、交相賊，必得罰。」（註五九）

「皇矣道之曰：帝謂文王，予懷明德，……順帝之則，帝善其順法則也，故舉殷以賞之，使貴爲天子，富有天下，名譽至今不息，故夫愛人利人，順天之意，得天之賞者，既可得留而已；夫憎人賊人，反天之意，得天之罰者……。」（註六〇）

按：此謂順天之意，則謂之「善」；反天之意，則謂之「不善」。善者，「兼相愛，交相利」，而得賞；不善者，「別相惡，交相賊」，而得罰，故「天之意不可不順也」。墨子勸人「順天」之目的，唯在「愛利」而已。「愛利」二字，非自愛自利之意，乃在愛天下萬民，利天下萬民也。蓋此「愛利」

爲墨子學說之中心思想，而「天」又爲萬物之最高法儀，故欲達「愛利」之目的，自當以天爲法，順天之意，始能達其「兼相愛，交相利」之理想。故墨子有「法天」、「順天」之主張也。

莊子大宗師篇曰：

「且方將化，惡知不化哉？方將不化，惡知已化哉？……造適不及笑，獻笑不及排，安排而去化，乃入於寥天一。」

「死生，命也。其有夜旦之常，天也。人之所不得與，皆物之情也。」

按：此段大意言「順天以入道」。「且方將化」四語，意謂生死乃自然之變化，非吾人所能改變，亦非吾人所能參與，化與不化，一切宜聽之自然，吾人唯有順之而已。安於自然之安排而任其變化，乃能入於太虛之天，而與天爲一。死生出於天命，有生必有死，猶如夜旦之有定常。有旦必有夜，皆由於天。非人力所能參與變易，皆物之常情也。故唯有順天，始能入道。莊子所謂「順天」，卽順乎自然之意。其目的在使人「入道」以逍遙。墨子所謂「順天」，乃是以天意爲意而順之，此是有意爲之，非自然順之也。而其目的則在「兼相愛，交相利」，此與莊子順天之意不同也。

四、天德觀念之比較

墨子曰：

「夫愛人利人，得天之賞者誰也？曰：若昔三代聖王，堯舜、禹湯、文武者是也。……焉所從事？曰：從事兼，不從事別。兼者，處大國不攻小國，處大家不亂小家，强不劫弱，衆不暴寡，詐不謀愚，貴不傲賤。觀其事，上利乎天，中利乎鬼，下利乎人，三利無所不利，是謂『天德』。聚斂天下之美名而加之焉。曰：此仁也，義也。愛人利人，順天之意，得天之賞者也。……不止此而已，書於竹帛，鏤之金石，琢之槃盂，傳遺後世子孫。」（註六一）

「若事上利天，中利鬼，下利人，三利而無所不利，是謂『天德』。故凡從事此者，聖知也，仁義也，忠惠也，慈孝也，是故聚斂天下之善名而加之，是其故何也，則順天之意也。」（註六二）

按：所謂「天德」，意謂天志兼愛，若能順天之意而從事兼愛者，則上利天，中利鬼，下利人，故兼愛者能得天下之善名，如聖知、仁義、忠惠、慈孝是也。且此美名能書鏤於石帛，而傳遺後世也。故明「天德」者，自能順天之意而兼愛，以利於天下萬民，則「善名」自然加焉。

莊子曰：

「天地雖大，其化均也；萬物雖多，其治一也；人卒雖衆，其主君也。君原於德而成於天，故曰，玄古之君天下，无爲也，『天德』而已矣。……事兼於義，義兼於德，德兼於道，道兼於天。」（註六三）

「『天德』而出寧，日月照而四時行，若晝夜之有經，雲行而雨施矣。」（註六四）

按：此言天地雖大，不爲而自化。萬物雖多，牽性而自得，人民雖衆，無心而統治。故曰：遠古治理天下者，只是無為，順自然之「天德」而已。行事必須合乎義理，義理必須合乎「天德」，「天德」必須合乎大道，大道必須合乎自然。與自然合其德，則內心寧靜。如日月普照，四時運行，如日夜循環而有常道。如雲自然行，如雨自然下，皆出於無心。此順應自然之天德，與墨子所謂順天之意而「兼相愛，交相利」之「天德」，一重自然，一重人為，兩者有所不同也。

莊子又曰：

「夫明白於天地之德者。此之謂大本大宗，與天和者也，……與天和者，謂之天樂。莊子曰：吾師乎！吾師乎！整萬物而不為戾，澤及萬世而不為仁，長於上古而不為壽，覆載天地刻雕衆形而不為巧，此之謂天樂。……故知天樂者，無天怨，無人非，無物累，無鬼責，故曰：其動也天，其靜也地，一心定而王天下。其鬼不祟，其魂不疲，一心定而萬物服，言以虛靜推於天地，通於萬物，此之謂天樂，天樂者，聖人之心，以畜天下也。」（註六五）

按：郭象注曰：「天地以無為為德，故明其宗本，則與天無逆。」此謂能明於「天德」者，自能依自然而行，故順天而動，無為而化，其心「無物累」，「無鬼責」，此皆以其無逆於天也，故能得其「天樂」。聖人本此「天樂」之心，以畜天下，則萬物無不服矣。莊子以為能明「天德」，而與之合者，則能得其「天樂」。此與墨子所言之「天德」，在使人明之，而「愛利」天下，以得其「善名」，亦有其所不同者也。

五、天賊與天刑之比較

墨子曰：

「夫憎人賊人，反天之意，得天之罰者誰也？曰：若昔者三代暴王，桀、紂、幽、厲者是也。焉桀紂幽厲所從事？曰從事別，不從事兼。……觀其事，上不利乎天，中不利乎鬼，下不利乎人，三不利無所利，是謂天賊。聚斂天下之醜名而加之焉。曰：此非仁也，非義也，憎人賊人，反天之意，得天之罰者也。……察天以縱棄紂而葆者，反天之意也，故夫憎人賊人，反天之意，得天之罰者，既可得而知也。」（註六六）

「是以天下之庶國，方以水火毒藥兵刃以相賊害也。若事上不利天，中不利鬼，下不利人，三不利而無所利，是謂天賊。故凡從事此者，寇亂也，盜賊也，不仁、不義、不忠、不惠、不慈、不孝，是故聚斂天下之惡名而加之，是其故何也？則反天之意也。」（註六七）

按：所謂「天賊」，卽與「天德」對文。意謂反天之意者則分別親疏，分別親疏卽不行兼愛，故上不利天，中不利鬼，下不利人。此將聚斂天下之惡名，如不仁、不義、不忠、不惠、不慈、不孝是也，故反天意者，則得天罰，而使天下萬民交相賊，其不善之名自然加焉，此乃「天賊」也。

莊子曰：

「孔子曰：彼遊方之外者也，而丘遊方之內者也；……彼方且與造物者爲人，而遊乎天地之一氣，彼以生爲附贅縣疣，以死爲決疣潰癰，夫若然者，又惡知死生先後之所在，假於異物，託於同體，忘其肝膽，遺其耳目，反覆終始，不知端倪，茫然彷徨乎塵垢之外，逍遙乎無爲之業，彼又惡能憒憒然，爲世俗之禮，以觀衆人之耳目哉？……孔子曰，丘，天之戮民也。」（註六八）

「孔丘之於至人，其未邪，彼何賓賓以學子爲，彼且蘄以諔詭幻怪之名聞，不知至人之以是爲己桎梏邪？老聃曰：胡不直使彼以死生爲一條，以可不可爲一貫者，解其桎梏，其可乎？」無趾曰：「天刑之，安可解。」（註六九）

按：成玄英疏曰：「聖迹禮儀，乃桎梏形性，夫子既依方內，是自然之理，刑戮之人也。故德充符篇云：天刑之，安可解？」又牟宗三曰：「自『德充於內』言，則謂之冥，自『應物於外』言，則謂之迹。……大冥者，冥卽迹，迹冥如一也，迹冥如一，則迹之桎梏不可免，桎梏不可免，則謂之天刑，『不可解』之謂天刑，知『天刑』，則情尙於冥者，卽消化此冥，而亦不以桎梏爲桎梏也，安焉受之而已矣。此孔子所以自稱爲『天之戮民也』。」（註七〇）據此可知，莊子以爲聖迹禮儀，乃桎梏人之形性者也，此桎梏不可免，則如一天然之刑戮，加之於人，使人不能遊乎方外，相忘於道術。孔子以己依其方內，乃自稱爲「天之戮民」。故所謂「天刑」者，卽指桎梏於世俗禮儀，而「不可解」之人。故此刑戮，並非由外鑠我也，乃因己之不可解，自加之於己者也。此與墨子所言之「天賊」不同，墨子之意，言人不能順天之意志而行，故得天罰，以至天下萬民皆不能得利，是謂「天賊」；而莊子之意，則因人不能解其桎梏，順自然而行，就如一自然之刑戮，加之於人，使人不能遊於道而得其逍遙，前者天有「意志」之罰，後者乃「自然」之刑，此兩者之所以不同也。

六、結語

墨子之「天志」，乃有意志之天，故能降禍福與人，順天之意則得賞得利，反天之意則得罰得害，墨子欲達其「兼相愛」、「交相利」之人生理想，故欲人「法天」、「順天」，始能得其「天德」，興天下之利；去其「天賊」，除天下之害。其目的在以「天」箝制人之行爲，告以賞罰，勉人以天志爲志，可得天下之大「利」矣。

莊子所言之「天」，乃一自然無意志之天，又莊子以淸虛爲上，故主人順天之自然，法天之無爲，始能得其「天樂」，遊於天道，如此，則萬民自化，天下自治，人人各得其逍遙。此墨莊之所以大異矣。

肆　墨莊言「命」之比較

一、言「命」由來之比較

觀墨子所言，可知其推溯命之由來有二：一曰暴王所作，二曰窮人所述。其言曰：

「今以命爲有者，昔三代暴王，桀紂幽厲，貴爲天子，富有天下，於此乎，不而矯其耳目之欲，而從其心意之辟……其言不曰：吾罷不肖，吾聽治不强，必曰：吾命固將失之，雖昔也三代罷不肖之民，亦猶此也。……其言不曰：吾罷不肖，吾從事不强，又曰：吾命固將窮，昔三代之僞民，亦猶此也。昔者暴王作之，窮人述之，……先聖王之患之也，固在前矣。……命者，暴王所作，窮人所術（同述），非仁者之言也。」（註七一）

按：此謂「有命」之由，乃因暴王不勤其政，以治其國，反淫泆於酒色，遂失其宗廟，然却不曰其罷不肖，聽治不强，反而推之於命，其曰：「命固將失之」也。不肖之民，不勤其事，以致衣食之財不足，猶不曰其罷不肖，卻曰其「命固將窮」。可知命之由來，皆因暴王、窮人，不勤其政，不從其事，以致失宗廟、挨凍餒，而反將其咎，歸之於「命」，以爲「命固如此」。可知命乃「暴王所作，窮人所述，非仁者之言也。」

莊子曰：

「泰初有无无，有无名，……物得以生，謂之德，未形者有分，且然无間，謂之命。」（註七二）

按：此所謂「命」，王先謙引宣穎注曰：「雖分陰陽，猶且陽變陰合，流行無間，乃天之所以爲命也。」據此可知，莊子以爲命之由來，乃天之所爲，自然之流形。雖無形迹，然卻有陰陽之別，陰陽能流通無間，乃謂之命。可知莊子言「命」之由來，在成於自然，此與墨子言「命」乃暴王、窮人推咎之作，出於人爲者，實有所不同矣。

二、言「命」觀念之比較

㈠墨子言「非命」

墨子有「天志」「明鬼」，又有「非命」，胡適曰：「墨子既信天，又信鬼，何以不信命呢？原來墨子不信命定之說，正因爲他深信天志，正因爲他深信鬼神能賞善罰惡。老子和孔子都把『天』看作自然而然的『天行』，所以以爲凡事都由命定，不可挽回。……墨子以爲天志欲人兼愛，不欲人相害，又以爲鬼神能賞善罰暴，所以他說能順天之志，能中鬼之利，便可得福，不能如此，便可得禍。禍福全靠個人自己的行爲，全是各人的自由意志招來的，並不由命定。若禍福都由命定，那便不做好事也得福，不作惡事也得禍了。若人人都信命定之說，便沒有人努力去做好事了。」（註七三）觀以上之言，可知墨子「非命」之主張，一因認爲禍福全由自己行爲招來，非由命定。二因欲藉此勸人努力進取，俾免流於怠惰放恣。因若禍福全由命定，人人執有命，必曰命固如此，何須爲哉？故人人不盡其所事，社會自不能進步，此乃天下之大不利也。墨子窺知「有命」不能得利之弊，故主張「非命」之說，其言曰：

「命富則富，命貧則貧，命衆則衆，命寡則寡，命治則治，命亂則亂，命壽則壽，命夭則夭，

命（此下有挩文），雖强勁何益哉？」（註七四）

按：此謂執有命者，以爲貧富、衆寡、治亂、壽夭，均由命定，不可改易。故若以命爲有，則命爲富、衆、治、壽，其人縱然怠惰放恣，亦不至貧、寡、亂、夭；反之若「命」爲貧、寡、亂、夭，雖强勁從事，亦不得富、衆、治、壽；故言：命既有定，雖强勁何益哉？是以墨子主張「非命」之說也。

墨子「非命」篇中，曾論「有命」之害，玆可歸納爲三：一曰道德淪喪，二曰刑政大亂，三曰財用不足。其言曰：

「執有命者之言曰：上之所賞，命固且賞，非賢固賞也；上之所罰，命固且罰，不暴固罰也，……以此爲君則不義，爲臣則不忠，爲父則不慈，爲兄則不良，爲弟則不弟。」（註七五）

按：此謂執有命者，以爲賞罰均由命定，不由人之爲賢爲暴，而有所改易，皆命當如此矣。故推知孝慈忠義等德目，凡人亦以爲命皆有定，無須再努力行之，如此，人人不向「道德」進修，則必使道德淪喪無餘，此其一害也。其言又曰：

「今雖無在乎王公大人，蕢若信有命而致行之，則必怠乎聽獄治政矣，卿大夫必怠乎治官府矣，……王公大人怠乎聽獄治政，卿大夫怠乎治官府，則我以爲天下必亂矣。」（註七六）

按：此謂若信有命，則王公大夫必怠於治政，以爲其爲政之治興，本有命定，故人人不致力其政，如此則天下必亂矣。墨子又曰：

「農夫必怠乎耕稼樹藝矣，婦人必怠乎紡績織紝矣，……農夫怠乎耕稼樹藝，婦人怠乎紡績織

紝，則我以爲天下衣食之財，將必不足矣。」（註七七）

按：此謂若信人之貧富，皆由命定，則農夫婦人必怠於其耕織，如此天下人民之衣食必定不足，不足則民困矣。以上乃墨子察知有命之弊，故主張「非命」，其言曰：「然而今天下之士君子，或以命爲有，蓋嘗尙觀於聖王之事，古者桀之所亂，湯受而治之，紂之所亂，武王受而治之，此世未易，民未渝，在於桀紂，則天下亂，在於湯武，則天下治，豈可謂有命哉？」此謂桀紂之亂，湯武能治之，皆用力之證，非由命定也。可知天下之治亂，人之貧富禍福，墨子以爲皆能由人力而改易也，此亦其主張「非命」之理也。

墨子以爲信命者，必信於宿命之論，而聽天由命，無所作爲，反易使政事廢弛，百工荒怠，以致天下大亂，萬民不得其「利」，故墨子言「非命」。唯有「非命」，方能使人致力其事，其言非命之利曰：

「今也王公大人之所以蚤朝晏退，聽獄治政，終朝均分，而不敢怠倦者，何也？曰：彼以爲强必治，不强必亂，强必寧，不强必危，故不敢怠倦。今也卿大夫所以竭股肱之力，殫其思慮之知，內治官府，外斂關市山林澤梁之利，以實官府，而不敢怠倦者，何也？曰：彼以爲强必貴，不强必賤，强必榮，不强必辱，故不敢怠倦。今也農夫之所以蚤出暮入，强乎耕稼樹藝，多聚叔粟，而不敢怠倦者，何也？曰：彼以爲强必富，不强必貧，强必飽，不强必飢，故不敢怠倦。今也婦人之所以夙興夜寐，强乎紡績織紝，多治麻統（當爲絲）葛緒，捆布縿而不敢怠倦者，

何也？曰：彼以爲強必富，不強必貧，強必煖，不強必寒，故不敢怠倦。」（註七八）

按：觀墨子之言，可知其各種主張，皆在使天下萬民相愛相利，故「愛」「利」二字，實可貫穿其整個思想，此非命之主張，亦不例外。其敎人除不執有命外，亦勉人強力從事，人人能各本其位，而各盡其事，則刑政必治，道德必興，衣食必足，豈非天下萬民之大利哉？故墨子「非命」之主張，實是求天下之大利也。

㈡莊子言「安命」

墨子倡「非命」，目的在求天下之大利，而莊子則言「安命」，玆觀其言曰：

「子輿與子桑友，而霖雨十日，子輿曰：子桑殆病矣。裹飯而往食之，至子桑之門，則若歌若哭，鼓琴曰：父邪母邪！天乎人乎！有不任其聲，而趨擧其詩焉。子輿入曰：子之歌詩，何故若是，曰：吾思乎使我至此極者，而弗得也。父母豈欲吾貧哉，天无私覆，地无私載，天地豈私貧我哉，求其爲之者而不得也。然而至此極者，命也夫。」（註七九）

「天下有大戒二，其一命也，其一義也。……是以夫事其親者，不擇地而安之，……夫事其君者，不擇事而安之，……知其不可奈何，而安之若命，德之至也。」（註八〇）

按：莊子之哲學思想，重在個人之心性修養，敎人勿爲形役，存其眞我，其心當主虛靜無爲，始能通齊物而逍遙，遊於道德之境。且人生不如意事，十常八九，若能將此挫逆，視爲自然，而歸之若「天命」，其心必得以舒解，以此爲天命之故，而非吾人所致也。故莊子曰：「備物以將形，藏不虞以生心，敬中以達彼，若是而萬惡至者，皆天也，而非人也，不足以滑成，不可內於靈台。」（註八一）凡事能作如此想，順其天命而行，自不爲外物所役，其心自能逍遙自得也。王先謙注曰：「知命所爲，順之而已。」故莊子主張「安命」之論也。

三、結　語

莊子安命論之觀念，第二章第五節已有詳述，其思想重在心靈之恬淡虛靜，以求超脫物累，安時處順，故主張人當「安命」。因人之命與形，皆天所賦予，猶如褚小不可以懷大，綆短不可以汲深，若是者，乃命之所成，而非人力所能改易也。故莊子曰：「無以人滅天，無以故滅命。」（註八二）王先謙注曰：「勿以人事毀天然，勿以造作傷性命。」可知莊子以爲自然之命，不可以人力改易之。唯能安於自然之命者，方能得其逍遙之樂也。此與墨子主張用「人力」以改易人之命運者不同，因墨子之思想在以「利」爲始爲終，其所重者，在人與人之相利相愛，故有「非命」之主張，兩者實大異其趣矣。

伍　墨莊「知識論」之比較

一、言「知」觀念之比較

㈠本能之「知」

經上曰：「知，材也。」

經說曰：「知材，知也者，所以知也，而必知，若明。」

按：此條所言乃知識成立之基本條件。經所謂知乃是知覺之本能。知識之成立，首須有覺官之本能。覺官之本能是材，故經曰：「知，材也。」經說釋經之義曰：覺官之本能，乃所以知物之具，故曰：「知也者所以知也。」此本能有一必要之條件，卽是能知物；如不能知物，則不得爲本能。故又曰：「而必知。」以視覺爲例，佛家謂「眼識九緣生。」卽眼見之物，須具備九種因緣，缺其一則不能見。不能見，則目不明也。目不明，是目無本能也。所以明爲目之本能，故曰：「若明」，此明猶言眼之明質。（註八三）

又按：孟子所謂「輿薪之不見，爲不用明焉。」（註八四）荀子所謂「可以見之明不離目。」（註八五）之「明」皆指眼之明質。又春秋繁露深察名號篇曰：「性有（同又）似目。目臥幽而瞑，待覺而後見；當其未覺，可謂有見質而不可謂見。」見質卽此「明」字義。蓋知之所以爲材者，以必有知之本能而後有一切之知，若明爲見之本能而後有一切之見；故見之本能具則必見，知之本能具則必知也。

管子曰：「人皆欲『知』，而莫索之其『所以』。『知』，彼也；其『所以知』，此也。不修之此，焉能知彼？」（註八六）荀子曰：「『所以知』之在人者謂之知。」（註八七）王先謙集解曰：「在人者明藏於心」。呂氏春秋圜道篇曰：「人之有形體四肢，其『能』使之也。爲其感而『必知』也；感而不知，則形體四肢不使矣。」又貴生篇曰：「無有『所以知』者，死之謂也。」皆與本條相發明。

莊子曰：

「瞽者无以與乎文章之觀。」（註八八）

按：成玄英疏曰：「盲者，眼根敗也。」（註八九）目無視覺之本能者謂之瞽，瞽者目無明質，故莊子謂不可示之以色。墨經謂知識之成立，須有覺官之本能，莊子謂目無本能，無以認識外物，其義相通。

(二)求知之「知」

經上曰：「慮，求也。」

經說曰：「慮，慮也者，以其知有求也，而不必得之，若睨。」

按：此條所言乃知識成立之第一階段。旣有知識之本能，次須有求知之動作。求知之動作，墨經謂之慮，故曰：「慮，求也。」經說釋經之義曰：所謂求者，謂以其本能之知求知物也。故曰：「慮也者以其知有求也。」此知字卽「知材」之知字也。慮之界說，僅限於求，而不涉及得。以其知有求卽是慮，至於所求之物是否與吾之覺官相接而得，則不在慮字界說之內。故曰：「而不必得之。」以視覺

爲例，如目之睨而視物，殊難一索而得精湛之見也，視之不眞，卽不必得之，故曰：「若睨。」（註九〇）

又按：荀子曰：「情然而心爲之擇謂之慮。」（註九一）大學曰：「慮而後能得。」穀梁隱三年傳曰：「求之爲言，得不得未可知之辭也。」皆卽此意。

莊子曰：

「知者之所不知，猶睨也。」（註九二）

按：說文曰：「睨，衺視也。」眼睛斜視一方，卽不能視之周徧。視之不眞，卽求知而不得，故曰：「知者之所不知猶睨也。」此「睨」與墨經之「慮」義同。

(三) 接物之「知」

經上曰：「知，接也。」

經說曰：「知，知也者，以其知過物，而能貌之，若見。」

按：此條所言乃知識成立之第二階段。既有求知之動作，而後覺官與物接觸。覺官與物接觸，則心有所知，故經曰：「知，接也。」經說釋經之義曰：所謂接者，卽以覺官之本能與物接觸，而在心中印一物象，故曰：「知也者以其知過物，而能貌之。」上知字乃「知接」之知，下知字乃「知材」之知也。「過」乃接觸之意。「貌」說文曰：「皃，頌儀也，籒文作貌。」「能貌之」謂能知物之形容。

以視覺爲例，以目之明與物接觸，則見此物，故曰：「若見。」（註九三）

又按：淮南原道篇曰：「知與物接而好憎生焉。」又說林篇曰：「盲者不觀，無以接物。」高誘注曰：「接，猶見也。」皆可參證。呂氏春秋有知接篇，曰：「人之目以照見之也；以瞑（同眠）則不（同否）。見同；其所以爲照，所以爲瞑，異。瞑士未嘗照，故未嘗見。瞑者目無由接也。無由接而見，謊。智（同知，下同。）亦然，其所接智，所以不接不（同否）。智同；其所能接，所不能接，異。」此亦以目見取譬知接，與本條互相發明。

又按：此「接」當與百法五遍行中之「觸」相似。觸爲「三知分別變異。」三知爲根、塵、識。此「物」卽塵；此「其知」兼根、識言。蓋必有根，塵方能接，有識方能貌耳。貌卽分別變異之義。

莊子曰：

「知者，接也。知者，謨也。」（註九四）

按：所謂接，卽與外界相交。此謂「知者，接也」，可知莊子對於外在知識，亦認爲是與外物相交而成立。成玄英疏曰：「交接前物……故謂之知也。」（註九五）此「知」與墨經「知接也」之「知」義同。

(四)明審之「知」

經上曰：「恕，明也。」

經說曰：「恕，恕也者，以其知論物而其知之也著，若明。」

按：此條所言乃知識成立之第三階段。「恕」舊作「恕」，顧千里據道藏本經文校正，今從之。恕，明審也。覺官之本能，既與物接觸，而心有所知，次須知之明審，其知識方爲正確周詳。知識正確周詳乃謂之恕。故經曰：「恕，明也。」經說釋經之義曰：所謂明者，謂以其所知論物，其知物甚明白透徹也。釋名：「論，倫也，有倫理也。」僅「過物而能貌之」猶不足以爲知識，例如照相機，所得印象雖甚眞，不能謂有知識。必須將所得之知，分類比較，有倫有脊，令此印象成爲一觀念，了然於胸中，則是「以其知論物而其知之也著」也。如以視覺爲例，以目之明視物，所見精審，無誤無遺，是亦曰明。明乃爲恕。故曰：「若明」。前論知識成立之基本條件云「若明」之明，謂眼之「明質」也。此云「若明」之明，謂見之「明審」也。二「明」字義不同。（註九六）

莊子曰：

「屬性乎五色，雖通如離朱，非吾所謂明也。……吾所謂明者，非謂其見彼也，自見而已矣。」（註九七）

按：「見彼」之「明」是外明於「物」；「自見」之「明」是內明於「心」。墨經之「恕」謂知物明審，此「恕」，著重在對外物認識之「外在知識」，而非明心見性之「內在知識」，故莊子「見彼」之「明」與墨經「恕，明也」之「明」義同。

㈤推理之「知」

經下曰：「知而不以五路，說在久。」

經說曰：「知，以目見，而目以火見，而火不見，惟以五路知，久，不當以目見，若以火見。」

按：梁啟超云：「五路，五官也。官而名以路者，謂感覺所經由之路，若佛典以眼耳鼻舌身爲五入矣。」（註九八）佛典五入之外有意，猶此五路之外有知。管子曰：「四肢六道，身之體也。」（註九九）其道卽此所謂路耳。考列子楊朱篇載養生之目，有耳目鼻口體意六者。荀子正名篇所謂天官，亦舉目耳口鼻體心六者。然則五路之外有知，較然明矣。惟列子謂耳欲聽，目欲視，鼻欲向，口欲言，體欲安，意欲行；則所謂聽者耳知也。視者目知也。向者鼻知也。言者口知也。安者體知也。行者意知也。由是以觀，意知者知自行也。而耳目鼻口體之五路，又皆藉乎知，始能副其所欲焉。故「知」當有二用：

1.知與五路俱行：如目緣色時，知亦緣色；目知雙緣，方能得視而起分別。

2.知不與五路俱行：此知卽自行，如五路無所緣時，則「知」獨自有所緣也。此「知」不以五路，卽「知」自行之義。「知」能不用五官者，如對於「久」之知識是也。久者何？

經上曰：「久，彌異時也。」

經說曰：「久，古今旦莫。」

按：淮南子齊俗篇曰：「往古來今謂之宙，四方上下謂之宇。」久卽宇宙之宙，今語謂之時間，玉篇曰：「彌，徧也。」時間概括一切異時。故經曰：「久，彌異時也。」經說之「旦」，舊作且，王引之謂當作旦，是也。莫俗作暮。凡古今朝夕皆時間也，故經說曰：「古今旦莫。」「知」能不以五路，則由經驗而知。經驗則得自已往之時間，故經曰：「知而不以五路，說在久。」經說乃以視覺爲例釋經。其所謂火，猶今人所謂光也。人之見物也以目，而目之見物也以光，但見之本能在目，而非在光，光非能見也。故曰：「知，以目見，而目以火見，而火不見。」然則人之所以能知形者，由於用目也。推之所以能知聲者，由於用耳也。所以能知味者，由於用舌也。所以能知臭者，由於用鼻也。所以能知堅柔、輕重、涼熱、疾癢等者，由於用膚也。是必以五路而後知。故曰：「惟以五路知。」但經驗之知識得自已往之時間，不得自當時之直覺，其先之知之也，以五路。其後之知之也，不以五路。其直覺之知之也，以五路。其推斷記憶之知也，不以五路。如夏日未見雪，而知冬日落雪之必白。童年未見有鬚，而知老年之必有鬚，此其知也，非以目見，亦非以光見，故曰：「久，不當以目若以火見。」若猶與也。推斷記憶之知，乃由心知之作用而知。

吾人對於時間之知識，固非由五官得來，對於空間之知識亦然。

經上曰：「宇，彌異所也。」

經說曰：「宇，家東西南北。」

按：宇卽宇宙之宇，今語謂之空間。空間概括一切異所。故經曰：「宇，彌異所也。」家謂人所處之室也。人處於室，自其室以言，始有東西南北。宇卽空間，概括一切異所，故經說釋經之義曰：「家東西南北。」古書宇宙並舉，以宇言「方」，以宙言「時」。墨經則以宇言「方」，以久言「時」。

經下曰：「不堅白，說在無久與宇。堅白，說在因。」

經說曰：「無堅得白，必相盈也。」

按：今有堅白石於此。視之，不得其堅而得其白。拊之，不得其白而得其堅。吾人知其爲「堅白石」者何耶？此爲心知之作用，知剛纔之白物，卽此刻之堅物，乃時間之組合，知堅白兩性相盈；成爲一物，乃空間之組合。此皆心知之作用，有此貫串組合之心知，方有知識。（註一〇〇）

莊子曰：

「冉求問於仲尼曰：『未有天地可知邪？』仲尼曰：『可，古猶今也。』」（註一〇一）

按：此言「古猶今也」之「知」，卽是心知作用，由推斷而「知」也。成玄英疏曰：「夫變化日新，則無今無古，古猶今也，故答云可知也。」（註一〇二）能知天地變化之常道，並有時間與空間貫串組合之心知，方能知「古猶今也」。此卽推斷記憶之「知」，猶墨經所謂五官之外有知之「知」。

綜觀以上「知識之性質及起源」，玆歸納之，列表比較如下：

㈠墨經所言之知：

知

1. 知—材也。卽求知之本能。
2. 慮—求也。卽求知之行爲。
3. 知—接也。卽求知之過程。
4. 恕—明也。卽知物明審也。
5. 知—知而不以五路。卽推斷之知。

㈡莊子所言之知：

知

1. 瞽—盲也。無求知之本能，故不可示之以色。
2. 知—猶「睨」也。卽求知之行爲。
3. 知—「接也」。卽求知之過程。
4. 明—「見彼」之「明」。卽知物明審也。
5. 知—「古猶今也」。卽推斷之知。

二、知識來源與種類之比較

墨經又就邏輯方面，論吾人知識之來源及其種類。

經上曰：「知，聞、說、親。名、實、合、爲。」

經說曰：「知，傳受之，聞也。方不庫，說也。身觀焉，親也。所以謂，名也。所謂，實也。名實耦，合也。志行，爲也。」

按：此言「知」具七義，此七義，可分二項1言知識之來源者三：一曰聞知；二曰說知；三曰親知。2言知識之種類者四：一曰知名；二曰知實；三曰知合；四曰知爲。此條論知識之來源及其種類，爲墨經中最精要之語，今分述其義，並與莊學比較如下：

㈠知識來源之比較

1「聞知」觀念之比較

聞（聞知）—傳受之，聞也。

按：墨經所謂「聞」，謂吾人由「傳受」而得之知識。聞知者，人傳而我受之，人言而我聽之，因而得知也。故經說曰：「傳受之，聞也。」梁啟超曰：「傳受焉也者，謂由傳聞而得之智識也。吾謂昔者嘗有墨子其人也。子謂昔者未始有其人也。吾何恃而證吾說之眞也。恃親知耶，末由起墨子於九原而與之覿也。恃說知耶，不能謂嘗有孔子而推知必有墨子也。且又何據而知嘗有孔子也？不惟時間之相去爲然也，空間之相去亦然。未親登落機，何以知世必有落機也？寧能謂蜀有峨眉，而推知美必有落機也？若是者，親知與說知兩窮。非恃聞知，無以爲也。墨子書傳焉，吾受之，知有墨子也。落機之名，地志傳焉，吾受之，知有落機也。此爲得知識之第三途徑，讀書之所受，講堂聽講之所受，皆此類也。」（註一〇三）

莊子曰：

「南伯子葵曰：『子獨惡乎聞之！』曰：『聞諸副墨之子，副墨之子聞諸洛誦之孫，洛誦之孫聞之瞻明，瞻明聞之聶許，聶許聞之需役，需役聞之於謳，於謳聞之玄冥，玄冥聞之參寥，參寥聞之疑始。』」（註一〇四）

按：莊子亦稱由傳授而得之知識爲「聞」，此段大義言傳道之次序：「疑始」傳之「參寥」，「參寥」傳之「玄冥」，「玄冥」傳之「於謳」，「於謳」傳之「需役」，「需役」傳之「聶許」，「聶許」傳之「瞻明」，「瞻明」傳之「洛誦之孫」，「洛誦之孫」傳之「副墨之子」，「副墨之子」傳之「女偊」。郭象注曰：「蓋階近以至遠，研粗以至精。」莊子所謂「聞」，謂由傳授而得之「知識」，此「聞」與墨經「傳授之聞也」之「聞」義同。莊子此段文義詳見第四章第五節。

2.「說知」觀念之比較

說（說知）——方不庫，說也。

按：墨經所謂「說」謂吾人由推論而得之知識。集韻四十漾云：「障或作庫。」是障卽瘴之異文。說知者以參爲驗，以稽爲決，推得一理，各方咸通，而無障蔽也。故經說曰：「方不庫，說也。」說文云：「閱，具數於門中也。」廣雅釋詁：「閱，數也。」說與閱音同義通，是則「說」有考察之義也。梁啟超曰：「方不庫說也者，謂由推論而得之知識也。『說』所以明也。庫，卽障字。『方』如史記『見垣一方』之方。身親所得之知識，最近於正確，固也。然身所能親者，其限域至狹，非親莫知，則知之塗滯矣。據其所已知以推見其所未知，是之謂『所以明』，是之謂『說』。隔牆見角而知有牛，牆不障也。隔岸見煙而知有火，岸不障也。遊峨眉見積雪焉，須彌落機，所未歷也。知其高與峨眉齊也，或更高於峨眉也，則知其有積雪也。兒童觸火而得灼，所觸此火也。他火非待一一觸之，而莫敢或狎者，能推焉而知不障也。此爲得知識之第二途徑。演繹之論理學，即此術也。」（註一〇五）

莊子曰：

「莊子與惠子，遊於濠梁之上。莊子曰：『鯈魚出遊從容，是魚之樂也。』惠子曰：『子非魚，安知魚之樂？』莊子曰：『子非我，安知我不知魚之樂？』惠子曰：『我非子，固不知子矣；子固非魚矣，子之不知魚之樂全矣！』莊子曰：『請循其本，子曰：汝安知魚樂云者，既已知之而問我，我知之濠上也。』」（註一〇六）

按：莊子在濠上，鯈魚在濠下，各得其樂。因見鯈魚出遊從容，而知魚之樂，故曰：「我知之濠上也」郭象注曰：「夫物之所生而安者，天地不能易其處，陰陽不能回其業；故以陸生之所安，知水生之所樂。」（註一〇七）莊子遊心於道，同於大通，故曰：「天地與我並生，而萬物與我爲一。」是以能知「魚相忘乎江湖」之樂。其與惠施所不同者，一爲以物觀之，所見皆異，故不知魚之樂；一爲以道觀之，所見皆同，故知魚之樂。此爲兩者言「知」之異也。惠施言「知」，重在知物，此爲推論之知；莊子言「知」，重在知人，此爲反觀內心之知。故惠施所言之「知」與墨經「說知」義同。

3.「親知」觀念之比較

親（親知）—身觀焉，親也。

按：墨經所謂「親」謂吾人親身經歷所得之知識，卽吾人能知之才能與所知之事物相接而得之知識也。故經說曰：「身觀焉，親也。」一切知識，推究其源，皆以親知爲本，如歷史上所述諸事情，吾人對之，惟有聞知而已。然最初傳此知識之人，必對此事有「身觀焉」之親知也。雖吾人未見之物，若知其名，卽可推知其大概有何性質，爲何形貌，然吾人最始必對此「名」所指之物有些個體，有「身觀焉」之親知也。知識論所論之知識，卽此等知識也。梁啟超曰：「身觀焉也者，謂由五官親歷所得之經驗而成智識也。荀子正名篇云：『然則何緣而以同異？曰：緣天官（按天官卽五官）。凡同類同情者，其天官之意（按同億，謂億度也。）物也同。……形體色理以目異，聲音清濁以耳異，甘苦鹹淡以口異，香臭芬鬱以鼻異，滄熱滑鈹輕重以形體異，喜怒哀愛惡欲以心異。』（按此六者正與佛典之眼耳鼻舌身意合）此所謂身親焉者也。兒童翫火而狎之，手觸熾炭，乃得灼焉，此身親焉而知其熱也，芻豢親嘗而知其美，芝蘭親齅而知其馥，桃李親覩而知其艷，笙歌親聽而知其和，身親焉者，知識之基本，而又其最可恃者也。故近世泰西之知識論咸趨重經驗，而名學以歸納爲極詣，誠以身親焉之可恃也。」（註一〇八）

莊子曰：

「今爾出於崖涘，觀於大海，乃知爾醜，爾將可與語大理矣。」（註一〇九）

按：郭象注曰：「以其知分，故可與言理也。」（註一一〇）河伯親見大海之無窮無盡，方「知」其見聞之寡陋與有限。故此「知」與墨經「親知」之「知」義同，是由親身觀察而得之知識。又按：梁啟超云：「人類最幼稚之智識，多得自親知；其最精密之知識，亦多得自親知。人類最博深之智識，多得自聞知；其最謬誤之智識，亦多得自聞知。（按荀子儒效篇：「聞之而不見，雖博必謬。」亦卽此意。）而說知則在兩者之間焉。中國秦漢以後學者，最尊聞知，次則說知，而親知幾在所蔑焉，此學之所以日㿻下也。墨家則於此三者無畸輕畸重也。」（註一一一）按人之所以能成博學者，必依「聞知」，由聞知而求「說知（推論之知識）」，此其所以能博也。「親知」雖甚可恃，若吾人之知識，全靠親知，則知識必有限。「聞知」必有二：㈠聞之眞者。㈡聞之誤者。吾人若以錯誤之聞知而求說之，斯乃最謬誤之智識也。

㈡知識種類之比較

1「知名」觀念之比較

名（知名）——所以謂，名也。

按：墨經所謂「名」謂對於名之知識。知名者，物必有名，有名則人有以謂之，無名則人無以謂之。名者人之所以謂也。故經說曰：「所以謂，名也。」墨經分名爲三種。

經上曰：「名，達、類、私。」

經說曰：「名，物，達也。有實必待文多也命之。馬，類也。若實也者必以是名也命之。臧，私也，是名也止於是實也。聲出口，俱有名，若姓宇灑。」

按：名者物之名也。名有三種：㈠達名。㈡類名。㈢私名。達名者萬物之通名也。類名者同類之物之共名也。私名者一物之專名也。故經曰：「名，達、類、私。」經說釋經之義曰：此三種名，如物之一名，卽達名也。必綜合多種物實，而後命之曰物。故曰：「物達也。有實必待文多也命之。」「文」說文云：「依類象形，故謂之文。文者物象之本。」此言「文多」卽謂物多也。「待」梁校爲「得」。（註一一二）馬之一名，卽類名也。凡其物爲馬，則命之曰馬。故曰：「馬類也。若實也者必以是名也命之。」如臧之一名，卽私名也。此一名僅加於此一實，不得他移。故曰：「臧私也。是名也止於是實也。」名有狹義之界說，有廣義之界說。蓋宇宙間，物有物名，事有事名。物名者狹義之名也。物名事名兼賅不遺，廣義之名也。狹義之名，其名專限於物。廣義之名，其名不專限於物。凡今世文法所謂名詞、代名詞、動詞、形容詞、副詞、介詞、連詞、助詞、感嘆詞，九種皆名也。要之，凡聲出於口，足以代表一個概念者，皆是名。故曰：「聲出口，俱有名。」灑同麗。麗，附也。名皆附於事物。舉例言之，如姓宇附於人。故曰：「若姓宇灑。」（畢沅校「宇」爲「字」是也。）（註一一三）

又按：荀子正名篇曰：「故萬物雖衆，有時而欲偏舉之，故謂之物；物也者大共名也。推而共之，共則有共，至於無共然後止。有時而欲偏舉之，故謂之鳥獸，鳥獸也者大別名也。推而別之，別則有別，至於無別然後止。」春秋繁露天地陰陽篇云：「萬物載名而生，聖人因其象而命之。然而可易也，皆有義從也；故正名以名義。物也，洪名也，皆名也。而物有私名，此物也，非夫物。」按大共名及洪名，卽墨經之達名；大別名及皆名，卽墨經之類名；至於無別然後止，所謂此物非彼物，卽墨經之私名也。左桓二年傳曰：「夫名以制義。」疏曰：「出口爲名，合宜爲義。」荀子曰：「累而成文，名之麗也。」（註一一四）皆卽墨經「聲出口，俱有名；若姓字灑」之意。

莊子曰：

「名者，實之賓也。吾將爲賓乎？」（註一一五）

「有名有實，是物之居，無名無實，在物之虛。」（註一一六）

按：成玄英疏曰：「實以生名，名從實起，實是內是主，名便是外是賓。捨主取賓，喪內求外，既非隱者所尙，故云：吾將爲賓乎。」物之所在，有名有實。墨家重實踐，故求名求實。莊子逍遙自適，不崇尙虛名，故曰：「聖人無名。」（註一一七）此兩者之異也。又按墨經所言之「名」，綱領條目燦然。莊子則偶一談「名」，此亦由於兩者對「名」之觀念不同所致也。

2.「知實」觀念之比較

實（知實）——所謂，實也。

按：墨經所言「實」謂吾人對於實之知識。實爲名之「所謂」，卽名之所指之個體也。知實者，名必有實，有實則人有所謂，無實則人無所謂，實者人之所謂也。故經說曰：「所謂，實也。」

經上曰：「舉，擬實也。」

經說曰：「舉，告以文名舉彼實也。」

按：以名摹擬事物之實，墨經謂之舉，故曰：「舉，擬實也。」荀子曰：「名聞而實喩，名之用也。」（註一一八）卽是此義。「文」孫詒讓校改爲「之」（註一一九），梁啟超從之，並謂：「本書中之字譌爲文者甚多，之卽是也。言以是名舉彼實。」（註一二〇）按此字不改亦通，此「文」卽說文「文者物象之本」之文。此條所言之「文名」，卽「所以謂」之物名也。小取篇曰：「以名舉實。」例如云：「此人是聖人。」或云：「墨子是聖人。」「此人」、「墨子」皆所謂也，實也。「聖人」所以謂也，名也。

莊子曰：

「道行之而成，物謂之而然。」（註一二一）

按：「物謂之而然」，王先謙注曰：「凡物稱之而名立，非先固有此名也。」此謂萬物本無名，其一切固定之名稱，皆因人之「稱謂」而成立。此「謂」與墨經「所謂實也」之「謂」義同。有實則人有所謂，故實者人之所謂也。

3.「知合」觀念之比較

合（知合）——名實耦，合也。

按：墨經所言「合」謂吾人對於名實相合，卽所謂「名實耦」之知識。知合者，名符於實，實符於名。斯名正所以表斯實，斯實正可以當斯名。名實相耦，是爲名實相合。故經說曰：「名實耦，合也。」

墨經謂「合」有三種。

經上曰：「合，正、宜、必。」

此謂「合」之義有三：一曰正合；二曰宜合；三曰必合。此條經說，諸家斷句不同，解說各異，茲依梁啟超墨經校釋本引述如下，以見經說釋經之義。

經說曰：「合，兵立反中志工，正也。臧之爲，宜也。非彼必不有，必也。聖者用而勿必，必也者可勿疑。」

墨經謂以名謂實之謂，亦有三種。

經上曰：「謂，移、舉、加。」

經說曰：「謂，狗犬，命也。狗犬，舉也。叱狗，加也。」

孫詒讓改說之「命」爲「移」（註一二二），梁啟超改經之「移」爲「命」（註一二三）。按「移」與「命」正相互見意。伍非百校「狗犬，命也。」爲「命狗犬，移也。」（註一二四）是也。

按：此條釋謂有三種：㈠移之謂。㈡舉之謂。㈢加之謂。移之謂者，以名移實也。舉之謂者，以名舉實也。加之謂者，以名加實也。故經曰：「謂，移、舉、加。」經說釋經之義曰：狗爲犬之未成豪者，即犬之一種，謂「狗，犬也。」猶謂「白馬，馬也。」此移犬之名以謂狗，移馬之名以謂白馬也，此所謂「移」也。「舉，擬實也。」「舉，告以文名舉彼實也。」舉狗及犬名之名，以汎指狗及犬之實，此所謂「舉」也。指一個體之狗而叱之曰：「狗」，意謂「此是狗。」是加此狗之名於此個體，即所謂「加」也。吾人謂「狗是犬」，狗果是犬否？吾人謂「此是狗」，此果是狗否？換言之，即吾人所用之名，是否與實合，此爲吾人所須注意者。知吾人所用之名，是否與實相合之知識，此即所謂「合」也。

莊子曰：

「先聖不一其能，不同其事，名止於實，義設於適，是之謂條達而福特。」（註一二五）

按：成玄英疏曰：「因實立名，而名以召實，故名止於實，不用實外求名。」（註一二六）此「名止於實」謂「名實相符」，與墨經「名實耦」之義同。

4.「知爲」觀念之比較

爲（知爲）——志行，爲也。

按：墨經所言「爲」謂吾人知所以作一事情之知識。吾人作一事情，必有作此事情之目的，及作此事情之行爲；前者謂之「志」，後者謂之「行」。志存於心，行見於事。志者其所以爲也；行者其所爲也。志者爲之動機也，行者爲之動象也。志者爲之內蘊也，行者爲之外發也。志者爲之前段也，行者爲之後段也。合「志」與「行」總名之曰「爲」。故經說曰：「志行，爲也。」墨經謂「爲」有六種。

經上曰：「爲，存、亡、易、蕩、治、化。」

經說曰：「爲，甲（舊作早，從孫校。）（註一二七）臺，存也。病，亡也。買鬻，易也。消（舊作宥，從孫校。）（註一二八）盡，蕩也。順長，治也。鼃鼠（舊作買，從孫校。）（註一二九）化也。」

按：此言「爲」有六義：㈠存之爲。㈡亡之爲。㈢易之爲。㈣蕩之爲。㈤治之爲。㈥化之爲。故經曰：

「爲，存、亡、易、蕩、治、化。」

又按：梁啟超云：「如製甲築臺，此以存爲爲也。如治病，此以亡爲爲也。如買賣，此以易爲爲也。如消滅之罄盡之，此以蕩爲爲也。如順之長養之，此以治爲爲也。如鼃鼠之變爲鶉，此以化爲爲也。」（註一三〇）經義言此條乃以行爲之目的，所謂「志」之不同，將「爲」分類也。經說釋經之義曰：製甲築臺，以使其存爲目的，是以「存」爲爲也。治病以使無病爲目的，是以「亡」爲爲也。買賣以交易爲目的，是以「易」爲爲也。消滅除盡謂之蕩，吾人對於事物有時欲消滅除盡之，卽以蕩爲目的，是以「蕩」爲爲也。順成長養謂之治，吾人有時對於事物欲順成長養之，卽以治爲目的，是以「治」爲爲也。經上曰：「化，徵易也。」經說曰：「化，若鼃爲鶉。」列子天瑞篇曰：「田鼠之爲鶉。」蓋古說鼃鼠皆可爲鶉也。吾人有時對於事物欲其逐漸變化，卽以化爲目的，是以「化」爲爲也。吾人欲達吾人之「志」，必有相當之「行」。知如何行之知識，亦名之曰「爲」。

莊子曰：

「性者，生之質也。性之動，謂之爲，爲之僞，謂之失。」（註一三一）

按：郭象注曰：「以性自動，故稱『爲』耳；此乃眞爲，非有爲也。」成玄英疏曰：「率性而動，分內而爲，爲而無爲，非有爲也。感物而亂，性之欲（也。矯性）僞情，分外有爲，謂之喪道。」據此知莊子之意是：率「性」而行謂之「爲」，失「性」而行謂之「僞」，此與墨經率「志」而行謂之「

爲」，兩者不同。墨經言「爲」之六義：存、亡、易、蕩、治、化，皆與莊子所言之「性」無關。

墨經言『知』所具七義，已述之如上，兹歸納之，依墨經原文，列表如左：

知
- (一)知識之來源
  - 1.聞—傳受也，聞也。
  - 2.說—方不瘴，說也。
  - 3.親—身觀焉，親也。
- (二)知識之種類
  - 1.名
    - (1)達（達名）—物，達也。
    - (2)類（類名）—馬，類也。
    - (3)私（私名）—臧，私也。
  - 2.實—所謂，實也。
  - 3.合
    - (1)正（正合）。
    - (2)宜（宜合）。
    - (3)必（必合）。
  - 4.爲
    - (1)存（存之爲）—甲臺，存也。
    - (2)亡（亡之爲）—病，亡也。
    - (3)易（易之爲）—買鬻，易也。
    - (4)蕩（蕩之爲）—消盡，蕩也。

(5)治（治之爲）—順長，治也。
(6)化（化之爲）—竈，化也。

按：觀此表（註一三二）可知墨經中所言之「知」，綱領條目一貫，體用圓融。皆析之極精，而出之極顯。莊子一書中所言之「知」，則無此一貫之條理，此蓋由於莊子以爲現象界之「知」，非絕對之「眞知」，故無此條理化之討論。

三、結　語

綜觀以上所述，可知莊子與墨經言「知」，兩者觀念大多相合；然此皆偏於外在知識，即科學知識。本文第二章第四節，曾詳述莊子言「知」，偏於內在知識，此屬哲學之知識，即認識吾心本性及宇宙本體之知識。如：「知通於神」（註一三三）「心徹爲知」（註一三四）「知大一」（註一三五）等，此類知識，即莊子所稱之「大知」或「眞知」，墨經中未嘗見，此爲墨莊知識論之異也。玆歸納墨莊知識論之異同，述之如下：

㈠莊子之知識論，大體言之，屬於哲學知識，特因其所涉範圍較廣泛，亦間論及科學知識。此類知識與墨經所論者同。

㈡墨經所言知識之來源與知識之種類，綱領條目一貫，然皆屬知識範圍，而非睿智。此類知識，莊子甚少討論，雖偶一談及，既無專精之術語，又無縝密之組織，亦無論式可以驅策。兩相比較，相去遠矣。

(三)綜觀墨經「知識論」中所討論者，皆屬「人事」範圍內之「知識」。莊子認爲人事無定論，儒墨各是其所是，非其所非，以致是非不明，故凡涉及人事之「知」，皆曰「不可知。」齊物論曰：「齧缺問乎王倪曰：『子知物之所同「是」乎？』曰：『吾惡乎知之？』『子知子之所不知耶？』曰：『吾惡乎知之？』『然則物無知耶？』曰：『吾惡乎知之？』」由此可知莊子擯棄現象界之知識，此蓋莊子甚少言外求知識之理也。

(四)莊子言「知」，重在知人；墨子言「知」，重在知物。前者屬於智慧；後者屬於知識，此其所以異也。

(五)墨經重視知識，莊子揚棄知識。莊子所重者，在破小知，求大知，故曰：「小知不及大知」（註一三六）「大知閑閑，小知閒閒」（註一三七）兩相比較，大異其趣。

(六)莊子言知，重在反觀內心；墨經言知，重在向外探求，此兩者之異也。

(七)墨經言「明」謂外明於物；莊子言「明」謂內明於心，此兩者之異也。

(八)莊子以爲眞正有價值之知識，乃是「眞知」。所謂眞知者，即止其所不知也。大宗師曰：「有眞人而後有眞知」。此「眞知」即是超越人事而「知」天道。莊子所言知天道之「知」，與墨子所言知人道之「知」，兩相比較，其境界有所不同也。

(九)莊子言「知」，偏重知「天道」，故曰率「性」而行謂之「爲」。墨經言「知」，偏重知「人道」，故曰率「志」而行謂之「爲」。此兩者之所以不同也。

㈩莊子以爲吾人唯有順「眞知」而行，人事之「知」，不可作爲「行爲」之依據。墨子重實踐，故以爲人事之「知」，可應用於行爲。此兩者之所以不同也。

陸　墨莊「名學」之比較

一、論辯觀念之比較

㈠「論辯定義」之比較

經上曰：「辯，爭彼也。辯勝，當也。」

經說曰：「辯，或謂之牛，或謂之非牛，是爭彼也。是不俱當，不俱當，必或不當。不當，若犬。」

按：此條言「辯」之定義。「彼」者所爭辯之命題也。「辯」者，彼此以言論爭一命題也。故經曰：「辯，爭彼也。」一主肯定。一主否定。所主者當，其辯乃勝；所主不當，其辯不勝。故又曰：「辯勝，當也。」經說舉例釋經之義曰：如有兩人於此，一人曰：「甲，牛也。」一人曰：「甲，非牛也。」各申其說，於是爭論起焉。而一肯定之。一否定之。故曰：「或謂之牛，或謂之非牛，是爭彼也。」

（「或謂之非牛」句，孫定本無「或」字，乃轉寫誤脫。此據明陸穩刊本，緜眇閣本，堂策檻本，寶曆本，增。）經所謂「辯勝當也」者，以前例言，或謂之牛，或謂之非牛，必不俱當，既不俱當，必有不當者。例如甲實犬也。則謂之非牛者是也。謂之牛者非也。故曰：「是不俱當。不俱當，必或不當。不當，若犬。」（註一三八）

莊子齊物論曰：

「道行之而成，物謂之而然。」

按：此言道路由人行走而形成，萬物之名由人稱謂而成立。太古之初萬物本無名，稱之爲牛，或稱之爲馬，皆無不可。又曰：

「可乎可，不可乎不可。」

按：郭象注曰：「可於己者，卽謂之可，不可於己者，卽謂之不可。」故知可與不可，皆由世人自作自取。妄而不得其準也。又曰：

「惡乎然？然於然，惡乎不然？不然於不然。物固有所然，物固有所可。無物不然，無物不可。故爲是舉莛與楹，厲與西施，恢恑譎怪，道通爲一。其分也，成也；其成也，毀也。凡物無成與毀，復通爲一。惟達者知通爲一，爲是不用而寓諸庸。」

按：此言恢恑譎怪，以道眼觀之，了無區別。成玄英疏曰：「唯達道之夫，凝神玄鑒，故能去彼二偏，通而爲一。」此言「物論」有是必有非，猶物有分必有成，有成必有毀也。欲物無分與成，唯在不分。

欲物無成與毀，唯在不成。欲物無是與非，唯在不辯。人能如此者，可謂復通於道也。達者知無是非可通於道，故不用辯論而寓於常理。世俗之人，不知此理，祇知勞動神明爲一偏之見而爭辯，不知其所爭辯者，根本相同也。故又舉例曰：

「勞神明爲一而不知其同也，謂之朝三。何謂朝三？曰：『狙公賦芧，曰：「朝三而莫四。」衆狙皆怒。曰：「然則朝四而莫三。」衆狙皆悅。』名實未虧而喜怒爲用，亦因是也。是以聖人和之以是非而休乎天鈞，是之謂兩行。」

按：王先謙注曰：「若勞神明以求一，而不知其本同也，是囿於目前之一隅，與朝三之說何異乎？」此舉朝三暮四之語，卽所以舉例說明不辯之理由，蓋朝三暮四，或朝四暮三，其數相同，本無爭辯，然衆狙竟勞神明爲一偏之見而爭，而不知其同也。「名實未虧，而喜怒爲用」，皆因執著一偏之見。聖人不爭是非，而任其自然發展，故莊子主張是非兩行之目的，在於存其眞我，不爲形役，物我各得其所。吾人若不能超脫於是非之外，終身辯論，使精神消損，使形體日衰，其生命行盡，如奔馳之速，莫之能止，不亦悲乎？故曰：

「一受其成形，不亡以待盡。與物相刃相靡，其行盡如馳，而莫之能止，不亦悲乎！終身役役而不見其成功，苶然疲役而不知其所歸，可不哀邪！人謂之不死，奚益！其形化，其心與之然，可不謂大哀乎？人之生也，固若是芒乎？其我獨芒，而人亦有不芒者乎？夫隨其成心而師之，誰獨且無師乎？奚必知代而心自取者有之？愚者與有焉。未成乎心而有是非，是今日適越而昔至也，是以無有為有。無有為有，雖有神禹，且不能知，吾獨且奈何哉！」

按：此言辯者妄生是非，以「無有」為「有」。此種以「無有」為「有」之理，雖有神禹之智，且不能知其究竟，吾獨奈之何哉！此莊子主張不辯之理也。一主「爭彼」，一主「不爭」，此墨莊觀念之異也。

(二)「論辯成立」之比較

經下曰：「謂辯無勝，必不當，說在辯。」

經說曰：「謂，所謂，非同也，則異也。同，則或謂之狗，其或謂之犬也。異，則或謂之牛，其（舊譌作牛，從梁校。）（註一三九）或謂之馬也。俱無勝，是不辯也。辯也者，或謂之是，或謂之非，當者勝也。」

按經義言：二人各有所謂，而後有辯。辯則有勝有不勝。其謂當者勝，其請不當者不勝。若俱不勝，則必其謂皆不當也。故曰：「謂辯無勝，必不當。」其辯之無勝，正由於其辯之無當。無勝主辯而言，無當亦主辯而言。故曰：「說在辯。」經說釋經之義曰：二人各有所謂。其謂有同有異。同謂則無辯。如有物於此，狗也。甲謂之狗，乙謂之犬，此同謂也，此俱當也，此無辯也。如有物於此，非狗也。甲謂之狗，乙謂之犬，此同謂也。此俱不當也，此亦無辯也。辯必生於異謂。如有物如此，牛也。甲謂之牛，乙謂之馬，此異謂也，此甲當而乙不當也，此其辯甲勝而乙不勝也。如有物於此，馬也。甲謂之牛，乙謂之馬，此異謂也，此乙當而甲不當也，此其辯乙勝而甲不勝也。又如有物於此，非牛非馬也。甲謂之牛，乙謂之馬，此異謂也，此俱不當也，此其辯俱不勝也。由此觀之，辯生於異謂。其辯如俱不勝，則其謂必俱不當。雖辯等於不辯矣。蓋辯者必一方謂之是，一方謂之非。其辯有當，則其辯必有勝。其辯無當，則其辯乃無勝也。故曰：「所謂，非同也，則異也。同，則或謂之狗，其或謂之犬也。異，則或謂之牛，其或謂之馬也。俱無勝，是不辯也。辯也者，或謂之是，或謂之非，當者勝也。」茲列表如下：（註一四〇）

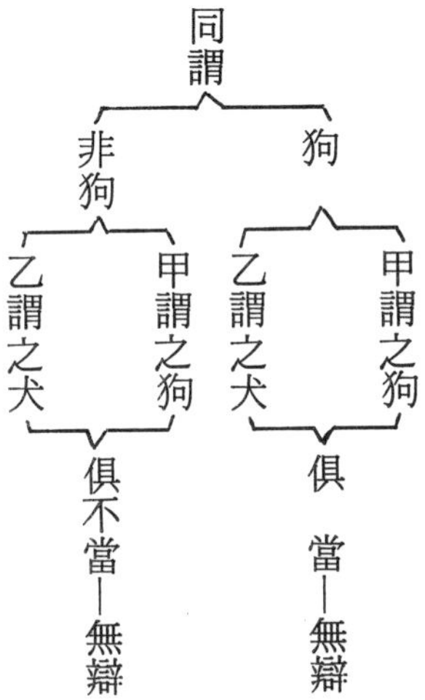

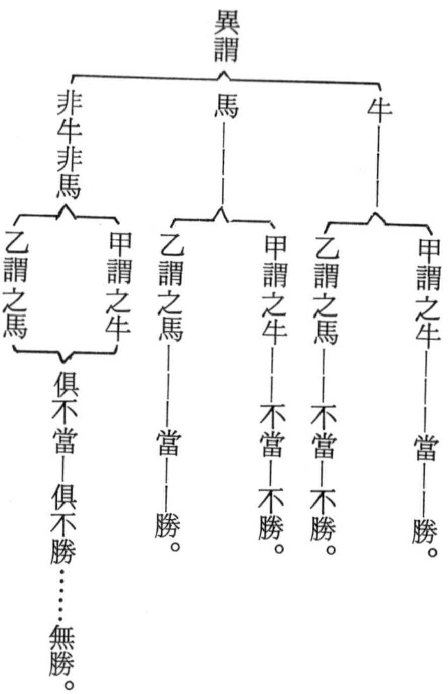
異謂
牛
甲謂之牛——當——勝。
乙謂之馬——不當—不勝。
馬
甲謂之牛——不當—不勝。
乙謂之馬——當——勝。
非牛非馬
甲謂之牛
乙謂之馬
俱不當—俱不勝……無勝。

按：辯之有勝無勝，在當時成爲學術界一重要問題。若莊子，卽主張「辯無勝」者也。齊物論曰：

「旣使我與若辯矣，若勝我，我不若勝，若果是也，我果非也邪？我勝若，若不吾勝，我果是也，而果非也邪？其或是也，其或非也邪？其俱是也，其俱非也邪？我與若不能相知也，則人固受其黮闇。吾誰使正之？使同乎若者正之？旣與若同矣，惡能正之！使同乎我者正之？旣同乎我矣，惡能正之！使異乎我與若者正之？旣異乎我與若矣，惡能正之！使同乎我與若者正之？旣同乎我與若矣，惡能正之！然則我與若與人俱不能相知也，而待彼也邪？化聲之相待，若其不相待。和之以天倪，因之以曼衍，所以窮年也。何謂和之以天倪？曰：是不是，然不然。是若果是也，則是之異乎不是也亦無辯；然若果然也，則然之異乎不然也亦無辯。忘年忘義，振於無竟，故寓諸無竟。」

按：王先謙注曰：「同彼我不信，同我彼不服，別立是非，彼我皆疑，隨人是非，更無定論，不能相知，更何待邪？極言辯之無益。」莊子主張齊是非，故以爲彼此相與辯，無一定之是非。勝者未必是，即未必勝也；不勝者未必非，即未必不勝也。莊子所談名理，多屬於智識範圍以外，墨子乃實用主義派，以智識爲道德之標準，故認辯爲必要，且謂辯之效力必能得眞是非。此與近世之科學精神最近矣。又按：莊子以爲辯者之態度，在「是其所非，而非其所是」，故認「辯」無必要，且謂「辯」之效力，必不能得眞是非，既不能得眞是非，則辯無勝矣。其言曰：

「夫言非吹也，言者有言，其所言者特未定也。果有言邪？其未嘗有言邪？其以爲異於鷇音，亦有辯乎，其無辯乎？道惡乎隱而有眞僞？言惡乎隱而有是非？道惡乎往而不存？言惡乎存而不可？道隱於小成，言隱於榮華。故有儒墨之是非，以是其所非而非其所是。欲是其所非而非其所是，則莫若以明。物無非彼，物無非是。自彼則不見，自知則知之。故曰彼出於是，是亦因彼。彼是方生之說也，雖然，方生方死，方死方生；方可方不可，方不可方可；因是因非，因非因是。是以聖人不由，而照之於天，亦因是也。是亦彼也，彼亦是也。彼亦一是非，此亦一是非。果且有彼是乎哉？果且無彼是乎哉？彼是莫得其偶，謂之道樞。樞始得其環中，以應無窮。是亦一無窮，非亦一無窮也。故曰莫若以明。」（註一四一）

按：王先謙注曰：「莫若以明者，言莫若卽以本然之明照之。」此謂欲破是非之執，莫若明道也。「惟本明之照，可以應無窮。此言有彼此而是非生，非以明不能見道。」（註一四二）

墨經「說在辯」云者，謂主張「辯無勝」之人，先自與人辯矣。卽如莊子持此義以難墨子，莊子之言而當，則莊子勝矣，安得謂辯無勝耶？莊子深知此理，故先自破其非，齊物論曰：

「今且有言於此，不知其與是類乎？其與是不類乎？類與不類，相與爲類，則與彼無以異矣。

雖然，請嘗言之。」

按：成玄英疏曰：「今論乃欲反彼世情，破玆迷執，故假且說無是無非，則用爲眞知。」此謂既有出言（如：莊子作齊物論），便有是非，故莊子自認與彼爭辯是非之徒爲同類。欲求不類於彼而脫離是非，莫如不言。但若不言，則又不能明其大道於世，故不得不言，此莊子不得已而言也。故曰：「請嘗言之。」成玄英疏曰：「夫至理雖復無言，而非言無以詮理，故試寄言，彷象其義。」此謂不得已而嘗試言之也。又曰：

「今我則已有謂矣，而未知吾所謂之其果有謂乎，其果無謂乎？」

按：此言既「有」「無」常變，「是」「非」無定，則名相已絕，言說亦無。王先謙注曰：「未知吾所言之果爲有言乎？其果爲無言乎？合於道爲言，不合則有言與無言等。」今莊子所以有說者，在其能合道，而明其說之不得已也。故曰：

「天下莫大於秋毫之末，而太山爲小；莫壽乎殤子，而彭祖爲夭。天地與我並生，而萬物與我爲一。既已爲一矣，且得有言乎？既已謂之一矣，且得無言乎？」

按：郭象注曰：「萬物萬形，同於自得，其得一也。已自一矣，理無所言。」此言萬物既與我爲一矣，更復何言？然我今既謂萬物與我爲一也，豈可無言。故曰：「既已謂之一矣，且得無言乎？」據上言之，齊物論可置而不作，據下言之，齊物論不得不作。故曰：

「一與言爲二，二與一爲三。自此以往，巧歷不能得，而況其凡乎！故自無適有以至於三，而況自有適有乎！無適焉，因是已。」

按：成玄英疏曰：「夫至理無言，言則名起。故從無言以往有言，纔言則至乎三。況從有言往有言，枝流分派，其可窮乎？此明一切萬法，本無名字，從無生有，遂至斯矣。」此言莊子爲說明大道起見，已自「無言」至「有言」，而至於「三」，況辯者欲自「有言」至「有言」乎，則其末流所趨，可得無窮，其數當更紛雜而不可計矣。雖巧歷者亦不可得而計之，此勸人不必推算，徒勞心神而無結果。故曰：

「孰知不言之辯，不道之道，若有能知，此之謂天府。注焉而不滿，酌焉而不竭，而不知其由來，此之謂葆光。」

按：此言何人能知，以不辯爲最雄之辯，以不道爲最眞之道，若有能知，「以此積辯，用玆通物者，可謂合於自然之府藏也。」（註一四三）其渾然不測，無所不包，如以水作譬，灌之不見其滿，取之不見其乾。不知源流來自何處，此之謂含藏神光，不顯其形迹也。莊子之學，在心性修鍊，所談名理與墨經不同。故齊物論曰：

「六合之外，聖人存而不論；六合之內，聖人論而不議。春秋經世先王之志，聖人議而不辯。……辯也者，有不辯也。曰：何也？聖人懷之，衆人辯之以相示也。故曰辯也者有不見也。……大辯不言……言辯而不及……故知止其所不知，至矣。」

按：「聖人懷之」，郭象注曰：「以不辯爲懷耳」。此謂聖人於一切事物，能冥懷任化，故「大辯不言」。「衆人辯之」，郭象注曰：「不見彼之自辯，故辯己所知以示之。」則「言辯而不及」，故曰：「辯也者有不見也。」莊子言齊物之用，以知止其所不知爲準，凡所不知者，辯猶不辯，故莊子主張不與衆人辯之。兩相比較，莊子主張「辯無勝」，墨經主張「辯無勝，必不當」，此兩者之異也。

二、論辯功用之比較

㈠「明是非」觀念之比較

小取篇曰：

「夫辯者，將以明是非之分。」

按：淮南書曰：「至是之是無非，至非之非無是，此眞是非也。若夫是於此而非於彼，非於此而是於彼者，此之謂一是一非也。」夫是非封界，原無定軌，世人妄執，輒起紛爭。小取篇則以爲辯之功用，可明辯是非也。

莊子曰：

「儒墨之是非，以是其所非，而非其所是……彼亦一是非，此亦一是非……是亦一無窮，非亦一無窮。」（註一四四）

按：成玄英疏曰：「此既自是，彼亦自是，此既非彼，彼亦非此，故各有一是，各有一非也。」莊子以爲涉乎人事之是非，無有定論，故曰：「言惡乎隱而有是非」。此意謂是非之有，於言無所依據也。但墨家不然，謂是非所依據者惟辯。故曰：「辯也者，或謂之是，或謂之非，當者勝也。」（註一四五）然何由而當？曰：「辯勝，當也。」（註一四六）復何由而能辯勝邪？墨家則謂小取篇所言之方法是也。（註一四七）此兩者之異矣。

(二)「審治亂」觀念之比較

小取篇曰：

「夫辯者……審治亂之紀。」

按：墨家以辯爲可以審治亂之紀，故謂計其所以治亂者爲智者之事。如論尚同云：「知者之事，必計國家百姓之所以治者而爲之，必計國家百姓之所以亂者而辟（避）之。然計國家百姓之所以治者何也？上之爲政，得下之情則治，不得下之情則亂。何以知其然也？上之爲政，得下之情，則是明於民之善非也。若苟明於民之善非也，則得善人而賞之，得暴人而罰之也。善人賞而暴人罰，則國必治。上之爲政者，不得下之情，則是不明於民之善非也。若苟不明於民之善非，則是不得善人而賞之，不得暴人而罰之。善人不賞而暴人不罰，爲政若此，國衆必亂。故賞罰不得下之情，不可而不察者也。然計得下之情，將奈何？故子墨子曰：『唯能以尚同一義爲政，然後可矣。』」（註一四八）又論兼愛云：「聖人以治天下爲事者也，必知亂之所自起，焉（乃）能治之；不知亂之所自起，則不能治。當察亂何自起？起不相愛。若使天下兼相愛，則天下治。故天下兼相愛則治，交相惡則亂。」（註一四九）由是觀之，以尚同言，得下情則治，不得下情則亂；以兼愛言，兼相愛則治，交相惡則亂。此則所謂治亂之紀也。辯則能審乎此。（註一五〇）

莊子齊物論曰：

「儒墨之是非，以是其所非，而非其所是。」

「自我觀之，仁義之端，是非之塗，樊然殽亂，吾惡能知其辯。」

按：成玄英疏曰：「從彼我而互觀之，是非之路，仁義之緒，樊亂糾紛，若殽饌之雜亂，既無定法，吾何能知其分別耶。」據此知莊子以爲「辯」不能「審治亂之紀」。例如：墨家以爲亂之所起，在不能「兼愛」，儒家以爲亂之所起，在不能「仁愛」，法家以爲亂之所起，在人民不能「守法」，是則三者審辯之結果不同。何者爲是？何者爲非？何人能定其是非？

(三)「明同異」觀念之比較

小取篇曰：

「夫辯者……明同異之處。」

按：墨經對於同異之辯，有詳細討論，玆舉數則爲例，述之如下：

經上曰：「同，異而俱於之一也。」

經說曰：「侗，二人而俱見是楹也。若事君。」

按：經義言：取彼之異者而俱之於此之一，斯謂之同，例如孔子、墨子，異也。而俱爲人，一也。堅、白，二也。而俱爲石性所含，一也。故經曰：「同，異而俱於之一也。」之，此也。說文：「楹，柱也。」侗，同之緐文。經說舉例釋經之義曰：於此有柱焉。甲見之，乙見之。甲乙俱見之。甲、乙異也，見一柱，一也。故曰：「二人而俱見是楹也。」二人同事一君，二人，異也。事一君，卽其所同也。故曰：「若事君。」推之若二牛俱耕田，二馬俱駕車，二犬俱守夜，二雞俱鳴旦，牛、馬、犬、雞，皆爲二也。其於耕田、駕車、守夜、鳴旦，則一也。二則異，一則同也。（註一五一）

經上曰：「同，重、體、合、類。」

經說曰：「同，二名一實，重同也。不外於兼，體同也。俱處於室，合同也。有以同，類同也。」

按：經義言：此謂同有四種：㈠重同。㈡體同。㈢合同。㈣類同。故經曰：「同，重、體、合、類。」經說釋經之義曰：所謂「重」者，重複也。二名一實，其名則異，其實則同。故曰：「二名一實，重同也。」例如仲尼與孔子，本爲一人，是也。所謂「體」者，經上云：「體，分於兼也。」體指部分，兼指總體。因體分於兼而同，是為體同。故曰：「不外於兼，體同也。」例如孔子、墨子同為中國人，是也。所謂「合」者，謂合處一所也，兩物合處一所，是為合同。故曰：「俱處於室，合同也。」如牛羊同處一牢，是也。所謂「類」者，廣雅釋詁：「類，象也。」二物有相象之點，是為類同。類同之物，必有其相同之點。故曰：「有以同，類同也。」如牛羊同有角，是也。（註一五二）

經上曰：「異，二、不體、不合、不類。」

經說曰：「異，二必異，二也。不連屬，不體也。不同所，不合也。不有同，不類也。」

按：此謂異有四種：㈠二之異。㈡不體之異。㈢不合之異。㈣不類之異。故經曰：「異，二、不體、不合、不類。」經說釋經之義曰：其物為二，其實必異，此二之異也。故曰：「二必異，二也。」兩物非統於一共實之下，無連屬之關係，此不體之異也。故曰：「不連屬，不體也。」兩物不同處於一所，此不合之異也。故曰：「不同所，不合也。」兩物無有相同之點，非為相象相似者，此不類之異也。故曰：「不有同，不類也。」此條與前條義正相反。（註一五三）梁啟超曰：「大取、小取兩篇言同異，多與此兩條相發明，但苦其文譌脫，不甚可讀耳。大取篇云：『重同，具（當為俱）同，連同，同類之同，同名之同，同根之同，丘同，鮒同，（鮒當為附）是之同，然之同，有非之異，有不然之異。』彼文重同卽此文之重同。彼文具同，卽此文之合同。彼文連同，卽此文之體同。彼文同類之同，卽此文之類同。惟尚有同名、同根、丘同、鮒同等，視此文更精密矣。其言異，則比此文較簡略，互相發也。大取篇又云：『小圜之圜與大圜之圜同，方至尺之不至也，與不至鍾之不至不異。』

又云：『苟是石也白，取是石也，盡與白同，是石也雖大，不與大同。』並函名理，惜不甚可解。小取篇云：『夫物有以同而不率遂同。……其然也同，其所以然不必同。……其取之也同，其所以取之不必同。』此皆言論理學上求同求異之法也。」

經上曰：「同異交得，放有無。」

經說曰：「同異交得，於福家良，恕有無也。比度，多少也。免蚓還園，去就也。鳥折用桐，堅柔也。劍尤早，死生也。處室子，子母，長少也。兩勝絕，白黑也。中央，旁也。論行行學實，是非也。難宿，成未也。兄弟，俱適也。身處志往，存亡也。霍爲姓，故也。賈宜，貴賤也。」

按：此條言同異交得之法，亦卽言事物之矛盾對立現象也。放當讀爲比方之方，書堯典：「方命圮族。」漢書王商傳引方作放。莊子天地篇：「有人治道若相方。」釋文：「方本作放。」荀子子道篇：「不放舟，不避風，則不可涉也。」楊注：「放讀爲方。」並放方通用之證。在同一事物或兩種事物，在同一時間，同一空間，存有相異之點，卽存有矛盾對立之現象，加以觀察，可以俱得。如說中「有無」等例皆是。故經曰：「同異交得，放有無。」放有無猶言比方「有無」，例如「有無」矣。經說蓋舉例以釋經也。共舉例十幾項以證明同異交得之理。其大要似謂諸事物皆可有相反之性質，如有無，多少，去就，堅柔，死生，長少，白黑，中央與旁，是非，存亡，貴賤等，要視吾人從何方面觀察之耳。如一女子先爲「處室女」，後爲「子之母」，是一人而亦長亦少也。一人對其弟爲兄，對其兄爲弟，是一人而亦兄亦弟，所謂「兄弟俱適」也。一人可身在此而志在彼，所謂「身處志往，存亡也。」以上所述，墨經指出所謂同及異，均有四種。必先知所謂同物之同，果爲何種之同；所謂異物之異，果爲何種之異，然後方可對之有所推論而不致陷於誤謬也。（註一五四）

此外不同類之物，有時亦可以同一名謂之。此亦吾人所應注意者也。例如：

經下曰：「異類不吡，說在量。」

經說曰：「異，木與夜孰長？智與粟孰多？爵、親、行、賈，四者孰貴？……」

按：木與夜爲異類而均可以長短謂之，智與粟爲異類而均可以多寡謂之，若因此而認爲同類，「則必困矣。」此舉異類相比之例，以明其不可也。

此卽墨經中之「同異之辯」。依墨經之觀點，與莊學比較，實大異其趣，莊子曰：

「自其異者視之，肝膽楚越也；自其同者視之，萬物皆一也。」（註一五五）

按：此言世俗觀察萬物，有其同異兩面。而莊子對萬物之異同，則不加分辯。故齊物論曰：「天地與我並生，而萬物與我爲一。」此謂以天道觀之，則天地與我並生，而萬物與我爲一。秋水篇「以道觀之……萬物一齊？孰短孰長？」與德充符所謂「自其同者視之，萬物皆一也。」，均言萬物之同，視其同，卽至人之道也。莊子主張「合同異」，而墨經主張「離同異」，此兩者之所以不同也。

(四)「察名實」觀念之比較

小取篇曰：

「夫辯者……察名實之理。」

按：墨家以爲辯之功用，在審察名實之理。其審察名實之法，則爲「以名舉實」，前文「知識論」中已詳述之，茲不復舉。

莊子曰：

「吾將爲名乎？名者實之賓也。吾將爲賓（當作實）乎？鷦鷯巢於深林，不過一枝，偃鼠飲河，不過滿腹。」（註一五六）

按：許由不受爲君之名，亦不受任君之實。此應帝王所謂「名實不入」者是也。列子注引向秀曰：「任自然而覆載，則名實皆爲棄物。」是以知莊子棄名實而任自然；墨子合名實而行之，此兩者之異也。

伍「處利害」觀念之比較

小取篇曰：

「夫辯者……處利害。」

按：國於大地，人於斯世，所與生存奔競者，利害而已矣。利害之來，倏忽無端，取舍不明，輒得其反。墨家於此，嘗三致意焉。例如：經上曰：「利，所得而喜也。害，所得而惡也。」得利而喜，得害而惡，此乃人之常情。經上又曰：「欲正權利，惡正權害。」正必以權，故大取篇曰：「於所體之中而權輕重之謂權。……權，正也。」以權爲正，因而取舍得其所正。例如：「遇盜人而斷指以免身，利也；其遇盜人，害也。」故曰：「斷指以存擊，利之中取大，害之中取小也。害之中取小，非取害也，取利也。」（註一五七）非樂上曰：「所以非樂者，非以大鐘鳴鼓琴瑟竽笙之聲以爲不樂也；姑嘗厚措斂乎萬民，以爲大鐘鳴鼓琴瑟竽笙之聲，以求興天下之利，除天下之害而無補也。是故子墨子曰：爲樂非也。」由是以觀，墨家處利害之義明也。

莊子齊物論曰：

「子不知利害，則至人固不知利害乎？……死生無變於己，而況利害之端乎？……聖人不從事於務，不就利，不違害，不喜求，不緣道……而遊乎塵垢之外。」

按：「至人」能「一死生」，「齊利害」，故曰：「死生無變於己，而況利害之端乎？」「不就利，不避害。」郭象注曰：「任而直前，無所避就。」利害相因，無所避就，故以不避避之。此謂利害聽之於自然，不著乎心也。莊子遊乎塵垢之外，故「一死生」，「齊利害」。而墨子遊乎塵垢之內，故「得利而喜」，「得害而惡」。此兩者之所以異也。

㈥「決嫌疑」觀念之比較

小取篇曰：

「夫辯者……決嫌疑。」

按：墨經論疑有四種：曰逢疑；曰循疑；曰遇疑；曰過疑。而決疑每由於擢；故曰：「擢慮不疑，說在有無。」（註一五八）呂覽云：「使人大迷惑者，必物之相似也；相似之物，此愚者之所大惑，而聖人之所加慮也。疑似之迹，不可不察。」（註一五九）章學誠曰：「辯論烏乎起？起於是非之心也。是非之心烏乎起？起於嫌介疑似之間也。」（註一六〇）嫌介疑似，極不易決，因而是非莫定；必先有識之，而後能爲裁斷。范曄謂應劭撰風俗通，以辯物類名號，識時俗嫌疑。（註一六一）蓋擅辯事者，首當明物類名號，乃能識時俗嫌疑而資判決，此正墨家之所優爲也。

莊子齊物論曰：

「夫道未始有封，言未始有常，爲是而有畛也，請言其畛：有左、有右、有倫、有義、有分、有辯、有競、有爭，此之謂八德。六合之外，聖人存而不論；六合之內，聖人論而不議。春秋經世，先王之志，聖人議而不辯。」

按：道，「冥然無不在也。」（註一六二）故未始有彼此人我之分界，成玄英疏曰：「道理虛通，既無限域，故言教隨物，亦無常定也。」可知「言」亦未始有是非之常。辯者爲其是非之爭，以致辯論不休。唯聖人能冥懷任化，故議而不辯。若「存其成心而師之，誰獨且無師乎？」（註一六三）如辯者之態度，各執己見而是之，誰無成見？各據一偏之見，又如何能明是非，決嫌疑？此莊子與墨辯見解之所以不同也。

三、結　語

總上以觀，知墨經之名學，綱領條目一貫。蓋墨子以墨學爲體，名學爲用，善啟其端，三墨繼之，日益發舒，終於體用圓融，創成完美之名學。小取篇雖不稱經，但其內容却與經說相類，蓋亦肇始於墨子，而完成於後期墨者，故亦與莊學比而觀之，其結果可得兩點結論，玆述之如下：

㈠就「論辯觀念」言之，莊子主張「辯無勝」，墨經主張「當者勝」，此兩者之所不同也。

㈡就辯學之「功用」言之，莊子主張「辯無用」，墨辯主張「辯有用」，此兩者之異也。

就此「結論」觀之，雖然兩家學術思想不同，但爲探求眞理，而皆極重視建立「辯」與「不辯」之理論。推其原因：蓋自邏輯之觀點言之，一哲學包括二部分：一爲其最終之斷案，二爲其所以得此斷案之根據，卽此斷案之前提。一哲學之斷案固須眞實，然並非是眞卽可了事。例如對神之存在及靈魂有無之問題，普通人大都各有見解；其見解或與專門哲學家之見解無異。但普通人之見解乃自傳說，或直覺得來。普通人只知持其所持之見解，而不能以理論說明何以須持此見解。專門哲學家則不然，彼不但持一見解，而對於所持此見解之理由，必有說明。彼不但有斷案，且有前提。故哲學乃理智之產物；哲學家欲成立道理，必以論證證明其所成立。荀子所謂「其持之有故，其言之成理」是也。墨子所謂「辯無勝，必不當」，「當者勝也」，卽言唯辯能探求眞理。孟子曰：「余豈好辯哉？余不得已也。」辯卽以論證攻擊他人之非，證明自己之是；因明家所謂顯正摧邪是也。非惟孟子好辯，卽欲不辯之齊物論作者，亦須大辯以示不辯之是。蓋欲立一哲學之道理以主張一事，與實行一事不同。實行一事則緘默可也；欲立一哲學之道理，謂不辯爲是，則非大辯不可；既辯則未來不依邏輯之方法者。即必有斷案之前提也。（註一六四）

至於辯學產生之原因，應歸之於時代背景。春秋戰國之交，社會一切劇變，言語技術進步，交際間漸由詩（即所謂專對，見於春秋左傳者爲多，孔子屢言，不學詩，無以言）而轉爲辯；談說之士，已有「辯者」之目，如莊子天地篇謂夫子曾舉辯者之言以問老子曰：「有人治道若相放，可不可，然不然，辯者有言曰：『離堅白，若縣寓。』」可以知其概矣。至戰國時代，國與國吞併，人與人殺戮，舊貴族沒落，新人物興起，使當日政治制度、經濟制度以及社會組織，空前崩潰。此時哲人面對現實，自然會產生各種不同之思想，有守舊者，有趨新者，有調和折衷者，然其目的，皆欲救世，於是諸子時代，應運而生。（註一六五）孟子曰：「聖王不作，諸侯放恣，處士橫議。」（註一六六）莊子曰：「天下之治方術者多矣，皆以其有爲不可加矣。」（註一六七）由此可知當時思想家，皆盡力發表意見，且已非過去封建時代神權政治之簡單理論，而是現實主義之人本哲學，故必用議論辯證之文體，以收其效。故諸子立論皆以辯論之形式，發犀利之辭句，宣傳學說，表達思想。以期獲勝，而達其救人救世之目的。換言之，即各家雖各有專學，然亦皆爲其學而重名學，（註一六八）玆舉例爲證：

孔子答子路爲政於衞，正名爲先，以謂「名不正則言不順，言不順則事不成，事不成則禮樂不興，禮樂不興則刑罰不中，刑罰不中則民無所措手足。」（註一六九）蓋正名之關於國家政化如此其重且大也；因又歎曰：「觚，不觚。觚哉！觚哉！」（註一七〇）爲傷名之不正，乃懼而修春秋以道名分。孟子七篇中類多辯正時君及時人之語。如梁惠王以利國爲問，則對以仁義；齊宣王好樂、好勇、好貨、好色，則對以與民同之，皆能明其所以然也。蓋其時百家之說並作，而楊墨爲甚；故孟子急以言距之曰：「楊氏爲我，是無君也，墨氏兼愛，是無父也。無父無君，是禽獸也。」（註一七一）其言雖過於偏激，而其督名正辭，以明聖王之道，固非常人所可及矣。荀子之時尤多抗言競辯，非先自立不足以禦人；故於稱名取類，尤擅卓見。嘗作正論以駁當時不合議論之言；又作正名以糾當時妄持名理之見，而正名一篇，更爲精思獨創。如云：「若有王者起，必將有循於舊名，有作於新名。」循舊名者，則謂「刑名從商，爵名從周，文名從禮，散名從諸夏成俗。」作新名者，則謂「所爲有名，與所緣以同異，及制名之樞要。」凡此皆正名之大端，後王不可不察者也。又有「用名亂名，用實亂名，用名亂實」之三惑，所謂離正道而擅作者，明君則知其分而能禁之矣。以上乃儒家之正名也。（註一七二）

墨子曰：「凡出言談由文學之爲道也，則不可而（同以）不先立義法（義同儀）。若言而無儀，譬猶立朝夕於員鈞之上也；則雖有巧工，必不能得正焉」（註一七三）。如尙賢、上同、兼愛、非攻、節用、節葬、天志、明鬼、非樂、非命諸端，其講論所及，未嘗不三復於名實之分，及仁與不仁，義與不義之辨。故曰：「今天下之所同義者，聖王之法也。今天下之諸侯將，猶多皆免（勉之省文）攻伐並兼，則是有譽義之名而不察其實也。此譬猶盲者之與人同命白黑之名而不能分其物也，則豈謂有別哉？」（註一七四）魯勝曰：「墨子著書，作辯經以立名本。」（註一七五）今觀墨經上下兩篇及經說之內容，知其什九皆爲正名之用，以上乃墨家之正名也。

申不害曰：「名者天地之綱，聖人之符。張天地之綱，用聖人之符；萬物之情，無所逃之矣。」又曰：「聖人貴名之正也。主處其大，臣處其細；以其名聽之，以其名視之，以其名命之」（註一七六）韓非曰：「用一之道，以名爲首；名正物定，名倚物徙。故聖人執一以靜，使名自命，令事自定。」（註一七七）太史遷謂「韓子引繩墨，切事情，明是非。」（註一七八）故其著書於名尤競競；嘗引古訓以證名之樞要，殆如粟麥之可以充飢而不可一日無也。其言云：「文公問箕鄭曰：『救餓奈何？』對曰：『信』。公曰：『安信？』曰：『信名。信名，則群臣守職，善惡不踰，百事不殆。』」（註一七九）蓋信名之極，必能執一以靜，故李悝法經，以及蕭何漢律，皆著「名篇」。至施之賞罰，則又須審合刑名。如韓非云：「人主將欲禁姦，則審合刑名者，言與事也。爲人臣者陳而言，君以其言授之事，專以其事責其功。功當其事，事當其言，則賞；功不當其事，事不當其言，則罰。故群臣其（同之）言大而功小者則罰；非罰小功也，罰功不當名也。群臣其（同之）言小而功大者亦罰；非不說於大功也，以爲不當名之害甚於有大功，故罰。」（註一八〇）以上乃法家之正名也。

尸子曰：「明王之治民也，言寡而令行，正名也。君人者苟能正名，愚智盡情；執一以靜，令民自正，賞罰隨名，民莫不敬。」（註一八一）又呂氏春秋曰：「有道之主，其所以使群臣者，正名審分，是治之轡已。故按其實而審其名，以求其情。今有人於此，求牛則名馬，求馬則名牛，所求必不得矣；而因用威怒，有司必誹怨矣，牛馬必擾亂矣。百官，衆有司也；萬物，群牛馬也；不正其名，不分其職，而數用刑罰，亂莫大焉！」（註一八二）以上乃雜家之正名也。

其他如陰陽、縱橫、兵、農、數術、方技、小說以及百家之學，正名皆其所重；而名家則尤擅專長，考古史論名家要旨者，首推史記太史公自序，曰：「名家苛察繳繞，使人不得反其意，專決於名，而失人情。故曰：『使人儉而善失眞。』若夫控名責實，參伍不失，此不可不察也。」其次漢書藝文志云：「名家者流，蓋出於禮官，古者名位不同，禮亦異數。孔子曰：『必也正名乎！名不正則言不順；言不順則事不成。』此其所長也。及警者爲之，則苟鉤鈲析亂而已。」隋書經籍志論「名」，益爲顯白。曰：「名者，所以正百物，敘尊卑，列貴賤；各控名而責實，無相僭濫者也。春秋傳曰：『古者名位不同，節文異數。』孔子曰：『名不正則言不順；言不順則事不成。』周官宗伯『以九儀之命，正邦國之位，辨其名物』之類是也。拘者爲之，則苛察繳繞，滯於析辭而失大體。」此其爲說，當亦遠宗史序漢志，而較爲詳明。談遷父子，去古未遠，簡籍尚多，得知大略；故能開拓於前。班志所論，本諸劉略。向歆父子，以宗親典校秘書，用能網羅舊聞，範圍百氏；所成別錄七略，體大思精，使後之學者得知古之學術源流，其功不小。名家之書，如公孫龍之名實論，卽名家之正名也。（註一八三）

老子曰：「道可道，非常道；名可名，非常名。無名，天地之始；有名，萬物之母。此兩者同，出而異名。」（註一八四）蓋老氏以謂萬事萬物，皆由相對而來，如道立而名生，無名生而有名起。故曰：「有無相生，難易相成，長短相形，高下相傾。」（註一八五）然此異名，皆由比較；苟無比較，則善惡正猶唯阿，無甚別也。既無甚別，孰若去其名而泯之；非然者，彼此是非皆爭矣。故曰：「始制有名。名亦既有，夫亦將知止。知止可以不殆。」（註一八六）是以老氏獨主無名，以爲「道常無名朴」；曰：「化而欲作，吾將鎭之以無名之朴。無名之朴，夫亦將無欲。不欲以靜，天下將自定。」（註一八七）太史談謂「光耀天下，復返無名」是也。莊子則以一死生，齊萬物，混善惡，不譴是非，而作齊物論。楊子曰：「實無名，名無實。」以上乃道家之正名也。

總上以觀，孔子曰「正名」，老子曰「無名」；楊子謂「實無名，名無實」，墨子謂「言有三表」；荀子作「正名篇」，莊子作「齊物論」；韓非子言「審合刑名」，呂氏春秋言「正名審分」，此皆各家爲學之方。是以知諸子之學雖異，然皆爲其學而重名學也。

史記太史公自序述其父談論六家要旨曰：「易大傳：『天下一致而百慮，同歸而殊塗。』夫陰陽、儒、墨、名、法、道德，此務爲治者也；直所從言之異路，有省不省耳」是也。所謂「天下一致而百慮，同歸而殊塗」者，乃天下之道術目標一致而想法不同。趨向一致而途徑分別也。春秋戰國之際，因天下大亂，諸子百家皆從事治人治國之方術，此即所謂「務爲治」者也。但諸家立言之觀點不同，有其所見，亦有其所不見，故主張各異，此即所謂「直所從言之異路，有省不省」者也。同異既生，是非隨起，百家爭鳴，彼此辯論，此乃無可避免也。名者所以別同異，明是非，名家固長於「名」，然勢之所趨，百家之學，無不以此爲重也。墨經上下，經說上下，皆爲墨家正名之用，實爲名學之先導。大取、小取，則言其應用之法也。（註一八八）莊子主張，存其眞我，不爲形役，故作齊物論以破是非之執。其目的在於止辯，故曰「大辯不言」；然仍須「言辯」，以示其不辯爲是之理。綜觀墨莊名學之比較，兩者主張，各有不同。其觀念互異，實相去千里。然而兩者皆有其理論之最終斷案與得此斷案之前提。皆能持之有故，而言之成理。莊子以天道觀人事，故能無心任化，以不辯爲懷；墨子以人道觀人事，故爲探求人理，而作辯經以立名本，此卽兩者觀念互異之理也。

【附註】

註一　參閱陳品卿撰「墨經作者考」載於民國六十九年六月三十日師範大學國文系印行之國文學報第九期。

註二　「莊學與墨經之比較」部分，參閱：

㈠陳品卿撰「墨經與別墨」民國五十四年五月打字景印本之「碩士論文」。

㈡陳品卿撰「論別墨」載於民國五十五年八月二十日中國青年反共救國團總團部印行之「幼獅學誌」第五卷第一期。

註三　見墨子法儀篇。

註四　見墨子兼愛中。

註五　見墨子兼愛下。

註六　同註二之㈠，頁四七。

註七　見墨子兼愛上。

註八　見墨子大取篇。

註九　見王先謙莊子集解引。

註一〇 見墨子非攻上。
註一一 見墨子非攻中。
註一二 仝右
註一三 見莊子齊物論。
註一四 見莊子人間世。
註一五 見莊子則陽篇。
註一六 見墨子兼愛中。
註一七 見墨子兼愛下。
註一八 仝右
註一九 仝右
註二〇 見莊子則陽篇。
註二一 見莊子齊物論。
註二二 見莊子大宗師。
註二三 見墨子魯問篇。
註二四 見墨子尚賢中。
註二五 見墨子尚賢下。
註二六 見墨子尚同中。
註二七 見墨子尚同下。
註二八 見墨子兼愛下。

註二九　見墨子非攻下。
註三〇　見墨子節用上。
註三一　見墨子節葬下。
註三二　見墨子天志上。
註三三　見墨子天志中。
註三四　見墨子明鬼下。
註三五　見墨子非樂上。
註三六　見墨子非命上。
註三七　見莊子大宗師。
註三八　見莊子齊物論。
註三九　仝右
註四〇　見莊子刻意篇。
註四一　見莊子山木篇。
註四二　見莊子讓王篇。
註四三　見莊子庚桑楚篇。
註四四　見莊子盜跖篇。
註四五　仝右
註四六　見梁啓超子墨子學說第一章。
註四七　見墨子天志中。

註四八 見莊子天運篇。
註四九 見墨子法儀篇。
註五〇 仝右
註五一 仝右
註五二 仝右
註五三 見莊子天下篇。
註五四 見莊子則陽篇。
註五五 見莊子漁父篇。
註五六 見焦竑莊子翼引。
註五七 見莊子漁父篇。
註五八 見墨子天志中。
註五九 見墨子天志上。
註六〇 見墨子天志中。
註六一 仝右
註六二 見墨子天志下。
註六三 見莊子天地篇。
註六四 見莊子天道篇。
註六五 仝右
註六六 見墨子天志中。

註六七　見墨子天志下。
註六八　見莊子大宗師。
註六九　見莊子德充符。
註七〇　見牟宗三才性與玄理第六章第七節。
註七一　見墨子非命下。
註七二　見莊子天地篇。
註七三　見胡適中國古代哲學史第六篇第四章。
註七四　見墨子非命上。
註七五　仝右
註七六　見墨子非命下。
註七七　仝右
註七八　仝右
註七九　見莊子大宗師篇。
註八〇　見莊子人間世篇。
註八一　見莊子庚桑楚篇。
註八二　見莊子秋水篇。
註八三　同註二之㈠，頁二〇。
註八四　見孟子梁惠王篇。
註八五　見荀子性惡篇。

註八六　見管子心術篇。
註八七　見荀子正名篇。
註八八　見莊子逍遙遊篇。
註八九　見莊子逍遙遊篇成玄英疏。
註九〇　同註二之(一)，頁二一一。
註九一　見荀子正名篇。
註九二　見莊子庚桑楚篇。
註九三　見段玉裁撰說文解字注。
註九四　見莊子庚桑楚篇。
註九五　見莊子庚桑楚篇成玄英疏。
註九六　同註二之(一)，頁二二二。
註九七　見莊子駢拇篇。
註九八　見梁啓超墨經校釋。
註九九　見管子君臣篇。
註一〇〇　同註二之(一)，頁二二四。
註一〇一　見莊子知北遊篇。
註一〇二　見莊子知北遊篇成玄英疏。
註一〇三　見梁啓超墨經校釋。
註一〇四　見莊子大宗師篇。

註一〇五　見梁啓超墨經校釋。
註一〇六　見莊子秋水篇。
註一〇七　見莊子秋水篇成玄英疏。
註一〇八　見梁啓超墨經校釋。
註一〇九　見莊子秋水篇。
註一一〇　見莊子秋水篇郭象注。
註一一一　見梁啓超墨經校釋。
註一一二　仝右
註一一三　見畢沅墨子。
註一一四　見荀子正名篇。
註一一五　見莊子逍遙遊篇。
註一一六　見莊子則陽篇。
註一一七　見莊子逍遙遊篇。
註一一八　見荀子正名篇。
註一一九　見孫詒讓墨子閒詁。
註一二〇　見梁啓超墨經校釋。
註一二一　見莊子齊物論篇。
註一二二　見孫詒讓墨子閒詁。
註一二三　見梁啓超墨經校釋。

註一二四　見伍非百墨辯新詁。
註一二五　見莊子至樂篇。
註一二六　見莊子至樂篇成玄英疏。
註一二七　見孫詒讓墨子閒詁。
註一二八　仝右
註一二九　仝右
註一三〇　見梁啓超墨經校釋。
註一三一　見莊子庚桑楚篇。
註一三二　同註二之㈠，頁三三。
註一三三　見莊子天地篇。
註一三四　見莊子外物篇。
註一三五　見莊子徐无鬼篇。
註一三六　見莊子逍遙遊篇。
註一三七　見莊子齊物論篇。
註一三八　同註二之㈠，頁三四。
註一三九　見梁啓超墨經校釋。
註一四〇　同註二之㈠，頁三五—三六。
註一四一　見莊子齊物論篇。
註一四二　見王先謙莊子集解。

註一四三　見莊子齊物論篇成玄英疏。
註一四四　見莊子齊物論。
註一四五　見墨經下，第三十五條。
註一四六　見墨經上，第七十四條。
註一四七　同註二之(二)，頁一六。
註一四八　見墨子尙同下。
註一四九　見墨子兼愛下。
註一五〇　同註二之(二)，頁一六。
註一五一　同註二之(二)，頁二二。
註一五二　仝右
註一五三　同註二之(二)，頁二三。
註一五四　同註二之(二)，頁二四。
註一五五　見莊子德充符。
註一五六　見莊子逍遙遊。
註一五七　見墨子大取篇。
註一五八　見墨經下，第五〇條。
註一五九　見呂氏春秋疑似篇。
註一六〇　見章學誠文史通義習固篇。
註一六一　見後漢書。

註一六二　見莊子齊物論篇郭象注。
註一六三　見莊子齊物論篇。
註一六四　參閱馮友蘭中國哲學史頁五—六。
註一六五　同註二之㈡，頁九—一一。
註一六六　見孟子滕文公下篇。
註一六七　見莊子天下篇。
註一六八　同註二之㈡，頁一一。
註一六九　見論語子路篇。
註一七〇　見論語雍也篇。
註一七一　見孟子滕文公下篇。
註一七二　同註二之㈡，頁一一—一二。
註一七三　見墨子非命篇中。
註一七四　見墨子非攻篇下。
註一七五　見魯勝墨辯注序。
註一七六　見群書治要引申子大體篇。
註一七七　見韓非子揚摧篇。
註一七八　見史記老莊申韓列傳。
註一七九　見韓非子外儲說左上。
註一八〇　見韓非子二柄篇。

註一八一　見尸子分篇。

註一八二　見呂氏春秋審分篇。

註一八三　同註二之(二)，頁一四。

註一八四　見老子第一章。

註一八五　見老子第二章。

註一八六　見老子第三十二章。

註一八七　見老子第三十七章。

註一八八　同註二之(二)，頁一五。

第四節　孟莊異同之探究

壹　孟莊言「性」之比較

我國先哲對於「性」之論述，古今各有其不同之主張，於「人性善惡」之辨，亦各執己見，至今未有定論。「性」之意義爲何？中庸曰：「天命之謂性。」荀子性惡篇曰：「不可學不可事而在人者謂之性。」王充論衡本性篇曰：「性，生而然者也。」此皆謂性爲人之天賦。廣雅釋詁曰：「性，質也。」左氏昭公二十五年傳曰：「因地之性。」疏曰：「性，謂本性。」後漢書張衡傳注曰：「性者生之質也。」此皆謂物之本質爲性。左氏昭公八年傳曰：「莫保其性。」注曰：「性，命也。」此謂生命爲性。左氏昭公十九年傳曰：「民樂其性。」疏曰：「性，生也」，此以生釋性。觀諸家之釋義，可簡而言之，生命之本質及其自然之傾向即性也。劉蕺山曰：「性無形相，無方所，可言者性之德也。」中庸亦曰：「成己，仁也；成物，知也；性之德也。」「性」乃隨生命而俱來者也，故性之意義，實難以言喻之，其可言者性之德也。說文釋「性」字曰：「性，人之昜气，性，善者也。」段注曰：「

論語曰性相近也。孟子曰人性之善也，猶水之就下也。董仲舒曰性者，生之質也，質樸之謂性。」由上文可知，諸儒論「性」，多趨於「善」義。唐君毅曰：「觀中國先哲之人性論之原始，其基本觀點，首非將人或人性，視爲一所對之客觀事物，來論述其普遍性、特殊性、或可能性等。而主要是就人之面對天地萬物，並面對其內部所體驗之人生理想，而自反省此人性之何所是，以及天地萬物之性之何所是。」（註一）先秦諸子中，孔子言「性」者甚少，故子貢言夫子之文章可得而聞之，其言性與天道，則不可得而聞也。但論人性，亦當溯源於孔子。子曰：「性相近也，習相遠也。」「唯上知與下愚不移。」其蓋以人性本相近也，唯因後天之環境影響，而使行爲漸有所不同。時至戰國，有告子之主「性無善無惡」，其可以爲善，亦可以爲不善也。孟子則有「性善」之論，後之荀子則主「性惡」。此人性善惡之辨，乃成兩極之言，蓋秦漢以前之言性者，除莊子外，皆不出此三途矣。茲將孟子論性之言，與莊子所論者，比較如下：

一、孟子言「養性」

孟子言「性」，每以惻隱、羞惡、辭讓、是非四端爲喻，以人「皆有不忍人之心」，故不忍見孺子之入井，以其皆有怵惕惻隱之心也，故孟子主張「性善」。陳澧曰：「孟子所謂性善者，謂人人之性皆有善也，非謂人人之性，皆純乎善也。」（註二）故吾人若能涵養其善性，而將此四端擴而充之，則能成聖成賢矣。

人性既然爲「善」，其有不善者，非其性有所別也，乃因未能善養其性也，故孟子曰：

「乃若其情，則可以爲善矣，乃所謂善也。若夫爲不善，非才之罪也。惻隱之心，人皆有之；羞惡之心，人皆有之；恭敬之心，人皆有之；是非之心，人皆有之。惻隱之心，仁也；羞惡之心，義也；恭敬之心，禮也；是非之心，智也。仁義禮智，非由外鑠我也，我固有之也，弗思耳矣。故曰：求則得之，舍則失之，或相倍蓰而無算者，不能盡其才者也。」（註三）

按：朱熹注曰：「言四者之心，人所固有，但人自不思而求之耳，所以善惡相去之遠，由不思不求而不思擴充，以盡其才也。」由此可知，凡人皆有可以爲善之材質，其不善者，乃因未能善養其性，而非「才之罪也」。故孟子曰：「人性之善也，猶水之就下也。人無有不善，水無有不下。今夫水，搏而躍之，可使過顙，激而行之，可使在山，是豈水之性哉？其勢則然也，人之可使爲不善，其性亦猶是也。」（註四）可知孟子主「性善」之意。然吾人常因後天環境之影響，致使本然之善性，遭受蒙蔽，孟子觀此，故教人「養性」，唯善養其性者，方能擴其善性而成一大人矣。孟子曰：

「公都子問曰：『鈞是人也，或爲大人，或爲小人，何也？』孟子曰：『從其大體爲大人，從其小體爲小人。』曰：『鈞是人也，或從其大體，或從其小體，何也？』曰：『耳目之官，不思而蔽於物，物交物則引之而已矣。心之官則思，思則得之，不思則不得也。此天之所與我者，先立乎其大者，則其小者不能奪也。此爲大人而已矣。』」（註五）

按：趙岐注曰：「此乃天所與人情性，先立乎其大者，謂生而有善性也。小者，情欲也。善勝惡，則惡不能奪之而已矣。」可知人生而有善性，若能養其善，擴而充之，則惡亦不能奪之也。若性不得其養，則失而難復也。孟子又曰：

「雖存乎人者，豈無仁義之心哉！其所以放其良心者，亦猶斧斤之於木也，旦旦而伐之，可爲美乎？其日夜之所息，平旦之氣，其好惡與人相近也者幾希。則其旦晝之所爲，有梏亡之矣。梏之反覆，則其夜氣不足以存，夜氣不足以存，則其違禽獸不遠矣。人見其禽獸也，而以爲未嘗有才焉者，是豈人之情也哉？」（註六）

按：趙岐注曰：「人見惡人禽獸之行，以爲未嘗存善本性，此非人之情也。」人之本「性」爲善，然仍須加以存養，若任其亡失，則「違禽獸不遠」矣。故曰：「人之所以異於禽獸者，幾希。庶民去之，君子存之。」（註七）「舜之居深山之中，與木石居，與鹿豕遊，其所以異於深山之野人者，幾希。及其聞一善言，見一善行，若決江流，沛然莫之能禦也。」（註八）人之所以爲人，以其本有此善性也，若舍此善性，不加存養者，則與禽獸奚別哉？此亦孟子欲人「養性」之理也。

二、莊子言「復性」

莊子在內七篇中，主要言齊物逍遙之道，養生全德之旨，以期成一眞人、至人、神人，無專論「性」之問題者。唯外、雜篇中，其論「性」者，即有多處，茲分別舉例說明如下：

「形體保神，各有儀則，謂之性。」（註九）

「性者，生之質也；性之動，謂之爲；爲之僞，謂之失。」（註一〇）

「聖人達綢繆，周盡一體矣，而不知其然，性也。復命搖作，而以天爲師，……生而美者，人與鑑，不告，則不知其美於人。若知之，若不知之；若聞之，若不聞之；其可喜也，終無已，性也。聖人之愛人也，人與之名，不告，則不知其愛人也。若知之，若不知之；若聞之，若不聞之；其愛人也，終無已，人之安之亦無已，性也。」（註一一）

按：萬物皆各有其形，能保形合神，順其儀則，可謂之「性」也。又「性」乃生之質也，成玄英疏曰：「自然之性者，是稟生之本也。」此謂性乃天生所賦予者，故曰：「不知其然而自然者，非性如何？」（註一二）性之動，便是作爲，作爲而離開本性，可謂失其大道矣。唯能順乎天性，以自然爲宗者，人方能順服之。莊子曰：

「百年之木，破爲犧尊，青黃而文之，其斷在溝中。比犧尊於溝中之斷，則美惡有間矣，其於失性一也。跖與曾史，行義有間矣，然其失性均也。且夫失性有五：一曰五色亂目，使目不明；二曰五聲亂耳，使耳不聰；三曰五臭薰鼻，困惾中顙；四曰五味濁口，使口厲爽；五曰趣舍滑心，使性飛揚。此五者，皆生之害也。」（註一三）

「上悖日月之明，下爍山川之精，中墮四時之施，惴耎之蟲，肖翹之物，莫不失其性。」（註一四）

按：莊子以爲迷情失性，其數有五，曰：五色、五聲、五臭、五味、趣舍滑心等，此皆是「伐命之刀，害生之斧，是生民之巨害也。」（註一五）又悖明、爍精、墮時者，皆因矯智而失其性。莊子察人不知順其自然之性，隨性以逍遙，以致損性而殘生，如「待鉤繩規矩而正者，是削其性也。」（註一六）故「鹵莽其性者，欲惡之孽，爲性，萑葦蒹葭，始萌以扶吾形，尋擢吾性；竝潰漏發，不擇所出，漂疽疥癰，內熱溲膏是也。」（註一七）「喪己於物，失性於俗者，謂之倒置之民。」（註一八）其「性」既已失，自當「復性」矣，故莊子曰：

「去性而從於心，心與心識知，而不足以定天下，然後附之以文，益之以博，文滅質，博溺心，然後民始惑亂，無以反其性情而復其初。」（註一九）

「古之存身者，不以辯飾知，不以知窮天下，不以知窮德，……危然處其所而反其性也。」（註二〇）

按：此謂人捨去天性而從其心，於是人人互用心機，以致巧詐迭出，令人心性迷惑昏亂，而無以反性復初。成玄英疏曰：「欲反其恬淡之情性，復其自然之初本。」郭象注曰：「初，謂性命之本。」可見惟有「復性」者，方能保性固本，安排而隨化，故古之存身者，「獨居亂世之中，處危而所在安樂，動不傷寂，恆反自然之性，率性而動。」（註二一）可知唯能反復本性，率性而行者，方能得逍遙之樂矣。故曰：

「馬，蹄可以踐霜雪，毛可以禦風寒，齕草飲水，翹足而陸，此馬之眞性也。」（註二二）

「長於水而安於水，性也。」（註二三）

按：成玄英疏曰：「萬有參差，咸資素分，安排任性，各得逍遙，不矜不企，卽生涯可保。」能順馬之「眞性」，此馬之逍遙也，猶如長於水者而安於水，旣習於性，自能恣情任化，同於自然矣。唐君毅曰：「孔子所見游水者之長於水則安於水，卽以與之俱化，更不知其所以然而然也。是方爲復性命之情者之所以遇物。」（註二四）由此可知莊子之意，在教人順性之情以逍遙，但若失其性，則需復性反本，萬不可再損性殘生，由此亦知，莊子隨順任化，同於自然之思想矣。

三、孟莊觀念之比較

孟子以人性本善，故欲人盡心知性，存心「養性」。荀子以人性爲惡，其善者皆僞也，故欲去此惡性，則需以禮義化之。莊子因主自然逍遙之樂，故以順性者，爲能恣情放任，得其至樂。故欲人人「復性」，勿因外物攖其心，而失其性，以致不得逍遙矣。可知三者論性，互有所異矣。唐君毅曰：「莊子言復性，則意謂當人旣徇其心知，而向外馳求，卽離其性之本，足致人之憂患，以喪德失性；故必還引此心知，以返歸於性之所直感直通之當下所遇，使知與恬交相養，乃爲復性。……荀子言化性，而能化性者，爲知道行道之心；養此心以誠，卽所以化性。……孟子言盡心知性，是盡此善心，卽知此善性；別無因不善者之間雜，而未能盡之性。」（註二五）由以上之言，可知孟莊思想根源之異矣。

四、結　語

先哲言「性」之思想，自孔子始，以後有告子主性無善無惡，其曰：「生之謂性」「食色性也」「性猶湍水，人性之無分於善惡，猶水之無分於東西。」又孟子主性善，以人人皆可以為堯舜，因其有仁、義、禮、智四善端也。至於荀子，則駁孟子之言，以人性為惡，故要以禮義化之。莊子則主順其自然生命之性，方能游於天地，齊物逍遙。故後儒言「性」，蓋亦循此而發揮之。茲舉例如下：王充曰：

「周人世碩以為人性有善惡，舉人之善性養而致之，則善長；舉人之惡性養而致之，則惡長。」（註二六）

董仲舒曰：

「性如繭如卵，卵待覆而為雛，繭待繅而為絲，性待教而後善。」（註二七）

按：此謂「性」有善惡，得其養教則善，反之則惡，可知性可善可惡矣。然「性待教而後善」，似與荀子以人性為惡，需待教化，方能為善之意相承矣。又揚雄曰：

「人之性善惡混，修其善則為善人，修其惡則為惡人。」（註二八）

王充曰：

「人性有善惡，猶人才有高下。」

「孟軻言人性善者，中人以上者也；荀卿言人性惡者，中人以下者也；揚雄言人性善惡混者，中人也。」（註二九）

按：此將前儒善惡之辯，分其品等，中人以上者性善，中人以下者性惡，中人之性善惡混也。此與韓愈言「性有上中下三品」之言相類矣。又錢大昕曰：

「宋儒言性，雖主孟子，然必分義理與氣質而二之，則已兼取孟荀二義。至其教人，以變化氣質爲先，實暗用荀子化性之說。」（註三〇）

按：由上文可知，後世言性者，蓋多取孟子之「性善」與荀子之「性惡」而論之。

唐君毅曰：「告、孟、莊、荀四家之論，亦卽中國最早言心性之四基本形態。此中之『心』：有其性善者，如孟子之道德心；有非善而須更加超化者，如莊子所謂一般人之心；有超善惡者，如莊子所謂靈府靈臺之心；有可善可惡者，如荀子所謂能知道行道，而亦未嘗不可不知道不行道之心。此中之「性」：有單純的自然生命之欲望之性，而可善可惡者，如告子之所謂生之謂性；有自然生命之欲望之性，而趨向於與心所知之道相違反，亦卽趨向於惡，以與善相違者，如荀子之所謂性；又有由自然生命之通之以心之神明，則與天地萬物並生而俱適，亦超於狹義之道德上之善惡外之性，如莊子之所謂性；再有尅就道德心之生而言其善之性，如孟子之所謂心之性。此中心性各有四種，亦卽後之心性論之基本觀念之所本者也。」（註三一）觀此可知，莊告孟荀言「性」，各有其立足點，由於對「性」之體悟不同，故其所論各異。亦可知孟莊言「性」，其所以不同之理也。

貳　孟莊言「義」之比較

孟子繼孔子之學，言仁義，倡王道，距楊朱，而闢墨翟。以惻隱之心，羞惡之心，辭讓之心，是非之心，以證性善之端。於此四端，尤重「仁義」二德，並於「義」有更進一層之闡釋。孔子言「仁」於第二節中，已有詳述。茲就孟子所言之「義」，與莊學之異同，比較如下：

一、言「義」起源之比較

孟子曰：

「無惻隱之心，非人也；無羞惡之心，非人也；無辭讓之心，非人也；無是非之心，非人也。惻隱之心，仁之端也；羞惡之心，義之端也；辭讓之心，禮之端也；是非之心，智之端也。人之有是四端也，猶其有四體也，有是四端而自謂不能者，自賊者也。」（註三二）

按：以上言人之四端（仁、義、禮、智），猶其四體也，皆與生俱來，非由外鑠人也，乃人心所固有。而「義」者，又爲四端之一，即「羞惡之心」是也。故知「義」亦爲人心所本有也。其曰：「存乎人者，豈無仁義之心哉？」（註三三）可知「義」乃人心所固有，即根源於人之心性也。

莊子曰：

「鳧脛雖短，續之則憂，鶴脛雖長，斷之則悲，故性長非所斷，性短非所續，無所去憂也。意仁義其非人情乎，彼仁人何其多憂也。」（註三四）

按：此謂「仁義」乃人情所本有，正如鳧鶴之脛，自有其短長，皆其性所固有。「仁義其非人情乎」，可知仁義乃人情所本有。此與孟子言「義」之起源，皆人心性所固有，兩者之義相同矣。

二、言「義」觀念之比較

㈠孟子主張倡「義」

孟子曰：

「人之所以異於禽獸者，幾希。庶民去之，君子存之；舜明於庶物，察於人倫，由仁義行，非行仁義也。」（註三五）

按：朱熹注曰：「由仁義行，非行仁義，則仁義已根於心，而所行皆從此出，非以仁義爲美，而後勉強行之。所謂安而行之也。則聖人之事，不待存之而無不存矣。」孟子以爲「仁義禮智」四善端，皆人心所固有，故有「性善」之主張。此仁義之性，衆人不知其可貴而去之；君子知其可貴而存之；至於虞舜是聖人，故能明庶物之理，察人倫之道，順仁義之道而行。君子之行仁義也，因存其善性，故其所行，能合乎仁義；聖人之行仁義，因仁義已根於心，本此心而行，則其所行，自能合於仁義，並非以仁義之美名，而後勉強行之，此所謂「不待存之，而無不存」也，亦卽所謂「安而行之」也。故曰：「存之者，君子也。存者，聖人也。君子所存，存天理也。由仁義行，存者能之。」（註三六）此謂「由仁義行」者，唯聖人能之。人性雖然可善，然而庶民常因後天環境之影響以致失其善性，故不能行仁義。孟子察知如此，於是提倡「義」，衆人唯有養其善性，方能行「義」，此蓋孟子汲汲倡「義」之理也。孟子又曰：

「堯、舜，性之也；湯、武，身之也；五霸，假之也。久假而不歸，惡知其非有也！」（註三七）

按：趙岐注曰：「性之，性好仁，自然也。假之，假仁以正諸侯也。」朱熹注曰：「堯舜天性渾然，不假修習；湯武修身，體道以復其性；五霸則假借仁義之名，以求濟其貪欲之私耳。」又曰：「歸，還也。有，實有也。言竊其名以終身，而不自知其非眞有。或曰：蓋歎世人莫覺其僞者亦通。舊說久假不歸卽爲眞有則誤矣。」由此可知，孟子對於「義」之觀念有三：一曰聖人能「由仁義行，非行仁義」，如堯舜是本性愛好仁義，故可率性而行，此乃至高之境界。其次言君子，則需存其善性，藉修身以行之，如商湯、武王則是身體力行。此兩者雖異，及其成功則一也。衆人乃是假借仁義之名，雖行之終身，而不自知其非眞有仁義，如五霸卽是假借仁義之名而已。故孟子眞對衆人善性之失，而提倡「義」，並教人行「義」矣。

㈡莊子主張退「義」

莊子曰：

「多方乎仁義而用之者，列於五藏哉？而非道德之正也，……駢枝於五藏之情者，淫僻於仁義之行，而多方於聰明之用也。」（註三八）

「愛利出乎仁義，捐仁義者寡，利仁義者衆，夫仁義之行，唯且無誠，且假夫禽貪者器。」（註三九）

「爲之仁義以矯之，則並與仁義而竊之。」（註四〇）

「形德仁義，神之末也，非至人孰能定之。……通乎道、合乎德、退仁義、賓禮樂，至人之心有所定矣。」（註四一）

按：莊子以爲「仁義」乃人性所本有，若能順性而爲，自能合於「仁義」，勿須因「仁義」之美名，而行「仁義」，其有意施用仁義之名者，皆非道德之本也。因仁義之行，乃矯飾之行爲，非出於眞誠之本心，故欲以仁義正民者，必有假仁假義，藉仁義之名以求利者。故莊子以爲「形德仁義」，皆道之末迹，攖人之心也。唯至人能定心於無爲，不受「仁義」之累，故吾人若欲定心於無爲，遊於大道，則當「退仁義，擯禮樂」。莊子忽略後天環境對人性之影響，以爲人人既本有「仁義」之性，自不須再提倡「義」，若提倡「義」，唯至人能定心而不受其累，然衆人必會因仁義之名，而損其性，故莊子主張退「義」。其與孟子言聖人「由仁義行」之境界類同，唯孟子因慮及衆人，受環境影響而失其善性，故提倡「義」，並教衆人養性以行「義」，此兩者之所以不同也。

三、行「義」觀念之比較

孟子曰：「理義之悅我心，猶芻豢之悅我口。」（註四二）可知孟子之樂義矣，由其言「尊德樂義，……士窮不失義，達不離道。」（註四三）知孟子非但樂義，且「貴義」，故能「窮不失義」，因孟子之貴義，故其人生哲理，亦多由義而發，並教吾人能行義。茲就其行義之觀念，與莊子比較如下：

㈠孟子言「居仁由義」

孟子曰：

「自暴者，不可與有言也。自棄者，不可與有爲也。言非禮義，謂之自暴也。吾身不能居仁由義，謂之自棄也。仁，人之安宅也。義，人之正路也。曠安宅而弗居，舍正路而不由，哀哉！」（註四四）

「仁，人心也；義，人路也。舍其路而弗由，放其心而不知求，哀哉！」（註四五）

「王子墊問曰：『士何事？』孟子曰：『尚志。』曰：『何謂尚志？』曰：『仁義而已矣。殺一無罪非仁也，非其有而取之，非義也。居惡在，仁是也，路惡在，義是也。居仁由義，大人之事備矣。』」（註四六）

按：此謂「仁義」本人心所固有，「仁，人心也，義，人路也」。吾人若言論非禮犯義，是自暴也，行爲不能居仁由義，是自棄也。自暴自棄，而舍此仁宅義路，放失本心，不求安身者，則不可能與之共言共事，如此，豈不哀哉？故孟子言士「尚志」，在「仁義而已矣。」志之所尚，能以仁義爲主，而居仁由義，則「大人之事備矣。」故萬章篇曰：「夫義，路也，禮，門也。惟君子能由是路，出入是門也。」吾人能居仁由義，則能無往而不自得也。

(二)莊子言「忘仁棄義」

由以上所述可知，孟子因提倡「仁義」，故主人當「居仁由義」，而莊子卻主「忘仁棄義」，其言曰：

「顏淵曰：『回益矣。』仲尼曰：『何謂也？』曰：『回忘仁義矣。』曰：『可矣，猶未也。』他日，復見，曰：『回益矣。』曰：『何謂也？』曰：『回忘禮樂矣。』曰：『可矣，猶未也。』他日復見，曰：『回益矣。』曰：『何謂也？』曰：『回坐忘矣。』」（註四七）

「南越有邑焉，名爲建德之國，其民愚而朴……不知義之所適，不知禮之所將，猖狂妄行，乃蹈乎大方，其生可樂，其死可葬，……與道相輔而行。」（註四八）

按：莊子之人生觀，在存其眞我，不爲形役，何謂「眞我」？能逍遙者是爲眞我。其修鍊功夫則在「心齋」、「坐忘」矣。「坐忘」者，首在「忘仁義」，故莊子教人忘仁棄義，唯忘仁義，始能達到坐忘之境界，而隨心所欲，適性而爲，遊於大道，與道相輔而行，此其勉人心懷道德以處世，物物而不物於物也。故曰：「弟子志之，其唯道德之鄉乎！」（註四九）處世欲免於物累，唯歸向道德矣。莊子教人「忘仁棄義」以合道德，孟子卻主人當「居仁由義」，此兩者之不同矣。

㈢孟子言「舍生取義」

孟子曰：

「魚，我所欲也，熊掌，亦我所欲也，二者不可得兼，舍魚而取熊掌也。生，亦我所欲也，義，亦我所欲也，二者不可得兼，舍生而取義者也；生亦我所欲，所欲有甚於生者，故不爲茍得也；死亦我惡，所惡有甚於死者，故患有所不辟也。」（註五〇）

按：此以魚與熊掌喻生與義，明雖同爲我之所欲，然二者不可得兼，若因得生而有害於義，則寧舍生而取義也。所欲有甚於生者，卽指「義」。所惡有甚於死者，卽指「不義」。不避患，言雖死亦所不避也。此謂孟子貴義，故不因其生而害義，意謂「義」與「生」相較，「義」之重於生也。生而無「義」，則非人也，故寧舍生而取義，可知其人生理想，唯在求一「義」而已矣。

㈣莊子言「養生全眞」

孟子欲保全本心之「義」，故寧「舍生而取義」，然莊子卻以爲，因「仁義」之名而殉身者，皆殘生損性也，故勸人勿行仁義，爲仁義而舍生者，乃失其眞性者也。其言曰：「無轉而成，無成而義，將失而所爲。」（註五一）又曰：「說義邪，是悖於理也。」（註五二）可知莊子主張勿爲「義」而損性之理也。茲舉數則原文爲證：

「故樂通物，非聖人也，有親，非仁也……行名失己，非士也，亡身不眞，非役人也。若狐不偕、務光、伯夷、叔齊、箕子、胥餘、紀他、申徒狄，是役人之役，適人之適，而不自適其適者也。」（註五三）

「自虞氏招仁義以撓天下也，天下莫不奔命於仁義，是非以仁義易其性與？……自三代以下者，天下莫不以物易其性矣。小人則以身殉利，士則以身殉名，大夫則以身殉家，聖人則以身殉天下，故此數子者，……其於傷性以身爲殉，一也。……夫適人之適，而不自適其適，雖盜跖與伯夷，是同爲淫僻也，余愧乎道德，是以上不敢爲仁義之操，而下不敢爲淫僻之行也。」（註五四）

按：此謂狐不偕等人，爲求「仁義」等德目之美名而喪生，是乃「役人之役」，「適人之適」也，無益其眞性，徒使仁義而易其本性也。故無論因「利」、「名」、「家」、「天下」而殉身者，皆殘生傷性之行，莊子皆以此爲非，故勸人勿爲仁義而舍生。此蓋因其人生觀在勉人「全性」，「保眞」矣。其言曰：

「緣督以爲經，可以保身，可以全生，可以養親，可以盡年。」（註五五）

「至道之精，窈窈冥冥，至道之極，昏昏默默，無視無聽，抱神以靜，形將自正，必靜必清，

無勞汝形，無搖汝精，乃可以長生。目無所見，耳無所聞，心無所知，汝神將守形，形乃長生。」（註五六）

按：莊子以為凡物皆由道而生，若能各得其德，各適其性，卽可得其逍遙之樂，吾人若是形為物役，而失其本性，誠可悲也，故欲達逍遙之境，則須順自然之道以養生，唯養生，始能保其天年，存其眞性。故莊子言「全生」之道，而主張養生保眞，不為「仁義」之名而舍生，此與孟子之「重義」，寧為「義」而舍生者，其人生觀實有所不同矣。

四、結　語

馮友蘭曰：「孔子在中國歷史中之地位，如蘇格拉底之在西洋歷史；孟子在中國歷史中之地位，如柏拉圖之在西洋歷史；其氣象之高明亢爽亦似之。」（註五七）孔子之「仁」，孟子之「義」，此仁義二端，實為其思想之中心要歸。孟子主張「舍生取義」，「居仁由義」之言，誠為衆人之道德規範，此與放任自然，求其個人心性逍遙之莊子，主張「忘仁棄義」，「養生全眞」之意，兩者之人生觀，實相去遠矣。

叁　孟莊言「政」之比較

春秋戰國，是中國學術史上之黃金時代。此時百家之學興起，班固稱爲九流十家，並述其起源曰：「皆起於王道既微，諸侯力政，時君世主，好惡殊方，是以九家之術，蠭出並作，各引一端，崇其所善，以此馳說，取合諸侯。」（註五八）莊子亦曰：「天下大亂，賢聖不明，道德不一，天下多得一察焉以自好……天下之人，各爲其所欲焉以自爲方。」（註五九）孟子亦曰：「聖王不作，諸侯放恣，處世橫議。」（註六〇）於此諸子百家，各馳其說，各以其理想之政治主張，取合諸侯，因其思想之不同，故其理論亦各有差異，但其目的，皆在使此戰亂時代，能得其太平，而天下大治。玆就孟莊政治思想之異同，比較如下：

一、政治主張之比較

㈠孟子主「仁政」

孟子曰：

「人皆有不忍人之心，先王有不忍人之心，斯有不忍人之政矣。以不忍人之心，行不忍人之政，治天下可運之掌上。」（註六一）

「行仁政而王，莫之能禦也，……當今之時，萬乘之國，行仁政，民之悅之，猶解倒懸也，故事半古之人，功必倍之，惟此時爲然。」（註六二）

按：此謂孟子主張「以不忍人之心，行不忍人之政。」孟子因主張人性本善，以爲「仁、義、禮、智」

四端，乃人心所固有，由此性善之主張，推之於政治，則言「以不忍人之心，行不忍人之政。」此所謂「不忍人之心」乃指「仁心」而言，故「不忍人之政」，卽「仁政」之意也。能行「仁政」，其「治天下可運之掌上」矣。故王行仁政，則莫之能禦也，且民旣悅之，天下豈有不治者哉。故孟子主張行「仁政」。

(二)莊子主「無為」

莊子曰：

「君子不得已而臨莅天下，莫若無爲。」（註六三）

「君原於德而成於天，故曰：玄古之君天下，无爲也，天德而已矣。」（註六四）

「聞在宥天下，不聞治天下也。在之也者，恐天下之淫其性也；宥之也者，恐天下之遷其德也。天下不淫其性，不遷其德，有治天下者哉。」（註六五）

按：此謂君天下者，莫若「無爲」。可知莊子主張君王當行「無爲」之政。所謂「無爲」者，在「原於德而成於天」也。君王任事，能依乎天德而順乎自然，卽「無爲」之政也。王行「無爲」之政，則百姓方能自在寬宥，天下方能「不淫其性，不遷其德」，如此，何須行「有爲」之政，以治天下耶？有爲之政，乃亂人之性，變其常德，故莊子曰：「治，亂之率也，北面之禍也，南面之賊也。」所以莊子主張「無爲」，與孟子主張行有爲之「仁政」不同矣。

二、施政意義之比較

(一)仁政之義

孟子曰：

「三代之得天下也，以仁；其失天下也，以不仁。國之所以興廢存亡者，亦然。天子不仁，不保四海；諸侯不仁，不保社稷；卿大夫不仁，不保宗廟；士庶人不仁，不保四體。」（註六六）

按：此謂上下皆當行仁。上不仁，則不保四海，下不仁，則不保社稷，不保宗廟，甚至連其四體亦不能保。可知上至天子要行仁，下至諸侯、卿、大夫、士、庶人，亦要行仁。上下皆行仁，方能使天下大治，故孟子所言「仁政」之義，非但要上行「仁」，下亦須行「仁」矣。

(二)無為之義

莊子曰：

「古之人貴夫無爲也，上無爲也，下亦無爲也，是下與上同德，下與上同德則不臣。下有爲也，上亦有爲也，是上與下同道，上與下同道則不主，上必無爲而用天下，下必有爲爲天下用，此不易之道也。……帝王無爲而天下功。」（註六七）

「本在於上，末在於下；要在於主，詳在於臣。」（註六八）

按：莊子所貴者在順乎自然，應乎無爲，故主張行「無爲」之政。然其「無爲」之含義，卽上「無爲」，而下「有爲」，此所謂「要在於主，詳在於臣」，故能「無所不爲」也。帝王居上而無爲，下能各司其職，各盡其能，上下諧和，政治必可修明。故唯有無爲方能無不爲。無爲者，其化貸萬物，而民弗恃，可見，「上無爲而用天下，下有爲爲天下用」，方能使天下大治矣。若上下「同德」或「同道」，是乃「不臣」、「不主」矣。此與孟子所主張之上下同行「仁」之義，有所不同矣。

三、施政功用之比較

㈠仁政之用

孟子曰：

「羽之不舉，爲不用力焉，輿薪之不見，爲不用明焉，百姓之不見保，爲不用恩焉，故王之不王，不爲也，非不能也。」（註六九）

此謂王不行仁恩，則民不見保，民不見保則不王，然其不能王者，乃因其不爲「仁」，非其不能「仁」也。旣能「仁」，自當「爲仁」，故君王唯有行仁政，方能王天下，所以孟子主張行仁政，而仁政之用安在？其言曰：

「王如施仁政於民，省刑罰，薄稅斂，深耕易耨，壯者以暇日，修其孝悌忠信，入以事其父兄，出以事其長上，可使制梃，以撻秦楚之堅甲利兵矣。」（註七〇）

「今王發政施仁，使天下仕者皆欲立於王之朝，耕者皆欲耕於王之野；商賈皆欲藏於王之市，行旅皆欲出於王之塗，天下之欲疾其君者，皆欲赴愬於王，其若是，孰能禦之。」（註七一）

「君行仁政，斯民親其上，死其長矣。」（註七二）

「……故推恩足以保四海，不推恩無以保妻子，古之人所以大過人者無他焉，善推其所爲而已。」（註七三）

按：此謂行仁政者，則能「推恩保民」，王以此仁心，推之於民，故能行「愛」民之政，而保其民。於政則「省刑罰，薄稅斂」，使民盡其農耕，並修禮義。王有此愛民之心，推其仁恩，則足以保四海，故能使「近者悅，遠者來。」如此，其孰能禦之？故不用仁恩者，則無以保妻子，唯推行仁政者，始能保四海矣。其言曰：

「是故明君制民之產，必使仰足以事父母，俯足以畜妻子，樂歲終身飽，凶年免於死亡，然後驅而之善，故民之從之也輕。」（註七四）

「不違農時，穀不可勝食也，數罟不入洿池，魚鼈不可勝食也，斧斤以時入山林，材木不可勝用也，穀與魚鼈不可勝食，材木不可勝用，是使民養生喪死無憾也，養生喪死無憾，王道之始也。五畝之宅，樹之以桑，五十者可以衣帛矣。雞豚狗彘之畜，無失其時，七十者，可以食肉矣。百畝之田，勿奪其時，八口之家，可以無飢矣，謹庠序之敎，申之以孝悌之義，頒白者，不負戴於道路矣。老者衣帛食肉，黎民不飢不寒，然而不王者，未之有也。」（註七五）

按：此謂爲天下者，舉仁心加諸民則已矣。不能加諸民，縱有仁心仁聞，亦不能使民被其澤，此乃不行仁政之故也。王若行仁政，必能「制民之產」。使其四時不廢，而萬物各得其用，百姓各得其養，則民養生喪死而無憾。王能明「孝悌之義」，使民驅之爲善，則民能「樂歲終身飽，凶年免於死亡」矣。此皆王道之始，仁政之功也。

君王能行「仁政」，則足以保其民，而王天下矣。使「遠方之人，聞君行仁政，願受一廛而爲氓。」（註七六）故「國君好仁，天下無敵」矣。（註七七）由以上所述仁政之用，可知孟子主張行「仁政」之理也。

(二)無為之功

莊子主張「無爲」，其用安在？玆引數則原文說明之，其言曰：

「帝王之德……以天地爲宗，以道德爲主，以无爲爲常。无爲也，則用天下而有餘，有爲也，則爲天下用而不足。故古之人貴夫无爲也。」（註七八）

「古之畜天下者，无欲而天下足，无爲而萬物化，淵靜而百姓定。」（註七九）

「汝徒處无爲，而物自化。」（註八〇）

「汝遊心於淡，合氣於漠，順物自然而无容私焉，而天下治矣。」（註八一）

「天不產而萬物化，地不長而萬物育，帝王无爲而天下功。……故曰：帝王之德配天地，此乘

天地，而用人群之道也。」（註八二）

按：以上皆言「無爲」之用也。帝王「無爲」，何以「用天下而有餘」？因其能遊於無事，而立於不測之位，使萬物各得其樂，雖莫名其德，然化及百姓。功蓋天下，卻不自居其功。無所貪欲而天下足，放任無爲而物自化，淵然寂靜而百姓定，故上無爲，下必各有所得。國君如能遊心於淡，順物自然而無爲，則天下必治矣。此則如天地之「無爲」，自能得其清靜而化育萬物矣，由此可知，無爲之功矣。

(三)孟莊觀念之比較

孟子以爲王行「仁政」，則能保其民，而王天下；然莊子卻主張行「無爲」之政，以爲行「有爲」之政，方是害民之始。其曰：「愛民、害民之始也。」（註八三）害民者，則何以能治天下，王天下邪？其言有爲之弊曰：

「招世之士興朝，中民之士榮官。筋力之士矜難，勇敢之士奮患。兵革之士樂戰，枯槁之士宿名，法律之士廣治，禮樂之士敬容，仁義之士貴際。農夫无草萊之事則不比，商賈无市井之事則不比。庶人有旦暮之業則勸，百工有器械之巧則壯。錢財不積則貪者憂，權勢不尤則夸者悲，勢物之徒樂變，遭時有所用，不能无爲也。此皆順比於歲，不物於易者也。馳其形性，潛之萬物，終身不反，悲夫。」（註八四）

「昔堯治天下，不賞而民勸，不罰而民畏，今子賞罰而民且不仁，德自此衰，刑自此立，後世

之亂，自此始矣。」（註八五）

「肩吾曰：『告我君人者，以已出經式義度，人孰敢不聽而化諸？』狂接輿曰：『是欺德也，其於治天下也，猶涉海鑿河而使蚊負山也。』」（註八六）

按：此謂不能「無爲」，故有勢物之徒，逐時投機，各自囿於一物而不相易；況溺外物而終身不悟；逐時俯仰，拘限一事而終身不反，斯誠可悲矣。後世之亂，皆起於不能「無爲」，故莊子曰：出「經式義度」者，皆欺德之行也，猶如「涉海鑿河而使蚊負山」之不能行也。莊子反對有爲之政，此與孟子力倡有爲之「仁政」，自相異矣。

四、結　語

莊子所謂「無爲」，意謂帝王率「性」而爲，非率「志」而爲也。帝王無心，能「率性」而爲，則臣下之「有爲」，亦必合乎「人性」，故能無所不爲而上下逍遙。此與孟子倡「仁政」之「率志」而爲，兩者不同矣。

本節引用天道篇之言，以釋莊子「無爲」之說，此篇前賢多有疑之者，或據思想，或依文氣，或以用詞，或析史實，議論甚多。如王夫之莊子解曰：

「天道有與莊子之旨迥不侔者，特因老子守靜之言而演之，亦未盡合于老子。蓋秦漢間學黃老之術，以干人主者之所作也。莊子之說，合上下隱顯貴賤小大而通於一。此篇以無爲爲君道，有爲爲臣道，則剖道爲二，而不休乎天鈞。」

亦有認爲天道篇之旨，合乎道家思想者，如林希逸南華眞經三註大全曰：

「此篇言帝王之道，以天地爲宗，以道德爲主，以自然爲用，以虛靜恬澹寂寞無爲爲道之本。本在於上，末在於下，要在於君，詳在於臣，皆極醇無疵之語。」

按：所謂「休乎天鈞」者，乃指個人心性之修養，故論政治，則不言「休乎天鈞」。此論帝王爲政之道，已涉乎人事，言及人際關係，則應有上下本末之分，林希逸之言是也。

【附註】

註一　見唐君毅中國哲學原論原性篇。
註二　見陳澧東塾讀書志。
註三　見孟子告子上。
註四　仝右
註五　仝右
註六　仝右
註七　見孟子離婁下。
註八　見孟子盡心上。
註九　見莊子天地篇。

註一〇　見莊子庚桑楚篇。
註一一　見莊子則陽篇。
註一二　見莊子則陽篇郭象注。
註一三　見莊子天地篇。
註一四　見莊子胠篋篇。
註一五　見莊子天地篇成玄英疏。
註一六　見莊子駢拇篇。
註一七　見莊子則陽篇。
註一八　見莊子繕性篇。
註一九　仝右
註二〇　仝右
註二一　見莊子繕性篇成玄英疏。
註二二　見莊子馬蹄篇。
註二三　見莊子達生篇。
註二四　見唐君毅中國哲學原論原性篇。
註二五　仝右
註二六　見王充論衡本性篇。
註二七　見董仲舒春秋繁露深察名號篇。
註二八　見揚雄法言修身篇。

註二九　見王充論衡本性篇。
註三〇　見錢大昕荀子跋。
註三一　見唐君毅中國哲學原論原性篇。
註三二　見孟子公孫丑上。
註三三　見孟子告子上。
註三四　見莊子駢拇篇。
註三五　見孟子離婁下。
註三六　見四書集註朱註引尹氏言。
註三七　見孟子盡心上。
註三八　見莊子駢拇篇。
註三九　見莊子徐无鬼篇。
註四〇　見莊子胠篋篇。
註四一　見莊子天道篇。
註四二　見孟子告子上。
註四三　見孟子盡心上。
註四四　見孟子離婁上。
註四五　見孟子告子上。
註四六　見孟子盡心上。
註四七　見莊子大宗師篇。

註四八　見莊子山木篇。
註四九　仝右
註五〇　見孟子告子上。
註五一　見莊子盜跖篇。
註五二　見莊子在宥篇。
註五三　見莊子大宗師篇。
註五四　見莊子駢拇篇。
註五五　見莊子養生主篇。
註五六　見莊子在宥篇。
註五七　見馮友蘭中國哲學史。
註五八　見漢書藝文志諸子略序。
註五九　見莊子天下篇。
註六〇　見孟子滕文公下。
註六一　見孟子公孫丑上。
註六二　仝右
註六三　見莊子在宥篇。
註六四　見莊子天地篇。
註六五　見莊子在宥篇。
註六六　見孟子離婁上。

註六七　見莊子天道篇。
註六八　仝右
註六九　見孟子梁惠王上。
註七〇　仝右
註七一　仝右
註七二　見孟子梁惠王下。
註七三　見孟子梁惠王上。
註七四　仝右
註七五　仝右
註七六　見孟子滕文公上。
註七七　見孟子離婁上。
註七八　見莊子天道篇。
註七九　見莊子天地篇。
註八〇　見莊子在宥篇。
註八一　見莊子應帝王篇。
註八二　見莊子天道篇。
註八三　見莊子徐无鬼篇。
註八四　仝右
註八五　見莊子天地篇。

註八六　見莊子應帝王篇。

第五節　莊荀異同之探究

壹　莊荀論「禮」之比較

禮，乃荀子學說中，重要理論之一。荀子特重「禮」，認爲禮乃吾人行爲之重要規範，荀子曰：「學惡乎始？惡乎終？曰：其數則始乎誦經，終乎讀禮……禮者，法之大分，類之綱紀也。……故學至乎禮而止矣。」（註一）此謂「數」，乃指詩、書、禮、樂、易、春秋而言，卽學之途徑也。此以「禮」爲學之終，爲法之分紀，可知其重「禮」矣。荀子所言之禮，小自個人修身立世之道，大至人君治國之要，故知「禮」非但是人行爲、思想、言論之準繩，亦是處於社會自然變化中，相應之道，茲就荀子言「禮」之重要觀念與莊子之異同，比較如下：

一、制禮觀念之比較

㈠荀子言「制禮止亂」

荀子曰：

「禮起於何也？曰：人生而有欲，欲而不得，則不能無求，求而無度量分界，則不能不爭。爭則亂，亂則窮，先王惡其亂也，故制禮義以分之，以養人之欲，給人之求，使欲必不窮乎物，物必不屈於欲，兩者相持而長，是禮之所起也。」（註二）

「古者聖王，……為之起禮義，制法度，以矯飾人之情性而正之，以擾化人之情性而導之也。」（註三）

「禮義法度者，是聖人之所生也。」（註四）

按：人有欲而不得，必假外求，求而無度，必生爭亂。先王觀其亂，故制「禮」以止亂。以禮「養欲防亂」，使欲與物相俟而長，不因貪欲而使物竭，或因物窮而須節欲，使物與欲各得其用，各得其求，故聖王制「禮」以正人之情性，使亂有所止矣。此乃荀子言「禮」，在止亂矣。

(二)莊子言「制禮起亂」

莊子曰：

「及至聖人屈折禮樂，以匡天下之形，縣跂仁義，以慰天下之心，而民乃始踶跂好知，爭歸於利，不可止也，此亦聖人之過也。」（註五）

「中純實而反乎情，樂也，信行容體，而順乎文，禮也。禮樂徧（案：當作偏）行，則天下亂矣。」（註六）

「澶漫爲樂，摘僻爲禮，而天下始分矣，……性情不離，安用禮樂。」（註七）

按：莊子以爲聖人矯造禮樂，以改變天下人之行爲，高懸仁義以撫天下之人心，百姓自此，始自矜行詐，競逐利祿，而無所終止，此聖人之過也。故郭象注曰：「以一體之所覆，一志之所樂，行之天下，則一方得而萬方失也。」聖人因制禮樂以行之天下，而使天下大亂，禮樂行，反失其治亂之功矣。故莊子曰：「性情不離，安用禮樂」。若制定煩瑣之「禮」，方使天下紛亂矣。莊子又曰：「禮者，道之華，而亂之首也。」（註八）可知「禮」乃道之虛華，爲亂之開端。吾人唯去此虛華，方能反復大道矣。故莊子以聖人之制「禮」，爲天下大亂之起始，而荀子卻以聖人之制禮，在終止天下之亂，兩者因果互反，荀子倡「禮」，莊子去「禮」，此兩者之所不同也。

二、禮治觀念之比較

㈠荀子言「隆禮貴治」

荀子以爲「禮」，乃一切道德之標準，非但是個人修身之規範，亦是人君治國之要道。荀子主張以禮治國，其禮治之觀念，乃源於孔子德治之思想，孔子曰：「道之以德，齊之以禮，有恥且格。」（註九）又孔子答衞將軍文子曰：「以禮齊民，譬之於御則轡也。」（註一〇）可知孔子主張「以禮齊民」，故荀子有隆禮以治國之主張，其言曰：

「修禮者王。」（註一一）

「上不隆禮則兵弱。」（註一二）

「隆禮貴義者，其國治，簡禮賤義者，其國亂。」（註一三）

按：此謂能修禮者，而後可以王，故爲王者，首當修禮也。在上者，能隆禮則國治，簡禮則兵弱國亂矣。故曰「修禮者王。」荀子欲使其國治，故提出禮，作爲治國之本，並欲國君能隆禮以治國，可知其「隆禮貴治」之思想，亦知禮於治國之重要性矣。荀子曰：

「國無禮則不正；禮之所以正國也。」（註一四）

「禮之於正國家也，如權衡之於輕重也，如繩墨之於曲直也。」（註一五）

「禮者，治辨之極也，強國之本也，威行之道也，功名之總也，王公之所以得天下也；不由所以損社稷也。」（註一六）

「禮者，政之輓也，爲政不以禮，政不行矣。」（註一七）

「禮義之謂治，非禮義之謂亂也。」（註一八）

按：禮爲治國之規範，故禮乃正國之具。禮之有無，即國家治亂之因，爲禮，則能治國強國，以得天下；不爲禮，則「國不正」，「政不行」，天下豈有不亂者哉？故知「禮」乃國家治亂之本，亦知荀子言「隆禮貴治」之理也。

(二)莊子言「擯禮貴真」

莊子曰：

「說禮邪？是相於技也；說樂邪？是相於淫也；……天下將不安其性命之情，之八者，乃始臠卷獊囊而亂天下也。而天下乃始尊之惜之，甚矣天下之惑也。」（註一九）

按：此謂莊子以天下人，若不能安其性命之情，則「明、聰、仁、義、禮、樂、聖、知」八者，方始紛擾天下，故當棄置不顧，然天下百姓反惑此八者，而「尊之惜之」，實可謂天下之大惑也。故莊子主張盡去「禮樂」等德目。其言曰：

「禮者，世俗之所為也，眞者所以受於天也，自然不可易也，故聖人法天貴眞，不拘於俗，愚者反此。」（註二〇）

「通乎道，合乎德，退仁義，賓禮樂，至人之心有所定矣。」（註二一）

按：此謂「禮」乃俗人所為，非受於天也，故聖人「不拘於俗」，即不拘於「禮」而失其本眞也。吾人若拘於「禮」，則可謂之愚矣，故當「退仁義，擯禮樂」，法天貴眞，始能達道合德矣。由此可知，莊子主張「擯禮貴眞」之意明矣。莊子因主張去「禮」，自不以「禮」為治國之具。故曰：「禮法度數，形名比詳，治之末也。」（註二二）可知「禮法」乃治理百姓之末節，非治國之本也。此與荀子主張以「禮」為治國之本，「隆禮貴治」之義不同矣。

三、結　語

孔子之「仁」，孟子之「義」，荀子之「禮」，是乃三者之中心思想。故「仁」、「義」、「禮」

三德，乃成爲儒家思想之重心。「仁」、「義」、「禮」，雖於三者之論著中，皆曾提及，然於「仁」，則孔子論之最詳，於「義」，則孟子論之最精，於「禮」，則荀子論之最備，故「仁」、「義」、「禮」，乃各成爲三者之思想主流，亦爲後世儒者之行爲規範也。荀子於禮之論述，著有「禮論」一篇，並以「禮」，作爲人生行爲之規臬，其涵意可謂廣矣。其言曰：「人無禮則不生，事無禮則不成，國家無禮則不寧。」（註二三）可知禮之功用，至深且大矣。故荀子，教人學禮以去其惡性，人人能去其惡性，國君能以禮治國，天下皆合於禮，其亂必得終止。如此，則吾人豈有不善，天下豈有不治者哉？故「禮」乃成爲荀子思想之表徵矣。然莊子乃一放任自然，順乎本性，求其心靈逍遙之人，故以儒家之仁義禮樂，皆是攖人本性，逆乎自然之爲。因聖人之制禮，故人人競逐學禮，以致勞役其形，疲憊其心，反使天下大亂，此乃聖人之過也，故莊子教人「擯禮貴眞」，唯不拘於俗禮者，方能復其眞性，得其逍遙，莊子「去禮」之思想，實與荀子「貴禮」之論，大異其趣矣。

貳　莊荀言「天」之比較

荀子在天論一篇中，因論及天地萬物，故總稱爲「天論」，且稱好惡喜怒哀樂爲「天情」，稱耳目鼻口形體爲「天官」，稱心爲「天君」。若依陳大齊荀子學說言「天」之廣狹二義分類，此可謂「天」字之最廣義矣。因荀子主張人道是由人所造，禍福出於人爲，非出於天意，故勉人亟求人治，修明禮義，制裁物質，以與天地參。可知荀子之學，重「人爲」而不求「知天」，其言曰：「唯聖人爲不求知天。」（註二四）而莊子則主張順其自然，應乎無爲，不爲人事所役，凡事皆任天而爲，故荀子評之曰：「蔽於天而不知人。」（註二五）茲就莊荀言「天」之觀念，比較如下：

一、「天」義之比較

(一)天無意志

荀子言天，乃一昧然無知，且不具意志之天，其言曰：

「天能生物，不能辨物也，地能載人，不能治人也，宇中萬物生人之屬，待聖人然後分也。」（註二六）

「天地者，生之始也；禮義者，治之始也；君子者，禮義之始也……故天生君子，君子理天地。」（註二七）

「不爲而成，不求而得，夫是之謂天職。」（註二八）

按：此謂天雖能生萬物，然天不能辨，不能分，必待聖人而後分。天地不能治理，必待君子而後理，可見天無知無識，不能分理，必待「人」而理之。且「爲」與「求」乃意志之作用，天既「不爲」、「不求」，可見天無意志也。

莊子曰：

「德在乎天，知天人之行，本乎天，位乎德。……何謂天……曰：牛馬四足，是謂天。」（註二九）

「无爲爲之之謂天。」（註三〇）

按：王先謙注曰：「德以自然爲尙。」又曰：「惟知天人之行者，本乎自然，而處乎自得。」可知其所謂「天」，乃「自然」之天，正如牛馬四足，皆自然所生，非天有意之造也。天因无爲，故天地萬物雖自化而不知，可知莊子所謂之「天」，乃一自然無意志之「天」，與荀子所言「天」無意志之義同矣。

㈡天行有常

因「天」無意志，故天地之運行，自有其「常」道，而不受人之影響矣。荀子曰：

「天行有常，不爲堯存，不爲桀亡。」（註三一）

「天不爲人之惡寒也輟冬，地不爲人之惡遼遠也輟廣，……天有常道矣，地有常數矣。」（註三二）

「雩而雨，何也？曰：無何也，猶不雩而雨也。」（註三三）

「列星隨旋，日月遞炤，四時代御，陰陽大化，風雨博施，萬物各得其和以生，各得其養以成，不見其事而見其功。」（註三四）

按：此謂「天」爲一自然現象，由「常」字，可知其爲一永久不變，恆常之軌道，不因人之惡私或祈求，而有所變易，故四時行焉，百物生焉，萬物皆各得其生，各得其養，皆有其「常」矣。故曰：「

天行有常。」

莊子曰：

「天地固有常矣，日月固有明矣，星辰固有列矣，禽獸固有群矣，樹木固有立矣。」（註三五）

「死生，命也，其有夜旦之常，天也。」（註三六）

「日月照而四時行，若晝夜之有經，雲行而雨施矣。」（註三七）

「陰陽四時運行，各得其序。」（註三八）

按：天地萬物皆因自然而生，固有其「常」，而日夜運替，雲行雨施，及自然之化，亦有其「常」，可知天之運行，皆有其「常」，皆非人所能變易，其義與荀子所言同矣。

二、「天」、「人」觀念之比較

荀子重「人」而不重「天」，莊子知「天」而不知「人」，故荀子言「治亂非天」，「制天用天」，其於「天」、「人」之別，甚爲重視，故曰：「明於天人之分，則可謂至人矣。」（註三九）茲就莊荀「天」、「人」之觀念比較如下：

㈠「治亂非天」觀念之比較

荀子曰：「然而塗之人，皆有可以知仁義法正之質，皆有可以能仁義法正之具，然則其可以爲禹，明矣。」（註四〇）此謂凡人皆具仁義法正之質，故可以爲禹，可以爲治。然「天」因無知無意，又無此之質，故天不能治，此亦否定「天」對於人之福善禍淫矣。其言曰：

「彊本而節用，則天不能貧；養備而動時，則天不能病；修道而不貳，則天不能禍，故水旱不能使之飢，寒暑不能使之疾，祅怪不能使之凶。」（註四一）

「治亂，天邪？曰：日月星辰瑞曆，是禹、桀之所同也，禹以治，桀以亂；治亂，非天也。」（註四二）

按：此謂人之貧、病、禍、飢、疾、凶，皆屬人爲，非天罰也。且國家之治亂，亦在人爲，非天也，故於治亂禍福之由來，不可不明辨矣。

莊子曰：

「公文軒見右師而驚曰：『是何人也，惡乎介也，天與，其人與？』曰：『天也，非人也，天之生是使獨也。人之貌有與也，以是知其天也，非人也。』」（註四三）

「備物以將行，藏不虞以生心，敬中以達彼，若是而萬惡至者，皆天也，而非人也。」（註四四）

按：此謂人之形貌，皆天所賦予，如右師之「介」，雖是人爲，然若能視其爲自然，出於天命，自能安於殘廢以養生。又如萬惡禍害之至，若以其爲「天」，而非「人」爲之故，自能保持其心靈之寧靜，以逍遙自適。故莊荀雖皆主「天無意志」，治亂非出於天意；然治亂禍福，荀子皆以其在「人爲」，而莊子則以其在「天」，可知兩者之人生觀及其處世態度之異也。

(二)「天人之分」觀念之比較

荀子以「天」無意志，故言聖人「不求知天」，而當敬「人治」，致力於在我之人事，其言曰：

「君子敬其在己者（俞樾曰：敬當爲苟），而不慕其在天者，小人錯其在己者，而慕其在天者，君子敬其在己者，而不慕其在天者，是以日進也。小人錯其在己者，而慕其在天者，是以日退也。故君子之所以日進，與小人之所以日退，一也。君子小人之所以相懸者，在此耳。」（註四五）

「天有其時，地有其財，人有其治，夫是之謂能參。舍其所以參，而願其所參，則惑矣。」（註四六）

按：君子敬其在己，卽重「人爲」也，故能「日進」，而小人錯其在己以慕天，此其所以「日退」也。荀子以爲，天有四時之循環，地有財貨之生殖，人有人事之修爲，三者能各盡職分，相互配合，此之謂「能參」。人生天地間，但須盡其能參之功，敬其在己，以求日進，不必求其所參之故。盡其能參之功，則是明於天人之分矣。

莊子曰：

「不以心捐道，不以人助天，是之謂眞人。」（註四七）

「牛馬四足是謂天，落馬首，穿牛鼻，是謂人。故曰：無以人滅天。」（註四八）

「古之眞人，以天待人，不以人入天。」（註四九）

「古之人，天而不人。」（註五〇）

「故聖人觀於天而不助。」（註五一）

「既受食於天，又惡用人？」（註五二）

按：莊子主張「不以人助天」，郭象注曰：「眞人知用心則背道，助天則傷生，故不爲也。」其曰：「無以人滅天」，卽不以人爲毀滅天機，當以自然待人事，不以人治助天然。古之人，「天而不人」，任自然之理，而不以人爲損益之，故「聖人觀天而不助」。因人旣稟受於自然之理，又何用人爲去損毀自然？其曰：「旣受食於天，又惡用人？」王先謙注曰：「旣受食於天矣，則當全其自然，不用以人爲雜之。」荀子以天無意志，故勉人亟求人治，以與天地參。莊子雖亦以天無意志，然萬物旣稟受於自然之理，自能各得其化，故不以人助天，助天則傷生矣。無論自然之變化如何？唯有安守時機，順應天命，隨自然之變而變，故莊荀皆以「天無意志」，而重視「天人之分」，此其所同也。然荀子重「人爲」；莊子任「自然」，此兩者之異也。

㈢「制天用天」觀念之比較

荀子曰：「其行曲治，其養曲適，其生不傷，夫是之謂知天。」（註五三）此謂「知天」者，言知其「自然法則」，始能順應萬物之本性，以求制天用天，征服天行以爲人用。可知其「知天」，目的祇在知其「自然法則」，而以人爲之力征服天行，並非刻意去求知「天意」之所在，順「天意」而爲，故曰「聖人爲不求知天」，而當盡「人治」，以求制天用天矣。其言曰：

「大天而思之，孰與物畜而制裁之？從天而頌之，孰與制天命而用之？望時而待之，孰與應時而使之？因物而多之，孰與騁能而化之？思物而物之，孰與理物而勿失之也？願於物之所以生，孰與有物之所以成？故錯人而思天，則失萬物之情。」（註五四）

按：此謂人於天當「物畜而裁之，制天命而用之」，此其所以盡人事也。若舍人事而慕天道，則失萬物之本性矣，故「君子敬其在己者，而不慕其在天者。」（註五五）此乃荀子主張，要人征服天行以爲人用矣。

又按：荀子欲征服天行以爲人用，意謂「人定勝天」，「人必勝天」也。然莊子大宗師曰：「天與人不相勝也，是之謂眞人。」此言天與人不能相互爲勝，意謂天必勝人，故主人當順乎自然，應乎無爲，勿以人爲征服天行。眞人知天人之理，故能任天而行。莊子曰：

「死生命也，其有夜旦之常，天也。人之有所不得與，皆物之情也。」（註五六）

按：此謂死生出於天命，有生必有死，猶如夜旦之有定常，有旦必有夜，皆由於天。死生二事皆人力所不能參與變易者，皆物之常情也，意謂自然力之偉大如此。又曰：

「夫藏舟於壑，藏山於澤，謂之固矣。然而夜半有力者負之而走，昧者不知也。藏大小有宜，猶有所遯，若夫藏天下於天下，而不得其所遯，是恒物之大情也。」（註五七）

「浸假而化予之左臂以爲雞，予因以求時夜；浸假而化予之右臂以爲彈，予因以求鴞炙；浸假而化予之尻以爲輪，以神爲馬，予因以乘之，豈更駕哉！且夫得者，時也，失者，順也；安時

而處順，哀樂不能入也。此古之所謂縣解也，而不能自解者，物有結之。且夫物不勝天久矣，吾又何惡焉！」（註五八）

按：此為舉譬之詞，意謂天運地轉，人難逃造化。人之所避自以為己固矣，然亦必為造化之力拖之而走，最後終歸死亡；藏天下於天下，言藏於原處而不必動，此言無所藏而任物之化，是乃常物之通理也。人之隨造化而變，豈得避哉？愚昧者偏欲避之，此其所以為愚昧者也。故曰「物不勝天久矣」，意謂人力不能勝過天命，由來已久。故吾人應安守時機，順應天命。無往而不因，無因而不可。此種崇尚自然，任天順天敬天之精神，與荀子征服天行以為人用之觀念，截然不同。

三、結　語

孔子曰：「唯天為大，唯堯則之。」（註五九）老子曰：「人法地，地法天，天法道，道法自然。」（註六〇）由此可知荀子以前法天思想盛行，而荀子則以為天無意志，無可取法。其所言之「天」，為自然之天，與孔子所言有意志之天（如：雍也「予所否者，天厭之，天厭之」），及孟子所言主宰之天（如：梁惠王下「吾之不遇魯侯，天也」）或義理之天（如：人之四端，乃「天所與我者」），大不相同，然卻與莊子所言自然之天同矣，此蓋受老莊學說影響所致也。然莊荀所言之「天」，雖同指自然無意志之天，而荀子卻以天無意志，故不能主宰人之治亂禍福，而教人明「天人之分」，敬「人治」，「制天用天」，「征服天行」以為人用。莊子以天為自然，故教人順乎自然，不以人助天，若能順天應天，崇尚自然，萬物自然能各得其時，各得其序，此兩者之所以不同矣。

叁　莊荀言「學」之比較

荀子一書中，首章卽以「勸學」爲名，勸人爲學。荀子以爲人性本惡，故主張爲「學」，以去人之惡性，積其善行。其言曰：「君子博學而日參省乎己，則知明而行無過矣。」（註六一）可知爲學在使人知明而行無過矣。故荀子首篇卽以「勸學」勉人。茲就其所言之「學」，與莊子觀念之異同，比較如下：

一、學術觀念之比較

㈠荀子言「五經皆道術」

荀子曰：

「書者，政事之紀也，詩者，中聲之所止也，禮者，法之大分，類之綱紀也。故學至乎禮而止矣。夫是之謂道德之極。禮之敬文也，樂之中和也，詩書之博也，春秋之微也，在天地之間者畢矣。」（註六二）

「聖人也者，道之管也，天下之道管是矣，百王之道一是矣。故詩書禮樂之歸是矣。詩言是其

志也，書言是其事也，禮言是其行也，樂言是其和也，春秋言是其微也。……天下之道畢是矣。」（註六三）

按：此謂「詩書禮樂春秋」等經書，乃聖人之言，古之道術。詩言志，書言事，禮言行，樂言和，春秋言其微，如此，天地間之學術畢矣。蓋五經皆道術，且孔子常以此教人，詩書禮樂易春秋，乃成爲儒者爲學所必讀之經書，亦爲後人傳頌學習之經典矣。

㈡莊子言「五經皆糟粕」

莊子曰：

「孔子謂老聃曰：『丘治詩書禮樂易春秋六經，自以爲久矣，孰知其故矣。……』老子曰：『……夫六經，先王之陳迹也，豈其所以迹哉，今子之所言，猶迹也。夫迹，履之所出，而迹豈履哉？』」（註六四）

「世之所貴道者書也，書不過語，語有貴也。語之所貴者，意也，意有所隨，意之所隨者，不可以言傳也。而世因貴言傳書，世雖貴之哉，猶不足貴也，爲其貴非其貴也。……知者不言，言者不知，而世豈識之哉？桓公讀書於堂上，輪扁斲輪於堂下，釋椎鑿而上，問桓公曰：敢問，公之所讀者何言邪？公曰：聖人之言也。曰：聖人在乎？公曰：已死矣。曰：然則君之所讀者，古人之糟魄已夫。……斲輪，徐則甘而不固，疾則苦而不入，不徐不疾，得之於手而應於心，口不能言，有數存焉於其間，臣不能以喻臣之子，臣之子亦不能受之於臣，是以行年七十而老

斲輪，古之人與其不可傳也死矣。然則君之所讀者，古人之糟魄已夫。」（註六五）

按：此謂詩書禮樂易春秋六經，皆先王之陳迹，古人之糟粕。因眞意不可言傳，猶如斲輪，「得之於手而應於心」，皆口不能言，此蓋有數存於其間矣。故記載聖人之言，所傳下之書，亦不能得其眞意，所謂「知者不言，言者不知」，「道」乃不可言喻者也，故吾人所貴讀之經書，皆非眞「道」，是乃不足貴也。莊子以五經爲先王之陳迹，古人之糟粕，此與荀子言五經皆道術之意異矣。

二、爲學觀念之比較

㈠為學次序之比較

荀子以爲「五經皆道術」，故勉人當學此聖人之言，其言曰：「不聞先王之遺言，不知學問之大也。」（註六六）故其爲學，即在學此經書。莊子以爲「五經皆糟粕」，乃先王之陳迹，非「所以迹」也，故不以五經爲標的，其所學者，在「道」而已。茲就其所學之不同，分述如下：

1. 荀子學經之次序

荀子曰：

「學惡乎始？惡乎終？曰：其數則始乎誦經，終乎讀禮。……眞積力久則入，學至乎沒而後止也。故學數有終，若其義則不可須臾舍也。爲之人也，舍之禽獸也。……故學至乎禮而止矣。」（註六七）

按：此謂荀子勉人爲學，在始乎誦經，終乎讀禮，可知其所謂學者仍以五經爲主，吾人若能習此五經，且學之有恒，至沒而止，而不須臾舍之，則天地間之學問畢矣。所謂「爲之人也，舍之禽獸也」，可知五經道術於人之重要矣，此乃荀子勉人學經之理也。而其所學，在「至乎禮而止矣。」

2. 莊子學道之次序

莊子曰：

「南伯子葵曰：『道可得學邪？』曰：『惡，惡可？子非其人也。夫卜梁倚有聖人之才，而無聖人之道，我有聖人之道，而無聖人之才，吾欲以敎之，庶幾其果爲聖人乎？不然，以聖人之道，告聖人之才亦易矣。……』南伯子葵曰：『子獨惡乎聞之？』曰：『聞諸副墨之子，副墨之子聞諸洛誦之孫，洛誦之孫聞之瞻明，瞻明聞之聶許，聶許聞之需役，需役聞之於謳，於謳聞之玄冥，玄冥聞之參寥，參寥聞之疑始。』」（註六八）

按：此謂學道者，需備有聖人之才，具有此才者，再告以聖人之道，則學之易成矣。而學道之次序，始在「聞諸副墨之子」，終在「聞之疑始。」所謂副墨之子，宣穎注曰：「文字是翰墨爲之。然文字非道，不過傳道之助，故謂之副墨。又對初作之文字言，則後之文字，皆其孳生者，故曰副墨之子。」所謂疑始，其注又曰：「至於無端倪，乃聞道也，疑始者，似有始，而未嘗有始。」文字雖非道，然卻是傳道之助，故由文字之誦讀了解，而求其心得，由心得而勤行勿怠，並藉詠嘆之歌吟，去體悟人生之幽深，參悟大道之空虛，由此參悟，自能得其渾然無迹之大道矣。故莊子勸人爲學，勿專注於文字表面之意，而應注重其言外之旨，方能進一層學道，而體悟大道也。

3. 莊荀觀念之比較

荀子勸人爲學，在讀「聖人之言」，即五經道術也，而其次序，則「始乎誦經，終乎讀禮」，且不可須臾舍也。莊子曰：「吾生也有涯，而知也無涯，以有涯隨無涯，殆矣。已而爲知者，殆而已矣。」（註六九）意謂吾人若以有限之生，汲汲追求形而下無窮之「知」，徒增其疲困而已，故曰：「學者，學其所不能學也。」（註七〇）「不能學」者，即指形而上之「道體」。莊子爲學，不學形而下之學，即是「聖人之言」也。蓋此皆古人之糟粕，何足貴哉？其所學者，唯在形而上之學，即是「聖人之道」也。因道在言外，若僅學聖人之言，則不能得道矣。莊子勉人學「聖人之道」，而不學「聖人之言」，此與荀子勉人學「聖人之言」，其義不同矣。

(二)為學目的之比較

1. 荀子求「至聖」

荀子曰：

「學惡乎始？惡乎終？……其義則始乎爲士，終乎爲聖人。」（註七一）

「我欲賤而貴，愚而智，貧而富，可乎？曰：其唯學乎！彼學者，行之，曰士也；敦慕焉，君子也；知之，聖人也。上爲聖人，下爲士君子，孰禁我哉？」（註七二）

「今使塗之人伏術爲學，專心一致，思索孰察，加日懸久，積善而不息，則通於神明，參於天地矣。故聖人者，人之所積而致者也。」（註七三）

按：王先謙注曰：「荀書以士，君子，聖人爲三等。」可知荀子之爲學，在始乎爲士，終乎爲聖。且唯有「學」，方能使人「賤而貴，愚而智，貧而富。」故吾人若能專心一致以爲學，積善以去惡，使其「知明而行無過」，則能「通於神明，參於天地」，以達「聖人」之境界。可知荀子爲學之目的，在使人「積善而不息」，以達「聖人」之境也。

2. 莊子求「至道」

莊子曰：

「孔子問於老聃曰：『今日晏閒，敢問至道。』老聃曰：『汝齋戒，疏瀹而心，澡雪而精神，掊擊而知。夫道，窅然難言哉！將爲汝言其崖略！夫昭昭生於冥冥，有倫生於無形，精神生於道，形本生於精，而萬物以形相生，故九竅者胎生，八竅者卵生。其來無迹，其往無崖，無門無房，四達之皇皇也。邀於此者，四枝彊，思慮恂達，耳目聰明，其用心不勞，其應物無方。天不得不高，地不得不廣，日月不得不行，萬物不得不昌，此其道與！且夫博之不必知，辯之不必慧，聖人以斷之矣。若夫益之而不加益，損之而不加損者，聖人之所保也。淵淵乎其若海，魏魏乎其終則復始也，運量萬物而不匱。則君子之道，彼其外與！萬物皆往資焉而不匱，此其道與。』」（註七四）

「河伯曰：『然則何貴於道邪？』北海若曰：『知道者必達於理，達於理者必明於權，明於權者不以物害己。』」（註七五）

「我守其一，以處其和，故我修身千二百歲矣，吾形未嘗衰。」（註七六）

按：此言莊子以爲至高之境界在「道」，故教人能求「道」以養生。夫道，「其來無迹，其往無崖」，不知所從出，所從入，可謂空大無盡矣，吾人若能順此「道」，則能形體不衰，四肢彊健，思慮通達，耳聰目明。天地日月，亦因得「道」而各得其序，各得其行，萬物皆依道而資生不匱，斯可謂「至道」矣。故知道者，必能通達物理，明於權變，不爲外物所害，而能守至道之純一與和諧，明此以修身者，其形自能不衰矣。可知莊子爲學之目的，在求「道」以養生。此與荀子爲學之目的，在學經以成「聖」，兩者不同矣。

三、結　語

荀子以爲五經皆道術，勉人學此聖人之言；莊子以爲六經皆先王之陳迹，古人之糟粕，勉人學聖人之道。前者所學爲外在知識，即認識萬事萬物之知識；後者所學爲內在知識，即認識吾心本性及宇宙本體之知識。前者謂之「智」；後者謂之「明」，此兩者之所以不同也。

【附　註】

註　一　見荀子勸學篇。
註　二　見荀子禮論篇。
註　三　見荀子性惡篇。
註　四　仝右。
註　五　見莊子馬蹄篇。
註　六　見莊子繕性篇。
註　七　見莊子馬蹄篇。
註　八　見莊子知北遊篇。
註　九　見論語爲政篇。
註一〇　見大戴禮。
註一一　見荀子王制篇。
註一二　見荀子富國篇。
註一三　見荀子議兵篇。
註一四　見荀子王覇篇。
註一五　見荀子大略篇。
註一六　見荀子議兵篇。
註一七　見荀子大略篇。
註一八　見荀子不苟篇。

註一九　見莊子在宥篇。
註二〇　見莊子漁父篇。
註二一　見莊子天道篇。
註二二　仝右。
註二三　見荀子修身篇。
註二四　見荀子天論篇。
註二五　見荀子解蔽篇。
註二六　見荀子禮論篇。
註二七　見荀子王制篇。
註二八　見荀子天論篇。
註二九　見莊子秋水篇。
註三〇　見莊子天地篇。
註三一　見荀子天論篇。
註三二　仝右。
註三三　仝右。
註三四　仝右。
註三五　見莊子天道篇。
註三六　見莊子大宗師篇。
註三七　見莊子天道篇。

註三八　見莊子知北遊篇。
註三九　見荀子天論篇。
註四〇　見荀子性惡篇。
註四一　見荀子天論篇。
註四二　仝右。
註四三　見莊子養生主篇。
註四四　見莊子庚桑楚篇。
註四五　見荀子天論篇。
註四六　仝右。
註四七　見莊子大宗師篇。
註四八　見莊子秋水篇。
註四九　見莊子徐无鬼篇。
註五〇　見莊子列禦寇篇。
註五一　見莊子在宥篇。
註五二　見莊子德充符篇。
註五三　見荀子天論篇。
註五四　仝右。
註五五　仝右。
註五六　見莊子大宗師篇。

註五七　仝右。
註五八　仝右。
註五九　見論語泰伯篇。
註六〇　見老子第二十五章。
註六一　見荀子勸學篇。
註六二　仝右。
註六三　見荀子儒效篇。
註六四　見莊子刻意篇。
註六五　見莊子天道篇。
註六六　見荀子勸學篇。
註六七　仝右。
註六八　見莊子大宗師篇。
註六九　見莊子養生主篇。
註七〇　見莊子庚桑楚篇。
註七一　見荀子勸學篇。
註七二　見荀子效儒篇。
註七三　見荀子性惡篇。
註七四　見莊子知北遊篇。
註七五　見莊子秋水篇。

註七六　見莊子在宥篇。

附錄　歷代莊學版本及其現藏

儒道兩家，源遠流長。孔孟理想，寄託於「仕」道；老莊態度，自「隱」於無名，故孟子曰：「古之人，得志，澤加於民；不得志，修身見於世，窮則獨善其身；達則兼善天下。」儒者積極經世，道者無爲任化，影響所及，終於形成中國學術思想之兩大主流。

成玄英曰：「夫莊子者，所以申道德之深根，述重玄之妙旨，暢无爲之恬淡，明獨化之窅冥，鉗揵九流，括囊百氏，諒區中之至教，實象外之微言者也。」此莊學所以豐富道家學術思想、屹立中國二千餘年而不墜者也。

莊子文章，汪洋宏肆，窺其思想，則自成一家，探其辭章，則蘊奧微妙，故歷代披靡探究者不可勝數。佛法東傳，以之爲橋梁；魏晉玄學，以之爲清談；宋明理學，受其默化之功；後代文人作品，受其影響者，不可勝數。可知莊學在中國學術界之地位與成就矣。

歷代爲莊子著述解義，或探其玄遠旨趣者，不乏其人，故莊子之學，流傳日廣。本篇玆就管見所及，述其涯略：

民國六十九年八月十五日至二十日，國立中央圖書館展出老列莊三子圖書版本。其中莊子中文圖書版本計：元代一種、明代五十四種、清代三十四種、民國一百零七種、抄本一種、其他一種，合計一百九十八種。老莊列三子合卷者計：宋代一種、元代一種、明代十二種，清代九種、民國三十八種，合計六十一種。兩者總計二百五十九種。莊子中文善本計：元代一種、明代五十四種、清代三十四種，合計九十種。三子合卷者計：宋代一種、元代一種，明代十二種、清代九種、抄本一種，合計二十三種，兩者總計一百一十三種。連同莊子日本善本一種，共計一百一十四種。其中中央圖書館藏書五十種、嚴靈峰先生藏書六十四種。

嚴靈峰先生於民國五十年十月十日，出版列子莊子「知見書目」，共計莊子專著六百九十餘種，論說二百四十餘篇。其中先秦至六朝五十三種、唐代三十三種、宋金元六十四種、明代一百四十九種、滿清一百二十五種、民國八十八種，莊子專篇四十八種。日本莊子一百二十種、韓國莊子二種、歐美莊子十二種、中國莊子論說一百六十七種。日本莊子論說六十種。中國莊子序跋題記一百五十種。日本莊子序跋題記三十六種。莊子版本：㈠莊子白文本三十五種、㈡莊子郭象注本一百六十四種、㈢莊子林希逸口義本二十四種。民國五十四年，出版老列莊三子「知見書目」。民國五十六年，出版老列莊三子「知見書目」補正。民國六十四年十二月，又出版周秦漢魏諸子「知見書目」，其中莊子「知見書目」，隨時補增，搜羅殆盡。

黃師錦鋐於「六十年來的莊子學」一文中，收集自民國元年起，至民國六十年止，凡研治莊子之著述，無論專書、篇什，皆搜羅列舉，共分爲五類：總論一百五十種、校詁一百一十四種、義理五種、哲學一百一十一種、新解二十一種，共計四百零一種。

本篇所述莊學之著作，係採自國內十六所圖書館之「現有藏書」，及嚴靈峰先生現有之「私人藏書」。收錄之範圍，就時間而言，自先秦至民國七十一年三月止；就空間而言，總攬台灣全省之圖書館共十六所。故本篇之性質，乃是一種整理彙編之「收藏目錄」，而非兼容並收之「知見目錄」，可為研治莊學者查閱之參考。

玆將歷代莊學之著作及其版本，分為圖書與論文二大類：共計莊子圖書版本八百九十六種，其中中國莊子圖書版本五百八十九種、日本莊子圖書版本七十三種、韓國莊子圖書版本五種、越南莊子圖書版本二種、歐美各國莊子圖書版本十七種、莊子專篇之版本三十七種、附楊朱之版本十二種、中國老列莊三子同卷之版本一百三十種、日本老列莊三子同卷之版本三十種、韓國老列莊三子同卷之版本一種；莊子論文共計五百八十九篇，其中博士碩士論文十七篇、專論莊子之學者四百七十一篇、涉及莊子之學者一百零一篇。

本篇所收錄之圖書版本部分，參考資料如下：

一、張鴻智先生所提供之國立中央圖書館現有莊子藏書目錄及參考資料（張先生現任國立中央圖書館編輯）。

二、嚴靈峰先生之「列子莊子知見書目」、「老列莊三子知見書目」、「老列莊三子知見書目補正」及「周秦漢魏諸子知見書目」。

三、黃師錦鋐之「六十年來的莊學」。
四、中華民國圖書聯合目錄卡片。
五、中華民國十六所圖書館之目錄卡片。（圖書館名稱見下文說明）

本篇所收錄之論文部分，參考資料如下：

一、國立中央圖書館台灣分館出版之「國立中央圖書館台灣分館館藏中文期刊人文社會科學論文分類索引」（清末至民國三十八年）
二、國立中央圖書館出版之「中國近二十年文史哲論文分類索引」（民國三十九年至民國五十八年）
三、國立中央圖書館編印之「中華民國期刊論文索引」
四、國立台灣大學圖書館刊行之「中文期刊論文分類索引」
五、國立政治大學社會科學資料中心編印之「中文報紙論文分類索引」
六、國立中央圖書館主編，中華叢書編審委員會印行之「中華民國博士碩士論文目錄」
七、國立北平圖書館編印之「國學論文索引」初編、續編、三編、四編（國立台灣大學藏本）
八、中華民國國防研究院圖書館編印之「期刊論文索引」
九、革命實踐研究院編印之「中文雜誌論文索引」

本篇體例：

一、本篇所收，以資料中所見者爲限。計古今中外莊子專書八百九十六種、論文五百八十九篇。

二、本篇篇目排列，以出版時間先後爲序。

三、本篇書錄部分，分「書名」、「作者姓名」、「著作年代」、「版本」、「現藏處所」五項。論文部分，分「篇名」、「著譯者」、「刋（書）名」、「卷期」、「出版日期」五項。

四、玆爲有助於瞭解中華民國各圖書館及私人收藏莊子書之實況，每書皆著其存置地點。

五、圖書館館名及私人姓名簡稱：

「中研」：國立中央研究院歷史語言研究所圖書館

「中圖」：國立中央圖書館

「台大」：國立台灣大學圖書館

「師大」：國立台灣師範大學圖書館

「政大」：國立政治大學圖書館

「交大」：國立交通大學圖書館

「成大」：國立成功大學圖書館

「東吳」：私立東吳大學圖書館

「東海」：私立東海大學圖書館

「淡江」：私立淡江大學圖書館

「中原」：私立中原大學圖書館

「文化」：私立中國文化大學圖書館
「逢甲」：私立逢甲大學圖書館
「台分」：國立中央圖書館台灣分館
「省中」：台灣省省立台中圖書館
「北市」：台北市立圖書館
「嚴先生」：嚴教授靈峰

六、莊子集成初編與莊子集成續編景印本，各大圖書館皆有收藏，茲為省其篇幅，故刪「現藏處所」一欄。

七、本書目如有疏誤處，尚祈海內外賢達，教而正之。

歷代莊學版本及其現藏

一、莊學圖書版本及現藏處所

(一)中國莊子圖書版本及現藏處所

書名	作者姓名	著作年代	版本	現藏處所
莊子四卷四册	周莊周撰	西元前年至前二八九年	明刊白口十行本朱墨藍三色批校	中圖
莊子郭象注本	郭象	西元年至三一二年	清光緒二年浙江書局「十子全書」覆刊世德堂本。	嚴先生
又一部			清光緒二年浙江書局「二十二子」覆刊世德堂本。	嚴先生
又一部			清光緒十九年上海鴻文書局「二十二子」石印世德堂本。	嚴先生
又一部			清光緒十九年上海鴻文書局「二十五子」石印世德堂本。	嚴先生

又一部			清光緒十九年上海鴻文書局「二十五子彙函」石印世德堂本。	嚴先生
又一部			清光緒二十三年上海圖書集成局「二十二子」排印世德堂「六子」本。	嚴先生
又一部			清光緒二十三年上海文瑞樓「子書二十八種」排印世德堂「六子」本。	嚴先生
又一部			民國三年上海右文社景印世德堂「六子」本。	嚴先生
又一部			民國十一年上海涵芬樓「續古逸叢書」景印南北宋刊合璧本。	嚴先生
又一部			民國十五年上海中華書局「四部備要」排印世德堂本。	嚴先生
又一部			民國十八年上海商務印書館「四部叢刊」景印世德堂「六子」本。	嚴先生
又一部			民國二十五年上海商務印書館縮	嚴先生

			印「四部叢刊」本。	
又一部			民國四十八年台北藝文印書館景印「續古逸叢書」本。	中研、中圖、台大、師大
又一部			民國五十三年台北市新興書局印行本。	中研、中圖、台大、師大
莊子十卷	郭　象注	西元　　年至三一二年	民國五十四年廣文書局印行景印本。	師大、東吳、文化、政大、成大、東海、淡江、台大
又一部			台北藝文印書館印行本。	台大、淡江
南華眞經十卷八册	周莊　周撰	西元前　　年至前二八九年	明刋黑口本。	中圖
莊子南華眞經八卷八册	周莊　周撰	西元前　　年至前二八九年	明新安黃正位刋巾箱本。	中圖
莊子南華眞經十卷十册	周莊　周撰 晉郭　象注	西元　　年至三一二年	明末葉刋本　藍筆批點。	中圖
莊子南華眞經十卷六册	周莊　周撰 晉郭　象注	西元　　年至三一二年	清乾隆間刋本　朱墨黃三色批校。	中圖

南華眞經註十卷	晉郭　象	西元　年至三一二年	民國十一年上海涵芬樓「續古逸叢書」景印南北宋合璧本。	嚴先生
又一部			民國四十八年台北藝文印書館景印本。	師大
又一部			民國六十年台灣商務印書館「景印四部善本叢刊第一輯」本。	師大
南華眞經注十卷	郭　象	西元　年至三一二年	北宋南宋合璧本。	嚴先生
又一部			莊子集成初編景印本。	
莊子南華眞經十卷	郭　象	西元　年至三一二年	明張登雲參補朱東光刋「中都四子」本。	嚴先生
莊子治要	魏　徵	貞觀五年西元六三一年	日本尾張國校刋「群書治要」本。	嚴先生
又一部			莊子集成初編景印本。	
莊子南華眞經十卷	晉郭　象注 唐陸德明音義	西元　年至六三六年	明朱東光編「中都四子集」之一 明萬曆己卯（七年）朱氏中都刋本。	中圖
莊子十卷四册	莊　周撰	西元　年至	清光緒二年浙江書局刋二十二子	中圖

	郭　象注 陸德明音義	六三六年	本。清文廷式手批今人張仁蠡手跋。	
莊子郭註十卷十四冊	（同右）	西元　年至六三六年	明萬曆乙巳（三十三年）鄒之嶧等校刊本。	中圖
莊子郭註十卷六冊	莊　周撰 郭　象注 陸德明音義	西元　年至六三六年	明萬曆間陳繼儒刊本。	中圖
莊子郭注（附陸德明釋文音義）十卷	郭　象	西元　年至六三六年	清光緒十一年湖南善化傳忠書局刊本。	嚴先生
南華眞經十卷六冊	周莊　周撰 晉郭　象注 唐陸德明音義	西元　年至六三六年	明嘉靖庚寅（九年）吳郡顧春刊世德堂六子本　近人鄧邦述手校。	中圖
南華眞經十卷六冊	周莊　周撰 晉郭　象注 唐陸德明音義	西元　年至六三六年	明刊六子全書本。	中圖
南華眞經十卷十六	周莊　周撰	西元　年至	明覆刊世德堂六子本　朱墨批校	中圖

冊	晉郭　象注 唐陸德明音義	六三六年	。	
南華眞經十卷	晉郭　象註 唐陸德明音義	西元　年至 六三六年	明嘉靖九年顧春世德堂刊「六子」本。	嚴先生
南華眞經十卷	郭　象註 陸德明音義	西元　年至 六三六年	明顧春編「六子全書」之一　明嘉靖庚寅（九年）吳郡顧氏世德堂刊本。	中圖
又一部			明覆刊嘉靖本。	中圖
又一部			明桐蔭書屋刊本。	中圖
纂圖互註南華眞經十卷十冊	周莊　周撰 晉郭　象注 唐陸德明音義	西元　年至 六三六年	元建陽坊刊六子本。	中圖
纂圖互註南華眞經十卷五冊	周莊　周撰 晉郭　象注 唐陸德明音義	西元　年至 六三六年	明萬曆初年坊刊六子全書本　近人沈曾植手校。	中圖
莊子音義三卷	陸德明	西元　年至 六三六年	清乾隆五十六年盧文弨刊「抱經堂叢書」本。	嚴先生
莊子音義殘卷	陸德明	西元　年至	日本「沙州二十六子」排印本。	嚴先生

		六三六年		
莊子疏十二卷	成玄英	西元　年至六六三年	清光緒十年黎庶昌刋「古逸叢書」本。	嚴先生
南華眞經注疏十卷	郭　象 成玄英	西元　年至六六三年	台北藝文印書館「百部叢書」景印清光緒十年刋「古逸叢書」本。	台大、師大 東吳、文化
莊子南華眞經注疏批點三十三卷	晉郭　象 唐成玄英疏 日本闕名批點	西元　年至六六三年	日本萬治四年中野宗左衞門刋本。	嚴先生
又一部			清光緒十年刋古逸叢書本。	嚴先生
莊子意林一卷	馬　總	貞元二年西元七八六年	清乾隆間刋「武英殿聚珍版叢書」本。	嚴先生
又一部			莊子集成初編景印本。	
南華邈一卷	文如海	西元　年至七五五年	「道藏」本。	嚴先生
又一部			莊子集成初編景印本。	
南華眞經新傳二十卷十册	宋王　雱撰	西元　年至一〇七〇年	「道藏」本。	嚴先生
又一部			莊子集成初編景印本。	

又一部			清光緒辛巳（七年）鈔本。清光緒七年葉昌熾批校並題記。	中圖
莊子義十卷	呂惠卿	元豐七年西元一〇八四年	民國二十三年陳任中輯校排印本。	嚴先生
又一部			莊子集成初編景印本。	
宋呂觀文進莊子義十卷二册	宋呂惠卿注 陳任中校輯	元豐七年西元一〇八四年	民國二十二年（癸酉）北平大北書局排印本。	中研
南華眞經章句音義十四卷	陳景元	元豐七年西元一〇八四年	「道藏」本。	嚴先生
又一部			「舉要」本。	嚴先生
又一部			「莊子集成初編」景印本。	
又一部			「百部叢書」景印本。	嚴先生
南華章句餘事一卷	陳景元	西元　年至一〇八四年	道藏本。	嚴先生
又一部			莊子集成初編景印本。	
南華章句餘事雜錄	陳景元	西元　年至一〇八四年	道藏本	嚴先生
南華眞經直音一卷	宋賈善翔撰	元祐元年西元一	道藏本。	嚴先生

又一部		○八六年	莊子集成初編景印本。	
莊子口義三十二卷	林希逸	景定元年西元一二六○年	民國六十年台北弘道文化事業公司景印「道藏」本。	中圖 師大
南華眞經口義三十二卷	宋林希逸撰	景定元年西元一二六○年	道藏本。	嚴先生
又一部			莊子集成初編景印本。	
南華經十六卷十二册	周莊　周撰 晉郭　象注 宋林希逸口義	景定元年西元一二六○年	明刊朱墨藍紫四色套印本。	中圖
莊子鬳齋口義十卷十册	宋林希逸撰	景定元年西元一二六○年	日本寛永六年風月宗知刊本。附莊子十論一卷宋李士表撰。	中圖
纂圖互注南華眞經十卷	龔士卨	景定元年西元一二六○年	宋景定元年建陽書坊刊六子全書本。	嚴先生
南華眞經義海纂微一百六卷	宋褚伯秀撰	咸淳元年西元一二六五年	道藏本。	嚴先生
莊周氣訣解一卷	宋宇文居鎡	西元　年至	道藏本。	嚴先生

	撰	一二六九年		
莊子點校三十三篇	劉辰翁	西元　年至一二九四年	明小築刋「劉須溪校書九種」本。	嚴先生
南華眞經點校不分卷	宋劉辰翁	西元　年至一二九四年	明小築刋「劉須溪校書九種」本。	嚴先生
莊子南華眞經點校三卷	劉辰翁	西元　年至一二九四年	明刋劉須溪點校「三子」本。	嚴先生
又一部			莊子集成續編景印本。	
莊子內篇訂正二卷	元吳　澄撰	西元　年至一三三一年	「道藏」本。	嚴先生
南華眞經循本	宋羅勉道撰	西元　年至一三六七年	明正統十年刋道藏本。	嚴先生
又一部			莊子集成續編景印本。	
莊列十論一卷	宋李元卓撰	西元　年至一三六七年	「道藏」本。	嚴先生
莊子十卷	周莊　周撰　明許宗魯「六子書」之	嘉靖六年西元一五二七年	明嘉靖六年關中許氏樊川別業刋本。	中圖

又一部	—		明芸商書院刊本。	中圖
南華標略二卷二冊	明張　位撰	西元　年至一五三八年	明萬曆間吳宗雍等校刊本。	中圖
又一部			莊子集成初編景印本。	嚴先生
莊子解一卷	楊　慎	西元　年至一五五九年	明刊「升庵外集」本。	嚴先生
又一部			莊子集成續編景印本。	
莊子闕誤一卷	楊　慎	西元　年至一五五九年	明刊「升庵外集」本。	嚴先生
又一部			莊子集成續編景印本。	
又一部			「百部叢書」景印本。	台大、文化
又一部			清光緒元年湖北崇文書局刊「子書百種」本。	嚴先生
又一部			清光緒七年覆刊李調元編「函海」巾箱本。	嚴先生
又一部			清光緒間重刊「子書百家」本。	嚴先生
又一部			民國八年上海掃葉山房石印「百	嚴先生

			子全書」本。	
莊子附楊愼「莊子闕誤」三卷	莊　周 楊　愼	西元　年至一五五九年	清光緒元年湖北崇文書局刊「子書百家」本。	嚴先生
又一部			清光緒間重刊「子書百家」本。	嚴先生
又一部			民國八年上海掃葉山房「百子全書」石印本。	嚴先生
莊子通義十卷五冊	明朱得之撰	嘉靖三十九年西元一五六〇年	明嘉靖庚申（三十九年）靖江朱氏浩然齋刊本。	中圖
莊子通義十卷	朱得之	嘉靖四十三年西元一五六四年	明嘉靖四十三年浩然齋刊本。	嚴先生
又一部			莊子集成續編景印本。	
南華發覆八卷六冊	釋性通	嘉靖四五年西元一五六六年	清乾隆十四年大文堂重刊本。	嚴先生
又一部			「莊子集成續編」景印本。	
又一部			清文奎堂重刊本。	嚴先生
郭子翼莊一卷	明高　巽	西元　年至一五六六年	明嘉靖間天一閣刊本。	嚴先生
又一部			清李調元刊「函海」本。	嚴先生

又一部			清光緒七年重刋「函海」本。	嚴先生
又一部			莊子集成初編景印本。	中圖、台大、師大、政大、成大、東吳、淡江、文化
又一部			台北藝文印書館「百部叢書」景印明天一閣「范氏奇書二十一種」本。	
莊子類纂二卷	沈　津	隆慶元年西元一五六七年	明隆慶元年刋本。	嚴先生
又一部			莊子集成續編景印本。	
莊子口義補注十卷	張四維	萬曆二年西元一五七四年	明萬曆五年何汝成校刋本。	嚴先生
又一部			莊子集成初編景印本。	
南華眞經批校四卷	謝汝韶	萬曆六年西元一五七八年	明萬曆六年崇德書院刋本。	嚴先生。
又一部			莊子集成續編景印本。	
南華眞經副墨八卷	陸長庚	萬曆六年西元一五七八年	明萬曆六年天台館原刋本。	嚴先生
又一部			「莊子集成續編」景印本。	

又一部			清光緒十一年傳薪書室照原板梓行。	嚴先生
又一部			民國二十二年上海受古書店石印本。	嚴先生
南華眞經副墨八卷十五册	明陸西星撰	萬曆六年西元一五七八年	明萬曆乙酉（十三年）孫大綬刊本。	中圖
又一部			民國六十三年台北市自由出版社印行本。（道藏精華十二集之一）	東吳
莊子南華眞經四卷	周莊　周撰　明謝其盛編「二十家子書」	萬曆六年西元一五七八年	明萬曆六年吉藩崇德書院刊本。	中圖
莊義要删十卷二十册	明孫應鰲等撰	萬曆八年西元一五八〇年	明萬曆庚辰（八年）雲南官刊本。	中圖
莊子雋一卷	陳繼儒	西元　年至一五八七年	明蕭鳴盛刊「五子雋」本。	嚴先生
又一部			莊子集成續編景印本。	
莊子玄言評苑三卷	陸可教	西元　年至	明光裕堂刊本。	嚴先生

又一部	李廷機	一五八七年	莊子集成續編景印本。	
莊子通十卷	沈一貫	萬曆一六年西元一五八八年	明萬曆間刋本。	嚴先生
又一部			「莊子集成續編」景印本。	中圖
莊子翼八卷莊子闕誤一卷附錄一卷八册	明焦竑撰	萬曆一六年西元一五八八年	明萬曆十六年原刋本。	中圖
莊子翼八卷十二册	明焦竑撰	萬曆一六年西元一五八八年	明萬曆十六年原刋本　朱墨合批。	中圖
莊子翼八卷附陳景元「闕誤」一卷	焦竑	萬曆一六年西元一五八八年	明萬曆十六年王元貞校刋本。	嚴先生
又一部			明長庚館刋本。	嚴先生
莊子內篇注附「闕誤」八卷	焦竑	萬曆一六年西元一五八八年	民國三年蔣國榜愼修書屋編「金陵叢書」排印本。	嚴先生
又一部			日本寬延四年勝村治右衞門刋本。	嚴先生
又一部			日本明治四十五年東京富山房「漢文大系」排印本。	嚴先生

又一部			民國五十二年台灣廣文書局排印「金陵叢書」本。	中圖
又一部			民國五十九年台北廣文書局印行本。	東海
又一部			民國六十七年台北新文豐出版公司景印富山房「漢文大系」本。	嚴先生
莊子品節	明陳　深	萬曆一九年西元一五九一年	明萬曆十九年刋「諸子品節」本。	嚴先生
又一部			莊子集成初編景印本。	
新鍥南華眞經三註大全二十一卷	陳懿典	萬曆二一年西元一五九三年	明萬曆二十一年自新齋余翼我刋本。	嚴先生
又一部			日本京都芳野屋作十郎翻刻余翼我刋本。	嚴先生
又一部			日本寬文間刋本。	嚴先生
新鍥南華眞經三註大全二十一卷十六册	明陳懿典撰	萬曆二一年西元一五九三年	明萬曆癸巳（二十一年）閩書林余氏自新齋刋本。	中圖
南華經精解八卷	陳懿典	西元　年至	明萬曆四十五年刋本。	嚴先生

又一部		一六一二年	莊子集成續編景印本。	
南華經品節六卷	楊起元	西元　年至一五九四年	明刊本。	嚴先生
又一部			莊子集成續編景印本。	
南華眞經旁註五卷	方虛名 孫平仲	萬曆二二年西元一五九四年	明萬曆二十二年金陵唐氏世德堂刊本。	中圖
南華眞經旁註五卷八冊	明方虛名撰	萬曆二二年西元一五九四年	明萬曆甲午（二十二年）刊本。	中圖
南華眞經評註五卷四冊	周莊　周撰 明方虛名注	西元　年至一五九五年	明覆刊萬曆甲午（二十二年）刊本。	中圖
南華眞經八卷八冊	周莊　周撰、明馮夢禎校	萬曆二三年西元一五九五年	明萬曆乙未（二十三年）武林郁文瑞尙友軒刊袖珍本。	中圖
南華眞經重校八卷	馮夢禎	萬曆二三年西元一五九五年	明萬曆間尙友軒刊本。	嚴先生
又一部			莊子集成續編景印本。	
莊子膏盲四卷八冊	明葉秉敬撰	萬曆二五年西元一五九七年	明萬曆間原刊本。	中圖

莊子南華眞經三卷	周莊　周撰 明吳勉學編 「二十子」之一	西元　年至 一五九七年	明萬曆間新安吳氏刋本。	中圖 中硏
莊子南華經附難字音義三卷	吳勉學	西元　年至 一五九七年	日本昭和七年東京文求堂景印「二十子」本。	嚴先生
莊子南華文髓七卷	黃洪憲	西元　年至 一六〇〇年	明刋本（原缺一卷）。	嚴先生
又一部			莊子集成續編景印本。	
莊子內篇解二卷	李　贄	西元　年至 一六〇二年	明萬曆四十三年亦政堂刋陳眉公「廣秘笈」本。 （無求備齋藏）	嚴先生
又一部			「莊子集成續編」景印本。	
南華經集評十六卷	沈汝紳	萬曆三三年西元 一六〇五年	明萬曆三十三年吳興凌以棟刋五色套印本。	嚴先生 中圖
莊子郭注十卷	鄒之嶧	萬曆三三年西元 一六〇五年	明萬曆三十三年小築刋鄒之嶧校本。	嚴先生
南華眞經評註十卷	歸有光	萬曆三三年西元	明末文氏竺塢刋「道德南華二經	嚴先生

又一部	文震孟	一六〇五年	評注」本。明天啟四年竹塢刊本。	嚴先生
又一部			「莊子集成續編」景印本。	
評點莊子	歸有光	天啟五年西元一六二五年	明天啟五年刊本。	嚴先生
又一部	文震孟		日本京都芳野屋作十郎翻刻余翼我刊本。	嚴先生
又一部			日本寬文間刊本。	嚴先生
古蒙莊子校釋四卷	王繼賢 吳宗儀	萬曆三九年西元一六一一年	明萬曆三十九年刊本。	嚴先生
又一部			莊子集成續編景印本。	
古蒙莊子四卷四册	周莊 周撰	明萬曆辛亥（三十九年）西元一六一一年	蒙城知縣王繼賢刊本。	中圖
南華經因然六卷	吳伯興	西元　　年至一六一二年	明刊本。	嚴先生
又一部			莊子集成續編景印本。	
莊子南華眞經評不	明孫　鑛	西元　　年至	明天啟間吳興閔氏刊朱墨套印本。	嚴先生

分卷附「音義」		一六一二年		
莊子南華眞經四卷八冊	明孫　鑛評	西元　年至一六一二年	明吳興閔氏刋朱墨套印本。	中圖
莊子翼評點八卷	董懋策	西元　年至一六一三年	清光緒三十二年刋本。	嚴先生
又一部			莊子集成續編景印本。	
莊子狐白四卷二冊	明韓　敬撰	萬曆四二年西元一六一四年	明萬曆甲寅（四十二年）閩書林余氏自新齋刋本。	中圖
又一部			莊子集成續編景印本。	嚴先生
南華日抄四卷	徐　曉	萬曆四三年西元一六一五年	明崇禎十年刋本。	嚴先生
又一部			莊子集成續編景印本。	
解莊十二卷六冊	明陶望齡撰　郭正域評	萬曆四三年西元一六一五年	明天啟辛酉（元年）吳興茅兆河刋朱墨套印本。	中圖
又一部			莊子集成續編景印本。	嚴先生
說莊三卷	李騰芳	西元　年至一六一九年	明天啟四年青蓮齋刋本。	嚴先生
莊子不分卷附陰符	明郭四維編	西元　年至	明上谷李迎恩刋本　缺莊子外篇。	中圖

經一卷存二冊		一六一九年		
南華經七卷八冊	明潘基慶註	西元　年至一六二〇年	明末刊本　墨筆批註。	中圖
南華經集註七卷	潘基慶	西元　年至一六二〇年	明刊本。	嚴先生
又一部			莊子集成初編景印本。	
南華全經分章句解四卷	陳榮選	西元　年至一六二〇年	明刊本。	嚴先生
又一部			莊子集成續篇景印本。	
莊子內篇注四卷	釋德清	天啟元年西元一六二一年	清光緒十四年金陵刻經處刊本。	嚴先生
又一部			「莊子集成續編」景印本。	
又一部			民國四十五年台灣建康書局景印金陵刻經處本。	成大
又一部			民國六十一年台灣瑠璃經房再版景印本。	淡江、文化
又一部			民國六十二年台北市廣文書局印行景印本。	中圖、東吳 台大、文化

又一部			民國六十三年台灣瑠璃經房再版景印本。	嚴先生
南華經薈解卅三卷	郭良翰	天啟六年西元一六二六年	明天啟六年刋本。	嚴先生
又一部			莊子集成初編景印本。	
南華眞經本義十六卷	陳治安	崇禎五年西元一六三二年	清道光十五年紅蘭山房重刋本。（按：有徐廷槐序）	嚴先生
莊子南華本義牋註十六卷	明陳治安註	崇禎五年西元一六三二年	清道光十五年紅蘭山房刋本。	嚴先生
南華眞經別錄八卷	明陳治安輯	崇禎五年西元一六三二年	清道光十五年紅蘭山房刋本。	嚴先生
南華眞經本義附錄八卷	陳治安	崇禎五年西元一六三二年	清道光十五年刋本。	嚴先生
又一部			莊子集成續編景印本。	
莊子南華眞經三卷八册	明譚元春評	崇禎八年西元一六三五年	明崇禎間婁東張溥刋本。	中圖
又一部			莊子集成續編景印本。	嚴先生
南華眞經注疏卅三	程以寧	崇禎一〇年西元	清嘉慶間蔣元庭刋「道藏輯要」	嚴先生

卷		一六三七年	本。	
又一部			莊子集成續編景印本。	
南華眞經影史八卷二冊	明周拱辰撰	崇禎一〇年西元一六三七年	清嘉慶八年（癸亥）聖雨齋重刋本。	中研
南華眞經影史九卷	明周拱辰	崇禎一〇年西元一六三七年	清道光二十七年刋「周孟侯先生全書」本。	嚴先生
又一部			「莊子集成初編」景印本。	
南華春點八卷	劉士璉	崇禎一一年西元一六三八年	明刋本。	嚴先生
又一部			莊子集成續編景印本。	
南華經郭注集評二卷	闕　名	西元　年至一六四〇年	明刋本。	嚴先生
藥地炮莊九卷	方以智	西元　年至一六四四年	清康熙三年盧陵曾玉祥此藏軒原刋本。	中圖
藥地炮莊九卷	明方以智集 明陳丹衷訂	西元　年至一六四四年	民國十一年成都美學林據此藏軒刋本排印本。	嚴先生
又一部			「莊子集成初編」景印本。	
又一部			民國六十四年台北廣文書局景印	中圖

			清康熙六年此藏軒原刊本。	
莊子南華眞經校訂八卷	黃正位	西元　年至一六四四年	明刊巾箱本。	嚴先生
又一部			莊子集成續編景印本。	
莊子因六卷	林雲銘	康熙二年西元一六六三年	清康熙五十五年挹奎樓增註重刊本。	嚴先生
又一部			清光緒六年常州培本堂重刊白雲精舍本。	嚴先生
又一部			民國二年上海千頃堂精校石印本。	嚴先生
又一部			民國十六年上海掃葉山房石印本。	嚴先生
又一部			民國五十七年台北廣文書局排印本。	嚴先生
又一部			「莊子集成初編」景印本。	
（標注補義）莊子因六卷	清林雲銘評 (日)秦鼎補義 (日)東條保標注	康熙二年西元一六六三年	民國五十八年台北市蘭台書局印行本。	淡江
又一部			民國六十四年台北市蘭台書局印	中圖

			行景印本。	
莊子解三十三卷	王夫之	康熙八年西元一六六九年	清同治四年湘鄉曾氏金陵節署重刋本。	嚴先生
又一部			「莊子集成初編」景印本。	
又一部			民國二十二年上海太平洋書店排印本。	嚴先生
又一部			民國五十三年台灣廣文書局景印金陵節署刋本。	台大、文化
又一部			民國五十三年北平中華書局排印本。	嚴先生
又一部	(清)王夫之撰、王敔增註		民國六十三年台北市河洛圖書出版社印行景印本。	中圖、政大、東海、台大、成大、淡江、省中
又一部	王夫之撰王敔增註		民國六十七年河洛圖書出版社印行。	師大
莊子通一卷	王夫之	康熙八年西元一六六九年	清同治四年湘鄉曾氏金陵節署重刋本。	嚴先生

又一部			莊子集成初編景印本。	
又一部			民國五十三年台灣廣文書局景印金陵節署本。	師大、政大
又一部			民國五十四年台灣力行書局景印本。	師大、文化
又一部			民國五十四年台灣台中大源文化服務社景印本。	文化、台大
又一部			民國六十一年台灣自由出版社景印本。	文化、政大
莊子解與莊子通	(清)王夫之撰 曾國藩校	康熙八年西元一六六九年	在中國子學名著集成編修委員會編中國子學名著集成之62。	師大、政大
莊子之學二卷	馬驌	康熙九年西元一六七〇年	清康熙九年刊「繹史」本。	嚴先生
又一部			莊子集成初編景印本。	
莊子解一卷	傅山	西元　年至一六八四年	清宣統三年刊本。	嚴先生
又一部			莊子集成續編景印本。	
莊子釋意三卷	高秋月	康熙二八年西元	康熙二十八年曹同春刊本。	嚴先生

又一部	一六八九年		「莊子集成續編」景印本。	
莊子詁七卷	錢澄之	西元　年至一六九三年	清同治三年刊本。	嚴先生
又一部			莊子集成續編景印本。	
莊子旁注五卷六册	清吳承漸輯注	康熙三八年西元一六九九年	清康熙間刊本。	中研
又一部			民國六十四年台北廣文書局景印本。（中國哲學思想要籍叢編）	台大、東海淡江、成大政大、省中
莊子解十二卷	吳世尙	康熙五二年西元一七一三年	民國九年劉氏「貴池先哲遺書」本。	中研
又一部			「莊子集成初編」景印本。	嚴先生
南華經解二十五卷	宣　穎	康熙六〇年西元一七二一年	清康熙六十年積秀堂刊本。	嚴先生
又一部			清經國堂刊本。	嚴先生
又一部			清同治六年新建吳坤修半畝園刊本。	嚴先生

又一部			「莊子集成續編」景印本。	
又一部			民國五十八年台北宏業書局景印上海會文堂書局石印本。	文化
南華眞經解六卷六冊	清宣穎撰	康熙六〇年西元一七二一年	清康熙六十年（序）懷義堂刋本。	中研
又一部			民國六十七年台北市廣文書局印行景印本。（漢學彙編）	中圖、成大東海、淡江
莊子南華經解四卷	清宣穎撰	康熙六〇年西元一七二一年	民國五十八年台北宏業書局印行本。	台大、東海
南華經傳釋一卷	周金然撰	西元　年至一七二二年	台北藝文印書館「百部叢書」景印清嘉慶間吳省蘭刋「藝海珠塵」本。	中圖、台大政大、文化東海、淡江
南華簡鈔四卷	徐廷槐	乾隆六年西元一七四一年	清乾隆六年霍清閣刋改「南華經直解」本。	嚴先生
又一部			清光緒二十年文瑞樓重刋本。	嚴先生
又一部			「莊子集成初編」景印本。	
莊子鈔	浦起龍	乾隆六年西元一七四一年	清乾隆九年三吳書院刋本。	嚴先生

又一部			「莊子集成初編」景印本。	
莊子存校一卷	王懋竑	西元　年至一七四二年	清同治十一年福建撫署刋本。	嚴先生
又一部			莊子集成初編景印本。	
莊子獨見三十三卷	胡文英	乾隆一六年西元一七五一年	清乾隆十六年三多齋刋本。	嚴先生
又一部			「莊子集成初編」景印本。	
又一部			清嘉慶九年姑蘇聚文堂刋本。	嚴先生
又一部			清道光間武啟圖校訂江西文淵堂刋本。	嚴先生
南華經大義解懸參註五卷	藏雲山房主人	西元　年至一七五一年	手稿本。	嚴先生
又一部			莊子集成初編景印本。	
莊子解一卷	吳　峻	乾隆四六年西元一七八一年	清道光二十四年世楷堂刋「昭代叢書」本。	嚴先生
又一部			莊子集成初編景印本。	
莊子述記	任兆麟	乾隆五二年西元一七八七年	清乾隆五十二年任氏忠慜家塾刋「述記」本。	嚴先生

又一部			「莊子集成續編」景印本。	
又一部			清嘉慶四年文選樓刊本。	嚴先生
又一部			清光緒十年廖玉湘閒雲精舍刊「述記」本。	嚴先生
又一部			民國四年上海千頃堂書局石印本。	嚴先生
莊子集評一卷	高　嵣	乾隆五三年西元一七八八年	清乾隆五十三年廣郡永邑培元堂楊氏刊本。	嚴先生
又一部			「莊子集成初編」景印本。	
莊子音義考證三卷	盧文弨	乾隆五六年西元一七九一年	清乾隆五十六年盧文弨刊「抱經堂叢書」本。	嚴先生
又一部			莊子集成初編景印本。	
南華瀝一卷	馬　魯	西元　年至一七九五年	清同治九年敦倫堂刊本。	嚴先生
又一部			莊子集成續編景印本。	
莊子雪三卷	陸樹芝	嘉慶元年西元一七九六年	清嘉慶四年粵東儒雅堂刊本。	嚴先生
又一部			「莊子集成續編」景印本。	
又一部			清嘉慶四年文選樓刊本。	嚴先生

又一部			民國四年上海千頃堂書局石印本。	嚴先生
莊子章義（附「附錄」）五卷	姚　鼐	嘉慶一六年西元一八一一年	清光緒五年桐城徐宗亮刋「惜抱軒遺書三種」本。	嚴先生
又一部			「莊子集成續編」景印本。	
又一部			清光緒五年「惜抱軒遺書」重印本。	嚴先生
莊子選	張道緒	嘉慶一六年西元一八一一年	清嘉慶十六年人境軒刋「諸子文選十三種」本。	嚴先生
又一部			「莊子集成續編」景印本。	
莊子韻讀一卷	江有誥	嘉慶一九年西元一八一四年	清嘉慶十九年刋本。	嚴先生
又一部			莊子集成續編景印本。	
莊子辯正六卷	胡　方	嘉慶一九年西元一八一四年	清嘉慶十九年刋本。	嚴先生
又一部			莊子集成續編景印本。	
莊子叢錄一卷	洪頤煊	道光二年西元一八二二年	清道光二年刋本。	嚴先生
又一部			莊子集成續編景印本。	

莊子雜誌一卷	王念孫	西元　年至一八三二年	清道光十二年刋本。	嚴先生
又一部			莊子集成續編景印本。	
莊子司馬注補遺（司馬音、逸篇、逸語、疑義、逸篇補遺、又補遺、司馬音補遺各一卷）	茆泮林	道光一四年西元一八三四年	清道光十四年梅瑞軒刋本。	嚴先生
又一部			「百部叢書」景印本。	中圖
南華通七卷	屈復　李元春	道光一五年西元一八三五年	清道光十五年李元春刋「青照樓叢書」本。	嚴先生
又一部			「莊子集成初編」景印本。	中研
司馬彪莊子注一卷	黃奭	西元　年至一八五〇年	民國二十三年江都朱長圻據甘泉黃氏原版補印。改題「黃氏逸書考」本。	嚴先生
又一部			「莊子集成初編」景印本。	
又一部			民國六十一年台灣藝文印書館景印本。	中圖　文化

逸莊子一卷	黃奭	西元　年至一八五〇年	民國廿三年江都朱長圻補刊「黃氏逸書考」本。	嚴先生
南華經解三卷	方潛	咸豐八年西元一八五八年	清光緒二十二年桐城方氏刊本。	嚴先生
又一部			莊子集成續編景印本。	
莊子內篇注二卷	王闓運	同治八年西元一八六九年	清同治八年長沙思賢講舍刊本。	嚴先生
又一部			「莊子集成續編」景印本。	
又一部			民國二十二年刊「王湘綺全集」本。	嚴先生
莊子人名考一卷	俞樾	同治九年西元一八七〇年	清光緒二十五年刊「春在堂全書」本。	嚴先生
又一部			「莊子集成續編」景印本。	
莊子平議三卷	俞樾	同治九年西元一八七〇年	清光緒二十五年刊本。	嚴先生
又一部			莊子集成續編景印本。	
南華雪心編八卷	劉鳳苞 李泰開	光緒三年西元一八七七年	清光緒二十三年晚香堂刊本。	嚴先生

又一部			「莊子集成初編」景印本。	
莊子正義四卷	陳壽昌	光緒一三年西元一八八七年	清光緒十九年刋本。	嚴先生
又一部			莊子集成續編景印本。	
莊子正義附錄三卷	陳壽昌	光緒一三年西元一八八七年	光緒十九年刋本。	嚴先生
又一部			莊子集成續編景印本。	
南華眞經正義不分卷附識餘六册	陳壽昌輯	光緒一三年西元一八八七年	清光緒十九年怡顏齋刋本。	中研
又一部			莊子集成續編景印本。	嚴先生
又一部			民國上海古書流通處「老莊正義」合編景印本。	嚴先生
又一部			民國六十一年台灣新天地書局景印本。	台大、文化
莊子識小一卷	郭　階撰	光緒一五年西元一八八九年	清光緒十五刋本。	嚴先生
又一部			「莊子集成續編」景印本。	
莊子故八卷	馬其昶	光緒二〇年西元	清光緒三十二年集虛草堂刋本。	嚴先生

		一八九四年		
莊子札迻一卷	孫詒讓撰	光緒二〇年西元一八九四年	清光緒二十年札迻原刋本。	嚴先生
又一部			「莊子集成續編」景印本。	
莊子集釋十卷八冊	清郭慶藩輯	光緒二〇年西元一八九四年	清光緒二十年（序）思賢講舍刋本。	中研
又一部			清光緒間湘陰郭氏原刋本。	嚴先生
又一部			清光緒二十年湖南思賢講舍校刋本。	嚴先生
又一部			民國十三年上海掃葉山房石印本（8冊）。	嚴先生
又一部			民國廿四年上海掃葉山房石印本（10冊）	嚴先生
又一部			民國四十四年台北市世界書局印行本。	台大、北市
又一部			民國五十年北平中華書局整理排印本。	嚴先生
又一部			民國五十一年台灣世界書局「中	台大、文化

			國學術名著」景印本。	政大、師大
又一部			民國五十九年台北中華書局景印本台一版。（中華國學叢書）	台大、省中、北市
又一部			民國六十年台北市廣文書局印行景印本。	中圖、師大
又一部			民國六十二年台北市中華書局景印本。	師大、逢甲
又一部			民國六十三年台南市莊家出版社印行（國學叢書）本。	東吳
又一部			民國六十三年台北市世界書局印行六版本。	淡江
又一部			民國六十三年台北市河洛圖書出版社景印本（1冊）	淡江
又一部			民國六十八年台北市華正書局景印本。	中圖、東海、省中、師大、台大
莊子文粹二卷	李寶淦撰	光緒二十三年西元一八九七年	民國六年上海商務印書館排印本。	嚴先生

又一部			「莊子集成初編」景印本。	
南華經發隱一卷	楊文會	光緒三〇年西元一九〇四年	清光緒三十年金陵刻經處刋「楊仁山先生遺書」本。	嚴先生
又一部			「莊子集成初編」景印本。	
又一部			民國六十一年台北廣文書局印行景印本。	中圖、文化台大、政大
又一部			民國六十三年台北市三民書局印行本。	師大
又一部			民國六十四年台北商務印書館景印本台五版本。	政大
又一部			民國六十四年華正書局印行本。	師大
莊子集解八卷	王先謙	宣統元年西元一九〇九年	宣統元年湖南思賢書局原刋本。	中研
又一部			宣統二年思賢書局重印本。	嚴先生
又一部			宣統元年上海掃葉山房石印本。	嚴先生
又一部			民國八年上海涵芬樓景印本。	嚴先生
又一部			民國二十八年商務印書館萬有文庫簡編排印本。	嚴先生

又一部			民國四十六年上海中華書局排印本。	嚴先生
又一部			民國四十七年台北世界書局「四部刋要」排印本。	台大
又一部			民國四十九年香港中華書局排印本。	嚴先生
又一部			民國五十二年台北文光圖書公司三版排印本。	台大
又一部			民國五十二年台北三民書局排印本。	淡江、成大交大、北市
又一部			民國五十四年台北市商務印書館印行本。	北市
又一部			民國五十六年台灣商務印書館人人文庫台一版排印本。	成大
又一部			民國六十年台北市蘭台書局印行景印本（據宣統本景印）。	師大、台大
莊子點勘十卷	吳汝綸	宣統元年西元一九〇九年	清宣統二年衍星社排印本。	嚴先生

又一部			莊子集成初編景印本。	
莊子敍意一卷	廖　平撰	宣統元年西元一九〇九年	民國十年「新訂六譯館叢書」刋本。	嚴先生
又一部			「莊子集成初編」景印本。	
莊子解故一卷	章炳麟	宣統元年西元一九〇九年	民國六年浙江圖書館刋「章氏叢書」本。	嚴先生
又一部			「莊子集成續編」景印本。	
又一部			民國四十八年藝文印書館景印本。	台大、師大、北市、淡江
莊子校書三卷	于　鬯撰	西元　年至一九一〇年	民國五十二年排印本。	師大、台大、中圖
又一部			莊子集成續編景印本。	
讀莊子札記一卷	陶鴻慶撰	西元　年至一九一一年	民國八年待曉廬排印本。	嚴先生
又一部			「莊子集成續編」景印本。	
莊子斠補一卷	劉師培	民國元年西元一九一二年	民國二十五年寧武南氏排印「劉申叔遺書」本。	嚴先生
又一部			莊子集成續編景印本。	

又一部			民國四十八年台灣藝文印書館「國學標準典籍」景印本。	中圖、北市、淡江、台大
又一部			民國五十四年台灣大新書局印行本。	師大
莊子精華錄	林紓	民國二年西元一九一三年	民國二年上海商務印書館排印本。	嚴先生
莊子淺說四卷	林紓	民國一一年西元一九二二年	民國十二年上海商務印書館排印本。	嚴先生
又一部			「莊子集成初編」景印本。	
又一部			民國六十四年台灣華正書局景印本。	中圖、師大
又一部			民國六十七年台北市廣文書局景印本。	師大、成大、東海、淡江、中圖
莊子通釋一卷	高爕	民國三年西元一九一四年	民國三年「國學叢選」第五集排印本。	嚴先生
莊子評點一卷	嚴復	民國五年西元一九一六年	香港華強印務公司印行本。	淡江

侯官嚴氏評點莊子八卷	嚴　復	民國五年西元一九一六年	民國五十三年黎玉璽編印「侯氏嚴官評點故事三種」朱墨套印景印本。	台大、淡江
又一部			民國五十九年台灣藝文印書館景印本。	中圖、台分台大、文化
莊子大同學二十二卷九册	王樹枏撰	西元　年至一九一六年	著者手稿本。	中圖
莊子札記三卷	武延緒撰	西元　年至一九一六年	民國二十一年武氏所好齋刋朱墨印刷本。	中研
又一部			「莊子集成續編」景印本。	嚴先生
莊子補註四卷	奚　侗	民國五年西元一九一六年	民國六年當塗奚氏託江蘇省立官紙印刷廠代印排印本。	中研嚴先生
又一部			民國五十五年台灣藝文印書館「老莊四種」景印本。	嚴先生
又一部			「莊子集成續編」景印本。	
莊子詮詁三十三篇	胡遠濬撰	民國六年西元一九一七年	民國二十年上海商務印書館「中央大學叢書」排印本。	嚴先生
又一部			民國五十六年台灣商務印書館景	中圖、台大

			印本。	師大、文化
莊子菁華錄一卷	張之純	民國七年西元一九一八年	民國七年排印本。	嚴先生
又一部			莊子集成續編景印本。	
莊子淺訓二卷	蔣兆燮撰	民國八年西元一九一九年	民國八年上海新民圖書館排印本（缺上册）	嚴先生
莊子哲學一卷	蘇甲榮撰	民國九年西元一九二〇年	民國十九年上海日新輿地學社再版排印本。	嚴先生
莊子札記十卷	孫毓修撰	民國一一年西元一九二二年	民國二十五年縮印「四部叢刋」排印本。	嚴先生
又一部			「莊子集成續編」景印本。	
又一部			民國五十五年台灣商務印書館初版排印本。	中圖、台大東吳、文化
南華眞經殘卷校勘記一卷	羅振玉	民國一二年西元一九二三年	民國十二年刋本。	嚴先生
又一部			「莊子集成續編」景印本。	
莊子音義辨正	吳承仕	民國一二年西元一九二三年	民國十二年排印本。	嚴先生

又一部			「莊子集成續編」景印本。	
莊子校釋二卷	支偉成	民國一五年西元一九二六年	民國十五年上海泰東圖書局景印本。	嚴先生
又一部			民國二十六年再版排印本。	嚴先生
莊子考辨	蔣復璁	民國一六年西元一九二七年	民國五十四年台灣自由太平洋文化公司「珍帚集」排印本。	中圖、台大
莊子集註五卷	阮毓崧輯	民國一七年西元一九二八年	民國十九年上海中華書局排印本。	嚴先生
又一部			「莊子集成續編」景印本。	
又一部			民國六十一年台北廣文書局印行景印本。	中圖
莊子內篇證補七卷	朱桂曜	民國一七年西元一九二八年	民國二十四年上海商務印書館排印本。	嚴先生
又一部			「莊子集成初編」景印本。	
又一部			民國六十年台灣人文月刊出版社景印本。	中圖
莊子瑣記	劉文典	民國一七年西元一九二八年	民國十七年上海商務印書館排印本。	嚴先生

又一部			「莊子集成初編」景印本。	
又一部			民國二十四年國難後第一版排印本。	嚴先生
莊子補正十卷	劉文典	民國二八年西元一九三九年	民國三十六年上海商務印書館排印本。	嚴先生
又一部			莊子集成初編景印本。	
又一部			民國六十四年台北市新文豐出版公司景印本。	中圖、師大文化、台大東海
莊子義證三十三卷	馬敍倫撰	民國一七年西元一九二八年	民國五十九年台北弘道文化事業公司印行本。	東海
莊子大傳一卷	陳登澥	民國一八年西元一九二九年	民國六十年台北弘道文化事業有限公司景印本。	中圖
莊子學案一卷	郎擎霄	民國二〇年西元一九三一年	民國二十三年上海商務印書館排印本。	嚴先生
又一部			民國五十二年香港太平書局排印本。	嚴先生
又一部			民國六十三年台灣河洛圖書出版	中圖、台大

			社景印本。	台分、淡江、成大、東海、逢甲、中原
莊子集解補正	胡懷琛	民國二〇年西元一九三一年	民國二十九年排印本。	嚴先生
又一部			「莊子集成續編」景印本。	
莊子音義繹	丁展成	民國二〇年西元一九三一年	民國二十年排印本。	嚴先生
又一部			「莊子集成續編」景印本。	
莊子今箋一卷	高　亨	民國二一年西元一九三二年	民國二十四年開封歧文齋刋朱墨印刷本。	嚴先生、中研
又一部			民國二十四年開封歧文齋刋墨印本。	嚴先生
又一部			民國六十年台灣中華書局景印本。	中圖、師大
又一部			「莊子集成續編」景印本。	淡江
又一部			民國六十六年台北市廣文書局印行景印本（筆記六編）	中圖

南華經解選讀二卷	周學熙	民國二一年西元一九三二年	民國二十一年周氏師古堂刋本。	嚴先生
白話莊子讀本一卷	葉玉麟	民國二三年西元一九三四年	民國四十三年台北文友書店排印本。	師大
又一部			民國四十五年台北文友書店排印本。	中圖
又一部			民國四十七年香港萬象書店「白話譯解」再版排印本。	中圖
又一部			民國五十年香港實用書局「白話譯解」排印本。	中圖
又一部			民國五十二年台北文友書店再版本。	中圖
又一部			民國五十六年台北文源書局再版本。	逢甲、省中
又一部			民國五十六年華聯出版社翻印本。	中圖
又一部			民國六十三年台北縣永和鎮大方書局印行。	東吳、北市
又一部			民國六十三年復漢出版社印行本。	逢甲

又一部			民國六十四年華聯出版社翻印本。	中圖
又一部			「莊子集成初編」景印本。	
又一部			民國六十四年台中市曾文出版社印行本。	中圖
莊子新釋	葉玉麟編注	民國二三年西元一九三四年	民國六十七年台南大夏出版社印行本。	台分
莊子新義三卷	朱文熊	民國二三年西元一九三四年	民國二十三年無錫國學專修學校排印複印本。	嚴先生
呂觀文莊子義十卷	陳任中	民國二三年西元一九三四年	民國二十三年排印本。	嚴先生
又一部			「莊子集成初編」景印本。	
莊子哲學一卷	蔣錫昌	民國二四年西元一九三五年	民國二十六年上海商務印書館初版排印本。	嚴先生
又一部			民國五十四年台灣商務印書館印行本。	台大、師大東海、淡江
又一部			民國五十九年台灣環宇出版社景印本。	台大
又一部			民國六十年台灣人文月刊雜誌社	中圖

			景印本。	
又一部			「莊子集成初編」景印本。	
闡莊一卷	陳　柱	民國二四年西元一九三五年	民國二十四年刊本。	嚴先生
又一部			「莊子集成續編」景印本。	
莊子研究一卷	葉國慶	民國二五年西元一九三六年	民國二十五年上海商務印書館「國學小叢書」排印本。	嚴先生
又一部			民國五十六年台灣商務印書館「人人文庫」台一版本。	淡江、成大
又一部			「莊子集成初編」景印本。	
又一部			民國六十二年台灣商務印書館台三版景印本。	政大、北市
莊子釋文校記莊子胠篋等篇殘卷校記莊子大宗師篇殘卷校記	王重民	民國二七年西元一九三八年	民國四十七年上海商務印書館「敦煌古籍敘錄」橫行排印本。	嚴先生
又一部			「莊子集成初編」打字景印本。	
又一部			民國六十八年京都中文出版社橫	嚴先生

			行排印本。	
莊子校證一卷	楊明照撰	民國二六年西元一九三七年	民國六十二年打字景印本。	嚴先生
又一部			「莊子集成續編」景印本。	東海
莊子釋義三十三篇附：王孝漁（永祥）「讀老子隨筆」	張　栩	民國二七年西元一九三八年	「古學叢刋」第一至七期內。	嚴先生
又一部			「莊子集成初編」景印本。	
莊子新證二卷	于省吾撰	民國二八年西元一九三九年	民國二十八年排印本。	嚴先生
又一部			莊子集成初編景印本。	
又一部			廣文書局印行本。	東海
莊子拾遺一卷	楊樹達	民國二八年西元一九三九年	民國五十一年北平中華書局排印本。	嚴先生
又一部			「莊子集成初編」景印本。	
莊子哲學（附內篇解說）一卷	曹受坤	民國三〇年西元一九四一年	民國五十九年台灣文景書局初版景印本。	嚴先生 中圖
又一部			民國六十二年台灣文景書局再版	北市、政大

又一部			景印本。「莊子集成初編」景印本。	東海
莊子內篇解說一卷	曹受坤	民國三七年西元一九四八年	民國三十七年排印本。	嚴先生
又一部			莊子集成初編景印本。	
莊子引得一卷	哈佛燕京大學引得編纂處	民國三〇年西元一九四一年	民國四十五年哈佛大學出版社「引得」特刊第二十號排印本。	師大
又一部			民國六十一年台北市弘道文化事業公司印行景印本。	中圖、師大文化、交大
又一部			民國六十三年台北市弘道文化事業公司印行景印本。	中圖、師大台大、成大淡江、東海交大
莊學管闚	王叔岷	民國三一年西元一九四二年	民國六十七年藝文印書館排印本。	中研、中圖師大、台大逢甲、東吳
莊子校釋五卷	王叔岷	民國三三年西元	民國三十六年上海商務印書館手	中研

		一九四四年	稿景印本。	
又一部			民國六十一年台聯國風出版社景印本。	中研、淡江、師大、東吳、北市
郭象莊子注校記五卷	王叔岷	民國三七年西元一九四八年	民國三十九年上海商務印書館手稿景印本。	嚴先生
莊子校釋補錄一卷	王叔岷	民國四七年西元一九五八年	民國五十三年台灣世界書局「諸子斠證」橫行排印本。	中圖
莊子章義一卷	胡韞玉	民國三二年西元一九四三年	民國三十二年「樸學齋叢書」排印本。	嚴先生
莊子講解一卷	張貽惠	民國三五年西元一九四六年	民國三十五年福州綜合學術社排印本。	嚴先生
莊子新釋三卷	張默生	民國三七年西元一九四八年	民國五十八年台灣綠洲書店第一冊景印本。（缺中、下二冊）。	師大
又一部			民國六十三年台灣時代書局第一冊景印本。	中圖、台大、台分、文化
又一部			民國六十二年台北市樂天出版社印行本。	北市、省中、淡江、文化

又一部			民國六十六年台北市樂天出版社再版本。	成大、政大、逢甲、師大
莊子集解內篇補正七篇	劉　武	民國三七年西元一九四八年	民國四十七年北平古籍出版社排印本。	嚴先生
又一部			「莊子集成續編」景印本。	
莊子連語音訓	徐德庵	民國三七年西元一九四八年	在「國文月刊」第六十六、六十七、第七十、第七十一、第七十四各期內。	嚴先生
又一部			民國五十九年台灣樂天出版社「莊子連詞今訓」打字景印本。	成大、政大、北市、東海、淡江
莊子纂箋三十三卷	錢　穆	民國四〇年西元一九五一年	民國四十二年增訂再版排印本。	師大
又一部			民國四十四年香港東南印務出版社印行增訂本。	淡江
又一部			民國五十二年四版增訂本。	台大
又一部			民國五十八年台北市三民書局印行本。	交大、文化

又一部			民國六十七年台北撰者印行台一再版本。	中圖、淡江
莊老通辨三卷	錢　穆撰	民國四十六年西元一九五七年	民國四十六年香港新亞研究所印行本。	東海
又一部			民國六十年台北撰者自刋本台初版本。	台大、文化
嚴復莊子評點校錄一卷	曾克耑	民國四三年西元一九五四年	民國四十三年「岷雲堂叢刋」第一種排印本。	師大
莊子書錄	馬　森	民國四七年西元一九五八年	民國四十八年排印本。	嚴先生 師大
集訂南華發覆二卷	倪直明	民國四七年西元一九五八年	民國四十七年台灣自印油印本。	嚴先生
莊子音義引書考略一卷	嚴靈峯撰	民國四八年西元一九五九年	民國六十二年打字景印本。	嚴先生
又一部			莊子集成續編景印本。	
老莊研究	嚴靈峯撰	民國四九年西元一九六〇年	香港亞洲出版社排印本。	師大、台大
又一部			民國五十五年台灣中華書局再版	中圖

			排印本。	
列子莊子知見書目	嚴靈峯	民國五十年西元一九六一年	無求備齋香港排印本。	師大、台大
老列莊三子知見書目	嚴靈峯	民國五四年西元一九六五年	中華叢書委員會排印本。	中圖
老列莊三子知見書目補正	嚴靈峯	民國五六年西元一九六七年	大陸雜誌社排印本。	中圖
莊子章句新編一卷	嚴靈峯	民國五六年西元一九六七年	民國五十七年台灣商務印書館「道家四子新編」初版排印本。	嚴先生
莊子選注一卷	嚴靈峯撰	民國五七年西元一九六八年	民國六十八年台北市正中書局鉛印本初版本。	政大、北市文化
莊子集成初編	嚴靈峯編	民國六一年西元一九七二年	台北市藝文印書館印行本。	東海
莊子集成續編	嚴靈峯撰	民國六四年西元一九七五年	台北市藝文印書館印行本。	東海
莊子知見書目	嚴靈峯	民國六四年西元一九七五年	台灣正中書局「周秦漢魏諸子知見書目」第二卷排印本。	嚴先生
莊子哲學一卷	陳鼓應	民國五四年西元	民國五十四年開拓出版社排印本。	台大

又一部		一九六五年	民國五十五年台灣商務印書館「人人文庫」景印本。	台大
又一部			民國五十六年「人人文庫」再版景印本。	台大
又一部			民國六十三年「人人文庫」增訂七版。	台大、政大、成大、北市
莊子今註今譯二卷	陳鼓應	民國六三年西元一九七四年	民國六十四年台灣商務印書館排印本。	文化、交大、東海、北市
莊子哲學探究一卷	陳鼓應	民國六四年西元一九七五年	民國六十四年台北成文出版社代印排印本。	中圖、台大、成大、師大、逢甲、北市、省中
莊子義繹一卷	何鑑琮	民國五四年西元一九六五年	民國五十四年香港人生出版社排印本。	嚴先生
又一部			民國六十年台灣正生書局景印本	文化
莊子衍義一卷	吳　康撰	民國五四年西元一九六五年	民國五十五年台灣商務印書館初版排印本。	師大

莊子要義一卷	周紹賢撰	民國五四年西元一九六五年	民國五十九年台北市文景出版社印行本。	政大、東海
又一部			民國六十二年文景出版社印行修訂二版本。	中圖、文化北市
莊子平話	諸橋轍次撰 李君奭譯	民國五五年西元一九六六年	民國六十一年彰化專心企業公司印行本。	中圖
又一部			民國六十二年彰化專心企業公司再版排印本。	東吳、省中
又一部			民國六十六年專心企業有限公司印行四版本。	中圖
莊子別講一卷	程兆熊	民國五六年西元一九六七年	民國五十六年香港鵝湖出版社排印本。	嚴先生
原文對照語體莊子一卷	李鍾豫	民國五六年西元一九六七年	民國五十七年台灣商務印書館排印本。	師大
莊子	沈洪選註	民國五六年西元一九六七年	台北商務印書館印行本。	北市
又一部			民國六十三年台北商務印書館印行台三版本。	文化、政大北市

莊子一卷	陳冠學	民國五七年西元一九六八年	民國五十八年台灣三民書局排印本。	成大
莊子新傳一卷	陳冠學	民國六五年西元一九七六年	民國六十五年高雄三信出版社排印本。	中圖
莊子宋人考	陳冠學	民國六六年西元一九七七年	民國六十六年三信出版社排印本。	中圖
莊子新注內篇	陳冠學	民國六七年西元一九七八年	民國六十七年三信出版社排印本。	中圖
語體莊子	李立如撰	民國五七年西元一九六八年	民國五十七年商務「人人文庫」本。	師大
莊子詮言一卷	封思毅	民國五八年西元一九六九年	民國六十年台灣商務印書館排印本。	中圖、政大、淡江、北市、東吳、逢甲
莊子的哲學體系一卷	蘇昌美	民國五八年西元一九六九年	民國五十八年自印油印本。	嚴先生
莊子與古希臘哲學中的道一卷	鄔昆如譯纂	民國五八年西元一九六九年	民國六十一年台灣中華書局排印本。	中圖、政大、東吳、淡江、文化、北市

又一部			民國六十五年台北中華書局印行本。	東海 師大
莊子治要五卷	蕭純伯	民國五九年西元一九七〇年	民國六十一年台灣商務印書館排印本。	中圖、師大 北市、東吳 逢甲
莊子學述一卷	莊萬壽	民國五九年西元一九七〇年	民國五十九年油印排印本。	師大
莊子的政治思想一卷	蔡明田	民國五九年西元一九七〇年	民國五十九年中國學術著作獎助委員會排印本。	北市、政大 東吳、東海 中圖
又一部			民國六十四年台北牧童出版社排印本。	台大、淡江 中圖、師大 東海
莊子	莊　周撰 時　超編 韋　爾譯	民國五十九年西元一九七〇年	台北市文致出版社印行本。	師大、省中
莊子篇目考一卷	張成秋	民國六〇年西元	民國六十年台灣中華書局排印本。	中圖、師大

		一九七一年		台大、文化
莊子淺說一卷	陳啟天	民國六〇年西元一九七一年	民國六十年台灣中華書局排印本。	中圖、師大、北市
又一部			民國六十七年台灣中華書局本。	東吳
莊子的知識論與人生觀	趙文秀	民國六〇年西元一九七一年	民國六十年自印排印本。	東吳、文化
莊子義釋	何敬羣著	民國六〇年西元一九七一年	台北市正生書局印行本。	成大
文言白話中英對照莊子	韋　婀譯	民國六〇年西元一九七一年	台北市文致出版社印行本。	逢甲
莊子發微一卷	劉光義	民國六一年西元一九七二年	民國六十一年台北正大書局排印本。	中圖
莊子內七篇類析語釋	劉光義	民國六四年西元一九七五年	民國六十四年台灣學生書局排印本。	東吳
莊子處世的內外觀	劉光義撰	民國六九年西元一九八〇年	北市學生書局印行本。	中圖、台大、省中、台分、師大、東海、東吳

新譯莊子讀本一卷	黃錦鋐	民國六一年西元一九七二年	民國六十三年台北三民書局東大圖書公司排印本。	師大、政大、省中、台分、逢甲、交大、台大、東海、成大、文化
莊子及其文學	黃錦鋐	民國六六年西元一九七七年	民國六十六年台北東大圖書公司排印本。	中圖、台分、中原、成大、淡江、台大、師大、政大、東海
逍遙的莊子一卷	吳　怡	民國六二年西元一九七三年	民國六十二年台北新天地書局排印本。	師大
莊子總論及分篇評註一卷	李　勉	民國六二年西元一九七三年	民國六十二年台灣商務印書館排印本。	成大、北市、文化、政大
莊子學說體系闡微	袁宙宗	民國六二年西元一九七三年	民國六十三年台灣黎明文化事業公司排印本。	中圖、東海、師大、台分、東吳
莊子人生思想研究	徐紀平	民國六三年西元	民國六十三年油印本。	嚴先生

一卷		一九七四年		
莊子內篇通義一卷	鄭　琳	民國六三年西元一九七四年	民國六十三年台北文津出版社排印本。	師大
莊子的人生哲學一卷	吳應文	民國六四年西元一九七五年	民國六十四年自印油印本。	嚴先生
莊子人生觀淺識	鄧崇楷撰	民國六四年西元一九七五年	台南市撰者印行本。	省中
莊子研究	鄭　蕤撰	民國六四年西元一九七五年	台北市光啟出版社印行本。	師大、中圖
莊學管窺	趙金章撰	民國六四年西元一九七五年	台北弘道文化事業公司印行本。	中圖、台大、台分
莊子思想	潘立夫撰	民國六四年西元一九七五年	高雄市台灣文教出版社印行本。	中圖
莊林續道藏	蘇海涵編	民國六四年西元一九七五年	台北成文出版社影印本。	台大、台分、文化、政大、成大
莊子論文集（國學論文薈編第二輯子	于邕等撰	民國六五年西元一九七六年	台北市木鐸出版社印行本。	中圖、政大、東海、台大

部				成大
莊子內聖外王之道及其八大學說詮證	梁冰枬撰	民國六六年西元一九七七年	台南友寧出版公司印行本。	中圖、師大成大
莊子的故事一卷	宋　嘩	民國六八年西元一九七九年	台北莊嚴出版社排印本。民國六十九年再版本。	中圖、淡江師大、東海台分、省中
莊子寓言研究一卷	葉程義撰	民國六八年西元一九七九年	台北市義聲出版社排印本。	中圖
莊子正解（附莊子傳）	紀敦詩編	民國六八年西元一九七九年	屏東市撰者印行修訂再版本。	中圖
莊學研究	陳品卿著	民國七一年西元一九八二年	台北市中華書局	師大

附：景印排印古寫本目錄（嚴先生藏書）

(一)敦煌卷子鈔本

(1)敦煌秘籍留眞新編

民國三十六年國立臺灣大學景印本

莊子　晉郭象注大宗師篇　伯希和二五六三號

莊子　晉郭象注外物篇　伯希和二六八八號

(2)日本昭和七年東方文化學院景印本日本中村不折藏本

莊子天運篇第十四

莊子知北遊篇第二十二

(3)敦煌本郭象注莊子南華眞經輯影寺岡龍含編

日本昭和三十五年福井漢文學會景印本

逍遙遊品第一　伯希和三二〇四號

大宗師品第六　伯希和二五六三號

胠篋品第十　斯坦因七九六號

天道品第十三　斯坦因一六〇三號

天運品第十四	日本中村不折藏
刻意品第十五	伯希和二五〇八號
達生品第十九	斯坦因六一五號
山木品第二十	伯希和二五三一號
田子方品第二十一	羅振玉藏
田子方品第二十一（後部殘簡）	伯希和三七八九號
知北遊品第二十二	日本中村不折藏
徐无鬼品第二十四	伯希和二五〇八號
外物品第二十六	斯坦因第七七號
外物品第二十六（後部殘簡）	伯希和二六八八號

(4)沙州諸子二十六種排印本

昭和四年弘文堂書房排印本

郭象注莊子逍遙遊殘卷	伯希和三二〇四號
郭象注莊子大宗師殘卷	伯希和二五六三號
郭象注莊子天運	中村不折
郭象注莊子田子方殘卷	伯希和三七八九號
郭象注莊子知北遊	中村不折
郭象注莊子外物殘卷	伯希和二六八八號

莊子音義　　伯希和三六〇二號

列子莊子抄殘卷　　伯希和四九八八號

(5)敦煌石室遺書三種

民國十三年羅振玉景印本

南華眞經田子方品殘卷

(二)宋寫本莊子

宋劉敞書南華秋水篇　　民國　　年上海有正書局景印本

㈡日本莊子圖書版本及現藏處所

書名	作者姓名	著作年代	版本	現藏處所
莊子鬳齋口義訓點十卷	岩維肖	西元一五三〇年	日本寬永六年風月宗知刋本。	嚴先生
頭書莊子口義十卷	熊谷立設	西元　年至一六五五年	寬文五年風月庄左衞門刋本。	嚴先生
眉註日文標點莊子註疏三十三卷	闕名	西元一六五九年萬治四年	萬治四年中野宗左衞門刋本。	嚴先生
莊子口義棧航十卷	小野壹	西元一六六〇年寬文元年	延寶九年山本景正刋本。	嚴先生
莊子口義大成俚諺鈔十九卷	毛利瑚珀	西元一七〇三年元祿一五年	元祿十六年書林舛屋甚兵衞、錢屋庄兵衞刋本。	嚴先生
又一部			大正元年「漢籍國字解全書」再版排印本。	嚴先生
修身奇語田舍莊子十三卷	佚齋雱山	西元一七二七年享保一一年	享保十一年浪華清規堂中尾新助刋本。	嚴先生
繪圖都莊子四卷	信更生	西元一七三三年	享保十七年野田彌兵衞開、袋屋	嚴先生

		享保一七年	十良兵兵衞刋本。	
莊子口義愚解二卷	渡邊操	西元一七三九年 元文四年	寶曆十二年東都書林植村藤三郎同善兵衞刋本。	嚴先生
校訂郭注莊子十卷	服元喬	西元一七三九年 元文四年	元文四年神京書舖宜風坊中野宗左衞門、東都書舖錦山房植村藤三郎合刋本。	嚴先生
考訂唐陸德明莊子音義三卷	服元喬	西元一七四一年 寬保元年	寬保元年東都書舖錦山房植村藤三郎刋本。	嚴先生
訓點郭注莊子十卷	千葉玄之	西元一七八三年 天明三年	天明三年皇都書舖植村藤右衞門文榮堂書房刋本。	嚴先生
莊子國字辯四卷	南霞主人	西元一七八四年 天明四年	天明四年三都書林淺野彌兵衞等刋本。	嚴先生
郭注莊子覆玄十二卷	杜多秀峰	西元一七九二年 寬政四年	文化元年皇都書肆植村藤右衞門壬枝軒刋本。	嚴先生
校訂增註莊子因六卷	源暉辰	西元一七九二年 寬政四年	寬政四年平安風月庄左衞門大坂泉本八兵衞合刋本。	嚴先生
補義莊子因六卷	秦　鼎	西元一七九六年 寬政八年	寬政八年積玉圃柳原喜兵衞刋本。	嚴先生

標註補義莊子因六卷	秦　鼎 東條保	西元一七九六年 寬政八年	明治二十三年浪花溫古書屋松村九兵衞刋本。	嚴先生
又一部			民國五十七年台北廣文書局景印本。	嚴先生
莊子雕題一卷	中井積德	西元　　年至 一八一七年	鈔本。	嚴先生
莊子神解一卷	葛西質	西元一八二二年 文政五年	文政五年上善堂刋本。	嚴先生
莊子集註十卷	巖井文	西元一八二五年 文政七年	明治二十六年東京二書房排印本。	嚴先生
莊子瑣說二卷	龜井昱	西元　　年至 一八三六年	大正九年野田文之助編輯松雪堂書店油印本。	嚴先生
又一部			濱松小書巢內田旭鈔本。	嚴先生
浮世莊子四卷	月亭滿麿（自署酩酊道人）	西元一八五八年 安政五年	安政五年福井正寶堂皇都丁子屋源次郎等刋本。	嚴先生
莊子解一卷	昭井全都	西元　　年至 一八八一年	昭和四年東洋圖書刋行會排印本。	嚴先生

又一部			昭和　年「莊子說」鈔本。	嚴先生
新刊莊子評註十卷	有井範平	西元一八八三年 明治一六年	明治十六年東京報告堂大野堯運排印本。	嚴先生
又一部			明治三十四年大阪中川明善堂重印本。	嚴先生
莊子講義二卷	大田才次郎	西元一八九二年 明治二五年	明治二十六年東京博文館「支那文學全書」第七、八編再版排印本。	嚴先生
莊子考五卷	岡松辰	西元一九〇七年 明治四〇年	明治四十年中野鍈太郎排印本。	嚴先生
莊子新釋三卷	久保得二	西元一九一〇年 明治四三年	明治四十三年東京博文館初版排印本。	嚴先生
袖珍莊子新解一卷	岩垂憲德	西元一九一〇年 明治四三年	明治四十四年宮下松太郎排印袖珍本。	嚴先生
莊子提要二卷	岩垂憲德	西元一九四三年 昭和一八年	昭和十八年東京清水書店排印本。	嚴先生
莊子國字解二卷	牧野謙次郎	西元一九一四年 大正三年	大正三年早稻田大學出版部「漢籍國字解全書」第廿八卷排印本。	嚴先生

莊子私纂講義一卷	土屋弘	西元一九一七年 大正六年	昭和十年東京明治書院五版排印本。	嚴先生
又一部			大正七年東京丙午出版社排印本。	嚴先生
校訂莊子正文六卷	觀文堂	西元一九一八年 大正七年	大正十三年金澤市池善書店排印本。	嚴先生
現代語譯莊子一卷	吉田義成	西元一九二一年 大正一〇年	昭和五年東京坂東書院改題「支那哲學大系」排印本。	嚴先生
莊子考一卷	兒島獻吉郎	西元一九二四年 大正一三年	昭和十三年東京高等師範國語漢文學會排印本。	嚴先生
莊子一卷	西田長左衞門	西元一九二七年 昭和二年	昭和二年東京至誠堂「詳解全譯漢文叢書」排印本。	嚴先生
臨濟・莊子一卷	前田利鎌	西元一九二九年 昭和四年	昭和四年東京大雄閣排印本。	嚴先生
莊子新釋二卷	坂井喚三	西元一九三〇年 昭和五年	昭和五年東京弘道館初版排印本。	嚴先生
又一部			昭和二十七年十二月十版排印本。	嚴先生
莊子選註內篇一卷	福島俊翁	西元一九三二年 昭和七年	昭和七年京都彙文堂書店排印本。	嚴先生

莊子選註外篇一卷	福島俊翁	西元一九三八年 昭和一三年	昭和十三年京都彙文堂書店排印本。	嚴先生
舊鈔卷子本莊子殘卷校刊記一卷	狩野直喜	西元一九三二年 昭和七年	昭和七年東方文化學院排印本。	嚴先生
舊鈔卷子本莊子殘卷校勘記一卷一册	狩野直喜撰	西元一九三二年 昭和七年	昭和七年東京文求堂排印本。	中研
莊子一卷	室伏高信	西元一九三五年 昭和一〇年	昭和十年大東出版社排印本。	嚴先生
莊子講話一卷	山口察常	西元一九三六年 昭和一一年	昭和十一年東京章華社排印本。	嚴先生
莊子之世界	天野鎮雄	西元一九五三年 昭和二八年	「斯文」第八號排印本。	嚴先生
關於莊子天下篇之道術論	天野鎮雄	西元一九六〇年 昭和三五年	昭和三十五年「中國之文化與社會」第八輯抽印排印本。	嚴先生
莊子（內篇）	福永光司	西元一九五五年 昭和三〇年	昭和三十一年日本東京朝日新聞社排印本。	嚴先生
莊子一卷	福永光司	西元一九六四年 昭和三九年	昭和三十九年中央公論社排印本。	嚴先生

又一部			民國五十九年台灣翻印本。	嚴先生
莊子三卷	福永光司	西元一九六六年 昭和四一年	昭和四十一年朝日新聞社排印本。	嚴先生
新莊子物語	後藤基巳	西元一九五八年 昭和三三年	昭和三十三年東京河出書房新社排印本。	嚴先生
敦煌本郭象注莊子南華眞經輯影一卷	寺岡龍含	西元一九六〇年 昭和三五年	昭和三十五年福井漢文學會景印本。	嚴先生
敦煌本郭象注莊子南華眞經校勘記一卷	寺岡龍含	西元一九六一年 昭和三六年	昭和三十六年福井漢文學會油印本。	嚴先生
敦煌本郭象注莊子南華眞經研究總論	寺岡龍含	西元一九六六年 昭和四一年	昭和四十一年福井漢文學會排印本。	嚴先生
莊子內篇講話一卷	公田連太郎	西元一九六〇年 昭和三五年	昭和三十五年東京明德出版社排印本。	嚴先生
莊子外篇講話一卷	公田連太郎	西元一九六一年 昭和三六年	昭和三十六年東京明德出版社排印本。	嚴先生

莊子簡抄一卷	水野勝太郎	西元一九六〇年 昭和三五年	昭和三十五年日本ジャーナル社排印袖珍本。	嚴先生
現代語譯莊子一卷	原富男	西元一九六二年 昭和三七年	昭和三十七年東京春秋社排印本。	嚴先生
城山先生手批本莊子書之研究一卷	倉田貞美 藤原高男	西元一九六三年 昭和三八年	昭和三十八年日本香川大學學藝學部漢文學研究室排印本。	嚴先生
莊子物語一卷	諸橋轍次	西元一九六四年 昭和三九年	昭和三十九年東京大法輪閣排印本。	嚴先生
莊子的話一卷	近藤康信	西元一九六五年 昭和四〇年	昭和四十年名古屋黎明書房排印本。	嚴先生
莊子一卷	岸陽子	西元一九六五年 昭和四〇年	昭和四十年東京德間書店排印本。	嚴先生
又一部			昭和四十三年再版排印本。	嚴先生
莊子一卷	阿部吉雄	西元一九六八年 昭和四三年	昭和四十三年東京明德出版社排印本。	嚴先生
莊子入門一卷	野末陳平	西元一九六八年 昭和四三年	昭和四十三年東京光文社排印本。	嚴先生
莊子	金谷治	西元一九七一年	昭和四十六年東京岩波書店初版	嚴先生

		昭和四六年	排印本。	
莊子—逍遙的自由人一卷	林耀川編譯	民國六五年西元一九七六年	民國六十五年台北常春樹書坊排印本。	嚴先生

㈢韓國莊子圖書版本及現藏處所

書　名	作者姓名	著作年代	版　本	現藏處所
句解南華眞經	崔　岦	西元　年至一五六七年	朝鮮咸興活字排印本（無求備齋藏）。	嚴先生
莊子辨解一卷	韓元震	西元一七一六年 李朝肅宗四四年	莊子集成景印本。	嚴先生
讀莊偶拾	車柱環	西元一九五七年 壇紀四二九〇年	西元一九五八年七月「震檀學報」第十九卷內。	嚴先生
莊子	李錫浩譯	西元一九七六年	西元一九七七年漢城三省出版社「世界思想全集」老子同卷第八版排印本。	嚴先生
新譯莊子一卷	安東林	西元一九七八年	西元一九七八年漢城玄岩社排印本。	嚴先生

(四)越南莊子圖書版本及現藏處所

書名	作者姓名	著作年代	版本	現藏處所
莊子精華一卷	阮惟勲	民國三四年西元一九四五年	西元一九五六年西貢排印本。	嚴先生
莊子學說	施達志	民國四九年西元一九六〇年	西元一九六〇年「亞洲文化」（Van-Hoa A-Chau ）第三、第四各卷內。越南文作：Thi Dat Chidicn : Trang Tu	嚴先生

(五)歐美各國莊子圖書版本及現藏處所(嚴先生藏書)

IN ENGLISH

1889 Giles, Herbert A. (transl.), Chuang Tzǔ. Taoist Philosopher and Chinese Mystic;
London : George Allen & Unwin Ltd. 1961 ([1]1889, 2nd revised ed. 1926)

1906 Giles, Lionel, Musings of a Chinese Mystic. Selections from the Philosophy of Chuang Tzǔ, with an introduction (The Wisdom of the East Series);
London : John Murray[5] 1947 ([1]1906)
(The extracts are drawn from the translation by Prof. H. A. Giles (Quaritch 1889)

1920 Brown, Brian (ed.), The Wisdom of the Chinese. Their Philosophy in Sayings and Proverbs, Preface by Ly Hoi Sang; Philadelphia: David Mckay Company [6]1935 ([1]1920)

1939 Waley, Arthur, " Chuang Tzǔ " in Three Ways of Thought in Ancient China; London:
George Allen & Unwin Ltd. [3]1953 ([1]1939). P. 15-112

1949 Lin Yutang, " Chuangtse. Mystic and Humorist " in The Wisdom of China; London: Michael Joseph ^{5}1956 (^{1}1949), P. 70-127

... (Four Square Books); London: The New English Library ^{1}1963; Reprint: T'aipei: Chin-shan t'u- Shu ch'u-pan kung-ssu 金山圖書出版公司 1969, P. 73-143

1956 A Concordance to Chuang Tzǔ 莊子引得; (Harvard-Yenching Institute Sinological Index Series, Supplement no. 20); Cambridge, Mass.: Harvard University Press 1956

1957 Lin, Yutang (transl.), Chuangtse. (English Translations of the Chinese Classics); T'aipei: The World Book Co. 世界書局 1957

1959 Legge, James (transl.), The Texts of Taoism: The Tao Te Ching. The Writings of Chuang-Tzǔ. The Thâi-Shang, Tractate of Actions and Their Retributions, introduction by D. T. Suzuki; New York: The Julian Press 1959

... (title: The Tao Te Ching. The Writings of Chuang-Tzǔ. The Thâi-Shang, Tractate of Actions and Their Retributions) Reprint: T'aipei: Wen-hsing shu-tien 文星書店 1963

1963 Ware, James R. (transl.), The Sayings of Chu-ang Chou (Mentor Classic); New York: The New American Library of World Literature 1963

... Reprint: T'aipei: Hai-Yang ch'u-pan she 海洋出版社 n.d.

1963 Wu, John C.H., " The Wisdom of Chuang Tzǔ. A New Appraisal " in International Philosophical Quarterly, vol III, 1(1963), P. 5-36

1965 Merton, Thomas, The Way of Chuang Tzǔ (New Direction Paperback 276); New York: New Directions Publishing Corporation 1969 ([1]1965), Reprint: T'aipei: Fan-mei t'u-shu kung-ssu 汎美圖書公司 1974

1968 Finazzo, Giancarlo, The Notion of Tao道in Lao Tzu and Chuang Tzu; T'aipei: Mei Ya Publications, Inc. 美亞圖書公司 1968

1970 Watson, Burton (transl.), The Complete Works of Chuang Tzu (Records of Civilization: Sources and Studies 53); New York and London: Columbia University Press 1970; Reprint: T'aipei: Chin Shan Publishing Company 金山圖書出版有限公司 n.d.

1970 Ware, James R., The Sayings of Chuang Tzu; T'aipei: Confucius Publishing Co. ^{2}1971 (^{1}1970) 文志出版社 (With the Chinese text)

IN GERMAN

1936 Hans O. H. Stange, Tschuang-Tse, Dightung und Weisheit Leipzig: Insel-Verlag 1936

1973 Merton, Thomas, Sinfoniefür einen Seevogel und andere Texte des Tschuang-Tse; Düsseldorf: Patmos Verlag 1973 Translated from the English The Way of Chuang Tzu by Johann Hoffmann

IN SPANISH

1967 Elorduy, Carmelo, S. I. (transl.), Chuang-tzu. Literato Filosofoy Mistico Taoista; Manila: East Asian Pastoral Institute 1967

㈥莊子專篇之版本及現藏處所

書名	作者姓名	著作年代	版本	現藏處所
廣成子解	蔡軾	建中靖國元年西元一一〇一年	民國二十七年上海商務印書館景印「百陵學山」本。	嚴先生
又一部			清光緒七年刋「函海」本。	嚴先生
廣成子疏略	王文祿	隆慶六年西元一五七二年	民國二十七年上海商務印書館景印「百陵學山」本。	嚴先生
莊子齊物論篇解	吳峻	乾隆四六年西元一七八一年	「莊子集成初編」景印清道光二十四年世楷堂刋「昭代叢書」本。	嚴先生
莊子逍遙遊篇解	吳峻	乾隆四六年西元一七八一年	「莊子集成初編」景印清道光二十四年世楷堂「昭代叢書」刋本。	嚴先生
莊子天下篇札記	劉翰棻	光緒二四年西元一八九八年	清光緒二十四年「諸子先河」刋本。	嚴先生
莊子天下篇新解及敍意一卷	廖平	光緒三四年西元一九〇八年	民國十年四川存古書局「新訂六譯館叢書」刋本（香港大學馮平山圖書館、無求備齋並藏）。	嚴先生
又一部			「莊子集成初編」景印本。	嚴先生

齊物論釋	章炳麟	民國元年西元一九一二年	民國元年浙江圖書館刊本。	嚴先生
又一部			民國六年浙江圖書館刊「定本」本。	嚴先生
又一部			民國八年上海右文社景印「章氏叢書本」。	嚴先生
又一部			民國四十八年台北藝文印書館景印「定本」本。	嚴先生
齊物論釋注二五卷	繆　篆	民國一〇年西元一九二一年	民國十年油印本。	嚴先生
莊子天下篇	劉永濟	民國一四年西元一九二五年	民國十四年上海泰東圖書局「周秦諸子選粹」排印本。	嚴先生
莊子天下篇釋義	梁啟超	民國一五年西元一九二六年	民國二十四年「北強月刊國學專號」排印本。	嚴先生
又一部			民國四十六年台灣中華書局「諸子考釋」排印本。	嚴先生
莊子天下篇疏記	錢基博	民國一五年西元一九二六年	民國十七年上海商務印書館「國學小叢書」初版排印本。	嚴先生

又一部			民國十九年上海商務印書館「萬有文庫」第一集排印本。	嚴先生
又一部			民國五十六年台灣商務印書館台一版排印本。	嚴先生
莊子天下篇釋一卷	方光	民國一六年西元一九二七年	民國十六年廣東方山山館重校排印本。	嚴先生
莊子天下篇講疏一卷	顧實	民國一六年西元一九二七年	民國十七年上海商務印書館初版排印本。	嚴先生
又一部			民國六十五年台灣商務印書館台一版景印本。	嚴先生、中圖、文化、省北、台大、逢甲、省中、東吳
莊子天下篇校釋一卷	譚戒甫	民國二一年西元一九三二年	民國二十四年華中日報社排印本。	嚴先生
又一部			民國六十八年台北新文豐出版社景印本。	嚴先生、東吳、中圖、師大

莊子天下篇箋證	高　亨	民國二三年西元一九三四年	民國二十三年「北強月刋」第一卷，第三、第四、第五各期內。	嚴先生
莊子天下篇之分析	張壽鏞	民國三三年西元一九四四年	民國四十（？）年台灣景印本。	嚴先生
齊物論釋	梁幹喬	民國三六年西元一九四七年	民國五十五年改訂再版排印本。	嚴先生
莊子養生主篇選注	吳秋濱	民國五一年西元一九六二年	民國五十一年中國青年出版社「歷代文選」排印本。	嚴先生
莊子逍遙遊篇註	李永祜	民國五一年西元一九六二年	民國五十一年中國青年出版社「歷代文選」排印本。	嚴先生
莊子齊物論篇本文整理私案	天野鎮雄	西元一九六二年昭和三七年	昭和三十七年「日本中國學會報」第十四期排印本。	嚴先生
莊子逍遙遊篇本文整理私案	天野鎮雄	西元一九六三年昭和三八年	昭和三十八年「東洋學報」第六卷第一號排印本。	嚴先生
莊子駢拇篇本文整理私案一卷	天野鎮雄	西元一九六八年昭和四三年	昭和四十三年「東方學」第三十七號排印本。	嚴先生
莊子養生主篇本文整理私案	天野鎮雄	西元一九七四年昭和四九年	昭和四十九年「東洋論叢」「宇野哲人白壽祝賀紀念號」排印本。	嚴先生

莊子逍遙觀念之探微	林克强	民國五七年西元一九六八年	西元一九六八年碩士論文打字油印本。	嚴先生
莊子逍遙遊篇研究	陳品卿	民國五九年西元一九七〇年	民國五十九年打字油印本。	師大
莊子齊物論斠詁並語譯	陸鐵乘	民國六〇年西元一九七一年	民國六十年自印排印本。	嚴先生
莊子齊物論注商榷	吳淑媛	民國六四年西元一九七五年	民國六十四年碩士論文油印本。	嚴先生

(七)附：楊朱之版本及現藏處所

書名	作者姓名	著作年代	版本	現藏處所
楊朱	于鬯	宣統二年西元一九一〇年	民國五十二年北平中華書局「香草續校書」排印本。	嚴先生
楊子輯語	牧野謙次郎	西元一九一一年明治四四年	大正六年日本早稻田大學出版部「墨子國字解」排印本。	嚴先生
現代語譯楊子	野村岳陽	西元一九二二年大正一一年	大正十一年「支那哲學叢書」排印本。	嚴先生
楊朱考	唐鉞	民國一四年西元一九二五年	民國十四年上海商務印書館「國故新探」排印本。	嚴先生
又一部			民國十六年「國故新探」再版排印本。	嚴先生
又一部			民國五十五年台灣商務印書館「人人文庫」縮印「國故新探」本。	嚴先生
楊朱哲學	顧實	民國一六年西元一九二七年	民國十七年上海商務印書館「楊墨哲學」排印本。	嚴先生
楊朱	陳此生	民國一七年西元	民國十七年上海商務印書館「國	嚴先生

		一九二八年	學小叢書」排印本。	
又一部			民國十八年「國學小叢書」再版本。	嚴先生
又一部			民國十九年上海商務印書館「萬有文庫」第一集排印本。	嚴先生
楊朱哲學	蔣維喬	民國一九年西元一九三〇年	民國二十年「中華國學院叢書」排印本。	嚴先生
楊朱思想之一考察	豐島睦	西元一九五九年昭和三四年	昭和三十四年廣島文理科大學研究科排印本。	嚴先生

(八)中國老列莊三子同卷之版本及現藏處所

書名	作者姓名	著作年代	版本	現藏處所
老子列子莊子治要一卷	魏徵	貞觀五年西元六三一年	清光緒十一年蔣德鈞刋「群書治要子鈔」本。	嚴先生
又一部			民國八年上海商務印書館「四部叢刋」景印日本尾張國校本。	嚴先生
又一部			民國二十五年上海商務印書館「叢書集成初編」排印本。	嚴先生
又一部			日本昭和十五年宮內省排印本。	嚴先生
又一部			民國四十八年台灣世界書局「世界文庫——四部刋要」排印本。	嚴先生
老子莊子音義	陸德明	西元　　年至六三六年	清同治八年湖北崇文書局刋「抱經堂」本。	嚴先生
又一部			民國八年上海商務印書館「四部叢刋」景印「通志堂」本。	嚴先生
又一部			民國十八年上海商務印書館縮印「四部叢刋」本。	嚴先生

又一部			「百部叢書」景印本。	嚴先生
老子莊子列子（錄自「意林」）	馬　總	貞元二年西元七八六年	道藏本。	嚴先生
又一部			武英殿本。	嚴先生
又一部			清光緒元年湖北崇文書局刋「子書百家」本。	嚴先生
又一部			民國廿四年上海大東書局景印「指海」本。	嚴先生
又一部			上海涵芬樓景印武英殿聚珍本。	嚴先生
又一部			世界書局景印本。	嚴先生
又一部			上海中華書局據學津本校刋仿宋本。	嚴先生
又一部			民國五十一年藝文印書館景印本。	嚴先生
又一部			台北新興書局景印學津本。	嚴先生
又一部			五洲出版社重印新興版。	嚴先生
又一部			「百部叢書」景印本。	嚴先生
老子列子莊子論五篇	程　俱	西元　年至一一四四年	民國二十三年上海涵芬樓「四部叢刋續編」景印宋鈔本。	嚴先生

又一部			莊子集成初編景印宋鈔本。	嚴先生
列子莊子法語	洪　邁	淳熙一三年西元一一八六年	民國五十二年台灣新興書局景印上海商務印書館排印「說郛」本。	嚴先生
三子鬳齋口義十四卷八冊	宋林希逸撰 明張四維補註		明萬曆五年何汝成校刋本。	中圖
三子口義十四卷八冊	宋林希逸撰 明張四維補註		明萬曆甲戌（二年）敬義堂刋本。	中圖
三子口義十四卷八冊	宋林希逸撰		明嘉靖乙酉（四年）廣信知府張士鎬刋本。	中圖
鬳齋三子口義十四卷（老子口義二卷莊子口義十卷列子口義二卷）四冊	宋林希逸撰		劉辰翁批點元刋本。	中圖
劉須溪先生批註三子六冊（老子二卷列子二卷莊子不分	宋劉辰翁撰		明末葉刋本。	中圖

卷）				
四子二十三卷（道德眞經二卷 文始眞經三卷 沖靈眞經八卷 南華眞經十卷）八册	明施堯臣編		明萬曆丁丑（五年）原刋本。	中圖
四子二十三卷十六册	明施堯臣編		明萬曆辛巳（九年）愼德書院覆刋施堯臣本。	中圖
老子道德經解莊子內篇註	釋德淸	嘉靖二五年西元一五四六年	民國六十一年台北縣琉璃經房景印道山同慶社排本。	嚴先生
又一部			金陵刻經處刋本。	
又一部			民國六十三年再版重印本。	嚴先生
老子列子莊子類纂三卷	明沈　津	隆慶元年西元一五六七年	明隆慶元年含山縣儒學刋「百家類纂」本。	嚴先生
列子莊子類纂	沈　津	隆慶元年西元一五六七年	明隆慶含山縣儒學刋本。	嚴先生
又一部			「老子莊子列子集成」景印本。	嚴先生
老子列子莊子品節	陳　深	萬曆一九年西元	明萬曆十九年刋本。	嚴先生

二卷		一五九一年		
又一部			莊子集成初編景印「諸子品節」本。	嚴先生
四子全書九卷（道德眞經一卷　尹子文始眞經一卷　列子冲虛眞經二卷　莊子南華眞經五卷）八冊	明董逢元編		明萬曆乙未（二十三年）毘陵董氏秋聲閣刋本。	中圖
孫月峰三子評七卷（老子二卷列子一卷莊子南華眞經四卷）八冊	明孫鑛	西元　年至一六一二年	明吳興閔氏刋朱墨套印本。	中圖
莊子列子評（附音義）八卷	孫鑛	西元　年至一六一二年	明天啟間吳興閔氏刋朱墨套印本。	嚴先生
又一部			列子、莊子集成景印本。	嚴先生
老子莊子翼評點八卷	董懋策	西元　年至一六一三年	清光緒三十二年取斯家塾刋「董氏叢書」本。	嚴先生

又一部			莊子集成續編景印「董氏叢書」本。	嚴先生
評點老子莊子列子	歸有光 文震孟	天啟五年西元一六二五年	老子、列子、莊子集成景印本。	嚴先生
又一部			民國十四年上海會文堂「評點百二十子」石印本。	嚴先生
老子列子莊子目錄詳註四卷	白雲霽	天啟六年西元一六二六年	民國二十二年上海商務印書館景印「四庫全書」本。	嚴先生
老子列子莊子一卷	馬　驌	康熙九年西元一六七〇年	清同治七年姑蘇亦西齋刊「繹史」本。	嚴先生
讀老子莊子一卷	傅　山	西元　　年至一六八四年	清宣統三年山陽丁寶銓太原節署刊本（國立台灣大學圖書館、無求備齋並藏）。	嚴先生
又一部			莊子集成續編景印本。	嚴先生
老子莊子列子彙考四卷	陳夢雷 蔣廷錫	雍正四年西元一七二六年	民國（？）年上海中華書局景印本。	嚴先生
莊子列子述記	任兆麟	乾隆五二年西元一七八七年	清乾隆五十三年遂古堂任氏忠愍家塾刊本（僅存莊子）	嚴先生

又一部			清光緒十年廖玉湘閒雲精舍刋本。	嚴先生
老子莊子音義考證三卷	盧文弨	乾隆五六年西元一七九一年	清同治八年湖北崇文書局刋「抱經堂」本。	嚴先生
又一部			莊子集成初編景印本。	嚴先生
又一部			民國二十四年上海商務印書館「叢書集成初編」景印「抱經堂」本。	嚴先生
又一部			「百部叢書」景印本。	嚴先生
老子列子莊子古諧音	姚文田	嘉慶九年西元一八〇四年	清道光二十五年歸安姚氏刋「古音諧」本。	嚴先生
老子莊子列子韻讀一卷	江有誥	嘉慶一九年西元一八一四年	莊子集成續編景印本。	嚴先生
又一部			嘉慶庚辰年「先秦韻讀」刋本。	嚴先生
又一部			民國十七年上海中國書店石印「音學十書」本。	嚴先生
讀老子列子莊子叢錄	洪頤煊	道光二年西元一八二二年	清道光二年富文齋刋「讀書叢錄」本。	嚴先生
又一部			莊子集成續編景印本。	嚴先生

老子莊子雜志	王念孫	西元　年至一八三二年	清道光十二年刊「讀書雜志餘編」本。	嚴先生
又一部			莊子集成續編景印本。	嚴先生
又一部			民國五十二年台灣廣文書局景印「讀書雜志餘編」本。	嚴先生
又一部			民國六十一年樂天出版社景印本。	嚴先生
老子列子莊子平議一卷	俞　樾	西元　年至一八七〇年	民國十一年雙流李氏念劬堂刊本。	嚴先生
又一部			莊子集成續編景印本。	嚴先生
又一部			民國二十三年上海商務印書館「國學基本叢書」排印本。	嚴先生
又一部			民國四十三年北平中華書局重印本。	嚴先生
又一部			民國四十四年台灣世界書局「世界文庫——四部刊要」排印本。	嚴先生
又一部			民國四十九年上海中華書局「補編」合裝重印本。	嚴先生
又一部			民國五十七年臺灣商務印書館「	嚴先生

			國學基本叢書四百種」景印本。	
讀老子莊子列子札記	陶鴻慶	西元　年至一八八〇年	民國八年待曉廬排印讀老莊札記本。	嚴先生
又一部			莊子集成續編景印本。	嚴先生
又一部			民國四十八年台灣藝文印書館國學標準典籍景印讀老莊札記本。	嚴先生
又一部			民國四十八年上海中華書局排印讀諸子札記本。	嚴先生
又一部			民國五十一年台灣世界書局景印本。	嚴先生
又一部			民國六十一年台灣藝文印書館景印「讀諸子札記」本。	嚴先生
點勘老子莊子讀本二卷	吳汝綸	光緒一一年西元一八八五年	清宣統元年衍星社排印「桐城吳先生點勘諸子」本。	嚴先生
又一部			莊子集成初編景印本。	嚴先生
又一部			民國五十九年台灣中華書局「中華國學叢書」景印本。	嚴先生
老子莊子列子札迻	孫詒讓	光緒二〇年西元	清光緒二十年修正刋「札迻」本。	嚴先生

又一部		一八九四年	老子集成續編景印本。莊子集成續編景印本。列子集成續編景印本。	嚴先生
又一部			民國四十九年藝文印書館景印修正本。	嚴先生
又一部			民國　年上海千頃堂書局石印本。	嚴先生
老子莊子列子文粹五十一章	李寶淦	光緒二三年西元一八九七年	民國六年上海商務印書館排印「諸子文粹」本。	嚴先生
老子校書一卷莊子三卷　列子一卷	于　鬯	西元　年至一九一一年	民國五十二年排印本。	嚴先生
老子莊子列子菁華錄	張之純	民國七年西元一九一八年	民國七年上海商務印書館「評註諸子菁華錄」排印本。	嚴先生
又一部			民國十二年「評註諸子菁華錄」七版排印本。	嚴先生
又一部			老子莊子列子集成景印本。	嚴先生
又一部			民國六十一年台灣宏業書局改題	嚴先生

			：「張純一選註」翻印本。	
老子莊子音義辨證一卷	吳承仕	民國一二年西元一九二三年	民國十二年「經籍舊音辨證」景印本。	嚴先生
又一部			老子集成續編景印本。 莊子集成續編景印本。	嚴先生
又一部			民國六十四年京都中文出版社景印本。	嚴先生
莊子年表　列子僞書考一卷	馬敘倫	民國　年	民國十二年「天馬山房叢書」排印本。	嚴先生
道德經考異附「補遺」二卷南華眞經殘卷校記一卷	羅振玉	民國一二年西元一九二三年	民國十二年「永豐鄉人雜著續編」排印本。	嚴先生
老子莊子列子哲學	王治心	民國一四年西元一九二五年	民國十四年南京宜春閣「道家哲學」排印本。	嚴先生
老子莊子列子治要	張文治	民國一六年西元一九二七年	民國十九年上海文明書局排印本。	嚴先生
又一部			民國四十四年香港文光書局「諸子大綱」再版（新三版）排印本。	嚴先生

譯老子原始一卷莊子考一卷列子寃詞一卷	江俠菴	民國一八年西元一九二九年	民國二十二年上海商務印書館「先秦經籍考」排印本。	嚴先生
又一部			民國六十四年河洛圖書出版社台景印初版。	嚴先生
老子補注一卷莊子音義繹一卷	丁展成	民國二〇年西元一九三一年	民國二十年排印本。	嚴先生
又一部			莊子集成續編景印本。	嚴先生
老子學辨一卷　老子補注一卷　莊子集解補正一卷	胡懷琛	民國二〇年西元一九三一年	民國二十九年「樸學齋叢書」第一集排印本。	嚴先生
又一部			「老子、莊子集成續編」景印本。	嚴先生
老莊哲學一卷	胡哲敷	民國二二年西元一九三三年	民國二十四年上海中華書局排印本。	嚴先生
又一部			民國五十一年台灣中華書局初版排印本。	嚴先生
又一部			民國五十九年台灣中華書局景印本四版。	嚴先生

闡老二卷　闡莊一卷	陳　柱	民國二四年西元一九三五年	民國二十四年北流陳氏十萬卷樓刊「子二十六論」朱墨印本。	嚴先生
又一部			莊子集成續編景印本。	嚴先生
莊子列子新證一卷	于省吾	民國二五年西元一九三六年	民國二十九年北京大學印刷所「雙劍誃諸子新證」排印本。	嚴先生
又一部			民國四十八年台灣藝文印書館景印「諸子新證」本。	嚴先生
又一部			民國四十八年台灣藝文印書館單行景印本。	嚴先生
又一部			莊子集成續編景印本。	嚴先生
又一部			民國五十一年北平中華書局「雙劍誃諸子新證」再版排印本。	嚴先生
老子列子莊子通考	張心徵	民國二八年西元一九三九年	民國二十八年上海商務印書館排印「僞書通考」本。	嚴先生
又一部			民國五十年上海商務印書館「僞書通考」修改橫行排印本。	嚴先生
又一部			民國五十九年台灣商務印書館台一版景印本。	嚴先生

老莊派自然主義底人生觀稿	項委之	民國三五年西元一九四六年	鈔本景印本。	嚴先生
老子莊子列子管見	金其源	民國三七年西元一九四八年	民國三十六年上海商務印書館排印本。	嚴先生
又一部			民國四十八年台灣世界書局「世界文庫——四部刊要」單行排印本。	嚴先生
老莊哲學一卷	吳　康	民國四四年西元一九五五年	民國四十四年二月台灣商務印書館「老莊哲學」台初版排印本。	嚴先生
又一部			民國四十七年台三版排印本。	嚴先生
莊老通辨	錢　穆	民國四六年西元一九五七年	民國四十六年香港新亞研究所「莊老通辨」排印本。	嚴先生
老子莊子選註二章	羅根澤	民國四七年西元一九五八年	民國四十七年香港中流出版社排印本。	嚴先生
三民主義與老莊辯證思想一卷	蕭天石	民國五六年西元一九六七年	民國五十六年排印本。	嚴先生
老莊思想與西方哲學一卷	杜善牧著 宋稚青譯	民國五七年西元一九六八年	民國五十七年台灣三民書局排印本。	嚴先生

又一部			民國六十四年光啟社「老莊思想分析」排印本。	嚴先生
禪與老莊	吳　怡	民國五九年西元一九七〇年	民國五十九年三民書局排印本。	嚴先生
老莊辨異一卷	盧鳴臬	民國五九年西元一九七〇年	民國五十九年自印排印本。	嚴先生
老莊哲學研究一卷	賴榕祥	民國五九年西元一九七〇年	民國五十九年自印排印本。	嚴先生

(九)日本老莊列三子同卷之版本及現藏處所

書名	作者姓名	著作年代	版本	現藏處所
老子莊子列子一卷	山本泰順（洞雲）毛利瑚珀（貞齋）太田善世（田子龍）	西元一六七五年延寶三年西元一七〇三年元祿一五年西元一七七三年安永二年	明治四十三年東京早稻田大學出版部「漢籍國字解全書」排印本。	嚴先生
又一部			昭和二年再版排印。	嚴先生
老子解題一卷莊子解一卷	中井積德	西元　年至一八一七年	昭和四年東洋圖書刊行會「日本儒林叢書」排印本。	嚴先生
老莊哲學	高瀨武次郎	西元一九〇九年明治四二年	明治四十二年三月東京榊原文盛堂初版排印本。	嚴先生
又一部			明治四十二年五月再版排印本。	嚴先生
和譯老子莊子一卷	田岡佐代治	西元一九一〇年明治四三年	明治四十三年東京玄黃社「老莊合訂」排印本。	嚴先生
老莊畫談一卷	松村介石(文)齋藤松洲(畫)	西元一九一一年明治四四年	明治四十四年左元良書房排印本。	嚴先生

	自署「仰山閣主人」			
增訂老子莊子講義一卷	喰代豹藏	西元一九一四年大正三年	大正三年興文社「少年叢書」增訂排印本。	嚴先生
國譯老子莊子列子一卷	小柳司氣太	西元一九二〇年大正九年	大正九年國民文庫刊行會「國譯漢文大成」「老、莊、列合訂」排印本。	嚴先生
老莊哲學一卷	小柳司氣太	西元一九二七年昭和二年	昭和三年東京甲子社書房排印本。	嚴先生
老莊之思想與道教	小柳司氣太	西元一九四二年昭和一七年	昭和十七年東京森北書店排印本。	嚴先生
從老子到莊子一卷	高須芳次郎	西元一九二六年大正一五年	大正十五年東京新潮社排印本。	嚴先生
老莊漫筆	猪狩史山	西元一九二七年昭和二年	昭和二年九月東京古今書院排印本。	嚴先生
續老莊漫筆	猪狩史山	西元一九二七年昭和二年	昭和二年東京古今書院排印本。	嚴先生
老子與莊子	武內義雄	西元一九三〇年	昭和十六年東京岩波書店「學藝	嚴先生

		昭和五年	叢書」五版排印本。	
老子莊子古典讀本一卷	五十澤二郎	西元一九三五年 昭和一〇年	昭和十年東京竹村書房排印本。	嚴先生
列子莊子選釋	川口白浦	西元一九三六年 昭和一一年	昭和十一年東京健文社排印本。	嚴先生
老子列子莊子二篇	小林一郎	西元一九三八年 昭和一三年	昭和十三年東京平凡社「經書大講」排印本。	嚴先生
老子解義一卷莊子講義	山田準次郎 那智佐典	西元一九三九年 昭和一四年	昭和十四年二松學舍出版部排印本。	嚴先生
老子莊子選	渡邊秀方	西元一九四〇年 昭和一五年	昭和十五年東京前野書店「新編經子選」排印本。	嚴先生
又一部			昭和十五年再版排印本。	嚴先生
老子莊子一卷	中國學術研究所	西元一九四八年 昭和二三年	昭和二十八年東京昌平堂六版排印本。	嚴先生
老莊新選	阿部吉雄	西元一九五一年 昭和二六年	昭和二十六年東京學友社排印本。	嚴先生
老子一卷　莊子一卷	阿部吉雄 山本敏夫	西元一九六六年 昭和四一年	昭和四十一年東京明治書院排印本。	嚴先生

	市川安司 遠藤哲夫			
老子莊子一卷	大矢根文次郎	西元一九五三年 昭和二八年	昭和二十九年「學燈文庫」七版排印本。	嚴先生
老莊思想	安岡正篤	西元一九五五年 昭和三〇年	昭和三十年東京福村書店排印本。	嚴先生
新老子列子物語一卷	稻田孝	西元一九五八年 昭和三三年	昭和三十三年河出書房新社排印本。	嚴先生
老莊的世界一卷	金谷治	西元一九五九年 昭和三四年	昭和三十四年京都平樂寺書房排印本。	嚴先生
老子列子莊子一卷	金谷治 倉石武四郎 福永光司	西元一九七三年 昭和四八年	昭和四十八年東京平凡社排印本。	嚴先生
儒教與老莊一卷	山室三良	西元一九六六年 昭和四一年	昭和四十一年東京明德出版社排印本。	嚴先生

(十)韓國老列莊三子同卷之版本及現藏處所

書名	作者姓名	著作年代	版本	現藏處所
老子莊子一卷	李元燮	西元一九七二年	西元一九七二年漢城大洋書籍「中國思想大系」排印本。	嚴先生

二、莊學論文述要

(一)中華民國博士碩士論文目錄

篇名	著者	研究所名	時間
莊子哲學	傅碧瑤	台大哲學研究所	47年
莊子通段文字考	陳介山	文化中文研究所	53年
莊子三十三篇眞僞問題	楊慶儀	台大中文研究所	53年
莊子補述	陳宗敏	台大中文研究所	54年
莊子思想探微	王劍芬	台大哲學研究所	54年
莊子哲學之研究	杜慶滿	輔大哲學研究所	54年
莊子內七篇之研究	許清標	文化哲學研究所	54年
史記老莊申韓列傳疏證	劉本棟	師大國文研究所	55年
莊子內篇思想	莫　然	台大哲學研究所	56年
莊子齊物論抉微	徐哲萍	台北市嘉新水泥公司文化基金會印行（研究論文第二十六種）	59年
莊子神行神遇說與中國文學之關係	簡翠貞	師大國文研究所	60年
莊子逍遙觀念之探微	林克强	台北嘉新水泥公司文化基金會印行（研究論文第二一九種）	61年

莊子天下篇疏證	謝朝清	師大國文研究所	61年
莊子宇宙論試探	葉海煙		65年
莊子逍遙思想之研究	黎惟東	文化哲學研究所	68年
老莊哲學中「有」「無」問題之研究	丁原植	輔大哲學研究所	70年
向郭莊學之研究	林聰舜	師大國文研究所	70年

㈡專論莊學之論文

篇名	著譯者	刊（書）名	卷	期	出版日期 年	出版日期 月
莊子大義	王樹枏	中國學報		2	1	
逍遙遊釋敍	張純一	國學編彙		3		
莊子內篇意義淺說	胡樸安	國學編彙		3		
翼莊	金天翮	國學週刊		16—18		
讀莊子	胡韞玉	國學叢選		8	4	
莊子的思想性	羅根澤	文學研究		1	4	
消極革命之老莊	吳　虞	新青年	3	2	6	
莊子外雜篇著錄考	顧頡剛	古史辨第一册			9	
楊朱與莊周二人乎抑一人乎	蔡元培	哲學		4	10	
莊子	朱謙之	古學卮言			11	
莊周	陸懋德	周秦哲學史			12	
莊子一流底全性派	許地山	道教史			12	
論莊子馬蹄篇裏所含的思想	吳榮華	學燈			12	10
逍遙遊向郭義及支遁義探源	陳寅恪	清華學報				

向郭義之莊周與莊子	湯用彤	魏晉玄學論稿				
莊子	林　尹	中國學術思想大綱				
莊子哲學之研究	周世釗	國學叢刊	2	1		
莊子原始之一（逍遙論篇本於宋鈃說）	朱謙之	文學		1		
跋宋本呂惠卿莊子義殘卷	傅增湘	北平圖書館館刊	5	2		
校輯呂註莊子義序	陳任中	北平圖書館館刊	7	6		
校道藏本南華眞經注疏跋	王重民	北平圖書館館刊	4	6		
莊子王本集註自序	李大防	安徽大學月刊	1	1		
莊子研究歷程考略	甘蟄仙	東方雜誌	21	11	13	
莊子學說蠡測	趙餘勳	學燈			13	2
莊子	趙蘭坪	中國哲學史上卷			14	
論莊子眞僞書	錢玄同	古史辨第一冊			14	
答錢玄同論莊子眞僞書	顧頡剛	古史辨第一冊			14	
莊子	劉侃元譯	中國哲學史概論			15	
莊子的人生觀	李石岑	人生哲學上卷			15	
南華道體觀闡隱	屠孝實	國故論叢十三集			15	
莊子	呂思勉	經子解題			15	
莊子	顧　實	中國文學史大綱			15	

莊子考略	姚永樸	諸子考略			17	
有關莊子的一些歷史資料	江世榮	文史第一輯				
莊子中的古史	方書林	中山大學語言歷史研究所週刊二十二			17	
莊子音義引書考略	嚴靈峯	大陸雜誌				
莊子瑣記（在三餘札記中）	劉文典	商務印書館刋			17	
莊周	劉汝霖	周秦諸子考			18	
莊子	鍾　泰	中國哲學史			18	
楊朱爲戰國時人楊朱不卽是莊周考	黃文弼	哲學月刋	2	1	18	
莊子闕誤	重　口	學文第一期			19	
莊周傳	丁儒侯	無錫國專校友會集刋			19	
莊子哲學	施　章	國立中央大學半月刋	1	9	19	3
由新興文學之立場評判莊子文學之價值	施　章	中央大學半月刋	1	10	19	
莊子校證	楊明照	燕京學報		21		
倫敦博物館敦煌莊子殘卷斠補	王叔岷	傅故校長斯年先生紀念文集				
藝術家的莊子	熊廷柱	中央大學半月刋	1	10	19	3

釋莊的我見	胡遠濬	中央大學半月刊	1	16	19	6
讀莊初論	黃仲琴	嶺南學報	2	1	20	
讀莊再論	黃仲琴	嶺南學報	2	2	20	
莊子的教育思潮	王一鴻	中國古代教育思潮			20	
莊子的政治思想	陳安仁	中國政治思想史大綱			21	
郭象莊子注是否竊自向秀檢討	楊明興	燕京學報		28	21	
歷代莊子研究述評	張默生	山東八中校刊		1	21	
讀莊偶記	鍾鍾山	之江學報	1	1—4	21	
莊子		中國哲學小史			22	
莊子考	陳清泉	諸子百家考			22	
讀莊探驪	鄧崇禮	北平晨報藝圃			22	
莊子與孟子學術同源及著書之大概考	朱文熊	莊子新義			22	
介紹王夫之的莊子通	王孝魚					
莊子考證	王先進	勵學		1	22	
莊子	陳元德	中國古代哲學史			23	
莊子內篇	胡　適	中國文學史選例			23	
向秀和郭象莊子注的異同	容肇祖	魏晉的自然主義			23	
莊子通釋	高　夔	國學叢選第五集、第九				

		集十三—十四期				
逍遙游解	伍劍禪	歸納雜誌		1		
莊子逍遙遊篇新義	朱文熊	無錫國專校友會集刊第一集				
齊物論解	伍劍禪	歸納雜誌		2		
齊物論通指	馬燮荃	無錫國專校友會集刊第一集				
莊生「鯤化爲鵬」說旁證	李行之	涇濤		7		
莊子天下篇箋證	高亨	北强月刊	1	3—5		
莊子天下篇校釋序	劉永濟	國風半月刊	6	3—4		
闡莊上下篇	陳柱	國學論衡	3			
莊子之動變說的解說	陳汝夔	學風	5	3	24	
郭象莊子注中之自然觀	錢穆	學原	2	5		
莊子的學說	黃素封	譯約翰生中國煉丹術考				
莊子考	王學易	勵學		3	24	
莊學小識	劉斯南	國專月刊	2	2	24	
郭子翼莊偶釋	張其淦	學術世界	1	2	24	
莊子研究	門啟明	哲學評論	6	2—3	24	

莊子天下篇的作者問題	孫道昇	正風半月刊		16	24	
莊子事蹟考	王文奇	河南政治月刊	5	4	24	
鎌倉本莊子天下篇	孫道昇	大公報史地週刊		37	24	5
莊子齊物論「兩行」一名之研究	朱進之	新民月刊	1	3	24	7
莊子哲學概觀	翁琴崖	仁愛月刊	1	4	24	8
莊子哲學	羅根澤	哲學評論	3	2		
莊子哲學管窺	胡國詮	朝華月刊	1	2		
莊子的形而上學的理論的根據	丘	鞭策週刊	1	13		
莊周哲學之辯證觀	剪伯贊	中山文化教育舘季刊	2	4	24	
莊子文章之技術	魯默生	宇宙	4	1		
評莊子天子篇校釋	楊樹達	清華學報	11	10	25	
莊子天下篇惠施十事解	黃方剛	國立四川大學季刊		1		
誰是齊物論之作者	傅斯年	史語所集刊	6	4	25	
莊子的生平	黃素封譯	中國煉丹術考			25	
莊子概論	周　逸	船山學報		13	26	
沒落封建主義統治學說—莊周的出世主義	呂振羽	在中國政治思想史內			26	
莊周及其後學	汪馥泉譯	中國哲學思想史			28	

莊子對老子哲學的歪曲—相對主義的唯心論	向林冰	在中國哲學史綱要內			28	
駁胡適先生曲解莊子生物進化與其次殖民地之哲學思想	譚凱光	國民大學校刊		4	28	
讀莊子偶記	俞士鎮	古學彙刊			29	
莊子	金公亮	中國哲學史			29	
莊學	謝扶雅	中國政治思想史綱			31	
莊子內篇大旨	張壽鏞	諸子大綱			33	
莊子天下篇之分析	張壽鏞	諸子大綱			33	
莊子的概念遊戲論		中國古代思想學說史			33	
莊子三十三篇本成立之時代	王利器	眞理雜誌	1	3	33	
莊子考	武內義雄 王古魯譯	圖書舘學季刊	4	2		
讀莊子札記	陶鴻慶	國學叢刊二卷三號	2			
讀莊子劄記二則	毛乘雲	讀書月刊一卷八號	1			
讀莊子天下篇	姚錫鈞	國學叢選第一、二集合刊				
莊子天下篇之管見	周聞章	文學叢刊第一集				

胠篋篇書後	柳 禪	廈門週刊	13	14		
中郭象注莊子不盜向秀義	劉盼遂	文字同盟		10		
由經典釋文試探莊子古本	壽普暄	清華學報				
郭象之哲學		哲學評論				
莊子的教育思想	楊瑞才	教育新潮	3	4		
莊子考辨	蔣復璁	圖書舘學季刊	2	1		
莊子逍遙遊釋義	夏 適	中央日報7版			35	7
莊子的原來篇目	楊憲益	中央日報12版			36	1
論郭象莊子	王叔岷	中央日報9版			36	7
今本莊子郭象序非子玄所作考	王利器	圖書季刊	8	3—4	36	
莊子向郭注異同考	王叔岷	中央圖書館館刊	1	4	36	
莊注疑案的究明		中國思想通史第三册				
莊子引得序	齊思和				36	
莊子書考	蔣建侯	諸子通考			36	
莊子的批判		十批判書			37	
莊子天學論	李源澄	學原	2	3	37	
莊子通論（上）	王叔岷	學原	1	9	37	1
莊子通論（下）	王叔岷	學原	1	10	37	2

莊子著作之分期及其師承	李衍隆	新中華	6	5	37	3
莊子內篇義記	羅時憲	文風學報	2	3	37	5
莊子校釋後記	王叔岷	史語所集刊			37	12
莊子	杜國庠	先秦諸子思想概要			38	
莊子及其政治哲學	陳啟天	中國政治哲學概論			40	
莊子	錢　穆	中國思想史			41	
莊子與中庸	錢　穆	當代青年	4	5	41	7
中國道家思想的大宗師—莊周	錢　穆	民主評論	4	10	42	5
莊周	錢　穆	國史上的偉大人物			42	
第一才子莊周	王世昭	中國文人新論			42	
莊子的思想		中國古代思想史			43	
莊子	張深切	孔子哲學評論			43	
赤裸裸的人生—莊子別解	孫慕稼	人生	7	1	43	1
莊子外雜篇言性義	錢　穆	莊老通辨			44	
莊子	唐玉貞譯	中國哲學史			44	
試論「恢詭譎怪道通爲一」	李　杜	新亞校刊		7	44	
蝴蝶和莊周	余思牧	國學新話			45	
莊周	胡秋原	古代中國文化與中國智			45	

		識份子				
莊子生平及其著作	梁容若	國語日報		255	45	
養生主一篇	鍾露昇	國語日報		255	45	
秋水篇一篇	傅世銘	國語日報		258	45	
秋水篇的翻譯	梁容若	國語日報		258	45	
莊子之懷疑思想	吳　康	文史哲學報			45	4
逍遙遊微義辨	羅聯絡	大陸雜誌	13	5	45	9
養生主微義辨	羅聯絡	大陸雜誌	14	2	46	1
莊子外雜篇言性義	錢　穆	東方學報	1	1	46	1
齊物論微義辨	羅聯絡	大陸雜誌	14	6	46	3
莊子秋水篇「人卒九州」注疏商榷	劉光義	大陸雜誌	14	8	46	4
莊子的思想		文史哲學報		8	46	
莊子關於道與氣的學說					46	
莊子思想之研究	陳學霖	聯大文學創刊號				
莊子的主觀唯心主義		中國思想通史			46	
齊物論今譯	高元白	人文雜誌第一號			46	
天下篇	鍾露昇	國語日報		290	46	
向郭義之莊周與莊子	湯用彤	魏晉玄學論稿			46	

老子思想的轉變—莊子		中國哲學史論文集			46	
逍遙遊一篇	鍾露昇	國語日報		281	46	
莊子	嵇文甫	春秋戰國思想史話			47	
莊子校釋補錄	王叔岷	文史哲學報	8		47	7
莊子風格漫譚	鄭蕚芊	華國	2		47	9
禪宗三關與莊子	巴壺天	中國哲學史論集		3	47	9
齊物論一篇	鍾露昇	國語日報		321	47	
莊子	黎　嬰	中國古代大思想家			47	
「別宥」、「去宥」與「別囿」	黃寶實	大陸雜誌	17	9	47	11
莊子天與道	杜而未	恆毅	8	8	48	3
談莊子	戴天强	恆毅	8	11	48	6
莊子之生死觀	周紹賢	建設	8	4	48	9
莊子齊物論之探原思辨	黎正甫	自由太平洋	3	9	48	9
莊子思想與教育	梁宜生	反攻		213	48	12
莊子思想	黨晴梵	在先秦思想史論略內			48	
莊子傳箋證	嵇　哲	諸子傳箋證			48	
道家—莊子	王玉哲	中國上古史綱			48	
淮南子和莊子	王叔岷	清華學報	2	1	49	
莊子齊物論作者辨	吳　康	錫園哲學文集			49	

莊子思想的中心理論	陳安仁	歷史專題研究論叢			49	
莊子哲學批判		哲學研究		7—8	49	
陸德明莊子音義引書考略（上）	嚴靈峯	大陸雜誌	20	5	49	3
（下）	嚴靈峯	大陸雜誌	20	6	49	3
莊子之道德境界	周紹賢	建設	8	10	49	3
莊子與儒家的關係	黎正甫	自由太平洋	4	5	49	5
莊子的自然主義	曹國霖	建設	9	2	49	7
莊子新論	褚柏思	自由太平洋	4	8	49	8
莊子秋水篇錯簡與異文之研究	嚴靈峯	人生	20	9	49	9
莊子逍遙篇錯簡與異文之研究	嚴靈峯	民主評論	11	14	49	7
莊子與儒家的關係	黎正甫	人生	20	9	49	9
莊子哲學淺說	淦　釗	自由太平洋	4	10	49	10
從「養生主」看莊子	梁宜生	人生	20	10	49	10
莊子之性命觀	周紹賢	人生	21	3	49	12
莊子天下篇作者及其評莊老優劣	王昌祉	大陸雜誌	21	12	49	12
莊子與長生	錢　穆	人生	21	3	49	12
向、郭之注莊（上）	牟宗三	民主評論	12	5	50	3
向、郭之注莊（下）	牟宗三	民主評論	12	7	50	4

擬莊子逍遙遊	周紹賢	建設	9	11	50	4
莊子思想中的策略意識	謝延庚	革命思想	10	5	50	5
莊子的祈嚮精神自由王國的人性論（上）	徐復觀	民主評論	12	9	50	5
莊子的祈嚮精神自由王國的人性論（下）	徐復觀	民主評論	12	10	50	5
莊子的生活啟示了甚麼	林章新	大學生活	7	3	50	6
莊子的人生觀念	張振東	現代學人		3	50	11
莊子齊物論篇之改訂	嚴靈峯	人生	23	2	50	12
莊子哲學思想的幾個問題		莊子哲學討論集			50	
莊子學說要點及其得失	何日中	自由太平洋		57	50	
莊子哲學相對主義的實質		莊子哲學討論集			50	
莊子的神秘主義	王昌祉	在諸子的我見內			50	
論莊子		中國哲學史論文集			50	
再論莊子		中國哲學史論文二集			50	
三論莊子		中國哲學史論文二集			50	
莊子探源	近人	莊子哲學討論集			50	
莊子探源之二		莊子哲學討論集			50	

莊子探源之三		莊子哲學討論集			50	
莊子探源補記		莊子哲學討論集			50	
王夫之的莊子通	近人	莊子哲學討論集			50	
莊子思想探微		哲學研究		2	50	
莊子齊物論述意	王昌祉	在諸子的我見內			50	
莊子庚桑楚篇一解		莊子哲學討論集			50	
莊子內篇是西漢初人的著作嗎		哲學研究		5	50	
莊子外篇初探	近人	莊子哲學論文集			50	
莊子研究	顧丞	國學研究子部			50	
莊子齊物論篇之改訂與校釋(一)	嚴靈峯	大陸雜誌	24	3	51	2
莊子齊物論篇之改訂與校釋(二)			24	4	51	2
莊子齊物論篇之改訂與校釋(三)			24	5	51	3
莊子齊物論篇之改訂與校釋(四)			24	6	51	3
莊子齊物論篇之改訂與校釋(五)			24	7	51	4
莊子齊物論篇之改訂與校釋(六)			24	8	51	4
莊子哲學思路的所本	杜而未	新譯聲	7	42	51	7
莊子天下篇研究導論(上)	唐亦男	人生	24	6	51	8
莊子天下篇研究導論(下)			24	7	51	8

莊子天下篇試譯	徐照	中美月刊	7	12	51	12
莊子無爲試解	陸欽	日本中國學會報第十五集著錄			51	
對莊子「秋水」的幾點理解	陸欽	日本中國學會報第十五集著錄			51	
也談「秋水」	莊印	日本中國學會報第十五集著錄			51	
莊子解故	章絳	國粹學報	5	2—12		
莊子的經濟觀點	周寄窗	中國經濟思想史			51	
莊子哲學史料		中國哲學史料初稿			51	
讀莊子秋水篇	何覺	知用學社四十週年紀念集			51	
莊子否定形軀之理論	勞思光	大學生活	8	12	52	
莊子論認知	勞思光	大學生活	8	14	52	
莊子的兩則寓言	周振甫	日本中國學會報第十六集著錄			52	
莊子內篇研究	唐亦男	國家長期發展委員會年報著錄			52	

莊子義釋例略	何敬羣	珠海校刊十七週年校慶紀念特刊				
莊子筆下的孔子	黃錦鋐	孔孟月刊	1	11	52	
試論莊子內篇散文的藝術特徵	鄔雲鶴	江漢學報		2	52	
論莊子天下篇非莊周自作（上）	嚴靈峯	大陸雜誌	26	1	52	1
論莊子天下篇非莊周自作（中）	嚴靈峯	大陸雜誌	26	2	52	1
論莊子天下篇非莊周自作（下）	嚴靈峯	大陸雜誌	26	3	52	2
齊物論釋題	趙逸文	中國一周	695		52	8
莊子之養生論	周紹賢	建設	12	8	53	1
讀莊子札記—逍遙遊第一	何敬羣	人生	27	9	53	3
讀莊子札記之二——莊子齊物論（上）	何敬羣	人生	27	10	53	4
讀莊子札記之二——莊子齊物論（下）	何敬羣	人生	27	11	53	4
讀莊子札記之四——莊子養生主	何敬羣	人生	28	1	53	5
讀莊子札記之五——莊子人間世	何敬羣	人生	28	3	53	6
讀莊子札記之七——莊子大宗師（上）	何敬羣	人生	28	4	53	7
讀莊子札記之七——莊子大宗師（下）	何敬羣	人生	28	5	53	8
讀莊子札記之八——莊子應帝王	何敬羣	人生	28	5	53	8
莊子哲學初論	梁瑞明	文史學報	1		53	7

天地天道天運（莊子外篇義繹之一）	何敬羣	人生	28	8	53	9
莊子外篇義繹之二——知北遊	何敬羣	人生	28	9	53	9
莊子雜篇義繹之一——庚桑楚	何敬羣	人生	29	2	53	12
莊子雜篇義繹之二——徐无鬼	何敬羣	人生	29	3	53	12
莊子雜篇義繹之三——外物	何敬羣	人生	29	5	54	1
莊子蝴蝶夢	陳鼓應	徵信新聞報五版			53	10
莊子之中心思想	毛鵬荃	諸子十家平議述要			53	
對訾議莊子之平議	毛鵬荃	諸子十家平議述要			53	
對莊子之訾議	毛鵬荃	諸子十家平議述要			53	
由莊子天下篇窺察中國古代哲學發展的趨勢	梅貽寶	清華學報	4	2	53	
莊子——古中國的實存主義	洪順隆	思想與時代		124—125	53	
超塵不羈的才士——莊子	張起鈞 吳怡	中國哲學史話			53	
莊子秋水篇義繹	何敬羣	珠海校刊十四屆畢業特刊			53	
莊子鯤鵬寓言的意義之展視	陳鼓應	徵信新聞報五版			53	12
莊子思想要略	楊慶儀	大陸雜誌	29	12	53	12
莊子年里考	蘇新鋈	南大中文學報	3		54	2

莊子思想的探討	吳　怡	思與言	2	6	54	3
莊子卅三篇本成立之時代	夏　靳	大陸雜誌	30	11	54	6
莊子義繹引言	何敬羣	文史學報	2		54	7
莊子駢拇、馬蹄、胠篋、在宥四篇錯簡之校定（上）	嚴靈峯	中華雜誌	3	8	54	8
莊子駢拇、馬蹄、胠篋、在宥四篇錯簡之校定（下）			3	9	54	9
莊子之學和錢穆的莊子纂箋	陳重文		7		54	12
論莊學中之兩行	霍韜晦	人生	30	8	54	12
莊子內七篇札記	陳宗敏	大陸雜誌	31	11	54	12
莊子的天道觀	盧冠卿	中文學會會刊			54	
章氏莊子解故訂	向　夏	南大中文學報		3	54	
就蝴蝶夢論物之究竟	林　夏	新天地	5	1	55	
莊子秋水篇讀後	辛意雲	思想與時代		141	55	4
評老列莊三子知見書目	梁容若	人生	30	12	55	5
莊子生死觀念的剖析（上）	劉光義	大陸雜誌	33	1	55	7
莊子生死觀念的剖析（下）	劉光義	大陸雜誌	33	2	55	7
讀「莊子」筆記	梁平居	文中學報		3	55	

從莊子內篇觀察莊子思想之體系	嵇　哲	中文學會學報	7		55	8
古代中國的存在主義	陳冠學譯	出版月刊	19		55	12
老莊思想中的天主	韓凌霄	自由太平洋	119		55	12
釋莊子天下篇惠施及辯者之言	勞　榦	華岡學報	3		55	12
史記莊子列傳疏證	劉本棟	幼獅學誌	5	2	55	12
莊子逍遙遊篇旨趣淺述	陳宗敏	國魂		225	56	2
莊子駢拇篇札記	陳宗敏	大陸雜誌	34	4	56	2
莊學的靈魂——秋水篇	胡文興	新天地	5	12	56	2
莊子的智慧：一個新估價	吳經熊	現代學苑	4	3	56	3
莊子「於」字用法探究（一）	王仁鈞	大陸雜誌	34	8	56	4
莊子「於」字用法探究（二）			34	9	56	5
莊子「於」字用法探究（三）			34	10	56	5
莊子「於」字用法探究（四）			34	11	56	6
莊子混成觀釋義	陳重文	出版月刊		24	56	6
論莊子的道樞	黔　叟	學園	2	11	56	7
莊子「齊物論」平等思想的眞諦	梁尙忠	國魂	265		56	12
王船山的莊子通研究（一）	陳重文	國魂	267		57	2
王船山的莊子通研究（二）			268		57	3

從「蝴蝶夢」窺莊子哲學	趙玲玲	哲學年報	1		57	3
莊子天下篇所述惠施與當時辯者思想之疏解	唐亦男	成功大學學報		3	57	5
莊子平話	諸橋轍次	新覺生	6	8	57	8
莊子之逃避政治思想	汪大華	東方雜誌	2	3	57	9
老莊思想之比較	張成秋	中國世紀	132		57	10
莊子「焉」字用法探究	王仁鈞	淡江學報	7		57	11
莊子解點校——逍遙遊	陳重文	國魂		277	57	12
魏晉之莊學	黃錦鋐	懷德第三十九號			57	
莊子注的作者問題	張　亨	許詩英先生祝壽論文集			57	
爲郭象辨誣	嚴靈峯	中央日報副刊			57	
記魏晉玄學三宗	錢　穆					
向郭注莊	周紹賢					
抄襲和編纂	一　波	中央日報副刊				
向郭注莊比照與向郭注莊解析	何啟民				57	
莊子	陳冠學譯	三民文庫			58	
莊子思想發微	簡博賢	學粹	11	6	58	10
莊子思想的重心——道	蔡明田	中山學術文化集刊	4		58	11

莊子明道過程之剖視	婁良樂	同右	4		58	11
莊子「相」字用法探究	王仁鈞	淡江學報	8		58	11
莊子逍遙遊思想之研究	陳品卿	慶祝林景伊先生六秩誕辰論文集			58	12
莊子對言之表現方式的思想基礎	黃柱華	現代文學	8		58	12
莊子的智慧	吳經熊	國魂		289	58	12
莊子傳略	嵇　哲	先秦諸子學第十章第一節			59	
關於莊子向秀注及郭象注	黃錦鋐	淡江學報		9	59	
莊子平話（正）	李君奭	新覺生月刊	8	1—2	59	2
莊子平話（續完）	李君奭譯	新覺生月刊	8	3	59	3
宋地蒙人「莊子」傳略考	王保德	中原文獻	2	5	59	5
莊子疑義辨證	李　勉	成大學報		5	59	5
莊子及其哲學	韋政通	現代學苑	7	5	59	5
莊子識疑	陳啟天	東方雜誌	3	12	59	6
莊子釋疑	陳啟天	新中國評論	38	6	59	6
我敬莊周	陳銘芳	禾風		38	59	6
釋莊子詭辭「大仁不仁」與「至親無	王　煜	中國學人		2	59	9

仁」						
莊子的宇宙觀	龔樂群	恆毅	20	6	60	1
莊子的人生觀	龔樂群	恆毅	20	9	60	4
莊子天下篇之研判	張成秋	中華文化復興月刊	4	4	60	4
讀莊子天下篇	戴君仁	大陸雜誌	42	10	60	5
莊子考證	周紹賢	愛智學刊		2	60	5
莊子「心」觀念淺釋	安樂哲	大陸雜誌	42	10	60	5
莊子天下篇的作者問題	嚴靈峯	中華文化復興月刊	4	6	60	6
莊子的知識論	龔樂群	恆毅	21	1	60	8
莊子對中國文藝的影響	崔垂言	新文藝		186	60	9
莊子「道」的意義之解析	陳鼓應	大陸雜誌	43	3	60	9
齊物論的理論結構之開展	陳鼓應	大陸雜誌	43	4	60	10
莊子哲學的四大本義	鐘　泰	國魂		313	60	12
莊子「人間世」所含蘊的處世哲學	顏崑陽	今日中國		9	61	1
莊子齊物論之管窺	馬　融	恆毅	21	6	61	1
莊子的南華經	松　雲	人民團體		108	61	1
莊子認識系統的特色	陳鼓應	大陸雜誌	44	1	61	1
試析莊子思想中的實體與現象	安樂哲	大陸雜誌	44	1	61	1

再論「天下篇」非莊周自作	嚴靈峯	大陸雜誌	45	5	61	1
關於莊子及莊子書	黃錦鋐	文史季刊	3	1	61	1
莊子山木篇「生長」釋文疏義兼駁俞樾	張以仁	中華文化復興月刊	5	1	61	1
莊子的人生論	李康洙	研究生		1	61	6
莊子書中的夫子曰	戴君仁	圖書季刊	3	1	61	7
齊物論之明天地一指與萬物一馬	王煜	中國學人		4	61	7
試論莊子的動靜觀	菊韻	今日中國		16	61	8
莊子道德論	龔樂群	恆毅	22	3	61	10
莊子的道德論（續）	龔樂群	恆毅	22	4	61	11
莊子的道德論（續）	龔樂群	恆毅	22	5	61	12
莊子學說詮證	李勉	中國國學		1	61	12
莊學管窺	王叔岷	南洋大學學報㈠		6	61	12
逍遙遊的開放心靈與價值重估	陳鼓應	大陸雜誌	44	5	61	12
莊子逍遙境界的誤解	吳怡	文藝復興		37	62	1
莊子逍遙遊的工夫（上）	吳怡	國魂		327	62	2
莊子逍遙遊的工夫（下）	吳怡	國魂		328	62	3
從逍遙遊一文看莊子逍遙的境界與工	吳怡	文藝復興		39	62	3

夫						
釋莊子的「不」與「弗」	黃錦鋐	淡江學報文學部門		11	62	3
莊子「自」字用法探究	王仁鈞	淡江學報文學部門		11	62	3
莊子思想的精神——體現眞我	吳　怡	中華文化復興月刊	6	4	62	4
莊子學術之體系	陸鐵乘	國文學報		2	62	4
莊子的思想體系	王昌祉	國魂		330	62	5
談莊子對生死的看法	姜鎭邦	台肥月刊	14	5	62	5
莊子天下篇之疏解（上）	唐亦男	成大學報人文篇	8		62	6
莊子的思想學說及其處世態度	雨　林	藝文志	93		62	6
莊子理想中的純粹藝術化人物的實現與大美至巧至適至樂的藝術效果	鄭捷順	內明	15		62	6
齊物論的天府與葆光	王　煜	中國學人	5		62	7
莊子內篇逍遙篇第一詮釋	史次耘	人文學報	3		62	12
莊子天下篇淺說	陳啟天	東方雜誌	7	6	62	12
莊子論道之超越性與實現性	王　煜	香港中文大學中國文化研究所學報	6	1	62	12
無求備齋莊子集成續編自序	嚴靈峯	中華文化復興月刊	7	1	63	1
莊子學述	胡自逢	中華學苑	13		63	3

莊子「何」字用法探究	王仁鈞	淡江學報文學與商學部	12		63	3
莊子天下篇之疏解（中）	唐亦男	成大學報			63	6
莊子思想之研究	吳豐年	師大國文系研究所集刋	18		63	6
從莊子的「鵬」談起	江　漢	藝文誌	108		63	9
莊子寓言研究	成源發	台北師專學報	3		63	12
莊子內篇之系統探討	簡翠貞	新竹師專學報	1		63	12
莊子之文學	黃錦鋐	淡江學報	13		64	1
莊子「謂」字用法探究	王仁鈞	淡江學報		13	64	1
莊子秋水篇闡釋	陳鼓應	大陸雜誌	50	2	64	2
莊子天下篇之疏解（下）	唐亦男	成大學報		10	64	5
莊子自然主義之純全性	顏崑陽	學粹	17	2	64	6
莊子述解	潘栢世	鵝湖	1		64	8
「庖丁解牛」所示之養生義	萬金川	鵝湖	1	5	64	11
莊子齊物論述解（上、中、下）	潘栢世	鵝湖	1		65	2-4
莊子內七篇貫解	陳宗賢	高雄工專學報		5	65	4
莊周卽楊朱定論	陳冠學	大學雜誌		96	65	5
莊子假借文字考	中三A	東吳中文系系刋		2	65	6
莊子自然主義之研究	顏崑陽	師大研究所集刋		20	65	6

莊子思想的精神和理想	吳　怡	東海學報		17	65	6
莊子一書中幾個值得商榷的問題	萬育才	弘光護專學報	4		65	6
淺釋莊子思想	徐公超	文壇		194	65	8
從逍遙遊與齊物論看莊子生命哲學系統	張尚德	鵝湖	2	3	65	9
從逍遙遊探討莊子哲學的主題	林鎮國	鵝湖	2	5	65	11
莊子思想的批評與檢討	吳　怡	華岡哲聲		2	66	5
淺說南華經中的「无无」	韋日春	中華國學		6	66	6
王先謙莊子集解義例	賴仁宇	師大研究所集刋		21	66	6
莊子內篇人間世第四詮釋	史次耘	人文學報（輔大）		6	66	6
莊子內外篇寓名鑿解	金嘉錫	國立編譯館館刋	6	1	66	6
莊子法律思想淺論	廖正豪	華岡法粹		9	66	6
莊子哲學的生命精神（上）	王邦雄	鵝湖	3	6	66	12
剖析莊子養生主首段的幾個問題	曾昭旭	鵝湖	3	7	67	1
莊子哲學的生命精神（下）	王邦雄	鵝湖	3	7	67	1
莊子形而上世界的描述與圓教系統的完成	林鎮國	鵝湖	3	7	67	1
齊物論研究——莊子形上思維的進路	袁保新	鵝湖	3	7	67	1

與形態						
莊子養生主理論過程之探討	陳文章	鵝湖	3	7	67	1
莊子其人其書及其生命精神	王邦雄	華岡哲聲		3	67	1
蝴蝶夢與科學	葛衣夏	仙人掌雜誌		10	67	1
逍遙遊與齊物論釋義	羅聯絡	中國國學		6	67	4
莊子論人生的妙旨探微	許崇禹	道教文化	1	8	67	4
莊子的語言哲學及其表意方式	林鎮國	幼獅月刊	47	5	67	5
莊子雜篇寓名鑿解	金嘉錫	國立編譯館館刊	7	1	67	6
莊子轉俗成眞之理論結構	林鎮國	師大國文研究所集刊		22	67	6
莊子思想與般若學比較研究	顏崑陽	中山學術文化集刊		21	67	7
莊子概說	王則璐	夏聲		164	67	7
莊子的生死觀——善其生者善其死，死生無變於己	孫寶琛	哲學與文化	5	8	67	8
莊子逍遙遊譯註	潘栢世	鵝湖	4	2	67	8
「莊周卽楊朱」？	祝澧蘭	東方雜誌	12	2	67	8
大小之辯與生命的境界層次——莊子逍遙遊試探	陳文章	鵝湖	4	2	67	8
莊子自然主義的文學理論	徐麗霞	哲學與文化	5	9	67	9

莊子哲學中的「我」	黃維潤	哲學與文化	5	9	67	9
莊子對文學藝術之影響	杜祖亮	中華文化復興月刊	11	11	67	11
從齊字看莊子	金嘉錫	國立編譯館館刊	7	2	67	12
莊子學說素描	董潔文	文史學報		14	68	5
莊子哲學的修養論	黃公偉講	道教文化	2	4	68	5
莊子的修養論	嚴靈峯	中華文化復興月刊	12	6	68	6
莊子內篇德充符第五詮釋	史次耘	輔仁學誌（文學院之部）		8	68	6
莊子哲學系統探微	黃公偉	道教文化	2	5	68	7
莊列子「種有幾」章的新解	莊萬壽	大陸雜誌	59	2	68	8
莊子言道言氣對宋明儒理氣說的影響	陳忠成	孔孟月刊	18	3	68	11
莊子的知識論	嚴靈峯	華學月刊	96		68	12
莊子的知識論	黃公偉	哲學與文化	7	2	69	2
逍遙遊釋論	羅聯絡	建設	28	11	69	4
莊周夢蝶解義	蔡明田	中原文獻	12	4	69	4
莊子的自由之路	林鎮國	鵝湖	5	11	69	5
莊子逍遙遊篇的聖王思想	蔡明田	東方雜誌	13	11	69	5
齊物論釋論	羅聯絡	建設	28	12	69	5
莊子內篇大宗師第六詮釋	史次耘	輔仁學誌	9		69	6

莊子「養生主」的探討	柴　扉	中國語文	46	6	69	6
莊子的知識論	嚴靈峯	鵝湖	6	1	69	7
莊子的演化哲學	張之傑	科學月刊	11	7	69	7
論莊子對禪讓說的態度	蔡明田	大陸雜誌	61	5	69	11
莊子的人生觀	盧志美	中央月刊	13	2	69	12
莊子應帝王篇的應治思想	蔡明田	國立政治大學學報		42	69	12
道家思想的宗師——莊周	黃錦鋐	中華文化復興月刊	14	1	70	1
莊子哲學思想簡述㈠	沈　驥	恆毅	30	8	70	3
莊子哲學思想簡述㈡	沈　驥	恆毅	30	9	70	4
超絕千古的散文——莊子	王爾晉	建設	29	11	70	4
莊子之逍遙遊	韋日春	師大校友月刊		198		

㈢涉及莊學之論文

篇名	著譯者	刊名	卷	期	出版日期 年	出版日期 月
老莊哲學中的社會觀	徐紹烈	學燈			12	2
老莊的辯證法	李石岑	東方雜誌	20	5	12	
斯賓諾沙與莊子	劉耀常	嶺南大學學術論文集			18	
評陶鴻慶老莊札記	蠡舟	大公報文學副刊		25	18	
屈原莊周比較觀	董紹康	南聞週刊		118	20	
老莊通義	胡淵如	國風半月刊			21	
莊子寓言篇墨子魯問篇爲研究兩書之凡例的討論	戴景曦	廈門大學週刊	12	19	22	
關於老莊的辯證法的商榷	胡守愚	新中華	1	12		
老莊的辯證法	李石岑	東方雜誌	30	5	22	
達爾文的天則律與莊子的天鈞律	章鴻釗	學藝什誌			23	
老莊之養生法	蔣維喬	青鶴	2	16－17	23	
從西洋哲學觀點看老莊	張東蓀	燕京學報		16	23	12
老莊新傳	毛起	浙江圖書館館刊	4	5	24	

讀老莊書後	陳雲官	廈大週刊	14	30	24	
從莊子中所發現的孔子地位	陳召培	仁愛月刊	1	2	24	6
評胡適中國哲學史大綱論老莊哲學部分	姚玄華	文化建設	1	11	24	8
老莊思想地東漸及其影響	張大壯	東方雜誌	34	3	26	
由讀莊子而考得之孔子與老子	范　禕	學衡		29		
老莊之反對教育論	瞿世英	社會學界	4			
托爾斯泰思想與老莊學說的比較	曾虛白	中央日報		5版	35	6
呂氏春秋與莊子	王叔岷	文史週刊		21	36	
列子與莊子	王叔岷	中央日報		9版	36	8
淮南子與莊子	王叔岷	中央日報		9版	36	10
莊荀論天道	宋　實	中央日報		7版	38	9
從佛法看莊子	月溪法師	用周明老莊解釋佛法的錯誤			39	
老莊哲學與辯證法	嚴靈峯	思想與革命		108	40	6
老莊與道教	吳　康	大陸雜誌	7	4	42	8
老莊自然主義	吳　康	大陸雜誌	9	12	43	12
孟、墨、莊、荀之言	唐君毅	新亞學報	1	2	45	2

試論孟子荀子與莊子	林煦著	中興評論	3	6	45	6
淮南子與莊子之關係	周駿富	大陸雜誌	14	2	46	1
比較孟莊兩家論人生修養	錢　穆	人生	14	1	46	5
莊荀淮南馬班論列諸子異同考	蕭奚熒	金大文學院季刊	2	1		
孟莊異同論	陳　柱	國學論衡	4			
管老莊墨孫申商韓學術異同論	盧景純	國專月刊	1	3｜4		
孔孟莊老思想與中國民族性	梁宜生	反攻		185	46	8
莊老通辨自序	錢　穆	民主評論	8	17	46	9
讀「莊老通辨自序」	嚴靈峯	民主評論	8	19	46	10
辯老子書不後於莊子書（上）	嚴靈峯	大陸雜誌	15	9	46	11
辯老子書不後於莊子書（中）	嚴靈峯	大陸雜誌	15	10	46	11
辯老子書不後於莊子書（下）	嚴靈峯	大陸雜誌	15	11	46	12
試談老莊的「道」觀	趙賓實	恆毅	7	10	47	5
試談老莊的「道」觀（續）	趙賓實	恆毅	7	11	47	6
莊老之生死觀	羅聯絡	建設	7	2	47	7
老莊的宇宙論	錢　穆	中國哲學史論集	2		47	9
老莊考據方法上之錯誤	林語堂講	中央日報		2版	47	10
老莊人生哲學的比較	劉　純	建設	8	1	48	6

論孟莊老荀四家思想之無爲與有爲	唐端正	新亞書院學術年刊	1		48	10
老莊人生哲學的同異	陳　民	自由太平洋	5	12	50	12
試論莊子曰聖人臨大難而不懼與孟子所述大勇之義之異同	嘉　聲	華僑日報			51	8
由莊子天下篇窺察中國古代哲學發展的趨勢	梅貽寶	清華學報			53	3
兩晉清談與所謂老莊學	劉百敏	華僑日報			54	1
中國先哲對「言」「默」之運用與墨莊孟荀之辯	唐君毅	新亞書院學術年刊	7		54	9
時代與思想及其蛻變跡象——推介陳鼓應著「悲劇哲學家尼采」與「莊子哲學」（上、中、下）	張化民	自立晚報	4		54	11
老莊思想與中國文學	趙偉翔	恆毅	15	10	55	5
老莊的學說思想	一　清	國魂	261		56	8
荀學與老莊	張　亭	思與言	5	4	56	11
孔墨孟莊荀的天命觀念	曹顯成	新加坡大學中文學會學報		9	57	7
道家的政治思想	張起鈞	新時代	9	12	58	12

道常無爲而無不爲	張鐵君	學園	5	4	58	12
老莊避世思想之比較	林耀曾	慶祝林景伊先生六秩誕辰論文集			58	12
道家的政治思想	張起鈞	新時代	10	1	59	1
道家四子與道家四子新編	朱秉義	國魂		291	59	2
老莊哲學與天人合一	張柳雲	中華文化復興月刊	3	3	59	3
道家的智慧	張起鈞	師大學報		15	59	6
魚樂解	戴君仁	大陸雜誌	42	2	60	1
老莊思想及其人生境界	王逢吉	台中師專學報		1	60	6
老子與莊周之辯證思想	李超宗	國魂		315	61	2
老莊的學說源流（待續）	龔樂群	恆毅	21	8	61	3
老莊的學說源流（續）	龔樂群	恆毅	21	9	61	4
老莊哲學與禪宗「心靈觀」比較	安樂哲	研究生		1	61	6
老莊的言意觀對僧肇與禪宗的影響	王　煜	新亞書院學術年刊		15	62	9
老莊的政治論（上）	龔樂群	學粹	15	6	62	10
老莊與道教	褚柏思	內明		20	62	11
劉子引用莊子考	林長眉	書目季刊	8	1	63	6
老莊自然主義	吳　康	國魂		345	63	8

老莊思想之比較	蕭登福	中華文化復興月刊	7	9	63	9
易經哲學中的兩個層次—老莊哲學與孔子周易十翼哲學	張肇祺	中華文化復興月刊	7	11	63	11
老子莊子道家之辨	黃慶松	大學雜誌		80	63	12
從文學批評觀點讀莊子	施友忠	中外文學	3	7	63	12
老莊論道之析裂淪降	王　煜	香港中文大學中國文化研究所學報	7	1	63	12
老莊的與道結合和基督徒的成全	Carwelo Elorduy S.J. 宋雅青譯	中國天主教文化		5	64	3
從感情理智科學的角度看莊子的哲學	黃錦鋐	幼獅	41	6	64	6
論老莊思想的異同及莊子的藝術觀	賴聲羽	新潮		30	64	6
老子與莊子的辯證詭辭	蔣年豐	新潮		32	65	9
由宋明哲學試探老莊人生境界	林繼平	中華國學		4	66	4
老莊衍論	王　煜	鵝湖	2	12	66	6
莊子與惠子「魚樂」之辯	潘栢世	鵝湖	3	3	66	9
也談莊惠魚樂之辯	陳正榮	鵝湖	3	4	66	10

老莊衍術	王　煜	鵝湖	3	5	66	11
魚樂之辯之知與樂	岑溢成	鵝湖	3	5	66	11
再談「魚樂之辯」	潘栢世	鵝湖	3	7	67	1
老莊理想人格的內聖之道	黃維潤	哲學論集		11	67	6
再談「魚樂之辯」	潘栢世	鵝湖	4	2	67	8
老莊哲學與孔子周易十翼——易經哲學中的兩個層次	張肇祺	道教文化	2	7	68	9
老莊的藝術天地	邢光祖	出版與研究		55	68	10
濠梁之辯的是非	陳大齊	中華文化復興月刋	12	11	68	11
老莊的認識論	嚴靈峯	東方雜誌	14	5	69	11
老莊哲學的主觀操持與應世態度	高懷民	文藝復興		117	69	11
從老莊見孔子	丁慰慈	孔孟月刋	18	7	69	3

參考書目

莊子注　郭　象注　藝文印書舘

南華眞經注　郭　象注　商務印書館

南華眞經注疏　郭　象注、成玄英疏　藝文印書舘

莊子音義　陸德明著　藝文印書舘

莊子口義　林希逸著　弘道文化事業公司

南華眞經義海纂微　褚伯秀著　藝文印書舘

莊子翼　焦　竑撰　廣文書局

莊子內篇憨山註　憨山大師著　琉璃經房

莊子解　王夫之著　河洛圖書出版社

校正莊子集釋　郭慶藩撰　世界書局

莊子集解　王先謙著　世界書局

南華眞經影史　周振辰注　廣文書局

莊子南華經解	宣　穎撰	廣文書局
增註莊子因	林雲銘述	廣文書局
藥地炮莊	方以智撰	廣文書局
南華眞經正義	陳壽昌著	新天地出版社
侯官嚴氏評點莊子	嚴　復評點	藝文印書舘
莊子解故	章炳麟著	藝文印書舘
齊物論釋定本	章炳麟著	藝文印書舘
莊子補正	劉師培撰	商務印書館
莊子斠補	劉師培撰	藝文印書舘
莊子淺說	林　紓撰	廣文書局
莊子今箋	高晉生撰	廣文書局
莊子補正	劉叔雅著	新文豐出版公司
莊子集注	阮毓崧撰	廣文書局
莊子詮詁	胡遠濬著	商務印書館
莊子內篇證補	朱桂曜著	學人月刊雜誌社
莊子學案	郎擎霄著	泰順書局

讀莊子天下篇疏記　錢基博撰　商務印書館
莊子天下篇校釋　譚戒甫校釋　新文豐出版公司
莊子天下篇講疏　顧　實著　商務印書館
莊子義證　馬敍倫著　弘道文化事業公司
莊子哲學　蔣錫昌著　鳴宇出版社
莊子研究　葉國慶著　木鐸出版社
莊子哲學　曹受坤著　木鐸出版社
莊學管闚　王叔岷撰　藝文印書舘
莊子校釋　王叔岷著　台聯國風出版社
莊子新釋　張默生著　洪氏出版社
莊子纂箋　錢　穆著　作者印行
莊子衍義　吳　康著　商務印書館
莊子要義　周紹賢著　文景出版社
莊子治要　蕭純伯著　商務印書館
莊子讀本　黃錦鋐著　三民書局
莊子及其文學　黃錦鋐著　東大圖書公司

中國歷代思想家（四）莊子	黃錦鋐著	商務印書館
莊子總論及分篇評注	李　勉著	商務印書館
逍遙的莊子	吳　怡著	新天地出版社
莊子旁注	吳承漸著	廣文書局
莊子今註今譯	陳鼓應著	商務印書館
莊子哲學	陳鼓應著	商務印書館
莊子哲學探究	陳鼓應著	自印本
莊子淺說	陳啓天著	中華書局
莊子詮言	封思毅著	商務印書館
莊子的政治思想	蔡明田著	中國學術著作獎助委員會
莊子篇目考	張成秋著	中華書局
莊子內七篇類析語釋	劉光義著	學生書局
莊子論文集	于大成、陳新雄主編	木鐸出版社
莊子研究論文集	木鐸編輯室編輯	木鐸出版社
莊子新注（內篇）	陳冠學著	復文圖書出版社
莊子逍遙遊篇研究	陳品卿著	自印本

莊學研究　陳品卿著　中華書局
向郭莊學之研究　林聰舜著　文史哲出版社
莊子　福永光司著　陳冠學譯　三民書局
老子道德經注　王　弼注　陸德明釋文　世界書局
老子微旨例略　王　弼著　藝文印書館
音注河上公老子道德經　宋東萊先生重校　廣文書局
老子道德古文集註　范應元著　藝文印書館
道德經注　吳　澄注　廣文書局
老子翼　焦　竑著　廣文書局
老子道德經憨山解　憨山大師著　琉璃經房
道德經講義　宋常星著　法輪書局
評點老子道德經　嚴　復評點　廣文書局
老子要義　周紹賢著　中華書局
老子達解　嚴靈峯著　藝文印書館
老子哲學　張起鈞著　正中書局
老子探義　王　淮著　商務印書館

老子今註今譯及評介　陳鼓應註釋　商務印書館

老子身世及其兵學思想探賾　袁宙宗著　商務印書館

莊老通辨　錢　穆著　三民書局

老莊哲學　胡哲敷著　中華書局

老莊哲學　吳　康著　商務印書館

老莊研究　嚴靈峯著　中華書局

道家三子解　永康出版社編輯　永康出版社

先秦道家思想研究　張成秋著　自印本

論語注疏　何　晏集解、邢　昺疏　藝文印書舘

論語集解義疏　何　晏集解、皇　侃疏　世界書局

論語正義　劉寶楠、劉恭冕撰　世界書局

論語要略　錢　穆著　商務印書館

論語臆解　陳大齊著　商務印書館

論語章句新編　嚴靈峯編註　水牛出版社

論語疑義輯注　弓英德著　商務印書館

論語今註今譯　毛子水註譯　商務印書館

孔子學說與現代文化　張其昀著　文化大學出版部

孔學管窺　高　明著　學生書局

孔子與論語　錢　穆著　學生書局

孔子學說論集　陳大齊著　正中書局

孟子趙注　趙　岐注　中華書局

孟子注疏　孫　奭疏　中華書局

孟子正義　焦　循撰　中華書局

孟子字義疏證　戴　震撰　商務印書館

孟子傳論　羅根澤著　商務印書館

孟子的名理思想及其辯說實況　陳大齊著　商務印書館

孟子分類纂注　王偉俠編著　文化大學出版部

孟子政治哲學　陳顧遠著　新文豐出版公司

荀子　楊　倞注　中華書局

荀子集解　王先謙著　世界書局

荀子雜志　王念孫著　樂天書局

荀子補釋　劉師培著　藝文印書館

荀子新證	于省吾著	樂天書局
荀子學說	陳大齊著	中華文化出版事業社
荀學大略	牟宗三著	中央文物供應社
讀王先謙荀子集解札記	潘重規撰	師大學報
荀子今註今譯	熊公哲註譯	商務印書館
荀子要義	周紹賢著	中華書局
荀子約注	梁叔任撰	世界書局
荀子禮學之研究	陳飛龍著	文史哲出版社
四書集註	朱　熹著	世界書局
儒家哲學	梁啟超著	中華書局
孔孟荀哲學	吳　康著	商務印書館
墨辨注序（晉書魯勝傳）	魯　勝著	鼎文書局
墨子	畢　沅著	中華書局
定本墨子閒詁	孫詒讓著	世界書局
墨經校釋	梁啟超著	中華書局
墨子學案	梁啟超著	中華書局

子墨子學說	梁啟超著	中華書局
墨學源流	方授楚著	中華書局
墨經校詮	高晉生著	世界書局
墨辯發微	譚作民著	世界書局
墨經哲學	揚　寬著	正中書局
墨學十論	陳　柱著	上海商務印書館
墨學概論	高葆光著	中華文化事業出版委員會
墨經通解	張其鍠著	臺北市長春圖書文具公司
墨子今註今譯	李漁叔註譯	商務印書館
墨辯新注	李漁叔著	商務印書館
墨學哲學及其名理	黃建中著	師大學報第四期
墨經與別墨	陳品卿著	自印本
論別墨	陳品卿著	幼獅學誌編輯委員會
墨子導讀	陳品卿著	康橋出版事業公司
阮刻十三經註疏		藝文印書館
史記	司馬遷著	藝文印書館

漢書　班　固著　藝文印書館
後漢書　范　曄著　藝文印書館
列子　列禦寇著　中華書局
管子　管　仲著　中華書局
韓非子集解　王先愼著　世界書局
韓非子評論　熊十力著　復文圖書出版社
公孫龍子講疏　徐復觀著　私立東海大學出版
公孫龍子形名發微　譚作民著　世界書局
尸子　尸　佼著　中華書局
呂氏春秋新校正　高　誘註、畢　沅校　世界書局
淮南子　高　誘註　世界書局
孫子研究　徐文助著　廣東出版社
古書辨僞四種　宋　濂等著　商務印書館
古書疑義舉例　俞　樾撰　商務印書館
僞書通考　張心澂編著　明倫出版社
古史辨　顧頡剛、羅根澤編　明倫出版社

諸子考索（莊子外雜篇探源） 羅根澤著 泰順書局
諸子評議 俞　樾著 世界書局
諸子考釋 梁啟超著 中華書局
讀子卮言 江　瑔著 泰順書局
諸子辨 宋　濂著
諸子通考 蔣伯潛著 正中書局
諸子百家考 兒島獻吉郎著、陳清泉譯 商務印書館
中國古代哲學史 胡　適著 商務印書館
中國哲學史 馮友蘭著
中國學術思想大綱 林　尹著 臺灣武學印刷公司
中國哲學原論（原性篇、原道篇） 唐君毅著 學生書局
中國人性論史 徐復觀著 商務印書館
才性與玄理 牟宗三著 學生書局
說苑 劉　向著 中華書局
春秋繁露 董仲舒著 上海商務印書館
揚子法言 揚　雄著 上海商務印書館

論衡　王充著　商務印書館
說文解字注　許愼撰　段玉裁注　藝文印書舘
東塾讀書記　陳澧著　商務印書館
國故論衡　章太炎著　廣文書局
國學略說　章太炎著　學藝出版社

地位。於是：1.傳統農業社會的貞操觀念逐漸趨於淡薄；2.可供感官性刺激與享樂的場所如雨後春筍般大量增加，符合了經濟學上供需定律的要求；3.肢語（肢體語言）的互動將打敗口語（口頭語言）的溝通。」②就是說「後現代愛情」具有肢體性、易變性、適用性、消費性、享樂性諸特點。愛情和婚姻的關係不像過去那麼密切，愛情和性的關係卻更融入，愛情的傳播媒介不再依靠信鴿魚素。臺灣八十年代崛起的一些青年女作家的愛情婚姻小說創作，就頗有「後現代愛情」的意味。婦女的處境和命運的探索，已顯示出逐漸淡化的傾向。但是，也有人在探討瓊瑤小說八十年代在臺灣讀者中再次引起重視的原因時，講道：在西潮影響下，由於性愛導致了愛情的貧血，造成人們精神上的空虛，因而一部分讀者又企圖通過「純情」來達到心理淨化，從而彌補性愛氾濫造成的精神匱乏，獲得無害之快感。人們精神領域的東西是極爲複雜的，任何時候都處於一種交織和銜接狀態，因而我們也如此看臺灣的愛情世界。人們的精神需求，也和物質需求一樣，不斷地在趕時髦；今天含蓄爲時尚，明天開放爲時髦，過一陣子人們覺得開放太爛了，說不定又回過頭來追求含蓄。人們的精神發展，也和社會發展一樣，不斷的在看似循環，實則是螺旋上升：先進的變成保守，保守變成先進；嚴肅的變成滑稽，滑稽的變成嚴肅。婚姻和愛情，也是在這種一弛一張，一張一弛中發展。

臺灣愛情婚姻小說潮的洪流和跳動在這個潮流中的浪花，一般都是女性作家。臺灣由農業社會向資本主義社會的轉變，婦女從繁重的家庭勞動和封建意識的閉鎖中跳了出來，她們有了上學，接受知識文化的機會。在資本主義的競爭和選擇中，一般男的都學理工，學商，走向了賺錢之路，而婦女大都選擇了學家政和文、史、哲之類，走向舞文弄墨之途，所以大學畢業後，不少女生進入文學界，成了作家。一部分成爲家庭主婦的，她們在侍候丈夫，教育孩子之餘，也想握筆一試，因而從六十年代起，臺灣的女作家大批大批湧現。如著名女詩人朵思、涂靜怡，女小說家袁瓊瓊等，都是從相夫教子的家庭主婦的位置上躋身到作家隊伍中來的。臺灣資本主義的競爭和選擇，把大批女知識青年逼上學文和具有文化的家庭主婦的事實，表面看是社會對女性的排斥和歧視，但實際上卻爲開發婦女的智力，發揮她們的才能創造了條件，爲作家隊伍準備了後備軍，假如沒有這樣的逼迫和選擇，臺灣就很難湧現那麼多有才華的，高產的女作家。

六十年代臺灣現代派小說的大繁榮，改變了五十年代臺灣反共八股控制文壇的沉寂、僵死局面，使臺灣文壇的創作氣氛和文藝思想空前活躍，尤其是西方現代派作品的大量引進和移植，使文學中的一些死角也空前地活躍起來。這種社會空氣和文壇氣息，非常適合愛情小說的萌生和發展。

臺灣愛情婚姻小說潮的湧起，還有一個十分重要的原因，是接受者和欣賞者的需求。臺灣六十年代經濟起飛之後，隨著物質生活的豐富和提高，人們逐漸地也開始要求精神方面的享受。工人下工，學生放學，職員下班，家庭主婦忙過了家務，都需要有一種精神的東西來塡補生活中的空缺，需要一種精神刺激和回味來消除一天勞累造成的疲乏，需要一股文學的清流來滋潤焦渴了一天的心靈。於是愛情小說——文學中這種充滿柔情，充滿溫馨，充滿甜美，散發著芬芳的作品，便很自然地進入了人們的生活，成了人們欣賞的對象和消遣的工具。假如把那煩躁喧鬧的資本主義的激烈競爭比作夏日的毒光和烈焰，那麼愛情小說猶如散發著涼爽氣息的濃郁的蔭涼；假如把人們商場的失敗和頹唐比作攻擊的敵人，那麼愛情小說彷如避難所；假如把一天的繁忙比如困頓的鐐銬，那麼愛情小說彷如解開鐐鎊的鑰匙。所以愛情小說在物質趨向富裕，精神趨於貧困的緊張、繁忙、激烈的資本主義社會，作爲一種精神的調味品，作爲一種避難所，的確是被呼喚和受到歡迎的。臺灣的愛情小說潮於六十年代湧起並持續發展，絕非偶然。

第二節　臺灣愛情小說潮和「鴛鴦蝴蝶派」

作爲一種小說題材，自臺灣小說誕生的那一天起，臺灣的愛情小說也就面世了。一九二四年由追風創作的臺灣第一篇白話小說，就是愛情題材。這裡講的愛情小說潮指的不是一般的愛情題材的小說，而是指的湧起於六十年代初期，直到八十年代，不但歷久不衰，而且越來越興旺的愛情婚姻小說的潮流。這股潮流中的每位作家，都是專寫愛情小說，或以寫愛情小說爲主的愛情小說的能手。對這股愛情小說潮流的看法和評價衆說不一，有的人稱之爲「言情小說」，有的人稱之爲「純情小說」，有的人稱之爲愛情小說。對這股愛情小說潮流的規模和範圍，彷彿還沒有一個人作出界說。奇怪的是有不少人只是孤立地、靜止地去看這種文學現象，把它說成是個別作家或少數作家的個人行爲，而不把這股文學潮流和當時的社會文學背景及其發展流變連繫起來進行思考，把瓊瑤、玄小佛和其他寫愛情題材小說的作家，孤立起來看，因而說不清楚她們之間的異同。甚至有一部分人把這種文學現象排斥於文學的大門之外，而不承認她們是作家，不承認她們的作品是文學。這種作法既不能服己，也不能服衆，更遑論正確地從文學發展的角度來闡明這種不容忽視的文學現象了。

中國文學史上有所謂「鴛鴦蝴蝶派」小說。如清朝末年的愛情小說，民國初年江蘇、上海一代以包笑天爲代表的，包括周瘦鵑、半儂、林紓、鐵樵、李定夷、徐枕亞等作家在內的「鴛鴦蝴蝶派」作家群。他們以《小說月報》、《小說時報》、《小說新報》、《小說大觀》等刊物和《申報》副刊等爲陣地，形成了一股相當大的勢力。包笑天的長篇小說《碧血幕》、李定夷的長篇小說《美人福》、徐枕亞的長篇小說《玉梨魂》和《雪鴻淚史》等，都因描寫的愛情曲折動人而廣爲流傳，轟動一時。到了三、四十年代，張恨水、張愛玲等的愛情小說，更以感情細膩，情節曲折生動，人物鮮明突出打動人心，幾乎家喻戶曉，人人皆知。他們也被稱爲「鴛鴦蝴蝶派」的代表作家。鴛鴦蝴蝶派，過去在極左思潮和偏激情緒氾濫時期，一直是被否定、被攻擊的。不是被說成「小說逆流」，就是被攻擊爲「資產階級的破爛」，被當作「反面教材」全盤否定。過去之所以這樣否定它們，是把文學和政治混爲一談，是割斷歷史，否定文學自身的審美價値，用一種窄狹的政治觀念和階級意識來代替藝術批評。對於「鴛鴦蝴蝶派」魯迅先生曾有過懇切的評價。他說：「這時新的才子十佳人小說便又流行起來，但佳人已是良家女子了，和才子相悅相戀，分拆不開，柳蔭花下，像一對蝴蝶，一雙鴛鴦一樣，但有時因爲嚴親，或者因爲薄命，也竟至於偶見悲劇結局，不再都成神仙了——這實在不能不說是一大進步……」③戀愛婚姻是人生的重要一環，是社會生活的重要內容之一，是人類生存絕續的唯一手段。不管任何朝代，任何階層，任何國度的男人和女人，均得被它制約，受它惠賜。人生中這麼重要的問題，爲什麼就不能寫呢？寫了就要受到批判和攻擊呢？「鴛鴦蝴蝶派」小說出現和發展的歷史和社會背景，是資產階級思想擡頭和興盛的時期，是比較注意和尊重人的個人情感和幸福時期，是比較注意人的自由意志和情感生活的時期。這一事實證明，資產階級比封建主義進步得多。在中國封建社會末期歌頌婚姻自由和男歡女愛，歌頌個人幸福應該是一種很開明，很進步的民主思想，它有助於促進民主革命，有助於促進封建主義的崩潰。但在那樣的時候，正是需要推動資產階級民主革命的時候，我們卻去批判資產階級思想，這豈不是幫了封建主義的忙？因而把「鴛鴦蝴蝶」派小說歌頌的婚姻和愛情批判成「資產階級的破爛」，豈不牛頭不對馬嘴？誠然，作爲一種文學流派，「鴛鴦蝴蝶派」是相當複雜的。像不能籠統地肯定歷史上任何一件事物一樣，我們也不能籠統的給「鴛鴦蝴蝶派」以籠統的肯定。不過，往昔批判它的「脫離時代」，「專寫不健康的男女愛情」，可以肯定，恰好是批判了它值得肯定的地方。因而把「鴛鴦蝴蝶派」判爲「文學逆流」值得重新思索和判別。

六十年代臺灣愛情小說潮的湧起和「鴛鴦蝴蝶派」小說有著師承關係。不少寫愛情小說的作家，都把張恨水，尤其是張愛玲當作祖師爺，自稱是她的門徒，香港文評家舒非在評論施叔青的小說時曾說：「施叔青崇拜張愛玲，從她的《一夜遊》集子的第一篇小說的命名即可窺見端倪（施叔青的小說集《愫細怨》，女主角愫細亦是張愛玲小說中一個女人的名字）。她自己也直言不諱：『我是張愛玲迷。我常向朋友強調，張愛玲是絕對有資格獲得諾貝爾文學獎的中國作家之一，另外兩位是魯迅和老舍。』『我曾追問她，那你爲什麼不學魯迅、老舍而學張愛玲？施叔青答我：『因爲張愛玲寫女人，而我也是。』』」④臺灣愛情小說的大家之一的瓊瑤，也是以張愛玲爲師的。臺灣大學中文系女教授齊邦媛，在她評價臺灣女作家的長篇文章《閨怨之外——以實力論臺灣女作家》中把張愛玲當作臺灣女作家論述。該文的第二段專爲張愛玲寫了三百多字。文中講道：「在臺灣有許多人研究，乃至模仿張愛玲的文學技巧。對有心人而言，張愛玲的文字風格題材變化萬千。」恐怕就是因爲臺灣「有許多人研究乃至模仿張愛玲」人們才把這個與臺灣無涉的女作家拉進臺灣的作家行列。我們除了關心張愛玲是中國作家，不被外國搶去外，算作中國那個省市的都沒有關係。本人只是想以這些事實論證張愛玲對臺灣文學的影響，張愛玲和臺灣愛情小說的濃郁的血緣關係。

第三節　臺灣愛情小說潮的流變

在我的尺度內，臺灣的愛情題材範圍相當廣，例如純愛情小說、非愛情小說中的愛情描寫、描寫妓女的小說、同性戀小說、描寫未婚媽媽和失足青年的小說、描寫外遇的小說等。但作爲愛情小說潮的內容主要是指純情小說和以愛情婚姻爲主要支架的小說。如果通讀本書，便可大致了解臺灣愛情小說的發展和流變。日據時期，由於民族矛盾異常尖銳，人們的全部精力和智慧都集中在抗擊異民族奴役，爭取回歸祖國懷抱的政治鬥爭上，生活領域中的一切，也包括愛情幾乎都染上了民族鬥爭的色彩，因而那時臺灣的愛情小說很少，即使有一些愛情小說，也大都是以愛情爲題材而表現了反帝反封建的思想主題。純情小說極爲少見。一九四五年八月日本帝國主義投降到一九四九年國民黨去臺的五年時間裏，社會急劇的變化，愛情自然又被放逐，而愛情小說也無緣問世。一九四九年國民黨遷臺時，大陸上一批女作家隨國民黨去臺。比如：謝冰瑩、蘇雪林、張秀亞、艾雯、徐鍾佩、琦君、張漱菡、郭晉秀、繁露、孟瑤、郭良蕙、聶華苓、於梨華、華嚴、潘人木等等。她們到臺灣生活稍加安定之後，便又投入創作，寫出了一些愛情作品。臺灣省籍女作家林海音可看作是臺灣婚姻愛情小說的眞正開拓者，由於她生在日本，成長在北京，工作在臺灣，把北京和臺北都看作是自己的故鄉，對海峽兩岸的生活都有較長的身歷，因而她作品中的愛情主角往往都是跨越海峽的。她的許多中短篇小說和長篇小說《曉雲》描寫的愛情都可稱之爲兩岸的愛情。盡管五十年代上述女作家在環境十分艱困的情況下寫了不少愛情小說，但在反共八股「戰鬥文藝」的壓抑和排斥下，愛情小說沒有也不可能形成一股大的潮流。而且，那時作家筆下的愛情，一般都是保守的，舊式的，受傳統婚姻觀念制約的，和今日的愛情小說中描寫的愛情有著很大的區別。那時作品中的主角大都還是封建枷鎖的捆綁下，守護著所謂男尊女卑的「婦德」。直到六十年代，隨著臺灣由農業社會向資本主義社會的轉型和對外開放的情況下，人們的觀念產生了巨大的變化，一批文學新人登上文壇，在新老作家的催生下，臺灣的愛情小說潮才眞正到來。臺灣愛情小說潮的到來有這樣一些標誌：其一，成批的愛情小說家的出現。比如瓊瑤、朱秀娟、歐陽子、施叔青、曾心儀、曹又方、季季、心岱、玄小佛等。其二，出現了一大批影響頗大的愛情小說。比如瓊瑤和玄小佛等發表和出版的大量的純情小說，都在此一時期。其三，愛情小說作家和愛情小說作品已引起社會的廣泛注意。其四，愛情小說的題材變得相當廣泛。其五，愛情小說的風格變得多樣化。比如像瓊瑤、朱秀娟筆下的作品和人物具有濃厚的傳統色彩，而歐陽子、施叔青、曹又方筆下的作品和人物則帶有明顯外來痕迹。有的清純柔美，有的激越熱烈，有的明朗清晰，有的撲朔迷離，有的樸實單純，有的豐富深邃。作家們選材的角度，觀察事物的視角，剪裁生活的方式，塑造人物手法等，都各有長短。其六，愛情小說潮湧起之後，形成了一個持續不斷的洪流，到了七十年代和八十年代，一代新人崛起，又迎來了更大的愛情小說潮流。青年女作家李昂、袁瓊瓊、蕭颯、蕭麗紅、蘇偉貞、廖輝英、朱天心、朱天文、鄭寶娟、姬小苔、楊小雲、蔣曉雲、平路、許藩君等青年女作家躋身文壇，爲臺灣文壇增加了活力。她們的創作把臺灣愛情小說潮，推向了一個更高的潮頭。使臺灣的愛情小說變得更加多姿多彩。其七，愛情小說的寫作技巧，變得更加豐沛和成熟，不像過去那麼簡單和單調了。尤其是愛情主體的刻畫和五十年代相比不可同日而語。

附註：

①《今夜又微雨》（臺灣《聯合報》八六、三、廿三）。

②《後現代愛情篇》（臺灣《中國時報》八八、五、十六）。

③《二心集》第八十四頁。

④《施叔青，女人寫女人——《一夜遊》讀後）。

第二章　臺灣愛情小說的集大成者瓊瑤

第一節　從痴情女郎到愛情小說家

一個作家的生活經歷和情感，與他的創作有著極密切的關係。瓊瑤的愛情小說就和她自身的愛情經歷緊緊地連在一起，她首先是一個多情女郎，然後才是一個卓越的愛情小說家，假如沒有前者，或許也就沒有後者。

瓊瑤本名陳喆，原籍湖南省衡陽市人。一九三八年生。一九四九年十一歲時隨家人去臺。她出生於書香門第，祖父陳致平是著名的歷史學教授。由於瓊瑤姊妹多，加之父母有嚴重的重男輕女觀念，所以她的童年和少年缺乏家庭溫暖。抗日時期一次逃難，兩個弟弟走失了，其父竟煩躁地指著幼小的瓊瑤說：「爲什麼丟的不是你！」這話深深地刺痛了瓊瑤幼小的心靈。瓊瑤上中學時，因母親在夜校教書，她不得不每天一大早就起床，給弟妹們準備菜飯。下午還得提前悄悄溜回家，爲全家人準備晚飯。爲此老師扣了她的操行分數，父親還將她痛打一頓。瓊瑤在家裏得不到溫暖，便向外尋求感情寄托，當她的高中語文老師對她表示關懷時，她感到獲得了人間最大的幸福，便癡情地將情感和初戀一起獻給了他。這樁轟動校園和家庭的師生戀，遭到各方面的議論和反對，終於以悲劇收場。給瓊瑤的感情造成巨大創傷，但卻也因禍得福，當瓊瑤決心要向文壇進軍時，首先便選擇了這一素材，創作出了她的成名作《窗外》，經平鑫濤慧眼識英雄，一炮而紅。瓊瑤回顧十八歲進行的那次師生戀時說：「那場戀愛被外界四面八方湧來的阻力截斷。那次戀愛幾乎毀了我，又重新創造了我。」這「重新創造了我」指的大概就是因有這次戀愛而獲得了作家的生命。過了兩年後瓊瑤又開始戀愛了，但這一次她卻誤入賭徒的懷抱。結婚以後，連自己的陪嫁都被不成氣的丈夫偷去輸了。瓊瑤曾努力挽救他，但卻無濟於事，不得不在結婚四年，生了一個兒子後，無可奈何地與對方離了婚。瓊瑤的《窗外》是在家庭破裂，極度痛苦中，「左手抱著幼兒，右手拿筆寫稿的情況下完成的」而且中間曾經遇到不少曲折和困擾。「我有一個習慣，稿子寫好了便在左手邊一攔，不過一轉頭時間，一格格地填滿的稿子已被孩子亂筆塗鴉給塗得亂七八糟。」於是不得再寫一遍。瓊瑤在如此艱難的環境下寫出的《窗外》，投寄出去後，並沒有獲得熱烈的反響，而是送給幾家報刊都以篇幅長爲由，冷冰冰地退了稿。正在瓊瑤走頭無路之際，臺灣皇冠出版社的負責人平鑫濤，果斷地出版了這本書。書一出版，「效果奇佳」，接著便連連再版，後來臺灣竟有兩家電影公司搶拍這部作品，這部作品便兩次搬上銀幕。臺灣的大牌女明星林青霞，也因初次扮演該片中的女主角江雁容，而登上影壇。從此，瓊瑤和平鑫濤便成了老搭檔，瓊瑤的作品都交皇冠出版。正是由於事業上的結合，他們的感情也融合了。他們終於開始了「黃昏之戀」。於一九七九年結了婚。瓊瑤的愛情生活和她的文學創作，有著很大程度的互相作用和互相滋補的性質。她在談到她的愛情生活和愛情小說創作的關係時曾這樣說：「我這一生已經把人家幾輩子都過去了。我在生活、愛情及婚姻上遭遇了這麼多，我才會有這麼多可寫。人有一種潛意識的發洩心理，有人用日記寫來發洩，我卻發洩在寫作上。」①瓊瑤這種把自己的愛情婚姻生活發洩在寫作上的說法，正好說明了她的生活和創作的關係。假如說，瓊瑤第一次的悲劇婚姻是因誤解而結合，因了解而離婚，那麼瓊瑤第二次和平鑫濤進行的「黃昏之戀」便是因感激而相戀，因了解而結合了。瓊瑤不僅是一個重感情的作家，而且是一個有才華的作家。早在一九四七年，她九歲在上海讀小學時，便開始發表作品了。那年她的第一個短篇小說《可憐的小青》在上海《大公報》上刊發。到臺灣後，十六歲那年，又在臺灣的《晨光》雜誌上發表了短篇小說《雲影》。瓊瑤上中學時，常常陷入創作的沉思。老師上課，她並沒有聽講，而是將兩眼直瞪瞪地望著窗外，從雲天霧地裏去捕捉自己的創作意象。同學們自習時，她常常傻呆呆地在編織作品中愛情的夢幻，因而她把自己的第一部長篇小說起名爲《窗外》。由於瓊瑤將精力投向創作，怠慢而荒廢了學業，所以兩次高考都名落孫山，這就更加迫使瓊瑤不得不走創作成名之路了。瓊瑤自一九六三年出版她的《窗外》躋身文壇至今二十多年的創作生涯中，共出版了四十二部長篇小說和大量的中短篇小說，依據她的小說拍成的電影有五十餘部。瓊瑤差不多一年平均創作兩部長篇，可算是臺灣的高產作家之一。瓊瑤出版的長篇小說和中、短篇小說集，假如一一列舉，那將是一個很長的名單。現將她的重要作品列舉如下：《窗外》、《烟雨濛濛》、《幸運草》、《春盡翠寒湖》、《幾度夕陽紅》、《月滿西樓》、《啞妻》、《彩雲飛》、《心有千千結》、《雁兒在林梢》、《月朦朧鳥朦朧》、《在水一方》、《船》、《菟絲花》、《星期日島》、《秋歌》、《碧雲天》、《婉君表妹》、《我是一片雲》、《人在天涯》、《白狐》、《水靈》、《潮聲》、《寒烟翠》、《海鷗飛處》、《聚散兩依依》、《紫貝殼》、《翦翦風》、《女朋友》、《一顆紅豆》、《浪花》、《一簾幽夢》、《冰兒》、《庭院深深》、《夢的衣裳》等。瓊瑤的愛情小說，幾乎是一部愛情的百科全書。戀愛方式：初戀、複戀、三角戀、四角戀、婚外戀、單相思等等，均能從瓊瑤的作品中找到範例；情感的生成和表達方式：漸進式、爆發式、試探式、傾洩式、保留式等等，均可從中獲得印證。我在拙作《評瓊瑤的一顆紅豆——兼駁愛情小說「性基礎說」》中，曾這樣評價瓊瑤：「如果說，瓊瑤的每一部作品都是一顆晶瑩剔透的紅豆，那麼，把孕育和生產紅豆的母體瓊瑤，比作一棵枝繁葉茂，果實累累的紅豆樹，應該是再貼切不過了。」

第二節　探索歷史、現實和人生

一般人都認爲瓊瑤的作品沒有什麼主題思想，更有甚者把瓊瑤的作品判爲「逃避文學」，也有個別過激者罵瓊瑤作品爲「厠所文學」。廣大的瓊瑤迷聽了這種不遜之論，很可能會憤憤不平。但是作爲一個文學研究工作者，必須思考各種意見，冷靜地判別是非，然後用事實來論證自己的觀點。我既不同意把瓊瑤判爲「逃避文學」，更反對用侮辱性的字眼來辱罵瓊瑤的作品，而主張像深入地研究中國文學史上的任何一種文學現象一樣，來冷靜地研究「瓊瑤震撼」。衆人皆知，瓊瑤的作品在相隔二十年的時間裏，在海峽兩岸青年人的心中掀起過兩股「旋風」，引起過兩次心靈的震撼，而且八十年代大陸的「瓊瑤熱」，比六十年代臺灣的「瓊瑤熱」，規模還要大，熱度還要高，持續的時間還要久，席捲的讀者還要多。除了瓊瑤之外，任何一個臺灣、香港、大陸和生活在海外的華人作家都不曾，也很難享有這種待遇。今春和瓊瑤交談時，她非常自信和自豪地對我說：臺灣的所有作家中，至今我擁有的讀者還是最多的，不管少數人怎麼批評我，但我從讀者那裡獲得肯定和安慰。在當今所有的中國作家中，瓊瑤的讀者和崇拜者，恐怕很少人能比。對於這樣一種奇特的文學現象，我們絕不能給予簡單否定，或閉目不看了之，唯一可做的工作，就是揭開「瓊瑤震撼」的秘密。

我認爲瓊瑤的作品是旣純情的，又是有思想性的，在柔美的情感中，包含著深沉的思想內涵。瓊瑤的衆多作品中，主題思想表現得比較突出和強烈的，有《婉君表妹》、《幾度夕陽紅》、和《烟雨濛濛》等。這些作品，起碼表現了這樣幾個方面的重要思想內容。其一，忠實地表現歷史，客觀地評價歷史人物。瓊瑤四十餘部長篇小說中寫得最好的一部是《烟雨濛濛》。這部作品以陸振華家族的興衰和敗亡爲線索，從一個側面，以管窺的方式，客觀地反映了中國數十年的動亂歷史和演變狀況。陸振華當年在大陸時期，威風凜凜不可一世。他不僅玩弄過無數女人，而且殺了無數的人。作品雖然沒有從正面去描寫大軍閥陸振華的一生，但卻凡到緊要處都對陸振華的罪惡歷史作了扼要的披露。比如，當陸振華的小老婆雪琴與別人通姦拐巨款出逃的第二天早上，臺灣報紙的社會新聞版上，登出了一段新聞，其標題是：《過氣將軍風流債，如夫人捲巨款逃逸》。標題的旁邊還有兩行中號字的注脚：

「曾經三妻四妾左擁右抱，

而今人去財空徒呼奈何！」

陸振華的大女兒，《烟雨濛濛》的女主角陸依萍看了這則新聞後有這樣的感嘆：「我深吸了口氣，曾三妻四妾左擁右抱，而今人去財空徒呼奈何！眞的，這是爸爸，一度縱橫半個中國的爸爸，嬌妻美妾數不勝數，金銀珠寶堆積如山。可是，現在呢？我眼前又浮起昨天持刀狂砍的爸爸，蕭蕭白髮和空屋一間；當年的如花美眷，以前的富貴榮華，現在都已成爲幻夢一場了！」這一段文字可看作是對陸振華當年在大陸巧取豪奪，腐化奢侈情景的隔窗透視。而作爲一個大軍閥，他的享樂和威勢都必然是建築在千萬普通人民血淚的基礎上的，沒有人民的痛苦和血淚，沒有千萬平民的被殺害，就沒有大軍閥的威勢和享樂。作者在《烟雨濛濛》中巧妙地給陸振華造成了一個心靈懺悔的環境，讓陸振華說出了他過去在大陸犯下的殺人罪行。那便是由於陸振華寵愛小老婆雪琴，排斥和打擊大老婆，陸依萍的媽媽。在雪琴的策劃下將陸依萍母女倆趕出陸府，住在另外一個低矮、陰暗的房子裏，還處處受到歧視和打擊。因而陸依萍決意要對雪琴進行報復：一是調查揭露雪琴與人通姦和走私的案件，二是奪取雪琴所生的同父異母妹妹陸如萍的未婚夫。當陸依萍將陸如萍的未婚夫何書桓奪到手後，陸如萍經不起失戀的打擊，用陸振華的手槍自殺了。這件事把陸振華趕進了風暴的中心，使他痛不欲生，精神受到強烈刺激，面對自己的槍殺死自己的女兒，他感到自己有罪，罪孽深重，於是凝視著自己的手，喃喃地說：「『陸家的槍打別人！不打自己！』他的烟斗落到地下去了，他沒有去管它：『這手槍跟了我幾十年，我用它殺過數不清的生命』他把手顫抖的伸到我的眼前來，使我恐懼。他壓低聲音說：『我手上的血汚太多了，你不知道有多少生命喪失在這雙手底下……所以，如萍也該死在這槍下，她帶著我的血汚死去……』」當年縱橫半個中國殺人如麻的大軍閥如今怎樣呢？由於家庭內訌，大女兒報復小老婆，小老婆拐巨款與姦夫私奔，寵愛的女兒用自己的手槍自殺，小兒子陸爾杰是小老婆與姦夫播的野種，因而他便失去常態，大兒子陸爾豪混進流氓團伙而離開家門，另一個女兒夢萍也成了流氓，當了未婚媽媽。他最後落得個衆叛親離，死的時候身邊沒有一個親人，堂堂陸府的金匾在陸府的破敗中，悄悄墜地，落進了歷史塵埃，整個陸府爲抵債廉價地作了拍賣。作者虛虛實實，虛實相間地通過陸氏家族的興衰和敗亡，從一個側面，一個角度，反映了中國激烈變遷中的一段歷史眞實。當陸府的金匾無可奈何地落入塵埃之時，眞有無可奈何花落去之感。從某種意義上講，瓊瑤的《烟雨濛濛》和白先勇的《臺北人》具有同樣的思想內涵，因而不應當把這樣的作品當作純粹的言情小說來讀。《烟雨濛濛》中有些細節描寫極其生動眞實，在其他作品中還很少看到。該書的第十五章，作者通過陸依萍的視角寫道：「雨，下不完的雨，每個晚上，我在雨聲裏迷失。又是夜，我倚著鋼琴坐著，琴上放著一盞小燈，黃昏的光線照著簡陋的屋子。屋角上，正堆著『陸氏行李第×件』，這大概是遷到臺灣來時路上貼的。我凝視著那箱子，有種奇異的感覺緩緩由心中升起……」這個細節可以把人們的思想牽回到那秋風落葉的歷史情景中去，引出人們無限的回首和遐思。其二，眞切地披露現實。《幾度夕陽紅》是瓊瑤許多作品中的力作之一。這部作品，跨越了中國歷史的幾個時代，從大陸抗日時期的重慶沙坪垻，寫到今日的臺北市，從沙坪垻之花李夢竹曲折離奇的婚姻際遇，寫到臺北柔弱的少女楊曉彤充滿曲折的戀愛。但這部作品給我印象最深的還是大陸去臺的這批遊子生動、眞實、感人的生活情節的描寫和對現實社會腐敗、昏潰、黑暗、霉爛現象的無情揭露。楊明遠是個安分守己的知識分子，只是因對妻子李竹夢與情人何慕天舊情未了而顯著苦悶而煩躁，一天他在街上竟無端地，不分青紅皀白地被當成「瘋子」。「瘦老頭推推眼鏡片，目瞪口呆。旁觀的一些人笑了起來。楊明遠摔摔袖子，掉轉身自顧自地走開，他聽到人群中有人在說：『是個瘋子！不知道是從那個瘋人院跑出來的！』他摸了摸幾天沒有刮鬍子的下巴，是嗎？自己像個瘋人院裏跑出來的瘋子嗎？好吧！瘋子就瘋子，眞做了瘋子也就沒有煩惱了！」旁觀者把一個正常人看作「瘋子」倒不覺新鮮，新鮮的是一個正常人竟被警察當作「瘋子」抓了起來。楊明遠對抓他的警察怒不可遏：「我告訴你，你捉瘋子的話，滿街的人都是瘋子，這世界上沒有一個人不瘋，整個地球就是一個大瘋人院，我現在已經呆在瘋人院裏了，你還把我往那裡捉？」楊明遠這滿懷憤怒的話，既是一種反抗，也是一種揭露。這話中還深含哲理。從楊明遠的無端遭愚弄的事實和楊明遠很有分量的話語中，人們不難觀察出臺灣社會的內景。《烟雨濛濛》中陸振華對陸依萍說過一句話，眞切而深刻。陸依萍問：「爸爸，你的錢是怎麼來的？」，陸振華眯起眼睛回答：「什麼來路都有。這個世界只認得你的錢，並不管你的錢是從哪裏來的？你懂嗎？」瓊瑤雖然在作品中沒有像政治小說那樣，以整篇作品去揭露社會的瘋狂、迷亂和黑暗，但她在作品的關鍵部位和關鍵人物口中，不時地畫龍點睛，製作一個窗口，就能使讀者從那窗口中透視出社會的本質。其三，對人生的探求。瓊瑤作品中跋涉在人生探求道路上的角色，均是青年男女。有的是在戀愛婚姻道路上探求人生的幸福；有的是在茫茫的人生霧海中追求光明；有的是在骯髒的社會環境中尋求聖潔；有的是在繁雜的欲念中尋求超脫。《烟雨濛濛》中的陸依萍和方瑜兩個少女的不同追求和歸宿，是作者有意進行對比來描寫的。陸依萍滿懷人生熱望，積極進取，奮勇拼搏，用一切機會和手段將對手置於死地，變自己的不利地位爲有利地位，由被欺壓者變爲勝利者。爲了奪取人生鬥爭的勝利，她不惜以自己的姿色作賭注進行賭博；爲了致強敵於死地，她不惜以姑娘之身去跟踪罪犯。雖然，她的人生目標並不十分明確，但是要作勝利者，要作強者，卻是她處置一切事情的準則。她說：「我爭何書桓，只爲了奪取如萍之愛，我將小心的不讓自己墜入情網，一切要冷靜，我必須記住一個大前提，我的所行所爲，都是爲了一件事，報復！」陸依萍是個女強人的形象，她明確地奉行著入世思想。而方瑜，在戀愛上受到點挫折後便遁入空門，出家當了尼姑。方瑜抱著一種灰色、頹廢，一切皆空的出世人生觀。作者的心目中，陸依萍是被肯定和頌揚的，方瑜的觀念和作法則是被作家批判和否定的。瓊瑤的作品中，在人生道上摸索的有各種角色和各種類型的人物。不管是嚴肅對待人生的梁致文，或是在人生的叉道口選擇的陸爾豪，還是在懵懂中亂闖亂撞的楊曉白，他們都是在各自的處境中，各自的水平線上探求著人生。他們中有的可能沉淪，有的可能毀滅，有的可能獲得某種成功，不管他們的結果怎樣，也不管他們自覺或不自覺，實際上他們都是資本主義社會人生道上的競爭者和探索者。

第三節　愛情小說藝術成就的標誌

瓊瑤愛情小說的大量湧現，標誌著臺灣愛情小說藝術上的成熟。主要表現有以下幾個方面：其一，多種型態的愛情描繪。瓊瑤的愛情小說既然可以稱之爲愛情的百科全書，當然就包含各種型態：即傳統的、過渡的和完全現代化的；各種年紀的：即：老年、中年和少女；各種社會階層的。即：學生、職員、企業家；各種時代。即：封建社會、半封建半殖民地社會、西化的資本主義社會等等。這些不同型態，不同階層，不同年紀，不同時代處於不同精神狀態下的人們，他們對待婚姻戀愛的態度，他們的道德觀念，他們表達感情的方式，他們選擇戀人的角度，他們的文化修養和文明程度對婚姻愛情的影響，他們的社會意識對愛情的滲透，都有著極微妙的區別。要想把各種人的婚姻戀愛都表現得眞切生動，合情合理，的確是一件不太容易的事，它是一項細緻的感情辨析和心理解剖過程。瓊瑤對各種人物的描繪是令人信服的。《窗外》中的小女生江雁容的一場師生戀，是那樣純情而癡情，《啞妻》中的啞妻，在失去語言功能的情況下，對幸福的憧憬，對情感的執著，對痛苦的忍耐，對毀壞和剝奪自己幸福的封建勢力的抗拒等等情態的變化，是那樣細膩而豐富；對實業巨子何慕天、對窮知識分子楊明遠、對寡婦杜慕裳、對現代知識分子韋鵬飛、魏如峰等的情感表現都非常眞實自然。其二，衆多類型人物的成功刻劃。瓊瑤作品刻劃得最成功是這樣幾種類型的人物：青春少女。比如：劉靈珊、楊曉彤、陸依萍、江雁容、夏初雷、何霜霜等。有人認爲瓊瑤筆下的少女千人一面，彷彿都差不多，這是說瓊瑤塑造的少女形象有公式化和概念化的毛病。我卻覺得相反；瓊瑤筆下的少女千姿百態，各有個性。劉靈珊和楊曉彤都屬於純情少女，都美得宛如藝術品，但楊曉彤像一朶帶刺的玫瑰，劉靈珊像朶幽香海棠；何霜霜和雨婷都是非常自私，佔有欲極強的少女，但何霜霜像一枚炸彈，爲了達到目的她不惜去將別人毀掉；而雨婷卻像一條蠶，她只對別人無聲地吞食和佔有。第二類成功的人物是母親形象。瓊瑤作品中的母親，都是感人至深的，無私的奉獻者。她們像天空，無私地向大地奉獻雨露；她們像大地，無私地孕育無盡的生命；她們像陽光給人溫暖；她們像雨露給人滋潤，她們像港灣給人以保護；她們像江河，永遠澆灌著大地。李夢竹爲了孩子的幸福，爲了家庭不致破裂，強烈地抑制自己的情感，拒絕了情人的要求，捨棄了送上門來的晚年幸福；杜慕裳默默地爲女兒守寡到中年，又爲治癒女兒的病而向醫生夏寒山獻了身。瓊瑤作品中第三類成功的形象是處於性格變化中的中、下層青年。《幾度夕陽紅》中的楊曉白，《月朦朧，鳥朦朧》中的陸超，《烟雨濛濛》中的陸爾豪等，他們參加流氓團伙，他們聚衆鬥毆，他們玩弄女人，他們身上帶有很大的危險性和破壞性。但給人的感覺卻只惋惜，而不可恨，感到責任在社會而不在他們。這一類人物的現實感非常強烈，他們身上體現著社會的某種本質。其三，許多作品的結構非常實合內容的特點。《幾度夕陽紅》的創作意圖，是要描寫和表達幾代人的婚姻和命運，並從中透露出中國歷史的變遷，因而採用大構架和大跨度的時序推移式。作品好比是時間跨度上的一座巨型橋樑，一頭架設在三、四十年代的重慶，一頭架設在五、六十年代的臺北，橋上行走的至少有兩代人，即老一輩的何慕天、楊明遠、李夢竹，新一代的楊曉白、魏如峰、楊曉彤、何霜霜等。這種順時序的推移結構，比較易於呈現不同歷史時期的社會狀貌，從而表現出人們命運的變化。而《烟雨濛濛》側重點在描寫陸府的衰落和敗亡，因而重心放在現實，對歷史只作蜻蜓點水式的回憶，或管窺式的夾敍，它的結構形式和《幾度夕陽紅》不同，呈現出一種基點輻射式。即以現實爲基本點，根據內容需要作回顧式的輻射。和《幾度夕陽紅》中強調「幾度」《烟雨濛濛》中強調「現實」的特點不同，《一顆紅豆》則在於突出情感，作品節奏的一浪高一浪的推進。隨著感情濃度的增強，感情流量的加大，作品的後半部波瀾重重，高潮迭起。這種以情感推動作品情節的發展和節奏的變化，猶如流水滔滔的江河，讀者的情緒也被作者的感情洪流推波而下。因而《一顆紅豆》具有情感結構的特點。其四，是語言生動優美。不少讀者反映讀瓊瑤的作品刹不住車，就像坐順水船，輕鬆流暢，一讀到底。我想這中間雖然與吸引人的故事情節分不開，但很重要的原因是瓊瑤通流暢達，生動優美，熟練而規範化的文學語言產生的威力。如果瓊瑤的語言青澀難懂，不符合語言規範，便必定無此良好效果。瓊瑤的小說也有不足，比如題材窄狹、有些作品給人一種雷同之感，有的作品情節上缺乏慎思，因而出現了某些不合理的現象。

附註：

①《名作家的愛與婚姻》第一五六頁（劉文達著、香港奔馬出版社出版）。

第三章　朱秀娟、曹又方、施叔青

第一節　朱秀娟

朱秀娟是臺灣文壇上一個異數。她愛文、習商、寫小說、開辦貿易公司，樣樣都來，以多技能、多側面、多行業，在廣濶的生活和事業的基礎上，形成了她的文壇女強人形象。朱秀娟雖然出版了二十多部作品，但在文壇上知名度卻不是很高。她是一個雖然不很轟動，但卻實力強悍的女作家。有人談起這種現象時說：「有過這麼豐富寫作背景的人，竟然在文壇上像一名新兵一樣少被提起，無寧說也是一樁怪事！或許，因爲她少打入這個圈圈？還是她有生意可做，志不在名？然而，不管怎麼說，這樣置身圈外，或者說站在文壇的邊緣上，反而倒少給她一些約束。她更可以毫無顧忌的游仞有餘的寫，沒有負擔地冷眼旁觀，以及興致來了就跟仰慕她的讀者兼朋友，罵罵她看不懂，其實大多數讀者也看不懂，可是又不敢說看不懂的名家名作。」

朱秀娟，江蘇省鹽城縣人。日據時期在家鄉讀小學。一九四九年隨家人去臺灣。臺北怹強高中畢業後，考取了銘傳商業專科學校讀會計統計系。一九六〇年前後赴美留學，一九六三年返臺投身商業界。朱秀娟姊弟五人，她是老大，在學校裏一直是當女班長，在家裏也是班頭。她說：「在家裏，我不但是弟妹們的榜樣，在他們四人之中還眞有權威，除了二妹妹和我差不多大，還敢跟我頂頂嘴之外，三個小的，對我的話比爸爸媽媽的還要說一不二。我如罰他們跪，沒有我叫他們起來，誰叫他們連聽都不敢聽。有一次我爸爸在我面前告我弟弟的狀，那時他已是高中一年級的高大小男生啦，『剛剛啊，他居然敢叫你的名字啦，接電話時說：朱秀娟不在家。』我沉著臉裝模作樣，我那五姊弟中唯一的嬌嬌獨子弟弟，已嚇得通紅了臉，一句話也不敢說……」這種情景告訴我們，朱秀娟從小在家裏就是一個女強人的胚子，連父親都在她面前告弟妹的狀。朱秀娟從小酷愛文學，唸高中時就利用寒暑假嘗試寫短篇小說，但寫好後不敢拿出去，而是悄悄藏起，直到有一次邂逅一位著名的女作家，那位女作家告訴她，自己的退稿紀錄已破百次大關，朱秀娟受到鼓勵才鼓足勇氣開始投稿。朱秀娟在一篇文章中說：「記得在高二的暑假租書店的書被我全看光啦。我就試著自己寫，先從翻譯開始，一舉兩得，練了中文和英文，翻了點，寫了點，全鎖在抽屜裏。開始正式投稿後拿出來整理一下，有幾篇還真能用！」①在臺灣文壇上，朱秀娟雖然年紀和瓊瑤、陳若曦、歐陽子等差不多。但就創作生涯來看朱秀娟只能甘作小妹。至今朱秀娟的創作歷史恐怕還不足二十年。但她卻是一個高產作家，時至今日出版的作品已逾二十餘部。例如：短篇小說集：《橋下》、《朱秀娟自選集》，長篇小說：《再春》、《雨荷》、《破落戶的春天》、《歸雁》、《梧桐月》、《花墟的故事》、《丹霞飛》、《萬里心航》、《晚霜》、《雙心繭》、《女強人》、《花落春不在》、《沒有明天的女人》。散文集：《紐約見聞》等。朱秀娟在《我的創作生涯》中曾經講到她要棄商從文，決心從事小說創作的動機。她說：「我的創作生涯開始得很晚，學校畢業後，就在社會上做事，深感世事無常，自己所擁有的實在是太少太少，再加上我酷愛閱讀，頓然希望如能把自己的思想用文字留下來的話，當可足慰生平了。」朱秀娟的創作目的十分簡單，就是要用文字留下自己思想的足迹。不過，朱秀娟的創作成就，早已大大地超越了她當年的純主觀性，她的作品的社會作用和在讀者中產生的反響，已把她推上了歷史的見證人和婦女的代言人的地位了。朱秀娟是一個善寫長篇小說的作家，她最善於在曲折但不離奇的故事中去展現女主角的生活和命運。她的第一部長篇小說《雨荷》是描寫她自身的婚姻故事，「懺悔我對一段純眞感情的漠視。那種幼稚與驕傲，使我的婚姻直到三十出頭才開始。但是《雨荷》就這樣誕生了。」《破落戶的春天》仍然帶著濃郁的自傳色彩。描寫一對留學生在新婚的蜜月中，掃除不去寂寞和苦悶。「我的婚姻就是在美國那破落戶似的小城中完成的。那裡的人與事至今仍鮮明的活在我心底。」《歸雁》和《萬里心航》、《晚霜》，都是描寫留學生生活的。描寫他們家庭的不快和婚姻中的「外遇」，表現了他們在物質生活和精神生活上的不平衡。《沒有明天的女人》描寫了女主角趙婉宜因離婚而引起的心靈上的創痛，以及經過曲折的相戀和癡心男子鍾租農結合的故事。在朱秀娟所有的長篇小說中寫得最好和最深刻的是《女強人》。雖然朱秀娟一九七七年曾獲「中國文藝協會」第廿一屆文藝小說創作獎，但是直到她的《女強人》於一九八四年獲臺灣中山文藝獎，成爲臺灣持續不衰的暢銷書之後，朱秀娟才成爲臺灣家喻戶曉的人物，人們才特別投注給朱秀娟以欽敬的目光。

《女強人》不僅是朱秀娟創作的里程碑，而且也是八十年代臺灣文壇長篇小說創作的重要收獲之一。作者以洗練的筆墨描寫了女主角林欣華在高考落榜以後，不墮落，不自卑，不氣餒，以非凡的毅力和勇氣，以一步一個脚印的實幹精神，走出了一條成功的創業之路。臺灣社會競爭異常尖銳激烈，通常情況下高考落榜的女生，不是找一個有錢的丈夫，相夫教子度過一生，就是被迫淪入風塵，靠姿色和肉體來養活自己。即使女大學畢業生，有一定的競爭能力，也難免不被逼上風塵之路。而林欣華不但高考落榜，而且家境十分貧困，毫無後臺可依，在這樣的情況下，能夠爭得個飯碗，有一席立足之地，已經是難能可貴了。但是，中國有句格言：「事在人爲」。如果拼搏，不利條件會變爲有利條件，弱者會變成強者；如果懶惰，有利條件會變成不利條件，強者會變成弱者。在一定的物質條件下，主觀能動性起決定作用，主觀努力決定著事物前途和性質。就像打仗，戰略戰術巧妙，一個團的兵力可以吃掉一個師一個軍；戰略戰術錯誤，臨戰精神狀態不好，一個軍一個師，可能會不戰自敗，毫無勝利的希望可言。林欣華在人生的搏擊中，就是一個團吃掉了一個師，一個軍。在充分地發揮了主觀能動性的情況下，促使了強弱條件，不利和有利條件的轉化。不會英語，學會英語；不會打字學會打字，不會做生意學會了做生意，於是由一個小職員變成了一個能在國際上呼風喚雨的女企業家。在林欣華成功的道路上，不但不是一帆風順的，而且困難重重，山阻水隔，險象叢生。正當她的事業蓬勃發展之際，港商濶少雷蒙突然闖進她的生活，作爲一個女人，一表人材，有錢有勢，又有知識，且對自己愛得狂熱，的確是難得的好丈夫。因而林欣華和他一見鍾情，並向他獻了身，閃電般決定赴香港和他結婚。但是作爲一個女企業家、女強人，作了雷家的少奶奶，事業將被送進墳墓，獨立的人格將會喪失，只能永遠成爲雷蒙的影子和雷家的擺設。林欣華之可貴在於當生米煮成熟飯，將要拜堂成親的關鍵時刻，她頓然醒悟，而且在雷蒙已經請了所有的親朋，在不容改變的形勢下，她當機立斷宣告這樁婚姻的破產，抽身回臺，保證了自己事業的前進和人格的獨立。像這樣的事情林欣華經歷了兩次。另一種考驗是當她的事業開展的十分順利，威高鎮主的情況下，董事長想以明升暗降的辦法將她架空。

林欣華一下便識破了董事長的陰謀，不僅拒受董事長送給她的股分，而且不接受副董事長之職，終使董事長的陰謀破產，而保住了總經理的實力地位。林欣華從一個中學畢業的小女生，在風雲詭譎的資本主義世界裏鍛練成了一個十分精明強悍，能夠戰勝陰電陽電的撞擊，能夠力克陰風淒雨的橫禍，能擺脫明福暗禍的陷阱而永遠立於不敗之地的成熟的女企業家，成爲一個名副其實的女強人，這實在是一曲高亢的現代婦女的頌歌。不僅是臺灣婦女，也是全中國現代婦女的榜樣。僅僅林欣華這個成功的形象塑造，就足以使《女強人》這部小說成爲不朽。林欣華這個形象，具有濃郁的時代氣息，容納了豐富的歷史內涵。她的意義表明，對臺灣社會現實的反映和描繪，不一定只有寫黑暗面，才會深刻，只有揭得鮮血淋淋才能痛快；只有女性寫成墮落，成爲社會的犧牲品，才是本質。當然，像李昂的《暗夜》，蕭颯的《小鎭醫生的愛情》，廖輝英的《盲點》等作品，均不失爲反映了臺灣當前社會生活本質的優秀小說。然而朱秀娟的《女強人》，卻是開拓了另一條反映臺灣資本主義社會生活本質的方法和途徑，那便是描寫和刻畫資本主義社會中的正面形象，塑造具有中國精神和氣派的，可以在世界範圍施展才華和抱負的，不同於葉原、黃承德等，具有較高精神品格的實業家。

朱秀娟在《女強人》中最突出的藝術特色，便是形式和內容，格調和氣氛，環境和人物等的和諧與統一。文字乾淨俐落，極富有表現力。在塑造林欣華的形象時，十分注意外在環境的烘托，和人物內在世界的深入開拓相結合，使人物富有立體感，具有力度感。像深植在臺灣社會土壤中的一株大樹，雖然常有狂風暴雨的襲擊，枝葉也有一點搖晃，但穩固的根基卻紋絲不動。

第二節　曹又方

曹又方既是一位女作家，也是一位婦女運動的活動家；既搞創作，又研究婚姻愛情理論；既寫小說，又寫專欄。在愛情婚姻理論方面她主張：愛情是心靈和情感的交融和互動，愛情的回報就是愛情本身；愛情的雙方都是獨立的個體，愛的最高表示是對方做他想要做的事，而不是你希望他去做的事；愛雖是男女兩個人的事，但它具有社會性。婚姻的最大滿足是鼓勵和期許，婚姻是兩個人的身心靜靜停泊的港口；愛情在青年時期像座不設防的城市，不可抗拒，也不抗拒；美麗、原始、自然，既浪漫又純情。愛情到了中年，是理智，是美學，是哲學……曹又方從理論和創作這兩股軌道上爲追求和維護女性的利益而奔馳。

曹又方，本名曹履銘。一九四二年出生於上海市，幼時在上海善導女子小學讀書，一九四九年隨家人去臺灣，入臺南師範附小，一九五四年入臺南市女中。她涉足文壇甚早，一九五二年，即十歲時就在臺灣《中華日報》副刊發表習作，一九六七年開始以蘇玄玄筆名發表小說，一九七〇年出版第一本小說集《愛的變貌》。一九七六年蘇玄玄時期結束，曹又方時期開始。這一年以曹又方筆名發表中篇小說《綿纏》，並連載和出版系列小說《蝴蝶怨》，擔任臺灣拓荒出版社總編輯。之後又陸續出版中篇小說集《綿纏》、《雲匆匆愛匆匆》；短篇小說集《濕濕的春》、《風塵裏》、《捕雲的人》，長篇小說《碧海紅塵》、《風　》、《美國月亮》。一九七八年，曹又方同時獨力撰寫臺灣《婦女雜誌》的「開放的心」、《民族晚報》的「刺」、《新生報》的「剖」、《民衆日報》的「現代人情懷」、《時報週刊》的「解剖男人，透視女人」、《臺灣日報》的「曹又方專欄」等六家報刊的專欄，爲婦女運動呼喊。她出版的專欄散文雜文集有《隨緣小集》、《刺》、《情懷》等。另外出版有婚姻愛情論文集《開放的女性》等。一九七九年，曹又方赴美，一九八四年開始任美國《中報》副刊主編至今。

曹又方被稱爲「張愛玲第二」她的小說幾乎全是描寫男女關係和婚姻愛情故事的。她的短篇小說集《捕雲的人》、《風塵裏》、《濕濕的春》稱爲「鴛鴦譜系列小說之一、之二、之三。由冠以「鴛鴦譜系列」便可窺見小說的內容了。在「鴛鴦譜系列小說」序裏，曹又方說：「男人和女人之間的故事是永遠寫不完的，二十世紀實在是一個十分變異的時代，許多觀念和價值都在變，男女間的事也變得更爲複雜和光怪陸離了……」這種光怪陸離是對傳統的挑戰，也是現代意識在男女關係上的一種反映。它迫使作家以新的觀念，新的方法塑造愛情主體，表現愛情氣象。曹又方衆多作品中寫得最好的是一九八四年出版的長篇小說《美國月亮》，這個書名本身就含有強烈的諷刺意味。即用以諷刺那種「美國月亮比中國月亮圓」的崇洋媚外之徒。小說男主角，三十八歲的陶敏士在美國端了十年盤子，一事無成，連戀人也告吹。回到臺灣後登報徵婚，應徵者中有位十九歲少女周起鳳，非常精明漂亮，她應徵的條件是到美國去。陶敏士在母親和妹妹的幫助下突破父親的阻力和周起鳳結了婚，去了美國。但三十八歲的留學生陶敏士卻被十九歲的周起鳳玩弄於掌上，不僅逼走了合作者，掌握了餐館大權；而且運用手腕把她母親和弟弟都弄到了美國，母親奪了餐館的財權，弟弟奪了餐館的勺權，陶敏士軟弱無力聽任周起鳳的擺布。小說十分出色地塑造了既有崇洋媚外觀念，又富於心機，非常能幹的少女周起鳳的形象。她利用自己年輕美麗與陶敏士老夫少妻的關係，使陶敏士在情感與性欲等方面得不到滿足，處於吃一點但又吃不飽，嘗一點但又不能一醉方休，永遠處於精神和性欲饑渴，有求於她的狀態中，於是她的打算和陰謀一一得逞。周起鳳涉世未深，但卻圓滑老練；身在美國，卻運籌於萬里之外的臺灣；小人卻有謀士風度；美女卻有丈夫氣概，頗有《紅樓夢》中「鳳辣子」的風韻和手腕。《美國月亮》不失為深沉的諷刺之作。周起鳳的形象，不僅是曹又方小說中女性形象的高峰，而且在衆多同類遊子形象中也有新的突破。曹又方早期作品中的愛情主體，幾乎全是在傳統和現代的交界線上迷惘、矛盾、掙扎、毀滅，而且基本上是以床上活動作為掙扎和叛逆的主要形式。有位評論家在談到曹又方的早期小說時寫道：「早期的曹又方小說，描寫的正是這樣的一群對愛情抱著理想主義，卻又因為現實的殘酷而告幻夢破滅的人物。因為他們年輕，所以有夢、有憧憬，並且他們的夢聖潔得如同河畔的天鵝。也因著他們是活在這一時代裏的人，所以有抱怨，有不滿，為著擺脫『五千年父親』的羈絆，他們幻想著能從背德的實踐中去尋求自我的認同，然而在床上的此種叛逆，等到『明天便成了一種殘酷』——官能的快樂終究是無能解救靈魂的困苦啊！」②到了中期《綿纏》中的女主角顧敏純，其雖仍然在不幸的婚姻中顛沛和苦悶，但小說的人物和前已有不同，她已能擺脫痛苦婚姻的綿纏去作新的追求。盡管那種追求仍然是渺茫的。到了《美國月亮》中的女主角周起鳳，曹又方的愛情主體有了一個突變，那便是脫離了純粹情欲的糾纏，把目標轉向了事業和人生。對周起鳳來說，與陶敏士的戀愛結婚，更多地是為了完成和達到她去美國，追求富裕舒適生活，榮耀門庭的一種手段。盡管周起鳳的事業和人生是需要大打折扣的，作者也是以批判態度來描寫的，但是這種擺脫床上戰場和以自我毀滅爲代價的叛逆，畢竟使曹又方的人物邁出了新的步子。

第三節　施叔青

施叔青是臺、美、港三棲女作家。她的小說創作也隨著她人生的自然流程，分爲了早、中、近三個時期。

施叔青，一九四五年生，臺灣省彰化縣鹿港人，臺灣淡江大學外文系畢業。一九七〇年赴美攻讀戲劇，獲紐約市立大學戲劇碩士學位。後曾在臺灣政治大學和淡江大學任教，一九七八年隨美國丈夫到香港定居。施叔青在大學讀書時便開始了小說創作，得到陳映眞和白先勇的幫助躋身文壇，出版的短篇小說集有：《約伯的末裔》、《完美的丈夫》、《夾縫之間》、《拾掇那些日子》、《常滿姨的一天》，長篇小說：《牛鈴聲響》和《琉璃瓦》等。另有戲劇論著《西方人看中國戲劇》等。

施叔青的創作經歷了臺灣、美國和香港三個時期，早期施叔青的創作脚步是踏在現代派的國土上的，她以少女靑澀美麗而朦朧的夢幻，編織了一些奇妙而不成熟的故事。她早期的代表作《壁虎》描寫一位望門中的少女和同胞哥哥產生亂倫戀傾向，因而對新過門的嫂子深懷奪愛之恨，最後竟控制不住發瘋般地衝進哥哥的臥室，執著剪刀兇暴地將情敵嫂子刺死。作品中的「壁虎夫人」即少女的嫂子，是性的象徵，「是屬於動物世界，一種超道德的自然力量，——如狂風，如海嘯，當這種力量闖入人類社會中，其結果是死亡，是瘋癲。」③白先勇評價到施叔青早期小說時寫道：「死亡、性和瘋癲是施叔青小說中循環不息的主題，而這幾個主題又是密切相關，互為因果的。死亡和性這兩種神秘而不可解的生命現象，在任何文學傳統中，都是經常出現的兩則主題，但是在施叔青的小說中，卻挾雷霆萬鈞之勢出現，它們震盪了人的心靈，粉碎了社會的道德秩序。」④施叔青一九七〇年去美國後寫的《完美的丈夫》中的一些短篇小說以及《夾縫之間》中的《常滿姨的一日》、《牛鈴聲響》等，描寫旅美華人女性生活的作品，改變了早期的青澀，逐步地由空中來到了人間；由幻想回到了現實，開始描寫人生的不幸和苦悶，尤其是旅美華人女性的不幸遭遇。像《常滿姨的一日》中的常滿姨，《回首，驀然》中的范水秀，《後街》中的朱勤，《完美丈夫》中的李愫等女主角。她們身上再沒有《壁虎》中那位少女和壁虎夫人的影子。常滿姨這位臺灣普通的勞動婦女到美國後，在孤獨中熬不住性的煎迫，竟然癲狂地想脫下褲子，大喊男人來吧；竟然主動撲向晚輩留學生阿輝的床上而失敗。這雖然也是一種性的描寫，但它有了現實生活的內涵，是被生活環境逼得瘋狂的結果。尤其是對李愫反抗性格的描寫，是施叔青的創作進入新階段的重要標誌。施叔青在美國時期寫的小說，華人都是被囚在美國社會的牢籠中，在艱困和鄉愁的折磨中掙扎。比起男人，旅美女人除了美國社會的牢籠外，還有男人給她們做的牢籠，受著男人的凌辱和壓迫。像范水秀受到那麼殘忍的摧殘，和封建社會沒有兩樣。旅美華人女性被囚在社會和男人的雙重牢籠之中。一九七八年施叔青到香港定居之後，便開始了系列《香港故事》創作。這系列故事中仍然是女人扮演主角。這些生活在香港殖民湖泊中的浮游動物，比旅美女人們的地位還不如，她們一年四季思考著怎樣用自己的色相和性作工具，去勾住那些有錢的男人，在那些吸血鬼們身上再吸第二道血。那些男人們在玩弄她們之餘，以憐憫的態度施捨一點餘唾，使她們的生活延續。她們是一群叮在吸血鬼身上的小蟲，在夾縫中生活。《愫細怨》中的愫細，《一夜遊》中的雷貝嘉，《窰變》中的方月等，都是既可憐又可嫌的人物。「香港系列故事」的意義在於，作者通過這批在肉欲和色相中掙扎的女人，揭露了這個無奇不有，墮落、霉爛、無恥、兇險叢生的殖民小島社會的眞實，並寓有並不太強烈，但卻可以感到的批判意味。施叔青的創作成就還表現在她以細膩生動的筆墨，刻畫了資本主義世界各色各樣，既有缺陷，但卻又值得同情的女人形象。有不少人物性格異常鮮明突出。施叔青文學語言的最大特點是，根據作品題材的變化，不斷地調整語言格調。拿《壁虎》中的語言和《完美的丈夫》中的語言一對比，便可看出她的語言由「不屬於中國典雅平順的傳統語言」向通順流利適合新內容表達的中國語言轉變的明顯軌迹。

附註：

① 《我的媽媽像後母》（《臺灣新生報》八六、五、十）。
② 陳映湘《纏綿以後呢？——試論曹又方的《綿纏》》。
③ 白先勇《施叔青的約伯的末裔》（《中國現代作家論》第五三七頁）。
④ 同③。

第四章　在性描寫方面最受爭議的李昂

第一節　她在爭議中尋求自我

我對性曾經作過這樣的評價：性在人類歷史的發展上，在人類生命的延續上，創立了無可比擬的功績。它是婚姻和家庭的重要紐帶，因此它不但不應該是醜惡的，羞辱的，陰森可怖的東西；而且應當是光明的，高尚的，美好的東西。但是，在儒家思想統治了幾千年的中國，在被封建主義囚閉了幾千年的中華大地，卻造成了性和情的分離，使本來區別於獸欲的性和情相結合的人類的性，幾乎又回到了原始。因而至今雖然社會已經大大的發展了，但封建社會的性觀念依然存在。人們一聽說性就感到羞辱，甚至被斥爲無恥。正是這種原因，大膽探索性和婚姻愛情，性和婦女命運的李昂，才被塑造成一位最受爭議的女作家的形象。

李昂，本名施叔端。一九五二年四月七日出生於臺灣省彰化縣鹿港鎮。從小在本鄉讀小學、初中和高中，中國文化學院哲學系畢業後，到加拿大和美國留學，一九七七年獲美國俄勒岡州立大學戲劇碩士學位，一九七八年返回臺灣，開始在中國文化學院戲劇系任教。李昂出生於書香門第，成長於堪稱中國古文化標本的鹿港鎮，因而從小受到中國傳統文化的薰陶，李昂姊妹三個都是當代臺灣文壇著名的女文人。大姊施叔女是文學評論家，二姊施叔青是定居香港的小說家，因而她生活在十分優越的文化環境中，成長於姊妹們比賽著要當作家的良好文學氣氛中。當作家的夢想一直是她躍躍欲試的精神力量。還是在中學讀書時她就開始了寫作。高中一年級就發表了處女作，短篇小說《花季》。進入大學後，她開始發表描寫自己家鄉風土人情的鹿港系列小說九篇，這九篇小說，以古樸的鹿港風情爲背景，以鹿港人的命運爲主線，反映了鹿港古鎭六、七十年代的社會變遷和人世滄桑，使李昂在臺灣文壇初試啼聲。李昂在大學期間還創作了另一個短篇系列：《人間世》，其中《人間世》獲臺灣《中國時報》短篇小說獎。這篇作品描寫了臺灣大學的一個女學生，因一時衝動與男生發生了性關係，由於缺乏生理衛生知識，看到處女膜破裂下體出血後非常恐懼，懷著信任的心情將事情經過悄悄地告訴了訓導老師。但卻沒有料到，學校決定將她開除，使這位女生精神上受到巨大打擊，她產生了嚴重的信任危機，發出了「不知該信任誰？」的哀嘆。這篇暴露臺灣教育制度弊端、爲青年鳴不平的小說一面世，就受到了臺灣各界的廣泛注目，李昂之名從此不脛而走，蜚聲臺灣文壇。到目前爲止，李昂出版的中、短篇小說集有：《混聲合唱》、《人間世》、《愛情實驗》、《殺夫》、《她們的眼淚》、《暗夜》、《一封未寄的情書》等。她的獲獎作品除《人間世》外，還有《愛情實驗》和《殺夫》等。

李昂是一個社會批判意識極強的作家。她曾說：「隱瞞與遮掩社會、政治、人性的眞實性（當然包括黑暗面）假裝看不到問題而認爲問題不存在，即是一種最不道德的行爲，是一種虛僞與僞善。當然，我並非立意標榜所謂的『黑暗面』，但如果眞實中果眞有此，一個作者就不應該因爲考慮與世俗的道德或利益衝突，而放棄勇於反映與表現眞實的責任。特別是，在這個民族累積五千年文化、政治下，養成了無處不在的『善意的謊言』一個作者學習掌握眞實是首要的課題。」①李昂這種忠於生活，忠於現實，不虛僞、不僞善，不因考慮自己的利益和處境而猶豫地去描寫現實的眞貌、生活的本質，是一個現實主義作家最基本、最優良的素質，也是最可貴的信念。李昂在《自畫像——美麗與哀愁》一文中又說：「從十六歲寫《花季》至今十幾年，經過好幾個階段的掙扎，最明顯的例子可由收在《混聲合唱》集子裏，充滿自我追尋、探求存在意義，用了大量心理分析與意識流的十來個短篇，到《人間世》及《鹿港故事》兩個未完成的系列小說，我試圖回到人間管管是非，與孤芳自賞的過去分開界線。」正像李昂所說，她的創作分爲兩個時期。在未完成的《人間世》和《鹿港故事》兩個短篇系列之前，作者是處於「孤芳自賞」階段，比較注意作品形式的追求，而較忽視主題思想的呈現。那時李昂所描寫的女人和性，大都是一種思想貧困，缺乏筋骨的性遊戲和陶醉於對自我胴體的玩味和自賞中。自從《人間世》面世，李昂「試圖回到人間管管是非」之後，她逐漸賦於了性描寫以積極深沉的社會主題，使自己的創作驟然昇華，她才眞正在自我追尋中找到了自己的位置。

第二節　以婚姻愛情題材表現深沉的社會主題

「人間是非」是個極爲複雜而龐大的命題。李昂在她的社會意識覺醒之後，便自覺地在這個題目下去尋求答案。但李昂所管的「人間是非」只是這個題目下極小極小的一部分。而我們在此探索的又只是李昂答案中的主要部分。那麼李昂究竟管了人間哪些是非呢？

一、無情地揭露封建勢力對女性的摧殘。

中國人民所進行的反封建鬥爭，前仆後繼進行了幾千年，但至今仍未取得徹底勝利，不管是大陸，還是臺灣，封建主義的枷鎖和鐐銬，仍然捆綁著不少姊妹的肢體，仍然束縛著她們的靈魂。而且在某些領域，封建主義十分猖獗，還在殘酷地吞噬著人們的生命，威脅著人們的生存。反封建的任務還相當急迫。正是由於這樣的原因，所以就出現了這樣的怪現象，數千年前我們祖先的文學作品中所歌唱的反封建主題，直到二十世紀八十年代，我們仍然在老調重彈。假如我們重讀一下詩經、漢樂府、唐人小說、宋朝話本等的反封建樂章，和如今大陸、臺灣的反封建題材的作品進行對照，雖然文字上和表達感情的方式上已發生了變化，但作品的基本思想沒有太大變化。像《孔雀東南飛》中所描寫的婚姻悲劇，如今仍比比皆是。由於這種題材是直接關係千百萬人，尤其是婦女的命運，因而常寫常新，廣泛受到關注。李昂是十分敏銳的作家，也是個善良的女人，她緊緊地抓住這種題材，對封建主義的無恥和殘暴進行了無情的揭露和抨擊。中篇小說《殺夫》，是這方面的佳作。《殺夫》對封建主義的罪孽揭露得非常深刻、有力。這篇小說對封建勢力的揭露是從兩條線索和兩代人的命運進行的。作品雖然是以描寫林市年輕一代的命運和遭遇爲主，但對林市母親老一代作爲舖墊式的描寫也具有深刻意義。林市父親死後，爲了侵奪林市家的財產，林市的叔父便將這孤女寡母趕出家門，住在破廟裏靠乞討度日。在許多天都無食可進奄奄一息的情況下，一個士兵用白米飯作誘餌強姦了林市的母親。此事被林市的叔父發現後，便將林市的母親和那位士兵毒打後墜石投河，嘴裏還不斷地講，假如林市母親能夠抗拒士兵的強姦，他還要爲她立貞節牌坊。作者在這裡既無情地揭露了封建勢力的代表人物，林市叔叔的兇惡殘暴，也揭露了他鮮有的無恥。他奪走了林市母女賴以生存的家產，把她們母女逼上了死亡邊緣，還口口聲聲叫林母抗拒士兵的強姦，爲她立貞節牌坊。這是何等深刻的諷刺，比豺狼吃了綿羊，然後叫牠的屍骨去成神仙還要滑天下之大稽。在這裡，我們幾乎可以聽見李昂擲向封建衞道者們投槍那颼颼地響聲。作品的另一條線是沿著林市的命運展開的。母親被害死後，林市成了叔叔家的小女奴，未等成年，就將她賣給了野屠戶陳江水，換得可長期吃肉不要錢的肉票。陳江水買了林市之後，奉行著我給你飯吃，你就得和我睡覺的獸性哲學。對林市進行百般的肉體折磨和精神凌辱。每當他從外面喝酒回來，不管是床上、地下、裏間、外間，抓住林市就拉褲子，一面對林市進行凌辱，一面還強迫林市大聲喊叫從中取樂。每次都直到他呼嚕嚕地在林市身上睡去爲止。他還故意把家裏的柴米油鹽都鎖起來，或有意不往家裏買，逼林市去討飯。有時還將他的殺豬刀放在床頭，對林市進行恐嚇。一次，陳江水爲了嚇唬林市，故意將怕見殺生的林市弄到屠宰場叫她看殺豬，林市被嚇得精神恍惚以至神經失常。於是在神經錯亂的情況下，用陳江水的屠刀將陳江水分了屍。陳江水對林市百般凌辱卻無人管，而當林市在神經錯亂的情況下殺了陳江水，卻五花大綁遊街示衆，處以死刑。陳江水比起封建衞道者林市的叔叔，是另一種封建勢力的代表，即大丈夫主義兼劊子手。林市以弱殺強，是婦女對封建壓迫的反抗是被迫採取的自衞行動。象徵著被壓迫者再不願那樣屈辱下去，封建主義任意橫行的日子已經結束。最後林市被五花大綁示衆，殺頭，一方面暗示封建勢力還相當強大，婦女的解放還需付出巨大的代價，但另一方面卻激起人們更大的憤怒和不平。

二、對資本主義的虛僞、荒淫和貪婪進行揭露和抨擊。

李昂曾經形象地把《殺夫》稱之爲「吃不飽的文學」，而把她的另一個中篇小說《暗夜》，稱之爲「吃得飽的文學」。吃不飽，被人欺凌殘害；吃得飽，腐化墮落自我潰爛。吃不飽，表示對封建主義的揭露；吃得飽，表示對資本主義的批判。李昂的《暗夜》比起《殺夫》，不管思想還是藝術，都有新的突破，標誌著李昂創作的新高度。尤其是主題思想的表達，呈現出突出和深邃的特點。《暗夜》描寫臺灣進入資本主義社會之後，人們物質富裕，精神空虛，沒有支柱，富裕的物質成了人們靈魂的腐蝕劑，消魂散。報社社會版的記者葉原，利用獲得的經濟情報大發橫財，並用這不義之財吃喝嫖賭。他一頭抓住女大學生丁欣欣尋歡作樂，另一頭勾住朋友黃承德的妻子，在四十多歲的女人身上尋求異樣的韻味。而實業家黃承德，冷妻子熱情婦，致使自己的妻子與葉原偷情，爲了從葉原那裡獲得源源而來的市場信息，不惜以妻子作交易。僞道德家陳天瑞，表面道貌岸然，實際最不道德。當他單戀的大學生丁欣欣成爲葉原床上的獵物時，便不能容忍，但又沒有力量給葉原以懲罰，於是便暗中借刀殺人。一天，他匆匆忙忙以不速之客的身分來到黃承德家裏，以社會道德裁判家的身分，以懲救社會道德和打抱不平的面貌出現，神密地告訴黃承德，其妻與葉原通姦，勸黃承德爲了自己，也爲了淨化社會道德著想，給葉原以打擊，並事先爲黃承德想好了報復葉原的方法。那便是將葉原的小姘頭丁欣欣與留美博士孫新亞通姦的事，告訴葉原，給葉原以精神打擊。黃承德開始一直沉默，僞裝對陳天瑞的企圖一無所知。當陳天瑞講出了自己的全部設想，黃承德才緩緩開始回擊。講出陳天瑞不過是想借刀殺人，報復丁欣欣，使丁欣欣企圖通過孫新亞赴美留學的幻想驅於破滅。黃承德說：「我聽葉原告訴我，你一直在愛丁欣欣……丁欣欣根本不當一回事，當笑話告訴葉原……你爲了報復丁欣欣，因爲你要不到她，你嫉妒，你要害她也不好過，……什麼狗屁的道德淨化，你比我們誰都不道德，我們至少不設計害別人……」這段描寫把資產階級道德極其虛僞的本質揭露得淋漓盡致。作者在《暗夜》中以驚人的觀察力和組織力，繪製了一個以金錢和性爲網絡，裏面裝滿著醜惡、奸詐、荒淫、無恥的資產階級社會的關係圖。在這個圖中有血的吸吮，有性的交易，有爭奪的瘋狂，有報復的兇狠，有嫉妒的烈火，有貪饞的涎滴。這個圖中的所有人既沒有思想，也沒有靈魂，一個個都患著嚴重的精神貧血症。作者對他們的揭露入木三分。

三、對臺灣大學教育弊端的批評。

我們已經講過《人間世》這篇小說的內容和主旨，是告訴人們臺灣大學教育的某些弊端。學校當局擔任著塑造人的靈魂的神聖使命，但卻事先不注意對學生的品行和生理知識方面的教育，而當學生在出事後，又把責任推給學生，不教而誅，將學生開除了事；把問題推給社會，給社會埋下隱患。作爲教育機構不但不能爲社會分擔憂愁，消除和減輕社會的不安定因素，反而給社會增加隱患，這是大學教育無能的表現。另一方面，學生信任老師才將隱私向老師彙報以求助，而老師不但放棄了教育幫助學生的職責，而且打小報告，既違背了爲人師表的天職，也造成了信任危機，嚴重褻瀆了教師的形象。

李昂有意識地將社會性的主題凝結在愛情婚姻題材上，通過主人公的婚姻愛情事件，成功地表現出「人間的是非」，完成社會性的創作意圖。李昂在她的諸多作品中集中地抓住對婦女關係最大，影響婦女命運最深、最烈、最久的性，從各個角度進行深入開掘，從而表現出強者對弱者，男性對女性的掠奪，並把這種掠奪和社會現實緊密地連繫在一起，表現出其社會本質。李昂在描寫這種性關係時，努力表現出女性的性自由，性自主和性反抗的強烈意識。雖然性自由、性自主、性反抗並不代表女性利益的全部，但是，自古以來婦女的命運就和性糾纏在一起，婦女什麼時候不能擺脫性掠奪、性欺凌，什麼時候就不會有眞正的人身自由和自主，就不會有眞正的婚姻自由和男女平等。眞正的人道主義也就不可能來到婦女身邊。因而性可以說是一切被壓迫、被奴役的女性們的枷鎖和鐐銬。李昂緊緊抓住這個問題不放，就是要在這個關係到婦女全局的問題上，爲婦女命運的拓釋和解放，打開一個缺口。

第三節　形式和內容的和諧統一

李昂的兩個倍受矚目的中篇小說《殺夫》和《暗夜》，形式和內容之間較爲和諧與統一。在形式和內容的調配方面最爲成功的是作品的藝術構思和人物塑造。以《殺夫》爲例，爲了表達反封建的主題，作者特意在作品中安排了林市幼年的一段生活，即叔父奪其財產，母親因一把白米飯而被強姦，斷送生命的情節，尤其是對其母被強姦被處死的情節描寫得非常細緻。這一安排既強化了作品反封建的社會主題，又爲林市後來命運的發展作了有力的舖墊，使林市後來的性格變得十分可信。如果作者不是另有企圖，僅僅是爲了給林市的性格發展作舖墊，在一個中篇小說中，那細節大可不必展開，只作點交待就夠了。爲了表現陳江水的大男人沙文主義，也進行了很多舖墊，如：通過亂刀剁死家禽，將屠刀放在床頭威脅林市，和林市作愛還要強迫她高聲喊叫從中取樂等情節的描寫，極力表現出陳江水野蠻、兇暴、殺豬殺紅了眼睛，不殺點什麼，手就癢癢的職業性格和大男人主義相結合的特點。在這樣的野獸身邊，時時都有一種危險感存在，任何人都難以忍受。不是逃離，就是被弄死。對付這樣一個野獸，就是一個彪形大漢，也決不是對手，何況一個瘦骨鱗峋，弱不禁風的小女子林市呢？面對這樣一頭兇暴的野獸，李昂又交給林市一項必須完成的神聖使命——殺夫。於是就要在作品的結構上下功夫，創造出令人信服的殺夫的條件和環境。作者安排了一個關鍵性的細節，陳江水把林市拖到屠宰場，讓害怕看殺生的林市看殺豬，從此林市精神受了刺激，常常處在神經失常的錯亂狀態中。一天，陳江水凌虐了林市熟睡了之後，林市神經錯亂，以爲自己是在殺豬，拿起床頭的殺豬刀將陳江水當作一頭豬給分屍了。這種情節的構思和安排既自然又合理。假如不是這樣安排，而是換一個環境，讓林市在清醒的，神經正常的狀態下，去殺死陳江水，一是林市根本就不敢玩刀，二是，拿起刀不但殺不了陳江水，陳江水一聲吼就會嚇破她的膽，最後不是殺夫，很可能變成殺妻了。所以作品怎樣構思，怎樣布局，怎樣巧妙地安排情節，是使藝術形式和思想內容達到一致的極爲重要的問題。人物塑造方面以《暗夜》爲例。這部作品的人物塑造極具特色。作品中的個個人物都是活生生的生活中的人，而不是因作者的需要而做出的木偶和擺設；他們每個人都代表著一定的生活本質和思想內涵，是作品中必不可少的，而不是可有可無的；他們都是表達主題需要的，而非游離主題；他們都是符合作品所呈現的時代的，而不是游離於時代之外的過氣人物。在衆多的人物中，葉原的形象和性格塑造得最爲出色。這是一個現代化的資本主義社會的產兒，是個典型的新式資本家。金錢和性是他生命和性格的兩大支柱，他在這兩個方面去追求極致。他是一個金錢狂和色情狂的混合物。他的性格的這一特徵，正好是現代化的資本家的兩種特性。作者是這樣描寫他和金錢，和資本主義的股票市場混而合一，無法分割的關係的：「在股市十多年，葉原已然被訓練成像獵犬般對變動的股價有一種近乎本能的判斷。而且越來越少出錯的可能，他聞得出股票市場的晴朗與風雨，甚至像相對濕度這類細微的差別，也難逃他敏銳的觸感。」，「他心中激切的熱情似乎從來不欺騙他。股價有若獵物的傷口，引發蟄伏在他身上的本能，一種來自與自身血液、血脈相通的呼喚與需求，指引著去尋找、挖掘與獲得。」，「那電動看板成爲現代城市的莽原，在裝飾、輝集著一天星月中，讓他以著獵犬有的直覺與本能盯住他的獵物，適時出擊再迎回勝利。」假如把資本主義的臺北比作一個狩獵場，葉原就是一隻最靈敏的獵犬；假如把資本主義的股票市場比作一片血汚，葉原就是叮在這片血汚上的蒼蠅；假如把股票市場的電動看板比作群星閃爍的夜空，葉原的目光就是夜空忽閃忽閃的星星。然而這只是葉原生命和性格中的一根支柱。他性格的另一根支柱是性，是玩女人。股市和女人的香窠像一條小路連著的兩個窠穴，葉原永遠穿流在這兩個地方。股票市場獵獲得的金錢，拿到女人香窠中去消化；而女人的香窠又靠他在股票市場的獵獲來支持，來塡充。他既從四十開外帶有舊式女性的身上去尋找欲開欲閉的性滿足，又從現代化開放的女大學生那裡去享受性開放的歡樂。他和李琳奇特的作愛方式中，有一種對朋友莫名的報復心理的發洩，而且這是一個只有性欲而毫無情感的傢伙，只要可能，他可以一夜之間上一百個女人的床。李琳被他害得死去活來，他從未表示要負什麼責任。葉原是有文化，有野心，有能力，貪婪和享受同步進行的現代化的資本家。作者把他性格中的兩個特點結合起來進行表現，使這個形象不僅有血有肉，而且具有濃烈的時代感。

附註：

①《我的創作觀》。

第五章　擅寫「外遇」的蕭颯

第一節　在人生和創作的道路上探索

從廣義看，活動在人生舞臺上的只有男人和女人。因而活動在文學舞臺上的也只是男人和女人。所有作家的創作都是在文學舞臺上調動，轉換，調適著男女的角色。不過各有各的領域和側重點罷了。蕭颯和絕大多數女作家一樣，她的領域和側重點是放在男女的愛情和婚姻上。近年以來，她的筆墨又著重地揮灑在了最易掀起男女情感風暴的、最易激發家庭矛盾的「外遇」題材上，集中地在這個情感漩渦中去暴露主人公內在的心靈世界。

蕭颯，本名蕭慶餘，原籍江蘇省南京市人。一九五三年出生於臺灣省臺北市。臺北女師專畢業後，又考入淡江文理學院（淡江大學前身）夜間部中文系攻讀兩年。後因掉進愛河而退學。蕭颯從小愛好文學，在她還不到入學年齡時，就經常從廣播裏收聽連播的愛情、歷史、推理等小說。當她有能力進行閱讀時，《紅樓夢》等作品又成了她最好的文學營養。據她回憶，初中時她就寫了一篇胎死腹中的萬餘字表哥愛表妹的小說。進入臺北師專後，她對白先勇的《現代文學》、尉天驄的《文季》和較早的《筆滙》等刊物，十分喜愛。從這些刊物上，她接觸了大量的臺灣當代作家們的作品。蕭颯回憶起她成長的情況說：「對於那些現代作家的欽佩，至今不改。我這樣的成長經驗，想必也是大多數人的經驗。不過確實也就是這些因素，包括了早期看的言情小說，後來看的翻譯名著，生吞活剝那些哲學理論，和使我感動莫名，覺得與自己生命息息相關的臺灣的現代文學……而有了現在的我。」①外國的作品中，閱讀最多的，對蕭颯影響最大的是日本作家的作品。她說：「我確實在學生時代，幾乎看遍了當時書店所能找到的日本翻譯小說，像芥川龍之介、川端康成、三島由紀夫、夏目漱石、橫光利一……無一不看。比較起來，我看日本翻譯小說，確實要多過西洋翻譯小說，因爲我一直覺得，那種東方式的感情和民族性，我比較懂得。」②這種大量閱讀日本作家作品的結果，便使蕭颯的小說，常常表現出日本文學中那種敍述簡練，格調清晰淡雅的氣氛。但是蕭颯認爲她的創作是學習和綜合了各種文學作品所取得的成就，並沒有明顯地受某位作家的影響，也就是說蕭颯就是蕭颯，她和任何一位名家都沒有似曾相識之處。她說：「我想，我之成爲我，是受著各式各樣的影響。很幸運的，至今沒有人斷言的說，我的文字脫胎於某人，或風格脫胎於某家。」③蕭颯於一九七〇年，即師專一年級時躋身文壇，先後出版了長、中、短篇集子共十二本。例如：長篇小說有《少年阿辛》、《如夢令》、《愛情的季節》、《小鎭醫生的愛情》，中、短篇小說集《長堤》、《日光夜景》、《二度蜜月》、《我兒漢生》、《霞飛之家》、《死了一個國中女生之後》、《唯良的愛》等。蕭颯的小說在臺灣曾多次獲獎。她的獲獎作品有《我兒漢生》、《死了一個國中女生之後》、《霞飛之家》等。蕭颯的作品曾多次入選臺灣年度小說選，受到不少評論家的佳評，臺灣作家、評論家、爾雅出版社的發行人隱地說：「蕭颯雖然年紀輕輕，可是一派大家風範，她曾以《我兒漢生》超越年齡的限制，又以《小葉》超越性別的限制，在小說的世界裏，她已能控制全局，加上文字的駕馭能力也在水平之上，只要她此生寫小說的心態不改，蕭颯實在是我國文壇上十分重要的一位作家。」④比較起來，蕭颯的創作選材在臺灣女作家中是較爲廣濶的，她筆下的人物也是多種層次與各行各業的。比如：商人、醫生、教員、女企業家、電影工作者、妓女、兒童、家庭主婦等等。近年來，蕭颯的創作已走向成熟，其主要標誌是她已經從中、短篇的創作階段成功地邁入了長篇小說的寫作。時間不長，她便拿出了令人注目的《如夢令》、《少年阿辛》、《愛情的季節》和《小鎭醫生的愛情》四部長篇，尤其是《小鎭醫生的愛情》的面世，標誌著她的小說創作達到了一個新的高峰。

第二節　將時代的脈動凝入婚戀小說中

臺灣旅美學者劉紹銘，曾經以《時代的抽樣》爲標題，論述蕭颯的小說。我想，劉紹銘的這一概括是準確的。蕭颯有一本小說集的名稱爲《日光夜景》。這是一種象徵。蕭颯的前夫張毅是電影導演，蕭颯曾與前夫合作電影事業，寫了一些電影劇本，因而她對電影是內行。據說將照相機的鏡頭加上藍色過濾器，即使白天也可以拍出夜景來。這是拍電影的一項重要的現代藝術。蕭颯的「日光夜景」象徵著臺灣社會那種景象是一種「日光夜景」，這裡飽含著社會諷刺和社會批判之意。蕭颯極善於描寫臺灣城市中男女的感情糾葛，從婚姻愛情事件中去開掘其豐富而深邃的社會內涵。雖然她和李昂都非常注意透過婚姻戀愛去解剖社會，但李昂常常從婚姻愛情的一角——性的角度去深挖，而蕭颯則是從情的角度著墨；李昂大都揭得鮮血淋淋，一無遮攔，而蕭颯則表達的較爲溫情和含蓄；李昂筆下的人物常常表現出一種爆烈和瘋狂，而蕭颯筆下的人物則表現出憂鬱和苦悶，比如蕭颯非常轟動的短篇小說《小葉》，以男主角劉智原之口講述女主角小葉的故事。小葉被母親改嫁時帶到繼父家生活，但當她讀初中時就被好色的繼父強姦，於是被掠奪了少女貞操的小葉便逃出家門，靠自己的身體養活自己的生命。後來與觀光飯店的侍者——劉智原同居。這個人好賭成性，將錢化光了就靠小葉賺錢供他作賭資。他雖然和小葉是同居關係，但卻一方面向小葉要錢，另一方面對小葉又約束得很嚴。當小葉為了他到酒吧重操舊業時，他對小葉說：「找個事做，很好，你也知道我賺的錢不夠兩人花。只是你要曉得一件事，我們住在一起，好歹你是我的女人，給我留點面子。」小葉晚上回來晚了他毫不客氣，對小葉拳打脚踢。小葉忍氣呑聲，逆來順受，她也眞的以作妻子一樣對待劉智原。後來劉智原又勾上了一個小妹，小葉為了維護自身的利益卻與小妹大打出手，並以自殺相抗爭。最後，當她看到頹勢難挽，便跟上了另一個男人。臺灣描寫風塵女的小說不少，但蕭颯筆下的小葉和黃春明筆下的白梅，白先勇筆下的娟娟都不相同，她既不像白梅那樣抱著人生的希望——從良生一個孩子，回到正常人的生活中去，終於看到生命的春光。也不像娟娟那樣在無可奈之際，猛地擎起黑色熨斗將嫖客虐待狂柯老雄砸得腦漿崩裂。小葉是一個非常溫和善良的女子，既聽天由命，又想爭取好的人生，因而在「日光夜景」的社會中東撞西碰，不知何處是歸程，比起白梅和娟娟來，小葉身上潛藏著更多的憂鬱和苦悶，心靈上纏繞著更多的繩索，因而蘊藏著更多的，甚至是難以言狀的控訴。臺灣著名女文學評論家齊邦媛說：蕭颯「寫作的態度是很嚴謹的。她的題材幾乎全取自現在的都市人在失了常軌的社會中互相摸索、碰撞的遭逢。」⑤

自從蕭颯進入長篇小說爲主的創作以來，她把更多的注意力集中在了臺灣社會轉型期，家庭型態變化中較爲經常和普遍發生的，對婦女和兒童損害最烈的「外遇」問題上。隨著社會的發展和變化，「外遇」自身包含的事實雖然沒有變化，但人們對它的態度，和它在人們心目中的形象，彷彿正在和已經發生了巨大變化。它不像過去那麼陰森可怖了；不像過去那麼神秘莫測了；不像過去那麼兇惡醜陋了；不像過去那樣禁忌了。在一部分人的心目中，不但不兇惡醜陋，而且似乎變得美麗而可愛了。有些人還振振有詞公開的爲它辯護了。這是由於當今社會上的婚姻戀愛狀況非常複雜，既有封建包辦的婚姻，也有金錢買賣的婚姻，既有自由戀愛的婚姻，也有爲追求物質享受委身他人的婚姻的關係。資本主義世界有句格言「權力和財富是愛情的春藥。」這些狀況說明，當今世界眞正以意志和情感相結合的配偶雖有，但並不佔成婚量的絕對多數，尤其是在資本主義社會，金錢和財富還充當著主婚人的絕對地位。這種不以情感當家，而以金錢主婚的狀況必然帶來婚姻和家庭關係的不穩固，於是「紅杏出牆」事件必定此起彼伏。從反叛封建包辦婚姻和金錢權勢婚姻的角度看，有些「外遇」事件帶有某種積極意義。它具有一種懲罰的性質。但是，「外遇」事件不但並不都是如此，而且多數並非如此。那些依靠金錢、權勢、地位、財富作釣餌，去勾引有夫之婦，在別人幸福的家庭中插一槓子，進而造成別人家庭破裂，給雙方家庭和孩子帶來不幸的「外遇」事件比比皆是。因而對「外遇」事件應區別對待。不過就一般情況來看，家庭是受法律保護的，第三者應該受到非議和譴責。蕭颯的許多作品都是反映這個問題的。比如《愛情的季節》、《如夢令》、《小鎭醫生的愛情》和《唯良的愛》等。其中以《小鎭醫生的愛情》和《唯良的愛》最爲集中和突出。《小鎭醫生的愛情》描寫了這樣一個故事。

六十歲的內科大夫王利一由臺北市的大醫院退下來，回到家鄉小鎮開了一個診所，收高中畢業女生劉光美做護士，王利一結過兩次婚，膝下有兩個二十歲以上的兒子在平和在論大兒媳素淳。現任妻子和自己結婚三十年來感情一直不算太好，也不算壞，從未吵過嘴紅過臉，家庭生活有條有理，但王利一看到不滿二十歲的少女劉光美青春勃發，體態柔美，心中一直癢癢地想占有她。他憑藉自己醫生的地位和在劉光美心目中的權威，對劉光美展開攻勢。「光美害怕著，害怕自己，害怕利一，她不能拒絕，害怕那種難堪。利一是她尊敬的。她不能讓他難堪。可是她又是害怕，愈是害怕，臉色愈是漲得血紅，倒像是一種羞態。先時她是不知道如何拒絕，後來她是受了痲醉般的不知反抗。」的情況下，王利一佔有了她，她痛哭流涕跑回家去，媽媽先是用木屐撲上來打她，罵她，吼叫著叫她：「去死——去死——」。但奇怪的是，當王利一來接劉光美時，這個剛才還暴怒不息的媽媽，不但對王利一十分客氣，而且一反常態又鼓勵自己的女兒去和王利一好，並哀求王利一一定要好好待自己的女兒。當自己的女兒要離開王利一的診所到臺北去謀生時，其母先是阻撓，叫女兒知道她已是王醫生的人了。即使去臺北，也還得住在王利一家裏。在王利一的勾引下，在母親的撮合下，劉光美心安理得地在王利一家裏當著不三不四的角色。她不敢上樓吃飯，怕見王利一的老婆，每頓飯都由傭人單獨撥點菜端到診室裏吃。王利一的老婆，心中惱怒也不便發作，氣的患病也不下樓 而診室彷彿是王利一的個人妓院，感興趣就來和劉光美睡一夜，不感興趣就上樓陪妻子。更加怪的是，劉光美的同學賴國寶引來的小青年阿坤苦苦追求劉光美，並帶她到臺北玩，她竟不動心，對王利一忠心耿耿，離開一會竟然想念得不行，恨不得馬上回來擁抱他。後來由於劉光美使王利一的家庭矛盾激化，女主人要離家出走。在王利一的兒媳素淳的勸說下，在平在論的鼓勵和幫助下，劉光美才下定決心離開王利一到臺北去找工作。開始仍藕斷絲連，後來王利一的老婆因氣病而死，劉光美彷彿受到良心譴責，才下了最後決心，和王利一徹底斷裂到臺北當裸體廣告模特兒去了。毫無疑問，這個故事眞實地表現了臺灣舊式家庭，在西化思潮的衝擊下，破裂和重新組合的現實。王利一的妻子是一個舊式婦女，既是封建婚姻的犧牲品，也是西化思潮的刀下鬼。而王利一，正像名字所體現的意義，是個「利一」的唯我主義者。既和妻子擺脫不了舊情又要佔有青春少女，在妻子身上去尋求舊道德的完善，在劉光美身上去追求肉欲的享樂。從情感和觀念看，這還是一個傳統的舊人物。而劉光美一個出生在臺灣現代化社會的青年卻甘心情願地擁抱舊的枯骨僵屍，一非出於錢財，二非出於繼承，面對青春少年的追求而不動心。此人物年紀雖小但舊的因襲太深，那種一次佔有，終身相隨的封建意識不知從何而來令人費解。劉光美的母親也是一個外遇的受害者。她的丈夫與別的女人勾搭上以後，將他們母女三人拋棄，這樣的身世應該對「外遇」事件深惡痛絕，但卻在既沒榮華富貴可享，又無希望繼承財產的情況，而鼓勵自己的女兒去破壞別人的家庭，從不想到叫女兒去嫁個好丈夫。此人物實屬畸型。《小鎭醫生的愛情》成功之處在於它描寫了畸型社會中的畸型人物，表現了臺灣社會轉型期，舊式婚姻家庭處於破裂中的眞相。其中在平、在論和素淳諸人物對待父親王利一的「外遇」態度和對待劉光美的態度上，倒有著較濃的臺灣現代青年氣息。他們既不抱怨父親，也不痛恨劉光美，而且還常安慰劉光美。在他們看來情感和婚姻是兩碼事，合乎情感的不一定合乎制度，合乎制度的不一定合乎情感。因此他們對待這種事的態度是任其自然，既不鼓勵，也不阻撓。作者對「外遇」抱著一種並不激烈地否定態度，始終沒有讓受害者王利一的妻子與劉光美交火，也沒有讓她與劉光美的媽媽對陣，讓劉光美生活在不和諧但卻是沒有格鬥的和平環境中，劉光美由迷誤到覺醒，不是外在的逼迫，而是一種內悟。這種處理法，恐怕也是符合臺灣社會對「外遇」看得越來越淡的現實。《小鎭醫生的愛情》中，蕭颯仍然堅持她作品的一貫風格。不失時機地，在不跑題，不旁生枝節的情況下，盡可能爲自己的作品埋下社會的基石，增強作品的社會批判性，以免使愛情小說漂浮於愛情的水面上，雖然能夠濺起幾朶愛情的浪花，但卻缺乏深沉的底流。比如作品借阿坤的口說：「什麼人家高興不高興？這年頭，你要等人家高興，那連命都賠上，人家還不一定高興！你要知道，要懂，現在的社會就是這樣，好人被人欺侮，你不騎到他頭上來，他就騎到你頭上來。」賴國寶說：「做人就是要狠！硬的不怕，軟的不吃。幹！窮都已經窮夠了，還要怕誰不成？幹！那些有錢人，也沒有什麼了不起，我誰也不在乎，有一天，我有了錢，他們一樣要跪在地上拜我。」這些小人物的話中充滿哲理，但這不是從書本中背下來的，而是從他們的生活體驗中概括出來的。這些哲理對生活在資本主義社會底層的小人物們十分有用。在描寫「外遇」題材方面，蕭颯的中篇小說《唯良的愛》是一篇十分感人的作品。它凝聚了作者的親身體驗和血淚。這篇小說描寫女主角唯良的男人被自小時的鄰居，最好的玩伴安萍的妹妹，舞蹈教師安玲奪去了。她非常痛苦，於是便去找安玲求她可憐可憐自己和孩子，放了自己的丈夫。可是出人意料，安玲不但沒有羞辱感，沒有愧意，沒有歉疚，而且理直氣壯地說：「我要他……他是我……唯一一次，當眞的。」當唯良厲聲質問她：「你，好好的女孩子，可以找任何人當眞，找不到，就，一定要破壞人家家庭？你，不覺自己不道德嗎？」安玲毫不思索地回答：「我不覺得。」當唯良激憤地說：「你毀了我的家還有我的孩子，……如果你，還有良心的話……」安玲卻毫不動聲色，平靜地回答：「我不覺得。也許在法律上我有罪，可是在感情上，我和偉業相愛，我愛他，就是愛他，我不覺得愛人有罪。婚姻只是一種制度，不一定合理，……你不會懂的，你……根本不了解他。」安玲是一個典型地受西化之風薰陶，生活和觀念都西化了的青年。在他們眼中一般人都是食古不化的怪物，只有他們才是悟透了，懂得情感懂得世界的現代人。在他們眼裏無所謂道德不道德，他們的行爲即或是有罪的，那也不是他們的錯誤，而是制度不合理，情感和自我就是一切。而在唯良的眼裏，道理卻是應當這樣的：「解決什麼？怎麼解決？我不要跟任何人分享我的丈夫，我不要破碎的東西，我向來不要不完整的……」唯良和范安玲相隔不到十歲，但在觀念上，他們卻完全是兩代人。奇怪的是完全西化了的范安玲熱戀著的偉業，卻並不是一個完全現代化的胚子。他雖然和范安玲胡搞，但卻無意和范安玲結婚，而是一種玩弄和取樂性質，因爲他堅持不與唯良離婚，要維持家庭的體面。這種錯綜複雜的觀念和人物和由他們構成的錯綜複雜的社會關係，就是臺灣的現實。作品中描寫的專門由離婚女人組成的「離婚女人俱樂部」就是適應這種情況，爲了撫慰離婚女人孤寂的心靈，而自發地誕生的社會組織。在對待「外遇」的問題上，蕭颯有自己的主張。她在作品中塑造的范安玲的姐姐，因丈夫「外遇」離婚後，開始很不習慣，後來發奮圖強，成了一家企業的經理。這個形象就是蕭颯對待「外遇」的辦法。即女人要獨立，創造自己的事業，不依賴丈夫，這樣便可以擺脫感情上的糾葛。正像袁瓊瓊《自己的天空》中的女主角靜敏一樣被「外遇」的丈夫摔了，但不能灰心，不能墮落，要在事業上開創自己的天空。不幸地是當《唯良的愛》改編成電影《我的愛》時，蕭颯的丈夫卻和一個電影明星發生了「外遇」，蕭颯不幸言中，自己卻變成了作品中的女主角唯良。蕭颯曾痛苦的想開煤氣自殺，千鈞一髮之時，她猛然想起了自己的孩子而阻止了自己的行動。《給前夫的一封信》生動地記載了她的這一經歷和戰勝這一災難的過程。蕭颯自己變成「外遇」的受害人，使她具有切身的體驗，更強化了她探討臺灣社會生活中這普遍問題的迫切性和嚴肅感。蕭颯探討的「外遇」問題，表面是婚姻家庭問題，實則是在社會轉型期，家庭型態變遷過程中提出的一個和舊的家庭觀、道德觀、社會觀、人生觀等緊密連在一起的重大的社會問題。有情侶的人們，誰都可能隨時充當它的角色，誰都可能隨時被捲入一場沒有槍聲的戰爭中去；誰都可能在被迫的情況下不得不對這樣的問題作出回答。蕭颯不僅在自己一系列作品中一再提出這個問題，而且積極探索答案：本著有利於受害者，但又不固守舊的觀念；有利於維護正常人的家庭，但又不給第三者以過重傷害的前提下，開出比較理想的處方，即在社會輿論和社會道德的範圍內，由社會自身去消化和調節社會自身產生的問題。

第三節　多樣化的表現手法

蕭颯是現實主義青年作家，她的作品既是非常寫實的，又是靈活多變的。臺灣旅美作家張系國說：「蕭颯的小說技巧很重要的一環，便是選擇適合的觀點，用半透明的敘事方式，達到預期的效果。半透明的敘述方式，最適合於第一人稱觀點。所以蕭颯最成功的短篇小說，幾乎都使用第一人稱觀點。」⑥張愛國的這段話是有道理的，但僅適用蕭颯的短篇小說。選擇適合的敘事觀點，靈活自如地進行敘述的確是蕭颯小說的技巧之一，但這種選擇既有半透明的，也有完全透明的，兩者都取得了良好的藝術效果。比如在中篇小說《唯良的愛》中，作者用第一人稱的敍事觀點，形成了作品感情親切，旋律昂揚，節奏急迫，氣氛緊張的特點，讀起來如身臨其境。但在長篇小說《小鎭醫生的愛情》中，作者採用了第三人稱全知觀點，用完全透明的敍述方式形成作品情感淡雅，節奏徐緩，把所有人物的長處和短處，心靈和行爲，都暴露在讀者面前。敍事觀點的選擇，一是作家的敍述習慣使然，二是根據題材的需要，三是有利人物的塑造。一個優秀的作家，在他的衆多作品中，敍述觀點應該是經常變化的。假如把自己固定在某一種格式裏，將會顯得單調而僵硬，必然限制自己才智的發揮。蕭颯創作的另一項技巧是選材和剪裁方法的豐富多樣不拘一格。即使同樣題材，她選材的角度和剪裁的方式也不一樣。比如均是描寫「外遇」題材，但《如夢令》、《小鎭醫生的愛情》、《唯良的愛》的表現角度和方式都不相同。《如夢令》描寫窮家女于珍天生玉質，但卻在先孕後婚的情況下委身於雜貨店無能的少爺黃偉成。于珍經過一番磨難之後，利用她的姿色去引誘和接觸各種各樣的人物，在商場幾經周折成了一個女強人。于珍的扶搖之上，便是以「外遇」爲階梯的。後來當她從高峰上跌落，費了好大氣力將女兒從黃偉成家要了出來，但女兒卻在中學讀書便在交友中懷了孕，又帶著女兒到香港去墮胎。作者在這部著作中，要突出的是物質和精神的關係。于珍想：「多少年來，心高氣傲的時候，還以爲自己得到了一切，金錢、地位、愛情……可是如今面對女兒，于珍垂下眼，第一次知道，外在的物質和虛榮並不能滿足全部的人生。」資本主義社會物質和精神是呈反比的，物質越豐富，精神越空虛。于珍這個女人中的暴發戶，就證明了這一點。這部作品中還表現了因果報應的思想。有一次于珍責罵女兒時，她「輕藐的看著她母親。那眼光，叫于珍不由一陣顫慄，彷彿問她：你正派嗎，你不是自甘下流的榜樣嗎？」在兩性關係的問題上，于珍對於黃偉成是「強勢貨幣」而在《小鎭醫生的愛情》中，劉光美對王利一來說則是「弱勢貨幣」。《小鎭醫生的愛情》中的劉光美和由窮家女憑姿色扶搖之上而將丈夫拋棄的于珍完全不同，她是一個非常軟弱柔美而缺乏主見的人，即使後來走向覺醒，也是很有限度的。兩部作品取材角度、剪裁方法及表達方式或異中各顯所長。而《小鎭醫生的愛情》和《唯良的愛》又差別極大。這篇小說選擇了受害者唯良作主角，突出地表現了「外遇」給婦女造成的巨大創傷。可見蕭颯雖然反復描寫一種題材，但作品的內容和思想並不重複，同樣題材的作品中，沒有雷同的感覺。這是蕭颯思路之寬廣和剪裁生活素材方法之豐富，駕馭題材能力之強的顯示。此外蕭颯作品由構思和語言等因素形成的簡練、樸實、清新、淡雅、和極少旁生枝節，極少外景描寫的敍事風格，在臺灣女作家中也是非常獨特的。

劉紹銘在《時代的抽樣——論蕭颯的小說》一文中說：「蕭颯的作品到了《如夢令》，該是一個分水嶺，因爲她現已積極從事長篇創作。近十年來的臺灣小說家、短篇小說成就輝煌，可是長篇的大小說，尙付闕如。蕭颯語言洗練，觀察入微。尤其難能可貴的是正如尼洛先生所說：她『自我約束是十分嚴苛的，沒有什麼價值可估，也沒有什麼是非判斷，沒有嘆息，沒有嘲弄。』（見《如夢令》序）。二十來歲的女孩子，下筆時居然這麼沉得住氣，眞是可圈可點。」

附註：

①《站在冷靜的高處》（臺灣《中國時報》，一九八七、八、十四，第八版）。

②同①。

③同①。

④《我看《小葉》》。

⑤《閨怨之外——以實力論臺灣女作家》。

⑥《小說中的女性意識——讀蕭颯近作有感》。

第六章　創造古樸典雅愛情世界的蕭麗紅

第一節　臺灣婦女命運的歷史概括

彷彿一個沒有創作幼年少年期的青年女作家，驟然地從文學的大海上躍出。她的躍出就是她的成熟，她的露面便是她的崛起；她的崛起便是她的轟動。這位青年女作家，便是蕭麗紅。

蕭麗紅，臺灣省嘉義縣布袋鎮人，一九五〇年出生。一九七五年，她的第一部長篇小說《桂花巷》在臺灣《聯合報》連載，便引起人們注目。接著，一九八〇年，她的第二部長篇小說《千江有水千江月》又獲臺灣《聯合報》長篇小說獎，成爲臺灣持續不衰的最暢銷的長篇小說之一。評者、論者蜂湧而起，使蕭麗紅的名字一下超過了那些久負盛名的女作家，成爲臺灣文壇最著名的人物之一。或許是對臺灣文壇觀察得不夠精細吧，在我多年雙目緊盯的臺灣文壇上，《桂花巷》連載之前，竟沒有看到蕭麗紅露過面。既未看到她哪個短篇獲獎，也沒看到過她哪個中篇連載。因而如今蕭麗紅以成熟的長篇小說突然崛起，在我心中還是個謎，還存在著神密感。今天我們對蕭麗紅的探討，很難講出她的成長過程和她的經歷對她創作的影響，而只能就作品論作品了。蕭麗紅出生和成長的嘉義縣布袋鎮，和李昂出生、成長的鹿港鎮有點相似，也是一個典型的中國傳統文化的標本，而且從某種角度講，它比鹿港更封閉。如果說在西化之風日熾的情況下，鹿港還受到了衝擊，出現了像施叔青和李昂早期作品中那種傳統和現代在演變過程中並存的情景。那麼，從蕭麗紅的小說中，卻看不到這種演變中傳統和現代的並存現象。布袋鎭是一個具有強烈抗拒力和封閉性的西化中的傳統小島。蕭麗紅爲其作品選擇的背景和爲其人物確定的成長環境，無疑是蕭麗紅自身生長對她的創作產生了巨大影響，這種影響甚至超過了臺灣任何一位鄉土作家。也是從這個角度講，蕭麗紅是典型的臺灣鄉土派作家。但蕭麗紅在作品中表現的並不是小鄉土，而是以特定的歷史和社會背景表現出了中國的大鄉土，因而她既是臺灣省的小鄉土作家，也是全中國的大鄉土作家。蕭麗紅的兩部長篇小說，幾乎表現了從十九世紀末到二十世紀六、七十年代，差不多一個世紀的臺灣婦女生活的坎坷歷程。《桂花巷》的女主角剔紅，出生在晚清，即臺灣被腐敗的滿清政府割讓給日本的歷史背景下。她的生命史幾乎和日本帝國主義覇占臺灣的歷史一樣長。剔紅是臺灣舊一代的婦女，她的纏脚等舉動，是封建制度下婦女的典型形象。而《千江有水千江月》中的女主角卻是生長在五十年代至八十年代之間。單從時間概念看兩部小說描繪了兩個時代。不過從這兩部作品和作品中的人物看，絕不能單考慮時間因素而區別新、舊，也不能以她們生活的年代來判斷她們的意識所代表的時代本質。作者是根據她的創作意圖和主題需要而塑造人物的。雖然剔紅生活在清末至四十年代那種封建社會和殖民地社會中，剔紅的纏足等行爲是典型的封建社會婦女的舉動，但剔紅卻比生活在當代社會的貞觀開放的多。她從小生長在一個窮苦家庭，苦難的生活給她造成巨大痛苦，但也教會她逃避苦難的方法。當弟弟也在海難中喪生後，因怕苦難，她拋棄了心愛的青年漁民丈夫，嫁給了城裏的少爺爲妻。「她一向恨眼淚，哭的人，像坐在最低的階下，而世上所有的人，都高高坐起，隨時可以低頭來瞅她。」她當了富人家的媳婦後，曾在兩個男人之間選擇，曾有過風流的「外遇」而生了私生子。爲了使皮膚細嫩，她用甘蔗汁塗皮膚。她爲了舒適生活拋棄心上人，她的「外遇」，她生私生子等行爲貞觀應自嘆不如。生長在狂風暴雨般西化期的貞觀和大信卻顯得那樣保守，兩人雖然愛得那麼熱烈，但連接吻擁抱都沒有，更不必說像臺灣今日青年中較普遍地未結婚先上床了。不僅是貞觀，《千江有水千江月》中的其他女人，均都是保守型的，即使長期守寡的女人，也沒有去招蜂惹蝶的。爲什麼生活在資本主義社會的女人還沒有生活在封建社會的女人開放呢？就實際生活來講，生活在臺灣六、七年代的女人肯定比剔紅時代的女人開放，而剔紅肯定比貞觀身上的繩索要多得多。但作者的目的是要表現資本主義西化社會中中國的傳統文化；是要以中國的傳統文化來抵抗西方文化的入侵；是要在中國傳統文化日益危機的情況下，讓她放射出更強的光輝，以此來拯救它的危亡，以此來戰勝兇猛的西化之風。因而作品的環境、氣氛、人物越傳統越好、越中國越好，越古典越好。前半部作品中幾乎既無故事，亦無情節，基本上是分段的中國傳統習俗的抒情散文，如：生孩子家家戶戶送禮，端午的午時水，七夕捏湯團時留下裝織女淚水的凹，拉穀粒等等的描寫，極爲生動、細膩而眞切。每一件事，都是一幅牽出人們無限遐想的風情民俗圖畫。不僅是風俗和外景，就是那裡的人心，也都是沒有經過污染的一片明亮而美麗的天空。比如，一次，貞觀和外祖父從漁塭回來，正遇上阿啓伯偷他家的東西，貞觀的外祖父一不去捉賊，二不喊捉賊，而是悄悄躲起來，怕偷東西的人受驚嚇而不好意思，並且囑咐貞觀不要把這事講出去。又如，貞觀的大妗長期留著頭髮，不是爲了自己而是爲了給貞觀外婆做假髮用。《千江有水千江月》中的布袋鎭是一個純然的中國傳統文化的世界，那裡風俗典雅古樸，空氣新鮮清純，人心一片眞誠無私。以此與資本主義西化城市的環境髒亂，空氣污濁，人心難測，兇殺、拐騙、槍劫、遺棄、掠奪、強姦等事件不斷發生比較起來，人們自然留戀和追懷《千江有水千江月》中布袋鎮的世界。這樣的世界不僅是反西化之風的人們所嚮往，而且也是在燈紅酒綠中翻滾得厭倦了的人們的安歇處。《千江有水千江月》之所以成爲臺灣第一暢銷小說，與這種社會背景和人們的心理狀況有極大的關係。

此外，《千江有水千江月》除了通過作品的具體情節和人物的刻畫來突出中國傳統文化的優越之外，還經常通過主人公之口，高唱出民族的頌歌。例如，當貞觀的大舅失踪幾十年從日本回來後，貞觀和大信藉議論這件事，歌頌我們民族的凝聚力。大信說：「方才，你拿圓作比喻，眞是比對了。我們民族性才是粘呢？把它比作一盤散沙的，眞是可惱可恨。怎麼出這樣的謬論？」再如銀城的兒子滿月時，貞觀挨家挨戶送禮，有禮必還。貞觀對大信說：「中國人有來有往，絕沒有空盤子……」大信說：「小小的行事中，照樣看出來我們是有禮，知禮的民族。」毫無疑問，蕭麗紅的創作目的，就是要把《千江有水千江月》寫成一部民族的頌歌。作品的這種格調和主題，正適應了當時臺灣正在興起的，文化和文學諸領域民族的、鄉土的回歸運動。雖然《千江有水千江月》還有某些不足，但我卻覺得它正是臺灣文學回歸民族，回歸鄉土的一項重要成果。至於有的人批評該書淺薄，沒有寫出中國傳統腐朽的一面，沒能寫出一幫醜陋的中國人，因而降低到了言情小說的水準。對此本人不敢苟同，言情小說並不必定淺薄。而寫民族傳統的光明，還是寫陰暗，那是作家根據自己的創作意圖決定的。爲了喚醒民族的麻木，激勵國人奮發，民族的陰暗面可以寫，醜陋的中國人可以塑造，只要不對我們民族的歷史和現實作全盤否定和歪曲，只要是符合民族實際的，我們不但不應歧視這樣的作品，而且還要爲它作出肯定評價。但是，我們也不贊成我們的文學成爲一邊倒的文學，要寫陰暗面都寫陰暗面，要寫醜陋的中國人都寫醜陋的中國人。像蕭麗紅一樣，在民族、鄉土回歸中寫民族的光明面，寫善良的中國人，也一樣應該受到鼓勵和支持。黑暗和光明是一個事物的兩個方面，它們本身並無深刻和淺薄之分，關鍵是看作家表達得如何。《千江有水千江月》既然在臺灣讀者中那麼叫座，就證明人們不僅需要它，而且歡迎它。群衆的評價不可忽視，這種評價往往代表事物的本質。從創作動機看，作者也是深懷著民族的驕傲和自豪情感來創作的。作者在該書的後記中說：「唯有我們，才有這樣動人的故事傳奇。我常常想，做中國人多好呀！能有這樣的故事可聽！中國是有『情』境的民族，這情字；見於『慚愧情人遠相訪』（這情這樣大，是隔生隔世，都還找著去！）見諸先輩、前人，行事做人的點滴。不論世潮如何，人們似乎在找回自己精神源頭與出處後，才能眞正快活。我今記下這些，爲了心裏敬重，也爲了驕傲和感動。」①從這段話中我們看得出作者正是爲了回答「世潮」才在民族精神受到嚴重挫傷時，要找出它的源頭。她要自己快活，也要給迷途的人們以快活。讀者如此青睞就證明，蕭麗紅爲人們找來了快樂。這就是實質，這就是深刻。臺灣鄉土作家鄭清文評價說：「我覺得《千江有水千江月》寫得很好。第一，很自然；第二，很豐富。一些微不足道的事，卻可以寫得那麼生動，那麼引人入勝，也可以看出作者的天分。我有一種感覺，臺灣繼承著大陸的許多優良傳統，卻沒有人把它表現出來。讀這部小說我才感覺到許多久藏地下的東西，終於被挖出來了。」臺灣作家尼洛說：「從《千江有水千江月》中，使人讀出中國文化的厚重，它寫大家庭中人情間的瑣屑，兄弟之間、姊妹之間、長輩晚輩之間的一些小事，寫生死、親情、愛情，有衝突、矛盾，也有寬恕，由小見大，使讀者感覺到我們的民族，就是如此存長，有痛苦、眼淚，卻又全被德性所包容，呈現的是中華民族的面貌，踏著的是中華民族的脚步。」②我覺得臺灣作家所作的這些中肯評價也正是這部作品成功的地方。關於寫光明還是寫黑暗的問題，是前些年大陸文壇上經常爭議的問題。由於左的思潮的影響，在一個相當長的時間裏，文學作品只准寫光明，不准寫黑暗；只准歌頌，不准批評。否則就是醜化，就是攻擊，就是別有用心。以一時的政治傾向給文學定框框，實際上就是謀殺文學。在六、七十年代，臺灣幾乎要被歐風美雨刮遍淋透的情況下，歌頌中國優秀的傳統文化，表現中國人的心靈美，喚醒中國人的民族意識，提醒人們做一個中國人的自豪，不僅是十分必要的，而且是極爲迫切的。蕭麗紅具有慧眼金睛，並以她卓越的才華回應了時代的這一需要，實在是難能可貴。不過對蕭麗紅在作品中描寫的那些具有迷信成分和落後的東西，應該區別對待。

第二節　古樸和現代相交織的藝術

誰都承認，蕭麗紅的小說是臺灣當代小說中最具古樸典雅之風的作品。《桂花巷》和《千江有水千江月》都比較明顯和成功繼承了中國古典名著《紅樓夢》等的藝術。尤其是《千江有水千江月》前半部的結構上，有《紅樓夢》的明顯投影。以蕭氏大家庭的盛衰故事爲中心，將各路英雄聚滙到這裡，再一一對他們進行解剖。蕭氏大院使我們想起榮國府，貞觀寄宿外婆家受到恩寵，使我們想起了林黛玉，貞觀的外婆形象中彷彿也有賈母形象的某種滲透。《千江有水千江月》中有不少人物語言，就是由《紅樓夢》的語言改造變化的結晶。而《桂花巷》也不例外。比如像這樣的話就是從鳳辣子的話中改造來的：「水晶心肝玻璃人」，這樣的話是平兒對二奶奶說的：「若說了直話，奶奶可不能惱人。」正是這些古典式的結構，古樸的語言造成了作品濃郁的古樸典雅的風格。現代作品中能如此學習消化和運用中國古典文學，繼承其優良傳統的作家，不僅臺灣青年作家中蕭麗紅獨樹一幟，就是全中國的青年作家中也是少見的。我們不能不贊嘆蕭麗紅的古典文學基礎的雄厚和才華之特出。

蕭麗紅的小說雖然古樸典雅，但她並不是一個復古主義者，她仍然能吸收和容納現代藝術。她作品中運用的象徵、暗示和意識流手法以及在作品中表現出的戀母情結，都是臺灣現代派小說中的時髦貨。在象徵手法的運用方面，比如剔紅纏足，實有象徵做繭自縛之意。剔紅的脚纏得愈緊，她命運的包袱就越重，纏繞她的繩索就愈多，最後終於被精神的繩索窒息。《桂花巷》中一再出現的胎衣胞，既象徵著性，也象徵著死亡。第一次胎衣胞的出現是偷情之後，有了私生子悄悄地在海邊丢棄的，第二次是在夢中出現的胎衣胞覆蓋著死嬰，則象徵著死亡。此外惠池的戀母情結也是用象徵手法表現的。惠池回到家中發現母親懷孕，他在下跪時看到母親穿的鞋面鮮艷的花色，再看到像日本人的櫻桃小嘴。在這艷婦面前，產生了被吸引的意念。那鞋面的花色和櫻桃小嘴，都有性的象徵。

當然，蕭麗紅畢竟是青年作家，作品中也有不足和失誤。一是作品的主觀性太強，過多地將自己的意識投入，因而使作品和人物都給人一種熱烈有餘，冷靜不足；主觀進取有餘，客觀思辯不足。二是作品中的心靈感應過多，有時使人覺得有點迷信成分。《桂花巷》中惠池在異鄉夢見母親懷孕了，回來一看果然與夢相合，母親眞的肚子大了。《千江有水千江月》中貞觀和大信那種不謀而合，不約而遇到了離譜的程度，甚至半夜三更兩人會夢遊到一塊去。從心理學的角度看，預兆、預感，不謀而合、不約而同的事不但不荒誕，而且具有某些科學性。因爲人們的意志和感情相通，就常常不約而同地去想，去做同一件事。但心靈感應用得太多，太玄了就失去了眞實感。其三是有個別關鍵性的情節安排不合理。比如貞觀和大信的關係斷裂，而成此恨綿綿無絕期，就令人難以理解，因而也削弱了作品的藝術魅力。

附註：

① 《千江有水千江月》第二九八頁。

② 《千江有水千江月》第三〇六頁。

第七章　著力探究家庭和愛情關係的廖輝英

第一節　女強人式的經歷和氣度

廖輝英在《像花一樣怒放》的文章裏說：「每一個人雖不一定能戰勝生命的有限性，但我們要放手一搏，盡力演出！在自己的舞臺上，從頭到尾，徹徹底底，像花一樣怒放！在這樣的理念上，沒有一個日子是能輕易浪費的，而且，必須盡量活得合理、心安、充沛，而且要盡可能的不浪費。」這話表現出的是一個現代女強人的拼搏意識。事業和成就，就是從這裡奠基和聳立起來的。廖輝英在短時期內，以豐碩的成果異軍突起於臺灣文壇的事實，正好為這段格言式的話語作了最佳註脚。

廖輝英，臺灣省臺中縣人，一九四九年出生於臺灣省臺中縣。其父是一個機械工程師，其母是個醫生的女兒。由於家裏人口多，（共有姊妹六個），母親又不善持家，從小家裏生活比較困苦。廖輝英的父母感情上又不太融洽，因而，家中的許多事都落在了廖輝英這位長女的頭上，她既要背著穿開襠褲的小弟上學，又要洗一家八口人的衣服，還要付出更多地心血去搞好自己的功課。廖輝英一九五五年入烏日國民小學就讀，臺北一女中畢業後考取了臺灣大學中文系，獲文學學士學位。由於家庭經濟困難，廖輝英大學畢業後選擇了薪水優厚的廣告公司工作。這項工作雖與文學無緣，但卻因接觸面極廣為她研究和了解各種人提供了最好的條件，為她日後描繪各種人打下厚實的生活基礎，也為她深入的觀察臺灣社會，打開了一個窗口。經過七年的愛情長跑之後廖輝英才結婚，婚後便與丈夫投資建築行業，但因競爭失敗負債累累，因要還債而不敢生子。有人給廖輝英作過這樣的概括：「生活對她的確總是特別嚴厲，好像非要鞭得她遍體鱗傷以後，才給她再開一條路，讓她脫胎換骨地走下去。」①廖輝英在成爲專業作家之前，是臺灣資本主義社會中一個執著而失敗的女強人。她幹過的職務有：《婦女世界》雜誌主編，凱美、龍霖建設公司企劃部主任和經理，創辦《高雄一週》雜誌自任發行人兼總編輯等。她是在企業界幾經闖蕩失敗後才轉入創作的。廖輝英說過這樣一段話：「人生只是兩隻脚在踽踽而行，有人伴你走上一程，但卻很少人能陪完一生；有人給你鮮花、石頭，但須臾即過；到底如何覓食，船向何方，仍得靠自己。」廖輝英就是在企業的航道上觸礁後，才調轉船頭，駛向了文學之路的。廖輝英從初中起便開始發表文章，但眞正躋身文壇，被人們稱爲女作家，還是一九八二年的事。那年她三十五歲，在生了孩子之後，看到時報文學獎徵文啓事，但此時距離截稿日期只有二十一天了。她趕忙構思寫了一篇《油蔴菜籽》的自傳體小說寄出去了，不料竟得了首獎。獲獎的榮譽給了她巨大鼓舞，也使她一舉成名。於是作品連連問世，中篇小說《不歸路》又獲第八屆《聯合報》特別小說獎，並獲得了「最善掌握現代男女兩造情境的作家」的雅號。廖輝英雖然一九八二年才正式登上文壇，但至今已是成果累累，出版了中短篇小說集《油蔴菜籽》、《不歸路》、《今夜微雨》，長篇：《盲點》、《落塵》、《藍色第五季》，散文：《自己的舞臺》、《心靈曠野》、《從咫尺到天涯》等，目前正向更高的目標進軍。一部包容臺灣整部歷史的「寫實小說，兼具史詩氣魄」的長篇巨制，正在她的構思中成熟。人們都以奇異的目光看著廖輝英的成功。她的好友女作家張曉風在談到廖輝英的創作成就時寫道：「廖輝英基本上是一個務實的女人。而務實是中華民族和儒家思想的特點。廖輝英中文系畢業以後嘗試的生活方式竟是投入商場，和琴棋書畫自娛的中式才女顯然不同，她的文字明快俐落，在溫柔敦厚四字中她顯然傾向於後兩字。說她長於寫外遇是不公平的，她只是長於描述現實的人生而已，別人在商場中流連熟悉的是商情，她看到的卻是人。」②有人認爲：「民國七十一年以前，她自認是興之所至的『不自覺的作家』，而寫過如許作品以後，『她已蛻變爲自覺性』的作家。她特別敏銳地觀察到了科技及第三次工業革命給人類帶來的衝擊。比方說：觀念的推翻，生存競爭的殘酷。更多附帶問題，譬如：倫理危機、愛情秩序、男女安身立命之困境、婚姻觀、三代相處問題、女強人、現代婆媳親子關係及社會之大衆傳播現象等等，都是她渴望透過同情的心、銳利的筆，傳給大家的。」③

第二節　從人生的「微雨」中發現女性的自我

廖輝英在《今夜又微雨》一文中說：「由於曾長期工作於接觸頻繁的人群之中，所以我的小說，先天上『閨閣氣』稍淡，而社會性時代感較強。又由於特別偏愛去處理人際之間的對應與相處關係，取材往往著眼於環境，外力與當事人間刺激反應的互動影響，所以連帶的，筆端所及常是現代人心與情結的重現。也因此，讀者所見，看似自己的恩怨情仇，又似是親戚朋友的笑淚曲折，燈下讀來，或許頗有交心之處。」④廖輝英以創作感受談出了她小說的特點。那便是在婚姻愛情題材中，寫出了較強的社會性和時代感。成名作《油蔴菜籽》寫出了封建枷鎖下掙扎過來的最後一代舊式婦女，雖然飽嘗了封建婚姻強加給她的不幸，但在臺灣社會轉型期，對變化了社會條件下的新的婚姻戀愛觀念不能容納，因而企圖將自己受過的苦難又以「愛」方式強加給自己的女兒，強硬地干涉女兒的戀愛，小說突出地寫出了這種人類社會一代接一代演下去的婚姻悲劇，並宣告了青年一代的挑戰。作者抓住這種新、舊社會意識和婚姻觀念交替過程中，人們處於流變和過渡的精神狀態，作了深刻的表達。中篇小說《今夜微雨》和長篇小說《盲點》等作品，描寫了社會轉型期，家庭和婚姻形態急劇變動中，家庭和婚姻關係不穩固狀態。由於這種不穩，給女性帶來的不幸和痛苦，告訴婦女在這種情況下應該何以自處和怎樣開拓自己的世界。廖輝英在《今夜又微雨》一文中說：「身處轉型期社會之中，目睹男女兩性同樣在新舊交纏之下，面臨了安身立命最大的困頓艱難，不僅在現有社會中，適應一己之多重角色，存在著極大衝突和困難，而且彼此對於相互情境、對應關係，一時也陷入道德規範青黃不接的混亂狀況。換言之，現代男女不僅自處艱困，相處也或明或暗，如此那般的危機。對紅塵兒女而言，一切皆在不安定的轉換與錯亂之中紛擾，於是個別行爲通常也有意料之外的非常情況表現。所以，現代男女必須飽受傳統例行與現代專有的雙重磨難之煎熬，無疑苦過從前那些世代的男男女女。」⑤長篇小說《盲點》以女主角丁素素的婚姻戀愛故事及其變故爲主幹，描寫了「道德青黃不接中」三個受到嚴重傷害的青年婦女。丁素素出身在一個實業家，有教養家庭裏的女大學生，經過戀愛與同學齊子湘結了婚，兩人情投意合，本來是美滿的一對。但不料結婚後卻遇到一個封建餘孽的婆母齊玉瑤，她對丁素素進行百般虐待，對他們夫妻關係進行挑撥，當丁素素生下兒子後，齊玉瑤巧取豪奪，將丁素素的兒子奪走，硬是逼得丁素素無路可走而走向離婚之途。家庭破裂之後，丁素素在父親的幫助下辦起女性「麗姿」中心，企圖以事業的成功來彌補婚姻上的痛苦，但卻不料事業的靠山父親的死亡和流氓彥長波在趁她醉酒後佔有了她的身體，又到處對她中傷，幾乎置她於絕地。丁素素的確是一個「飽受傳統例行與現代專有的雙重磨難之煎熬」的青年女子。丈夫齊子湘雖有愛憐之心，但在兇惡強覇的母親面前，卻是個無能之輩，不但保護不了妻子，而且自己的獨立人格都被破損。丁素素在反叛父母意願的情況下和他結婚，遇到不幸眞有咎由自取之嫌，在不便向父母泣訴，婆家呆不住又不好去投靠娘家的矛盾狀態下，她的處境尤爲尷尬；她的痛苦尤爲內在深沉；她的內傷更加烈痛。雖然作品的結尾處，作者又給了她破鏡重圓的一線曙光，但丁素素再不可能從這個家庭中拾回丢掉的幸福。作者通過丁素素的形象，反映了轉型期，封建主義的餘毒仍然在剝奪和呑噬著婦女的幸福。丁素素的好友陸萍講了一句很深刻的話：「中國人結婚，不是兩個人結婚，而是兩個家族結爲姻親。」丁素素生活在一個極不和諧的環境中，封建餘孽的婆母；充作第三者，破壞他人家庭的小姑；優柔寡斷兩頭受夾卻一籌莫展的丈夫。每個人代表一種勢力，由這些方面構成的不和諧的家庭，正是現實社會的縮影。丁素素是從小嬌生慣養，又經大學訓練的現代化的知識分子，卻成了這個環境中的犧牲品，不過也正是這樣一個環境，才逼得丁素素發奮圖強，去創造自己的天地。正像中篇小說《今夜微雨》中的女主角，經過家庭破裂、離婚等痛苦的折磨，她終有了覺醒：「走過那千恩萬愛，走過那幾番生死，如今她再不怕獨行了。人生，充其量只是微雨中的一程罷了，也許揚歌，也許和淚，也許有人相伴，也許孤影隨形，又有什麼分別。終須要嘗，終究要走的一程……」丁素素雖然有迹象表明，她可能還回歸原來的家庭中來，但卻不是她的妥協和投降，而是封建勢力的代表齊玉瑤的轉變。丁素素如果回歸，也是一位勝利者，是走進一個新的自由的天地，而不是重新裝進齊玉瑤那封建的鳥籠。丁素素和《今夜微雨》中的女主角一樣是由被動走向了主動；由被主宰走向了主宰的人物，這正是廖輝英爲臺灣婦女創造的既實際也理想的境界。《盲點》中第二個青年女子是陸萍，也是一個擺脫了不幸婚姻的羈絆，毅然地和有外遇的丈夫離婚而走向自由和超越的女人。《盲點》中的第三個青年女子是齊子湘的妹妹齊子沅，是一個被人玩弄而走向絕路自縊的犧牲品。她與有婦之夫私通，對男的愛得死去活來，期待著男的離婚而成伴侶。但豈料身爲她的頂頭上司的經理，對她完全出於玩弄，雖然和她睡了覺，打了胎，但卻不承擔任何責任，不作任何承諾，直到事情敗露，經理的妻子找上門來興師問罪，使她在身敗名裂的情況下割腕自殺。齊子沅的下場正是「道德青黃不接」造成的結果。《盲點》中的三個青年女子代表了三種類型，形象地概括了臺灣婦女當前的社會地位和處境。既有對婦女的歌頌和贊揚，也有對姊妹的勸告和警戒。正像廖輝英所說：「燈下讀來，或許頗有交心之處。」《盲點》對封建勢力的代表齊玉瑤是激烈鞭打的，她的形象，給人一種憎恨和厭惡感。但對這種人，作者也並沒有將她置於死地，而是讓她有所悔悟，表示了棄舊圖新之意。對齊子湘其人，作者有種惋惜之情，因而在溫和地對他批評後，有時也讓他表現出微弱的抗拒性。《盲點》是一部時代感現實性很強的作品。正好符合了廖輝英：「擴大關懷層面，嘗試去做不同年齡，不同階層，不同角色的各色人等的代言人。」的創作企圖。

廖輝英的小說將社會意識寓入愛情婚姻，將婚姻愛情放在社會生活的大背景中去描繪；將人物置於紛亂的社會糾葛之中，再讓人物從社會糾葛中一層層地脫出，於是，就使作品有了深度和廣度。廖輝英有較豐富的社會閱歷，對人世間觀察得比較深透，因而常常可以作到居高臨下地面對現實，不時地從自己描寫的婚姻愛情事件中概括出雖不玄奧但卻耐人尋味的哲理。例如《盲點》中當丁素素和婆母之間的平衡關係被打破時，廖輝英適時地作了這樣一段議論：「人的關係，其實就是很典型的翹翹板原理。最平衡的時候彼此相安無事，各據一方，兩人都舉足輕重，誰也贏不了誰；等到偶然一次，甲方向前跨越一步，侵越了乙方領域，後者覺得無妨，忍忍即過。但是，侵略的一方一旦胃口大開，食髓知味，又發現對方並無反應，可以再進，於是，他又往前跨一步，一步步地，慢慢逼近了乙方小得可憐的立足點……」廖輝英雖然是就丁素素婆媳之間關係發出的這番議論，但卻具有普遍的社會意義，適用於廣濶的人際關係。再如當丁素素思考陸萍離婚的癥結和原因時，想起這樣一句話：「幸福永遠是一種模式，但不幸卻是每一個人皆不相同，總是各具風貌。」這些深含生活哲理的語言像閃耀在一片綿繡上的明星，又像是一片原野盡處隱隱約約的連綿山峰，既給作品增加光輝，又給作品增加餘味，不知不覺中提昇了作品的品格。

附註：

①《廖輝英紅塵世界的旁觀者》（楊明專訪）。

②《廖輝英和她的紙上舞臺》（臺灣《中國時報》八六、一、十四）。

③《廖輝英紅塵世界的旁觀者》（楊明專訪）。

④《今夜又微雨》（臺灣《聯合報》一九八六、三、廿三）。

⑤臺灣《聯合報》（一九八六、三、廿三）。

第八編 處於低潮中的六十年代臺灣鄉土小說和異軍突起的高陽的歷史小說

第一章 處於低潮的六十年代臺灣鄉土小說

第一節 從《臺灣文藝》到《文季》，一脈相承的臺灣文學傳統

如果說崛起於六十年代初期的臺灣現代派小說，是藉西方現代派文學思潮，反叛了五十年代的「戰鬥文藝」，從而爲臺灣文壇輸入了一股新鮮空氣，打開了臺灣文壇的僵斃局面，爲臺灣小說的蓬勃發展立下了汗馬功勞。因而也帶來了臺灣現代派小說的大繁榮盛景。那麼，六十年代的臺灣鄉土小說，則是沿著自己以往的規迹，在忠實地繼承了賴和、楊逵、吳濁流、鍾理和、鍾肇政、林海音等前輩鄉土作家精神和藝術的基礎上，默默地向前行進。和五十年代相比，它有較大的發展；和七十年代鄉土小說的大崛起相比，它仍然是處於低潮；就自身來看，它已經達到了相當的規模；但是現代派小說相比，它卻還是扮演著六十年代臺灣小說中的次要角色。可是從總趨勢看，它正蓄勢待發，爲七十年代的大崛起，儲備著雄厚的實力。

六十年代鄉土小說發展趨勢，首先表現在有利於臺灣鄉土小說發展環境和氛圍的形成。這種環境和氛圍是在批判現代派詩和小說的論爭中出現的。一九六二年七月十五日「葡萄園詩社」成立，同名詩刊《葡萄園詩刊》同時創辦，推進了臺灣文學中國化、民族化的進程。該社和該刊首任社長、主編、臺灣著名詩人、詩評家文曉村，明確提出了：「明朗、健康中國詩的線路」。並和他的同仁們爲貫徹這條路線進行了大聲疾呼和不懈努力。和文曉村的：「明朗、健康中國詩的路線相呼應的，是臺灣文學鄉土化方向的確立。臺灣前輩小說家吳濁流，爲了推動臺灣文學和鄉土小說的發展，於一九六四年四月克服種種艱難，創辦了對臺灣文學發展影響極大的《臺灣文藝》。吳濁流創辦《臺灣文藝》時，辛辛苦苦積累了三萬元臺幣作資金，但只出了四期就賠光了。於是他風塵樸樸四處奔走求人捐助，有熱心文化事業者慷慨解囊，但也有拔一毛利天下而不爲者。在碰了釘子，受了委屈之後，老作家感嘆地說「這些人，上酒家，叫酒女，一夜揮千金都不動聲色，但要他捐點錢，贊助文化事業，就比登天還難……」①吳濁流不僅爲資金東奔西走，有時稿源不足也大傷腦筋。《臺灣文藝》開始是季刊，後改爲雙月刊。由吳濁流苦心經營了十二年，五十三期，即一九七七年三月，吳氏辭世，由臺灣前輩詩人巫永福和小說家鍾肇政接繼。一爲發行人，一爲社長兼主編。一九八二年十二月七十八、九合期，因經濟拮据，難以支撐，又由醫師陳永興和小說家李喬，評論家張恆豪接棒。陳永興任社長，李、張任主編。一九八六年又由青年詩人李敏勇出任社長和主編。《臺灣文藝》被稱爲「是臺灣歷史上永不熄滅的文化燈火。」它忠實地繼承和發展了臺灣日據時期傳承下來的和祖國五四新文學精神一脈相承的現實主義的文學傳統。「貫穿了日據時代的臺灣文學和戰後的臺灣文學，完成了承先啓後的任務。」

老詩人巫永福在紀念《臺灣文藝》一百期的文章中說：「雖然戰爭結束時有短暫的心神安寧，歡喜臺灣光復的時刻，卻遭隨之而來的臺灣政情動蕩不穩，加上因語文的變化所造成的困擾致有前人徬徨，後人不繼的現象。在青黃不接的空檔中歷經萬般困惑與辛酸，而於一九六四年始由吳濁流再創辦《臺灣文藝》雜誌，使其重見天日，重新燃起臺灣人的臺灣新文學運動的火炬……提供舞臺給臺灣的作家詩人發表創作及磨練，而維護臺灣新文學精神不墜。也培養了一些新人繼往開來，留下不可磨滅的脚跡與貢獻，而成爲臺灣新文學運動薪火的傳送推動者和新的開拓者。」②《臺灣文藝》的創辦，像一塊巨大的磁石，吸引了臺灣老、中、青三代作家。僅就小說家言，日據時代的有：張文環、楊逵、龍瑛宗、黃得時、王詩琅、吳濁流、葉石濤等。四、五十年代的有鍾肇政、鄭煥、文心、廖清秀等。六十年代前後的有鄭清文、李喬、施明正、東方白、潘榮禮、陳若曦、七等生等。七十年代前後的有：黃春明、鍾鐵民、黃娟、陳映眞、王禎和、洪醒夫、季季、劉靜娟、曾心儀等。八十年代前後的有：宋澤萊、吳錦發、林雙不、黃凡等。《臺灣文藝》是臺灣鄉土文學，特別是臺灣鄉土小說林木賴以生長的大山，禾苗賴以茁壯的土地。對臺灣鄉土文學尤其是鄉土小說的興旺和發展，有母親般的哺乳作用。

一九六四年由陳秀喜、陳千武、林亨泰等發起和組織的「笠詩社」和同名詩刊《笠》的創刊，雖然主要貢獻是在臺灣新詩的鄉土化、大衆化、生活化，但對釀造臺灣鄉土文學的良好環境和氣氛，促進臺灣鄉土小說的發展，也有一定作用。

臺灣《文學季刊》，是六十年代臺灣鄉土文學和鄉土小說的另一支勁旅。該刊創辦於一九六六年十月十日，主要發起者和組織者有尉天驄、陳映眞、黃春明、七等生等。該刊一九七三年更名爲《文季》。這個刊物的主張十分明確：要面向生活，擁抱世界，反映時代，描寫人生。他們主張「只有植根於生活之中，以無比的愛心去擁抱這世界的痛苦和快樂，我們的藝術才能用中華民族的命運一樣，在漫長的悲愴與掙扎之後，成爲安慰衆生的聲音。」一九七三年改刊爲《文季》後，對臺灣文學的使命感和思想性有了更加執著的追求。《文季》第一期的發刊詞寫道：「文學不但應該是生活的反映，更重要的還是如何透過這些反映在現實中教育自己。因爲唯有一個作家能夠把自己的命運與人類共同的命運結合在一起，他才能在不斷地反照出個人的愚昧和自私中，領略生命的喜悅。也只有這樣，他所創造出來的藝術品才會眞正對人類產生虔誠的愛心，形成一種前進的力量」③該刊不僅有了自己的理論系統，而且開展了對現代派小說的強火力批評。改刊後的第一期，就開闢了《當代中國作家的考察——歐陽子》批評專欄，同時發表了四篇批評歐陽子作品的文章。

從尉天驄一九五八年接辦《筆滙》到六四年《臺灣文藝》創刊，一九六六年《文學季刊》創刊，接通了臺灣鄉土文學、鄉土小說在低潮中汨汨湧動的血脈。它們像條條河道正滙聚著鄉土文學和鄉土小說的細流，向著七十年代鄉土小說的大潮湧去。

第二節　六十年代臺灣鄉土小說的成就

六十年代是臺灣鄉土小說大崛起前的醞釀、滙集、準備和起步時期，人們已從各種迹象預感到鄉土小說大崛起的潮頭將要到來。而滙成這個潮頭的主要作家，在六十年代已經嶄露頭角，或正匆匆忙忙地從來路上，向潮頭的方向滙聚。這些作家，既有老一代的鄉土小說家，如楊逵、吳濁流、鍾肇政、林海音等；也有中年作家，如李喬、鄭清文、施明正等；更有這個未來潮頭的中心人物，如：陳映眞、黃春明、王禎和、楊青矗、王拓、季季、洪醒夫、林懷民、鍾鐵民、林佛兒、林雙不等等。除了老一代和中年一代的鄉土作家外，這個未來潮頭的中心人物，雖然六十年代，有的還沒有引起人們的注目，有的還正風塵僕僕跋涉在通向鄉土小說的崎嶇道路上，但他們卻代表著臺灣小說的未來方向；他們身上蘊藏著一股強大的創造力。隨著他們的脚步聲有一種驅舊納新威力的逼近。在這股勢力中，不光是臺灣土生土長的省籍作家，還應當包括那些創作主張和創作意識與鄉土派基本一致和大同小異的非臺灣省籍作家。例如：蔡文甫、墨人、王鼎鈞、張系國、子于、康云薇、隱地、張曉風等等。這些現實主義作家和傾向於現實主義的作家，實際上是鄉土派小說的得力助友，最起碼也是鄉土小說的同路人。因篇幅所限，有的我們只能在這裡提提他們的名字，有的我們只能對他們略加論述。

鄭清文是臺灣文壇上具有相當影響力的小說家。一九三二年出生於臺灣省桃園縣。臺灣光復前後上中學，受過日文教育，通曉日文。後又在臺灣大學商業學系畢業，一直在臺灣銀行界工作。他的創作相當執著，一九六五年出版了第一個短篇小說集《簸箕谷》之後，又陸續出版了短篇小說集《故事》、《校園裏的椰子樹》和長篇小說《峽地》。七十年代出版了《現代英雄》、八十年代出版了《最後的紳士》、《局外人》和《大火》等。鄭清文的小說面向人生，面向生活。他筆下的人物常常在艱難的環境中表現出一種剛毅和勇氣；從冷漠中激發出人性的尊嚴。臺灣著名女評論家齊邦媛說：「寫作不輟但從不輕率成篇的鄭清文，秉持的是『冰山理論』，認為作者不要把所有的話說盡，須留下深潛水內的部分給讀者自己去思索。」鄭清文在談自己的創作時講：「我不喜歡過分暴露，寧可保守一點，含蓄一點，不要高聲大叫。」④

鄭清文小說的基本格調是悲劇，這是他悲劇性的人生哲學所決定的，也是他對人生的考察所得出的結論。有一次，他在回答洪醒夫的訪問時說：「我覺得人本來就是一種悲劇角色，最基本的，人會死，死是一種悲劇，而人無可避免，現代人在知識方面有驚人的進步，……卻無法用以避免死亡，無法解除人類本身悲劇性的負擔。」

由於鄭清文信奉海明威的「小冰山」創作理論，有意把作品深潛水內的部分留給讀者思索，因而又造成了他的小說粗讀易懂，細讀則難解的特點：如果不精心研讀，很難釋然其意。葉石濤在談到鄭清文小說的這一特點時說：「鄭清文把悲劇的頭尾藏在他內心深處，不想把它呈現出來，同時描寫悲劇的流程時，冷漠而客觀，從不予以說明和暗示，因此有時候許多讀者會埋怨鄭清文的小說世界既難解又撲朔迷離。其實鄭清文的文體簡潔明白，並不晦澀，顯然，他的小說的難解並非來自文字技巧，而是讀者沒有耐心去分析其小說中人物的思想和行為模式來了解悲劇發生的前因後果罷了。」⑤也就是說鄭清文小說的難懂和現代派某些小說的文字晦澀不同，而是作品思想和人物行為的內在和深邃。讀這樣的作品不能像讀流行小說式的跑故事，只有邊閱讀邊思索，才能解開其中味。

蔡文甫是個相當嚴肅的小說家，也是臺灣文壇上的資深小說家。他是江蘇省鹽城縣人，一九二六年生。在臺灣長期主持《中華日報》文藝副刊。他出版的小說有六個短篇集和一部長篇，《解凍的時候》、《沒有觀衆的舞臺》、《雨夜的月亮》、《磁石神女》、《霧中雲霓》等。蔡文甫極擅寫婚姻愛情小說，他的短篇小說《鄉情》以巧妙的構思通過主人公少女晶麗與大陸籍的青年談戀愛，父母不同意，晶麗用續家譜，分析臺灣話與北方話的親姻關係，說明臺灣大陸人是同鄉，是一家，使父母無話可說最後同意了他們的婚姻。小說在活潑的形式中表達嚴肅的主題。齊邦媛在評價他的小說時說：「他的小說簡直不靠高潮，沒有潑辣與刁蠻或滑稽詼諧的特質，卻值得讀後沉吟玩味。」⑥

張系國，一九四四年出生於四川重慶，一九四九年隨家人去臺灣，在臺灣新竹縣長大。一九六二年考入臺灣大學電機系，畢業後於一九六六年赴美留學，一九六九年獲加州大學電腦學博士學位，現任美國芝加哥伊利諾大學教授。張系國是位民族觀念和祖國觀念極強的科學家和作家。七十年代初，當祖國受到美日愚弄，祖國利益和民族利益受到侵害時，他「將全副精力」投入到「保釣運動中去」，是「保釣運動」的積極分子。他的創作充分地體現了他積極的現實主義的人生觀。他的得天獨厚的條件，使他成了臺灣科幻小說的開拓者。在科幻小說領域掘進的雖然還有年輕的黃凡、黃海等，但這方面成就最爲卓著的，恐怕還是張系國。張系國一九六三年出版了他的長篇小說《皮牧師正傳》之後，又陸續出版了短篇小說集《孔子之死》、《地》、《香蕉船》、《天城之旅》和長篇小說《昨日之怒》、《黃河之水》、《棋王》及科幻小說《星雲組曲》等。

張系國是個民族意識極強的現實主義作家，因而在他的作品中，處處表現出對現實的揭露、批判和對民族、對祖國的嚮往和贊頌。長篇小說《皮牧師正傳》，通過教會內部的明爭暗鬥，反映了作者對宗教的懷疑和否定，並透過皮牧師的升遷活動，反映了五十年代臺灣的社會狀貌。《昨日之怒》是以留美華人學生掀起的如火如荼的「保釣運動」的眞實故事寫成。描寫了在這個運動中各種勢力由聚集到分化，由積極到消沉的諸般情景。由於「保釣運動」中作者飽嘗了分化、消沉和幻滅的痛苦，因而他在《地》的後記中寫道：「我拒絕再充當『留學生文學』這荒謬文學裏的荒謬角色。『留學生文學』是一條死胡同……」期待愈高，失望也就愈深。張系國的《棋王》透過一個「神童」的故事，透露了臺灣「失落的一代」的失落和苦悶，對臺灣文化圈中價值觀念變化和拜金主義風行進行了揭露和諷刺。張系國的《地》等小說，通過主人公對泥土的眷戀，表達了落葉歸根的主題。由張系國作品的上述思想可以看出，他雖然長期生活在西方世界，但他的作品卻並沒有脫離臺灣的泥土，並沒有成爲歐風美雨下的落湯鷄。他的創作意識和作品內容與臺灣鄉土派小說基本上是一致的。

張系國科學家的身分，使他在科幻小說創作中，取得了顯赫成就，他的《星雲組曲》等作品，是臺灣科幻小說中的名篇。《傾城之戀》、《超人列傳》、《剪夢奇緣》既充滿引人入勝的奇異的科學幻想，又具有較高的藝術眞實性，是臺灣科幻小說中的佳作。

六十年代的臺灣鄉土小說，雖然和六十年代的現代派小說相比，還處於低潮狀態，但比起五十年代的臺灣鄉土小說，卻有了較大的發展。概括起來，其成就有下列幾個方面：其一，作家隊伍大大的發展。尤其是中青作家的崛起和日據時期的老作家跨過語言障礙後重返文壇，使鄉土派作家眞正形成了一個人材濟濟的流派。其二，作品大量湧現。鄭清文的《簸箕谷》、李喬的《飄然曠野》、黃春明的《莎喲娜拉・再見》、季季的《屬於十七歲的》，等作品的出版，已初步地顯示了鄉土小說的可觀成果，並預示了鄉土作家的巨大實力與潛力。其三，創作題材的拓寬；其四，描寫社會，反映人生，爲廣大的中下層人民鳴不平的創作路向的初步形成；其五，在寫實的基礎上，已注意到吸收和運用現代派的表達藝術。

附註：

①《臺灣文藝》第一〇二期第十八頁。

②《話說臺灣文藝第一〇〇號》（《臺灣文藝》八六、五、十五）。

③《我們的努力和方向》（《文季》第一期）。

④《新書月刊》（一九八三、十二）。

⑤《誠實的作家鄭清文》（《臺灣時報》八四、八、六）。

⑥《文訊月刊》（八四、七）。

第二章　六十年代臺灣現實主義作家的卓越代表李喬

第一節　從低潮中崛起

六十年代臺灣現代派小說大繁榮，西方存在主義哲學風靡臺灣文壇，人們的目光都被引向現代派小說的形勢下，現實主義小說被人們忽略了。李喬正是在這種極不利的情勢下，以自己豐厚的創作實力在低潮中崛起的卓越的臺灣現實主義代表作家。

李喬，本名李能祺，筆名壹闡提，臺灣省苗栗縣大湖鄉蕃仔林人。李喬的童年，境遇非常貧苦，基本上是在飢餓屈辱的煎迫中度過的。他父親是個抗日志士，被日本帝國主義抓進監獄關了八年，出獄後，於一九三四年，正值臺灣的抗日鬥爭轉入非武裝鬥爭，日本入侵者瘋狂地推行「皇民化運動」的情況下，生下李喬。李喬在《文學與歷史的兩難》一文中說：「我在最貧窮地區的農村長大，我們家接受的佃耕條件是主七佃三，戰前農村農民的生活面貌，所思所想，到了終戰之後，社會一段蕭條歲月，我一直就在那裡生活，我的左鄰右舍兄弟親朋，還有我自己——我是耳聞目睹熟之詳之矣！」①李喬的這段話粗略地向我們描述了他少年時期的苦況。李喬在他的小說集《山女》的序言中又說：「一擱一掌血，（這些故事）全是我童年生活的眞跡寫照。這裡有我生長小山村的一群愚昧可憐而善良百姓的淚痕笑影；有苦難一生的雙親的聲咳音容。那是異族統治下陰影裏的生活貌，一個個小小的取樣。」這段話既告訴我們，李喬童年生活的苦難背景，也講明了李喬的生活道路和他從現實主義文學的王國中起步的密切關係。在李喬看來，生活是創作的源泉；創作必須植根於生活，否則，創作將不會有什麼成功。例如他在《寒夜三部曲》的《孤燈》後記中，談了這部書如何找歷史的見證人，收集史料和作品中如何使用這些史料之後，概括道：「筆者也在此證實了一個文學原理：任何創作必須植根於生活，惟有眞正忠於生活，才能創造出眞正的文學作品來」。②李喬有些作品，不僅取材於現實生活，而且取材於現實生活中具有轟動性的重大事件。例如，他發表於臺灣《中國時報》人間副刊一九七三年三月九、十兩天的《孟婆湯》，就是取材於一九七二年轟動全臺灣的一個重大事件。一九七二年四月二十一日，駐臺美軍魯茲將臺灣酒女林維清姦淫後殘殺，引起臺灣民衆憤怒，人們紛紛上街遊行示威。李喬爲了維護中國人的尊嚴，創作了這篇小說。爲了避免某些麻煩，李喬採用了一種比較曲折的，神話小說的表達方式。對於那些不便於去親身體驗，但作爲一個現實主義作家，卻又不能不聞不問的題材，李喬也千方百計進行補救，盡量作到生活眞實和藝術眞實的統一。妓女生活是臺灣小說的重要題材之一，但這種生活又是不便去親身體驗的。那麼作爲臺灣唯一的一部專寫妓女題材的長篇小說《藍彩霞的春天》李喬是怎樣寫得栩栩如生，以致使不了解情況的人看了這部作品之後，誤解李喬是「個中老手」呢？爲了反映臺灣妓女們苦難的命運，寫好《藍彩霞的春天》，李喬持續作了五年的剪報，凡是報刊上有描寫妓院生活的文章和報導他都一一剪貼。他感嘆地指著一大疊，一大疊的剪報對朋友們說：「這可是五年的苦心累積——間接經驗來源也！」③

李喬於一九五〇年畢業於大湖蠶絲職業專科學校，之後入新竹師範就讀，一九五四年畢業後，回苗栗教小學和中學，一九八一年退休，現在專事創作。李喬於六十年代初期躋身臺灣文壇，他早期的小說，基本上都是取材於故鄉苗栗人的苦難生活，表現父老鄉親們的不幸，因而，他的作品大都是悲劇性的。他的《蕃仔林的故事》系列作品，爲後來的巨著《寒夜三部曲》作了充分的準備，在那些系列作品中，早就有了《寒夜三部曲》的某些人物和故事的雛型。進入七十年代以後，李喬的筆深入到了轉型期臺灣社會出現的種種變態。比如，舊的倫理道德的被破壞，拜金主義的氾濫，價値觀念的轉變等。到目前爲止，李喬出版的中、短篇小說集有《飄然的曠野》、《戀歌》、《晚晴》、《人的極限》、《山女》、《恍惚世界》等，長篇小說：《山國戀》、《藍彩霞的春天》、《痛苦的符號》、《寃恨慘絕錄》和《寒夜三部曲》等。此外李喬還創作了劇本《羅福星》。著作共達二十餘部。

第二節　《寒夜三部曲》的主題思想

李喬的《寒夜三部曲》和鍾肇政的《濁流三部曲》、《臺灣人三部曲》一樣，堪稱史詩般的作品。它以宏偉的結構，豐富的史料，超人的氣派和清麗的流暢的文學語言，凝集、概括和描繪了苦難、悲壯、風雨交加，五味雜陳的五十餘年的臺灣血淚史。《寒夜三部曲》的上、中、下三部，即《寒夜》、《荒村》和《孤燈》，分別概括了臺灣三個不同的歷史時期。第一部《寒夜》描寫的是漢民族到臺灣開疆拓土到日本帝國主義強迫無能的滿清政府簽訂馬關條約，割讓臺灣，臺灣人民奮起武裝抗日的歷史行程；第二部《荒村》描寫了臺灣人民大規模的武裝抗日被日本帝國主義武裝圍剿失敗後，轉入非武裝抗日爲主要鬥爭形勢下的「臺灣文化協會」、「臺灣農民組合」成立與分化等的鬥爭情形；第三部《孤燈》描寫了日本帝國主義妄圖吞併全亞洲、全世界，徵調十萬臺灣青年當炮灰，赴菲律賓作戰與美軍進行的太平洋戰爭，以及日本帝國主義無條件投降，兵敗如山倒的情景。《寒夜三部曲》含蓋的雖然實際只有五十多年的臺灣人民前仆後繼的英雄抗爭史，但作者的創作意圖和作品虛含的歷史內容卻遠遠不止從清末到日本帝國主義投降的五十年斷代，而是一部漢民族開拓臺灣和禦外護臺，保護中華民族根基，保護中國人的尊嚴，保護炎黃子孫的血脈和靈魂的一整部臺灣歷史。因此這部史詩般的巨著就具有這樣一些特點：一、整體的包容性；二、歷史的眞實性；三、伸延的宏濶性；四、藝術的完整性。

文學作品概括歷史絕不可能面面俱到，更無必要巨細彌遺，沒完沒了的鋪排曾經有過的事件全景，而是以文學特有的典型化的方法，選擇最有代表性的人物和事件，用一葉知秋，或以點彰面的方法，讓人們從具體形象來體驗歷史，而不是從作品中去查核歷史。李喬曾結合《寒夜三部曲》談到過研究歷史和進行歷史小說創作的關係。他說：「研究歷史，是要查明生活演化變化之因果事實，進而發現其原則，用以指示或預估未來的正確行徑；文學創作，是從族群生活的事實裏，找到人性人間的眞實，把它呈現出來。也就是從人，人間的內裏研究存在的眞象。歷史是敍述已然之事，文學則在敍述或然之事；歷史求眞人眞事，調查報告，文學則經虛構與想像，變化以存實。這個說明可以看出文、史的共同點：①它是面對族群生活的；而且是自己所屬的族群；②它追根究底地要找出那眞象眞實。」④李喬正是根據他的這一認識，來創作《寒夜三部曲》的。

三部曲的第一部《寒夜》，以廣東梅縣人彭阿強，拖兒帶女到臺灣省苗栗縣大湖鄉蕃仔林去墾荒落戶，傳宗接代的故事開端，通過彭阿強這個漢民族開拓者、創業者，極其艱苦兇險的創業經歷，歌頌了中國人堅韌不拔，知難而上，臨危不懼的高尚情操和善良、正直、勤勞、英勇的品質。彭阿強率領彭家的子弟兵，一家七男五女十二口和黃阿陵、劉阿漢兩人，冒難犯險進入蕃仔林之後，經歷了令人難以想像的艱難和險阻。其一是先住民的陋習，不時偷襲殺漢人以「出草」，有不少漢人被他們殺掉。這種陋習，像一群埋伏在身邊的惡狼，時時都威脅著他們的生命安全；其二是新墾戶和老墾戶、小墾戶和大墾之間尖銳的矛盾。老墾戶和大墾戶，時時想從他們手裏奪去開墾的土地，威脅著他們在蕃仔林的生存；其三是官方對他們剝削和逼迫；其四是家庭內部的矛盾和災禍。例如兒子彭人秀的暴死等。這一切都在嚴竣地考驗著彭阿強，是迎著困難前進，還是到「吊頸樹」下去認輸；是面對現實堅強地生根開花，還是作爲一個失敗者帶領全家離開蕃仔林。彭阿強雖然最後還是安祥地死在了「吊頸樹」下，但他率領的彭家子弟兵畢竟是克服和戰勝了無數奇難異險，戰勝天災人禍的兇惡挑戰，成了蕃仔林的永久居民。

《寒夜》後半部的中心故事是「隘勇」劉阿漢入贅到彭阿強家，作了彭阿強的義女葉燈妹的丈夫之後，作品轉入了如火如荼的武裝抗日階段。劉阿漢是《寒夜三部曲》中武裝抗日階段的中心人物。通過劉阿漢的武裝抗日活動，作品穿連起了臺灣歷史上一系列重大的武裝抗日史實。例如：劉永福的黑旗軍、孫中山先生派往臺灣領導抗日的同盟會成員羅福星領導臺灣人民的抗日活動和被叛徒出賣被殺的事實，由余清芳、江定、羅俊等領導的震驚中外的西來庵起義，臺灣著名武裝抗日領袖吳湯興、姜紹祖和徐驤「三秀才」領導的銅鑼灣大起義。劉阿漢是「三秀才」義軍中一名勇士。作品著重描寫了吳湯興等領導的這一支起義軍與日本人血戰的情景。這支起義軍的領袖之一，姜紹祖是個大無畏的少年英雄。書中寫道：「姜紹祖，這位秀才義士，就在反攻新竹城之戰，血濺城東牛埔山山腰一黃姓大宅，年十九歲。」書中最有光彩的形象是「剁三刀」和邱梅。「剁三刀」這位頗具草莽英雄性格的義軍小領袖，對祖國、對人民、對鄉土，一身忠勇，視死如歸。對於民族敵人，他像一顆隨時可以爆炸的炸彈，像一柄隨時都在怒吼的刺刀，像顆熊熊燃燒地滾向敵人的火球。他有一種特殊的本領，會使用飛刀，不知有多少次，敵人圍上來，看著就要活捉他的情況下，他的利刃猛地像飛蝗般擲出，群敵像落葉般紛紛倒下，局面頓時轉危爲安。「剁三刀」本名叫柯山塘，在一次戰鬥裏，「槍聲忽然停止了。敵人紛紛現身，原來是清一色的『黃頭兵』——日本的正規軍。現在他們十幾個人，把剁三刀三面圍了起來。『降！嗯！投降唏咯！』『哈哈！』剁三刀呵呵而笑。『難嗒！』鬼子兵一臉狐疑，左右前後張望起來，槍口不覺也朝上移動……。就在這時，剁三刀身子霍地離地彈起；不，是腰背拱起，雙手划一個弧形，然後向前陡然揮出，——六縷銀白閃起，接著六個敵軍旋身倒下……其他鬼子兵還未及反應，剁三刀又身子一打彎，然後挺直，左右手上又是各夾三支短刀……砰！槍聲一響，剁三刀的六把刀同時擲出，「呃……」剁三刀肚腹間中了一槍。這次又有六個敵人中刀，倒下，或蹲下，然後翻身躺下。砰砰！剁三刀又中兩槍。但是剁三刀還是再摸出兩把飛刀……一個短矮粗壯的黃頭兵，像一隻灰黃色惡犬，端著步槍向剁三刀撲去，那近尺長的刺刀一閃而至，不偏不倚，準備刺入剁三刀心房，剁三刀毫不含糊，以最後一口氣，圓睜巨眼擲出飛刀，『啊——』灰黃惡犬喊聲只到一半就切斷了，因爲喉管割斷，鮮血直噴，阻止了嗓音，同時，身子撲倒在剁三刀身上……剁三刀倒在地上的身體，倏地一轉，居然擺脫了敵人屍體，滾開一尺左右，好像死也羞於和敵人接觸似的。」讀了這樣英雄壯烈的場面，中國人的英勇和無畏，中國人的頑強和智慧，中國人的偉大和尊嚴，中國人的一切優秀品格和氣概，無需再加任何說明，都頓時閃耀在「剁三刀」三個光輝的大字上。千古英雄、千古傳奇，都難與之相比，「剁三刀！」——中國人的集合形象。這部書中描寫的另一個英雄是幾次槍救劉阿漢，有勇有謀，既能打擊敵人，又會中醫，可以給戰友療傷治病；既具戰士風格，又有長者風度；既有一身武功，又有謀士之才，受到人們普遍尊敬的河南勇士邱梅。作品對他雖然著墨不多，但他卻是靈魂和膽魄的象徵。彷彿有他在就有把握在，有他就有靠山。劉永福——羅福星——邱梅，這不是孤立的個人，而是祖國對臺灣同胞的支援，祖國和臺灣一起戰鬥，一起流血，一起犧牲，一起勝利的象徵。

《荒村》是三部曲的第二部。這部作品是以劉阿漢和劉明鼎父子從事非武裝抗日活動的故事爲中心，反映臺灣二十年代初期到三十年代之間二十年左右的抗日形勢。劉阿漢是由林獻堂、蔣渭水等領導和組織下，於一九二一年十月成立的「臺灣文化協會」的重要成員。臺灣文化協會是臺灣抗日鬥爭轉入非武裝時期，臺灣抗日運動的主要領導者。曾發動民衆，啓迪民智，號召臺灣人民投入抗日活動。例如，一九二七年十一月發動和領導新竹縣數百名民衆遊行示威抗議日本人的暴行。因此它在臺灣同胞心目中非常神聖。二十年代初期臺灣的抗日名士全都集合在它的旗下，後來雖然發生分裂，但它的功績人們是永記的。臺灣文化協會分裂後，蔣渭水另組「臺灣民衆黨」。一九二七年十二月由黃信國、簡吉、趙港和陳德興領導的「臺灣農民組合」成立，在它的領導下臺灣農民運動蓬勃發展，會員很快達數萬人，劉阿漢就是臺灣農民組合大湖鄉支部負責人。後由其子劉明鼎接任。劉明鼎是簡吉的崇拜者，他忠實地信奉和實行簡吉的革命思想和理論。《荒村》寫道劉明鼎對簡吉的崇拜時講：「而簡吉的一句話，倒使他覺得簡捷明白有道理。簡吉認爲：臺灣的反日人統治與鬥爭，並非社會主義革命，也不是全民革命，而是集中一切力量去完成二者：一是顚覆日本帝國主義的統治，爭取全島的自由。二是土地改革，消滅封建餘勢，讓農民合法獲得耕地。劉明鼎來自荒村蕃仔林，在躬身體驗中，他已然背負了三代窮農民的悲慘影象，對於簡吉這些令人震驚，卻也使人激奮昂揚的見地主張，難怪要目奪神馳，心旌動搖了。」簡吉的話，實際上就是臺灣農民組合的綱領。作品還詳細描寫了劉明鼎等領導著名的「二林事件」的情況。李喬在描寫了「二林事件」後這樣概括當時臺灣的農民運動：「日本帝國統治臺灣的重點是經濟資源的掠奪吸吮，臺灣蔗糖是臺灣經濟利益的主脈，而二林蔗農事件，是據臺灣農民因陳情而遭受集體迫害的開端；蔗農的勇敢反抗正是被剝削的臺灣大衆爭生存的偉大行動。從此以後，臺灣的農民運動，由文化協會的提携，以及農民組合直接領導下，在全島的各個角落，大小抗爭，輕重的反擊，就如野火般燎原而起……」李喬的這段話，既是他構思《荒村》的動機，也是這部作品主題思想的披露。臺灣的抗日運動。只有農民普遍地起來了，只有農民運動成了抗日運動的中心和主旋律，才眞正到了高潮，才眞正擊中了日帝要掠奪臺灣經濟資源的要害。李喬從這一判斷出發，在《荒村》中著重描寫了臺灣農民組合領導下的農民運動，正是抓住了這一時期臺灣抗日運動的實質。《荒村》中進入老年期的劉阿漢，比《寒夜》中青年期的劉阿漢的形象更加光彩奪目。他是大湖鄉農民的精神支柱，在人民面前，他是肩起一切災難的閘門，他是指引大家前進的明燈。大湖鄉農民組合支部成立時，人們激動的高呼：「劉阿漢萬歲！」一致推舉他爲支部長。在敵人面前，他是寧折不彎的大樹，無論敵人抓他多少次，施加怎樣的毒刑，都不能使他屈服。即使給他打毒劑，也不能奪走他的意志。他在最痛苦、最黑暗、面臨死亡的情況下，眼中的前景卻是光明燦爛的，對革命勝利和敵人的滅亡均充滿信心。他向兇惡的敵人宣告：「『不錯。我相信，我看不到，我的子孫看得到。』，『也許你子孫也看不到』，『那，全臺灣四五百萬雙眼睛總看得到吧。』」在晚輩面前，他是遮風擋雨的大厦。他想：「只要他撐起本地農組的旗幟，明鼎就比較安全——郭秋揚明白表示過，希望叫明鼎來領導大湖農總——爲了保護明鼎，他只有豁出，撐持到底。」劉阿漢是打不倒，殺不死，壓不彎，拔不掉，深深紮根在臺灣土地上，和臺灣泥土合而爲一的臺灣人民的集體形象的象徵，在這樣的人民面前，敵人除了哀嘆和失敗，崩潰和滅亡之外，別無他途。

《孤燈》是三部曲的最後一部，描寫日本帝國主義愈瘋狂愈失敗，愈掙扎愈滅亡，走向斷頭臺的過程。作家以時空轉換結構，一章描寫臺灣，一章寫菲律賓；一章寫劉明鼎、彭永輝在戰場的活動，一章寫葉燈妹等在臺灣的遭遇。四十年代既是日本帝國主義擴張野心膨脹到極點時期，也是他由瘋狂走向滅亡時期。大批的臺灣青年和未成年的學生被他們強行徵集到南洋當炮灰，充當侵略的工具，多少人棄屍那毒蛇猛獸出沒的瘴癘之地。作者著重描寫了劉阿漢之子劉明基和彭阿強之孫彭永輝等，被徵調到菲律賓當炮灰的危險、痛苦經歷和逃跑的過程。作品還描寫了太平洋戰爭中日本帝國主義那種極度瘋狂的情景。「於是，人類戰爭史上的特例，大西中將心坎深處的最後武器——人身炸彈的特攻攻隊，正式登場。希望以超人的精神力量爲支柱，以非人的方式，在敵艦上，尤其航空母艦脆弱的飛行甲板上，以活人操縱的『彈導飛彈』，百發百中地投下炸彈，在一人對一艦的損失比例下，求得勝利的奇迹。」日本帝國主義的這種自殺飛機，全身裝有五百公斤炸藥，行程只有五分鐘，只能左右校正，不能上下操縱，飛出去就是死亡，絕無生還的可能，即使使出這麼慘無人道的手段也沒能改變無條件投降的結果。作品還描寫了日本軍人「玉碎」的自殺場面：「『嚇嗞！少佐又抓起那把拋在血灘裏的戰刀，瘋狂地，也是胡亂地往自己身上猛戳猛插，……』開槍！槍，槍殺塞……殺！殺喲！畜生！死吧！快死吧！可壓訥生命！』少佐殿還在瘋狂地戳自己，還未斃命……」這是人類歷史上最無耻、最瘋狂、最墮落的行爲，也是侵略者無可挽回失敗命運的最後舉動。劉明基等的不畏任何艱險的逃跑，並不僅僅是生存意識支配，除了生存意識之外，還有一種愛家鄉、愛故土、愛親人、愛祖國的回歸意識的召喚。每當最關鍵的時刻，他都這樣呼喊：「我不能死！絕對不能死！我絕對要逃脫死亡，我絕對要逃過此劫，我要活下去，我就是不能死，我要回去，回故鄉去，回蕃仔林去……」關於序章講的鱒魚的故事，在這一部的尾聲得到了揭示。《孤燈》第十章《鱒魚的行程》中這樣寫道：「我劉明基一定要回去，活著回去！這是任何境況不能，不許，也無法改變的。那是一種熟悉的聲音，一種無形無色的光，也是一種超感覺，超意志的神秘存在——在出生以前，在太古以前就和自己脫離時空局限而並存的，在這『必然的時刻』，祂出現了。祂不外於自己，是自己的一部分，而又不是自己的一部分，且同時還是自己的一部分……他必須回去，回故鄉去，回去和那種聲音，那種光，那種存在合而爲一。這是萬有運行的一部分，誰也阻擋不了、改變不了。他突然想起鱒魚，在生物課上鱒魚神秘生態的描述，鱒魚就是這種奇異的生命體……」這裡，劉明基的回歸和鱒魚的回歸合二爲一，可見鱒魚就是回歸的象徵，就是生命尋找歸宿的象徵。序章鱒魚的故事被放置每一部的前面，作爲每一部的主旋律和前奏曲；可見，《寒夜三部曲》的總主題也就和鱒魚的回歸連在一起，因而愛家鄉、愛故土、愛人民、愛民族、愛祖國、葉落歸根，也就十分合理而自然地是《寒夜三部曲》的總思想，總主題。

第三節　《寒夜三部曲》的藝術特色

作爲一部近百萬字的史詩性質的小說，首先給人的印象是，結構勻稱，敍事清晰，語言乾淨俐落，讀之有條不紊，衆多的歷史事件被作者有機的熔鑄在作品的整體結構中，既不顯得過於臃腫，又不致於單調乏味。其二是虛實相間眞假相溶。既不拘泥歷史上發生過的眞實事物和眞實人物，捆綁住自己的手脚，也不因過分的虛構而使作品失去歷史的眞實。歷史小說和史詩小說在使用史料上恐怕是有區別的。歷史小說應有更多的歷史眞實，作品所描寫的主要歷史故事和人物都應是眞的，歷史上曾發生過的。作品的發展脈絡基本上應沿著時間的自然順序。不能爲了驚險和獵奇任意的編造主要歷史事件和主要人物。但史詩性質的小說則不然，它須以歷史事件基本眞實作前提，根據創作的需要而選擇人物和對次要的故事和情節作合理的虛構。李喬的《寒夜三部曲》就是這樣處理的。整個歷史進程是符合歷史事實的，但作品中的主人公彭阿強、劉阿漢、葉燈妹、劉明鼎、劉明基等和他們各自的性格活動歷史，則是由作家在總的歷史發展趨勢下虛構的。但他們所行動的方向和道路以及和他們性格相連繫歷史主幹卻是不折不扣地眞實的。《寒夜三部曲》在處理虛構和眞實的關係上是比較恰切和適度的。其三，象徵手法的運用深化了主題。作品的序章《神秘的魚》出現在三部書首，其目的在於不斷提醒讀者，這是作品的總主題、主旋律和統率全著的總司令。而這神秘的鱒魚的故事，正是象徵著和魚的形體相似的臺灣的來歷。這神秘的魚和神州大陸有著極密切的連繫。序章中有這樣一段話：「聽說，到了一萬年前，那是第四冰期結束，後冰期的時候，冰層溶化，海水陡漲，神州大陸陷入大洪水中，東海面積擴大，把大陸陸棚浸蝕成海棠葉緣；東海中只剩下點點島嶼，像蕃薯、像馬蹄、像串串葡萄、像片片孤雲。那條大蕃薯，就是臺灣。」神州大陸是母體，而臺灣則是母體分出去的子女。序章又寫道：「鱒魚，是神秘的魚，鄉愁的魚，悲劇的魚。」於是鱒魚就把神州大陸，臺灣和投奔故鄉途中的劉明鼎等，全都連爲一體了。鱒魚還是生命的象徵，母親的象徵，於是通過鱒魚又把劉明基等與臺灣、與蕃仔林、與葉燈妹相連繫了起來。鱒魚的故事是一個巨網，它的觸覺連繫著作品的每一個部位，衆多的人物，體現著母親、大地、鄉愁、民族、祖國等衆多而重大形象與意義。這象徵給人無限深邃的想像和回味，造成了極好的藝術效果。其四，是人物刻畫上不做作，不裝假，不拔高，不避短，栩栩如生，令人可信。我以爲文學作品在刻畫人物時，應在基本性格穩定突出的原則下，努力體現細節的眞實。就是正面人物不排斥某種看似缺點的出現，反面人不迴避某些看似優點描寫。葉燈妹是貫穿三部作品的極具象徵的母親、搖籃、大地般的人物，她的一生充滿苦難，從小當童養媳，配給彭人秀後卻在結婚的前夕新郎暴斃，她成了剋夫的罪魁，無端受盡折磨和指責。當她作了劉阿漢的妻子後，終日爲丈夫提心吊膽。她是革命的母親，明基、明鼎等革命者出生在她的懷裏，由她撫育成人；她是母親又是大地，由於有了她，阿漢和衆多革命者才紮下了根。照說這樣偉大的革命母親可以沒有缺點了吧。不，再偉大的人物也是血肉之軀，也有七情六欲。因而她怕丈夫被抓被殺拉過丈夫的後腿，甚至賭氣和丈夫鬧彆扭。如果沒有這些，這個人物倒不眞實了。邱梅是一個有勇有謀，頗有遠見的革命者，但當葉燈妹來求他勸告劉阿漢不要再去冒風險時，他也毫不猶豫地答應了。劉阿漢是《寒夜三部曲》中第一個主人公，最優秀的革命者，但臨終時也曾說過這樣的話：「喔，是，明青你們，啊，你們，不要去吃他們的飯，不，不要去抗爭，不要革革命……」過去我們的文學研究和評論工作中，常常從人物的一兩句話中去尋找否定和肯定他們的結論，去作區別他們先進和落後的界限，而很少從文學形象的本質上去尋找評價的依據。這種作法是一種形而上學的方法。文學作品中的人物，應由他性格的內在本質來決定，應由他們性格成長的歷史來決定，而不應由一兩句話來定性。不但不應由一兩句話來定性，有時先進人物在特定的條件下說幾句看似落後的話，反能表現出其思想鬥爭和自我前進的足迹，更顯示出形象的眞實性和可信程度。有時反面人物說幾句看似先進的話，不但不能改變其形象的本質，反能使人感到事物自身的複雜性。李喬在塑造人物時，十分注意這種人物心理細節上的眞實。劉阿漢臨終對家人所說的「不要去抗掙，不要去革革命」的話，是有具體語言環境，表現了主人公當時的一種矛盾和徬徨心情，並不是他的最後決斷。在特定的條件下，讓人物說出與其性格本質不太吻合的話，還可以增加人物內心世界的豐富性。歷史的教訓告訴我們，要好一切皆好，要壞一切皆壞，純粹又純粹的作法，實際上違背了事物發展的內在規律。「三突出」原則下那種一塵不染，沒有個人欲望，沒有個人情感，沒有思想矛盾的「無塵英雄」，實際上是不存的。沒有缺點，就是最大的缺點；

沒有毛病，就是最大的毛病；沒有私欲，必有難言之私欲。重要的在於我們要改變過去那種片面地評價人物形象的方法。

《寒夜三部曲》的不足之處，感到結構還有點鬆散和拖拉，有些地方過於拘泥於歷史事件，影響了對人物的深入剖畫和巨視性作品的宏濶視野。

附註：

① 《孤燈》第四五四頁。

② 《臺灣文藝》（八六、五、十五，第一〇〇期）。

③ 《光明教主李喬》（阿圖）。

④ 《文學與歷史的兩難》（《臺灣文藝》第一〇〇期，八六、五、十五）。

第三章　卓越的歷史小說家高陽

第一節　歷史小說的定義

歷史和文學在古代是不分家的，除了詩以外，很難區分哪是歷史、哪是文學。例如：尚書、左傳、史記、漢書等，就既是歷史也是文學，因而文、史是同一淵源。臺灣歷史學家、詩人許達然說：歷史和文學「目的相同，過程幾乎也一樣。不同則在於：歷史追求的是外在的客觀說明，文學則追求內在主觀的解釋。」①歷史小說，顧名思義，是描寫歷史題材的小說。但歷史小說並非如此簡單，有的作家是以小說的形式表述歷史；而有的作家則是爲了借歷史創作小說；有的作家是純以歷史事件和歷史人物進行歷史的重演；有的作家則是眞實事件加虛構組成史詩般的作品。因而可分爲歷史小說和以歷史爲素材的小說。關於歷史小說，巴爾扎克曾有這樣的論述：「可是歷史所能借助於小說的，也就到此爲止。它縮成一幅畫的輪廓、背景，小說家在上面勾出了最適合引起他所希圖表達的情緒的個別歷史，再塗上了顏色。一部小說總是一部小說，決不應當聽命於歷史的嚴格要求，因爲人不會到這裡尋找過去的歷史的。只要詩人不太一無所知，違反人所共知的事實，就可以不怕指責，突破絕對屬於歷史事實的限制，行所無事，任憑情節迂迴曲折。對它多所苛求，就是拘束他，就是用一個硬圈子來箍緊他的想像；也一定會癱瘓他的全部力量，完全制止他的飛翔；也就等於要小說家作歷史家，結局就是，他一定會有歷史家的枯燥感覺；也就等於說，我們不要小說。」②巴爾扎克對歷史小說的創作方法和原則，已經講得十分清楚，並且不難從中歸納出歷史小說的定義。我想，不管是歷史小說，還是以歷史題材創作的小說，都逃不脫這樣的方法和原則。不過歷史小說和以歷史爲素材創作的小說比較起來，以歷史爲素材創作的小說具有更大的機動性和靈活性，作家可以融入更多的主體意識，可以進行更多的虛構。而歷史小說雖然也可以虛構，但卻要受到更多的限制。關於歷史小說和歷史素材小說的區別臺灣作家李喬曾這樣說：「依文學類型的說法，歷史小說是：作者選一段時代，配以當時的風俗習慣、服飾、特殊景觀等作背景，以一或數件歷史事件或人物爲中心，依大家認同的常識爲主線，創一相配的情節，使事實的面貌和虛構的部分重疊進行，這樣構成的作品便是。作者借重歷史素材的可能性和可信性，重點放在虛構的經營上，主題偏重於歷史事件的個人解釋，或表達個人的觀念的作品，便是歷史素材的小說。」③歷史小說的目的，多是爲了表現歷史的面貌；而歷史素材的小說，其目的則是爲了表現作者的意志和觀念，又大都是借古諷今。但是，不管是歷史小說和歷史素材的小說，都不能違背基本的歷史事實，都必須在復活歷史事件和人物的同時，也變活那個時代的風俗習慣、風土人情、服飾裝扮、建築器皿、語言環境、宗教信仰等等。歷史雖然只爲作家提供了輪廓和背景，但也就限制了作家的筆所能馳騁的範圍；歷史雖然不限制作家的想像，它卻限制了作家想像的表現方式；歷史一方面爲作家提供了活動的舞臺；但同時也規定了作家所扮演的角色。作家雖然可以借古喻今，但卻必須暗渡陳倉，而不能自己跳到舞臺上去指手畫脚；古人雖然可以替作家表達某種意思，但這種表達是非常有限的，而且必須借助讀者的想像才能顯隱。

我們一方面強調歷史的眞實性、可信性、原始性，但我們必須同時強調作爲文學形式的小說和作爲考證的歷史課本之間的質的差別。作爲小說，事件和人物必以演出的形式活起來，這種活的程度越眞切，越原始，越生動越好；而作爲歷史教科書，卻不是演出，而是抽象概括出來的，不可移動的死的事實。從這個意義上來說，歷史小說從孕育到誕生的全過程，均是創作和虛構的過程，即使作家握有再眞實，再詳盡的史料，也不可能爲作家提供人物的心態、情感和舉動；也不可能爲作家提供他作品所需要的全部人和事。以及由這些人和事所構成的活的環境。因而，除了虛構便無小說。高陽的歷史小說創作，也生動地說明了這個道理。高陽出身於史學世家，從小研讀中國歷史。他自國民黨軍中退役後，萌生了寫歷史小說的念頭，於是便一門心事鑽進了故紙堆，對中國各朝代的歷史進行認眞的考證和研究。在考證和研究的基礎上，開始了他歷史小說創作的行程。寫了幾個長篇歷史小說打出去以後，卻沒有什麼反響，讀者非常冷淡。其原因是他沒有從歷史學家的位置上完全轉變到小說家的位置上來。他還被深埋在歷史的事件中，被歷史上的眞人所包圍，還沒有產生虛構意識，因而，他的小說活不起來，讀者也就很難買帳。高陽曾多次探索，摸索了幾種寫作方式，但均未成功。正在高陽苦惱之時，一天黎東方教授告訴他：「你何不嘗試加入一些杜撰的人物，使故事內容更生動豐富？歐洲有的作家就採取這種寫作方式。」經黎教授一點化，高陽恍然大悟，後來他照這方法去做，便成功了。這個事實告訴我們，作爲文學形式的歷史小說和作爲教科書形式的歷史課本，它們之間最大的區別，即在於形象和抽象，眞事和虛構。所以歷史小說應當是在眞實的歷史背景下，以眞實的歷史事件和人物與虛構相結合，創作成的歷史題材的小說。目的是爲了讀者欣賞藝術，而不是爲了人們查考歷史。

第二節　高陽的歷史小說之路

高陽這個名子對所有的華人來說均不陌生，他是臺灣文壇的大家，更是臺灣歷史小說的大家。說起高陽在大陸的影響，有人把他與香港武俠巨頭金庸相提並論，他們說：「有水井處有金庸，有村鎮處有高陽」。此話可能不無誇張，但高陽的歷史小說在大陸具有較廣泛的影響卻是事實。

高陽，原名許晏駢，字雁冰，筆名有：高陽、郡望、史魚等。一九二六年出生，原籍浙江省杭州市人。高陽是名門之後，他曾有位先人是清朝高宗時期的舉人。這位先人有八個兒子，其中七子在清朝金榜提名，皇帝賜許家「七子登科」金匾一幅。據說這幅金匾至今還懸掛在杭州高宅。這些曾經顯赫於朝廷的先人們給許家留下許多遺物。那些遺物，每一件都可追溯出一段故事，高陽從小就在這種環境中長大。高陽的高祖父許乃釗，是清朝翰林，曾任江蘇省巡撫。高陽的母親是名門才女，曾遍讀古今文史名著，她平時對孩子們教誨用的都是各朝代的歷史故事和名人遺訓。耳濡目染，對高陽注入相當豐富的歷史知識。高陽自小在書堆裏長大，幼時酷愛讀書，常常找個通風僻靜處，捧一本厚厚的歷史書躺在籐椅上，讀以忘餐。高陽的二哥在上海做事，常從上海帶回一些鴛鴦蝴蝶派小說，對這些作品他也生吞活剝，愛不釋手。由於家庭環境的薰陶，使高陽讀中學就偏科，數理化比較差勁，每次考試「全靠文史科拉分。」高陽大學畢業後，進入空軍官校，當了空軍軍官，一九四九年隨軍去臺灣，駐紮在臺灣岡山。一九五八年，高陽遣升，奉調到軍隊的最高統帥機關，參謀總長辦公室，擔任秘書，直至退伍。高陽從軍中退伍後，進入臺灣《中華日報》任主筆，專門負責撰寫社論和短評，同時開始了小說創作生涯，寫一些以抗日戰爭爲背景小說。這時高陽也有意識地向中國幾千年極其豐富的歷史原野進軍，他以「虔敬的心情」開始刻苦研讀中國上下五千年的浩瀚史料，決心要從這無盡的歷史大山中去挖掘那閃光的金子。高陽說：「研究歷史，一直會有新發現，一直有機會以今日之我否定昨日之我，大樂趣就在其中了。」研究歷史雖然是寫歷史小說最關鍵性的，不可缺少的基本功，但是歷史和歷史小說畢竟是完全不同的兩個行當，歷史學家和歷史小說家之間還隔著一個大海。高陽雖然對中國各朝代歷史已經十分熟悉，但是由於他還沒有掌握文學創作的最基本武器，即典型化原則，不得不一次又一次地面對失敗。開始創作的幾部小說，受到讀者冷淡。只有當他「自行加入杜撰的人物和細節」而又「嚴格遵守不破壞歷史性質的原則，收放之間必須拿捏得恰到好處。而人物的塑造亦必須切實符合當時的環境，才能和眞實人物相融合，不著絲毫痕迹」才取得了成功。高陽在由失敗向成功的道路上過渡時，首先選擇了唐人小說《李娃傳》作爲實驗對象。他全面細緻而深入地研究了唐代的科舉制度、社會習俗和官場行情，對唐代社會了如指掌，才謹愼下筆。一九六六年《李娃傳》一出，立刻便受到廣大讀者的歡迎。從此穩固地確定了自己歷史小說的創作方向。之後，《荆軻》、《緹縈》、《少年遊》等成功之作相繼面世。高陽寫的雖然是最古老的生活，但他使用的卻是最現代化的寫作手段。中文電腦剛剛面世，他便立即購買一臺，學習和研究中文資料的儲藏和輸入。及如何修改舊作與資料庫聯繫等技術。多少千古瑣事，縱橫脈絡，柔美佳人，都是在他的手指和電腦的鍵盤不斷接觸之間源源地流淌出來。高陽雖行年六十六歲，但他的學習和創作精力卻相當旺盛。除了寫作，他每時每刻都在看書，從早上起床，吃早餐，上洗手間，深夜上床，都書不離手，讀書已經成了高陽最大的樂趣。高陽常常同時創作幾部不同朝代，不同歷史背景的小說，但卻各行其道，從不撞車，從不互相錯混。一方面可以看出其史料是何等熟悉，另一方面可以證實高陽思路清晰，思維發達強健，具有歷史小說創作的不凡天才。在二十多年的時間裏，高陽共創作了六十餘部歷史小說。例如：《李娃傳》、《荊軻》、《緹縈》、《少年遊》、《慈禧全傳》、《胡雪巖》、《紅樓夢斷》、《紅頂商人》、《猛虎與薔薇》、《霏霏》、《落花生》、《筆與槍》、《紅葉之戀》、《凌宵曲》、《花落花開》、《避情巷》、《桐花鳳》、《紅塵》、《風塵三俠》、《愛巢》、《淡江紅》、《清四公子》、《清宮外史》、《玉座珠簾》、《乾隆韻事》、《秣陵春》、《百花州》、《小鳳仙》、《漢宮春曉》、《小白菜》等等。他所描寫的時代，上下數千年；他所描寫的地域，縱橫千萬里；他所涉獵的生活有宮廷秘聞艷史，有宦官當道弄權，有城市的買賣商賈，有農村的平民百姓，有古人的婚姻嫁娶，有外遇痴戀，有笑裏藏刀陰謀陷害，有路見不平拔刀相助等等，幾乎可稱之爲中國古代生活的百科全書。他筆下的人物，有皇帝，有王妃，有宮女，有權臣，有驍將，有美女，有俠士，有商人，有農民等等，可稱爲中國古代人物辭典。高陽除了歷史小說創作之外，還撰寫學術著作，還有一手漂亮古樸的書法，還能寫詩。高陽的學術著作有：《高陽說曹雪芹》、《高陽說紅樓夢》、《高陽說詩》等。其中《高陽說詩》，曾獲一九八四年臺灣中山文藝獎金委員會頒贈的「文藝論著獎」。高陽不愧爲當代多才多藝的、卓越的、多產的中國歷史小說家。

第三節　高陽歷史小說的成就和特色

高陽的歷史小說的內容和成因，大體上有以下幾種情況。其一，以眞實的歷史故事作經，以想像和虛構作緯創作而成。例如：《慈禧全傳》、《荊軻》、《清四公子》、《明末四公子》、《清宮外史》和《小鳳仙》等。《慈禧全傳》，從慈禧的家庭出身，周圍環境，出生的歷史背景等進行描述，由慈禧少年寫到入宮，得勢，垂簾聽政及仕途上的風風雨雨，爾虞我詐，勾心鬥角。作者把慈禧個人的經歷和中國當時的政壇風雲結合在一起，把慈禧個人的喜怒哀樂和清朝宮廷內部的權力角逐揉合到一塊，從而展示出廣闊而複雜的歷史背景，表現出慈禧的出現是一種歷史現象，而絕非僅僅是個人的原因。再如《小鳳仙》這部小說，實際上應叫做「袁世凱復辟前後」比較合適。小鳳仙是北洋軍閥時期北京城的一個名妓。反袁名將蔡鍔爲了「裝糊塗」以避鋒芒，因韜誨之計所需，小鳳仙介入了蔡的生活。比如書中有這一般描寫：「但小鳳仙卻不肯放鬆：『說嘛！』她搖撼著他的肩，『爲什麼要裝成這個樣子？』，『這叫裝糊塗』。你不是聽人說袁總統要叫我當什麼『刑部尚書』嗎？很有些人妒忌我；其實我也不願意做大官，所以裝得在胡同裏著了迷，根本就不願意幹什麼正經。你懂了嗎？」但是蔡鍔的妻子卻醋意十足，不但不理解丈夫的用意，而且不能容忍蔡鍔整天泡在煙花巷中，睡在小鳳仙的床上。一氣之下帶著兩個孩子與蔡鍔離了婚，此事正好爲蔡鍔的韜誨之計鍍上了一層迷人的色彩。小鳳仙在這部六百五十頁的書中，佔著極爲微弱的位置，連一個次要人物都算不上。作品寫了二百頁了，作爲書名的小鳳仙還未出場。一出場很快又消失了，直到書的結尾，蔡鍔患了咽喉癌，要死了，小鳳仙才又出現一下，而且還沒有和蔡鍔再見一面。此書寫的是袁世凱由當總統，到當皇帝，到被迫自行取消帝制和患尿毒症而死，移屍出京「歸隱洹上」的故事。故事的主軸與小鳳仙基本上沒有什麼關係。這本書的主題十分清楚，以活生生的歷史事實批判和否定了那些倒行逆施，逆歷史潮流而動的叛逆們。其二，將歷史上的民間傳說和野史加以收集並給以想像擴張，進行鋪演。比如：《小白菜》、《漢宮春曉》、《紅葉之戀》、《胭脂井》等。這些很久以前就在民間流傳的家喻戶曉的故事，原來都是非常簡單的，經過作者再創造，變成了內容豐富，主題突出，人物鮮活的優秀作品。比如《漢宮春曉》就是根據在民間流傳極廣且久的「昭君出塞」的故事寫成的。王昭君出生在湖北省姊歸縣，與大詩人屈原同鄉，天下第一美女。被朝廷選美入京後，因生性秉直，不願阿諛行賄自我推銷，得罪了畫工毛延壽。毛延壽便將她的面容加上兩顆惡痣，而被冷落。當北方兇悍的少數民族首領呼韓邪強制和親，要求將皇帝十六歲小女嫁給他時，朝中大臣便出主意將王昭君封爲寧胡長公主去頂替。皇帝見了王昭君頓時被其美貌的姿色所迷，於是一方面取消寧胡長公主的封號，另一方面四處捉拿毛延壽而治罪。在群臣的策劃下，爲了對付呼韓邪，暗中使用調包計，將王昭君的義妹韓文冒充昭君去和親，同時將王昭君封爲明妃，準備和皇帝成親。但不料畫工毛延壽投靠了呼韓邪，戳穿了宮中調包的秘密，並給呼韓邪出謀劃策，致使皇帝的好夢一再破滅。最後昭君爲了避免戰亂，願意捨身爲民，慷慨出塞，故事至此落幕。作品突出地揭露了宮廷內部的層層索賄，處處陷阱，太后的霸道專權，皇帝好色無能，群臣的勾心鬥角。成功地刻畫了畫工毛延壽的極端貪婪、狡詐和無恥。在他的捉弄下，群臣被弄得暈頭轉向，至高的皇帝也一籌莫展，呼韓邪被他玩於掌上。皇帝和群臣對他恨之入骨，但在匈奴患病返回長安後，竟然以一紙假軍事地圖作見面禮，而安然無恙。這個人物被作者寫得栩栩如生。小說爲了展開豐富多彩的描寫，虛構了與王昭君同時應選入宮的，同鄉四美女，她們不但不互相嫉妒拆臺，而且結爲姊妹，互相體諒，互相幫助，互相支持。使得這幾個鄉村姑娘，在虎狼出沒的皇宮中不僅站住了脚，而且少受別人欺負，表現了鄉村姑娘們的憨厚和淳樸。這四女中除了王昭君之外，韓文的形象描寫得令人叫好。在這些作品中，作者的筆墨相當靈活，既沿用原來故事的梗概和模型，但又不拘泥於原來的傳說，爲重新創造拓開了道路。其四：依據一定的歷史氣圍和主人公提供的蛛絲馬迹，沿著主人公情感的脈絡虛構故事，塑造人物。例如《少年遊》，這部作品中的主人公是北宋大詩人周邦彥。高陽反覆閱讀周邦彥的全部詩詞，細緻地，默默地從中體驗他的思想、情感和性格，從詩詞中呼喚周邦彥的形象，從情感中推演周邦彥的行動。於是一串串動人的故事便浮現在眼前。並且將北宋的社會、政治、人事、文化狀況和周邦彥的生平交織在一起，周邦彥這位大詩人的形象便活了。其五，將記憶中的事情和人物呈現在筆下。據說高陽的小說《胡雪巖》中的主人公胡雪巖也是杭州人，不僅和高陽是同鄉，而且和高陽祖上甚有交情。小時家人常講起這個人物，高陽對他的事迹耳熟能詳。由於《胡雪巖》是以商人和官場結合得比較密切的小說，不少外國商人爲了打開中國市場，從此書研究作起，企圖從前人的行動中找出當今中國大陸商、政之間的微妙關係。所以此書在西方商人中廣爲流行。其六，從古典作品中擷取素材，進行創作。例如《李娃傳》、《紅樓夢斷》等。假如對高陽的歷史小說作一個概括，似乎有以下幾個特點：1.歷史眞實和藝術眞實相融合；2.廣袤浩瀚的歷史背景和生動細賦的細節描繪相結合；3.歷史上的眞人眞事和衆多的虛構情節與人物相結合；4.豐富的歷史知識突現的認識價值與作者寓入的主題意識產生的現實意義相結合；5.歷史事實和科學精神相結合。高陽說：「當我看到康熙皇帝的事蹟時，不盡感慨萬千：康熙時代，西方科學大量傳入中國，他本身即深受湯若望的影響，成爲中國最具科學精神的皇帝。對任何事，他均要求親眼看見、試驗和辯駁的過程。而對於臣子的進言，即使有時令他感到不悅，他也以理性的態度分析判斷，而且只要對國家有益，他必定採納。正因爲如此，康熙時代是歷史上難得的盛世之一。」④高陽將他的這一重要認識，體現在了作品和人物之中。

附註：

① 《時空之花》（臺灣《聯合報》八八、六、十九）。
② 《「潑皮」》（《巴爾扎克全集》第九九——一〇〇頁）
③ 《臺灣文藝》第一〇〇期一九八六年五月十五日。
④ 《說部巨著數高陽》（曾永莉，臺灣《中央日報》八七、五、四）

第八編　處於低潮中的六十年代臺灣鄉土小說和異軍突起的高陽的歷史小說

四六四

第九編　七十年代臺灣鄉土小說大崛起

第一章　臺灣鄉土小說大崛起的社會和文學背景

第一節　社會背景

如果說六十年代是臺灣社會在西化風潮的推動下，在歐風美雨的吹淋下的西化期，那麼到了七十年代，則是在諸多因素的作用下，臺灣社會又開始向民族回歸的方向轉舵。七十年代和六十年代一樣，臺灣社會仍然處一種動蕩時期，它經歷的內在的巨大震撼，甚至遠遠地超過了五十年代初期國民黨遷臺的壓力和六十年代社會轉型的衝擊。七十年代發生的數起和國際相連繫的重大事件，幾乎使一些人感到有一種末日將臨的災難。

那數起事件是：1.釣魚島事件，2.臺灣被迫退出聯合國，3.尼克森訪華和美臺斷交，4.日、臺斷交。與上述事件相連繫，形成夾攻之勢，臺灣島內也有四件事。1.一九七二年十二月四日，發生的「民族主義事件」。2.一九七五年四月五日，蔣介石病故。3.一九七七年十一月十九日，發生的「中壢事件」。4.一九七九年十二月十日，發生的「高雄事件」。現將事件的內容分別作簡要介紹。

「釣魚島事件」：即「保釣運動」。釣魚島是我國領土，是太平洋中的無人珊瑚礁列島。由於發現地下有石油，引起人們重視。美國爲了向日本獻媚，於一九七〇年八月十二日宣稱：釣魚列島「是琉球群島的一部分」，美國政府已「決定交還日本」。美帝國主義這種拿中國的領土作禮物送人的強盜行徑，頓時激起了全世界炎黃子孫的強烈憤怒。他們立即紛紛組織遊行示威，向美日抗議。這一運動以留美臺灣學生和學人爲潮頭，很快覆蓋世界各地。一九七一年一月二十九日至三十日，旅美臺灣留學生和學人自發成立了「保衞釣魚島運動委員會」，組織發動全美中國留學生參加鬥爭，在紐約、華盛頓、芝加哥、舊金山、洛杉磯、西雅圖等地舉行了示威遊行。從美國發起的「保釣運動」，很快傳到了臺灣島內。同年四月，臺灣大學、臺灣師範大學等校的學生，也紛紛走上街頭，舉行集會表示響應。他們學習當年「五四」青年的精神高呼：「中國的土地可以征服，而不可斷送！中國的人民可以殺戮，而不可征服！」等口號。他們還學習抗日戰爭中抗日志士們，高呼：「一寸山河一寸血，十萬青年十萬軍！」如火如荼的「保釣運動」成了激發民族主義愛國主義的最大動力；成了檢驗民族主義和愛國主義的最大試金石；成了區別眞正的中國人還是假中國人的分水嶺；成了革命和不革命的鮮明疆界。這一運動使臺灣同胞的民族意識隨之覺醒，民族情緒大爲高漲。

臺灣被迫退出聯合國：一九七一年十月二十五日，聯合國通過決議臺灣被迫退出聯合國。這件事使臺灣在國際上的地位一落千丈，隨之一個山崩地裂式的斷交潮流從西方到東方，迅速湧起，世界許多國家紛紛宣布與臺灣斷交。臺灣，被摒棄於國際社會，被拒絕於國際活動，臺灣各界不得不認眞地考慮自己的前途和歸宿，整個臺灣民心浮動。

美臺斷交：進入七十年代，美國政府改變了對中國大陸的政策，由冷戰以對，變成握手言和。一九七一年十一月基辛格訪華，一九七二年二月美國總統尼克森訪華，《上海公報》發表；一九七五年十二月尼克森的繼任者福特訪華，一九七八年十二月三十一日美、臺正式斷交。這一事件對臺灣震撼極大。

日、臺斷交：作爲美國在遠東的最大伙伴，作爲資本主義世界在東方的最大堡壘的日本，在國際上是最善於觀察風向，見風使舵的。當它觀察到美國對華政策變化的傾向時，便搶先於一九七二年九月宣布與臺灣絕交，日本的舉動反過來更促進和加速了美國對華政策轉變的進程。臺灣失去了日本，僅次於失去美國。

在上述內、外八大事件的夾攻下，臺灣的社會和民心發現了以下一些變化。1.民族意識的大覺醒。首先是知識分子覺醒。例如，王拓在談到「保釣運動」時說：「我和我的許多朋友們都是在這個運動中被教育過來的人，而今天社會上普遍高漲的民族意識，也正是當年的這個保釣運動所激發起來的。」①在這篇文章中王拓又說：「從這裡我們就可以明白地發現，民國五十九年的保釣運動替我們的社會大衆上了很寶貴的一課政治教育，使我們的民族意識普遍地覺醒和高漲。」2.意識到祖國統一的重要。如一九七三年二月十八日，臺灣大學學生郭譽孚在校門口持刀自刎，用鮮血書寫：「和平、統一、救中國！」的標語，圍觀群衆兩千餘人，人們情緒昂揚，支持郭譽孚的行動。3.增強了臺灣同胞的自我生存意識。比如，當時臺灣大學等校的學生提出了「上山下海」，「爲大衆服務」的口號，他們紛紛組織「大學生服務團」，「擁抱人民先鋒隊」等組織，自動地深入到農村、工廠、礦山進行服務和調查，激發中國人的自救自主意識。《臺大社會服務團成立始末》中寫道：「青年們除了要作爲『社會的氣壓計』外，更需要做爲『洗滌社會，擁抱人民』的先鋒隊！前者是消極的，軟弱的，後者則是積極的，戰鬥的。」4.人們在激發自我生存意識的同時，對臺灣的逃跑主義者進行激烈批評。5.對崇洋媚外心態進行批判。七十年代臺灣內外出現的重大事件，不僅自身成了鄉土小說描寫的重要題材，這些事件激發的愛國主義和民族主義，更成了鄉土小說的主導思想。

第二節　文學背景

臺灣現代派文學，的確對活躍臺灣文壇氣氛，打破五十年代反共八股小說控制文壇的局面和引進西方文學技巧，提升臺灣文學的藝術層次等，作出了不可磨滅的貢獻。但是部分現代派的詩，有的走火入魔，造成嚴重的空洞晦澀，脫離臺灣現實，脫離廣大讀者；有的陷入形式主義泥沼，刻意模仿，不思創造。這些均引起了人們的嚴重不滿和憂意。於是臺灣興起了批判現代派詩運動，如火如荼，勢不可當。在批判現代派詩的基礎上，從一九七〇年起，臺灣揭起了一個巨大的青年詩人運動和新詩的回歸民族、回歸鄉土的運動。衆多高擎著民族、鄉土旗幟以創造中國詩爲己任的青年詩社、詩刊紛紛成立和創刊。這種民族主義和愛國主義的巨大的青年詩人運動，正是「保釣運動」中激發的民族意識，在文學中的回響。

進入七十年代以後，臺灣的文學批評界，也開始了對臺灣現代派小說的一些弊端和西化中具有代表性的作家和作品，進行了尖銳的批判。首先是由尉天驄、陳映眞等鄉土派理論家、作家主辦的《文季》，於一九七三年八月，組織的對現代派著名女作家歐陽子小說的批判和對臺灣現代派的孕育者《文學雜誌》和現代派的刊物《現代文學》的西化傾向進行了集中的批判。這一期《文季》發表的文章有：尉天驄的《幔幕掩飾不了汚垢》，唐文標的《歐陽子創作的背景》，何欣的《歐陽子說了些什麼》等。何欣的《歐陽子說了些什麼》一文，分爲主題和人物兩部分。這篇文章導論式的首段說：「在歐陽子所屬的這群大學才子派的作家中，絕大多數是讀外文系的學生。無疑地，他們都深深受到英美作家，尤其是二十世紀初的那些小說家的影響。從他們的作品，我們會看到詹姆斯・喬埃斯、D.H.勞倫斯、亨利・詹姆斯的影響，也可看到他們從這些大師學得的寫作技巧。當然這是個可喜的現象，但也有危險，如運用不純熟，便會成爲東倂西湊的雜燴。又因爲他們浸淫在西方現代文學作品裏，相對地遠離了五四運動後中國文學的傳統，所以他們的作品中缺乏中國讀者習見的現實，而對中國一般讀者就有了疏離感。」②這段話可看作當時一般比較溫和的臺灣批評家對以白先勇爲代表的，臺灣六十年代崛起的現代派作家們總的評估。何欣在比較客觀冷靜地分析了歐陽子《秋葉》中的作品後，認爲：「她所創造的人物和他們生活的環境都是現實生活中所無的。」不過是從西方的文學作品中移植過來而已。尉天驄的文章著重批判了歐陽子，即現代派小說的空洞、虛無和荒謬。唐文標的文章，以比較激烈的言詞批評了臺灣文壇上的西化傾向，即《文學雜誌》和《現代文學》鼓吹西化的弊端。《文季》組織的對歐陽子小說的批判，是七十年代批判臺灣現代派小說西化的開端，也是臺灣評論界比較集中注意臺灣小說創作流變的開始。如果把這看作臺灣小說界鄉土派和現代派的初次交鋒，也無不可。

緊接著對歐陽子小說的批判之後，歐陽子的同班同學，也是現代派大將之一的王文興的第一部長篇小說《家變》於一九七三年三月，在《中外文學》雜誌連載完畢。這部小說一載完，就引起了一場激烈爭論。張漢良先生主編的《中外文學》，組織座談會，發表文章，對《家變》進行肯定。而《書評書目》則連續發表文章對《家變》進行了針鋒相對的批評。王文興在《家變》新版序中說：「批評界對《家變》的『關懷』（原註，美其名曰關懷），又使我甚感吃驚。什麼不道德了，背棄傳統了，文字不通了——尤其席斯了——各展其才，壯思逸興，真好像是在舉辦徵文比賽。繼而，許多讀者說：《家變》應該撇開文字不談，只要看……」作者這段文字雖然對批評者不無譏諷之意，但從中也可幫助人們了解當時批評家和讀者混合而成的批評《家變》的隊伍之勇和聲勢之壯。當時從文字上肯定《家變》的有：顏元叔、張漢良、歐陽子等。而批評《家變》的有：隱地、楊志南、關雲等。對《家變》的批評，集中在對《家變》的主題和文字上。主人公范曄，身為知識分子卻將養育自己的父親百般虐待和遺棄。中國人對這種破壞中國傳統道德的行為和描寫代溝的這種表現方式不太習慣。批評者認為這是從西方的精神垃圾中揀來的破爛。臺灣文學批評家蕭毅虹在「評《中國現代文學選集》小說集」一文中說：「現代的年輕作家似乎不願意在他們的作品裏表示他們的價值判斷，他們要求的是『客觀』，想棄除的是『我』，不喜愛的是『主題』，崇尚的是『描繪現象』，當今文壇有一股暗流，彷彿一寫親情，一寫溫暖，一寫人性的光輝面，就是落伍的、八股的、迂腐的、文以載道的。反之，若是一寫苦悶，一寫黑暗，一寫矛盾衝突，就是有深度的，有價值的……」作者這段話彷彿是在批評年輕的現代派作家，所謂暗流，指的恐怕就是現代派的創作傾向，不過這一批評有點失之準確，對現代派小說的弱點並沒有一針見血地挖在病根上。當時對現代派的批評，也包括對白先勇小說的批評，認爲白先勇是在「爲一個沒落的貴族唱輓歌。」這種批評雖有某些道理，但對白先勇來說似乎缺少公平。

對臺灣現代派小說的批評，尤其是對現代派爲藝術而藝術，空洞虛無，脫離生活，脫離臺灣現實，脫離臺灣廣大讀者的批評，形成了一股相當強大的潮流，有力地推動著臺灣文壇輿論和小說創作傾向的變化。在這種情況下，「社會寫實小說」的概念便應運而生。倡導臺灣新批評的顏元叔於一九七六年在臺灣《中華文化復興月刊》第十卷第九期發表了《我國當前的社會寫實主義小說》一文，正式提出了「社會寫實小說」這一概念。並以陳若曦、陳映眞、王禎和、王文興、黃春明、王拓、張系國、楊青矗八位作家的作品來論證這一概念。顏元叔提出的這一概念，還不是鄉土小說，只是向臺灣的鄉土小說接近了一步。不過顏元叔只是看到了臺灣小說由虛向實發展的這一總的趨勢，並沒有詳細把握住這一發展脈絡。作者把王文興也劃進這個圈子，就是一個疏漏。大概直到一九七七年鄉土文學論戰發生的前夜，即葉石濤的《鄉土文學導論》於一九七七年六月《臺灣文藝》發表，陳映眞的《文學來自社會反映社會》於一九七七年七月一日《仙人掌雜誌》發表，鄉土文學，鄉土小說才正式被重新提出。臺灣文學批評家何欣說：「當然，還有很多的人在繼續討論文學重返現實——大社會的現實——問題。這些討論便促成了六十六年發生的那場鄉土文學之論戰。」③

附註：

① 《是現實主義文學，不是鄉土文學》（《鄉土文學論文集》第一〇二頁）。

②《中國作家論》第四二〇頁。

③《當代臺灣作家論》第二九頁。

第二章　臺灣文學回歸的總樞紐——鄉土文學論戰

第一節　臺灣鄉土文學的內涵

鄉土文學，顧名思義，就是描寫「鄉土」的文學，而不是描寫域外的文學。有人考證，鄉土文學一詞最早出現在十九世紀末期的歐洲。那時是爲了區別城市文學而稱鄉土文學，因而鄉土文學一詞是專指那些描寫鄉村農家題材的文學作品。經過歷史演變，鄉土文學一詞早就超出了它誕生時的含義。一九二〇年前後，臺灣曾有過一次所謂「鄉土文學」論戰。但那時的鄉土文學論戰，只是文學語言之爭，一方主張用臺灣方言寫作，一方主張用白話文寫作。這一論爭實際上是臺灣白話文運動的一部分。鄉土文學這一概念到了當代，其含意和內容都有了新的發展。大約有這樣一些含意。1.爲了區別於西化，它具有堅實的民族性的內容；2.爲了區別於空洞虛無，它具有眞實性的成分；3.爲了區別於陳腔爛調，它具有鮮活的泥土色彩；4.爲了區別於古色古香，它具有現代意識和城市意識。因而鄉土文學再不是原來那種狹義的鄉村文學，而是包含著極其豐富內蘊的，具有現代意識的，包括了鄉村和城市題材在內的具有濃郁生活氣息的活的文學。臺灣的作家和評論家，對臺灣的鄉土文學作了許多解釋。例如葉石濤在《鄉土文學導論》中這樣說：「很明鮮的，所謂臺灣鄉土文學應該是臺灣人（居住臺灣的漢民族及原住種族）所寫的文學。然而由於臺灣在歷史裏曾經有過特殊遭遇——被異族如荷蘭人、西班牙人、日本人竊佔幾達一百多年的慘痛歷史……臺灣的鄉土文學應該有一個前提條件，那便是臺灣的鄉土文學應該是以『臺灣爲中心』，寫出來的作品。換言之，它應該站在臺灣的立場上來透視整個世界的作品。盡管臺灣作家作品的題材是自由、毫無限制的，作家可以自由地寫出任何他們感興趣及喜愛的事物，但是他們應具有根深蒂固的『臺灣意識』。」①葉石濤眼中的臺灣鄉土文學，強調其地方性和本土性，強調突出「臺灣意識」。而差不多和葉石濤文章同時發表的陳映眞的《文學來自社會反映社會》一文中，則十分強調臺灣鄉土文學的民族性。他說：「說到鄉土文學，有趣的是，一般所稱鄉土文學的代表作家如黃春明和王禎和等，都不同意將他們的文學稱爲『鄉土文學』。中國新文學在臺灣的發展，有一個過程。經過六〇年代晚期以前的西化時代，在七〇年代前夕和七〇年代初年，作家開始以現實主義的形式，以臺灣社會的具體生活爲內容，檢視西方支配性影響在臺灣農村所造成的人的困境。七〇年代以後，楊青矗的工廠和王拓的漁村，成了小說的主要場景。他們在現實生活中找題材，找典型人物，在現實的生活語言中，調取文學語言豐富的來源。在這一個意義上，王拓所說現實主義文學不是鄉土文學，對西化的反動和現實主義，是這一時期文學的特點。」②在陳映眞的眼中，臺灣的鄉土文學，就是從反西化中發展起來的中國新文學，或中國現實主義文學。而這個文學既包括王拓的漁村文學，也包括楊青矗的工廠文學。在《鄉土文學的盲點》一文中，陳映眞又說：「所謂《臺灣鄉土文學史》，其實就是《在臺灣的中國文學史》。」臺灣鄉土作家王拓在《是現實主義文學，不是鄉土文學》一文中說：「它包括了鄉村，同時又不排斥城市。而由這種意義的『鄉土』所生長起來的鄉土文學，就是植根在臺灣這個現實社會的土地上，來反映社會現實，反映人們生活的和心理願望的文學。它不只是以鄉村爲背景來描寫鄉村人物的鄉村文學，它也是以都市爲背景來描寫都市人的都市文學。這樣的文學不只反映刻畫工人與農民，它也描寫刻畫企業家、小商人、自由職業者、公務員、教員以及所有在工商社會裏爲生活而掙扎的各種各樣的人。也就是說，凡是生自這個社會的任何一種人，任何一種事物，任何一種現象，都是這種文學所要反映和描寫，都是這種文學所要了解和關心的。這樣的文學我認爲應稱之爲現實主義的文學而不是鄉土文學。」③王拓在這裡所突出強調的這種文學的史命和功能與顏元叔所說的「寫實主義文學」作了區別。寫實主義文學強調寫實，而鄉土文學則要突出地反映生活在這個土地上的人們，特別是農人和工人的心理和願望。

那麼臺灣的鄉土文學是不是專指臺灣省籍作家所寫的文學作品呢？否。重要的是表現在文學的主張和認同上，而不在於作家的身分和籍貫。那些把臺灣的鄉土文學和臺灣省籍作家所寫的文學等同起來是不對的。同樣的，那些把外省籍作家一律排斥在臺灣鄉土文學之外，也是不對的。臺灣文評家蕭新煌在《沒有土地，哪有知識分子》一文中說：「省籍並不是關鍵的劃分因素，對文學及對社會的意識形態及認同，才是重要的社會學變項。在論戰中，就有不少外省籍的作家和民族主義陣容裏的政論家投入這場論戰，而站在原來是以本省作家爲主體的鄉土寫實文學支持者這一邊講臺。也因爲這一層關係，鄉土文學論戰中凸顯的鄉土意識無疑的又是一種『臺灣意識』（社會意識）與『中國意識』（民族意識）的融會。」④

在研讀了臺灣的作家、評論家對於臺灣鄉土文學的各種解釋和論述之後，大體上我們可以作出這樣的概述：臺灣的鄉土文學，是指除現代派文學和反共八股文學之外，中國臺灣人（臺灣籍與大陸籍）

所寫的，一切有關臺灣題材的文學。其時間包括全部臺灣文學史在內。不僅含蓋使用白話文與臺灣方言所寫的文學，也包括日據時期和光復初期臺灣作家們使用日語寫的有關臺灣題材的文學。臺灣的鄉土文學應該是特指性和包容性，民族性和鄉土性，中國意識和地方色彩等，相結合、相交融的中國文學中的臺灣文學。

第二節　鄉土文學論戰的起因

發生在一九七七年至一九七八年之間的鄉土文學論戰，實際上是臺灣兩種政治勢力、兩種意識，兩種文學主張，兩種文化心理等，經過多年淤積、摩擦、交戰之後，匯聚成的一次總較量。從五十年代紀弦的現代派詩「六大信條」一發表，對現代派詩的批判就開始了。之後，這種批判和反批判雖然時緩時急，時高時低，但其總趨勢是越來規模越大，範圍越廣，程度越深。直到唐文標要現代派諸君們靠邊站，甚至號召青年們「踏屍」而過，釀成「唐文標事件」，矛盾已趨激化。在此以前，雖然小說家沒有介入這場論爭，但詩界經過多年交鋒，實際上已經潛伏和醞釀著一場超越詩界，甚至超越文學界的洶湧的暗流。

由「保釣運動」激起的巨大的民族主義和愛國主義浪潮，均是由祖國意識、民族意識、鄉土意識極濃的文化和文學青年發難的。這個運動雖然過去了，但它觸發的矛盾依然存在。

六十年代初崛起的現代派小說，經過將近十年的實驗，它的西化傾向和脫離生活，遠離現實，脫離讀者的弊端，已經引起讀者和評論界的不滿。不少誤入現代派的文學青年開始覺醒，決心要改變自己的創作路線。「保釣運動」中興起的「上山、下海」的青年服務運動，爲鄉土文學的新崛起，提供了條件，指明了方向。於是就出現了王拓寫漁民、楊青矗寫工人，黃春明寫小人物，陳映眞寫小知識分子，王禎和寫小職員，洪醒夫寫農民等。青年鄉土作家如閃爍的群星般崛起。這批朝氣勃勃的青年鄉土作家，形成了一個空前的，具有無限生命力的，所向披靡的，嶄新的鄉土作家群。他們肩起了神聖的歷史使命和文學使命。他們說：「這種現實主義文學是植根於我們所生所長的土地上，描寫人們在現實生活中的種種奮鬥和掙扎，反映我們這個社會中的人的生活辛酸和願望，並且帶著進步的歷史的眼光來看待所有的人和事，爲我們整個民族更幸福更美滿的未來奉獻最大的心力。」⑤他們還無畏而自豪地宣告：「是的，讓一切海內外中國人，因爲我們在對於臺灣的中國新文學共同的感受、共同的喜愛、共同的關切的基礎上，堅強地團結起來，從中國新文學在臺灣自立自強的精神中，進一步帶動我們在思想上、文化上、科學上，連帶地在社會上、經濟上和政治上，展開一個中國的、自立自強的運動，來戰勝一切的艱難，爲我們自己民族的自由和國家的獨立，做永不疲倦的奮鬥！」⑥這批鄉土作家形成了堅強而勇敢的筆陣，反映人民疾苦，揭露社會黑暗，保護民族利益，回應人民的呼聲，做著臺灣文學中的翻天覆地的工作：把實際生活中的太上皇，如美國軍官、跨國公司老板、貴族、巨商大賈等，變成文學撻伐和批判的對象，而把實際生活中的奴隸。例如：工人、農民、妓女、小職員等，變成文學中歌頌和同情的主角。這種把現實生活中的奴隸變成文學殿堂中的主人，而把現實社會中的皇上變成文學法庭中的被告的創作活動，當然會有人喜歡，有人愁；有人擁護，有人憎惡。徐復觀在《評臺北有關鄉土文學之爭》一文中，有這樣一段話，十分清楚地講出了臺灣鄉土文學的本質和必然導致鄉土文學論爭的趨勢。他說：「自一九七〇年以來，臺灣在經濟上有了畸形的發展，在文化上也出現了轉型的蛻化。所爲畸形，是指對外國資本家，尤其是對日本資本家的開門揖盜而言。所爲轉型，是指在中華文化復興的虛僞口號下瘋狂地將中國人的心靈徹底出賣爲外國人心靈而言。對此一趨向的反抗表現爲若干年輕人所提倡的鄉土文學。要使文學在自己土生土長，血肉相連的鄉土生根，由此以充實民族文學國民文學的內容，不准自己的靈魂被出賣。……鄉土文學必然也會反映這些生活不斷下降的父兄子弟的寫實文學。他們把有時可望見顯要豪富們的顏色，幻成水中月，鏡中花的文學，斥之爲買辦文學，洋奴文學。這種話一經說穿，文學的市場可能發生變化，已成名或掛名的作家們，心理上可能發生門前冷落車馬稀的恐懼，……勢必要借政治力來保持自己的市場。」⑦

由於文學的，政治的諸原因，一場不可避免的，充滿預感的，席捲臺灣波及海外的，政治和文學相混雜的，迫害和反迫害的風暴是必定要發生了。

第三節　鄉土文學論戰的過程和實質

鄉土文學論戰的發難者是臺灣《中央日報》的總主筆、反共作家彭歌。一九七七年八月十二日下午，臺灣《中國論壇》雜誌召開「當前中國文學座談會」，主講人之一的彭歌，本來是一個簡短的講話，會後他大大發揮，加粗捻長，加上《不談人性，何有文學》的題目，於一九七七年八月十七日至十九日三天在臺灣《聯合報》上發表。彭文把矛頭直接對準鄉土文學的代表作家和理論家王拓、陳映眞、尉天驄。不偏不倚，每人一節。彭歌的文章在談到王拓時說：「不以人而以物爲標準，這種論調很容易陷入階級對立，一分爲二的錯誤。這種態度上的偏差伸延到文學創作，便會呈現出曖昧、苛刻、暴戾、仇恨的面目。」該文在談到陳映眞時說：「如此，則陳先生的作品，說是強烈的黨派性的發揮，或不爲過吧。」該文在談尉天驄時寫道：「尉先生在他本行的學問之內，所表現的如此。他雖然時時以狂熱的民族主義者的身分出現，但他這些高見對中國文學、歷史、文化的誣蔑與損害，恐怕比那被他詬罵爲洋奴買辦的西化派，有過之無不及。」彭歌對王、陳、尉三人分別進行了攻擊之後，又說：「某些鄉土文學（很少的幾篇）作品的內容，令人感到並不是要正確地反映，而是有著惡化社會內部矛盾之傾向」，「我不贊成文學淪爲政治的工具，我更反對文學淪爲敵人的工具」，「如果不辨善惡，只講階級，不承認普遍的人性，哪裡還有文學？」⑧彭歌的文章作爲向鄉土文學圍剿的第一炮，已經把文學領域裏的爭論引入到了政治領域，他以繃緊的弓弦爲這一次論戰定下了基調。緊跟著彭歌上陣的是余光中。他風塵撲撲，行色匆匆從香港回到臺灣，就於八月二十日在《聯合報》副刊上登出在香港寫好的《狼來了》的文章。這篇文章雖然不長，但它是急先鋒使用的武器。是這次論戰所有的文章中最猛烈、最凶狠、最政治化、最具殺傷力的文章。余光中說：「北京未有三民主義文學，臺北街頭都可見工農兵文藝，臺灣的文化界眞夠大方。說不定有一天工農兵文藝還會在臺北得獎呢？」余光中最後說：「說眞話的時候已經來到。不見狼而叫『狼來了』，是自擾。見狼而不叫『狼來了』是膽怯。問題不在帽子，在頭。如果帽子合頭，就不叫『戴帽子』叫『抓頭』。在大嚷『戴帽子』之前，那些工農兵文藝工作者，還是先檢查檢查自己的頭吧！」⑨余光中是個詩人，又住在香港，照說與這次主要是小說界的鄉土文學論爭關係不大，無甚關涉自身利益，他遠奔千里，看來是一種爲政治而獻身的使命感所驅。除了彭歌、余光中之外，尹雪曼、王文興等也躋身其內。尹雪曼在《消除文壇旋風——當前文學問題總批判代序》中說：「然而窮嚷嚷鄉土文學的人，卻別有用心地在鄉土文學中滲入一些色素，希望讀者在不知不覺中中毒。什麼色素呢？揭發社會內部矛盾的色素。若問社會內部矛盾跟鄉土文學有什麼關係？這些表面提倡鄉土文學的人，卻又一時無法答覆。於是，乃有人焉，出爾說：是現實主義文學，不是鄉土文學。」⑩王文與在長達兩萬字的文章《鄉土文學的功與過》中，歷數鄉土文學的種種「弊端」。比如：公式化、排他性、義和團思想、是反對文化而不是反對西化、民族本位主義等等。他們對鄉土文學的圍攻，勢之大，來勢之猛，調門之激烈，足可把鄉土文學的作家和理論家們置於死地。

然而鄉土文學陣營的作家和理論家們是一群具有強大生命力和蓬勃朝氣的初生之犢。他們不知道害怕和退卻爲何物。他們堅決據理力爭。王拓在《擁抱健康的大地》，尉天驄在《欲開壅蔽達人情，先向詩歌求諷刺》，陳映眞在《建立民族文學的風格》，陳鼓應在《評余光中的頹廢意識與色情主義》等文章中，對彭歌、余光中、王文興等，進行了批駁，並且從各個角度，對鄉土文學的理論進行了開拓性、創建性的探討和論述。確立了鄉土文學的理論體系。經過這一論爭，在有關鄉土文學的許多重大理論問題上，都有了較明確的答案。

臺灣一九七七年八月二十九日開始，在臺北召開了「第二次文藝會談」。出席者二百七十餘人。

余光中爲主席團成員之一，彭歌爲第四組組長。嚴家淦出席致詞。他強調，文藝要「配合國策，跟反共救國的大前提取同一步驟、服膺三民主義、配合中華文化復興運動」，「消滅奴役的，唯物論的階級文學」，「鄉土文學不可爲某一個特定的階層爲描寫的主要對象，不可在唯物史觀的意識形態下寫作。」這次會議實際上是對鄉土文學施加政治壓力的會議。一九七八年一月十八日到十九日又在臺北召開了「國軍文藝大會」。這個會議實際上是對鄉土文學表示安撫和協調的會議。會議要求文學界「每個人都要平心靜氣，求眞求實的化戾氣爲祥和，共同發揚中華民族文藝而奮勇前進。」臺灣軍政要人：王昇在會上作了一個多小時的講話。他說：「純正的鄉土文學沒有什麼不對。我們基本上應該團結鄉土。愛鄉土是人類自然的感情，鄉土之愛擴大了就是國家之愛，民族之愛，這是高貴的感情不應該反對……」

鄉土文學論戰白熱化的搏鬥雖然到此已經逐漸冷卻下來，但這一論戰的巨大影響卻正在深入和擴大。

第四節　鄉土文學論戰的意義和影響

鄉土文學論戰的巨大意義不僅在於受壓抑的一些鄉土作家從此揚眉吐氣，還不僅在於鄉土文學自身的理論建設獲豐碩成果。其更大的意義在於，它成了臺灣文化、臺灣文學全面地回歸民族、回歸鄉土的總標誌，爲在反西化中興起的民族意識、愛國情感疏通了暢流的渠道。從此臺灣文化的各部門都滙入了回歸民族、回歸鄉土的潮流。臺灣的校園歌曲蓬勃興起，不少大專院校的學生到民間去收集民歌和民間樂曲，形成熱潮。臺灣音樂教授許常惠爲臺灣音樂的回歸起了重要作用。由作家、舞蹈家林懷民等創辦的雲門舞集，把中華民族開發臺灣的歷史作爲謳歌的主題，把臺灣的舞蹈引入了回歸的方向。繪畫界礦工洪瑞麟描繪礦工形象，反映礦工生活的繪畫和農民畫家洪通的鄉土畫，都在東西方世界造成廣泛影響。戲劇界郭小莊的平劇改革，民歌界簡上仁的民歌活動等等，滙成了一個全面的，聲勢浩大的鄉土文化的回歸潮流，這個潮流標示著在西化中被壓抑的中國精神，被放逐的民族之魂，被擱置的優秀傳統文化的提升和復歸；這個潮流重新接續和溝通了臺灣日據時期，先輩們在和異族入侵者鬥爭中建立的愛國主義和民族主義的優秀傳統和臺灣的鄉土情懷。鄉土文學論戰，爲臺灣鄉土文學的大發展，拓開了廣濶的道路，從此鄉土文學作家的隊伍迅速壯大。不僅於六十年代末七十年代初崛起的陳映眞、黃春明、王禎和、季季、曾心儀、王拓、楊青矗等創作上迅速成熟，一批批優秀的作品紛紛問世，而且又有一批更年輕的作家，比如：古蒙仁、張毅、小赫、宋澤萊、小野、吳念眞、洪醒夫、林雙不等等嶄露頭角。他們滙成了一個洶湧澎湃的鄉土文學的潮流。這股潮流，把鄉土文學、鄉土小說推到了臺灣文壇主角的地位。鄉土文學論戰，擴大了鄉土文學在世界上的影響，從此，黃春明、陳映眞、王禎和等的名字不脛而走。他們的作品在世界各地廣爲流傳。日本曾出現黃春明熱。進入八十年代初，他們的作品成了祖國大陸讀者手中的圭臬，人們對他們名字的熟悉，超出了對大陸某些作家名字的熟悉程度。臺灣青年文學評論家高天生在談到鄉土文學論戰的影響時說：「一九七七——一九七八年間發生的鄉土文學論戰，是一場包涵文學、政治、經濟、意識形態各層面的文化思想論戰，它是本地自一九六二年中西文化論戰以來，規模最龐大的一場論戰，影響層面深遠，自是不待言。考察論戰後迄今臺灣文壇的流變和發展，我們可以看到許多作家受到論戰的衝擊，及隨後一九七九年十二月發生於高雄的政治事件的再啓蒙，都有了新的轉向和再出發，這種創新和求變的精神，已爲臺灣文壇帶來了新展望。」⑪臺灣新生代文學評論家彭瑞金在談到鄉土文學論戰對臺灣文學內在的深刻影響時說：「經由一年多論戰反覆的申辯、探索與試煉，有助於澄清、凝鍊臺灣文學的體質，予臺灣文學更明確的定義，更眞確的使命感。透過論辯中強勁的現實主義的主流理論，突示了臺灣文學與現實結合的傳統色彩，當現實的意義予以歷史形式的延伸之後，我們深一層的發現，臺灣文學所呈示、反映的絕不止數十年來的顚波與苦難的再現，在骨子裏已深刻地與臺灣四百年來的歷史命運緊緊地結合在一起了……。」鄉土文學論戰，雖然是發生在小說領域，但它的影響不僅超越了小說，也超越了文學；它雖然只有一年多時間，但它的影響卻是接續了臺灣前四百年和以後則難以估量的文化筋絡；它雖然發生在臺灣，但它的影響卻潤及了中國大陸和海外。因此，我們研究七十年代的臺灣鄉土小說時，不得不把鄉土文學論爭，作爲它廣濶的歷史時代背景和理論依據。

附註：

① 《鄉土文學討論集》第七二頁。

② 《鄉土文學討論集》第六四頁。

③ 《鄉土文學討論集》第一一八頁。

④《悲懷與智慧》（人文篇第一二二頁）。
⑤王拓：《是現實主義文學，不是鄉土文學》（《鄉土文學討論集》第一一九頁）。
⑥陳映真：《是立民族文學的風格》（《鄉土文學討論集》第三四〇至三四一頁）。
⑦《鄉土文學討論集》第三三二至三三三頁。
⑧《鄉土文學討論集》第二四九至二六三頁。
⑨《鄉土文學討論集》第二六六至二六七頁。
⑩《鄉土文學討論集》第四九三頁。
⑪《新危機與新展望——鄉土文學論戰後臺灣文壇發展的新考察》（《臺灣文學的過去與未來》第二〇一頁）。

第三章　七十年代臺灣鄉土小說的成就

第一節　小說理論和小說創作交互發展

和現代派作家們從西方移植過來的文學理論與比葫蘆畫瓢，按照移植來的理論進行創作的作法相反，鄉土派的文學理論卻是在論戰和創作實踐中，不斷總結、概括、實驗，然後又去指導實踐，經過一次次的摸索，實驗，再摸索，再實驗逐步誕生和完善起來的。理論和創作交互發展，同步前進，表現了較好的一致性。實踐是理論的火石，而理論又是照耀實踐之燈火；論爭靠理論去展開，而理論又在論爭中成長和發展。因而我們從鄉土小說理論和創作實踐一致性的角度，來探索鄉土小說的發展。

第一，反對西化和反崇洋媚外。反對西化和反崇洋媚外，不僅是臺灣鄉土小說的第一要務，而且被臺灣所有的民族主義和愛國主義者所信奉。不反對西化，不反對崇洋媚外，中國精神就無以復活，作一個中國人在中國的土地上就不能揚眉吐氣，有一種拂之不去的壓抑感。因之，鄉土文學把反西化和反崇洋媚外看作是神聖使命，加以格外強調。鄉土文學派的著名理論家尉天驄，把反對西化和反對崇洋媚外看作鄉土文學的主要任務。他說：「我們要關心我們的現實，寫我們的現實，這就是鄉土文學。它主要的一點，便是反買辦，反崇洋媚外，反逃避，反分裂的地方主義。」陳映眞說：「在一個強國欺凌弱國的時代，在一個大約五分之三的人口還生活在長期、慢性的貧困、饑餓、無知和疾病的地球上，在跨國性產業和銀行集團支配缺乏生產資本和技術的弱小民族和國家，從而斲傷了這些民族的心靈，污染了這些民族的自然環境，掠奪了這些民族的物質資源的時代，人性的問題，集中地表現在人怎樣掙脫這一切的枷鎖，奪回失去了的，被創傷的人的尊嚴，以釋放在創造和革新上最大限度的能力，從而建立一個眞正有人味的、自由、公正而幸福的世界。」①在這一理論的指導下，和這一理論相呼應，臺灣鄉土小說中反崇洋媚外，反西化，反買辦的題材占據了重要地位，而且呈現蓬勃的崛起之勢。許多鄉土小說家，都抓住這一題材進行廣泛探索，深入開掘。比如：陳映眞的《唐倩的喜劇》、王禎和的《小林來臺北》、《美人圖》，曾心儀的《我愛博士》，黃春明的《蘋果的滋味》、《我愛瑪莉》等這些作品，有的對侵略者的醜態揭得淋漓盡致，有的將洋奴的嘴臉描繪得栩栩如生。

第二，深入反映現實，促進社會變革。現代派小說的最大弊端是脫離現實，脫離臺灣社會，描寫一些不關人們痛癢的東西，因而廣大讀者對它也不關心。鄉土派小說和現代派小說針鋒相對，它就是要「描寫民族受壓迫、屈辱的慘苦面，謀求民族地位及個人地位的改善。」，就是「要反映我們的社會問題，反映帝國主義經濟侵略所帶給民衆的痛苦，反映當前的經濟現象，指出某些不合理的制度，消除剝削，以趨向更美好的社會。」②尉天驄在《路不是一個人走出來的》一書中說得更直接：「我們認爲：現代文學最大的任務不是別的，而是在於如何透過藝術把人們從以往那種傷害、鬥爭中引向一個合乎理性的新社會。」③這方面題材的作品極爲豐富。例如王拓的《金水嬸》、《望君早歸》、楊青矗所有寫工人生活的小說：如《工廠人》、《工廠女兒圈》、《工人五等》，洪醒夫的《黑面慶仔》、宋澤榮的《打牛湳村》等等。這些作品，從各個角度揭露了在西化過程中，由於帝國主義的經濟入侵等，造成農民破產失業、工人負荷重工資低，處境悲慘的景象。鄉土小說家企圖對這些現象進行揭露和鞭打，以改善人們的處境，促進社會進步。楊青矗描寫臨時工的小說發表後，引起了社會輿論的廣泛注意，臨時工的處境，便得到了一定程度的改善。

第三，揭露外國的經濟入侵，保護中國人的民族尊嚴。

臺灣進入西化期之後，以胡秋原爲首的《中華雜誌》集團的理論家們，一直認爲臺灣有殖民經濟。胡秋原在《談民族主義與殖民地經濟》一文中說：「今天臺灣的經濟，也有買辦經濟存在，松下、本田機車等等公司的代理商也就是買辦的資本。當然，我們也有一部分的民族資本，但是毫無疑問的，買辦資本已佔了一個很大的數字。總之，臺灣是有殖民經濟的成分。……到了一定時期，臺灣就由經濟殖民地到政治殖民地。」④胡秋原認爲：「今天第一件事情就是要實行三民主義。民族主義就是要全體中國人團結起來，自立自強，堅決不依賴外國，不受外國欺負。」在開放的條件下，吸收外資和帝國主義經濟入侵，殖民地經濟與開放經濟之間，有著極微妙，極複雜的關係。臺灣的鄉土作家們秉持著上述理論，從民族主義和愛國主義出發，創作了一系列揭露美、日經濟入侵和批判洋奴買辦的小說，這些小說在臺島內外都引起了極大反響。如黃春明的《小琪那頂帽子》、揭露日本高壓鍋等公司以劣次產品在臺灣傾銷，給臺灣同胞生命財產造成了嚴重損失。再如陳映眞醞釀已久陸續出版的系列中篇小說《華盛頓大樓》，廣泛深刻地揭露了帝國主義的跨國公司，對臺灣，對第三世界的剝削和掠奪。

第四，文學應該描寫大衆，爲大衆服務。文學爲什麼人服務的問題，在臺灣新詩論爭中，爭論的相當激烈。一部分現代派詩人，認爲詩就是寫給自己看的，對廣大讀者不屑一顧，而讀者和評論界則強烈要求，詩人應走出象牙之塔，寫出群衆喜見樂聞的作品。鄉土派理論家和小說家，吸取現代派小說的教訓，提出鄉土小說要描寫勞苦大衆，爲勞苦大衆服務。例如尉天驄在《對現實主義的考察》一文中說：「工農兵文學並沒有什麼不好，我們之中許多人都是工農出身，農人唱歌，工人寫東西，當兵的提倡軍中文學，又有什麼不對呢？」王拓在《擁抱健康的大地》一文中，在歷數了「那個爲了使兒子掙脫貧窮的悲劇生活，不得不去炸魚，而終於把自己炸死了的水盛叔；那個爲了養活並教育六個孩子，而不得不整天挑了雜貨擔子在『八斗子』的大街小巷叫賣，結果卻被她的成家立業的孩子們所遺棄了的金水嬸；那個因丈夫遭遇海難，在年紀輕輕時就守了寡，並含辛茹苦地把子女們撫養成人的秋蘭……」之後，他說：「我原是和他們同屬於一種類的人。於是我開始嘗試寫作，我開始試圖把那些我所看到的，認識的這些令我感動的健康的人們的哀樂、的愛恨、的辛酸、的期望、的奮鬥、的掙扎……透過小說來加以反映。我相信，這些令我感動的、多數廣大的健康的人們所表現的心裏的愛憎和願望，以及他們在樸實的勤懇的日常生活中，爲了下一代的幸福所作的犧牲和愛心，所表現的人性的光輝，是人類世界最寶貴、最值得珍視的東西。」⑤王拓、陳映眞、黃春明、王禎和等人，均把勞苦大衆作爲描寫和歌頌的主要對象。他們筆下的主人公頭上，都冠著一個「小」字。陳映眞主要描寫「小」知識分子，黃春明主要描寫「小」人物，王禎和主要描寫「小」職員。「小」在鄉土作家的筆下，一方面表示這些主人公的社會地位低下，但另一方面卻迸射著正直、樸實、勤勞和希望的光輝。並含有對「大人物」的反諷之意。

第五，臺灣、大陸是一家，國家要統一，民族要團結，親人要團聚。

國家要統一，民族要團結，親人要團聚，是鄉土文學最重要的題材和主題之一。鄉土文學的作家和理論家們，對這個問題一再進行論述和描寫。趙光漢在《鄉土文學就是國民文學》一文中說：「鄉土文學的一貫內容就是以觀照現實，表達民族、民權、民生三大問題，批判了漢奸、買辦和走狗，與民衆、與中國相結合。從上述觀點來看，鄉土文學就是國民文學。」⑥陳映眞在《鄉土文學的盲點》一文中說：「臺灣的新文學，受影響於和中國五四啓蒙運動有密切關聯的白話文學運動，並且在整個發展的過程中，和中國反帝、反封建的文學運動有著綿密的關聯。也是以中國爲民族歸屬之取向的政治、文化、社會運動的一環。」陳映眞抓住這一題材和主題，寫了大量的臺灣人和大陸人應該消除省籍界限，團結和睦的作品。讀一讀《第一件差事》、《將軍族》等作品，體會一下大陸人三角臉和臺灣姑娘瘦小丫頭擁抱一起而死的象徵意義，就不難理解作者的苦心。其他鄉土作家也是這類題材的熱心描寫者。季季的《異鄉人之死》，洪醒夫的《老廣》等，均是表達兩岸情的作品。

第六，愛臺灣、愛鄉土。在臺灣鄉土作家的眼裏，民族、鄉土、祖國是三位一體而不可分割的。他們把自己看作是在祖先用血汗灌溉的土地上長生的樹木和小草。他們認爲自己的生命和靈魂都和脚下的鄉土凝集在一起。正因爲他們無比熱愛鄉土，因而對損害和踐踏，企圖掠奪和佔有鄉土的帝國主義和洋奴買辦們恨之入骨。王拓在《擁抱健康的大地》中，深情地表達了鄉土作家們對鄉土的無比關懷和摯愛。他說：「我們家從福建遷移來臺已經有三百多年的歷史，在這段漫長的歲月裏，我們的祖先一代接一代在這塊土地上不斷辛勞地，勤懇地，滿懷期待地工作著。在這塊土地上播下心愛的希望，並用血、用汗，甚至用淚水來灌溉她，照顧她，呵護她，就像一個忠實的園丁對待他的田園，忠實的奴僕對待他的主人一樣。更像一個勤懇的農人對待他的田地一般的死心踏地。我們是兩脚深紮在這塊土地上的一群人，死了也在這塊土地上，和這塊土地合而爲一，混爲一體。所以我們愛她！無條件、無保留地深愛著她。爲她，我們願意流汗、流血；爲她，我們甚至可以死！因爲沒有這塊土地就沒有我們，沒有我們的子孫、沒有我們的一切！」⑦鄉土作家筆下和泥土溶爲一體，愛泥土勝愛自己生命的作品就更多了。例如：宋澤萊的《打牛湳村》、《變遷的牛眺灣》、王禎和的《嫁妝一牛車》、《三春記》等等。這些小說中的鄉土人物，一方面背負苦難，一方面肩壓著重任，他們在泥土上受苦，又和泥土凝合在一起；他們在泥土上進行掙扎，最後又沒入泥土之中。與其把他們看作是泥土的兒子，不如說他們就是泥土的一部分。

在所有臺灣當代的小說中，臺灣鄉土小說在題材的開拓和主題的深化方面是無與倫比的；在小說的生活化、大衆化方面，成就是空前的；在作家與自己描寫的對象和讀者的結合方面，其他作家均會自嘆不如。我們可以不帶任何偏見地這樣說：臺灣小說因現代派造成的與廣大群衆和讀者隔離的局面，被鄉土小說彌合了；臺灣小說因現代派造成的主題失落和迷惘，被鄉土小說拾回和喚醒了；臺灣小說因現代派造成的題材窄狹和貧困，被鄉土小說拓寬和豐富了。鄉土小說把臺灣文學引向了一個朝氣蓬勃，充滿活力，人心所向的新局面。

第二節　現實主義創作方法與多種表達藝術相結合

有人把臺灣鄉土小說的特點概括爲四條，即：1.民族的；2.寫實的；3.前進的；4.知耻的。②這樣的特點就決定了它的創作方法必須是現實主義的。王拓曾寫了《是現實主義文學，不是鄉土文學》的文章，並給鄉土文學下了這樣的定義：「反帝國主義的民族意識的高度覺醒，反對過分商業化的經濟體制、和關心社會大衆的現實生活的社會意識之普遍提高，都採取著一致步調，而且正好與那股二十幾年來一直默默耕耘的，以鄉土爲背景，忠實地描寫個人的悲歡與民族的坎坷的作家和作品所表現的健康的、富有活力的現實主觀的精神結合在一起了。」因而，鄉土文學的表現藝術，也就是現實主義藝術。這種現實主義的表現藝術，具有這一些特點：

第一，繼承、發展和歸屬於中國文學的大傳統。中國文學的大傳統是什麼呢？那便是從詩經、楚辭、漢樂府、唐詩等一脈相承的「文以載道」的精神。臺灣哲學家、文評家王曉波在《中國文學的大傳統》一文中說：「宣民志、達民情、爲生民立命，關懷民生疾苦，是中國文學的大傳統。今天居然有人對描寫飢溺無告之民的文學，不思有所改革，反斥他們『醜化社會』此亦『三千年來未有之巨變也！』」臺灣的鄉土小說正是在中國文學這現實主義大傳統的根基上萌生和發展的。忠實地繼承了這一大傳統的諷諭和批判精神。

第二，新的表現方法。七十年代的鄉土小說和日據時期、光復初期的鄉土小說最大的相異點是：

它是現代化的鄉土小說。它吸收了現代小說的各種表現技巧，比如：象徵、暗示、意識流、時空變化等；它充分吸取了現實生活中的現代語彙：有的對傳統語彙賦予新的生機，有的將白話文與臺灣方言相結合，給人以嶄新的語感；它輸入了現代意識，使作品和人物都具有新時代的特色和氣質。

第三，創造鮮明的民族風格。鄉土小說的反西化，反崇洋媚外的創作使命，就規定了它藝術上民族化的風格和特色。陳映眞在《建立民族文學的風格》一文中著重強調，要「在自己的文學中表現中華民族的靈魂。」表現出中華民族的膽魄和勇氣。他說：「中國的新文學，首先要給予舉凡喪失的、被侮辱的、被踐踏的、被忽視的人們以溫暖的安慰；以當年的勇氣；以希望的勇氣；以再起的信心。中國的新文學，也要鼓舞一切的中國人，眞誠地團結起來，爲我們自己國家的獨立，民族的自由努力奮鬥。」⑨由於時間和背景的關係，他主要從文學的內容方面來論述創建臺灣文學的民族風格，是正確的，因爲缺少民族精神的文學，首要的任務就是復歸民族靈魂，否則，一切均是空談。不過民族風格除了內容之外，還有其他因素。比如民族的語言，民族的風俗習慣，民族的心理，民族的思維方式等等。這些方面，臺灣的鄉土小說都有極好的表達。王禎和《嫁妝一牛車》中的主角，中國傳統農民萬發身上和他趕牛車的經歷和擧動中，就時時透現著濃郁的民族傳統文化的風彩。

第四，從苦難中塑造中國民族堅韌、頑強、堅毅不拔的優秀品格和性格。假如我們把臺灣的鄉土小說作一個展覽，把鄉土小說中的人物排一下隊就會發現，每一個主人公，都是在命運的荊棘和泥沼中痛苦地、艱難地，然而卻是堅定，毫不氣餒地跋涉的人物。金水嬸和她的丈夫，經過多少艱難和曲折，受了多少痛苦，多麼不易地把孩子們都培養出來了，但當自己的生命和精力幾乎全被耗乾的時候，卻被兒子們遺棄。這樣的悲劇只能給她帶來打擊，卻不能使她爬下。萬發的生活道路更爲艱難，做生意賠了本，坐了牢，一心想一個牛車，姓簡的佔有了他的妻子，送給他一個牛車，這是何等的屈辱。但生活的重壓和難以忍受的屈辱，並沒有摧毀他。他仍然忍辱負重，趕著用妻子換來的牛車前進。假如我們把鄉土小說中的這些苦難而不倒下的人物都集合在一起，把他們身上的精神加以凝聚，就會看出，這是一種民族性格，民族精神的集中體現。中華民族在痛苦的忍受中，艱難地走向自己的目標。苦難固然不好，但從苦難中跋涉出來的民族，卻是不可戰勝的。

附註：

① 《建立民族文學的風格》（《鄉土文學討論集》第三三八頁）。

② 趙光漢《鄉土文學就是國民文學》（《鄉土文學討論集》第二八七至二八八頁）。

③ 《路不是一個人走出來的》第一四九頁。

④ 《鄉土文學討論集》第五六五頁。

⑤ 《鄉土文學討論集》第三五〇至三五一頁。

⑥ 《鄉土文學討論集》第二八九頁。

⑦ 《鄉土文學討論集》第三六一頁。

⑧ 《鄉土文學討論集》第二八七頁。

⑨ 《鄉土文學討論集》第三三九頁。

第四章　鄉土小說一面奪目的旗幟陳映眞

第一節　曲折的道路，頑強的人生

從信仰存在主義到批判存在主義；從信奉現代派到離棄現代派；從慘綠的空想，到眞切的現實；從單一和單薄的主題到深宏繁富的層遞結構；從淺層的觀察到深邃的開拓，陳映眞走過了一條艱辛、坎坷，佈滿荊棘，然而卻愈走愈寬濶、愈走愈光明、愈走愈引人注目的道路。可能就是這種原因，才出現了這樣的奇觀：他的作品雖然沒有別的鄉土作家多，但他的影響和名聲，卻遠遠地超過了其他鄉土作家；他雖然從未表現出領袖欲，但時代卻確定了他鄉土小說奪目的旗幟的地位。

陳映眞，本名陳永善。臺灣省臺北縣鶯歌鎭人。一九三七年十一月，出生於臺灣西海岸的農村竹南。陳映眞兩歲時過繼給他的三叔父，一九四四年他的養父家和生父家因躲避空襲搬到鶯歌鎭，他又和自己的雙生同胞兄長相聚。一九四八年，九歲時兄長病故，使他悲痛萬分。後來當他回憶起兄長之死時，感傷的情緒還濃濃地籠罩著他的心靈。他寫道：「數十年來，依稀總是覺得他的死，遽爾使我失落了一個對等的，相似的自我，同時卻又彷彿覺得，因我的形貌，心靈的酷肖，那失落的一切，早在小哥病死的一刻與我重疊爲一。」後來爲了懷念他死去的那位小哥，在發表第一篇小說《麵攤》時，就以大哥的名字「映眞」爲筆名。取「映眞」爲筆名，除了懷念其亡兄外，恐怕立志反映生活的眞實，也包含在內了。一九五七年，陳映眞考入臺灣淡江文理學院外文系讀書，一九五七年九月，大學二年級時，他的處女作《麵攤》問世。從此躋身臺灣文壇。陳映眞既是作家，又是評論家，他以陳映眞之筆名發表小說，以許南村的筆名發表評論。陳映眞出版的中短篇小說集有：《將軍族》、《第一件差事》、《陳映眞選集》、《夜行貨車》、《華盛頓大樓》（第一部）、《山路》等。出版的評論集有：《知識人的偏執》、《孤兒的歷史、歷史的孤兒》等。陳映眞在以筆名許南村發表的自我評論《試論陳映眞》一文中，把他前期的創作分爲了兩個階段。他說：「總的看來，陳映眞的作品可以分爲兩個時期。從一九五九年到一九六五年是一個時期。在這個時期裏頭，他顯得憂鬱、感傷、蒼白而且苦悶。這種慘綠的色調，在他投稿於《筆滙》月刊的一九五九年到一九六一年間爲最濃重。一九六一年迄一九六五年，他寄稿於《現代文學》的時期，還相當程度的保留了這種靑蒼的色調，但同時也表現出這個時期底趨向終於以及另一個時期的開始，而逞現出比較明快的，理智的嘲諷的色彩。」①陳映眞前期創作的第一階段，即「憂鬱、感傷、蒼白而且苦悶」時期的作品，主要有：《麵攤》、《我的弟弟康雄》、《鄉村教師》、《死者》、《故鄉》、《那麼衰老的眼淚》、《加略人猶大的故事》等。這個時期，陳映眞還沒有摸到現實主義的大門，而是在現代派超現實主義的泥路上艱難的跋涉。他懷著迷濛的理想，但卻找不到理想的窗口；他想擺脫黑暗投向光明，但卻望不見旭日的東昇；他想邁開脚步前進，但卻總是缺少邁動脚步的力氣。因而他的作品中總是充滿著淒苦的無奈，他的人物大都在失敗中走向自殺。《我的弟弟康雄》，透過姐姐的口，講述弟弟康雄的故事。康雄是一個不甘寂寞不甘墮落的靑年，懷著雖然是空想的，但卻是對人類有益的烏托邦式的理想。他企圖通過建立貧民學校、建立醫院、孤兒院等社會服務實現平等自由美麗的新世界。這種理想實際上是滿懷熱情的青年的陳映眞，朦朧地對空想社會主義理論的一種認知。最後主人公在理想破滅，又因戀著可作媽媽的女房東引起的道德自責中而走向自殺。這篇小說主題思想雖然比較灰暗，但卻寫得很美，讀之令人陶醉。《鄉村教師》的主角吳錦祥、《故鄉》中的哥哥、《加略人猶大的故事》中的猶大等和康雄都是一類人物。即市鎭小知識分子，他們胸中懷著極旺盛的理想，但卻缺乏將理想付諸實施的力量和勇氣；他們只看到理想的美麗，卻看不到實現理想中包含的痛苦；他們只有藍圖，但卻沒有通向大廈的道路，因而吳錦祥在幻滅中發狂自殺，《故鄉》中的哥哥終於墮落。陳映眞在他前期的第一階段，創造了幾個美麗、悲哀而失敗的故事。這些故事都充滿了超現實的意味。陳映眞的那些人物爲什麼一個個作了時代的犧牲品，將自己寶貴的生命也貼賠了進去呢？陳映眞在《試論陳映眞》中洞如觀火般地找到了原因。他從這些人物的出身和身分及經濟地位諸根本因素上進行了剖析。他說：「在現代社會的層級結構中，一個市鎭小知識分子是處於一種中間的地位。當景氣良好、出路很多的時候，這些小知識分子很容易向上爬升，從社會的上層得到不薄的利益。但是當社會的景氣阻滯，出路很少的時候，他們不得不向著社會的下層淪落。於是當其昇進之路順暢，則意氣昂揚，神彩飛舞；而當其向下淪落，則又往往顯得沮喪，悲憤和彷徨。陳映眞的早期作品，更表現出這種悶局中市鎭小知識分子的濃重的感傷情緒。他的父親一代出身於農村的敗落家庭，因著刻苦自修，成爲知識分子而向城市遊移。一九五八年，他的養父去世，家道遽爾中落，這個中落的悲哀，在他易感的青少年時代留下了很深的烙印。這種由淪落而來的灰暗的記憶，以及因之而來的挫折、敗北和困辱的情緒，是他早期作品中那種蒼白慘綠的色調的一個主要根源。」②

陳映眞前期作品的第二個時期，是一九六一年至一九六五年。作品主要包括：《文書》、《一綠色之候鳥》、《第一件差事》、《將軍族》、《凄慘的無言的嘴》、《兀自照耀著的太陽》等。陳映眞把一九六五年至一九六八年他入獄以前這三年劃作他的中期創作。這個時期作品數量很少，只有《最後的夏日》、《唐倩的喜劇》和《六月裏的玫瑰花》三篇，創作風格和特色上與前期的第二個階段亦無太大的變化。因而僅僅因爲這三年投稿的地方從《現代文學》轉入了《文學季刊》，就把這三年和三篇小說單列一個時期，似無太大必要。我以爲陳映眞的創作眞正發生根本變化的是他出獄後的創作，所以我把陳映眞前期的第二個時期，即一九六一年至一九六五年和中期，即一九六六年至一九六八年合併起來，統稱爲前期創作的第二個階段。這個時期陳映眞小說的特點是：從超現實向現實過渡，許多作品有了較充實的現實生活，多數人物由空想踏上了現實的土地。海峽兩岸人的關係被作者放在了突出的地位；作者對生活和價値判斷發生了變化，對現實的揭露和諷諭取代了過去的無奈和逃避。常被評論家作爲例據的《將軍族》和《唐倩的喜劇》，是這個時期創作的最突出成果。《將軍族》描寫了一個臺灣姑娘和大陸人的愛情悲劇。國民黨康樂隊裏三角臉是一九四九年去臺的退伍軍人，快四十了還是個光棍，在康樂隊中和臺灣姑娘小瘦丫頭邂逅。小瘦丫頭是個被賣到花蓮的妓女，因不堪折磨逃到臺北，進入了康樂隊。兩人雖然深深地互相同情，但各有難言之苦。三角臉爲了幫助小瘦丫頭從妓院裏贖身，變成一個眞正的自由人，一天夜裏悄悄地將自己的全部退伍費三萬元臺幣押在小瘦丫頭的枕頭底下而出走了。小瘦丫頭用了三萬元臺幣不但沒能贖身，反而更遭蹂躪，並被弄瞎了一隻眼。

五年後他們再見面時，小瘦丫頭對三角臉說：「我拿了你的錢回家，不料並不能息事，他們又帶我到花蓮，他們帶我去見一個大胖子，大胖子用很尖很細的嗓子問我的話，我一聽他的口音和你一樣，就很高興，我對他說：『我賣笑，不賣身』大胖子吃吃的笑了。不久他們弄瞎了我的左眼……」隔了五年的情侶重逢，應該有一個熱切而圓滿的結局。但這裡作者卻巧妙而深刻地突出了人物的道德心理，戰勝了情感的衝動。各自的心靈內愧，代替了圓滿的結局。小瘦丫頭對三角臉說：「我說過，我要做你的老婆，可惜我的身子已經不乾淨了，不行了。」三角臉也對小瘦丫頭說：「我這幅皮囊比你的還要惡臭不堪的。」於是他們把希望寄托於來世，雙雙在甘蔗田殉情而死。他們要去追求那來世的「嬰兒那般乾淨了。」這裡既突出了人物的心靈美，也突出了對現實的控訴。是現實弄髒了他們的身體，破壞了他們的純眞；是現實阻礙了情人的結合，摧毀了有情人都成眷屬的倫理。從這篇小說可以看出，陳映眞的創作已經從幻想回到現實；從空中回到了人間，但這僅僅是一個良好的開始。

陳映眞前期第一個階段的創作，是以存在主義爲構架的，他的人物大多是存在主義的實驗品。即從死亡中去追求自我，從死亡中去追求所謂眞正的存在。因而他們死的那麼坦然和容易。《兀自照耀著的太陽》中魏醫生的女兒小淳的死彷彿比生更舒服。不僅她自己在衰竭中有一種不可思議的安詳。」，「小淳安安靜靜地在五位友人沉睡的勻息以及在初升的朝輝中斷了氣」而且當她斷氣時周圍的一切是那麼平靜，連守護在她身邊的人「都深深地睡熟了」。這彷彿是一個童話，而並非現實。作者之所以要這樣安排是要突出存在主義的死亡就是新生，熄滅了臘燭升起了太陽，死才是眞正的存在的理論。而到了此一時期的《唐倩的喜劇》裏，透過開放性的女郎唐倩四次的換偶輪轉，不僅對存在主義進行了嘲弄和批判，而且通過唐倩跟存在主義信徒老莫試婚，自己也變成了存在主義的信徒，之後又發現老莫極端虛僞的面貌，將老莫吐棄，自己又成了新實證主義者羅大頭的姘婦。唐倩和老莫先火熱，後離異，這種描寫不僅表現和存在主義徹底決裂，而且揭露了存在主義的欺騙性。老莫實際上是存在主義的化身。從這裡可以看出陳映眞思想的一個飛躍性的變化。存在主義是現代派文學的靈魂，陳映眞對存在主義的批判並和存在主義決裂，說明陳映眞已蹩足了勁要從現代派的影響中跳出，向新的行列，新的目標彈射了。

一九六八年正當陳映眞準備應愛荷華國際寫作中心的邀請，赴美深造的時候，他被當局逮捕，一關就是八年。但是八年的監獄生活陳映眞有失也有得。他說：「我由三十歲坐牢到三十七歲，在牢裏我們可以親眼看到歷史，親身感受到歷史的發生。整個世界的變化，都對這裡產生影響。那幾年的鍛鍊，的確給了我一點力量。」③陳映眞的人生和創作在經歷了八年監獄生活之後，達到一個嶄新的高度。不僅進入了他創作的黃金時期，也進入了他人生的黃金時期。這個時期可稱之爲陳映眞人生的覺醒期，和創作的豐沛期，爲他迎來了世界級作家的崇高榮譽。陳映眞在獄中創作了《永恒的大地》、《某一個日午》，出獄後又發表了《賀大哥》、《夜行貨車》和《華盛頓大樓》系列中篇小說《上班族的一日》、《雲》、《萬商帝君》等。到了一九八三年以後，他又開拓新的題材，向政治小說領域進軍，發表了影響頗大的《鈴鐺花》、《山路》等力作。他的《夜行貨車》和《山路》分別獲一九七八年吳濁流文學獎小說獎，和一九八二年臺灣《中國時報》文學獎小說推薦獎。陳映眞像一個文學領域裏的探險家，從不滿足於脚下的獲得，不斷地踩著坎坷向前。不斷地有所發現，有所創造。因而，他的作品經常地對讀者有所震撼，作品中蘊含著一種震聾發聵的思想力量。

第二節　明確的理論，深沉的主題

陳映眞是臺灣鄉土文學理論的開拓者，奠基者之一。在七十年代中期的鄉土文學論戰中，陳映眞、尉天驄和王拓被推入戰鬥的漩渦，成了主要的理論驍將。陳映眞的文學理論不僅和其他鄉土文學理論家的論述一起贏得了鄉土文學論戰的勝利，爲鄉土文學的大發展拓寬了航道，而且陳映眞作品中的思想力量和他兼營理論關係極大。由於陳映眞的文學理論是在實踐中，論爭中，反對西化中創立的，因而它具有這樣鮮明的特點，即：戰鬥性，實踐性，雄辯性，民族性。和學院派在書齋中產生的理論有著實質的差別。陳映眞的文學理論有以下主要內容：1.文學源泉來自生活；2.文學必須啓迪人生；3.文學有自身的規律，不能憑藉暴力消滅；4.文學應建立自己民族的風格，首要的是民族的靈魂；5.臺灣文學是中國文學的一部分；6.臺灣文學要向中國文學和第三世界文學認同等。

應該說，陳映眞的小說，尤其他出獄以後的作品，是在他的文學理論的指導下進行創作的。上一節在敍述陳映眞的創作道路時，我們有意識地對陳映眞的早期作品，即從六十年代初到一九六八年的小說進行了扼要論述，這一節我們主要論述陳映眞一九七七年以後創作和發表的作品。例如：《永恒的大地》、《某一個日午》、《賀大哥》、《夜行貨車》、《雲》、《萬商帝君》、《鈴鐺花》、《山路》等。重點探討代表陳映眞新的創作高度的《夜行貨車》、《雲》和《山路》三篇小說。陳映眞是美國在臺灣跨國公司的職員，對外國跨公司對第三世界，對臺灣掠奪的內幕極爲熟悉；陳映眞是一個脊骨挺直的中國知識分子，他要「在臺灣的中國新文學上，高高地舉起了中國的、民旅主義的、自強自立的鮮明旗幟。」；他要「描寫外國的經濟和文學的支配性勢力下中國人的悲楚歪扭，反抗和勝利，不爲別的什麼，而爲的是他們在這一切之中，看見了人性至高莊嚴，從而建造了以這莊嚴爲基礎的自己民族的信心。」④出於莊嚴的民族自尊和自信，陳映眞從監獄出來後，明確地選擇了揭露和批判帝國主義對臺灣進行經濟掠奪的民族性的題材。一九七八年四月，他發表了《夜行貨車》。這部中篇小說使陳映眞的創作水準上升到了一個新的高度，它描寫美國跨國公司，臺灣馬拉穆分公司的三個中國人的故事。崇洋媚外的軟骨病患者林榮平得到洋主人的賞識當了該公司財務部的經理。他利用職權騙取了臺灣姑娘劉小玲的愛情，但他對劉小玲只玩弄不結婚，劉小玲對他們之間這種野男人和情婦的關係非常不滿。她說：「從前，你說社會，你的孩子，你的家族——其實還有一件你沒有說的：你在公司所得的地位。你說，這些使你無法跟你太太辦離婚，跟我結婚。其實，你很清楚，這全不是理由……」於是劉小玲便又愛上了該公司的中國職員詹奕宏。詹奕宏是一個貧窮農家出來的孩子，他是新成立的工會的組長，性格「粗魯、傲慢、滿肚子並不爲什麼地憤世嫉俗。」他一方面深深的愛著劉小玲，但另一方面劉小玲和林榮平的關係又像火一樣灼傷著他的心。當忘記了一切時，把劉小玲摟在懷裏，接吻、擁抱充滿愛意，像頭綿羊；而當他想起小玲與林榮平在一起的情景，又對劉小玲拳打脚踢毫不留情，像頭野獸。他對劉小玲說：「不要想賴上我，我可不是垃圾桶。別人丟的，我來揀！」劉小玲雖然先離過婚，後又誤入林榮平的懷抱，但她對詹奕宏的愛是眞摯的，當愛情和自尊在她身上發生矛盾時，她寧願要自尊而不要愛情，她對詹奕宏說：「我從來不敢想你會娶我。你就把我當做壞女人好了……孩子我自己生，自己養大……我會走得遠遠的。」劉小玲通過她在美國的姨媽弄到了「美國大使館寄來辦移民的表格」。在劉小玲去美國前夕的歡送宴會上，事情驟然發生了轉機。劉小玲和詹奕宏的關係在民族、愛國的情感中得到了統一。在這次「宴請達斯曼先生，順便給決定在下月初離職渡美的劉小玲餞別」的宴會上，美國老板不僅對中國女職員非禮，而且放肆地對臺灣進行侮辱。於是激起了具有民族氣節的詹奕宏的強烈憤慨，他當場對帝國主義分子提出抗議，引起了一場維護民族尊嚴和中國人人格的鬥爭。請看作品描寫：「摩根索先生似乎開始談論政治。『S·O·B說，我們多國公司就是不會讓臺灣從地圖上抹除……』這話使詹奕宏受了最大侮辱。」他忽然發覺他的手不由自己地、微微地顫抖著。他忽然說：「先生們，當心你們的舌頭……我以辭職表示我的抗議，摩根索先生」，詹奕宏說。他的臉苦痛地曲扭著：「可是，摩根索先生，你欠下我一個鄭重的道歉……」詹奕宏的舉動把美國的洋老板弄得目瞪口呆。而林榮平卻一方面向洋老板表示歉意，一方面要和詹奕宏吵架，而詹奕宏不願在洋人面前自我消耗，於是他改用臺語說：「在蕃仔面前我們不要吵架。」詹奕宏說完，憤怒而去。而此時的劉小玲在這場爭論中覺醒，並在內心裏迅速作了決定：「『詹奕宏！』劉小玲忽然站起來。『詹奕宏！』她喊著，提起觸地的長裙，追著詹奕宏跑出吊著溫馨、豪華的吊燈的餐室。」詹奕宏對劉小玲說：「別出去了，跟我回鄉下去……」，「她一面拼命抑制自己不致放聲，卻一面忙不迭地點著頭。」作家設置的這個宴會實際是一個民族鬥爭的戰場，在這個戰場上民族主義者和洋奴、主子壁壘分明。詹奕宏和林榮平是天平的兩頭，劉小玲站在中間，她被民族主義愛國主義的感情打動，向詹奕宏一頭傾斜，表現了民族主義愛國主義抗爭的勝利。「夜行貨車」隆隆向前象徵著時代回歸民族、回歸鄉土的歷史潮流。詹奕宏和劉小玲融合在一起，隨著滾滾的夜行貨車，到南部鄉下，正是奔向七十年代臺灣回歸歷史潮流的一種行動。《夜行貨車》藝術地、巧妙地反映了這一歷史潮流。不過詹奕宏這位民族主義者的身上，過多的糾纏了狹隘的嫉妒意識，對他代表的主題有所削弱。

《夜行貨車》之後，陳映眞開始了《華盛頓大樓》系列中篇的創作。從目前發表的三篇：《上班族的一日》、《雲》和《萬商帝君》看，這是一個宏偉、巨大而嶄新的工程。這三篇小說已初步地展示了這項宏偉工程的風貌。目前在臺灣作家中以系列作品的形式，集中揭露帝國主義對第三世界進行經濟入侵和掠奪的，陳映眞還是獨家。這是他濃郁的民族意識，高度的國際主義和敏銳的時代觀念相結合的產物。《上班族的一日》中，作者著重描寫了外國跨國公司內部互相傾軋和勾心鬥角，以及像車輪一樣忙碌追求升遷的景象。作者寫道：「這一整個世界似乎早已綿密地組織到一個他無從理解的巨大、強力的機器裏，從而隨著它分秒不停地、不假辭色的轉動。一大早，無數的人們騎摩托車、擠公共汽車、走路……趕著到這個大機器中去找到自己的一個小小的位置。八小時、十小時以後，又復精疲力竭地回到那個叫做『家』的像這時他身處中的、荒唐、陌生而又安靜的地方，只爲了以不同方式餵飽自己……」這是小公務員們生活方式和形象的具體寫照。這個大機器，這個吞噬人們青春、生命、希望、貞操和尊嚴的龐然大物，就是資本主義社會，就是跨國公司。作品的主角黃靜雄是個十分能幹，一心想爬上高位的人物。他能把老板的帳「合情合理的轉掉，即使紐約委託的查帳公司也無從查起。」但卻使一個很有希望抓到手的副經理的位置突然地落在了別人手裏。於是他感到「大家這樣互相欺騙，沒有意思。」一氣之下辭了職。如果說《上班族的一日》是集中揭露，跨國公司那架龐然大物是個呑噬人們靈魂，呑噬人們道德的機器，那麼《雲》則集中地表現了勞資雙方和美國公司革新派和頑固派之間的矛盾。《雲》描寫了這樣一個故事。美國人，企業界的新派人物艾森斯坦「爲了特定技術的發展而調整管理機構，並且使這個新的管理機構在古老、富於傳統、對於現代化趨向產生各種阻力的東方，做了成功而有效的實踐。」而被派到麥迪遜臺灣分公司來的。他到臺灣後便發現了張維傑，特地將張維傑從中壢工廠調到臺北，當公司的行政主任。艾森斯坦是企業的新理論家，寫了一本《跨國性的自由》一書，想通過張維傑來貫徹和實行他的「跨國性自由」新理論。艾森斯坦新理論的靈魂是「新時代的跨國企業，不在依靠專政的軍事獨裁政權，干涉內政，不踐踏資源國民族追求民主、正義、獨立的願望，不以資源國家的悲慘的貧困、不幸來換取企業的利益。」而以理解「資源民族共同的願望——公平的社會、民主的政治，獨立的國家、受尊重的文化、基本上充裕的生活——做爲市場調查和經營目標中的一個重要部門。」雖然這是帝國主義和平掠奪的新花招，但它畢竟和老帝國主義以武力相脅迫推行經濟入侵的方式不同，帶一點新時代的新氣息。但是，艾森斯坦的「跨國性自由」理論和帝國主義的性質及他們要掠奪利潤的目的之間存在著尖銳的，不可調和的矛盾。因爲世界上沒有甘心情願受剝削，被掠奪的民族，掠奪者和被掠奪者之間的矛盾是不可調和的。因而艾森斯坦的新理論在它的實驗工廠——臺灣，也行不通；他的理論的實踐者張維傑，也只好以失敗告終。

按照艾森斯坦的理論，這個工廠要成立工人自己的工會，以代替官方的工會；這工廠女工佔五分之四，應該選女工當工會幹部。這工廠的改革過程，通過裝配女工文秀英的日記，一一記錄進行表達。張維傑開始組織工會時，工人們抱著懷疑態度，如資深的女工何大姐便說：「我做女孩的時候，就出來做工，頭尾也做了十七、八年了，工會的事我看過、搞過，也不知幾回了。吃虧、受騙，更不知幾回。因此張經理找你們談，我打定主意不信，他們辦事的要吃我們做工的，花樣多，辦法巧，嘿，你想都想不到。你不信他，不理他，就一定沒事。」後因張經理態度誠懇說動了何大姐，在何大姐的幫助下，文秀英的覺悟大大提高，她認識到：「我幸而偶然間認識了這些少見的人，並且和她們共同工作，使我改變了我的人生。爲他人而生活的人，才是眞正爲著自己而生活的人吧。」這是小文的認識，是對工人品質的讚譽，也是陳映眞人生觀的自白。爲他人而生活，這是一個十分崇高的人生目標。組織新工會取代官方工會，並不是一件輕而易舉的工作。事情一經提出，便遭到了官方和官方的親信——舊工會頭頭們的堅決反對和暗算，他們先採取收買工人的辦法「爲大家每人爭取一筆獎金，酬謝大家長時間對公司的忠誠和貢獻。」繼則與總公司派的董事長特派內有特殊關係的宋老板進行了有力的反擊。艾森斯坦的頂頭上司遠東公司的總裁麥伯里站在宋老板一邊。他告訴艾森斯坦說：「跨國性自由」「無疑是落後、愚蠢，甚至是殘酷的——對於企業結構將帶來重大的損失。」美國跨國公司的新派理論家艾森斯坦，不堪一擊地投降了。唯有張維傑、何春燕、文秀英這些中國工人要堅持頂著幹。他們計劃用投票方式進行強行選舉成立新工會，將舊工會推翻。會場上熱熱鬧鬧掌聲四起，何大姐的一篇講話博得「全體女工們哇哇地叫好。」，「趙公子、素菊、魷魚她們簡直叫破了嗓子，鼓腫了手掌。」但是，新工會的擁護者雖然不少，他們的情緒雖然激昂，卻經不住副廠長的一個宣告：「不要衝動，大家慢慢商量，現在工作時間到了，大家回去工作，以後再討論。」便將這場熱烈的選舉活動打散了。之後，官方又惡毒的開除了一批工人，使這次改革徹底失敗。《雲》是一篇意象十分豐富，主題十分深刻的套層結構的小說。既揭露了美國跨國公司新派和舊派之間的矛盾，並通過這種矛盾的揭露表現了帝國主義掠奪的本質不可改變的事實，也揭露了跨國公司中，中國工人和官方的走狗之間的矛盾。雖然工人表現出了一定的力量，但卻敵不過握有大權的官方。艾森斯坦的「跨國性自由」理論，不過是美帝國主義高唱的「和平之歌」的回響，是大炮和橄欖枝兩手中的一手，它們均是爲美國的根本利益服務的，爲美國的經濟掠奪服務的，只不過是方式不同殊途同歸罷了。工人聚會投票原來說好到會的艾森斯坦逃避就是證明。不過，這次組織工人自己工會的活動，是借美國公司內部的矛盾作了一次有意義的罷工演習。在這次活動中提出了工人團結起來的口號，是工人運動的飛躍。這一活動發現和鍛鍊了一批有骨氣，有勇氣的工人隊伍。這批積極分子中最突出的是魷魚。當官方派打手來搗亂，阻攔前來投票的女工們入場時，「魷魚迅速地扯開自己的衣服。只一瞬間，她在七月的陽光中，裸露著上身，她的一對豐實的乳房，隨著她不易抑過的怒氣，悲憤地起伏著……」她用自己赤裸的身體推開了前來搗亂的男人們，使投票的女工們得以入場。這次組織工會的活動雖然失敗了，但「彷彿一陣急雨之後，在荒蕪不育的沙漠上，突然怒開了起來的瑰麗的花朵，在風中搖曳」的工人團結、戰鬥的壯麗景象卻是那樣深刻地留在了人們的心目中。《雲》實際上是描寫了臺灣外國跨國公司中受壓抑的中國工人的一次罷工運動，它具有深沉愛國主義和民族主義的內涵。住在三重市的一位老工人，工會運動的老將，六十多歲的林伯伯，說了一句非常深刻的話：「美國仔？美國仔的工作，你以前不是沒有做過。做頭家的人，通世界都一樣。」這就是中國工人對帝國主義的本質認識。臺灣文學評論家漁父，在評論陳映眞的小說集《雲》時寫道：「無可諱言，陳映眞這本小說集是一支憤怒的投槍，它不僅控訴世界性的商品經濟體制如何在追逐利潤的貪婪動機下，一點一滴的改造、破壞和消滅不利於商品行銷的任何本土文化意識和價值觀念，而且也控訴這個體制對於它所吸納的地區所製造的精神與物質上的雙重汚染。」⑤

到一九八三年，陳映眞又開始創作政治小說。《鈴鐺花》和《山路》在臺灣均發生了較大影響。《鈴鐺花》，通過我與放牛班學生曾益順的活動，從側面描寫了革命者高東茂，領導學生反對不合理的教育制度的鬥爭。他對放牛班的學生說：「分班是大人做的壞事，老師的錯，在於用一個壞事來反對另一個壞事。」他還不顧校長的反對帶領學生勤工儉學，增加學生的實踐知識，使「升學班」的學生「暗中欽羨不已」。他使學生懂得：「分班教育是教育上的歧視，說窮人種糧食卻要餓肚子；說窮人蓋房子卻沒有房子住……」高東茂是「從中國大陸回來的一個青年，他原是日本人徵了去中國大陸打仗的。可一去了大陸，卻投到中國那邊做事去了。」後來，臺灣抓他，他躲到一個山洞裏，終於被發現殺了頭。《鈴鐺花》透過兩個學生的口，對高東茂進行了謳歌。《山路》是政治小說中的傑作。描寫了一個十分曲折而動人的故事。作品中的女主角蔡千惠，一天從報紙上看到一則新聞，突然病倒了。爲何病倒，到作品的結尾處才眞相大白。早年她的情人黃貞柏和戰友李國坤等一天突然被逮捕了。李國坤被殺了頭，黃貞柏被終身監禁。這是由於蔡千惠的同胞哥哥出賣造成的悲劇。從小就傾向進步的蔡千惠，聞訊悲痛萬分，並一直爲哥哥懷著負罪感，於是便冒充李國坤生前在外鄉娶的妻子來到了李國坤家，做牛做馬照顧李國坤的老人。李國坤母親辭世後，她擔起母親的責任，將李國坤的小弟李國木撫養成人。因此，李國木夫妻也一直把千惠當母親一樣尊敬。蔡千惠突然病倒的原因是，她看見了當年被判爲終身監禁的小時候的情人黃貞柏被釋放的消息，心中無比激動，但又充滿矛盾。病倒住院後醫生怎麼也查不出她的病情。當她死了後，發現她寫給黃貞柏的一封深情的長信，才眞相大白。作者用十分巧妙的方法，對遇難者，特别是女主角蔡千惠進行了濃墨重彩的歌頌。這篇小說思想和藝術完美統一，標誌著陳映眞的短篇小說達到了又一個新的境界。

第三節　現實主義和現代派相結合的藝術方法

陳映眞的小說藝術十分獨特，他把現實主義深沉的揭露和批判精神與現代派的象徵、暗示、時空交錯等靈活多樣的表達藝術相融合，使他的小說既有思想深度，也有藝術高度；既有現實內涵，也有夢幻色彩。陳映眞小說藝術的特點概括起來，有以下幾點：

一、夢幻和現實相交織的超現實主義手法。這主要表現在陳映眞早期的小說中。例如《我的弟弟康雄》、《兀自照耀著的太陽》、《永恒的大地》等，都有一種濃郁的超現實的夢幻色彩。《兀自照耀著的太陽》描寫的是一曲死亡的頌歌。但死亡卻又並非眞正的死亡，作者又用太陽來作象徵，把太陽和死亡兩個截然相反的意象並列在一起，在不合諧中又產生出一種夢幻式和諧。《永恒的大地》，是歌頌踏踏實實的大地的永恒的，但作爲大地象徵的妓女出身的妻子和丈夫之間卻又似幻似眞。他沒有鄉愁，沒有愛情，只是「貪婪地在伊的那麼卑陋而又肥沃的大地上，耕耘著他的病的欲情。」沒有愛情卻又能播種，使那永恒的大地長出「全新的生命」。不確定的時空，不確定的社會背景卻又和眞切的大地，深沉的主題連在一起。《兀自照耀著的太陽》酷似童話，《永恒的大地》又太像寓言。現實和夢幻，眼前和永恒，互相交織，造成一種撲朔迷離的藝術氣氛。

二，整體象徵和部分象徵相結合。陳映眞小說的象徵運用自然又自如。象徵的方法多種多樣，有整體象徵法。如《永恒的大地》、《夜行貨車》、《雲》等。《永恒的大地》以女人象徵臺灣的大地；《夜行貨車》以隆隆向前、開往鄉下的列車象徵臺灣滾滾向前的回歸潮流；《雲》象徵著工人運動如雲翻湧……部分象徵如《將軍族》中三角臉和小瘦丫頭相抱而殉情，象徵著臺灣和大陸要排除阻力，決心實現統一；《夜行貨車》中詹奕宏和劉小玲的結合象徵著大陸人和臺灣人應該融爲一體等等。

三，層級結構，多重主題。陳映眞的中篇小說，均有長篇小說的氣象。很少是單結構和獨主題的。比如《雲》一條線索是描寫中國工人與帝國主義跨國公司的矛盾，另一條線索是表現新舊工會之間的矛盾。作品既揭露了帝國主義掠奪手段的多樣性，又表現了帝國主義「企業的安全和利益重於人權」的掠奪的根本原則。《雲》採用三級結構法，第一級結構是張維傑被美國公司開除的兩年後，與朱麗娟開設的小公司起頭，但起頭後即放下不表，直到最後「倘若你今晚有空……」才又銜接起來。第二層結構是張維傑的回憶，即回過頭來講述他在跨國公司時組織工會的情景；第三級結構是裝配工文秀英用記日記的方式講她參加組織工會的活動和她的家境。三級結構分層表達，又在統一主題下融合，使作品既深宏又統一；既壯觀又清晰。

四，巧妙的運籌和構思。表現最突出的是《山路》。政治小說一般是很難寫的，極易寫成標語口號式流水帳。但陳映眞的《山路》卻寫得多姿多彩趣味橫生，彷彿「山窮水盡疑無路，柳暗花明又一村」。獲此效果最主要是借助了作者的巧妙構思。作品從「楊教授，特三病房那位老太太……」開始，楊教授查不出病情，很快把筆墨拉回了以往，直到作品結束時，才恍然大悟地從女主角死後的遺書上明白了一切。這遺書是寫給剛獲釋的小時候的情人黃貞柏的。故事是那樣曲折而動人，蔡千惠女士的品德是那麼磊落而高尚，用她的青春和一生去安慰了一個革命者的亡靈。然而仍然對少年時的情人情意綿綿。小說給人以濃重的回味美。

附註：

①《鄉土文學討論集》第一六四頁。
②《鄉土文學討論集》第一六四至一六五頁。
③馮偉才《那孤單的背影——記在臺北晤陳映眞》（香港《百姓》八五、六、一）。
④《建立民族文學的風格》（《鄉土文學討論集》第三三九頁。）
⑤《憤怒的雲》（臺灣《中國時報》八四、一、廿一）。

第五章　小人物的代言人黃春明

第一節　「屋頂上的蕃茄樹」——黃春明的自我象徵

據說，黃春明在小學讀書時，一次圖畫課，他畫了一幅畫：《屋頂上的蕃茄樹》，屋子小小的，蕃茄樹卻比屋子還大，老師覺得不倫不類，質問黃春明。黃春明堅持自己的意見，粗暴的老師竟狠狠摑了黃春明幾耳光，黃春明堅持到底。後來黃春明又寫了一篇自傳體同名的散文《屋頂上的蕃茄樹》。這個故事很能說明黃春明的性格特點。

黃春明在一九六五年出版的，鍾肇政編選的《本省籍作家作品選集》中，寫了一分自傳。黃春明寫道：「我姓黃，名春明，因爲在二十八年前，一個春光明媚的季節裏，我是粘附在春神的足踝上的一粒發酵的塵，當春的脚步降臨到羅東浮崙仔（臺灣宜蘭縣），同時我也來了。八歲那年，母親撇下我們五個，扛走了一塊墓碑，據石匠說，那塊石頭本來是要做成石磨子的。我是老大（故，黃春明的奶名叫阿大）。我們五個是一副重擔，壓在曾經纏過脚連自己都站不穩的祖母肩上。當然，我們五個小孩就跟著動蕩了。我一直挨打長大的。我讀過好多學校：羅東中學（退學）、頭城中學（退學），電器行學徒，北師（退學）、南師（退學），屏東師範畢業。當教員時學生們喊我黃哥哥，當過兩年通訊兵，曾在石門水庫給水工程處拿圓鍬十字鎬，現在是宜蘭電臺編輯。」黃春明作的這個自我介紹，省略了許多有趣的細節。他讀中學時期，三年連續換了五個學校，其中有四次退學。人們不盡納悶，其原因是什麼呢？據知道內情者說，有一次是黃春明考試不及格，他怕貼在布告欄的成績單被女同學看見，就用石塊將布告欄砸碎，於是丟了學籍。另一次因和同學打架，被學校給趕出來了，只好到車站附近的電器行當學徒。由此可見黃春明小時候是個十分調皮的孩子，「挨打長大」也就可以理解了。黃春明打架的經驗十分豐富，因而便創作了打架題材的作品《男人與小刀》。兩個男孩打的是那麼精彩。當打架的兩孩子走開之後，旁觀者陽育漁翁得利：「陽育沒走幾步，他發現地上躺著一把合在鞘裏的小刀——四寸長的士林刀。他剛才看到兔唇的孩子在找它，他恨兔唇的孩子……」後來這把小刀便成了陽育對現實不滿的發洩武器，凡是在他憤怒的時候，就用小刀削東西以發洩。黃春明在屏東師範畢業後：「論說他可以分到故鄉教書，但一想到故鄉的父老也許會說：『哎呀，我們的孩子怎麼會讓那個小太保阿大教？』便要求到山地任教……」這樣黃春明就有了體驗高山族同胞生活的機會，並交接了不少高山族的朋友，爲他後來寫《黑蓮花》等作品，打下了生活基礎。黃春明師範畢業後，當過兵，教過書，收集過民謠，拍過電影，經歷相當豐富。但黃春明的創作也和許多作家那樣，並不是一開始就找到了文壇大門的，而是在文壇的大門之外經過摸索、探尋、實驗、衝撞……最後才成了作家。黃春明寫過詩，知道自己並非詩才而退卻；也創作過童話，並發表了《新桃花源》，出版了《我們的動物園》，且有「童話不只寫給小孩看，大人也能看，而且要完全中國式才好。」的童話理論，但童話也非他得心應手的工具。在作了各種嘗試之後，黃春明還是選定了走小說創作的文學之路。黃春明的處女作是《城仔落車》，發表在一九六二年三月二十日的《聯合報》副刊上。這篇小說，描寫身體衰弱的祖母帶著害佝僂病的外孫，去找當妓女的母親，但由於售票員粗心，使祖孫二人坐過了站，於是祖母拉著行動不便的外孫，在陰風悽悽的寒夜裏過橋趕路。幸好守橋衞兵攔了一輛貨車，將祖、孫二人帶到了目的地。黃春明在這篇故事裏通過一件偶然的疏忽帶來的災難，刻畫了一位老祖母樸實堅韌的形象。如果說這是一篇較優秀的寫實之作，那麼黃春明的另一篇早期作品《把瓶子升上去》，則是受現代派小說的影響，具有超現實意味的作品。該小說描寫一個少年失戀後，由於性意識的衝動，將一個空瓶子升到高高的旗杆上去。任「聯副」主編的林海音看了這篇小說後，心情非常矛盾，在肯定和否定，用和不用之間徘徊了良久。她說：這「使我喜歡又操心的小說，我怎樣地讀了又讀，改了又改，發下去，抽回來，終於也以『自暴自棄』的心情發下去了。然後晚上睡在床上又嘀咕了好一陣子。」①直到黃春明進入鄉土題材，找到了眞正的鄉土人物，才找到了自己創作的眞正礦藏，才發現了自己創作的眞正活水。只有當黃春明「在土地的舞臺上，他可以隨意調兵遣將，把人物放進故事裏叫他們自己說話，或拈出個人抽樣特寫，讓他自己推動情節，整個社會成員爭先恐後排隊等他寫，……榮辱相關休戚與共，他是他們中間的一個……」黃春明才眞正地深入了文學王國的腹地，才眞正的擺脫了「一粒找不到泥土的焦灼的種子」的焦灼。

黃春明的早期作品，即從六十年代初到六十年代中期，大約有這樣一些：《城仔落車》、《兩萬年歷史》、《玩火》、《北門街》、《借個火》、《把瓶子升上去》、《胖姑娘》、《男人與小刀》共八篇小說，這些早期作品大多發表在林海音主編的「聯副」等刊物上，林海音可算是發現和培養黃春明的文學娛姆。黃春明對自己的早期作品並不滿意，他對自己早期作品的評價是：「有多蒼白就有多蒼白，有多孤絕就有多孤絕。」這種對自己的不滿，正是他前進的新起點。從一九六七年到一九七三年，「是黃春明創作力最旺盛時期」也是黃春明稱之爲「文學季刊是我的搖籃」的時期。黃春明的得意之作大都發表在這個時期的《文學季刊》上。例如：《青番公的故事》、《溺死一隻貓》、《看海的日子》、《兒子的大玩偶》、《鑼》、《莎喲娜啦・再見》等。臺灣《六十一年小說選》的附注中，編輯人思兼寫道：「黃春明可以說是本省小說家中的代表性人物。他的作品，多半著重刻畫臺灣現實社會中一些低層人物的遭遇、性格與心聲。他的筆觸探及前人所未注意的領域，開創了臺灣鄉土文學的新紀元。」這個時期是黃春明小說創作的黃金期，也是黃春明小說的成熟期，奠定了黃春明「世界級」小說家的基礎。黃春明這個時期雖然發表了那麼多得意之作，但當時不但沒有引起文壇轟動，而且讀者也並不很多。眞正受到臺灣讀者矚目的是一九七四年三月兩個自選集《莎喲娜啦・再見》和《鑼》的出版。臺灣青年文學評論家高天生在分析這一原因時寫道：「我們認爲一九七〇年後，日漸高昂起來對周遭關懷的社會風氣和時代潮流，在黃春明小說的寵遇裏，所扮演的角色也該是具有相當大關鍵性的吧！所謂『文變染乎世情，興廢係於時序』，黃春明的遭遇便是具體的實例。」②作品發表時沒有太大反響，數年以後卻揭起熱潮，的確和當時興起的民族、鄉土的回歸運動有著直接關係。這一運動使黃春明的小說受到了重視；黃春明的小說爲這一運動提供了力證。黃春明出版的小說集有：《兒子的大玩偶》、《鑼》、《莎喲娜啦・再見》、《小寡婦》、《我愛瑪莉》等。黃春明到了七十年代後期，即「鄉土文學論戰」前後，創作題材上有所變化。即由鄉土題材轉向了對民族題材的關注，連續創作了《莎喲娜啦・再見》、《蘋果的滋味》、《我愛瑪莉》等批判崇洋媚外和揭露美、日帝國主義對臺灣掠奪蹂躪的小說。這是由於「保釣運動」等激起普遍的民族情緒的高漲與民族意識的覺醒對黃春明激蕩的結晶；也是文學中反對西化思潮感染了黃春明的靈魂所致。黃春明在《一個作者的卑鄙心靈》一文中說：「自從我看清自己的過去，認識了自己與整個社會的關係，我的心靈才有一點成長，也始會多思想。無形中，作品也慢慢地有了轉變，寫的東西不再考慮文學通的趣味。於是從《魚》一變《蘋果的滋味》、《莎喲娜啦・再見》這類作品了。」高天生在《開創鄉土文學的新紀元的黃春明》一文最後說：「對於黃春明的小說，我們最基本的已認知到它：『有自己人的面貌，有自己人的文字，有自己人的語言、事件和生活，在自己人舞臺上演出』。將文學史比喻成一棵多年生的樹，黃春明曾自謙地說：『我自覺得自己不可能是那樹幹。在多少萬的樹葉中，我可能是一葉，落下來，參加作為肥料的行列。』然而，這個時代許多讀過黃春明小說的人都知道，黃春明是可以期待的，他即使是樹葉，也是特別豐厚的一片。」

第二節　濃鬱鄉土性和鮮明民族性相融合的主題

黃春明的小說題材觸及的生活面相當廣濶，對主題的開掘也十分深刻。假如我們加以分類，可從以下幾個方面敍述：第一，從鄉土題材中開掘社會變革的主題。提到鄉土，很容易產生這樣的錯覺，即，很土的，保守落後的，愚昧無知的，粗魯笨拙的，俗不可耐的等等。把它和社會進步、變革，把它和現代化的科學技術，把它和新的觀念和意識形態完全割絕和對立起來，這至少是一種誤解。否則，隨著社會的進步和科技的發展，「鄉土」二字豈不就要被消滅和淘汰了嗎？鄉土和民族是緊緊連繫在一起的，它們的含意不是一成不變的，而是隨著歷史的發展而發展的。例如八十年代的鄉土，至少和二十年代的鄉土有所區別。黃春明作品中的鄉土與賴和作品中的鄉土就有顯著不同。此問題，王拓有一段話值得深思。他說：「這些年來，因爲社會越來越崇洋了，所以造成許多有識之士的熱愛鄉土的呼聲。熱愛鄉土基本上是正確的，很値得提倡的，但是在強調熱愛鄉土的感情上，我們也要努力辨明一個客觀的事實。就是：歷史是要向前進步的，在歷史進步的過程中，一定有一些東西，有一些人物是要被淘汰的。在這種情形下，我們必須冷靜分析一個鄉土人物的沒落與掙扎；而千萬不能給予一味的擁護和惋惜。有一些人的掙扎是違反歷史進步的原則的，有一些人的掙扎是合乎進步原則的。對那些人，我們要以批評的眼光去否定或肯定他。如果不顧歷史進步的事實，而一味去肯定、去擁抱，同情這些人物，那在實質上，其實與擁抱沒落腐化的貴族也沒有什麼兩樣。」③王拓這段話提醒我們對於鄉土也必須用先進的，符合和有利於歷史發展的眼光去判斷，否則就會以擁抱鄉土爲藉口，拉歷史倒轉或阻擋歷史前進。凡是阻擋歷史前進的，不管是洋是土，不管是貴族是平民，都必須一概加以否定。先驅者的可貴不在他的出身，而在他的目光。黃春明是愛鄉土如命的，但他不但不因愛鄉土而擁抱落後，而且因愛鄉土而否定落後。從鄉土題材中判別先進和落後，促進社會向前變革。例如：他的小說《溺死一隻老貓》，就十分生動地表現了這一主題。這篇小說，描寫臺灣進入資本主義社會之後，距離大都市七、八十公里的農村街仔，受到了新潮流的衝擊。迷你裝也在此地的小妹的膝蓋上二十公分的地方展覽起來，阿哥哥的舞步也在此地年輕人的派對裏活躍。年長的一輩也在流行一種怕死的運動，如早覺會之類的對身體健康有幫助的，……」對這股像洪水一樣衝擊著傳統風俗習慣的潮流，上一個時代的遺老們，不僅看不慣，而且像抵抗瘟疫一樣的反抗著。街仔附近有個清泉村，清泉村因有個淳樸甘甜的泉水而出名。商品經濟的長脚隨著資本主義經濟伸延到了這個遠離都市的街仔，於是這裏有了教員、職員、醫生、商人等。他們先是每天到清泉中去泡泡身子，後又積資三十萬臺幣修游泳池。每天像上班一樣要自動聚集在清泉祖師廟聊天議論是非的一群老大爺們聽了這個消息，像挖了自家祖墳一樣難受。以阿盛伯爲代表的牛目伯、蚯蚓伯、毓仔伯、阿圳伯等，成了反對建游泳池的最基本隊伍。阿盛伯是他們中最堅決、最勇敢、最有見識的領袖。他們認爲：「當游泳池開放的時候，那些來游泳的任何人，不管是男的女的，只穿那麼一點點在那裡相向，誰知道他們腦子裏在想什麼。我們清泉向來就很純樸很單純的，這麼一來不是教壞了我們清泉的子弟？把我們清泉都搞濁了嘛！」，「再說，讓龍目看了這些不正經穿衣服的男女也是不好的，這樣地龍整身都會不安起來。」愚昧和迷信有時也會在群衆中揭起風暴，他們「內心的優越就如面對著什麼敵人都不怕而高喊著：來吧！他媽的！逃走是狗娘養的！」在村民大會上阿盛伯慷慨陳詞，激昂的情緒不僅使他的語言如流水滔滔，而且使一個老實的農民把自己的才華臨場發揮得淋漓盡致，言詞也變得那麼俏皮：「請你們回去告訴街仔人說清泉的阿盛伯說的，他們要游泳的話，請回到家裏的浴盆裏游泳去吧！」他的話引起了雷暴般的掌聲。他們的口號也十分響亮：「因爲我愛這塊土地，和這上面的一切東西。」因而他們贏得了村民們的支持。但是，他們的行動並沒能阻止游泳池的開工。當外地的五十名男女工人動土以後，「他們幾個老人紛紛回去發動了一批男人，每個人手裏都握著棍棒或是劈刀，往工地這邊趕過來。工地這邊的人見了這情形，丟下了扁擔和簸箕就跑離工地。阿盛伯帶來的這批人，把散亂在工地的這些工具集成一堆，放了一把火就把它燒了。」他們的這一行動，引起了警察的干涉。嘟嘟的警車，把他們都捉進了警察局。經過這一沉重打擊，不僅村民們不敢再支持阿盛伯了，連幾個遺老也紛紛退卻了。阿盛伯從警察局出來後雖然仍繼續抵抗，去縣府找了陳縣長，但也被一釘子碰了回來。餘下的就只有投降和殉身兩條路了。但作爲舊勢力的代表人物，是不會輕易投降的。當游泳池建好後，阿盛伯看見那些出工的年輕人，望著游泳池裏的奶罩和紅短褲而出神，心裏非常難受。他瘋狂地闖進裏面，大聲喊叫：「要脫嘛就乾脆像我這樣脫光！」說著便把衣服全脫光了。小姐們被嚇得吱吱亂叫亂爬。不會游泳的阿盛伯被幾個穿泳裝的女郎擡上來後已經死去。阿盛伯爲反對變革，爲保護舊秩序而殉身了，對於這樣一件變革和反變革，破舊和守舊的鬥爭，黃春明的態度是非常明朗的。他不是站在阿盛伯一邊，而是站在建游泳池的街仔人一邊。作品的名字《溺死一隻老貓》就帶有輕蔑、鄙視之意。作品的結尾處一邊是：「阿盛伯只留一個名字什麼都沒有了。」另一邊是：「當棺材經過游泳池前，四周的鐵絲網還是關不住清泉村的孩子偷進去戲水的那分愉快如銀鈴的笑聲，不斷地從墻裏傳出來……」對於這種對比性的安排，我們借用唐朝名詩人劉禹錫的兩句詩加以概括：「沉舟側畔千帆過，病樹前頭萬木春」這就是《溺死一隻老貓》的主題。第二，揭露和控訴社會的黑暗。以往人們把揭露和控訴社會的黑暗面，當作一種階級鬥爭前兆，一聽就神經緊張。其實這是一種神經過敏症。世界上再先進的地方也有落後的角落；再光明的地區，也有黑暗之所。即使燈盞下，也有陰影。作家出於使命感，在作品中寫出社會的缺陷，引起人們的注意加以改進，不是天經地義的事嗎？有什麼可緊張、可護短的呢？

黃春明是個使命感十分強烈的作家，他作「小人物的代言人」就是要呼籲改變這些人的地位和處境。例如：《兒子的大玩偶》、《兩個油漆匠》、《鑼》、《看海的日子》、《青番公的故事》等等。這些作品中《兒子的大玩偶》表現得最爲深沉。小說描寫小鎮上的窮人坤樹被生活所逼，化了裝去做活廣告。他臉上塗滿了粉墨，身前掛著百草茶，身後掛著蛔蟲藥的廣告，整天不停地沿街叫喊。他的大伯說他：「坤樹！你看你！你像什麼鬼樣子！人不像人，鬼不像鬼，你！你怎麼會變成這個模樣來呢?!」然而，不是孩子老婆等著吃，誰願意去幹這種又累又髒，叫人瞧不起，連妓女都來奚落奚落的卑賤職業呢？假如僅僅是描寫了坤樹家中生活之苦，幹這種職業被人歧視又勞累不堪等現象，僅僅觀察到社會的這一點點皮毛，那絕對不是黃春明。黃春明之成爲黃春明，是因爲他獨具慧眼，開掘到了別人開掘不到的生活的深部，挖出了別人沒有挖出的大山中的金子。本來生活把一個正常人逼成了一個鬼，爲了謀生他不得離開人畫成鬼去沿街展覽。在社會上他失去了人的地位，只能以鬼的形貌出現。只有到了家裏，他才能卸下鬼裝，復原人的形象。但是，由於他的不懂事的嬰孩，看慣了他的鬼相，只認得那個鬼臉的是他爸爸，而人臉的眞爸爸卻完全陌生，因而當坤樹卸裝後來抱孩子，本來是正常的，孩子卻嚇得大哭大叫，就是不讓他抱。盡管他一再向孩子解釋：「傻孩子，是爸爸，是爸爸……」但孩子仍然大哭不止，於是迫使坤樹悄悄地拿出關在抽屜裏的粉墨重新抹起來……，妻子阿珠不解地說：「你瘋了，現在你打臉幹什麼？」坤樹卻：「我，我，我……」難以明言。這是何等悲悽而令人氣結？社會把人變鬼，而想復原成人，卻又不能復原成人。這種掘根式的描寫，實非一般淺薄者能爲。第三，批判崇洋媚外。黃春明是臺灣批判意識最強的作家之一。他的《蘋果的滋味》和《我愛瑪莉》等作品，對民族的軟骨病患者進行無情的批判，辛辣的諷刺。對喪失民族自尊甘當洋奴的無恥之徒刻畫得維妙維肖。尤其是《我愛瑪莉》是這類作品中的佳構。這篇小說描寫一個臺灣人叫陳德順，在美國設在臺灣的機構裏工作，改外國名字爲大衞·陳。後來被人們叫走了樣，叫成「大胃」。「洋老板最是喜歡這種人了。這種喜歡並不是人與人之間的感情關係，而是對當地的洋務推展上，有多角性的利用價值。」此人並不喜歡狗，但當他的洋老板衞門回美國之際，他死賴活賴向洋主人要那隻洋狗瑪莉，其實瑪莉並非純種，而是混血狗。大衞·陳得到了瑪莉後，把這隻狗當作洋主子一樣看待。因其妻一時未照顧到，洋狗發情期間跑出去與中國狗進行了交配，大衞·陳就痛心疾首將其妻拳打脚踢揍了一頓，並把狗弄到醫院打胎。他的妻子實在忍無可忍，終於向大衞·陳攤牌了：「『過去的我們不談，現在我問你，』她停了一停：『你愛我還是愛狗？』」，『愛狗！』大胃瘋了似的叫起來。說著掉頭跑到裏面，手握著棍子往外面跑去……」崇洋媚外是臺灣西化中的一種社會病。凡是具有民族情感和民族自尊的人，對患這種病人的人都嗤之以鼻。但像黃春明這樣從家庭的角度，從夫妻的角度，把洋狗和妻兩個截然相反的東西，放在天平的兩頭，讓崇洋媚外者選擇，既把矛盾推向了尖銳的頂鋒，也把對崇洋媚外者的考驗推倒了極限。而大衞·陳在這種選擇中竟然毫不猶豫回答愛狗不愛妻，就把大衞·陳置於了不僅喪失了起碼的民族情感和民族尊嚴，而且完全喪失了人性和人情，更不要說夫妻之間的愛情了。作品揭露的巧妙深刻，批判的痛快淋漓。第四，贊頌民族主義。這一主題和批判崇洋媚外的思想緊密連繫在一起，但它們又是一個問題的兩個方面。批判崇洋媚外是揭露病態和醜惡，贊頌民族主義是褒揚光榮和正氣，歌頌苦難中表現出的民族的忍辱負重和堅韌不拔的精神。例如：《蘋果的滋味》、《

莎喲娜啦・再見》、《甘庚伯的黃昏》等。其中《莎喲娜啦・再見》比較突出。這篇小說描寫日本一批觀光客到臺灣去觀光旅遊發生的事。這批觀光客均非平常的旅遊者。他們當年是曾持槍入侵過中國，是武裝的帝國主義分子，而今又是日本「千人斬俱樂部」的成員，把往昔每人殺一千人的口號變成每人要玩弄一千個女人。作品點明他們帝國主義的本質沒有變，只是入侵的方式和手段變了。作品的敍述者黃君在老板的指派下被迫帶這些日本人到臺灣的旅遊地礁溪去玩弄中國的女同胞，黃君地位尷尬，心情難受。於是他就變著法兒整日本人。在礁溪把他們一個個變成小丑，利用語言不同來罵他們，並提高陪宿費，增加臺灣姑娘的收入。在火車上，遇到一個臺灣大學中文系四年級的學生，是個崇洋媚外之徒。黃君利用自己翻譯的身分，按自己的意思翻譯他們雙方的回答。把日本人置於被審判的地位，揭露日本人南京大屠殺，黃浦江沈屍和大轟炸的滔天罪行，並強迫他們認罪。表現了極其強烈的民族主義和愛國主義情感。臺灣文評家何欣在《論黃春明》一文中說：「黃春明是個正義感極強，愛憎極分明的作家，他也永遠會隨地去找他寫作的素材。在他寫《莎喲娜啦・再見》時，那股強烈的民族自尊心和愛國心佔據了他整個的心靈，我們可以在這篇故事中看得出來。這股強烈感情控制了一位做爲藝術家之手，使手服從了感情激流，因此整篇故事的結構，就相當凌亂；尤其黃君在很多地方做了過多的解釋，穿插在敍述中，也構成了這篇故事中的缺點。」的確，由於情感的衝擊，使作品結構受到了一定的損傷。

第三節　小說藝術的多種嘗試

黃春明和陳映眞一樣是臺灣作家中創造性最強的作家之一，不僅題材上不斷開拓新的領域，藝術手法上也不斷變化和創新，決不滿足和停留在一個定點上。概括起來，黃春明的小說藝術有這樣一些主要特點：

一、突出的人物刻畫。黃春明小說的最大成就就是千姿百態、維妙維肖的刻畫人物的藝術。鄉土人物中青番公、阿盛伯、甘庚伯等這些經過長期風吹雨打，日月熬煎，苦難磨練的老人們，像百年老樹，雖然老態龍鍾，有點枝枯葉黃，但卻硬骨錚錚，如銅似鐵。値得特別贊賞的是，他們雖然同是六十多歲的老翁，但個性絕無倫同，個個都有鮮明的性格特色。比如阿盛伯和青番公。黃春明寫阿盛伯，著重突出他對社會發展和歷史前進之不相適應，對舊事物懷著深深的懷戀之情，因而奮不顧身勇作舊事物的保護人，妄圖阻攔歷史前進，甚至作了舊秩序的殉葬品。在保護舊事物方面他是無人可比的「英雄」。阿盛伯雖然是一個當道者的形象，但卻有一種爲信念而獻身的英雄氣慨。而青番公雖然也是個老農，對土地愛之如命，但作者卻主要在傳達從苦難中鍛鍊出來的一種堅韌意識，傳達主人公高超的農耕技藝和與自己職業相關的，在災難中留下的迷信心理。「這些水鬼的故事，從這一座大橋建起來，人們甩開撑渡不用以後，就很久沒有人再提起了。今天水鬼統統又從青番的口中一個一個又化著纏小足的美人，在溪邊等著人來背她過水。」阿盛伯和青番公都是年過古稀，具有豐富經驗有一定的迷信思想對土地愛之如命的老農，但他們性格的特點卻完全不同。一個果斷，一個堅韌；一個善於行動，一個長於思索。在人物刻畫上，黃春明極善於把肖像描繪和心理刻畫，職業特點和生活歷練；語言行動和思想智慧結合起來。使人物鮮活而有趣，豐盈而飽滿。例如《鑼》中的主角憨欽仔，是個維妙維肖的當代阿Q的形象。作者這樣描寫他吸烟的模樣：「他小心地吸那短得不能再短的烟蒂，像在做最後的吻別那樣。當他不能不把它扔掉時，他還捏著那麼一點點的地方，望了一下，實在再容不下嘴唇了。他吐出最後一團烟霧，覺得舒暢死了，恨不得一下子就騰上烟霧飛到南門。」無需再作任何交待，看了這段話，讀者就可以從吸烟屁股的動作中看到一個窮流浪兒的形象。他明明失了業，打鑼的飯碗被喇叭車奪去了，但在茄冬樹下，被人說穿了以後，他卻覺得面子上過不去。「憨欽仔覺得這句話太不中聽了。他瞅了那個人一下，看他還抽著他敬的香烟，心裏更加不快活。他大聲地想壓過上句話的銳氣，很不以爲然地說：『那種不倫不類的東西算什麼？碰巧我憨欽仔不想打鑼，他揀去幹罷了。幹伊娘！好多人都以爲我憨欽仔這個老烏精的飯碗，竟砸在少年家的手裏。』」具有異代職業特點的精神勝利者的形象活龍活現。憨欽仔一次因肚子餓去偷人家的白薯，被小主人發現追來，躲之不及，他靈機一動，把褲子脫下來蹲在白薯田裝拉屎。當少年追到時，他卻倒打一耙，反敗爲勝。請看下面一段精彩的描寫：「那個人遠遠地嚷著跑過來，憨欽仔迅速地把褲子一拉，就從容不迫地蹲在那裡不動。等那個人趕到十來米的地方，他就先破口大罵說：『怎麼？你想跑過來吃屎嗎？小偷怎麼可以亂賴？等我拉乾淨不壓你吃屎才怪。小偷亂賴，好歹不識，你把這裝的看成什麼貨色？眞失禮！』那個農家少年，站在那地方，歉意地還帶幾分懷疑說：『你怎麼跑到這地方放屎？……』假如把憨欽仔說話的語句、口氣和神態，與阿Q作個對比，人們會不禁驚呼：當代的阿Q出世了。然而憨欽仔的作者對待憨欽仔，卻不像阿Q的作者對待阿Q那樣，以一種怒其不爭的態度，在黃春明的眼裏，憨欽仔是個落伍者的形象，在歷史前進的潮流中，他不可能像阿Q一樣成爲糊塗的革命者，而變成劊子手刀下的寃鬼。一個面對的是精神上的敵人，一個面對的是科技上的差距。黃春明在刻畫當代阿Q職業上被淘汰時，十分注意刻畫其內心的善良本質。比如茄冬樹下那幫靠棺材店生意興旺吃飯的流浪兒們，遇到了棺材生意的淡季，個個叫苦連天。憨欽仔向他們獻計說，只要用掃把把棺材店的棺材噹噹噹敲幾下，就會有人來買棺材。憨欽仔還冒著風險乘對面棺材店無人的瞬間，由馬路這邊跑過去，將棺材敲了幾下，嚇得他連掃帚都忘記扔帶了回來，差點被人發現。他敲了棺材後，在流浪兒們的心目中地位驟而升高，成了了不起的大英雄。但他內心裏卻非常痛苦，認爲假如這一天死了人，自己就是殺人犯，夜晚不能入眠，希望自己負罪的這一天快快過去。誰知偏偏死了楊秀才，憨欽仔心理上受到強烈地自我譴責。其實楊秀才之死和他沒有絲毫關係。黃春明刻畫人物的藝術可圈可點。

二、辛辣而深刻的諷刺藝術。上面已經講過黃春明《我愛瑪莉》等作品中刻畫人物的諷刺技巧。尉天驄寫過《欲開壅蔽達人情，先向詩歌求諷刺》的文章。他認爲：古今中外，無論經濟學家、政治學家、乃至文學家、藝術家，只要他還對人類具有愛心，便沒有一個不是透過自己的工作努力去爲人們爭取平等的生活的，在他們的努力中，即使不能立刻有所進展，也會繼續爲這理想而奮鬥……」④在尉天驄看來，諷刺不僅是一種手法，而且是一種實質。它的基本內涵應該是對社會的不公和腐敗現象進行揭露和抨擊。而在黃春明的小說中，他把內容和手法兩者結合起來，使諷刺藝術不是輕佻滑稽可笑，而是篤實深沉，使人欲笑無聲，欲哭無淚。賦予這種諷刺以莊嚴的肅穆感。比如，《我愛瑪莉》中的大衞・陳。這是一個完全喪失民族氣節，非常卑劣無耻的傢伙。如果用滑稽的漫畫手法來勾勒他，將會使這種莊嚴的題材被汚染，將會使發人深思的問題被人一笑而在笑聲中散掉。因而作者採取非常嚴肅而莊重的諷刺手法。當他的妻子質問他是愛我還是愛狗，而他回答「愛狗」時，人們被激發的是一種憤怒，而不是笑聲。

三、新的敍述手法的嘗試。在小說的敍述方式上，可能已經有不少人感到陳舊和單調，也有不少作家企圖尋找新的敍述手段，從而突破自小說誕生起沿用至今的敍述方式。黃春明是小說敍述方式變革的勇敢實踐者，他的名著《兒子的大玩偶》是這方面嘗試篇。作者採取括弧內和括弧外兩部分。括弧外表現人物的行動，對話和作者的敍述；括弧內表現心理活動。其內容有人物的回憶、感嘆、內心的感動、無聲的批判等。比如：（那麼你說的服裝呢？）其實這是心中的問話，並沒有問出聲響。（不會爲昨晚的事情，今天就不爲我泡茶吧！唉！中午沒回去吃飯就太不應該了，上午也應該回去喝茶。阿珠一定更一層的誤會。他媽的該死。）這是未表於行的心理活動。（早就不該叫他大伯了。大伯仔，屁大伯仔哩！）這是無聲的反抗。黃春明作品中的括弧不僅起一種簡單的說明和注釋作用，可有可無，而且是作品的重要構成部分。有的括弧中並不只表單一的意思。如：（我不應遷怒於她，都是嗇色鬼不好，建議他給我換一套服裝他不幹，他說：『那是你自己的事！』我的事？眞是他媽的狗屁！這件消防衣改的，已經引不起別人的興趣了，同時也不是這種大熱天能穿的啊！）這已成爲作品情節的推動因素。黃春明的這種試驗雖然還不太理想，有的括弧內、外區別還不太清晰，但這卻是有意義的作爲，是一種敍述方式上的一種變革嘗試，這篇作品中運用的是否成熟，並不影響它的開創意義。

四、語言生動鮮活個性化。黃春明成爲鄉土小說的代表人物，鄉土人物語言的成功幫了他的大忙。他的每一個人物的語言都不會相混，各個人的語言特點都非常鮮明。但是黃春明的敍述語言更有特色，有些話語非常凝練，生動和俏麗。例如：「其中先有一兩個人撲嗤地笑了一聲，但眼看臭頭和一些人的臉孔都板起來以後，後頭跟著來的笑聲也都給悶死了。」這句話中一個「悶」字寫得十分傳神，把用好多詞才能表達清楚的意思一詞皆陳。又如：憨欽仔肚子餓的咕咕叫去偷木瓜，冒著風險，費了九牛二虎之力用長竿打下一個木瓜，卻掉進了乾了一層殼的糞池中，作者這樣寫道：「眼看就到手的大木瓜，撲刺地一聲悶響，掉落在乾了一層殼的糞坑裏，木瓜穩穩地往坑底，一點一點的下沉，憨欽仔像與情人惜別，痴痴地目送著將沉沒的瓜，咽了幾口口水，慰籍此刻飢腸的絞痛。」一個「與情人惜別」，一個「慰籍此刻飢腸的絞痛」，把憨欽仔的處境和神態寫得栩栩如生。再如，作者寫憨欽仔住在防空洞裏，早晨從竹床上坐起，形容一片生機時寫道：「他凝望的片刻間，感到自己就要化羽，從那陽光中飛走似的。」黃春明寫鄉土人物卻不用臺語，不用臺語卻能把鄉土人物寫得活靈活現，表現了黃春明語言上很強的功力。

附註：

① 《這個自暴自棄的黃春明》（《小寡婦》序）。

② 《開創鄉土文學新紀元的黃春明》（《暖流》第二卷第二期八二、八）。

③《訪問王拓》（鍾言新：載王拓《街巷鼓聲》）。

④《鄉土文學討論集》第三六五頁。

第六章　用喜劇手法表現悲劇人物的王禎和

第一節　永不疲倦的探索

王禎和——臺灣作家中的一個異數。在同代作家中，他的作品的個性最爲突出和鮮明，他是臺灣文壇上最具創造活力的作家之一。他對小人物充滿同情和關切，但對他們身上的劣迹絕不給予保護；他用喜劇的手法表現悲劇人物，使你抑鬱而不能發笑；他無情的揭露現實，但卻不使你完全絕望；他根據自己作品的內容和人物塑造自己的語言，使人物活在自己獨特的聲音裏。

王禎和，一九四〇年出身於臺灣省花蓮縣，在本縣就讀小學和中學，一九五九年中學畢業後，考取臺灣大學外文系，一九六三年大學畢業。按照臺灣當局的規定例行服兵役一年。一九六五年返鄉任花蓮中學英語教師。一九六七年轉任臺灣亞洲航空公司職員，翌年轉臺北國泰航空公司任職員。一九六九年到電視公司任職。一九七一年赴美，在美國愛荷華大學國際寫作中心學習。一九七三年回臺灣，復到電視公司任職。王禎和多災多難，他生活中有許多痛苦的經驗，疾病曾使他的左耳失聰，八十年代初，他又患了喉癌，在臺大醫院做手術，長期不能說話，不能進食，使他受到嚴重折磨。患病三年期間，他雖度日如年，但仍不忘文學事業。「仍然一字一字從事寫作，完成了短篇小說《老鼠捧茶請人客》，長篇小說《美人圖》，十二萬字新長篇小說《玫瑰玫瑰我愛你》，譯了二十多萬字的《英格麗褒曼，我的故事》……」表現了堅靭不拔的精神。

王禎和的處女作《鬼、北風、人》於大學一年級時發表於白先勇主編的《現代文學》上。此時正值西方現代派文學思潮在臺灣興起之時，也正是白先勇、歐陽子、陳若曦等的現代文學社剛剛問世之日，作爲學弟的王禎和，無疑受到學兄學姐們的影響和現代派文學思潮的衝擊，因而王禎和從文壇起步之時是和現代派走在一道的。他的《鬼、北風、人》就具有濃郁的現代派的意味。這篇小說描寫一個流浪漢秦福貴，自小失去雙親，因好賭成性被哥哥趕出家門，後來到寡婦姐姐家中寄住，在姐姐的雜貨店幫忙。姐姐讓他出去討債，他卻把討到的錢全都傾銷到賭場。於是姐弟發生口角，他便揭露姐姐與人偷情，並以此事相要挾。姐姐聽了大爲惱火地說：「就是我去偷漢子，找姘頭，又干你什麼事？爛土，糊不上壁，自己都欠人管，還想管到我身上。告訴你，我的一切犯不上你擔心。怕丢了你的好臉子，你走好嘍！」秦貴福終於弄得不可收拾，被姐姐轟出了家門。北風呼嘯，鬼影幢幢，秦貴福又冷又怕，無處投身，走來走去只好又回到了姐姐的家門前。他想：「她有姘頭干我什麼事？她究竟是一個女人，背著我做這樣髒的事，我當做不知道就得了？有什麼好氣的？只要她能給我吃飯，給我花錢就夠啦，還要想什麼？唉！誰不想活呢？我想活在世上就得呆在這裏，要不然我會餓死，我會冷死！……」作者在這裡描寫了一個好賭成性，又沒有骨氣的流浪漢。目的既不在揭露社會病態，也不在爲不幸者鳴不平，而是自然主義地描寫主人公性格的缺陷和心靈的軟弱。雖然張愛玲曾稱之爲寫實主義之作，但我卻覺得它與現實主義的寫實小說強調追求主題意識大不相同，倒很靠近現代派小說強調表現畸型人的內在世界。而且作品中描寫的秦貴福戀姐情結，也正是佛洛伊德戀母情結的移植。秦貴福身上那種以自我爲中心的舉動，也正是存在主義哲學的烙印。王禎和早期的作品與陳映眞、黃春明一樣，十分明顯地受到現代派思潮的影響。王禎和雖然受到現代派的某些影響，但他並沒有和現代派熱戀，更沒有與之成爲情人。恰恰相反，王禎和稍稍和現代派接觸之後，便發現她是一個有著嚴重缺陷，和自己不可同道的女郎，於是，他便很快地扳正了自己的創作航向，以反映小人物不幸命運，揭露不合理的社會現實爲己任，十分注意創作的動機和目的了。王禎和說：「在寫一篇小說之前，我總提醒自己：別忘了基本的是非和原則。我會問自己：你站在什麼樣的立場說話？對於那些人，你該給予更多的關切和同情？而那些人又該給予譴責？寫這篇小說，我有什麼東西要與讀者共享？並且是有意義的共享？如果一個故事不合乎這些標準，我就不會去寫，因爲沒有意義。」①遵從這樣的現實主義的文學主張，王禎和寫出了《嫁妝一牛車》、《來春姨悲秋》、《寂寞紅》、《香格里拉》等堅實的現實主義之作。到了一九七三年以後，王禎和筆鋒一轉，去開掘民族主義的題材，深入反映由於西化給臺灣社會帶來的那些崇洋媚外，民族精神淪喪等嚴重的社會病症。寫出了《小林來臺北》、《美人圖》、《玫瑰玫瑰我愛你》等力作。進一步爲王禎和贏得了隆譽。到目前爲止，王禎和出版的作品有：中短篇小說集：《嫁妝一牛車》、《三春記》、《寂寞紅》、《香格里拉》、《人生歌王》，長篇小說：《美人圖》、《玫瑰玫瑰我愛你》。此外還有劇本和譯著等。王禎和以他卓越的才華，贏得了臺灣文壇著名作家的地位。

第二節　臺灣社會轉型期的歷史畫圖

假如我們用非好即壞的模式來分析王禎和作品中的人物，是行不通的。因爲他描寫的社會背景沒有也不可能提供這樣的性格的生成環境。王禎和作品中的人物，大都是亦好亦壞，亦壞亦好，即使代表生活本質和主流的人物，也大多有著明顯的缺陷。因而我們不妨以王禎和小說人物的生存環境和性格生成的背景，來探討他作品的思想內涵。

王禎和在他的名作《嫁妝一牛車》的前面，引用美國十九世紀著名作家亨利・詹姆斯的長篇小說《貴婦人畫像》中的一句話作爲題解，來提示這篇小說的主題。即：「生命裏總也有甚至修伯特都會無聲以對的時候……」這句話包含的意思十分豐富，含蓄而深邃。不管怎麼解釋它，彷佛都難以準確地道盡其意。如果作一個不大確切釋意，可看作是無可奈何的意思。臺灣文藝批評家和戲劇家姚一葦對這句話這樣看。他說：「這句話是非常細緻，非常曖昧的。要孤立地去解釋它，本就十分困難，而若要以之解釋這篇小說，也不能不說是一個大膽的事，可是倘若我們從整個故事動作底發展上去看，則未嘗不是一個極好的，關鍵性的註解。現在讓我們來試試看・我們認爲，『無聲』的第一個層次，最表面的解釋，可以說是指著萬發不幸的耳聾吧。其次，如果說『甚至修伯特都會無聲以對的時候』是一個『境』，則通過整個故事的動作去看，這所指的該是那一種無可奈何之『境』，（至少它不會是一個快樂的，令人愉快的『境』，而是一個苦惱的『境』。）在我們的人生之中，正多的是這樣無可奈何的、無告的處境。」②王禎和正是在這樣無可奈何的，無告的『境』中，通過他的人物，透露出他作品的主題。《嫁妝一牛車》描寫了臺灣老農萬發極其苦難和屈辱的生活歷程。他雖然名叫萬發，但卻不是錢財萬發，而是橫禍萬發。他種田長不出莊稼，種肺炎草被洪水洗劫一空，洗澡耳中灌入汚水，讓婦科醫生給他治成了「八分聾」，娶了個其醜無比的老婆，卻既好賭又好色，趕牛車卻撞死了一個三歲的小孩鋃鐺入獄，因赤貧眼看老婆與別人通姦，還得有意識迴避……。作者描寫萬發在社會的汚水中極力掙扎，到最後敵不過命運的重壓，而無可奈何地接受了現實。以一輛牛車的代價，承認奸夫與老婆的通姦關係。「阿好插身過來。『簡先生給你頂了一臺牛車。明天起你可以賺實在的啦！』『頂給我？萬發有些錯楞了，一生盼望著擁有的牛車竟在眼前實現！高興了很有一會，就很生氣起自己來——可卑啊！眞正可卑的啊！竟是用妻換來的！』」萬發用妻子換牛車，花費了世界上最高昂的精神代價，把自己置於了最屈辱的地位。「頗能知趣地，他總盤桓到很晚才家來。有時回得太早了些，在門外張探，挨延到姓簡的行事完畢出來到門口舖席的地方和睡熟的老五一同歇臥，萬發方才進家去，臉上漠冷，似乎沒有看到姓簡的，也沒有嗅聞到那濃烈得非常的腋臭一般。」世界上恐怕沒有比這更屈辱，更麻木，更無恥，更痛苦的事了。然而萬發本來並非如此的。他曾爲了維護自己的尊嚴與醬油販子大打出手，他曾爲了保護自己的家庭將姓簡的轟趕出去。是什麼使萬發變得麻木不仁了呢？是社會，是生活，是貧困。《嫁妝一牛車》描寫的時空是臺灣剛剛由閉鎖的農業社會開始向資本主義過渡的初期。萬發棄農而拉脚，姓簡的成衣販子從鹿港到花蓮經商，醬油販子來到農村這偏僻的墳場等，均說明臺灣城市資本主義的鬚根已伸向這農村最偏遠的土壤裏。而萬發的不幸，正是這種商業侵犯農業，商人欺壓農民，城市進入鄉村所帶來的結果。和萬發的命運表面上不同，但本質上卻一樣的《素蘭要出嫁》中的素蘭的爸爸辛先生，《寂寞紅》中的秦世昌，《五月十三節》中的羅老板，《來春姨悲秋》中的來春姨，《香格里拉》中的寡婦阿緞等等，都是他們生活環境的受害者和犧牲品。他們無一例外的在貧窮、困苦和災禍中奮鬥、失敗、掙扎，最終卻很少有從悲劇舞臺上跳出去的。例如《素蘭要出嫁》中的辛先生，原來是官方機構裏的職員，女兒素蘭因在大學聯考中受了刺激，患了神經病，爲給女兒治病欠債累累。爲了還債和繼續給女兒治病，甘願忍受降低退休金和退房的痛苦而提前退休領取退休金。除還債外將多餘的錢與別人合開一家大理石加工廠，卻又受到臺灣經濟不景氣之累而破產。由官方機構的職員淪爲山上的護林工人。而病情好轉的女兒素蘭卻因沒有選好對象，婚後被虐待打駡而舊病復發。辛先生獲悉來看女兒，卻又在路上被跌斷了腿……辛先生的這些一系列不幸，完全是他所處的社會強加給他的。最早的禍根起於大學聯考，不合理的教育制度逼瘋了他的女兒素蘭，於是一連串的禍端便由此而起。作者在描寫辛先生家庭的不幸遭遇時，十分注意揭示造成他們不幸的社會背景。比如，當辛先生將退休金與別人合辦起大理石加工廠時，作者寫道：「滿心以爲從此便可以踏進和美的天地裏了，然而——然而——接踵到來了石油漲價——商業不景氣——經濟萎縮——貨幣貶值——日本觀光客突然減少……市面上大理石、藍寶石……的加工品整個滯銷了；布置庭院的鵝卵石一落一落沿著通往港口的公路上堆著，像一丘一丘的垃圾，沒有人想要。加工廠倒閉了許多家，包括辛先生和朋友合開的那一間。」《來春姨悲秋》則對臺灣社會轉型期，中國的傳統美德被資本主義的拜金主義所破壞，進行了揭露。王禎和對臺灣社會的揭露和鞭打，是因爲他對自己作品中的主人公，不，他對受苦難的臺灣同胞有一種感同身受的切身體驗，有一種要變革他們地位和處境的歷史責任感和使命感。他不是隔岸觀火，而是身臨其境；他不是隔靴騷癢，而是自挖膿瘡。他說：「吸引我去寫小說的，是人物，是一批我聽過的，我見過的人物。他們的遭遇、言行、掙扎、痛苦，或是他們的荒誕行止，都給我很深很深的印象。十年、二十年、三十年，都忘不了，彷彿成了生命的一部分。」③

王禎和小說另一方面的重大主題，是深沉的民族主義和愛國主義。《小林來臺北》、《美人圖》、《玫瑰玫瑰我愛你》等作品，將這一主題表現得十分強烈。《小林來臺北》發表於一九七三年，到了一九八〇年王禎和又在《小林來臺北》的基礎上，以大體相同的人物、題材、主題和構架，創作了長篇小說《美人圖》。兩篇作品相比較，《美人圖》將《小林來臺北》的人物、情節和思想，都豐富和發展了。因而《美人圖》亦可看作《小林來臺北》的續篇。所不同的是《小林來臺北》是著重寫張總務家庭中女兒病死等不幸遭遇，而《美人圖》則著重寫小林的父親到臺北看望小林的經過。由於中心故事的變化，《美人圖》中又加入了小郭這一重要人物。王禎和說：「美人指的是一些嚮往美國，自認是高等華人的人。另一方面，『美人』是醜的反諷，指一些唯利的沒有人性的人。」這是一部諷刺性很強的諷刺小說，描寫美國在臺的一家航空公司的一些高級職員們種種崇洋媚外的醜惡嘴臉。從公司到每個職員的名字，都以諧音寫成怪裏怪氣的，帶有嘲弄性的貶意字眼。比如，這家航空公司稱之爲「流鼻涕航空公司」。人物的名字有：垃圾桶、倒垃圾、倒過來拉屎、屁屁眞、踢屁股、光屁股、性病王、貞節狐等等。這些人的名字都是他們爲了崇洋媚外而挖空心思起的英文名字。例如：「有包打聽本事的丹尼爾解釋說那姓董的到公司不久，便發現前後左右的同事，不是叫瑪麗、珍妮、爛屍、倒垃圾；便是喚著約翰、彼得、瘟生、倒過來拉屎，獨他付之闕如。這是他很引以爲憾的一件大事。始終覺得沒按個洋名給人喊喊好似要比人矮下一大截，好似一個人不負個『英國利息』的名兒就神氣不上來了，縱然他全身自頭至足全是舶來品，而且又持有綠卡。翻遍了所有的英語字典，就遍尋不著一個最鮮最絕的。恰好那時臺北正上映《洛基》這洋片，這電影看了兩遍後，他就快樂得彷佛剛射過精（貞節狐聽此一比，連忙又年輕了十歲拿手搗住耳朵，一面笑罵丹尼爾：『死相』）那樣地到處宣告：『我找到了！我找到了！我找到了——！」在「流鼻涕航空公司」起個洋名或許是較爲普通的事，也還有到美國去生孩子的，因爲去美國生孩子，不但小孩可以拿到美國護照，而且父母還可順手牽羊，拿個永久居留權回來。在這部作品中，作者還揭露了旅行社的副理，患有同性戀症，和小郭睡一夜就開出三萬元的支票。可是，和這伙人形成明顯對照的是小林與小郭。小林的父親爲了留住二兒子在農村種田，給他娶媳婦，需要兩萬元臺幣。可小林省吃儉用積蓄了兩年，存摺上只有三千五百元。他父親來找他要錢時，他十分內疚，感到很對不起父親。但他父親卻生怕苦了兒子。作者把小林父子互相關懷的場面寫得十分感人：「『爹的，乖仔，爹的，乖仔——』冰冷的掌心緊握著小林的腕。『下個月的薪給，你千萬莫全部寄回家，一定了留下一半。兩年前你回家，我就同你講過要多吃飯，你看你，你看你——』不停顫抖底手撫摸著小林尖削的下巴。『你還是這款瘦！這款瘦！聽爹的話，要多吃飯，要多吃飯，不然爹不放心你一個人在臺北。」而汪太太從美國留學回來的女兒，因爲媽媽一句話不入耳，就非逼媽媽賠禮道歉不可。小林父子的互相體貼、關懷的溫暖情感，和汪太太與女兒之間的冷冰冰的關係形成鮮明對比。汪太太女兒的作風是從美國學來的，小林父子的親情完全是中國土生土長的。

通過這樣的對比，批判了洋，歌頌了中。和那些崇洋媚外的高級職員之間爲點小利勾心鬥角，唯利是圖相對比，小郭和小林是窮朋友之間的至交。他們不僅非常眞誠，而且大公無私，爲朋友甘願犧牲自己。小郭租的房子叫小林白住，當他聽到小林家裏有困難時，慷慨地將自己賣身得的兩萬元交給小林，叫他寄到家裏應急。這種窮孩子間的無私和眞誠，成了鑑照那些所謂「高等華人」靈魂的一面鏡子。

王禎和的最新力作，長篇小說《玫瑰玫瑰我愛你》，與黃春明的中篇小說《小寡婦》的題材相似。也是描寫侵越美軍以臺灣爲渡假地，臺灣一些見利忘義之徒，藉此機會不惜以自己女同胞的身體爲資本，大開妓院賺取美金的故事。《玫瑰玫瑰我愛你》原是第二次世界大戰期間流行在中國境內的民歌。這首歌不僅在中國流傳，而且飛洋渡海也在美國廣爲流行。美國也有一首民歌《愛你在心口難開》於一九六一年，臺灣西化之風正盛時在臺灣流行。王禎和以此歌爲小說的標題，實含反諷之意。前兩首歌在臺灣和美國之間互相交換，頗有愛的交換之意。而今美軍來臺灣渡假，崇洋媚外之徒以性達成美臺交易，兩者之間存在著某種聯繫。王禎和以此歌名爲書名，把這種暗中的對應聯繫明朗化，頗値得思索。《玫瑰玫瑰我愛你》，除了書名、歌名之外，還暗指西貢流行的性病，一語三關。這部小說的時空非常短暫，即描寫侵越美軍來臺渡假前夕，臺灣以董斯文老師爲首的一批患軟骨病的知識分子，在「美軍即美金」的口號下，帶頭組織策劃「吧女訓練班」，準備大做性生意的情景。董斯文，其實並不斯文，此人身長一六八・五公分，體重卻是重量級舉重選手的標準。臀肥肚奇大「一口西潮話語，有個愛放屁的嗜好。他總是用放屁來總結問題。」他把全部「知識」用在「吧女訓練班」的組織策劃上，這是一個充滿喜劇色彩的丑角。處於「吧女訓練班」策劃地位的還有外號「錢脫褲」的議員錢銘雄，有斷袖之癖的醫生惲頌主，有玩法律師張某。此外，活躍在這本書中的角色還有四大色情公司的「紅粉樓」經理大鼻獅，大鼻獅，大鼻獅的姘頭阿恨，紅毛大姊、矮仔姬、黑面李，及五十多名妓女。作品的故事由甲級妓女戶老板大鼻獅和姘婦阿恨以「黃腔黃調」的回敍講出，生動自然。主要人物的嘴臉刻劃得維妙維肖。王禎和談到這部作品的創作動機時說：「一、二十年來我就一直想寫這小說，記得越南美軍第一次搭軍船到花蓮渡假，全花蓮都忙碌起來。有的準備歡迎，有的忙著要賺美金，報紙更忙用頭條新聞、花邊消息報導美軍來臨。全市五彩繽紛，喜氣洋洋，最後讓花蓮人大開眼界的就是有座酒吧出現。酒吧，花蓮聽都沒聽過，那裡見過哦！……酒吧是竹子搭成的，在裏面做買賣的吧女色膽包天，看得我們這些土花蓮人都傻眼。還有她們坐在三輪車裏的那種『今日看我』的野蕩，以及美國軍人、憲兵在酒吧裏外走來走去的神氣，給我很深的印象……」④王禎和談到這部小說的主題時說，他是爲了揭露臺灣「將商業社會帶來的唯利是圖，『大利滅親』。」由於王禎和的《美人圖》曾經引起有人『對號入座』去法院訴訟的麻煩，因而王禎和特意在這部書的扉頁上寫道：「㈠這是一部限級的笑話小說。㈡人物情節純屬虛構，請不要考證，因爲這鐵定浪費時間的。」王禎和在這部作品中又大大地發揮了他的諷刺天才。在強烈地諷刺中表現出了作者鮮明的民族立場和民族情感。

「用喜劇的方式來寫悲感，用喜笑的角度來面對命運的刻薄。」是王禎和在長期苦難的生活中確立的人生態度和在長期的創作實踐中練就的藝術本領。

第三節　豐富多彩的藝術表達方法

一、刻畫人物。王禎和是刻畫各種人物的高手。他筆下的人物，個個鮮活生動，栩栩如生。他雖然對不同的人物給予不同的愛憎，但他是按照生活中呈現的眞實來刻畫人的，而不事先劃框框、定調調，把人物公式化概念化，好就絕對地好，完美無缺；壞就絕對壞，一無是處。他說：「我寫人物並沒有刻意去褒貶他們，每個人都有對的地方，但也有不對的地方。我覺得我們現代人，大部分都是中間人，我就想寫這樣有對也有錯，對對錯錯，錯錯對對的中間人。」⑤但王禎和絕不照搬生活中人物的原形，而是經過精心的塑造，在典化的基礎上，使生活中的模特兒昇華爲藝術典型。王禎和塑造人物的基本方法就是根據作品題材和主題的需要進行適度的藝術誇張。這種誇張有兩個原則：一是根據事實加×或減×。這×就是未知數；第二個原則是不妨害作品情節的發展，而有利於作品情節的發展。事實加未知數，就是生活加創造。王禎和對人物的創造部分又多呈現兩種方式：其一是利用語言上的諧音在人物的名字上作文章，增加人物的滑稽性和幽默感。例如：屁屁眞、垃圾桶、倒垃圾、倒過來拉屎、錢脫褲、惲頌主等等；其二是改造人物的外型和塑造人物的劣習和嗜好。在王禎和的小說中，完美無缺的人幾乎是沒有的。《嫁妝一牛車》中的萬發耳聾，姓簡的有烈性狐臭，阿好奇醜無比。《玫瑰玫瑰我愛你》中董斯文愛放屁，總以放屁來結束問題，他屁無處不放，無屁不響。王禎和在談到他爲什麼寫人物的這些缺陷時說：「《嫁妝一牛車》，原來人物四肢是健全的，耳聰目明。我覺得這樣一個相貌堂堂的人，喜感不夠，悲哀感不足。請他當男主角，給人印象不會深刻，而且有礙情節的舖張（人家不相信他會這樣、那樣）。這就如戲裏的主角的型不對，無論怎麼認眞演，觀衆總是不信服。於是我就——這倒有點像上帝一樣——這也可能是寫小說的一種樂趣——讓主角耳聾，讓他的男性不及格一點。」⑥

二、小說結構上的「抓貓法」。關於小說的結構方式，有的是從故事開頭寫起，到故事結束爲止，此爲平舖直述法；有的從故事的末尾開始，倒逆而上，此爲倒敍法；也有從故事的中間開始，向兩頭發展，此爲中分法。孰優孰劣，依作家的寫作習慣決定。但一般認爲：平舖直述較爲呆板。王禎和在作品的結構方式上卻與衆不同。他的小說是從故事的三分之二處開始，即從關鍵的地方，從危機爆發的那一刻開始。王禎和把這種方法稱之爲「抓貓法」。他認爲，抓貓、抓頸抓尾都抓不牢，不是被貓跑掉，就是被咬傷，只有抓住貓體的三分之二處，即脖子，才最穩當而保險。寫小說也和抓貓一樣，只有抓住三分之二的地方，才能引人入勝。他說：電視劇「就是第一集要吸引人，尤其是第一集的前十分鐘更要吸引人，否則觀衆就要轉臺了。一轉臺就沒有高收視頻率，沒有高的收視頻率，就沒有廣告進檔了。也許是近墨者黑吧！所以我非常注意小說的開頭，一定想辦法吸引讀者，不讓他們轉頻道。」⑦

三、作品情節跟進法。王禎和的許多小說，其情節一波未平一波又起，一個懸疑接著一個懸疑，一個情節跟著一個情節，使讀者步步跟進，難以釋手。例如：《素蘭要出嫁》從素蘭因大學聯考受刺激患神經病需要治療起，情節便一個銜著一個推出：因治病缺錢欠債，辛先生提前退休，將多餘退休金開大理石加工廠；因經濟蕭條倒閉，辛先生淪爲護林工人；素蘭找錯對象被毒打舊病復發；辛先生趕來看女兒，中途摔斷了腿……橫禍連連不斷，對辛先生的打擊一次比一次嚴重，讀者的目光被這一個個不幸事件牽引著，要看辛先生的命運之船，被這險濤惡浪推向何方。又如：《美人圖》、小林要到臺北車站接他的老農爸爸，但他的公務就像山坡上滾下的石頭，一個接一個，打得他擡不起頭來；就像紛紛的落葉，把小林埋了起，使他難以脫身；又像一道道絆脚繩索，使他邁不開脚步。小林查了列車時刻表，他爸到站時間是下午四點零八分，他準備向人事主任屁屁貢請個短假，但接踵而來的是：去銀行提款，去南京東路七海航空公司向蟲小姐要出國人員資料，把文件送達訂位組，把出境申請表送到境管處，因蟲小姐把表格弄錯了，性病王叫小林把表格退給蟲小姐……小林急得滿頭大汗，十多年未到臺北的爸怎能擱在車站不管？小林把公務辦完趕到火車站，已是下午七點多了，老人在舉目無親的火車站靠背椅上已等了幾個小時了。讀者的心和小林的心一起熬煎著，焚燒著，爲老人下火車後的無著而不安。王禎和在作品中創造懸疑，但不讓懸疑馬上解決，而是在解決懸疑的路上，設下許多許多路障，吊住讀者的口味，使他追逐著懸疑前進，直到作品尾聲。這顯示了王禎和極強的結構故事的能力和居高臨下駕馭作品和人物的熟練技巧，否則作品情節和人物性格的發展將很難和諧地銜接起來。

四、語言的運用。王禎和小說的語言非常獨特。他的語言技巧在臺灣作家中很少人能匹敵。他不僅能熟練的運用臺語，也能熟練地運用國語。還能兼用其他方言和古語。他可以根據自己人物的籍貫、身分、地位、文化水平來選擇文學語言，因而我們看到，他有的作品用臺語寫成；有的用國語寫成；

有的國語、臺語混用。王禎和在文學語言的塑造上，方面很廣，下的功夫很深。1.他非常注意吸收民間語言的精華和活力。他說：「民間語言的生動活潑，民間語言想像力的豐富，組合力的精妙，大大令我驚奇感動。也就在這時候，每當年紀大一點的，講起閩南語，我一定像隻貓那樣豎起耳朵聽。沒有辦法聽，就偷聽。就像愛爾蘭劇作家約翰·辛住在鄉下旅館，他老兄爲了偷聽愛爾蘭漁村居民的語言，居然將人家樓板挖一個洞，聽樓下居民的交談。不過我比他規矩一點，沒有做挖牆什麼的。我想可能是聽過分了，菩薩生氣了，現在就懲罰我一隻耳朵聽不見了。也從那時起，我大量地運用方言，想把這塊失去的珍寶，保留一點下來。」⑧ 2.尋求語言的陌生和阻隔效應。作品的語言太陳舊，影響新內容的表達，讀起來感到俗；作品的語言太流暢，易使讀者跑情節，留不下對作品的太多印象。因而語言也需要創新，也需要提純復壯。追求適度的陌生和阻隔效應，就是語言的創新形式之一。王禎和有些作品的語言，青澀、怪誕、主謂顚倒，讀起來非常吃力，這是作者有意識創造的陌生和阻隔效應。他說：「小說的媒體就是文字。最能表達作者風格的也是文字。因此個人非常喜歡在文字語言上做實驗。做實驗不是爲了標新立異，是爲了把方言、文言、國語混雜在一起來寫。把語言這樣那樣顚倒運用，是不是更能具體形容我要形容的？更符合我所要表達的嘲弄諷刺？把主詞擺在後面懸宕性和緊張性是不是比正常的句子高一點？」3.尋找適合作品和人物的語調。每一篇小說都有自己的語氣和語調。有時語氣和語調不對，就像鞋和脚不合，很不舒服，路就難得走下去。王禎和說：「語調的問題，是我寫作時常困擾我的，因爲語調不對，就像歌星唱歌沒有套譜或用錯了套譜，荒腔走板不堪入耳。」他寫《三春記》時，開始就沒有找到語調，因而寫了撕，撕了寫，折騰了許多遍。他說：「寫

《嫁妝一牛車》時，已經寫了五千多字，我還是覺得沒有把我要營造的那種怪誕、荒謬、悲涼、好笑的意思表現出來。並且這樣的意思必須讓讀者在閱讀時，一邊讀一邊慢慢思索體會。於是我就試著把一些主詞、動詞、虛詞調換位置，把句子扭過來倒過去，七歪八扭的，我想要的語調終於出來了。常常，我寫一篇小說時，爲了找適合的語調找了好幾個月，可是這是沒有辦法的事，因爲如果沒有找到語調，你即使化了九牛二虎之力，也很難把作品寫好的。」⑨ 4.王禎和極善於在作品中運用諧音、歇後語、諺語、俚語等。例如：「家貧不是貧，路貧貧死人」；「脚長眼睛，自看自高」；「內心對內心，屁股對屁股」等。

但是，王禎和的作品中也存在著一些不足。比如：對有的不該鞭打的人物，給了過多的傷害和嘲弄，使人產生不舒適的感覺。如對萬發。有的作品臺語運用過多影響了不諳臺語讀者的閱讀；有的語言經過主謂顚倒後，出現了語病。例如：「早火熄了」。火是主語，放在時間副詞「早」的後面，便成了病句。

附註：

① 《第三屆時報文學週講演》（《中國時報》八三、八、二十）。

② 《中國作家論》第五〇二——五〇三頁。

③ 《永恆的尋求》（《人生歌王》代序）。

④ 《把歡笑撒滿人間》。

⑤《把歡笑撒滿人間》。

⑥《永恆的尋求》（《中國時報》八三、八、二十）。

⑦《永恆的尋求》（《中國時報》八三、八、二十）。

⑧《永恆的尋求》。

⑨《永恆的尋求》。

第七章　臺灣漁民的代言人王拓

艱難坎坷的人生歷程，帶給他極其豐富生活感受。就像豐碩、圓潤的蘋果成熟在根深葉茂的蘋果樹上一樣，王拓在他那充滿崎嶇和苦難的生活之樹上，結出了自己創作之果，被舉世公認爲臺灣漁民的代言人。王拓之所以享譽臺灣文壇，不僅因爲他是一個作家，還在於他是一個新崛起的鄉土文學的理論家。七十年代臺灣鄉土文學論戰中，他和陳映眞、尉天驄首當其衝，被點名攻擊。因而在這一關乎臺灣文學前途和命運的論戰中，王拓也和陳映眞、尉天驄一樣，成了鄉土文學的理論鬥士和驍將，在激戰中，爲臺灣的鄉土文學作了頗多的理論建樹。

第一節　論戰中誕生的文學理論

王拓，本名王紘久，一九四四年出生於臺灣省基隆市郊的八斗仔小漁村，祖祖輩輩靠捕魚爲生，被稱爲「討海人」。幼時家庭生活非常貧苦，不少親友葬身海難。爲了謀生，幼小的王拓便知道分擔家庭生活的重負。他提籃子到發電廠周圍去揀破爛，無端受到富人的奚落和辱駡，使他從小便認識這世間的不平。他說：「我在童年時代常因爲貧窮而受到歧視，這使我對人的看法有很大影響。使我不知不覺地要把人分成各種不同的族類。而事實上，在我們社會裏，也確實因爲人所擁有的金錢的多寡而自然把人形成各種不同的類別，最有錢的爲一類；次有錢的又是一類；沒有錢的人又是一類。」這種非常朦朧的階級意識，成了王拓後來創作和理論的重要基礎。王拓在本鄉讀完小學和中學，一九六七年臺灣師範大學國文系畢業，一九七三年，臺灣政治大學中國文學研究所畢業。他曾先後任教於花蓮中學、政治大學和光武工業專科學校。一九七五年離開教育界，轉入商業界。一九七七年，在鄉土文學論戰中顯出理論鋒芒。一九七八年十一月正式登記爲「中央民意代表」候選人，一九七九年九月創辦《春風雜誌》任社長。同年十二月因「高雄事件」被捕入獄，判刑六年，一九八四年九月假釋出獄。王拓於七十年代初開始文學創作，他的處女作《吊人樹》一九七〇年九月發表於林海音創辦的《純文學》雜誌上，從此躋身臺灣文壇。之後相繼發表了頗有影響的中短篇小說：《炸》、《金水嬸》、《獎金二〇〇〇元》、《望君早歸》等。王拓入獄後，在極端艱難的情況下仍未中斷小說創作。在獄中創作了《牛肚港的故事》、《臺北、臺北》兩部長篇小說和長篇兒童故事共一百餘萬字。王拓說：「爲了減輕牢獄所加給我身心的折磨和傷害，我只有寫作。因爲只有在寫作時，我才能忘記身在牢獄；只有在寫作時，我才能重新感覺到自己是一個人，一個眞正有尊嚴、有信心、能自由思想的人。」①到目前爲止王拓出版的作品有：短篇小說集《金水嬸》、《望君早歸》，長篇小說《牛肚港的故事》、《臺北、臺北》，文學評論集《張愛玲與宋江》、《街巷鼓聲》，政治社會評論集《民衆的眼睛》、《黨外的聲音》等。

王拓是一九七七年至一九七八年發生的鄉土文學論戰中的鄉土文學的理論驍將之一，他的文學理論是在和對手激烈的交鋒中誕生的，所以，他的文學理論具有實踐性、戰鬥性、雄辯性、鮮明性的特色。概括起來，王拓的文學理論有以下幾個方面：

一、關於鄉土文學的定義和內涵。王拓認爲鄉土文學就是現實主義文學。它和「西化文學」針鋒相對。因而它不光是鄉村文學，也是城市文學，它應在反對「西化文學」中肩起建設我們民族文學的重任；不應太過強調臺灣方言，那樣很容易陷入偏狹的，分裂的地方主義的觀念和感情裏；它應具有現代意識，不應陷入懷舊和傷感的情緒裏，而成爲「鄉愁文學」。他說：「這種文學之所以會被普遍接受並引起廣泛的重視和愛好，是基於一種反抗外來文化和社會不公的心理和感情所造成的。因此所謂『鄉土文學』事實上是相對於那些盲目模仿和抄襲西洋文學、脫離臺灣的社會現實，而又把文學標舉得高高在上的『西化文學』而言的，在這種意義下，把『鄉土文學』理解爲『鄉村文學』雖然不能說全完沒有道理，但是，卻很容易引起一些觀念上的混淆以及感情上的誤解和誤導。首先，它使人們可能想到都市和鄉村的對立，進而使人們誤以爲只有鄉村和鄉村人物爲題材的文學才是『鄉土文學』，而排斥了以都市和都市人爲題材的文學作品。」②

二、鄉土文學的目的與使命。王拓認爲，鄉土文學不僅是以鄉村爲背景描寫鄉村人物的文學，它還是以城市爲背景描寫都市人的文學。因而這種文學的目的和使命是：「不只反映、刻畫農人與工人，它也描寫刻畫民族企業家、小商人、自由職業者、公務員、教員以及所有在工商社會裏爲生活而掙扎的各種各樣的人。」，「這種『現實主義』文學是植根於我們所生長的土地上，描寫人們在現實生活中的種種奮鬥和掙扎、反映我們這個社會中的人的生活辛酸和願望，並帶著進步的歷史的眼光來看待所有的人和事，為我們整個民族更幸福美滿的未來而奉獻最大的心力。」③

三、鄉土文學要植根鄉土，擁抱人民。王拓認為，我們的一切均是屬於我們腳下的土地和人民的，如果沒有母親一樣的土地和人民，就沒有我們自己。因而我們的文學必須植根於鄉土，擁抱人民。他說：「我們是兩脚深紮在這塊土地上的一群人，死了也還在這塊土地上，和這塊土地合而為一，混為一體。所以我愛她，無條件無保留地深愛著她。為她，我們願意流血流汗；為她，我們甚至願意死。因為沒有這塊土地就沒有我們、沒有我們的子孫、沒有我們的一切。」，「在我不算很長的業餘寫作生活中，我所寫的一切文字，包括小說、報導和評論，都是從這塊土地和這塊土地上的人的這種堅定不移的愛心和信心出發的。」④

四、生活是文學的源泉，王拓認為，生活是文學的源泉，是作家創作的根本依據。作家實踐和體驗什麼樣的生活，他筆下就有什麼樣內容的作品。他從小生活在八斗仔小漁村，祖祖輩輩靠討海為生，親人為捕魚葬身海難，大海給他生活，給他生命，給他悲痛和眼淚。因而他的筆總是離不開漁民，離不開大海，離不開漁村的歷史和現實。他說：「文學不僅是作家個人的生活環境的反映，同時也是整個過去歷史與現在社會生活環境的反映。」⑤

王拓的文學理論和陳映真、尉天驄等的文學理論一起，形成了臺灣鄉土文學完整的文學理論體系。這種理論不管是在鄉土文學論戰中和指導臺灣文學的發展中，都起到，還將起到積極的作用和深遠的影響。不過，王拓的文學理論首先是他自己長期創作實踐的概括和指南。

第二節　臺灣文學中新崛起的道德力量

蔣勳在評價王拓的小說時指出：「臺灣一九四九年以後的寫實文學終於塑造了一個有堅定道德力量的人物，然而這人物卻是從怎樣慘苦的、挫辱的、受欺壓的苦痛成長過程中一點一點學來的。」⑥蔣勳的這個評價雖然指的是王拓《望君早歸》中的男主角邱永富，但這個評價也適合於王拓小說所表現的整個思想和主題。

王拓是在臺灣漁村生活的苦水中，臺灣政治動蕩的波濤中，臺灣社會轉型的風雨中湧現出來的變革意識和使命感十分強烈的鄉土派小說家。他從創作起步時就把自己的同情和關愛無私地獻給了自己腳下的土地和人民。如同已出的去描寫他們的苦難和不幸。他早期的短篇小說《炸》，描寫漁民陳水盛，為了給孩子交學費，向雜貨店老板借高利貸，老板娘看中了他的兒子，逼其以兒子抵償債務。陳水盛為了贖回兒子，冒著風險到海上去炸魚，結果不僅炸斷了左手致殘，而且還被警察追上家門。作品眞實生動地表現了七十年代初期臺灣在「經濟起飛」形勢下，下層勞動者的苦難處境。王拓以他敏銳的眼光看透了臺灣社會向資本主義社會過渡中，那個牽動著千萬人命運，但卻散發著銅臭，腐蝕著人們的思想和靈魂的金錢，在創造了所謂商業繁榮的背後，給臺灣人民帶來的不幸和苦難。他的代表作之一《金水嬸》，把金錢的罪惡揭露得十分深刻。王拓出生的地方，八斗仔小漁村活躍著一個肩挑小販。她就是慈祥、寬厚，能夠感動得使每一個有良知的人都不禁要呼喊一聲「媽媽」的金水嬸。金水嬸和她的丈夫，苦撐苦熬，靠挑著貨郎擔餐風露宿，走街串巷一分一文積攢的血汗錢將六個兒子培養成人。其中四人大學畢業身居要職，大兒子阿盛當了銀行經理，二兒子阿統當了稅務專員，三兒子阿義當了遠洋輪船的船長，四兒子阿和當了大副。他們個個都成了家立了業，有了汽車洋房，住上了高級住宅。但他們個個卻都忘了本，靈魂都在金錢的腐蝕劑中變質霉爛。他們不僅拒不贍養父母，就是父母為他們入股借的債務，他們也一推六二五。逼得父親金水走投無路，含憤呼「錢」而亡。父親死後又你推我，我推你拒付喪葬費。當三叔公將債務給他們平分了之後，他們又先承諾後賴賬，逼使金水嬸進城幫傭還債。更有甚者，這些人竟六親不認，嫌棄他們的父母髒、窮，對父母進行歧視和虐待。當金水嬸去銀行找大兒子阿盛時，他竟嫌自己的母親衣著破爛給母親臉色看，讓母親從後門出去，使金水嬸茫然莫測，不敢相信眼前發生的一切是眞的，以為自己是在做夢。人們讀了這樣的作品，不能不為這些不肖子孫，逼死父親，趕走母親的惡行扼腕痛惜。然而人們也會作這樣的假設：如果金水嬸的六個兒子長大後仍然是個農民或漁民，仍然相依為命地和父母生活在一起，眼前的悲劇很可能不會發生。於是人們不得不感嘆：有了錢，卻沒有了道德和靈魂。資產階級的拜金主義，摧毀了中國的父子親情，破壞了中國傳統的父慈子孝的道德觀念。王拓對資本主義社會拜金主義對人與人之間關係的破壞和攏斷、吞噬和腐蝕，不僅看得入木三分，而且深惡痛絕。他說：「工商社會的唯一動力是利潤。利潤在現實生活中的講法就是金錢。人與人的關係卑下到單純的金錢關係。老板、工人之間當然不必說了，即夫妻、親子、朋友、教授與董事會；醫生與病人，老師與學生、牧師與信徒……之間，分析到最後，是金錢的關係。拜物主義統治我們的思想、感情和文化。這是一種猥褻，一種醜象，一種惡心，一種失態。」⑦王拓將資本主義社會金錢關係的無耻和醜惡，罪孽和魔力轉化成了文學形象，並給以無情鞭打，使這方面題材的作品顯得特別深沉和篤厚。短篇小說《獎金二〇〇〇元》、《炸》等，都是這方面的成功之作。值得注意的是這些作品中爲金錢拚命掙扎的小人物，最後都被金錢殺害，作了金錢關係的犧牲品。《金水嬸》中的金水爲錢被兒子氣死，《炸》中的陳水盛爲兒子的註册費而炸斷了一隻手，《獎金二〇〇〇元》中的鄭文良，爲拿到二〇〇〇元獎金給太太換件大衣，差一點葬身於車禍。金錢對富人永遠是溫柔的女郎，而對窮人，卻永遠是把戳心的利刃。無情地揭露資本家心靈的骯髒和狠毒，描寫小人物由無奈而任人擺布，到聯合起來，進行抗爭，也是王拓小說表現的重要內容。王拓的力作之一，中篇小說《望君早歸》描寫臺灣華豐漁業公司，只管賺錢，不顧漁工死活，派出有問題的船出海捕魚，結果遇到颱風，致使一、二號船上的二十個多個漁工遇難。因爲公司的船保了險，舊船毀了公司還可得到一條新船，並可從漁工的保險金中大撈一筆，這樣公司不但不賠錢，還可以賺一筆漁工們的生命錢，因而華豐漁業公司老板採取推拖和欺騙手段，怎麼也不願意派飛機和船隻，到海上去尋遇難者，使本來落水後可以生還的人也死於公司老板設下的陰謀中。事故發生後，老板和漁業公會勾結起來對付漁工家屬和社會輿論，企圖以每人三萬元臺幣的安家費和賠償金，將事情草草了結。但是，貧苦漁民的後代，漁業工會的叛逆者，臺灣水產學校畢業的青年知識分子邱永富挺身而出，將漁民們組織起來進行堅決鬥爭，並敲鑼打鼓擡著棺材到漁業工會請願，登報爭取社會輿論的支持，使原來氣勢洶洶的老板和走狗感到恐懼，大大鼓舞了漁民的鬥志。邱永富明確地號召大家：「我們要團結起來，大家一條心和他拼到底。不然，伊娘哩，都被船公司吃得死死的……」王拓在這篇小說中不僅血淋淋地揭露了會、商勾結迫害漁民的罪惡陰謀，而且描寫了走向覺醒了的漁民爲自己的利益和命運進行的有組織的鬥爭，塑造了臺灣文學中罕見的，英勇無畏，不怕威脅利誘的，青年漁民領袖邱永富的形象。這個人物正像蔣勳所說，是具有強大道德力量的人物。

王拓在獄中寫成的，一九八六年在香港出版的第一部長篇小說《牛肚港的故事》，是王拓小說創作中的一個新的里程碑。這部小說發揚了王拓小說的一貫風格：人物性格鮮活，主題思想突出，表現了作者對現實的深邃觀察和鮮明愛憎。作品以少女徐淑珍陳屍崖下的命案爲懸疑，展開了故事的縱橫描寫。書的開頭便是一個本質好但卻愛酗酒的青年漁民林四海，渾身帶著創傷和血漬匆匆忙忙跑來報案，說少女徐淑珍陳屍崖下，而他的一身傷痕和鮮血無法說清，被當作第一個嫌疑犯抓了起來。把讀者引入非看不可的緊張情節之中。但作者並未讓讀者一解懸疑之飢渴，而是交待徐淑珍的身世，他母親金鳳少時美貌超群，被工廠惡少強姦生下淑珍，淑珍之母金鳳後招神漢陳進財爲夫婿。因金鳳在本村中學當炊事員，又拉扯出了青年中學教員趙孝義和他的未婚妻越南華僑李娟與李娟的好友女教師楊美慧，以及該校的訓導主任等人物。作品分兩條線平行發展，一條是徐淑珍的命案由派出所偵破，另一條線是趙孝義的政治案件由訓導主任告密暗中進行。趙孝義是當年「保釣運動」中的骨幹分子，政治上比較激進，公開在報紙發表文章抨擊時政。因而受到暗中監視，最後被捕。但這兩條線又互相交叉，擰在一起。因趙孝義對失學的徐淑珍非常同情，常幫助她和借給她書閱讀，徐淑珍在日記中寫了不少趙孝義的事，因而趙孝義就成了徐淑珍腹中的四個月死嬰的當然嫌疑父親了。兩條線索一明一暗向前推進。最後雖然查明姦夫是徐淑珍的義父陳進財，但趙孝義卻沒有擺脫牢獄之災。原來逮捕他是因：「思想犯」。《牛肚港的故事》雖然是以命案的偵破形式出現，但它並不是一部偵探小說，而是經過作者巧妙構思安排，情節迭宕引人入勝的，反映社會重大現實問題的作品。作品反映了美、日勾結覇佔我國神聖領土釣魚島，日本軍艦竟瘋狂地搜查和驅趕在我們自己海域捕魚的臺灣漁民的事。臺灣老百姓對此憤怒不已，趙孝義是臺灣青年思想的先驅，在釣魚島事件中表現了強烈的愛國情感。作品中這樣寫道：「關於漁民在釣魚臺遭到日本炮艇無理騷擾和逮捕這件事，他更是表現得激昂慷慨，義憤塡膺……。」趙孝義本來是大學的高材生，但大學畢業後卻放棄了城市的享受，並將未婚妻李娟帶著來到鄉下，脚踏實地的爲群衆服務，實實在在她實踐自己的理想，這些均是平庸之輩難以比擬的。《牛肚港的故事》雖然顯得政治性強了一點，但卻是一部深刻反映現實重大題材的優秀之作。

王拓小說在藝術上也有鮮明的特色。

一、作品的故事、主題和人物和諧一致，渾然一體。例如，作者要表現資本主義金錢關係赤裸裸控制、籠罩，左右著一切，代替著一切的主題，他就選擇了金水、金水嬸、陳水盛和鄭文良等這樣的人物和他們的故事。兒子因金錢不認父母，鄰居因金錢斷情絕義，有的人因金錢挺而走險，有的人因金錢差點喪命。這些作品一切都自然、和諧而妥貼，決無突兀和彆扭之感。這種完美的藝術效果，是來自故事、主題和人物的一致性。同是表現拜金主義，假如金水嬸不是一個慈祥、寬厚、令人敬愛的老母親，而是一個揮金如土貪得無厭的老太太，揭露金錢殘酷的主題意識將會蕩然無存。

二、塑造臺灣文學中道德力量最強的人物，是王拓作品的最大特色。王拓基於對下層人民的同情和關愛，他很少用嘲弄和侮辱的筆調塑造小人物。他對每一個小人物都賦予不同的思想和藝術使命，尤其是他們中的代表人物，比如邱永富、趙孝義等。他們先天下之憂而憂，後天下之樂而樂，寧可犧牲自己也要成全大衆，他們身上閃耀著令人崇敬的藝術之光。金水嬸、秋蘭、金鳳等小人物，雖然被損害，但她們決不害人。他們勤勞、樸實、忠厚，像構成大地的一方方土塊，雖無耀眼光輝，卻有樸拙之美。第一類人物身上閃射的如果是太陽之光，第二類人物身上放出的是月亮之輝。在某種意義上，月亮之輝比太陽之光更渾厚，更深沉。王拓筆下的小人物都是道德上的強者。他們有的贏得人們的崇敬，有的贏得人們的熾愛。

三、宏闊的視覺和精細的構思。長篇小說《牛肚港的故事》情節比較複雜，但王拓採取一明一暗雙線平行發展，又互相交織，卻處理得井井有條，前後銜接呼應。每一個頭緒都有交待；每一個人物都首尾相顧。值得稱道的不僅是兩條線索清晰不紊，還在於作者對兩條線索安排得繁簡適當，又穿連得十分巧妙。試想如果把趙孝義關愛徐淑珍因而被懷疑爲姦夫的情節去掉，兩條線就完全脫了節，這樣兩條線之間就沒有了橋樑，而兩條線上穿連的不少人物，將會變成多餘的人。這部作品既表現了王拓宏闊的藝術視覺又表現了王拓精細地藝術構思。

四、乾淨俐落的文學語言。王拓是臺灣土生土長的作家，但他的作品除少數人物語言中使用了少量的臺灣方言之外，基本上使用國語。而且他的國語生動流暢，乾淨俐落，爲他贏得了更多的讀者。

附註：

① 《我們的苦難是眞有價值的——爲《牛肚港的故事》在《臺灣與世界》連載而寫》。

②《是現實主義文學，不是鄉土文學》（《鄉土文學討論集》第一一六頁至一一七頁）。

③《是現實主義文學，不是鄉土文學》（《鄉土文學討論集》第一一七頁）。

④《擁抱健康的大地》（《鄉土文學討論集》第三六一至三六二頁）。

⑤《訪問王拓》（《臺灣作家談創作》鍾言新）。

⑥《臺灣寫實文學中新起的道德力量》（《鄉土文學討論集》第四七九頁）。

⑦《訪問王拓》（鍾言新：《夏潮》一九七七、一）。

第八章　臺灣的工人作家楊青矗

第一節　在工人隊伍的大崛起中崛起

從六十年代至七十年代，臺灣社會發生著急劇變化，由閉鎖的農業社會向開放的資本主義社會轉化。隨著社會的劇烈變化，臺灣的人口狀況也在發生著迅速的變化：農村人口減少，城市人口增多；農民數量減少，工人數量增多。據不完全統計，一九五六年臺灣農村人口占總人口的百分之五十，而到一九七八年則下降到百分之三十二。反之，一九五六年臺灣城市人口爲百分之五十，而到一九七九年則上升爲百分之七十七，隨著農村人口的大批湧入城市，脫下農民服裝換上工人服裝，臺灣工人隊伍迅猛崛起。到一九七九年六月底，臺灣的產業工人總數達二百三十六萬四千人，比一九五〇年擴大了十倍。佔城市總人口百分之五十。這個數字表明，由於臺灣社會的變遷，臺灣的社會結構已由農業爲主，轉變成以工商業爲主了；臺灣的人口結構，已由農民爲主體逐步轉爲以工人爲主體了。工人隊伍的大崛起，就要求文化上的適應，呼喊著工人作家和詩人的誕生。於是，六十年代到七十年代便湧現了不少工人出身、歌頌和描寫工人的工人作家和詩人。比如，著名的工人作家楊青矗和工人詩人詹徹、李寵昌、吹黑明，女工詩人葉香等，都是在這種形勢下崛起的。工人作家楊青矗，名播臺島內外，成爲據有世界影響的工人作家。說楊青矗是工人作家，一是指楊青矗出生於工人家庭，自己是工人；

二是他的小說歌頌和描寫工人。說他歌頌和描寫工人並不排斥他描寫其他階層的人，因爲構成社會生活全景和構成文學作品全景的，決不是單純的某一個階層。比如，沒有農民就沒有工人，首批工人基本上是脫了農裝的農民；沒有資本家也就沒有工人，因爲工人誕生和活躍於資本家開設的工廠、礦山等企業中。所以楊青矗雖然也描寫了非工人生活，但並不能改變他工人作家的身分和地位。陳映眞在以許南村爲筆名發表的《楊青矗文學的道德基礎》一文中說：「楊青矗是三十年來臺灣第一個以現代產業工人爲主人翁，以工廠爲背景，以工廠中的人的葛藤爲內容的小說家。楊青矗的產生，反映出現代工業在我們國民經濟中已經占有足以反映到精神——藝術生活的比重；另一方面，也意味著臺灣的中國新文學民主化的趨向——使小說內容，從其一向反映中間城市市民的生活，擴大到反映大量集結於城市工廠的工人生活。僅這一點，楊青矗在近三十年來臺灣的新文學史中，便有一定的地位。」

楊青矗，本名楊和雄，一九四〇年出生，臺灣省臺南縣七股鄉後港人。十一歲那年全家遷移到高雄市，他父親在高雄市一家工廠當消防隊員，一九六八年清明節在參加油輪救火中殉職。楊青矗在十分艱苦的情況下讀完初、高中，因經濟拮据沒有繼續讀大學，加入工人的行列。他曾經搞過出版、開過西服店、女時裝店，做過毛褲加工，在工廠當過十年的事務管理，還在夜間兼任一個洋裁縫補習班的老師三年。楊青矗從小愛好文學，但他的文學知識全靠刻苦自修獲得。一九七九年底，楊青矗在「高雄事件」中被捕，坐牢三年多。

楊青矗踏上文學之路是基於一種強烈的責任感和使命感。由於他的生活經歷，使他親身體驗到和看到臺灣社會的不平和不公，因而他要表現自己的憤怒和正義；他要爲處於苦難中的人們鳴不平；他要闡明自己對生活的評價，促進社會變革；他要描寫社會變遷的足迹，因而他才走進文學的原野，秉筆疾書。李昂在訪問楊青矗時，他說：「二十多年來，時時看到鄉村的衰微，都市的垃圾地長高樓，市郊的農地變黃金、建工廠；年輕人一窩蜂往都市跑，鄉村僅剩那些『沒有出息』的老頭，拖著老命，荷鋤耕種，種糧給年輕人吃，給都市人吃。都市人肥得不知道怎麼減肥，他們卻瘦得不知道怎樣增胖。我每次回鄉，看到那些荷鋤的阿伯阿嬸，五十出頭臉皮就皺得可以挾死蒼蠅，我會覺得每餐所喝的是他們的血汗，吃的是他們的骨肉！有一種使命感要我寫下這些，爲類似的這群人說話。」①楊青矗寫小說伊始，並沒有選擇工人生活的題材，他一九六七年四月發表於臺灣《新文藝》月刊上的處女作《成龍之後》，是反映臺灣社會中忘本的故事。老人將兒子培養成人後，兒子將老人遺棄。作品描寫農民阿泰伯從農村到城市探望當了高級職員的二兒子，但卻遭到兒子和兒媳的厭惡和冷落，老人悲悽地感嘆道：「時代變了，這個年頭娶了一個媳婦等於死去一個兒子。」楊青矗描寫非工人生活的作品還有：《在室男》、《天園別館》、《鹽賊》、《寃家》、《醋與醋》、《切指記》、《海枯石爛》、《雨霖鈴》等。楊青矗這些描寫非工人生活的作品，大都不是他文學中的精品，多數帶有粗糙和原始的氣味。像一個沒有出落成熟的少年帶有某種童稚和天眞。但是，楊青矗的這些作品，時代感和主題意識，卻是非常強烈和鮮明的。比如被人們稱道的《在室男》，描寫一個鄉村的純潔少年進入城市後，在西化之風和燈紅酒綠的引誘下，和一個酒女相戀，並數度發生關係。但這位酒女卻非邪惡之徒，而是充滿人性和純情的人物，她既將少年摟進懷抱，引入性的迷宮，又幫助和啓迪少年覺醒。當酒女犧牲之時，少年卻成熟了。這篇小說除了揭露資本主義和西化之風的腐蝕之外，還有一種糞堆上長草，汚泥中長荷的反面的肯定功效。對酒女也是一樣，既描寫了她的腐蝕，也表現了她的貞誠。這篇小說呈現了多重意象，表現出了二重主題。楊青矗早期的小說，就像《在室男》中的少年，從坎坷曲折中走向成熟。

楊青矗著名工人作家的地位，是他小說中的精華——描寫和反映以工人生活和工廠現實爲葛藤的作品奠定的。楊青矗曾經說過，他的名字「矗」就是直直直！直直挖！向生活的深處直直地開掘。像楊，直而上；像柳，垂而下。他的名字既反映了楊青矗的個性，也反映了他作品的風格。同時又反映了他的作品和生活的血肉連繫。楊青矗說：「也許我吃了太飽的人間烟火，我的作品頗多人間烟火味，空靈不起來……我的作品所載的道，是人間烟火卑微的道。假如您縱身一跳，脫離人間烟火，形而上起來捕捉我的道，您所捕捉的，可能是一片空白。因爲我無意爲哲學演戲。」②楊青矗的這段話，是一把啓開楊青矗文學世界的鑰匙，我們可以從這個孔洞裏看到楊青矗對工人兄妹的一顆赤熱、眞誠的心。楊青矗出版的小說集有：《工廠女兒圈》、《在室男》、《妻與妻》、《同根生》、《心癌》、《工廠人》、《這時與那時》、《廠與廠》等。楊青矗曾獲一九七一年吳濁流文學獎小說獎。楊青矗的散文集有：《工者有其廠》、《筆聲的迴響》。此外，楊青矗還在三年多的鐵窗生活中創作了一部三十餘萬字的，描寫六十年代前後臺灣工商企業發展和房地產蓬勃興起爲內容的長篇小說。

第二節　臺灣工人的心聲

楊青矗描寫工人的小說，主題意識大體上可以分爲這樣幾個方面：其一，表現作者烏托邦式的人生理想。即：從太平天國的「耕者有其田」演變成現代工業社會的「工者有其廠」。短篇小說《龜爬壁與水崩山》，是這一理想的突出代表。這篇小說描寫女工待遇低微，人格上受到歧視，生活上受到虐待，因而對老板極爲不滿。小說中有這樣一個情節，一天午餐，老板對工人動了惻隱之心，多加了一桶肉燥湯，一下被人們搶舀一空。後來者因無湯可喝便「望著空桶拿起瓢子故意敲空桶，有的故意用瓢子刮幾下桶底。」表示抗議。這時「有人跑去告訴總經理，總經理來了，看著桶底，雙手插上腰，兩眼發火，腮幫脹鼓地掃視吃飯的人。好神氣，三十歲左右的年輕人，那副表情在暗示：你們這些工人，吃我的，爲什麼不守規矩？」作者以無聲的畫面，把勞、資雙方的尖銳對立和工人被虐待，受壓抑下的內心憤怒，表現得淋漓盡致。富有同情心的大學畢業生黃宿嘉對這種人剝削人，人壓迫人的現象十分反感，不能容忍。於是便發出了變革現實的暢想：他安慰女工說：「我假如有能力開工廠，我一定高薪僱用女工，每年把所賺的錢分紅利給員工；我的企業目的在於造福員工，讓每個員工以薪水、年資或紅利入股當股東，是工人也是老板。資本大衆化，賺錢大家分，我要做到『工者有其廠』這樣才能達到民生主義的均富目標。」這種理想雖然是從工人的利益出發，以改變工人的苦難處境和受剝削地位，目的和動機是非常善良的，但是這種理想不僅在臺灣是空想，而且在世界任何地方都無法實現。十九世紀歐洲的空想社會主義者，早以他們的失敗作了結論。這種理想忽略了勞、資雙方之間根本的階級對立。農民當了皇帝反過來壓迫農民；知識分子掌了權，整知識分子；工人當了資本家，照樣剝削工人。人們的經濟地位和政治地位決定他們的階級本質。工人和資本家，農民和地主，窮人和富人之間沒有一道不可逾越的鴻溝。暴發戶的工人、農民可能變成地主資本家；破產的資本家、地主可能墜入工農的行列。因而當「工者有其廠」者在發表他的主張時，就有工人譏笑他：「不要吹，等你當老板時，我看也是土財主的作法，暴發戶一個。」雖然是句玩笑，但卻道出了事情的本質。其二，揭露資本家剝削和摧殘工人的狠毒嘴臉，表現出工人和資本家之間階級對立的實質。這方面的內容在楊青矗的小說中表現的極爲豐富和突出，對資本家醜惡嘴臉的刻畫維妙維肖。資本家對工人，尤其是對女工的摧殘是多方面的，如：經濟的，政治的，人身尊嚴的等。其手段有赤裸地兇相畢露，有借刀殺人，有笑裏藏刀，有無耻欺騙。臺灣工人中處境最惡劣的是女工，童工和臨時工。而臨時工中多數又是女工，她們進入工廠之後，不僅工資極低，還不到正工的一半，而且貞操難保。長得漂亮一點的，老板就像蒼蠅盯著血一樣牢牢盯著你，直到把你弄到手再拋棄爲止。例如：《昭玉的青春》中女主角黎昭玉，從十七歲進廠，幹了二十二年，到了三十九歲，把生命和青春全爲資本家輸入了機器變成了產品和利潤連婚都不敢結，至今還是一個臨時工，當她求爺爺，告奶奶，由臨時工變成短雇工時，十分悽苦地想到：「自己付出了二十二年的青春換來的代價，她眼眶濕潤，分不清是心酸或是喜悅。」《升遷道上》女主角之一的侯麗珊，爲了升個小組長，貞操被廠長林進貴奪走。林進貴抓住侯麗珊想當組長的弱點，在一次郊遊中，將侯麗珊誘進草叢，強行將侯麗珊按倒在地將她強姦。作者寫道：「忽然手攔住他的手，身子滾著要掙出他的壓蓋，嘴喊不要不要，全身乏力；乾脆喘著靜下來，閉上眼睛隨他去吧！想要再掙扎，又想讓他高興一下，他會升我當組長！」但當林進貴奪去了她的貞操不久，就又對新來的女孩施妙惠垂涎三尺，強行要調她到廠長室當私人「秘書」，雖然這個青年女工英文、打字等什麼都不會。《上等人》中的余總經理，和女秘書出去兜風，撞死了一個挑籮筐的農民，仗著有錢有勢，叫司機陳永福去替他頂罪坐牢，司機「不敢說個不字」。《龜爬壁與水崩山》中，只因一個十六、七歲的女工用汗手摸了一下汽車，印上一道霧濕的髒痕，那個六十歲左右，白胖白胖的男人就強令這位女工下跪，任意侮辱她的人格，踐踏她的尊嚴。《自己的經理》中，廖太太上夜班，藥瓶爆炸，她受了傷，被送醫院急救，公司不但不負責醫藥費，而且將她解僱，還是洋老板說了話，她才沒有丟掉飯碗。《低等人》中的董粗樹，給一家公司當了三十年的垃圾臨時工，在將要被解僱之前，想到解僱後不但自己生活無著，而且九十二歲的老父將無以奉養。於是他想以自己的生命爲代價，換來一筆撫恤金，好使老父老有所安。爲了能夠以身「殉職」，想了許多辦法，最後他連人帶垃圾車一起滾在了總經理的轎車下，總經理的車輪輾過了他的肚子，他達到了自己的夙願。這是一個極端殘酷，具有強大批判力的故事。當一個工人無法養活自己和老人，千方百計以求一死，來爲老父換一筆撫恤金時，這個社會已冷酷到令人髮指的程度。生命是最美、最寶貴的東西，金錢是最骯髒、最醜惡的東西，甘願毀滅最好最美的東西，以換取醜惡之物，這事實本身就包括著巨大的批判和諷刺力量。讀了這篇小說，心靈受到強烈撞擊，久久不能平靜。其三，表現工人的覺醒和反抗。臺灣鄉土作家中，作品中表現的反抗意識最強的是楊青矗和王拓。他們兩人小說中的道德力量，遠遠地超過了其他作家。在他們的筆下都出現過別的作家筆下不曾有過的人物。這些人不是簡單的代表自身，而是具有時代的特質，代表著一個群體，一個階層的覺醒和反抗意識。楊青矗筆下的這類人物標誌著臺灣工人的覺醒和反抗程度。在他們每個人的背後，都有一大批支持者和擁護者，假如把他們比作高峰。他們背後有連綿的群山；假如把他們比作巨浪，他們身邊就有洶湧的洪流；假如把他們比作大樹，他們背後有無邊的森林。楊青矗筆下的這一類人物雖然不是個個都光彩照人，但他們的確不愧廣大工人的榜樣。例如：《秋霞的病假》中，秋霞的哥哥蕭毅夫，不僅具有較高的覺悟，而且有敢於挺身而出爲工人利益進行鬥爭的勇氣。當他去秋霞所在的工廠要勞保住院單時，發現該廠規定工人病假期間不發工資，於是蕭毅夫便去告狀，經過鬥爭，終於爲秋霞爭得了半月的工資。蕭毅夫對呑食工人血汗的何課長痛斥道：「你是臺灣人，日本侵占臺灣五十一年，好不容易打了勝仗脫離他們的侵略。現在你當課長的，不爲自己同胞的勞工姐妹們說話，還幫日本人經濟侵略，剝削我們的女工。難怪在日本人開的工廠工作的女工都駡中間幹部的中國課長、經理、主任是哈巴狗，只顧自己的升遷討好日本老板，幫他們設想剝削的辦法，不爲自己的女工同胞爭福利。」再如《升遷道上》中的女工藍瑞梅，是女工中的英雄人物。她不僅堅決保護工人利益，敢於挺身而出揭露老板爲姐妹們鳴不平，她在給廠長林進貴的長信中說：「你這一連串快速升遷圖，我看的清清楚楚，說穿了，你的升遷秘訣是刻薄自己同胞女工，諂媚洋總裁。你權謀深算，懂得提携自己的親信，全廠佈下你的耳目，排除能力比你強的異己……」她具有強烈的民族情感，對老板的崇洋媚外醜態深惡痛絕。她當面痛斥沈主任：「不是你沒辦法，而是你崇洋媚外，洋奴性太重了。」當沈主任說要開除她時，她毫不示弱。「『我請你趕快開除』藍瑞梅聲調提高：『本姑娘在你們這種夾洋欺內的哈巴狗手下幹得早就煩透了。你要我走我最高興，我還會帶幾十人一起走，你放心好了。』」因爲她是女工們心目中的領袖，老板對她毫無辦法。再如《工等五等》中的工人張永坤，對壓制他的課長憤怒地說：「我已經好好幹了二十年了，憑良心講二十年來我沒有不爲廠裏認認眞眞賣勞力的，哪裡有薪水越幹越低的？不平則鳴，這裡是工廠不是軍隊，你沒解釋的必要，我也沒有絕對服從的必要，工作評價是要求同工同酬，都被你們這些王八蛋搞壞了：掛羊頭賣狗肉，人事評價，哪裡是工作評價……」

楊青矗的工人小說，既抓住了臺灣工人中的突出問題，比如：人格尊嚴、工資待遇、福利保障、人身安全、工傷醫療等，進行無情的揭露，引起了臺灣社會的注意，引起了一些有良知的資本家的反省，因而促使問題最嚴重的臨時工的待遇，得到了很有限的改善。由於楊青矗持續地大聲疾呼，臺灣歧視和迫害女工的問題，也受到了社會輿論的廣泛重視。當然文學作品，尤其是小說，是通過審美功能和教育功能潛移默化地，對人們進行感染，啓迪，長期地使人們的精神發生異化，從而發揮其社會和藝術效果。像楊青矗的小說，如此迅速地收到社會實效，還是不多見的。其原因主要是楊青矗的小說準確地，擊中了社會時弊，說出了最迫切地，非解決不可的，具有普遍意義的社會問題。臺灣青年評論家高天生在評價楊青矗的工人小說時講：「綜觀《工廠人》、《工廠女兒圈》、《廠烟下》三書，我們發現楊青矗的工人小說，已從孤立的立場看工廠問題，蛻變到從整個大社會的角度，去看工廠問題。尤其在《廠烟下》一書裏，我們看到他在處理小說時，已超越了『勞資雙方對立』的基本構架，一方面將司機、舞女、理髮師納入工人層的一員，一方面則積極地尋求合理方式來保障工人的權利。」③楊青矗的工人小說，盡管還存在著一些不足，比如，主題上的中庸思想，不少作品較勉強地安上個光明的尾巴，使問題在不能圓滿的情況下得圓滿解決。例如《自己的經理》中女工廖太太被中國經理開除，而洋老板卻主持公道，公平地解決了她的問題。雖然對中國資本家進行了抨擊，但卻美化了外國資本家。如此處理問題，實則削弱了小說的思想性。這篇小說，不要那個「圓滿」，可能更有感染力和思想性，這個不必要的「光明」尾巴，就像在氣球上扎了個小洞，把蹩足的氣都放跑了。盡管如此，楊青矗仍然不愧爲臺灣最優秀的工人小說家和臺灣工人的知音。因爲他，臺灣工人由臺灣社會生活中的奴隸，變成了文學殿堂中的主人；因爲他，臺灣工人在文學中有了自己的園地；因爲他，臺灣工人的不幸和苦難有了發洩和傾吐一快的高音喇叭；因爲他，騎在臺灣工人頭上的洋老板、土老板，坐上了文學法庭的被告席位。因而，我們對楊青矗的工人小說應該給以充分地，肯定性的評價。

楊青矗小說的藝術技巧，也是較爲突出的。比如講求作品和人物的對稱。《在室女》與《在室男》，《低等人》與《上等人》等。值得注意的是在這對稱之間有某種寓意，「低等」有種同情之感，「上等人」卻有反諷之意。這兩種對稱，字面上和含意上正好是相反。又如，運用象徵，「心癌」則是一組整體象徵，係指精神上的不治之症。又如：情節上的巧妙安排，造成一種欲哭無淚，欲笑無聲的尷尬之感。《那時與這時》描寫一位計程車司機載一個舞女。司機淫性大發，錯把舞女當作貴婦人強姦了，被判五年徒刑。但當刑滿後他又花了一百五十元去嫖妓，才發現自己強姦的就是眼前這位舞女。強姦一次花了五年坐牢的高昂代價。如今只需一百五十元就可過一夜。這一偶然事件，卻含有哲理性的驚戒意義。楊青矗的小說在創造細節和刻畫人物方面，藝術技巧也是非常卓越的。有的細節的選擇，還十分注意思想含量。例如《龜爬壁與水崩山》中，十六七歲的小女工將六十歲左右白胖白胖男人的汽車劃了一道印之後，有這樣一個細節：「『你怎麼把我的車摸得這麼髒？』女孩垂下頭。『雙手發癢不會去摸壁？』那人走向前手指戳到她的額頭，女孩畏懼轉身走離他。『跪下。』他發威命令：『

跪下！跪下！』他指著她，一步一步迫上女孩。女孩不得不停脚轉身面向他，兩眼哀求地望望他。『跪下！』他堅決命令。女孩膝蓋彎曲，緩緩下跪，頭低垂得下顎抵著胸口，兩頰羞紅。」這細節不僅描寫得生動、眞實、細膩，而且人物的神態和性格也在其中突現。上等人的橫蠻霸道，低等人的悽苦無奈，都活躍在紙上。這細節蘊含著強大的思想威力，無需再作任何渲染，讀者就要被這事實激怒了。假如有打抱天下不平事的李逵在場，那白胖男人的腦袋或許要在那雙鋒利的板斧下開花了，那輛使少女尊嚴喪盡的小汽車，一定也在板斧下砸得粉碎。創造細節注意思想含量，是提高作品質量不可忽視的重要手段之一。

附註：

① 《喜悅的悲憫，楊青矗訪問記》。

② 《人間烟火》（小說集《同根生》跋）。

③ 《臺灣工人的作家楊青矗》（《暖流》八二、六）。

第九章　宋澤萊、洪醒夫

第一節　宋澤萊

宋澤萊被稱爲臺灣小說界一顆有希望的新星，他才思敏捷，感受力強，創作速度快的驚人。因而又有人稱他爲「超級快筆」。自步入文壇起，就備受注目。

宋澤萊，本名廖偉竣，一九五二年出生於臺灣省雲林縣二倉鄉。中、小學時期在家鄉渡過，一九七三年考入國立臺灣師範大學歷史系，一九七六年該校畢業後，到彰化縣復興中學任歷史課老師。八十年代初赴美到愛荷華大學國際作家寫作中心學習。宋澤萊的創作緊緊跟隨著他的人生態度和思想軌迹發展演變。他的創作大體上可以概括爲三個階段。自他的第一篇小說《喪葬之歌》在《中外文學》上發表，到一九七六年以宋澤萊筆名發表《打牛湳村》，大約三年左右的時間，爲他小說創作的啓蒙探索期。這時期的作品包括《嬰孩》、《喪葬之歌》、《紅樓舊事》、《廢園》等。這個時期宋澤萊受到西化之風的影響，步現代派之後塵，把西方心理學家佛洛姆的心理學理論導入小說創作，追求心理刻劃，表現戀母情結，迷戀於性和死亡泥沼。呈現出一個熱情的文學青年，熱烈追求而又一時找不到自我的迷混狀態。他的《嬰孩》便是這個時期，代表這種傾向的作品。當宋澤萊從混沌中清醒之後，他也表現出對這個時期創作的不滿。他在《黃巢殺人八百萬》的序中說：「這些作品是我心靈誤入岐途的見證。」從《打牛湳村》起，宋澤萊進入了他創作的第二個時期，也是他創作生命的最重要，最寶貴的黃金時期。這個時期大約從七十年代中期到八十年代初期。可稱之爲社會關懷期。這個時期，宋澤萊的創作生命閃射出了耀眼的光輝，寫出了許多擲地有聲的，眞正打有宋澤萊烙印的優秀之作。例如：《打牛湳村》、《糶穀日記》、《骨城素描》、《變遷的牛眺灣》、《鄉選的兩個小角色》、《麋城之喪》等。八十年代初，宋澤萊自美國歸來，他突然消極地感到文學對現實的無力感，於是他便採取了逃避現實的方式，告別小說，一頭栽進了禪學的虛境，去探究禪與文學之間的奧密，陷入了禪的迷宮之中。不僅對變革現實失去了熱情，而且對生命本身也發生了懷疑：「因你是人／永不知來處／譬如迷宮／不得出路／似在迷宮故」生命失去了一切抗爭和活力，只有在迷宮中悶死。但是宋澤萊畢竟是一個品嘗過人間之苦的青年鄉土派作家，他不可能在禪的迷宮中永遠沉淪，一九八五年創作出版的新的力作，長篇小說《廢墟臺灣》，顯示了宋澤萊創作上的覺醒和奮起。宋澤萊雖然曾停筆數年，但他的作品仍然十分豐富。他出版的小說集有：《紅樓舊事》、《黃巢殺人八百萬》、《廢園》、《打牛湳村》、《糶穀日記》、《骨城素描》、《蓬萊誌異》、《惡靈》等，長篇小說：《變遷的牛眺灣》、《廢墟臺灣》等。此外還有散文集《隨喜》，詩集《福爾摩莎頌歌》和文集《禪與文學體驗》等。

宋澤萊小說的主題集中地表現在這樣幾個方面：一、反映臺灣社會轉型期，工商業的發展給農民帶來的不幸和災難及農民在這種災難中的痛苦掙扎和反抗。《打牛湳村》這篇被認爲宋澤萊寫得最好的短篇小說，描寫了打牛湳村中的外來戶，蕭氏家族在工商業的擠壓下，所經歷的不幸。蕭氏家族中有三兄弟，老大蕭笙是個文盲，老二蕭勳進城唸水利工程，畢業後去了美國，順便將小妹妹帶出去嫁給了美國人。老三蕭貴對農業有興趣，唸高農。如今蕭笙、蕭貴都成家立業，在農村種田。老大蕭笙是個非常憨厚忠實的農民，他的生活過得非常簡陋，與世無爭，從來都吃虧忍讓。他家裏養豬，地裏種瓜，當人們還在睡覺時，他便悄悄地去將瓜摘下，送到了果菜市場。他的理想是：「在他老時，那時他的髮白了，走路拿著拐杖；他的小孩長大了，他一定要在自己空曠的田裏蓋一幢大豬舍，養一大堆藍瑞斯。他要坐在籐椅上，喝著兒媳們泡好的茶，然後望著四邊的田野，望著豬舍、天空、厝鳥，呼吸帶有糞香的空氣，然後沉沉睡去……」然而就是這種最普通的夢想和帶著古意的農家樂也遇到了挑戰，那些賊一樣的瓜販們把他激怒了，他忿忿地罵道：「鬼咧！你們都是強盜！」。作爲知識分子的三弟蕭貴和他的性格不同，他先是試驗栽種柑橘，失敗後又進城營生，因拉皮條坐了幾個星期的牢，便回到家鄉初中教書。他發現臺灣教育制度不合理，脫離現實，便大罵教育的腐敗。被解聘後，又回到打牛湳村來和村民們一起反對商販組成的採收團和包田商坑害瓜農的鬥爭。那些包田商們以極苛刻的條件強迫農民將田裏的作物包給他們，從中謀取暴利。人們稱他們爲吸牛血的「精巧的牛蜂」。他們「知道那一隻牛的肉比較香，那一個地方是多血質，還可以從這隻牛的眼睛裏瞧出他是笨牛，怒氣的牛，或乖巧的牛，必要時還可從牛角上叮出一口很好的血來。」因爲人們沒有運輸工具，又怕瓜爛在田裏，便無法擺脫這些包田商設下的陷阱，只好被他們宰割。有人不鑽他們圈套，掙扎著自己去賣瓜，仍然無法逃脫被欺詐的命運。蕭笙和他的妻子費了九牛二虎之力，用牛車將瓜連夜運到了崙仔頂鄉的瓜果市場，第一個商人給他們兩塊五一斤，他們夫婦「隱隱中聽到有人叫三塊錢」便堅持不賣，一會又來一個瓜販只給兩塊三，又一個瓜販只給兩塊，蕭笙夫婦見勢不好急忙以兩塊三賣給了第一個商販，成交後他們發現「當時市上的行情竟是三塊二！」商販們都互相串通坑害瓜農，即使躲過了第一二道陷阱，第三四道陷阱也得掉下去。宋澤萊極其眞實生動地描繪了臺灣資本主義的尖指利爪伸入農村，給農民心靈上抓出的一道道傷痕。蕭貴憤怒地呼喊道：「伊娘咧！這個縣農會的人都死光了，沒派半隻蒼蠅來約束這批瓜販，硬派警察來管制我們，我們豈都是憨人，一年到頭，操勞筋骨，如今又要勞心，我們都是一個個傻瓜。」他激憤地要「揍死那些狼心狗肺的東西，揍死伊們！」蕭貴將他改革瓜果市場的建議寫成一張張大字報貼在了樹上、墻上、告示牌上。紅紙黑字密密麻麻寫著：「建議要改革崙仔頂的瓜果市場的，還要鼓勵打牛湳的人團結起來打商販……」但是不但沒有人採納蕭貴的建議，改革市場，爲瓜農撐腰，而且將蕭笙、蕭貴倆請進了警察局。《糶穀日記》，以日記形式描寫了打牛湳村的農民被商人殘酷剝奪的情景。打牛湳三大派系中最強的一派林白乙，早已離開農村到城市去經商，剩稻穀上場之際，派人來鄉下做糧食投機生意。他收購稻穀「價格高出一般的糧商，又好買賣，從不分良穀劣穀，即使出芽得十分嚴重的，他開出的購價也不低於五百。」但是林白乙心懷鬼胎，事先聲明：「糶穀時先領三成的現金，方今到銀行提款是很不便的，等完全收購完後，大家再到林家古厝去領錢。」老實、忠厚的農民辛苦了一年，總想賣個好價錢，對商人的內心藏奸，根本沒有覺察。他們「爭先恐後地跑到林白乙的古宅去，要來把稻穀賣給他。」誰知當林白乙將農民的大批稻穀弄到手後，就傳出「林白乙倒閉了」的消息。農民辛苦一年的汗水，僅以百分之三十的代價就被林白乙掠奪而去，眞是欲哭無淚，投訴無門。因而人們不僅痛罵林白乙：「詐欺了整個打牛湳的穀子，禽獸不如的東西。」而且憤怒地控訴保護林白乙這種大騙子，大罪犯的法律：「伊娘！搶一塊錢判死刑，搶一百萬一千萬的人卻連一點罪也沒有，這款的法律！」這裡作者觸及了社會現象背後的實質。二、以臺灣社會轉型期爲背景，在廣闊的畫面上表現出了資本主義不可能給農民帶來幸福的思想。宋澤萊的長篇小說《變遷的牛眺灣》，以愛鄉愛家的農民李寅一家被逼離開熱土，到城市謀生，在城市無法生活又被迫遷返農村的二十年血淚史，打了一個大大的問號：哪裡是農民的樂土？小說著力刻畫了在這動蕩不安的時代裏，作爲歷史的主人農民，被迫害被驅趕，流離失所，坎坷顚沛的命運。小說中刻畫了兩個青年婦女的悲慘形象，一個是李寅的大兒子李村的妻子吳娥，一個是次子李竹的妻子林姑。兩人都有著因生活所逼，不幸墜入風塵的血淚史。吳娥本是漁家女，幼時被遺棄作養女，因被養父出賣而逃生，當了女工不愼戀愛懷孕被人拋棄，因爲給女兒治病淪爲娼妓，不幸又被法院判刑，逃難中與李村相遇而結合。但卻被警察追捕又進入城市。在一家工廠當了女工，因救一位臥軌自殺的女工受到表揚暴露身分被捉進監獄。她的生命完全在極其不幸的驚濤駭浪中渡過。她的人生的憧憬一次次地被粉碎。而李寅的次兒媳林姑，是位高山族姑娘，她從小被賣給人家當侍女，因不堪虐待而出逃，在患難中與殘廢的李竹結爲夫婦。後來又被主人家發現而奔逃，之後被迫當了舞女。李竹爲救她出火坑幾乎喪命。《變遷的牛眺灣》以李寅一家顚沛流離的命運和每個人物出生入死的不幸遭遇，表現了作者對現實社會的譴責和批判。但是覺得人物刻畫比較一般化，尤其是女主角的生活經歷描寫和許多描寫妓女的作品有某種雷同，小說的思想也不夠深刻。沒有眞正顯示出一部長篇小說應有的深度和廣度。三、巧妙地表達民族主義的主題。比如，短篇小說《麋城之喪》通過立法委員、人文社會現代化政策發言人胡偉明，要把他的漢奸父親，當年幫助日本人侵略臺灣，迫害抗日志士，被日本封爲男爵胡之忠的靈柩運回，安放到胡氏祠堂，引起一場風波。當胡之忠的靈柩運達麋鎮時，一些兒童便大喊：「漢奸回來了！漢奸回來了！」漢奸的靈柩要進入胡家祠堂與被他當年迫害過的先賢們平起平坐，這是一個極大的挑戰。這件事在麋鎮引起了軒然大波，很快反對者和支持者壁壘分明成爲兩派。官方名流及胡之忠的同類支持胡偉明爲其父「做一個輝煌，具有意義，有歷史性的一次葬禮。」而以具有民族氣節與胡偉明有「深遠的親屬關係」的胡清池爲首的一派普通老百姓堅決反對。胡清池與胡偉明世不兩立：「各位不要忘了，他是要回來造一個新的皇民奉公會，要來供奉天照大神，要來創設國語家庭（日據時期日語稱國語）要讓青年去戰場永不回來。他媽的！如果胡之忠回來，我立即將我父親的遺體遷走，從此永不修族譜！」另一個青年後生更加激憤地說：「胡之忠要隆重的麋城喪禮嗎？很好！把青年人的頭砍下來吧。不用牛羊作祭祀，用人體。要葬在胡姓墓園嗎？好！先把它改屠宰場。伊娘咧！胡之忠還是滾回北地去。還有胡偉明你也回去當他的立委，回日本做股票之王，少回來這裡汚辱祖先。」但是盡管胡清池大義凜然，領導三分之一的宗親會成員和村民進行了毫不調和的鬥爭，表現了高度愛國主義和民族主義精神，卻敵不過胡偉明的財勢和權勢。胡偉明終以「二百萬修墓費和一筆宗親清寒獎學金來交換」爲他的漢奸父親舉行了隆重葬禮。使全鎮老百姓在無可奈何中吞下了「麋城之恥」。這篇小說把歷史和現實連繫起來；把往日的漢奸和今日的媚日分子連繫起來，深深地激發了人們的回顧和反思。四、通過賄選揭露腐敗現象。宋澤萊的短篇小說《鄉選的兩個小角色》以強烈的諷刺筆調，揭露了海子清這個海濱的小鄉鎮在民選鄉長中以務農派的首領林金協和務漁派的首領鄭肇財之間一場骯髒的爭權賄選的明爭暗鬥。作品塑造了兩派首領的競選代表，兩個比他們的主子還貪婪凶惡的狗腿子。林金協的狗腿是王屠夫，競選還未進行，林金協就許願讓王屠夫當鄉公所的秘書，於是王屠夫把這看作是「天塌的消息」。他興高彩烈地在街上大喊：「伊娘咧！什麼五花肉，我升官了！我升官了！」，「我是鄉公所的秘書了，他媽的，我終於是秘書了。只要林金協一當選，我就能有秘書當了。」因而他使出一切看家本事為林金協賄選。為了嘩衆取寵，林金協讓人擡一口大棺材，對王屠夫說：『王雄，你來！』林金協對他說：『你坐上車去，坐上車去！我們讓鄉民們知道我們的決心。』『對！』幕僚們說：『不當選，毋寧死。』」務漁派首領的狗腿叫馬包辦，是黑線人物，以販黑貨和走私出名。他為鄭肇財的競選不遺餘力。小說描寫他去收買中學校長的細節非常生動。校長開始一本正經，馬包辦也因不知底細而小心翼翼。當他捧上禮盒後，局面頓時變化：「校長端詳著禮物，但態度和藹下來，他說：『鄭鄉長眞是的，我和他又不是陌生人。』，『你回去向鄭鄉長說我一定幫忙，明天我立刻發動期中校務會議。』『謝謝你。』馬包辦哈著腰，說『一切拜托。』」校長表示林金協下的本錢比鄭肇財還大，馬包辦立刻說：「不過你放心收下，我們鄭鄉長還沒會使出十分之一的力量！」校長的貪，馬包辦的猾，在這裡表現得栩栩如生。競選演說會上，雙方的醜態，描繪得尤為生動。「鄭肇財一上臺，鞠了躬，忽然他的手一舉高，說：『林金協是人民公敵！』鄉民們一楞，他們被鄭肇財這樣的話所驚嚇，平常他們的聽覺都十分遲鈍，但對這樣的話很敏感。馬上，臺上執法的人站起來，準備要來警告。但鄭肇財停一下，立刻把高舉的手放下來，他說：『我也是人民的公敵，假若我們的話都是欺騙人民。』」鄭肇財的市儈形象在此表露無遺。

宋澤萊的新作，長篇小說《廢墟臺灣》以科幻小說的形式，表現了作者對臺灣大自然和社會精神日益嚴重汚染的批判和憂慮。作品開始是兩位西方人，即政治學人阿爾伯特和地理學者波爾，到已經成爲廢墟的臺灣來探險。他們發現了已故臺灣攝影師李信夫的一本日記。於是小說轉入以李信夫的日記形式，記錄了臺灣變成廢墟的過程。李信夫的日記共分三部。記錄了臺灣變成垃圾島，壽命縮短，肺癌極多，地震引起核外洩，人口大批死亡，人們受不了磨難揭起一次又一次的自殺潮。因爲無奈，人們以性的擴張和開放來極時行樂。統治臺灣的超越自由黨，面對人類的這無窮災難束手無策，於是超越自由黨也鼓勵性開放並頒贈「長命獎章」，讓人們以短暫的快感去忘記長長的痛苦。小說明白地批判了臺灣六十年代前後刮起的「西化之風」；「原來自一九六〇年以來，強力的政權在臺灣建立後，現代化成了重要課題。所謂的『現代化』在第三世界的做法通常是指沒有選擇的一種西化，只要西方的文明就能引進，有名的學者甚至鼓吹『科學與梅毒』照單全收。這種極端的想法當然不一定完全會兌現，比如我們發現不但科學，甚至梅毒都沒有學成功，但卻很快地造成崇洋的風潮……」李信夫的三部日記完了之後，阿爾伯特和波爾又出現，發了一通議論，例如阿爾伯特說：「就第三世界來說，這個島是第一個變成廢墟的島。我們有義務因著這種不幸而警告任何國家。」《廢墟臺灣》雖然是以科幻形式出現，但我們不妨把它看作一部思想性很強的，表現作者政治理想和社會觀念的現實小說看待。作品中既有幻想部分，也有現實部分。作家用藝術的溶合劑把兩者凝集在一起，既增加了作品的離奇性和可讀性，又充實了作品中可感的生活內容；既增加了作品朦朧性，也體現了作品的眞實感。獲一石二鳥之效。

宋澤萊的小說藝術，突出地表現在結構上的靈活多樣，自由變化，根據作品的故事情節和人物的特點採用不同的結構方式。比如象徵結構，情緒結構，日記體，傳統性的結構等，作者都一一進行嘗試。宋澤萊刻畫人物具有特色，尤其善於刻劃丑角式的喜劇人物。在這種喜劇人物身上，又極善於以辛辣的諷刺手段表現出較嚴肅的思想。宋澤萊的文學語言通俗、熱情、奔放，但人物語言又富有個性。宋澤萊小說的不足之處是有的作品結構顯得散漫，有的人物安排不盡妥當，有時作品的思想和人物形象之間，不能和諧一致。

第二節　洪醒夫

洪醒夫，原名洪媽從，筆名司徒門，一九四九年十二月出生於臺灣省彰化縣二林鎮。一九八二年七月卅一日因車禍去世，臺灣文壇上熄滅了一顆閃亮的新星。洪醒夫小學畢業後到臺中市讀初中，一九七六年臺中師範專科學校畢業。去世前一直在神岡鄉社口小學任小學老師。洪醒夫去世後臺灣設立「洪醒夫小說獎」每年評獎一次，到一九八六年，評選到第五屆。洪醒夫讀師專時開始小說創作，據他回憶，上師專一年級時，寒假回到家裏，感到很無聊，就回想他在學校的事：「從早上六點直讀到晚上九點，老師還動不動就拳打脚踢，我愈想愈氣，立刻拿出一張紙，想把國小惡補的痛苦與氣氛寫下來，讓大家知道。也好發洩一下心中的悶氣。我本來是計算五、六千字可以寫完，但是一下筆就無法收拾，寫了兩萬五千字左右才結束。這是我第一篇作品，在《臺灣日報》上發表，得到編輯的稱讚。

於是，一不小心就這樣走上了文學道路。」①從這段話裏我們獲得了一個重要信息：洪醒夫寫小說，不是爲創作而創作，不是爲當作家而寫作，而是有感而發，爲抒發心中不平而寫。這就是從一開始洪醒夫小說的主題意識就比較突出，鮮明，以後一直沿著這一風格發展的原因所在。洪醒夫認爲：「作家，是一項非常痛苦的行業，他必須有與生俱來的秉賦，這個秉賦包括你在文學藝術上的技巧，以及你的心——同情心。還必須用盡心血，遠離世界上所有美好事物的誘惑。他必須有堅強的生命力，有說眞話的勇氣。當一個寫作的人，往往要在漫漫長夜之中，受盡煎熬折磨，永遠跟貧窮爲伍。」②洪醒夫就是這樣一位既有使命感、責任感，又有獻身精神；既朝氣勃勃充滿活力，又脚踏實地堅韌不拔；既有敏銳的眼光，又有說眞話的膽魄的鄉土派青年作家。洪醒夫的小說在臺灣曾多次獲獎。例如：《散戲》獲一九七八年《聯合報》小說獎，《扛》、《跛脚天助和他的牛》獲吳濁流文學獎。洪醒夫生前出版的小說集有：《黑面慶仔》、《市井傳奇》，去世後出版的小說集有：《田莊人》、《懷念那聲鑼》。《田莊人》是洪醒夫生前編好交給了出版社，而《懷念那聲鑼》則是作者去世後，由他的至友王世勛和利錦祥合編的。洪醒夫遇車禍時，利錦祥就和洪醒夫坐在同一輛計程車上，當車子撞在一棵大樹上時，一死一生，利錦祥感慨萬端，編此集深寓懷念之情。

洪醒夫生長在臺灣農村，他的小說基本上都是以臺灣農村的生活作背景，描寫祖祖輩輩與泥土打交道的農民和與農民具有極密切關係的人們的痛苦和不幸、勤勞和頑強。洪醒夫在《黑面慶仔》自序中說：「臺灣農村裏的幾個小人物或小故事收集在一起，希望或多或少描述一般農民的生活內容，對事物的看法，以及他們刻苦耐勞奮勉不懈的精神。我自小與他們生活在一起，印象深刻，寫作時，他們的影像清晰地浮現出來，所以特別感到溫馨與親切。故事的背景大部分在臺灣光復後的十幾二十年內，那時一般農民的物質生活都比較匱乏，知識水準也比較低，生活壓力很大，再加上那許多自古以來就輾轉相傳他們也固執著去維護的愚昧的觀念在那裡作祟，使他們顯得更加窮困艱難，但他們畢竟誠懇、勇敢、堅強地生存下來，而且一代比一代生活得更好，更有希望。使我非常關心。」洪醒夫就是憑著對農民的執著的愛和深刻的認知與了解，創作了不少堪稱佳作的，反映臺灣農民生活和品質的小說。他的代表作之一，《黑面慶仔》是一篇相當優秀的描寫農民黑面慶仔極其複雜情感和人性光輝的作品。慶仔，難產中失去妻子，留下一個兒子和一個智力低下，品貌高超，被人稱爲瘋女人的女兒阿麗，三人相依爲命。阿麗不知被誰強姦了，懷下了一個野種，這對具有濃厚傳統道德觀念的老農慶仔，是個沉重的打擊。但瘋阿麗只會「文文地笑」，卻說不出姦夫是誰，黑面慶仔「憤怒、憂傷、悲嘆。」感情異常複雜。這種巨大的屈辱幾乎將他摧毀。嬰兒生下後想送人，又沒有人要。這個小野種簡直如同刺入慶仔心臟裏的一把刀子。他那無名的怨氣只有打兒子旺仔來發洩。當痛苦的火焰將要把他燒化的時候，「他決心下手捏死嬰兒，然後嫁禍阿麗，一口咬定是阿麗捏死的，阿麗又不會辯白，她沒有辦法指明什麼。」但是當他靠近阿麗母子，看到沉睡著的無辜的一對「純粹與世無爭的安然自若；純粹潔白無瑕的了無遺憾。」他的手軟了「心裏不禁一陣抽搐」。他愈接近嬰兒，愈是「手發抖，脚發抖，身體也抖個不停。」巨大的人道力量捏住了他的心，阻止了他的手，使他在千鈞一髮之際感到：「那是罪惡！對神明來說，那是罪惡！」他終於放棄了殺死嬰兒的企圖和行爲。「黑面慶仔掉頭就走，走到門外，看到一片無涯際的翠綠田野在艷陽下亮麗的舒展開來。」離開了罪惡就是新生，放下屠刀便能成佛。最後這個結尾不僅象徵著嬰兒的幸運，像翠綠在陽光下舒展；而且象徵著黑面慶仔從罪惡的死亡線上歸來，是更深一層的新生。《黑面慶仔》表現了關鍵時刻，農民內心中蘊藏的善良品質和人道精神的迸發和昇華，是一篇很有力量的作品。洪醒夫描寫農民愛土如命，爲土地而生，爲土地而死的《吾土》和愛牛如命的《跛脚天助和他的牛》等，都是表現農民品格的優秀之作。洪醒夫的小說《散戲》，是一篇意象繽紛，主題深沉的小說。作者巧妙地運用時空交錯手法，一忽兒臺上，一忽兒臺下；一忽兒臺前，一忽兒臺後；一忽兒過去，一忽兒現在，在臺灣西化的社會背景上，描寫了臺灣歌仔戲衰落的景況。小說描寫了以老歌仔戲演員金發伯爲首的「玉山歌仔劇團」的盛衰過程。以一齣《秦香蓮》戲的演出爲中心故事，中間穿插其他插曲，使作品的主題在故事的不斷推進中得到呈現。小說中有這樣一個情節，歌仔戲、布袋戲和康樂隊同時對臺演出。那天「玉山」拿出的是招牌戲之一的《精忠岳飛》，金發伯信心百倍穩操勝劵，但當鑼鼓開臺後，康樂隊的十來個年輕女孩，穿的暴露服裝，跳熱烈的舞，唱難聽的歌，「觀衆卻看得出神」。而布袋戲卻不倫不類，不僅貨人上臺，而且「有穿短裙熱褲唱歌跳舞的貨眞價實的女人……」他們三臺對唱時觀衆的反應是：「這兩個班子卻把所有觀衆都吸引過去，『玉山』的演員在微涼的秋風裏，把《精忠岳飛》演得渾身大汗，卻只落得觀衆個個以背部相望。」因而金發伯氣得臉色發青，他吼叫反串岳飛的女演員秀潔：「你給我唱！你唱！你的歌喉比她們好！」當秀潔含著眼淚在臺上扭著屁股唱起情歌時，臺下吹起口哨，還吼叫：「搖下去！搖下去！搖呀！怎死死地不會動！」穿一身戰袍，頭戴盔甲的岳飛在臺上扭屁股，唱情歌與人爭觀衆，這是何等的場景，何等的滋味？然而這是作品中一個插曲，眼下他們唱《秦香蓮》的情景怎樣呢?只有三個觀衆,一個大人兩個小孩。大人背對舞臺,兩個小孩在臺下玩自己的。於是「玉山歌劇團」只有散伙,或靠玩「蜘蛛美人」來騙錢維持生活。「玉山歌劇團」的沒落是臺灣歌仔戲沒落的一個縮影。而歌仔戲的沒落又是中國傳統文化沒落的象徵。這種沒落的原因是什麼呢?是受西化和現代藝術的衝擊。作品中有這樣一段敍述:「工商業的蓬勃發展,電影電視等等傳播事業的日新月異,已經把人們的興趣從歌仔戲上面帶走了,以前喜歡歌仔戲的人,現在都被電視連續劇黏住了,歌仔戲實在(無)回天之術,他們每個人都清楚,但每人都不斷安慰自己,等熬過這一段日子之後,一切都會好的。」怎樣看待在現代藝術的洶湧大潮面前,被無情的席捲而去的舊的傳統藝術,這是一個現實性和理論性極強的問題。不少人以懷舊的心情,把這完全看成是「西化」對傳統的破壞抱無限惋惜之情;有的人則視傳統如洪水猛獸,說它是失去一切價值的垃圾,感到毫不足惜。盲目的懷舊病和否定一切的虛無主義都不可取。隨著歷史的發展,新的事物不斷湧現,舊的事物不斷淘汰是天經地義的,但在新事物的降生和舊事物的滅亡中,繼承和發展是歷史前進的兩個輪子,缺一不可。所以我們應該坦然地去面對淘汰,喜悅地去面對新生。依戀舊事物,阻撓新事物,都是徒勞的。洪醒夫在《散戲》中就表現了一種非常科學的態度。他對那種模仿西方,嘩衆取寵的東西是厭惡的,但他對那些懷舊病患者自欺欺人的態度也是善意批評的。小說中這樣寫道:「大家都在欺騙自己,她也是,每個人心裏都很清楚,就是無法承認,無法面對。」洪醒夫的世界觀,和藝術觀相當優越和超脫,這是一個成熟作家對待歷史發展的科學的態度。

洪醒夫的短篇小說《傳奇》爲我們打開了另一個動人心魄的藝術境界,從大我的角度異常感人地表現了異鄉人的鄉愁。作品描寫了一位退伍老兵，廣東籍人老廣。他退伍後開一個小狗肉店爲生，鄉愁像個魔鬼一樣折磨、摧殘著他：「他上氣不接下氣地說：你要知道，他媽的，你要知道，這輩子，要是能夠再回老家看上一眼，我，我他媽死也瞑目了！」孤獨、寂寞、無聊幾乎使他發狂。他說：「我竟連一個看得到、摸得到，知道他確實在那裡而又可以讓我去關心的人都沒有哪！只要有一個人，不管他生成什麼樣子，不管他對我如何，只要可以讓我去關心他，你知道，只要可以讓我去關心他……」洪醒夫以無比眞摯的情感把異鄉人在鄉愁折磨下的心靈和外表都寫活了。老廣後來雖然在朋友的幫助下找到了一個離了婚帶著孩子，很醜的臺灣女人菜花結了婚，但鄉愁仍然形影不離地跟著他。

洪醒夫小說的藝術特色主要是內容和形式渾然一體，善於選擇極生動的細節揭示人物內心的矛盾和掙扎，把人物在矛盾中推向頂端，然後才入情入理地使矛盾獲得解決，主人公再徐徐地從矛盾的巔峰上降落。有的作品結構不落俗套，給人耳目一新之感。例如《散戲》便是在時空交錯下，採用的近似套層結構的方法。洪醒夫小說雖然視野彷彿狹窄了點，題材也不夠豐富，但那完全是罪惡的車禍過早地奪去他年輕的生命所致，假如能讓洪醒夫的生命再延後二十年三十年，他的創作成就將會是驚人的。因爲他的藝術感知和現有的創作成就已經預示了這一點。

附註：

① 《關愛土地與同胞——洪醒夫談小說創作》（臺灣《自立晚報》一九八三年七月二十九日）。

② 《關愛土地與同胞——洪醒夫談小說創作》。

第十章　季季、曾心儀

第一節　季　季

季季是臺灣文壇上早熟的，富於傳奇色彩的鄉土派女作家。臺灣作家，出版家隱地這樣評價她：「季季是海洋中一塊永不屈服的岩石，驚濤拍浪，使得她更加傲岸。」①

季季，本名李瑞月，一九四五年一月十一日出生於臺灣省雲林縣二崙鄉永定村。一九六三年畢業於虎尾中學高中部。家有五個妹妹，一個弟弟，她排行老大，因而從小便幫忙家務，做著照顧別人的工作，家境促使了她的早熟。季季從小酷愛文學，初三開始投稿，據她講，她自第一次投稿始，作品從未被退回過，創作上走著一條平坦的路。一九六三年季季高中畢業時，遇到了一個人生道路上的最大難題。「救國團」在臺北舉行的文藝營和臺中市進行的大學聯考日期相同，二者不可兼得，必須作出選擇。按常規，聯考對人一生的命運幾乎是個樞紐，一般人是選擇參加聯考的。但季季卻與衆不同，她選擇了去臺北參加文藝營。這一行動，表明她破斧沉舟地要當作家了。當時季季家庭經濟非常困難，她父親給她籌措了兩千元臺幣，她便單槍匹馬地到臺北市闖文壇來了。季季回顧當時的情況時說：「……所以我沒有什麼害怕，放膽到臺北來了。那天是三月八日，很特殊的日子，哈！不！不是我特別選擇，正好是星期日。然後三月三十日我在《中央日報》登到臺北後寫的第一篇小說《假日與蘋果》。

以後我每篇投出去都被採用，差不多每個禮拜我都寫一篇，到六月，皇冠就跟我簽基本作家合約，所以我的生活從來沒有發生問題，雖然很苦，但沒有問題。」②許多有成就的作家，尤其是女作家，婚姻都不是一帆風順的。如瓊瑤結婚離婚又結婚。季季到臺北的第二年結了婚，第三年生第一個孩子，一九七一年五月生第二個孩子，同年十一月就離了婚。她一面創作，一面要照料兩個孩子的生活。季季認爲男女之間存在著社會的和性別的不平等。「男人不論讀高中、大學，他不斷開拓、磨練、成長、充分觀察到社會生活環境，而女人結婚、生孩子。當男人向外擴展的時候，女人卻向內。」季季家庭生活的不順利和照顧兩個孩子，時間不夠開支，對她的創作，有較明顯影響。比如，婚姻生活的不幸一定程度地影響到她描寫的愛情大都是冷漠和不幸的；時間的緊迫，使她很少對寫好的作品再進行反覆推敲。季季在臺灣女作家中，也算是多產者之一。中間雖然停筆數年，但她的作品量仍然是十分可觀的。她出版的著作短篇小說集有：《屬於十七歲的》、《誰是最後的玫瑰》、《泥人與狗》、《異鄉之死》、《月亮的背面》、《季季小說選》、《拾玉鐲》、《蝶舞》、《誰開生命的玩笑》、《澀果》，長篇小說有：《我不要哭》、《我的故事》，此外還有散文集《夜歌》等。

季季躋身文壇之時，正是臺灣社會西化期，西方現代派文藝思潮和存在主義哲學在臺灣正盛行，白先勇、歐陽子等現代派作家旗幟大張。這個時期登上文壇的臺灣作家，很少能涇、渭分明不受影響的。季季當然也作不到井水不犯河水。因而季季早期的創作明顯地受到現代派主張的衝擊。例如她早期的小說《屬於十七歲的》、《沒有感覺是什麼感覺》、《褐色念珠》、《擁抱我們的草原》等作品中，都有現代派的投影。即使作品意在批判當時的社會低俗和精神荒蕪，但那種批判不但感到無力，而且批判荒蕪中也露出了荒蕪。《擁抱我們的草原》作者意在嚮往祖國大地和幅原的遼濶：「我們強烈地在念故鄉的旋律裏懷念起喜馬拉雅山、塞外、江南、長白山、黑龍江畔、邊疆盆地。桂林山水。以及西湖、天壇。我們在渴盼，我們早點擁抱那片無垠的草原。」但總覺得作品情節的錯亂跳躍，對戰爭的渴求和愛情的失敗，給人一種虛幻、怪誕和荒漠之感。季季對自己早期作品受到存在主義哲學和現代派文藝思潮的影響也有過反思。她說：「一九六一年到一九七六年之間，我們很流行看存在主義的小說，存在主義的電影，聽『世界末日』的流行歌曲等，都讓人覺得生命是有點浪漫而無可奈何的東西。當時的社會，氣氛是這樣，我當然是受影響，這不是有意模仿。我也生活在那種氣氛裏，所以我表達的就是那樣的東西。」③季季的創作是隨著她人生閱歷的不斷加深而走向成熟的。

季季的小說表現了這樣一些具有歷史和社會意義的思想與主題。其一，她在大量的愛情婚姻小說中，表現了女主角對男主角的抗拒、隔膜、疑慮和冷淡。婦女處於社會歧視和大男人主義等數重壓迫下，她們只有以自身微弱的力量來保護自己，或以傲岸相對，或以靜觀相待，或以不屑相視，以挫傷大男人主義的高傲自尊，使自己不輕易落入陷阱。這是除了烈性女子之外，大多數弱性女子反抗的方式。例如：《塑膠葫蘆》中女主角阿洋的父親，先虐待死了阿洋的生母，又虐待死了阿洋的繼母，在繼母死的那天早上，阿洋穿一身紅去和男友的約會　表現了對父親的不屑和嘲弄之意。父親逼死了兩個母親，使阿祥對男人產生了厭惡和抗拒心理，因而她的約會，自然也不會熱烈得如膠似漆。「她突然停止哼歌，很生氣地罵著我。這時的眼睛浮滿憤氣和怨氣。我聽了楞了一下，說不出話來。難道因爲我叫她停止玩汽球的動作而剝奪了她的快樂麼？在我們互相遠程而來見面的時候，她竟以汽球作爲快樂的中心，而忽視我的存在嗎？我比那個汽球還不如麼？」季季曾說她不喜歡用激烈的方式反抗，她在小說中表現的反抗方式正符合她的主張。其二，揭露資本主義的拜金和物欲主義對人們靈魂的腐蝕。《拾玉鐲》是季季短篇小說中最優秀的作品。萬餘字的篇幅描寫了一個生動的故事和衆多的人物形象。臺灣有一種習俗，老人死了隔數年要將骨頭撿出來重新安葬。而重新安葬是一種隆重的禮節，子孫後代，親戚朋友都要光臨。尤其是子孫到場，表現出忠誠和孝悌。祖母撿骨的日子到了，身爲農民的三叔給城裏當董事長、導播、明星等場面上人物的衆多侄子、侄女、侄媳們去信，叫他們回來盡孝心。但除了講故事的女主角「我」之外，那些子孫們各懷鬼胎，全是醉翁之意不在酒，而在於値錢的陪葬品而來。當看到一雙値錢的大陸玉鐲時，個個目光銳利，饞涎欲滴：「『賣了我們大家分嘛！』堂姊說：『當然給三叔多分一點。』」這些不肖子孫把三叔氣得放聲大哭，他怒吼道：「都給我跪下，好好地向你們曾祖母懺悔！」越有錢的人越財迷，他們的靈魂都被蛀蟲蛀空了。這篇小說用不多筆墨，把堂姊、三叔、三叔的傻兒子大樹等形象，刻畫得活靈活現。其三，表現弱者被踐踏的不幸。未婚媽媽是臺灣最頭痛的社會病之一。由於人們精神空虛，道德敗壞，不僅性開放成爲時髦貨色，而且未成年的少女也慘遭踐踏。有的十一、二歲就被拐賣給妓院成爲雛妓，有的讀小學初中就被強姦懷孕，她們懷孕後大都被開除，被拋棄，被家庭驅趕，而成爲無家可歸的遊魂。因而臺灣專門收容未婚媽媽的收容所、服務站、未婚媽媽之家，比比皆是。季季的系列短篇小說《澀果》就是專門反映臺灣未婚媽媽的苦況的。十個短篇小說，以十個未婚媽媽的系列故事集中地表現了未婚媽媽們的命運。例如《熱夏》中的如玉，在大學聯考之前，半夜回家的路上被蒙面人持刀強姦懷孕，她用白布捆著肚子堅持讀書，精神和肉體都受到痛苦折磨，最後將孩子生進了育幼院。自己渡過難關，上了大學。《初夏》中的未婚媽媽芬芬只有十三歲，什麼都不懂，被爺爺輩的曾公公以做「遊戲」爲釣餌，將她騙姦。她從沒想到和曾公公做「遊戲」會把肚子搞大，會生孩子；她也從來沒有意識到生孩子的嚴重性，還天眞地對別人說「聽說生男的很痛」她要生個女的，如果不痛，她就愛她，如果痛，她就不愛她。《菱鏡久懸》採用倒述的方法，描寫三十歲的女美容師江秀桃，爲其兩個十三歲沒有父親的孩子尋找父親，揭開故事的封皮。她十七歲時因醉酒獨自歸家，路上被人強姦，懷孕後被趕出家門。現在孩子十多歲了再無法向孩子隱瞞實情，要求鎭婦女會幫她尋找孩子的父親。一不追究往日過失，二不要求今日補償。但廣告一出，自動「投案自首」者門庭若市，講的情節和江秀桃遇害時情況基本相同的就有十五個男人。不是突然覺醒，而是這些「投案自首」者各有打算，有的想得兩個男孩，有的想得江秀桃爲妻等等。這個奇妙的故事，不僅生動地揭露了那些男人們的自私和醜惡，而且巧妙地揭露了臺灣社會的恐怖和可怕。作品中這樣寫道：「我們研究的結果，發現一個很可怕的事實，那就是十三年前的冬天，不管那個晚上，在臺中市一個地方，竟然有十五位少女喝醉酒，而且有十五位男士借著搭救之便，佔了少女的便宜後就揚長而去！這個事實，眞讓我們大吃一驚……」其四，表現異域人的鄉愁。例如《異鄉之死》和《野火》等。《異鄉之死》中的崔老師，四十歲娶了個臺灣寡婦爲妻，四十五歲生了個兒子，最後還是帶著沉重的懷鄉遺恨死在了臺灣島上。

季季的小說，雖然早期軌迹多變，風格不太穩定。但浪漫中蘊含著沉穩；溫和中沉積著冷凝；無望中寓入救贖，是季季小說中較爲穩定素質。她的小說的整體風格就在這種源源流長的素質中形成。

臺灣著名青年作家吳錦發在論述到季季小說的藝術成就時指出：「季季在小說藝術上最大的成就在於她的小說文字已臻相當洗鍊的地步，在敍述文字方面，她已能完全把握文字帶來的速度、重量感，並且運用自如。在對白方面則完全掌握到了對白的多義性，以及利用對白的僵凝造成疏離的感覺，甚至巧妙運用了從一來一往的對白中把時間狀態凝固或抽離等高度的寫作技巧。」④季季小說中有一種暗象徵手法，運用得相當巧妙。對昇華作品思想有立竿見影之效。例如《拾玉鐲》情節發展到第三節，也就是由表達孝悌回家參加曾祖母的撿骨葬禮，大家在汽車上議論陪葬的寶貝。從意念上說，可以說是從正道談上了邪路。這時作家突然轉到了寫氣溫和環境：「『大概是冷氣太冷了。你怕冷，該穿件有袖子的衣服。』『沒關係』我說：『我們老家那邊，太陽大得很。』我突然覺得；我們本來順著一條溫暖和煦的日光大道回家去的，卻不知爲什麼，竟彎入一條陰異森冷的岔路去了。」這種景物描寫和前面的情節無任何連繫，但從意念上看「溫暖和煦的日光大道」卻和孝悌連在一起，「陰異森冷的岔路」與貪財連在一起，經過這一連繫，作品的主題思想驟然獲得啓迪和昇華。

第二節　曾心儀

曾心儀，堪稱臺灣貧弱女性的守護神。她自己就是女性小人物中的一位，因而她特別關注她們的處境，以一種關切和守護的心情代她們發言。

曾心儀，原名曾臺生，父親是軍人，江西省永豐縣人，母親是臺灣省人。曾心儀一九四八年出生於臺灣省臺南市，她曾做過商店營業員，婦女化妝品美容師，廣告公司職員等。一九七五年考入臺灣私立中國文化學院夜間部大衆傳播系，因對教育不滿中途休學。曾心儀從小酷愛文藝，曾期望當個畫家、護士，但「終因生活顚沛，夢幻成空。」她躋身文壇之時，正是臺灣文壇經過新詩論戰，新詩的回歸民族、回歸鄉土運動蓬勃興起之日，和標誌著臺灣文化、文學全面回歸的「鄉土文學論戰」發生的前夜。因而曾心儀是帶著一種新生的朝氣，懷著較明確的文學使命感和強烈的社會責任感走進臺灣文壇的。她在第一本小說集《我愛博士》自序中說：「我對文學的認識：它不再是裝飾生活，不再是消遣，而是一種使命，爲人們說話，說出痛苦，說出願望，說出方法。它是一把利刃，劃破虛僞的面具，看出它的病症。它是我們的力量。再沒有文藝青年蟄伏在陋室裏孤獨、呻吟、囈語。我們溝通了，我們互相微笑，我們說出了所有心裏的話。痛苦有人來分擔，遠景我們一起來編織，朝它前進。」曾心儀這段話中的不少用詞，都是批判新詩西化時的常用語，由此可以看出曾心儀而對臺灣文壇論爭的感受是十分強烈的。曾心儀的小說創作基本上沿著她的這種主張前進，十多年的創作生涯寫出了不少優秀之作。《我愛博士》、《彩鳳的心願》曾分別獲《聯合報》和《書評書目》小說獎，她出版的小說集有：《我愛博士》、《彩鳳的心願》、《那群青春的女孩》、《等》。

曾心儀的小說，內容上大體可以分爲以下幾個方面：一、以其自身的生活經驗和感受爲基礎，描寫臺灣工商界最下層的店員、美容師、小職員們的不幸際遇。這方面的作品有《彩鳳的心願》、《美麗小姐》、《窗櫥裏的少女》等。《美麗小姐》描寫了臺灣商業在蕭條的情況下，資本家用盡心機欺騙顧客兜售商品的情景。「現代」百貨商店有個「瑰麗」化妝品專櫃，小說描寫的就是這個專櫃的故事。「『瑰麗』在世界化妝品界是有名的，但是在臺灣，知道它的人並不多。此地只有『M』與『T』是婦女們熟悉的。前者是日商在臺設廠製作，後者是美商在臺設廠製作。它們都各有十幾年在臺經營的記錄，利用本地的原料，廉價的勞工，製成產品後掛上美、日招牌，以本地為傾銷對象。」以本地原料，本地勞力生產出商品，卻貼上美、日標簽向本地傾銷，人們不難辨析這是一種什麼性質的企業。即是如此，也無人問津，於是老板就要花樣百出進行欺騙，搞所謂「美容發表會」，從店員中選出長得最漂亮的李蘭作活廣告，化妝成從海外歸來的「美麗大使」招徠顧客。當一陣鞭炮過後，秀雲尖銳的聲音說：「各位來賓，現在美麗大使，甫從海外歸來的『瑰麗』高級美容顧問已經來到我們的『瑰麗，專櫃……」這時作為「美麗大使」的李蘭不但沒有半點「美麗」的感覺，而且感到無地自容：「如果有個地洞，她一定鑽進去，如果有個壁櫥，她要躲進去。她們這樣擺布她，這樣虛偽，噱頭做得這樣大！」小說以不同的情感，從各自不同的角度成功地刻劃了資本家楊經理，由店員升為「主任」的安妮和美麗小姐李蘭的形象。安妮為了保住「主任」的地位，對楊經理言聽計從，在楊經理那裏領了「聖旨」去直接壓迫工人。因而工人都很恨她。但是此人有推銷商品的特殊本領，只要經過她櫃臺前，一根木頭也能被她說動而買她的商品：「這位職業婦女，賢慧的主婦，她本不要化妝，就受人愛戴。但是安妮利用一般女人怕老的心理，不住地擴大她年歲的憂慮，擴大她正常的生理現象扭曲為傷人的陰影，負擔。這位女士被安妮說得害羞、軟弱了，她幾乎要用雙手來掩蓋眼角。她的丈夫也顯得很不安，覺得愧對妻子。丈夫為了表示愛妻子，就準備買一瓶安妮所推荐的保養液，詢問價錢，一小瓶五百多塊……」作者通過作品中肯定性的人物李蘭的眼光揭示了作品的主題：「人們絲毫感覺不到本國的經濟被侵滲了。這一天寶貴的生活經驗，讓李蘭眞確了解到商場的畸型現象，不健康的、自私的、虛僞的素質。」《彩鳳的心願》通過百貨公司選拔「歌星」描寫了彩鳳受騙的經過。選拔「歌星」實際上是選拔應招女郎，當彩鳳被老板騙到旅館，日本嫖客出現在她面前，她一下清醒了，於是她暗自作了溜走的決定。曾心儀的不少小說，把社會矛盾和民族矛盾交織在一起，從而揭露出事情背後的黑手。《彩鳳的心願》中最後這樣寫道：「彩鳳冷冷地看著日本人。她眼前晃過一幀舊時的照片，人物明晰——路邊的刑場，雙手被綁，跪在地上的中國人民，被砍去頭顱、平平的頸面，日本軍閥手持彎彎、亮光光的武士刀……」多少血腥，多少災難，多少仇恨，多少憤怒，被這一筆喚起。二、以悲憫的情懷描寫臺灣婦女的痛苦現實。這部分作品主要是反映風塵女的不幸。例如：《從大溪來的少女》、《烏來的公主》、《一個十九歲少女的故事》、《閣樓裏的女人》、《朱麗特別的一夜》、《李萍的三個尷尬時期》等。這類作品又可分爲兩種類型：一種類型是因家境困難，或被命運驅趕，在無可奈何和無力抗拒的情況下掉進火坑；另一類是被外在環境腐蝕了靈魂，爲了在花花世界中追求享樂而自己主動跳進了泥沼。屬於第一種類型的如《一個十九歲少女的故事》。這篇小說是描寫舞女黎翠華的故事。黎翠華本來是個好女兒、好學生，但因家庭人口多，弟妹患病住院，欠下的債務像「滾雪球，愈滾愈大，有時連利息也付不出來。」雖然母親幫佣，弟弟送報，仍然難以維持家計。翠華爲了分擔父母的憂愁，賺錢還債，使弟弟好好上學，把心一横當了舞女，被人奪去了貞操。當她幫家裏還清了債務跳出火坑，再去求學，母校卻不接受她。當她結婚，已經懷孕，卻被公婆和丈夫拋棄。曾心儀在談到這篇小說時說：「這是寫一個高中女生輟學，淪落風塵當舞女的故事。寫她十七歲到十九歲之間的歷路，當然，我相當重視促使她淪落的遠因和近因，以及重視她浪子回頭後所將面臨的問題……我所以發表這個故事，是有一個迫切的事實令我心急，就是，多年來，我看到我周圍太多的少女毅然放棄追求個人幸福，爲了解決她們家境的貧困，淪落風塵。基於我對風塵女郎生涯的了解，我堅定地認爲，她們的犧牲是一個殘忍的悲劇，只能救一時之急，卻不能根本解決問題；她們的犧牲付出的代價太大了，大到令我說：不值得！我絕對反對爲經濟問題作這樣的抉擇。」⑤作者的創作動機是爲了引起被害少女和社會人士的廣泛注意，以阻止和減輕社會強加給風塵女們的耻辱和痛苦。小說的深刻之處不在於作者眞實地揭露了這種令人痛惜和憤怒的社會現象，而是通過黎翠華浪子回頭，社會不僅拒絕接納，而且要斷絕她的生路，將她徹底毀滅的事實，批判了社會的無情和殘酷。奔向光明希望的毀滅，正是社會無望的一種表現。第二種類型，即爲追求物質享受，自投落網，走向墮落的。如：《朱麗特別的一夜》中的朱麗，《李萍的三個尷尬時期》中的李萍，《我愛博士》中的「我」等。朱麗因追求享樂，主動向有「亞蘭德倫味道」的大學生張大偉獻出貞操，被拋棄後又進入「溫柔鄉」酒店接待外國嫖客，當她經受了特別恐怖的一夜的折磨後，才有所覺醒，「恨自己不爭氣！恨自己墮落！」不幸掉進火坑與貪圖享樂自投羅網兩種風塵女郎的刻畫，表明曾心儀對現實的觀察不僅是深刻的，而且是全面的。三、批判崇洋媚外的醜態。例如：《我愛博士》、《一個作家的畫像》、《酒吧間的許偉》等。其中寫得最好的是她的獲獎小說《我愛博士》。作者以犀利的諷刺筆觸刻畫了「歸國學人」常博士的無耻嘴臉。他一方面以治學嚴謹、知識淵博的學者姿態出現，來騙取渴求知識的青年的尊崇，另一方面卻以「性解放」爲工具來掠奪臺灣少女的貞操。小說的敍述者「我」就是一個被他俘虜，只上床不結婚而不能自醒自拔的女青年。常博士是個十足的洋奴，而「我」卻是一個洋奴的洋奴。作者塑造這個二等洋奴的形象頗具深意，對那些崇洋媚外思想嚴重，但卻沒機會去喝洋水的一類人，有警戒之效。

進入八十年代後，像秋後的果子，曾心儀的創作更趨成熟。她成了臺灣女作家中罕有的從事政治小說寫作的人。她的以「作品之×」爲標題的無名系列小說，是這方面的重要作品。例如：她發表在一九八六年《文學界》第二十二期上的《作品之三》，描寫了臺灣大學裏的黑社會集團的罪惡活動。被稱爲「銀色集團」的黑社會組織，對自己的「背叛者」施以奇怪的惡刑，把頭用布包起來，用香煙頭在眉頭上燙。小說女主角莫娜，不愼和這個集團的頭目卓宇鬼混到了一起，她想擺脫，但他卻「像魔一般揮之不去。」莫娜在極恐怖中目睹了這個黑社會組織私刑的慘忍。發表於《文學界》第二十二期的《作品之四》以寫實和寓言相結合的手法，既像鬼域，又是人間；既撲朔迷離，又清晰可見，既虛構，又寫實。正像作品所描繪的：「亂局裏，活人忙碌，群鬼飛舞，人鬼難分。」既生動地再現了生活中的眞實，又賦予故事以很強的藝術魅力。比一般裸露的政治小說更感人。曾心儀近期的作品已克服了早期作品那種語言粗糙，有的作品結構鬆散的不足，藝術上展現了新姿。不過她在熱衷政治題材的同時，彷彿又使自己丟掉了某些可貴的東西。

附註：

①《作家與書的故事》（第三十五頁）。

② 《季季談創作》（《臺灣文藝》革新第八號）。

③ 《季季談創作》。

④ 《論季季小說中的男女關係》（臺灣《自立晚報》八四、八、二十七）。

⑤ 《我愛博士》自序。

第十編　多元化的八十年代臺灣小說

第一章　社會和文學背景

第一節　社會背景

雖然，臺灣政壇歷來爲多事之秋，但是進入八十年代以來卻相對地進入了較爲平靜和穩定的發展局面，像七十年代足以引起社會全局震顫的臺、美斷交等事變，已時過境遷。隨著信息時代的來臨，八十年代的臺灣，一直被回歸，即祖國統一和改革的兩股潮流所激蕩。蔣經國於一九八〇年六月九日在擴大的早餐會上首次提出：「以三民主義統一中國是唯一可行的道路」並於次年元月十二日高級軍事會議上通過「三民主義統一中國」的決議。人們高興地看到，海峽彼岸也在喊「統一祖國」了，誰也怕承擔分裂民族，分裂祖國的罪名，誰也怕成爲民族的千古罪人；盡管「祖國統一」事業道路上還橫亙著千山萬壑，但是在全體炎黃子孫的迫切冀望和積極推動下，這一事業的前進步伐還是在不斷加快的。一九八八年打破近四十年的嚴密禁錮和隔絕，開放部分臺灣同胞回大陸探親，使四十年的斷骨再接，四十年的斷流再匯，這是一個巨大的變化。它代表著不可逆轉和不可抗拒的歷史發展總趨勢。

祖國和平統一的前景，像興奮劑，激動著每個炎黃子孫的心；像溫暖的陽光，溶釋著四十年的冰層；像望遠鏡，使臺灣同胞衝出孤島意識，面向祖國遼濶的全景；像膠合劑，把分裂的夢境膠接融合。

改革是八十年代世界的總潮流。美國、蘇聯、日本，世界無處不在喊改革。毫不例外，作爲世界和中國組成部分的臺灣，也在喊改革。世界進入了信息時代，信息把時空壓縮得越來越小，越來越短；而信息又把人們的目光擴展得越來越遠，越來越大。科學和技術的發展，促使人們的觀念巨變。過去爭奪地球，現在爭奪宇宙；過去用槍炮攻伐佔領，如今靠信息和科學擴展領域；有了飛機，誰還願受駿馬的顚簸呢？有了宇宙誰還願在那古老的象牙床上做夢呢？世界的總潮流，迫使每一個人都感到舊有的方式和習慣不能適應；使每個人都感到不變革就有被拋棄的危險，於是連最保守的人，也要唱一唱改革之歌了。

臺灣進入八十年代以來改革的內容和格局是什麼呢？從經濟上看：企業由六七十年代的勞力密集型向技術密集型轉換。六、七十年代臺灣經濟起飛之初，基本上是靠臺灣大批廉價勞動力，進行加工出口，謀取利潤。而進入八十年代之後，隨著國際市場競爭的加劇和技術水平的提高，靠勞力賺錢已吃不開，於是就進入了以技術競爭爲主。競爭由勞務市場轉向了技術市場。企業競爭的重心，便轉移到了技術方面，於是開始大量技術投資，引進新技術。政治方面改革的主要內容是：向開明化、民主化方向前進。如：解除「戒嚴法」和開放「黨禁」及放寬言論自由的尺度等。一九八六年十月十五日，國民黨召開「中常委會」，由蔣經國宣布解除在臺灣實行了三十餘年，如懸在臺灣同胞頭上的一把利刃的「戒嚴令」。並宣布：使「持不同政治立場」，「政治團體」在「黨政體制下」以「平等地位，理性政見，從事政治競賽。」又如，允許成立政見不同的政黨。臺灣一些地方人士，多年來一直鼓噪要成立政黨，但一直不予批准。一九八六年十一月十日，以江鵬堅和尤清爲首的臺灣民主進步黨宣告成立，並在臺北召開了「第一次黨員代表大會」，與會者一百六十五人，通過了黨綱黨章，選出了三十一人組織的「中央執行委員會」。國民黨表示對民主進步黨採取「容忍和諧立場」，承認了該黨的合法存在。隨著時序的推進，臺灣的中級以下軍官和省、縣級黨政要員，基本上都被臺灣省籍人員接替，國民黨的歷史進入了一個新的階段。蔣經國的晚年，已看到「時代在變，環境在變，潮流也在變」，因而爲「困中求變，變中求存」的目的，他號召國民黨：「必須以新的觀念、新作法，在民主黨政體制的基礎上，推動革新措施。」，「要不斷自我檢討，發掘缺點，並以魄力、擔當和勇氣面對現實，作必要的改革。」如果說，進入八十年代以後，臺灣沒有停滯，而且以可觀的速度繼續前進，這種局面恐怕與在蔣經國的主持下，採取的一些改革措施關係極大；國民黨沒有被趕出臺灣，而且獲得了一些人的支持，恐怕與蔣經國實行的較開明的改革政策有關。蔣經國臨終前確定的開放大陸探親的方針，獲得了海峽兩岸同胞的歡迎。將對祖國統一大業，起到良好的促進作用。此舉在臺灣文學中即刻有了反應，近半年來「探親文學」熱鬧非常。

第二節　文學背景

經過七十年代中、後期「鄉土文學論戰」的洗禮，八十年代的臺灣文壇，呈現多元化的發展局面。

詩壇繁花似錦：在新詩回歸民族、回歸鄉土的潮流中崛起的青年詩人群，雖然又有變化和重新組合，但作爲新詩之驕子，他們大都成了臺灣詩壇的重要詩人，成爲臺灣新詩發展中，舉足輕重的力量。臺灣的現代派詩人，經過沉著反思，又開始了新的行程，停筆多年的現代派詩人，如林泠、鄭愁予等重新秉筆，寫出了更加成熟的作品；停刊了多年的詩刊，如《現代》詩刊、《藍星》詩刊、《草根詩刊》等，又重新集合舊部並加入新生力量，而復刊。八〇年代中期，臺灣詩壇繼都市詩之後，又出現了反映後工業社會的後都市詩，錄影詩，觀覺詩等，爲臺灣新詩內容和形式的變革，打開了新的視境。一種嶄新的文體，報導文學，於七十年代中期拱破臺灣文藝園地的地殼之後，迅速發展，出現了許多報導文學專門作家或以報導文學爲主要產品的作家。例如：古蒙仁、馬以工、陳銘磻、翁臺生、姬小苔、韓韓、胡臺麗等等。臺灣的原駐民高山族，一直被看作是沒有作家的民族。進入八十年代以來，這個性格粗獷慓悍，能歌善舞的民族，也釋出了多年被抑制的才智，爲祖國文壇輸送了有才華的作家、詩人。例如小說作家田雅各，詩人莫那能，散文作家曾月娥等，都是臺灣文壇上升起的新星。他們的崛起，結束了高山族沒作家的歷史。

八十年代臺灣文壇雖然呈現相對穩定的多元化局面，但是像多風的海域，像是地震的活躍帶，即使沒有狂風惡浪，小風小浪彷彿還是屢見不鮮；破壞性的地震雖然沒有發生，但能夠引起人們心靈悸動，神經緊張的中、小地震似乎長年不斷。這是由於長期的政治禁忌和心靈壓迫留下來的後遺症；是一種心靈脆弱和神經過敏的一種反應。早在「鄉土文學論戰」的前夜，即一九七七年五月，臺灣文壇元老之一的葉石濤，在《夏潮》第十四期上發表了《臺灣鄉土文學史導論》，提出了關於臺灣鄉土文學的定義。這篇文章一面世，陳映眞便在同年六月的《臺灣文藝》上發表《鄉土文學的盲點》，對葉文提出質疑。由於「鄉土文學論戰」的爆發，葉、陳之爭暫時停歇。一九八二年春季，葉石濤又在《文學界》發表《臺灣小說的遠景》一文，重申臺灣文學的定義。他說：「臺灣文學是居住在臺灣島上的中國人建立的文學。雖然同屬於中國人創造的文學，但是臺灣海峽兩邊的中國人的社會制度、生活方式、思考型態都有顯著不同」因而文學也應不同。他主張臺灣「應整合傳統的、本土的、外來的各種文化價值系統，發展富於自主性的小說。」陳映眞接著於一九八二年四月在《益世》雜誌發表：《消費文化・第三世界・文學》，對葉文提出批評。陳映眞認爲：「與其強調臺灣文學對大陸文學的『自主性』，實在不若從臺灣文學，中國文學與第三世界文學——對西歐和東洋富裕國家『自主性』在理論的發展上，更來得正確些。」

八十年代初期，臺灣文壇曾有「臺灣文學前途問題的討論」，《臺灣文藝》等報刊曾數度召開座談會，並發表紀要。臺灣文評家宋冬陽在一九八四年一月的《臺灣文藝》上發表萬字以上長文《現階段臺灣文學本土化問題》，此文是一篇專門論述臺灣文學本土化的文章，從多方面講述了臺灣文學本土化的意義和可能，並對陳映眞進行了責難。這篇文章發表後，《夏潮論壇》在一九八四年三月出版革新版，策劃專輯《臺灣結的大體解剖》以三篇長文對宋冬陽進行抨擊。《夏潮論壇》認爲：「臺灣問題不論過去或現在都是全世界，全中國問題中的一環，無論願不願意，承不承認，這都是一個客觀存在的事實。」並批評宋冬陽生硬地把「本土論」與「第三世界文學論」歪曲成臺灣文學與中國文學之爭及「臺灣意識」與「中國意識」之爭，「是一種卑鄙，刻意製造對立和唯恐天下不亂的不良居心。」

後來《新生》週刊又發表文章支持宋冬陽。但這兩本政治性雜誌沒有引起文壇更多的注意。一九八四年臺灣文壇上又發生了一起性質類似「鄉土文學論戰」但規模影響和爆炸力卻比「鄉土文學論戰」遜色得多的「小鄉土文學論戰」。其導因是由鄉土詩人吳晟編輯的《一九八三年臺灣詩選》。這本詩選因選入了大量的鄉土詩和政治詩，刺痛了臺灣敏感的政治神經。於是某教授在一九八四年五月二十四日的《中央日報》上發表文章說：「毫無疑問，惡意攻訐政府，專門暴露社會的黑暗面，一心破壞勞資雙方感情的所謂寫實作品，都是二十年代牢騷文學的苗裔。往事不遠，記憶猶新，我們不能再容忍這些社會主義的符咒，把文藝界的伙伴蠱惑得神智不清，任其擺布，做出傷國害民的事體而不自知。」另一位女詩人也在八四年七月二十七日臺灣《工商日報》發表《維護文學界的純潔》的文章說：該書的作者、編者「是想要繼承三十年代左派作家的衣鉢，爲中共『解放臺灣』效犬馬之力……」接著臺灣《前衛》雜誌發表《前衛的嚴正聲明》對攻擊者進行了反駁說：「任何亂扣本社紅帽子，暗示本社具有分離意識等等的作法是可鄙的卑鄙行爲，正可顯示其陰險和霸道心態……我們認爲，關懷鄉土，關切現實，正是一種新文學潮流，是反映現實，而不是不滿現實……」前衛的立場也受到其他刊物的支持。

兩岸文學滙流，尤其是大批的大陸作家和評論家的作品在臺灣發表和出版，是近一兩年來出現的四十年來未曾有過的新氣象。它生動地反映了海峽兩岸文學交流的擴大和深入。這一滙流無疑將促進中華民族文學的全面繁榮和發展。

八十年代臺灣文學刊物的增加，文藝園地的擴大，直接促進臺灣小說的發展，大批的優秀小說之花，就開放在這些新拓的園地上。這些新創辦的綜合性刊物有：《文學界》、《文季》、《文訊》月刊、《聯合文學》、《新書月刊》等。《文學界》於一九八二年在高雄創刊，與《臺灣文藝》並列爲臺灣鄉土文學的兩大刊物，主要是鄉土作家的園地，由鄉土派著名詩人鄭烱明主編，並爲其經濟後盾。《聯合文學》爲臺灣《聯合報》報業集團創辦，由聯合報副刊主編瘂弦主持，發表各派作家作品，敏銳反映文學動態，緊跟文學新潮流，顯示了報系刊物的特點。《文季》系新興的鄉土文學綜合性刊物，一九八三年四月創刊，由尉天驄任主編，作品和理論並舉，具有鮮明的新穎性和戰鬥性的特色，可惜於兩年前停刊。《文訊》月刊和《新書月刊》均係評論、資料和信息性刊物。《文訊》月刊，是文工會的刊物，在青年評論家李瑞騰主持下，辦得較爲出色，信息靈敏，資料豐富，兼收各派作家。《新書月刊》的「作家與書」專欄，受到讀者重視，可惜停刊。臺灣的新老文學刊物，是推動八十年代文學多元化的重要動力。

第二章　八十年代臺灣小說的多元化

信息時代的來臨，許多死角在信息潮水的激蕩下，都活躍了起來。原來不顯眼的，現在有了特色；原來無聲的，現在發出了聲響；原來封閉的，現在開放了起來；原來無光的，現在放出了光彩。信息的洪流沖決了禁錮精神的堤壩和牢獄，一家獨大，一人獨斷，一手遮天，一家獨鳴的局面被打破。多維性，多元化，多聲部成了許多事物存在的方式。從思維角度看，單維式的思維模式，被多維式的思維模式取代，也促使精神之花的萬紫千紅。多年來臺灣文壇兩家爭鳴的局面起了變化，多元化共存，多元化競爭，多元化發展，逐步代替了鄉土派和現代派兩家的聲音。八十年代臺灣小說呈現了嚴肅和通俗，實錄和虛構，武俠和科幻，歷史和現實，鄉土和現代，問題小說和廣告小說，與形式上的極短篇、短篇、中篇、長篇、大河式巨構競放鬥艷的局面。

第一，思想多元化。思想多元化是藝術多元化的基礎，沒有思想上的開放，就沒有藝術上的自由創造。自由和民主，是藝術的娛母；天才和勤奮，是藝術的母親。近年來臺灣的思想尺度逐漸放開。不僅談祖國統一的人越來越多，而且出現了主張祖國和平統一的社會團體；不僅祖國統一的言論越來越多，而且出現了表現祖國統一的詩歌、散文、小說等文學作品。過去「二、二八」事件是絕對不能碰的，而如今出現了描寫「二、二八」事件的小說，例如林雙不的《黃素小編年》就描寫了一位少女在「二二八」事件中受到無辜迫害而被逼瘋的事實。陳映眞《鈴鐺花》中的中學教師高東茂，爲人忠厚，教學認眞，理論聯繫實際，深受學生愛戴，雖然被捕被害，但他的形象深深刻印在學生心中。陳映眞的《山路》中有這樣的話：「高雄事件以後，人已經不再忌怕政府了。」這說明，臺灣進入八十年代之後，小說的主題思想已經衝破多種禁忌，走向了一個比較自由開放的天地。

第二，小說題材的多元化。近年來臺灣小說題材有了較大發展。除了過去鄉土派和現代派常描寫的題材之外，展示在臺灣小說舞臺上的新品種有：政治小說，如：一九八三年李喬和高天生合編了臺灣第一本《臺灣政治小說選》，選入了許多現實政治意義極強的作品。編者聲稱：編輯這部書一是爲了刺激創作，二是爲了促進民主政治。臺灣的政治小說涉及到臺灣政治生活的許多方面。例如，描寫臺灣艱苦卓絕且悲壯無比的歷史的歷史小說，鍾肇政的《濁流三部曲》、《臺灣人三部曲》，李喬的《寒夜三部曲》，姚嘉文在牢獄中寫成的總計三百萬字的七部巨構《臺灣七色記》等；表現海峽兩岸是一家的骨肉情意小說，如王拓在牢獄中完成的五十萬字的《臺北、臺北》，描寫臺灣同胞獄牢之災的小說，如陳映眞的《山路》，施明正的《喝尿者》等；描寫新女性主義的小說，如，呂秀蓮的《貞節牌坊》和《這三個女人》等；描寫臺灣自然和社會汚染的小說，如：宋澤萊的《廢墟臺灣》等。臺灣「跨越語言一代」的元老詩人陳千武，八十年代初在小說創作上又展現了卓越才華，以他親身的經歷寫出了《臺灣特別自願兵回憶》系列小說，彌補了臺灣戰爭小說的空白。《獵女犯》一篇獲吳濁流小說獎。

第三，表現技巧多樣化。進入八十年代之後，許多新崛起的青年作家，彷佛很難進行流派歸類。

現實主義和現代派的表現技巧，在他們的作品中交互運用。從主題思想和題材看，無疑是鄉土派的作品，但從表現手法看，又頗像現代派的手筆。例如黃凡、王幼華、李永平、戴訓揚等的小說，便呈現出這種氣象。他們中最典型的例子可算是青年作家李永平的長篇小說《吉陵春秋》。這部小說既是社會寫實，但又沒有確定時空；既沒有完整故事，但又有統一的意念。評論家劉紹銘說：「吉陵鎭不是一個現實社會，僅是作者一個糾纏不休的意念。李永平著意要寫的，不是什麼人間百態，而是人心眞象。他的小說藝術可以幫助『鄉土爲體，現代爲用』的新型小說日趨成熟。」

第四，個人品種的多樣化。臺灣許多作家手中不僅握有一種武器，他們大都是多才多藝。例如林雙不就既是詩人、小說家，又是散文家；李敏勇是小說評論詩一肩挑等。即使主要寫小說的作家，也在不同的領域運筆。比如黃凡既寫生活小說，又寫科幻小說；蕭颯既寫小說又寫劇本等等。

第五，海峽兩岸小說滙流。大陸揭起瓊瑤熱、高陽熱，臺灣揭起阿城熱。近兩年臺灣的大部分報刊，都闢大陸作品專欄和專輯，大量發表和出版大陸作品。大陸許多女作家、青年作家的名字，在臺灣彷彿比在大陸還響亮。大陸的小說大量登陸臺灣，必將對臺灣小說的發展產生重要影響。

第六，體裁多樣化。近年來科幻小說、極短篇小說、廣告小說、社會實錄小說等在臺灣大行其道。張系國、黃海、黃凡等的科幻小說，已在海內外產生較廣泛的影響。極短篇小說自七十年代中期在臺灣崛起以來，已經產生出大批的優秀作品。不少詩人、小說家、散文家都紛紛投入，不少報刊都給以青睞，有的還闢專欄，使其起到了文藝尖兵的作用。

第七，小說與電影聯姻。進入八十年代以來，臺灣的電影公司和廠家們，紛紛地向小說中搶鏡頭，大大地加快了小說的傳播，提高了小說家的知名度，擴大了小說的社會效應和藝術效果。黃春明、白先勇、楊青矗、王禎和等的作品大量搬上銀幕，已改變了瓊瑤小說獨霸影壇的局面。尤其是黃春明成爲「鄉土電影熱」的中心人物，大大地擴大了鄉土小說的影響。他的《兒子的大玩偶》、《蘋果的滋味》、《小琪的那頂帽子》、《莎喲娜啦、再見》、《看海的日子》、《我愛瑪莉》、《黑蓮花》等小說搬上銀幕後，大受歡迎。小說家的作品被大量搬上銀幕，一下改變了臺灣「三廳」和「四頭」電影的局面，使走向死胡同的臺灣電影業又活了起來。小說救活了電影，電影擴大了小說的傳播，使小說多了一條傳播媒介。

第八，開放三十年代文學作品。三十年代文學作品過去在臺灣被看成洪水猛獸，雖然臺灣作家，甚至包括官方作家一再呼籲，但卻禁而不開。近年來在臺灣政策的開放中開禁，許多前輩作家的作品在臺灣受到讀者飢渴般的歡迎。魯迅、老舍、沈從文、錢鍾書等人，在臺灣廣大讀者中備受尊敬，使臺灣文學又接緒上了祖國現代文學之根。

附註：

① 《山在縹渺間——初讀李永平的小說》。

第三章　八十年代臺灣小說的題材和主題

小說的題材和主題，緊緊連繫著歷史的脚步和時代的命脈，就像樹與樹蔭，光與光的投影，筆與筆的墨迹。在八十年代臺灣小說多元化的格局下，小說的題材和主題也表現出多樣化的風貌。題材，是作家對生活素材的選擇和概括；主題，是作家從題材中昇華出的思想和主張。兩者互相依存，又各自獨立。這裡分幾個方面加以敍述。

一、歷史題材。臺灣島的開拓和發展過程，是中華民族英勇、頑強、勤勞、堅韌、篤實、樸拙、無往而不勝、無堅而不摧，無難而不克的光輝品質與優異性格的最好例證。它篳路藍褸地開疆拓土；它無比英勇地抗擊荷蘭、西班牙、日本等侵略和佔領，雖然一次次地被帝國主義呑併。但它卻一次次擊敗敵人又回到祖國懷抱；它遭受無數的颱風和地震的襲擊，但它卻一次次地戰而勝之而安然無恙；它不但有過無數可歌可泣的英雄業迹，而且湧現了無數最優秀的英雄兒女，像郁永河、鄭成功、丘逢甲、莫那道、賴和、楊逵等等，均足以永垂青史而不朽。臺灣自身就是充滿傳奇故事的傳奇式的民族英雄。因而描寫它，歌頌它，就是描寫和歌頌我們偉大的民族；就是歌頌我們不屈的民族精神。近年來描寫臺灣歷史全景的百萬字文學巨著，就有多部。鍾肇政的《臺灣人三部曲》和李喬的《寒夜三部曲》前面已經論敍。這裡我們只簡略介紹一下臺灣作家姚嘉文於一九七九年底因「高雄事件」入獄後，坐牢七年，在獄中寫成的臺灣，也是全中國當代小說中歷史跨度最大，字數和卷數最多，規模最宏偉的巨型小說《臺灣七色記》。這部作品三百萬字，共分七部，即：《白版戶》（河洛人的故事）、《黑水溝》（臺灣天地會）、《洪豆劫》（林爽文事件）、《黃虎印》（臺灣民主國抗日）、《藍海夢》（臺灣光復記）、《青山路》（退出聯合國）、《紫帽寺》（泉州人的故事）。這部通俗演義小說，從公元四百年「淝水之戰」前開始，經過一千六百餘年，寫到二十世紀七十年代。作者談到這部小說的創作時說：「我似乎不是陷身牢獄數年，而是漫遊過去那一千六百年歷史……現在我回來了，我帶回七本有不同色彩的歷史小說，向大家敍說吾土吾祖七色繽紛的各種故事」。「中華民族不斷的遷移，過山渡海，遷種變形，千辛萬苦，從不停止。從公元第四世紀的五胡亂華『淝水之戰前後開始，經過一千六百多年，進入第二十世紀的末期，我們仍可以感受到移民流動的方向與力量……」我們雖然還沒有看到這部書的全貌，還無法對它作出評價，但從書的片斷和介紹，已窺見這部書的氣派。書中表露的某種觀點我們也許有疑議，但一脈相承探尋臺灣人的源頭和族本，從而對自己民族表現出的戀情，卻是十分親切的；我們雖然無法以此書與《臺灣人三部曲》和《寒夜三部曲》相比，但此書的歷史跨度至少比前兩書長一千年，字數超過前兩書的兩倍。它是目前臺灣最大規模的一部小說。

二、表現中華民族團結和統一的題材。例如，鄉土作家王拓因「高雄事件」被捕在獄中創作了兩部長篇小說。《牛肚港的故事》我們在前面已經論述。他的另一部五十萬字篇幅，自費出版的長篇小說《臺北、臺北》，是一部值得一讀的作品。小說通過臺灣人和大陸人戀愛結婚的故事，表現中國應該團結統一的主題。小說的男主角孫志豪是山東籍，他父親抗日時期參軍，日本投降後的第二年，即一九四六年便去了臺灣。在臺灣中學當語文教員，後來與同伴到花蓮縣鄉下開辦農場餵豬，與一個臺灣姑娘結了婚，生下孫志豪。因「二二八」事件，臺灣人和大陸人存有隔閡，孫志豪父母的婚姻曾經歷坎坷。孫志豪因是大陸人後代，童年被臺灣同學起綽號「小豬」，受到臺灣學生的侮辱和歧視，但他十分和氣的對待同學，逐漸地消除了與臺灣省籍學生的隔閡。「一種同根同土一起長大的兄弟般的感情，早已在他們心中牢牢地生了根了。」小說女主角朱念秋的父親早年留學日本，受日本社會主義者的影響，深知臺灣和祖國的血緣關係，回臺灣後積極參加抗日鬥爭，具有強烈的民族主義與愛國主義情感。一九四五年兒子降生，給兒子起名「歸宗」，表示臺灣回歸祖國了，臺灣同胞回歸自己的宗親了。但不久，「二二八」事件爆發，念秋的父親和大批臺灣同胞被殺害，此時念秋降生，起名爲念秋是要永遠記住秋天的仇恨。念秋的母親並將兒子改名爲「天仇」。孫志豪與念秋相愛後，遭到念秋母親的反對。孫志豪認爲「只有加倍地使小朱和所有受傷害的臺灣同胞更幸福，也就是說，更爲他們的幸福努力，更勇敢的奮鬥，甚至不惜犧牲生命，才能救贖他這分來自血緣的罪惡。」孫志豪首先取得了朱念秋哥哥的諒解和支持，再由他去動員其母，「當兒子委婉地替那個『外省囝仔』說了許多好話以後，她那細緻的母親的心也漸漸沉靜了，尤其是當她聽說那個『外省囝仔』也因爲政治的原因被捕過時，她對他的觀感立刻又改變了……這使她覺得，他是和他們同類的人了。」孫志豪和朱念秋終於締結良緣。朱念秋的母親向他們講述了過去，但她是要他們牢記歷史教訓：「一定永遠不要再使這種苦難發生了，這樣，我們前代所受的痛苦才有代價。」這是一個十分動人，具有強烈思想內涵，具有強烈象徵意義的故事。孫家父子兩代人衝破省籍隔閡與臺灣姑娘結婚，到最後完全化解各自的隔閡和矛盾，達到和諧的統一，這是作家用主人公的命運之路爲海峽兩岸的隔閡化解，指出了一條大道，尤其提出老一代人的仇恨不應沿及下代的思想，具有重要的歷史和現實意義。王拓的這部小說展示的這一主題正符合和適應國家的當前情況和民族的現實與長遠利益。

三、牢獄題材的小說。這是進入八十年代以來，臺灣文壇出現的嶄新的題材。這種題材的出現，丈量著臺灣民主開放的尺度。如：陳映眞的《山路》、施明正的《喝尿者》、方娥眞的《獄中行》等等。獲一九八三年吳濁流文學獎的施明正的《喝尿者》，揭露了臺灣監獄的汚濁，十分成功地描寫了害人又害己的「喝尿者」金門先生。方娥眞的《獄中行》被選入《一九八六年臺灣小說選》，由於小說本身就帶有很強的諷刺性，作者徐徐道來，雖然文字樸實無華，卻有一股內在的幽默感衝撞著讀者的心靈；雖然讀著嚴肅的作品，卻使人忍不住想發笑。

四、揭露賄選的小說。前面我們已經敍述過宋澤萊《鄉選的兩個小角色》。現在我們再來介紹臺灣青年小說家，吳永毅獲一九八一年「時報」文學獎的短篇小說《聖人再世》。競選縣長的蔡雨龐，爲了欺世盜名，假稱自己「是聖人再世」，並愚弄一個做小生意，被人瞧不起的小販金大媽爲他競選。蔡雨龐的競選團告訴她，老天托夢給蔡雨龐，說他是聖人投胎，將掌管本縣，但必須由金大媽來鼓吹宣傳。叫金大媽在聚會時指著蔡雨龐的畫像說：「這人是聖人像啊！作縣長一定是個清官啊！」於是金大媽受寵若驚，去爲蔡雨龐拼命奔走。等到蔡雨龐假造的聖人古碑出土，金大媽的利用價値用盡，群衆也把金大媽看成一個瘋子時，助選團竟反咬她一口，當衆罵她是對手安排用來擾亂局面的卑劣手段。於是金大媽遭到了流氓的一頓毒打。小說始終充滿諷刺，對蔡雨龐等人物的醜惡嘴臉揭露得淋漓盡致。金大媽這個無辜的小人物被愚弄、被醜化、被利用、被毒打的形象充滿著悲哀和辛酸。

五、新女性主義小說。八十年代臺灣大批青年作家登上文壇，是臺灣婦女走向社會，關切自己命運的一種顯示。而女作家的崛起，又爲描寫婦女形象，反映婦女悲苦，保護婦女利益，提供了更多的保證。從七十年代以來，先後有曹又方和呂秀蓮等女作家倡導和推行新女性主義。她們一方面寫專欄，做講演進行理論闡釋和政治呼籲；另一方面用小說進行形象描繪，爲女性探尋現代社會中的出路。呂秀蓮的中篇小說《這三個女人》，曹又方的中篇小說《綿纏》等，都是這方面的代表作品。呂秀蓮的《這三個女人》通過三個人物爲婦女劃出了三條道。高秀如、許玉芝和汪雲原來是同窗好友。高秀如是作者心目中肯定和向廣大女性推薦的典範。她大學畢業赴美深造，返臺後又當了教授和系主任。事業和愛情比較，她寧願犧牲愛情，也要服從事業。她的信條是「女性在求取平等地位前，她首先要學會自愛與愛人。」許玉芝是一個過渡型的女性，她學業優異，一步步讀完高中、大學、研究所，但「三書」（文憑、聘書、結婚證）到手，隨丈夫去美後，卻成了丈夫籠中的小鳥，變成一個無作爲的賢妻良母。後來受到高秀如的啓發，感到不能如此生活下去，於是決心走出家庭，爲臺灣的孤兒搞募捐，參加社會活動，作出自己應有的努力，使生命釋出熱能。汪雲也是一個中途覺醒的女性，天生的美麗，畢業後當了董事長夫人，掉進幸福之中而不思振作。後因丈夫車禍喪生，迫使汪雲改變依賴生活走向獨立。當她發現丈夫「外遇」的對象是對自己家庭有功的服裝設計師林欣婉時，她原諒了丈夫和林欣婉的行爲，並幫助林欣婉渡過難關，對林欣婉生下自己丈夫的孩子表現出關愛。汪雲身上體現了濃郁的人道主義精神。這三個女人，比較完整而立體地表達了呂秀蓮倡導的新女性主義內涵。

六、表現高山族生活的題材。過去高山族，不僅是一個沒有作家的民族，而且是一個被文學遺忘的民族。近些年來，高山族不僅有了自己的作家，而且描寫高山族的文學作品也越來越多。臺灣老一輩作家中，我們只看到鍾理和的短篇小說《假黎婆》中，塑造了一個十分出色的高山族女性。而進入八十年代以來，這方面的小說、報導文學、電影等文學作品越來越多，質量也越來越高。許多知名作家如鍾肇政、黃春明、古蒙仁等，都把他們創作的觸角，深入到了高山族生活之中。古蒙仁的報導文學《黑色的部族》，黃春明電影《黑蓮花》、吳錦發的小說《有月光的河》、《燕鳴街道》等在臺灣頗具影響。高山族青年作家田雅各的處女作，獲高雄醫學院一九八三年首獎的短篇小說《拓拔斯，塔瑪匹馬》以散文詩式的形式描寫了高山族十大支系之一的布農族的生活風貌。作者把一群高山族不同身分的人，如：故事的敍述者我，農民安笛、少婦珊妮、獵人烏瑪斯、醉鬼高比爾等，安排在一部行進中的老爺車中，一面返回家鄉，一面談他們各人的故事。安笛是從臺中來，他因爲兒子辦婚事砍了樹木，被傳訊和罰款，他對此怪事不能理解。作品雖然故事性不強，但主題思想卻十分明確，那便是人們對新的東西的不適應，引發人們對傳統和現代的思考。

七、對資本主義物質富裕中產生的道德敗壞進行批判。物質貧困，精神堅韌；物質富裕，精神貧困，這種現象不斷出現在人類的生活中。人們的思維空間和生存空間，不斷進行交戰。這種現象引起許多社會學家、哲學家和文學家的思考，也引起許多有使命感的作家們的關注。究竟人類能不能同時達到兩個文明同步，同時進入兩個天國呢？實踐既沒提供出先例，理論也沒有作出深刻的回答。對這種物質和精神的矛盾現象和人類發展中出現的這種傾斜，目前還處於頭痛醫頭腳痛醫腳，靠法制和輿論進行調節階段。比如臺灣出現的「吃不飽的文學」和「吃得飽的文學」的提法就很値得注意。吃不飽的文學爲脫貧而掙扎，批評富人爲富不仁；吃得飽的文學爲富而發愁，批判富人的道德敗壞。臺灣目前已進入「吃得飽的」文學階段。例如李昂的《暗夜》、王定國的《遇見瑪利的清晨》等。前者描寫資本家物質富裕精神頹廢下的性顛狂；後者表現資本家爲了爭奪不擇手段地互相坑害等。作爲認識和審美工具的小說，雖然可以爲社會的變革畫出藍圖，但在人們普遍認爲文學無力感的今天，小說能夠眞實地描繪和批判現實的不合理性，已經是盡到自己一分責任了。

第四章　八十年代青年作家論

八十年代臺灣崛起了一個規模龐大，素質優良，視野開濶，極具潛力的青年作家群絡。爲了敍述上的方便，把它分爲三個小的集群，即：「奮起的鷹」（男性青年作家群），「飛揚的霞」（女性青年作家群）和「破土的筝」（剛剛露出頭角的青年作家）。

第一節　奮飛的鷹

崛起於七十年代末和八十年代初的臺灣青年小說家，大約都是出於五、六十年代，具有大學畢業文化程度的學者型或知識型作家。在他們的作品中鄉土觀念有所淡化，幾乎所有的人都用國語創作，很難找出像日據時期和光復以後那些用臺灣方言寫作的人；他們的作品中視野比較開闊，老一輩人的「孤島意識」逐步被克服，大中國大文化的觀念得到體現，地域觀念和「臺灣意識」被淡化，被遺忘；他們對傳統觀念和現代意識進行思索，一般很少再有老一輩濃重的懷舊感；表現手法上他們服從作品需要和自我選擇，不再死守流派律條，只要得心應手，任何藝術方法均可歸我所有，爲我所用。屬於這個集群的作家不少；例如：吳錦發、王幼華、古蒙仁、吳念眞、張毅、小野、小赫、王定國、履彊、莘歌、周腓力、黃凡、張大春、郭箏、衞子濁、田雅各、林央敏、諸羅、戴訓揚、吳永毅、李永平、劉春城等等。這個小集群中可以黃凡、吳錦發、王幼華等爲代表。

吳錦發，筆名李欲奔。臺灣省高雄縣美濃鎮人。一九五四年出生，臺灣中興大學社會系畢業。曾任《臺灣時報》副刊主編，現任《民衆日報》副刊主編。一度從事電影工作。出版小說集有《放鷹》、《靜靜的河川》、《燕鳴街道》和《消失的男性》，另有散文集《永遠的傘姿》等。吳錦發的小說曾獲臺灣文豪小說獎、《中國時報》小說獎及吳三連小說獎多次。

由於吳錦發是學社會學的，他的小說社會意識極強。他深深地感到社會的弊端使人們意志消沉、精神萎遁，個性泯滅對民族有毀滅性危險。因而他以怒其不爭的心情，抓住社會中，尤其是知識分子身上被扭曲，被閹割了的人性陽剛氣質的弱點，反覆進行猛烈攻擊，以達震聾發聵之目的。吳錦發在回答有人對他的小說《叛國》的批評時說：「至於說到這篇文章沒有顯露光明的希望，我不同意。我認爲一個民族要成長，第一步就要認清自己民族悲劇的事實，不加以隱瞞，我們才有可能眞正的出發。所以出發的第一步就是承認現實。」吳錦發的短篇小說《消失的男性》主人公李欲奔是一個飽受壓迫、打擊和挫折的詩人，他在惡勢力面前不思鬥爭與反抗，且採取逃避的辦法，把自己關起來去和禽鳥同樂。最後他竟幻化成了一隻大野鴨。他的男性消失了，長出了渾身羽毛：「他慘號著在夜色中奔跑，跑過街頭，跑向郊區，跑向一望無際的夜色之中」，「他那淒厲的尖叫聲，隨著他跑過的路線，在深夜的街道上揚起來，完全不像人的聲音。」吳錦發的短篇小說《指揮者》的主人公，年輕記者阿根，在現實中雖然有理想，但卻沒有施展抱負的能力。在報社內訌的夾縫中，扮演著被指使的可憐蟲。他在現實社會中無能爲力，於是便逃進了妓院，藉和妓女的性愛，來慰籍心靈，消除憤懣。小說題名爲《指揮者》飽含諷刺，即在現實社會矛盾中被別人指揮，而自己只能到妓院裏去指揮被自己玩弄的妓女。吳錦發認爲這些失去意志，失去自衛和保衛眞理能力的知識分子，是一種失去社會機能的人，他們和俄國十九世紀文學中的「多餘人」沒有兩樣。使他特別憂慮的是：「在中國歷史中，除了明朝，我想我再也沒看到比我們這個時代更墮落的知識分子，懦弱無能，完全失去了道德的勇氣。我常想，知識分子應該是一個社會『最後的良心』，當一個社會在逐漸地往沉淪的方向演進的時候，知識分子有責任挺身而出，高聲疾呼……」①由此可以看到吳錦發可貴而良苦的用心。

黃凡，本名黃孝忠。臺灣省臺北市人，一九五〇年三月十七日出生。一九七四年畢業於臺灣中原理工學院工業工程系。畢業後曾任職於貿易公司和食品工廠，並曾任《聯合文學》業務經理，現任該刊特約撰述。黃凡從小生活在非常不幸的環境中，父親早故，母親帶著四個孩子艱難度日。他們「這個破碎的家庭，就在居住了五十萬人的大城市裏東漂西蕩，我母親咬緊牙關，硬著頭皮，做了許多她不願做的事。親友們則袖手一旁，我們總共住了不下二十個地方，時時生活在三輪車夫、風塵女郎、工人、小販、流浪漢之間……」黃凡於一九七九年十月以短篇小說《賴索》獲第二屆「時報文學獎」，名聲大振，登上文壇。之後，力作頻出，連連獲獎。《雨夜》獲八〇年第五屆《聯合報》小說獎，科幻中篇小說《零》，短篇小說《國際機場》分別獲八一年《聯合報》中篇和短篇獎，《將軍之淚》獲八三年《聯合報》短篇獎。《慈悲的滋味》獲八四年《聯合報》中篇小說獎，《戰爭的最高指導原則》獲八五年第五屆時報科幻小說獎。他出版的作品有短篇小說集《賴索》、《大時代》、《自由鬥士》，中篇小說集《零》、《慈悲的滋味》，長篇小說：《反對者》、《天國之門》、《傷心城》。此外還有散文和雜文集《黃凡頻道》、《我批判》、《黃凡專欄》等。

有的臺灣評論家稱八十年代爲「黃凡年代」。不管這一頭銜是否貼切，但黃凡具有超人的創作潛力，敏銳的洞察目光，開闊的思索空間，不拘一格的藝術個性，卻是不可否定的事實。如果臺灣小說中眞有一種「現實爲體，現代爲用」體裁的作品，我便首推黃凡。因爲他的不少小說，都是在意識流的構架下，具有較強社會批判性的作品。黃凡從小出生和成長於臺北市，而且長期生活於小人物的世界中，因而黃凡小說的題材，皆是描寫城市生活；黃凡筆下的人物，多是城市中的小人物。黃凡以同情的筆墨描繪他們的處境，肯定他們的尊嚴和品質。例如短篇小說《雨夜》描寫一個男人詹布麥在一個下雨的夜晚，將一個小孩送往醫院看望他的母親，卻被警察誤爲兇嫌。他送孩子回家，又被帶有醋意的孩子的父親怒罵：「你他媽的多管閒事！」詹布麥將在外面遭遇的眞實情況隱瞞，編好一套善意的謊言回去欺騙妻子。他見了妻子裝出高興的樣子，說他在外「幹了一傻事，不！一件好事！」人們稱贊他是「模範市民」連孩子的爸爸也「非常感激我」。主人公爲社會做了好事，不但得不到表彰，而且被誤解和責罵，到了家裏還得對妻子隱瞞眞相。這是何等的辛酸！主人公的內在品質和社會的腐敗相對照，其中隱含著一種深沉的批判力量。黃凡的中篇小說《慈悲的滋味》，描寫一個公寓中發生的故事。這個公寓的女老板是辛老太太，公寓中居住著女工、職員、大學生、商人、中學教員等，全是臺灣中、下層社會中的人物。他們各有各的苦惱和辛酸。作品透射出強烈的反諷意味，正當客戶們暗暗盤算趁辛老太太病危之機，怎樣將公寓化爲己有的時候，辛老太太卻立下遺囑，無償地將公寓分贈給他們。這裡將暗算和饋贈放在一起，突出地表現了辛老太太的優秀品質和光明人格。黃凡不少小說都是透過曲折的故事挖掘下層小人物的優秀品格和客觀外界的腐朽現實的格格不入。從而無聲地啓發人們的變革意識。黃凡也在作品中表現人類美好的東西，對弱者的同情和關愛。如《國際機場》描寫一男一女同時到機場去接人，但兩人要接的人都未如期到達。接客的酒吧女依萍身世非常悽苦，她是來等中村浩二托附終身的。在她接客未遇情緒不佳犯病時，男主角對她悉心照料和鼓勵。知識分子在吳錦發的筆下大都患有無能症，但在黃凡筆下，卻有衝出無能羅網的跡象。長篇小說《反對者》中的男主角，大學教授羅秋南陷入性困擾，被女學生指控「非禮」處於被誤解的危機，開始他表現軟弱無能，在迫害面前束手無策。後來在其兄羅瑞其和其「精明而又富攻擊性」女強人式的岳母的影響下站了起來，變成了一個敢於爲保護自己利益鬥爭的人。

黃凡小說融滙了鄉土派和現代派兩家之長，具有大家風範；具有宏闊的視野和純熟的藝術技巧；他能以短篇的篇幅容納長篇的內容；他能將長篇的構架濃縮成中篇的形式，是臺灣小說新星中最明亮的一顆，如果正常發揮，他很有希望躋身大作家之林。但也有人對黃凡的不足感到隱憂。臺灣青年評論家高天生說：「在期待之餘，我們也必須指出隱憂：由於黃凡不是寫實主義者，而只是偏於向內的沉思，他的肯定和愛，都是觀念的、哲學的，他筆下所描寫臺北這個大都會的生活雖然都是眞實的，但這眞實的生活沒有成爲促成他筆下人物改變的巨大力量。他的人物沒有跳進這個現實生活的大熔爐，他只是站在爐邊，有些驚呆地凝望著熔爐中熊熊的烈火而已。」②

王幼華，一九五六年出生，原籍山東人，臺灣淡江大學中文系畢業，一九八〇年處女作《犯人》

在臺灣《民衆日報》發表，嶄露頭角。自今創作生涯不到十年已出版有短篇小說集：《狂徒》、《惡徒》和長篇小說《兩鎭演談》等。王幼華的每一篇小說的面世幾乎都引起人們的注目。他的《狂徒》等作品曾引起臺灣文壇的小小轟動，因而不少評論家都對這個後起的新秀，給予很高的評價。例如：批評家葉石濤在《兩鎭演談》序中說：「我們等待了三十多年，終於眼見這麼一個具有偉大資質的作家出現，這眞叫我們欣喜萬分。」而高天生則說：「從題材上看，王幼華的小說，在臺灣文學的範疇裏，可說是自『鄉土文學論戰』以來的一大突破……」

王幼華是一個自省力和獨創性很強的作家，他不願意蹈別人的復轍，而獨自走自己的路。那怕那自闢之路充滿荊棘和坎坷。他說：「我因爲害怕受他們（文學大師們）太大的影響，以致無法寫出自己心靈眞正的感受人觀念無法突創。我感覺由自身原始、直覺去感受並創作的東西，才是人類眞正需要的東西，而不是由別人的方式、管道去思考。」③王幼華的小說既是臺灣現實的眞實描繪，又瀰漫著一種宗教的朦朧氣氛，爲了探索原罪和救贖，他的小說中出現的人物，不少是非正常的畸型人。例如他的名著《狂徒》，就是罪和性交織在一起，採取人和物作小標題織構的。這篇作品中描寫了這樣幾個人物：父親季老頭是個老警察；大兒子季牙是個偷、搶、嫖、殺人等罪惡的象徵；二兒子季齒是個懼怕罪孽終身不娶不生的獨身主義者；仙枝是季牙的妻子，阿弟是季牙之子，他只會吃、拉、睡，連話都不會說的白痴，是罪孽的一種報應。作品中還寫了一個死去的瘋女人，季老頭之妻。這一家人生活在一種猜忌、懼怕、提防、無奈，既是親人又是仇人；既熟悉，又陌生；既無望，又無奈的家境中。如果把這個社會的小小細胞放大，看作由這種無數細胞構成的那個整體——社會，也並不牽強附會。這篇作品的意義就在於它不僅描繪了一個家，而且表現了一個社會。這個家庭的後繼者，終日被鎖在鐵籠裏的阿弟，是有可能靠醫學的奇效來復活的，但季牙卻阻撓他的復活，將仙枝辛辛苦苦積攢的給孩子的治病錢偷走揮霍。爲了救贖，季老頭最後終於用手中的警錘將季牙當作一條蟲一樣砸死。談到作品中的「原罪」，王幼華說有兩個來源「第一是來自閱讀經驗的積累影響；第二是自身的經驗與心理傾向發展出來的。」王幼華的長篇小說《兩鎮演談》，以一個臺灣客家人居住的鄉鎮爲基點，描寫了臺灣一九七〇至八〇年十年間的社會變遷。作者以生活的實踐體驗和觀察，及豐富的想像，描寫了大陸去臺的第二代人的生活和精神狀貌，及他們努力和脚下的泥土相合的心境。王幼華筆下的人物和王幼華一樣雖然不是臺灣土生土長，但他們熱愛那裡的土地和人民，他們要在那裡生根、開花、結果。王幼華就是從這種心靈中去發現希望和光明，力源和生機，並將之凝入自己的作品。王幼華談到他脚下的土地時說：「做爲一個文學工作者，我只願能做到警告、剖析、呈現。在臺灣我們可以看到……政治上、經濟上、文化上的投機者縱橫於各個層面，大大吃香。驕其妻妾者、暴發戶、狹隘的民族主義者、失意者、不滿者形成多元的標準和競爭。它豐富複雜，像介於河海與大地之間的沼澤一般，充滿生機。」④

第二節　飛揚的霞與破土的笋

假如說日據時期臺灣的女性小說還是一片空白，那麼到了四十年代末期，五十年代初才有林海音少數女作家躋身文壇，加之一九四九年去臺的一批大陸女作家，臺灣的女性小說便有若園中的一片簇紅牡丹了。進入六、七十年代一大批新秀加入女作家隊伍，使婚姻愛情小說的潮頭湧起，臺灣女作家的狀貌便像秋天的西山紅葉了。到了八十年，臺灣大批的青年女作家以奪目的光彩顯露身姿，若雲蒸霞蔚，像清晨從東方飛起彩霞，沿著天際向整個文壇上舖展，以她們獨特的題材，獨特的主題，獨特的思考方式形成了聲勢浩瀾的女性小說大潮。這批女作家除了我們在「婚姻愛情小說大潮」一編中敍述過的李昂、廖輝英、蕭颯、蕭麗紅等之外，還有很多。例如：蘇偉貞、袁瓊瓊、蔣曉雲、平路、許薾君、周春梅、鄭寶娟、朱天心、朱天文、許臺英、方娥眞、彭小妍、楊小雲、胡臺麗、林邊、林佩芬等等。

八十年代臺灣女性作家的作品雖然除少數作家去觸及政治、商業、建築等堅硬而冷酷的題材，去表現社會和人生的重大主題外，絕大多數女作家還是圍繞著婚姻戀愛題材，揭示社會對女性的虐待，抨擊傳統觀念的束縛，維護女性的利益。就像老樹抽新枝，老枝發新芽、開新花一樣，這古舊的題材上也展示出了一片新意象。**1.**女性的覺醒意識。他們作品中的女性形象不再像瓊瑤筆下的李夢竹、杜慕裳等，永遠以一種犧牲和奉獻的心境和姿態對待世界，彷彿除了丈夫和孩子以外，便沒有了一切，自己的一生就是專門爲別人作奉獻的。八十年代青年女作家筆下的母親。雖然還未能完全擺脫傳統觀念的束縛，但她們必然悄悄地在矛盾的心理狀態下，邁開了追求自身幸福的步子。例如李昂暗夜中的李琳，就再不以丈夫和孩子犧牲一切。**2.**反叛性格的形成。六十年代女作家筆下的少女形象，基本上都是沉醉在溫柔美麗的幻想世界中，半閉雙目倒在丈夫的臂彎裏，充當男人玩物的角色，極少有獨立人格和意志，像瓊瑤等筆下的少女皆如此。歐陽子筆下的少女也是在自我矛盾中糾纏。八十年代青年女作家筆下的少女則出現了很強的反叛性格。如：李昂《殺夫》中的林市，廖輝英《盲點》中的丁素素等。**3.**事業觀念的確立。女性獨立的基礎在於經濟，而經濟的來源又靠事業的成功。以往女性和女性形象之缺乏自主意識，充滿依賴性，充當附屬品，關鍵在於事業上無成。八十年出現在朱秀娟筆下的女強人林欣華，廖輝英筆下的丁素素，呂秀蓮筆下的高秀如等，都是事業第一，家庭和婚姻第二的女性。她們寧可不要男人也要事業。因而她們具有完整而獨立的人格，具有不可侵犯的尊嚴。**4.**性觀念的開放。性觀念的開放雖然並非女性的福音，在某種情況下加重了對女性的性掠奪，但解除性觀念上封建主義的性封閉的殘酷性，對人格上的自由和平等也有某種好處，起碼可以打破因男人的過錯而女性受懲罰的封建專制，像《殺夫》中林市母親的悲劇，就可能少演。**5.**女性小說中的鄉愁和回舊意識。例如，朱天文的短篇小說《小畢的故事》、袁瓊瓊的短篇小說《滄桑》等，均以她們的觀察和體驗，描寫了大陸去臺的下層人員的不幸遭遇，表現了他們潛意識中的思鄉情懷。這在臺灣青年女作家筆下，還算比較新的題材。臺灣女評論家李元貞在談到八十年代臺灣青年女作家的作品時說：「臺灣女性小說家在寫小說的題材方面，雖然以男女感情爲最多，也有少數小說家關懷到社會及政治層面。同時近一年來，女性小說家在處理男女感情的問題上，已升高了女性自覺的意識，也就是說，在女作家筆下的男女感情，不再是天眞地陶醉在愛情的迷夢中，開始檢視女性在男女感情中浮沉苦澀甚至反抗的面貌，探觸到女人做爲一個人，亦跟男人一樣。會體驗到人生感情的甜蜜與痛苦的複雜性。」⑤

目前臺灣更年輕一代的作家群已嶄露頭角，已顯出躍躍欲試的接棒的英姿。他們大都是二十歲左右，有的還不到二十歲，和我們在本章中敍述的崛起於七十年代末八十年代初的那批青年作家，大約要小十歲左右。他們中有的已數次獲獎，有的甫登文壇，有的正成崛起之勢；有的剛剛大學畢業，踏進社會，有的還在大學課堂裏讀書。他們心中好像滾動著大潮，他們脚下彷彿踩著火輪，有一種迫不及待的騰飛之勢。臺灣《中央日報》副刊爲了使他們一展姿容，於一九八八年三月，以《春天，我們出發——文壇新生代素描》爲題，將他們中比較有代表性的人物的照片、文學主張、創作成就作了刊登。他們中男作家有：擁抱人類苦難的謝政芳；幫助在欲流中的人上岸的林文華；膜拜文學裏的美的安克強；不能自外於時勢的高欣宜；向早期文學汲養的徐慰平等。女作家有：從同情、悲憫出發的林齡齡；化刹那火光爲永恆溫暖的李濟媛；以社會爲寫實舞臺的陳明麗；站在人間明暗交界處的楊麗玲；以忠實的記錄心情對待生活的林君儀；以痴傻不悔的靈魂對待文學之神的簡美玲；文學的天空任飛翔的鄒敦伶；偶然邂逅文學之情人而終生鍾情的蕭正儀等等。這些已經在文學的園地中破土而出的新苗，有的可能長成大樹，有的也可能中途夭折，但在他們還一臉稚氣的時候，就顯示了他們巨大的創作潛力，這預示著臺灣文學一個新局面，新境界的醞釀和來臨。在這預示中，他們每一個人都是一首前奏曲。該專欄的編者按語寫道：「春天是個美麗的季節，適合出發。在人生的旅途上，我們時刻在出發，然而對年輕人來說，每一個脚步都必須站穩，每跨一步都必須謹愼，文學也是如此。」這種對青年人的關切是對的，但也許保守了一點。我倒覺得文學的園地上無需那麼謹小愼微，青春草原上的文學之馬應該奮蹄疾馳；百花園中的文學之花應該盡情開放，開放得越碩大，越豐沛，越鮮艷，越芬芳越好！

附註：

①《臺灣的無用之人》（《燕鳴街道》後記）。

②《曖昧的戰鬥——試論黃凡的小說》（臺灣《自立晚報》一九八二、四、十七—十八）。

③《有亂的巨州——小說家王幼華訪問記》（張深秀）。

④《有亂石的可川——小說家王幼華訪問記》（張深秀）。

⑤《高昂的三重奏——談呂秀蓮的《這三個女人》》（臺灣《自立晚報》八四、七、十九）。

後　記

當寫完這部書的最後一個字，像馬拉松長跑到了終點，眞想躺在嫩綠的草坪上閉目休息，好好享受一下勞累後的鬆快。八個月來就像在百米賽的跑道上，自己的意志和體力賽跑，最終兩個都勝利了，兩個第一，但意志是強者。

在這馬拉松賽跑中，支持我跑到終點的，有許多因素。一是臺灣的學者和作家們在有意和無意中給了我大量的營養和補給，我在他們的著作中吸收了他們的成果；二是出版社慷慨的作出版後盾，解決後顧之憂；三是大陸研究臺灣文學的同行們也有意無意中給了我很多幫助。如果沒有這樣的精神和物質的幫助，這個馬拉松是很難跑到終點的。因而對這部書有功的人，我從內心裏抱著感激之情，直到永遠。

說實在話，這是一部水平不高和不太成熟的著作，長跑中顯出許多無力感，不過終於跑到頭了。站在終點上回首，眞還有點驚訝與害怕，感到目前這水平不高的成果彷彿也超過了自己的能力。於是又有點不該滿足中的小滿足，不應安慰中的小安慰。我知道，這小滿足過後，一定會有更大的不滿足出現；這暫時的小安慰過後，一定會有更大的不安發生。我決心在更大的不滿和不安中去修正錯誤，提高質量，把這暫時的終點當作新起點。渴望同行和非同行們給予批評指正。

作者　一九八八年十月五日於北京西郊寒舍